Sous la direction d'HENRI MITTERAND
ROLAND ELUERD
Agrégé de Lettres modernes / Docteur es lettres

Langue et Littérature

**GRAMMAIRE
COMMUNICATION
TECHNIQUES LITTÉRAIRES**

NATHAN

LANGUE ET LITTÉRATURE, Tome I, met à la disposition des élèves et des professeurs une somme de références, une « banque de données » facile à consulter et immédiatement exploitable.

L'ensemble des exposés et des exercices :
— accompagne le travail collectif des élèves réunis pour la classe de français ou répartis en groupes divers ;
— éclaire le travail individuel de l'élève préparant son baccalauréat.

L'ouvrage comporte trois parties.

— Première partie : LA LANGUE.
Ce n'est pas un aide-mémoire grammatical. C'est une grammaire complète, une grammaire pour les lycées. Plus de 300 pages qui exposent : la morphologie, la syntaxe, le lexique, les formes de la langue parlée, de la langue écrite et de l'orthographe, une histoire de la langue. Textes et exercices sont orientés vers la lecture des textes et la pratique de la langue.

— Deuxième partie : LA COMMUNICATION.
Elle présente la manière dont les signes de la langue sont mis en œuvre dans le discours, c'est-à-dire dans un acte de communication. Tous les types de communication sont présentés. Mais les textes et les exercices mettent l'accent sur cet acte de communication particulier que sont l'écriture et la lecture d'un texte littéraire.

— Troisième partie : LE TEXTE.
C'est un guide pour lire tous les textes en se servant des « données » de la première et de la deuxième partie. C'est une suite de procédures pratiques pour interroger un style ou un texte : comment est-il constitué ? Quels effets produit-il ?

FAUT-IL LIRE TOUT LE LIVRE ? TOUT APPRENDRE ?

Ce livre n'est pas fait pour être appris : il est fait pour être **consulté**. Comme un dictionnaire, un horaire de cars ou l'annuaire du téléphone ! Il vous accompagnera de la seconde au bac, et au-delà. Il sera là :
— pour répondre à vos questions ;
— pour vous aider à lire les textes et à les expliquer ;
— pour vous aider à mieux comprendre les problèmes de la communication.

MODES D'EMPLOI

Vous devez lire un texte, l'expliquer.
— Voyez dans la troisième partie le chapitre qui concerne votre type de texte (texte d'idées, texte narratif et descriptif, poème ou pièce de théâtre).
— Suivez les indications et les renvois que vous donne le chapitre. Par exemple, il vous montrera que le texte d'idées est lié à une situation de communication précise et qu'il met en jeu une rhétorique précise. Le chapitre vous indiquera comment utiliser ces deux points dans votre lecture et dans votre explication.

Vous devez expliquer par exemple un présent de narration ou ce qu'est l'ironie...
— Passez par l'index. Il vous donnera trois ou quatre numéros de paragraphes. Consultez ces paragraphes.

2

© Editions Nathan 1992 - ISBN 209 172032-1

— Vous apprendrez (ou vous vous remettrez en mémoire) les valeurs d'emploi du présent, comment il est lié à la situation de communication, comment il peut s'en détacher et « surgir » soudain au milieu d'un récit au passé. Alors vous disposerez des informations nécessaires pour expliquer l'effet produit par le présent de narration du texte.

— Vous apprendrez (ou vous vous remettrez en mémoire) que l'ironie emploie des outils précis : l'incise de commentaire, la litote ou l'hyperbole, l'antiphrase, le ton. Vous comprendrez qu'elle est toujours en situation : on vise une cible, on s'assure la complicité d'un témoin. Un texte ou un passage ironique rassemble tous ces éléments. L'objet de ce livre n'est pas de définir des mots : présent, ironie, métaphore, narrateur. **Il est de vous aider à les comprendre et à les utiliser.**

LES NUMÉROS DES PARAGRAPHES SONT LES BALISES DU LIVRE.

173. Les emplois du passé simple.
405. Dénotation et connotation.
460. Les champs lexicaux.

L'INDEX EST LA BOUSSOLE DU LIVRE.

Il comporte tous les mots définis et tous les mots utilisés. Il indique les numéros des paragraphes où vous pouvez les trouver :
Tout est-il un pronom ? un adjectif ? un adverbe ? → Voir **tout.**
Quelles sont les valeurs du subjonctif → Voir **subjonctif.**
Qu'est-ce qu'une subordonnée interrogative indirecte ? → Voir **subordonnée** ou **interrogative** ou **indirecte.**
Qu'est-ce qu'une métaphore ? → Voir **métaphore.**
Les animaux ont-ils un langage ? → Voir **animal** ou **langage.**
Comment expliquer un passage de description ? → Voir **description.**
Qu'est-ce qu'une didascalie ? → Voir **didascalie.**

Y A-T-IL BEAUCOUP DE MOTS DIFFICILES ?

Oui. Il y en a NEUF. Ils reviennent très souvent.
— Deux sont très difficiles parce qu'ils ont plusieurs sens qu'il ne faut pas confondre : **discours** et **récit** (définis § 98).
— Cinq autres sont des termes techniques utiles pour analyser clairement la langue et sa mise en œuvre : **énonciation, référent** et **syntagme** (définis au § 1) ; **déictique** (défini au § 67 : emploi déictique des pronoms) ; **procès** d'un verbe (défini au § 97).
— Les deux derniers sont des expressions très utiles pour analyser la manière dont est écrit un texte : **dominante référentielle** et **dominante associative** (définis § 404).

Je remercie Mesdames Mary-Annick MOREL, professeur à l'Université de la Sorbonne Nouvelle, et Chantal PETITJEAN, professeur certifié de Lettres classiques, qui ont bien voulu relire de larges fragments du manuscrit. Je dois également remercier Monsieur Henri MITTERAND qui n'a pas craint de me confier ce travail, et Madame Evelyne DEMEY pour sa collaboration. Mille mercis à toutes les personnes qui ont fait du manuscrit un livre. Mille mercis à toutes celles qui le feront vivre.

L'auteur.

PREMIÈRE PARTIE : LA LANGUE

CHAPITRE 1. LE NOM 12

CHAPITRE 2. LES DÉTERMINANTS DU NOM 23
I. Les articles 23
II. Les adjectifs possessifs 28
III. Les adjectifs démonstratifs 30
IV. Les adjectifs numéraux 33
V. Les adjectifs interrogatifs et exclamatifs 36
VI. Les adjectifs indéfinis 36

CHAPITRE 3. L'ADJECTIF 45

CHAPITRE 4. LES PRONOMS 55
I. Les pronoms personnels 58
II. Les pronoms possessifs 66
III. Les pronoms démonstratifs 67
IV. Les pronoms numéraux 69
V. Les pronoms interrogatifs et exclamatifs 70
VI. Les pronoms indéfinis 71

CHAPITRE 5. LE VERBE 78
I. Les cadres généraux de la conjugaison 80
II. Les conjugaisons 88
III. L'indicatif 108
IV. Le subjonctif 122
V. L'impératif 129
VI. Le gérondif 130
VII. Le participe 131
VIII. La forme adjective du verbe (participe passé) 134
IX. L'infinitif 136

CHAPITRE 6. L'ADVERBE 145

CHAPITRE 7. LES CONJONCTIONS ET LES PRÉPOSITIONS 154

CHAPITRE 8. LES CONSTITUANTS DE LA PHRASE SIMPLE 162
I. Les relations qui constituent la phrase simple 164
II. Les relations qui constituent les syntagmes 172
III. La phrase sans verbe 195

CHAPITRE 9. LA PHRASE COMPLEXE 202
I. Les propositions subordonnées complétives (conjonctives) . . . 205
II. Les propositions subordonnées interrogatives indirectes 208
III. Les propositions subordonnées relatives 208
IV. Les propositions subordonnées circonstancielles 214

CHAPITRE 10. LA PHRASE ET L'ÉNONCIATION 231
I. L'énonciation de la phrase 233
II. L'énonciation dans la phrase 241

CHAPITRE 11. LES STRUCTURES DU LEXIQUE 260
I. Le lexique construit 263
II. Les relations sémantiques 271
III. Le sens figuré 277

CHAPITRE 12. LES DICTIONNAIRES 282

CHAPITRE 13. LA LANGUE PARLÉE 291

CHAPITRE 14. LA LANGUE ÉCRITE, L'ORTHOGRAPHE 303
I. L'écriture 303
II. L'orthographe du français 309
III. La ponctuation du français 316

CHAPITRE 15. HISTOIRE DU FRANÇAIS 321
I. 2 000 ans d'histoire 321
II. L'évolution de la langue 329

DEUXIÈME PARTIE : LA COMMUNICATION

CHAPITRE 1. LA NOTION DE SIGNE 340

CHAPITRE 2. LES FONCTIONS DU LANGAGE 351
I. Les types de communication 351
II. L'information 357

CHAPITRE 3. LES SYSTÈMES DE SIGNES 363

CHAPITRE 4. LA SITUATION DE COMMUNICATION 368
I. Les deux types d'énonciation 369
II. Les actes de langage 372
III. Les registres de langue 375

CHAPITRE 5. COMMUNICATIONS ORALE ET ÉCRITE 379

TROISIÈME PARTIE : LE TEXTE

CHAPITRE 1. LA NOTION DE TEXTE 387
I. La cohésion du texte 388
II. La cohérence du texte 389

CHAPITRE 2. LA RHÉTORIQUE 393

CHAPITRE 3. L'ÉTUDE DU STYLE DE LA PROSE 398
I. Les mots 399
II. Les phrases 402
III. L'oral 403

CHAPITRE 4. L'ÉTUDE DES TEXTES D'IDÉES 406

CHAPITRE 5. L'ÉTUDE DE LA NARRATION 411
I. L'étude de la place et du rôle du narrateur 412
II. Textes narratifs et textes descriptifs 414
III. L'étude des personnages 421

CHAPITRE 6. L'ÉTUDE DU VERS ET DU POÈME 423

CHAPITRE 7. L'ÉTUDE DU TEXTE DE THÉÂTRE 430

INDEX 441

PRINCIPES DE
LA TRANSCRIPTION PHONÉTIQUE

Alphabet phonétique et valeur des signes

VOYELLES

[i] il, vie, lyre
[e] blé, jouer
[ɛ] lait, jouet, merci
[a] plat, patte
[ɑ] bas, pâte
[ɔ] mort, donner
[o] mot, dôme, eau, gauche
[u] genou, roue
[y] rue, vêtu
[ø] peu, deux
[œ] peur, meuble
[ə] le, premier
[ɛ̃] matin, plein
[ã] sans, vent
[ɔ̃] bon, ombre
[œ̃] lundi, brun

SEMI-CONSONNES

[j] yeux, paille, pied
[w] oui, nouer
[ɥ] huile, lui

CONSONNES

[p] père, soupe
[t] terre, vite
[k] cou, qui, sac, képi
[b] bon, robe
[d] dans, aide
[g] gare, bague
[f] feu, neuf, photo
[s] sale, celui, ça, dessous, tasse, nation
[ʃ] chat, tache
[v] vous, rêve
[z] zéro, maison, rose
[ʒ] je, gilet, geôle
[l] lent, sol
[ʀ] rue, venir
[m] main, femme
[n] nous, tonne, animal
[ɲ] agneau, vigne

PREMIÈRE PARTIE

LA LANGUE

ÉLÉMENTS ET STRUCTURES DE LA LANGUE FRANÇAISE

1 Définitions et généralités

La linguistique est l'étude du langage et des langues humaines.
Une grammaire du français est une description des règles qu'on peut découvrir dans le fonctionnement de la langue française.

Règles de structure et règles normatives.

Le **fonctionnement** d'une langue repose sur des **régularités** qu'on appelle les **règles des structures de la langue.** Ces règles de structure sont des règles indispensables à la communication. Si l'énoncé n'est pas organisé selon ces règles, on le comprend mal ou on ne le comprend pas du tout.

Il pleut depuis hier soir.	⟶	Phrase compréhensible.
Depuis pleut soir il hier.	⟶	Simple suite de mots.

L'**usage** quotidien et ordinaire d'une langue met en jeu des manières de s'exprimer qu'on appelle les **registres de la langue.** Les règles qui gouvernent ces registres dépendent de la situation de communication, des interlocuteurs, etc. La linguistique analyse ces registres de langue, mais sans les juger.
Une grammaire pour l'enseignement ne peut pas adopter le même point de vue. Ses objectifs sont inséparables de l'étude des œuvres littéraires. Elle cherche dans ces œuvres des modèles de langue claire. Elle invite à obtenir une clarté identique dans le registre courant de l'usage quotidien, usage oral et usage écrit. Ses règles sont des **règles normatives.**
L'étude des registres de la langue ne se réduit pas à distinguer des registres prétentieux, soutenu, courant, familier et vulgaire. Les registres sont plus variés et bien connaître sa langue, c'est choisir le registre qui convient en fonction de la situation de communication.

Règles scientifiques et règles grammaticales.

Les **règles des mathématiques** et des sciences exactes sont des règles rigoureuses. Elles impliquent tous les calculs à effectuer. Si on ne les suit pas, le résultat est faux. Si on les suit et que le résultat est quand même faux, c'est qu'on n'a pas appris les bonnes règles ou qu'on les a mal apprises.

Exemple : la règle des signes.

$$(+2)\ (+2) = (+4) \qquad\qquad (-2)\ (+2) = (-4)$$
$$(+2)\ (-2) = (-4) \qquad\qquad (-2)\ (-2) = (+4)$$

Les **règles des structures de la langue** ne sont pas des règles du même ordre. Elles correspondent plutôt à des **régularités,** et c'est un peu abusivement qu'on les appelle des règles.
Il ne faut pourtant pas dire que ce sont des règles illogiques. Elles fonctionnent selon la logique du langage humain. Et cette logique, il n'est pas sûr qu'on puisse la décrire autrement qu'en montrant le fonctionnement du langage lui-même.
Ce ne sont pas, non plus, des règles fausses ou incomplètes puisque, dans les domaines de la pensée et de la vie, tout ne peut pas être exactement calculé et prévu. Il y a toujours des nuances. Heureusement !

> Exemple : la règle « deux négations font une affirmation ».
> *Il est interdit de fumer.*➔Un verbe négatif = On ne doit pas fumer.
> *Il n'est pas interdit de fumer.*⟹ Deux négations = On peut fumer.

> Mais comparez ces quatre phrases :
> *Paul a dit qu'il viendrait.* = Il viendra.
> *Paul a dit qu'il ne viendrait pas.* = Il ne viendra pas.
> *Paul n'a pas dit qu'il viendrait.* = Viendra-t-il ?
> *Paul n'a pas dit qu'il ne viendrait pas.* = Il viendra peut-être.

Le signe linguistique.

Un signe linguistique est l'association de deux éléments :
— une suite de sons vocaux qu'on appelle le **signifiant** du signe ;
— une idée qu'on appelle le **signifié** du signe.
Les signes linguistiques renvoient à l'**univers extra-linguistique.** Cette appellation ne désigne pas uniquement le monde « réel », mais tout ce dont une langue peut parler.

> • Dans le vocabulaire exact de la linguistique, le signifiant est l'image mentale de la suite de sons, c'est-à-dire le fait de savoir prononcer cette suite. Mais on emploie couramment *signifiant* pour désigner la forme sonore du mot.

> • Dans les langues d'écriture alphabétique, les sons vocaux sont représentés par des lettres ou des groupes de lettres. On obtient ainsi la forme écrite du signifiant.

Référence et référent.
Discours et situation d'énonciation.

Le signifié d'un signe est une idée et cette idée renvoie à l'univers extra-linguistique. Il ne faut pas confondre le signifié d'un nom avec « ce » que désigne le nom dans cet univers. Les noms *ami* et *voisin* ont des signifiés différents. Mais il est facile d'imaginer une situation où *mon ami* et *mon voisin* renvoient à une même personne.

On appelle **référent** « ce » que désigne le nom. Dans l'exemple donné, *mon ami* et *mon voisin* ont le même référent. On dit aussi : la même référence. Le référent est « ce » que vise la référence.

Pour qu'un nom acquière une référence complète, il faut qu'il soit utilisé dans une **situation d'énonciation** précise, c'est-à-dire dans un « échange langagier » authentique, échange oral ou écrit. Dans le dictionnaire, la référence d'un nom n'est que **virtuelle.** Le nom est en attente d'utilisation : *ACIER, nom commun. Alliage de fer et de carbone contenant moins de 2 % de carbone.*

ÉLÉMENTS ET STRUCTURES DE LA LANGUE FRANÇAISE

Mais si vous lisez *acier* sur une lame de couteau, vous lisez une phrase sans verbe par laquelle quelqu'un vous dit : « *Cette lame est en acier.* » La situation n'est plus celle du dictionnaire. La référence virtuelle apportée par le mot est désormais en situation d'énonciation, on dit qu'elle est **actualisée** dans le discours.

On appelle **discours** la langue mise en œuvre, utilisée dans une **situation d'énonciation** réelle, par des **locuteurs** précis (l'énonciateur et l'interlocuteur). Un nom n'a vraiment un référent que dans le discours.
Le passage de la référence virtuelle à la référence complète du discours s'appelle l'**actualisation**. On dit que le **mot est actualisé dans le discours**.

• Dans le vocabulaire exact de la linguistique, le référent n'est pas « l'objet » désigné par le nom, mais cet objet tel que le langage permet de le concevoir, de le comprendre. La linguistique aborde ici des questions difficiles qui concernent non seulement les linguistes, mais aussi les philosophes et les autres chercheurs des sciences humaines. L'une de ces questions est : dans quelle mesure la langue que nous parlons influence-t-elle notre connaissance et notre conception du monde ?

L'analyse grammaticale.

La **morphologie** (grec *morphê*, forme) est l'étude de la forme orale et de la forme écrite des mots.
La **syntaxe** (grec *syntaxis*, assemblage) est l'étude de l'assemblage des mots dans la phrase.
La **sémantique** (grec *sêma*, signe distinctif) est l'étude du sens des mots et des phrases.

Dans la grande majorité des énoncés, les phrases sont formées de plusieurs mots.
Pour chaque mot, l'analyse grammaticale pose trois questions :

À quelle classe de mots ce mot appartient-il ?

Quelle position ce mot occupe-t-il dans la structure de la phrase ?
La position ne doit pas être confondue avec **la place** que le mot occupe dans le déroulement linéaire de la phrase. Ainsi un sujet peut être placé après le verbe, il occupe toujours la position de sujet dans la structure de la phrase.

Quel sens ce mot apporte-t-il dans la phrase (le sens **lexical**) ?
Quel sens reçoit-il de la phrase et de la situation d'énonciation (le sens lié à son actualisation dans le discours) ?

Les réponses à ces questions mettent en œuvre les différents domaines de l'analyse grammaticale :

La première question est une question de **morpho-syntaxe** (morphologie et syntaxe) et de **sémantique**. Pour y répondre, on définit les classes de mots (chapitres 1 à 7).

La deuxième question est d'abord une question de **syntaxe**. La structure syntaxique des phrases est une organisation hiérarchisée. Les **phrases** sont constituées de groupes syntaxiques qu'on appelle les **syntagmes** et ces syntagmes sont constitués d'un ou de plusieurs mots (chapitres 8 à 10).

Exemple : la phrase *Annie écoute un disque* est composée du syntagme nominal *Annie* et du syntagme verbal *écoute un disque.* Ce syntagme étant lui-même composé du verbe *écoute* et du syntagme nominal *un disque.*
La seconde question est aussi une question d'analyse de l'énonciation (chapitre 10).

La troisième question est une question de **sémantique.** C'est une question qui englobe les deux autres. Elle trouve sa réponse dans l'étude du lexique (chapitre 11) mais aussi dans les deux précédentes analyses.

• Les notions présentées ci-dessus sont reprises, développées et appliquées dans plusieurs paragraphes du livre :
— du point de vue de la description grammaticale de la **langue,**
— du point de vue de leur mise en œuvre dans la communication entre des **interlocuteurs,**
— et du point de vue de la constitution ou de la lecture des **textes.**

• Mais, comme ces notions sont fondamentales, il était nécessaire de les définir rapidement dès le début.

• L'**index** permet de trouver sans peine tous les paragraphes concernés.

CHAPITRE 1

Le nom

A. Généralités

2   La définition du nom

Dans la définition d'une classe de mots, les trois critères précédemment cités (§ 1) doivent être considérés : sémantiques, morphologiques et syntaxiques.

■ Les noms désignent des **êtres** *(mon ami)*, des **objets** *(une table)*, des **notions** *(le courage)*, des **actions** *(la course)*, etc.
Le problème d'une telle définition est dans le « etc. ». Où s'arrêter ?
Dans cette définition traditionnelle le nom désigne ce qu'on appelle une substance, c'est-à-dire « ce » qui est, « ce » qui reste sans changement. Par opposition, on dit que le verbe et l'adjectif désignent des accidents de la substance. Le verbe désigne un changement affecté à la substance, et l'adjectif une qualité applicable à plusieurs substances.

■ Le nom est un mot **variable en genre** (masculin / féminin) et **en nombre** (singulier / pluriel).
— Il porte avec lui son genre :
   Un éléphant, une lionne, un tabouret, une chaise.
— Le nombre dépend de la situation d'énonciation :
   Un ou *des éléphants. Une* ou *des chaises.*

• Quelques noms s'emploient uniquement au pluriel. Ce pluriel ne dépend donc pas de la situation d'énonciation. Ce sont des noms de sens collectif *(des agrès, des annales, des archives, des arrhes)*, des noms d'objets composés de parties symétriques *(des ciseaux, des jumelles, des lunettes, des menottes)*, des noms évoquant une durée *(des fiançailles, des funérailles, des obsèques, les vacances)*, etc.

• Certains de ces mots ont des pluriels réguliers de sens différents :
Des ciseaux de sculpteur ou de menuisier. / Une paire de ciseaux.
Trois lunettes astronomiques. / Une paire de lunettes.
Annie et Caroline sont jumelles. / Une paire de jumelles.

■ Le nom est le **constituant indispensable** du syntagme nominal (SN). La base du SN est formée d'un déterminant (D) et d'un nom (N) :

$$SN = D + N$$

Le pain, un cheval, trois enfants, quelques personnes.

12

• Pour passer de sa référence virtuelle à une référence actualisée, le nom doit entrer dans un SN. De ce point de vue, le déterminant joue un rôle d'actualisateur, c'est-à-dire qu'il actualise le nom dans le discours.

• Tout mot précédé d'un déterminant devient un nom (dérivation impropre) :

verbe *rire* → *Le rire est le propre de l'homme.*
adjectif *rouge* → *Le rouge indique qu'il y a du danger.*
adverbe *si* → *Avec des si, on peut mettre Paris en bouteille.*

À l'intérieur du SN, le nom peut être accompagné d'**éléments facultatifs** : l'adjectif qualificatif (§ 238), le complément du nom (§ 240), la proposition relative (§ 242), une apposition (§ 239, 241).
Au niveau de la phrase, le nom peut être sujet (§ 226), complément du verbe (§ 245), attribut (§ 257) ou complément circonstanciel (§ 262).

3   Les sous-classes du nom

La classe du nom comporte plusieurs sous-classes. On les distingue par des caractéristiques sémantiques et syntaxiques qu'on appelle les **traits lexicaux** du nom. Ces traits lexicaux s'analysent en couples. La distinction principale est celle des noms communs et des noms propres. Les autres couples de traits lexicaux qu'on peut retenir sont : animé/non animé, comptable/non comptable, humain/non humain, concret/abstrait.

4   Les noms communs et les noms propres

Les noms communs.

Ils ont une signification qui est valable pour tous les éléments inclus dans leur référence : le nom commun *mouton* vaut pour tous les moutons.

Les noms propres.

Ils n'ont pas de signification au sens strict. Ils désignent un référent unique : le nom propre *Bordeaux* ne vaut que pour la ville qu'on appelle Bordeaux.
À la différence des noms communs, ils peuvent se passer de déterminant : *Montaigne, Lavoisier, Monet, Montréal, Genève, Mars.*

• Si le nom propre ne désigne pas un référent unique, l'actualisation nécessaire est réalisée :
— par le contexte : *Pierre Dupont, né le 3 mars 1939, à Paris 11ᵉ.*
— ou par la situation d'énonciation : *Montaigne.* Nom gravé sur le cadre d'un portrait de Montaigne.

À l'écrit, les noms propres commencent par une **majuscule**.

5   Particularités morphologiques des noms propres

▬ *L'emploi d'un déterminant.*

▪ Quand le nom propre est suivi d'une caractérisation, il doit être précédé d'un déterminant :

Hugo / Le Hugo qui écrivit « Les Misérables ».
J'ai été élevé dans le Paris noir de Zola. (MORAND)

▪ Du fait de leur histoire, de nombreux noms propres sont employés avec un article. C'est en particulier le cas des noms géographiques : *la France, l'Italie, le Sénégal,* mais *Cuba, Haïti, Israël, Madagascar,* etc. ; *la Seine, le Rhône, le mont Blanc, les Alpes, l'Himalaya, les Comores,* etc.
Dans des noms comme *Le Havre, Le Mans, La Charité-sur-Loire, Les Baux-de-Provence,* l'article fait partie du nom.

▬ *Les échanges entre noms propres et noms communs.*

Les noms propres peuvent occuper les mêmes positions que les noms communs dans la structure de la phrase. Les transferts entre les noms communs et les noms propres sont donc aisés :

▪ Certains noms communs ont un nom propre pour origine :
Une poubelle ← du nom du préfet de police de Paris *Eugène Poubelle* qui imposa l'emploi de ce récipient à ordures en 1884.
Un harpagon ou *un Harpagon* ← Du nom *Harpagon,* personnage principal de *L'Avare* de Molière.

> • Dans les deux exemples, il y a passage d'un nom propre à un nom commun. Mais les deux cas sont différents. Le nom commun *poubelle* est simplement emprunté au nom propre *Poubelle.* En revanche, un *harpagon* est un avare. Ce qui est emprunté, ce n'est pas uniquement le nom propre, c'est la caractéristique de l'avarice. Le nom savant de cette transposition est une **antonomase :** *X est le Robin des bois des temps modernes.*

▪ Les noms communs peuvent être employés comme des noms propres. Il suffit d'une majuscule :

Par quatre chaînes d'or le monde est retenu ;
Ces chaînes sont : Raison, Foi, Vérité, Justice. (HUGO)

> • Les noms d'habitants sont des noms propres : *un Français, un Anglais.* Attention ! Employés comme noms de langue, ils sont noms communs : *le français, l'anglais.*
>
> • Les noms des points cardinaux et de leurs synonymes sont des noms communs. Ils deviennent des noms propres pour désigner des régions :
> *Il allait vers le sud. / Il passe ses vacances dans le Sud.*
> *Il avait la tête tournée vers l'orient. / Le Proche-Orient.*
>
> • Les noms des jours, des mois et des saisons sont communs :
> *Le lundi 2 septembre. L'été dernier.*
> Mais un auteur peut toujours opérer le transfert :
> *Mon Automne éternelle ô ma saison mentale* (APOLLINAIRE)

14

6   Les noms animés et les noms non animés

Les noms animés.

Ils renvoient à des espèces vivantes. Ils ont généralement un masculin et un féminin **référentiels,** c'est-à-dire distingués par le sexe :
> *Un homme / une femme ; un cerf / une biche ; un coq / une poule.*

Le masculin est le **genre générique,** c'est-à-dire qu'il vaut pour les deux genres :
> *L'homme est un mammifère.* ⟹ L'homme = l'homme et la femme.

Les noms non animés.

Ils ont un genre qui résulte de leur histoire. Ils sont masculins : *un verre, un couteau, un plat,* ou féminins : *une coupe, une fourchette, une assiette,* etc.

> • Les transferts sont possibles entre noms animés et noms non animés. L'adjectif *malade* qualifie normalement un nom animé *(un enfant malade).* Par métaphore, la langue permet qu'il qualifie un nom non animé *(un arbre malade, l'économie est malade).* Les poètes procèdent de même :
> *Automne malade et adoré.* (APOLLINAIRE)

7   Les noms comptables et les noms non comptables

Les noms comptables.

Ils renvoient à des référents qu'on peut dénombrer : *une pomme, deux pommes, dix pommes, plusieurs pommes.* Ces noms s'emploient au singulier et au pluriel.

Les noms non comptables.

Ils renvoient à des référents continus, massifs, qu'on ne peut pas dénombrer : *du pain, du beurre, de la farine, de l'eau,* etc. Ces noms ne prennent pas le pluriel et s'emploient avec l'article partitif.

> • Les noms non comptables peuvent devenir comptables :
> *Je mange du pain.* → *J'ai acheté deux pains et un gâteau.*

8   Autres sous-classes de noms

Noms humains / noms non humains.

C'est une distinction à l'intérieur de la sous-classe des noms animés : *un enfant / un chaton.*

■■■ *Noms concrets / noms abstraits.*

Les noms abstraits sont non comptables : *la grandeur, l'inégalité.* Employés comme noms comptables, ils redeviennent concrets : *Il faut fuir les grandeurs. Les inégalités sociales.*

B. Le genre des noms

9   Le genre des noms animés

■■■ *Premier cas : le féminin est marqué par l'addition d'un -e à la forme écrite du nom masculin.*

Cette addition change ou ne change pas la prononciation. Elle modifie parfois l'orthographe de la dernière consonne du nom masculin.

■ La prononciation ne change pas.
Un ami/une amie, un rival/une rivale, un ours/une ourse.
Parfois, la finale écrite du masculin est modifiée :
Un Turc/une Turque, un Grec/une Grecque, Frédéric/Frédérique.

■ La consonne finale du masculin écrit se prononce au féminin :
Un candidat/une candidate, un Français/ une Française.
À l'écrit, la consonne est parfois doublée :
Un chat/une chatte, un poulet/une poulette.

■ La consonne finale du masculin change :
Un veuf/une veuve, un loup/une louve.

■ La voyelle finale prononcée au masculin change :
Un voisin/une voisine [ɛ̃] / [in]*, un Toulousain/une Toulousaine* [ɛ̃] / [ɛn]*, un boulanger/une boulangère* [e] / [ɛr]*.*
À l'écrit la consonne est parfois doublée :
Un paysan/une paysanne, un lion/une lionne, Jean/Jeanne.

■■■ *Deuxième cas : le genre est marqué par un suffixe ou un couple de suffixes.*

Le masculin et le féminin sont donc différents à l'écrit et à l'oral.
■ Les marques du genre sont un couple de suffixes masculin/féminin :
Un serveur/une serveuse, un danseur/une danseuse.
Un mineur/une mineure, un supérieur/une supérieure.
Un auditeur/une auditrice, un conducteur/une conductrice.
Un enchanteur/une enchanteresse (usage ancien).

■ Le suffixe est un suffixe féminin :
Un héros/une héroïne, Jacques/Jacqueline.
Un prince/une princesse, un hôte/une hôtesse, un âne/une ânesse.
Dans le cas inverse, c'est au masculin que l'on trouve un suffixe :
Un compagnon/une compagne, un canard/une cane, un mulet/une mule.

■ Les suffixes sont différents au masculin et au féminin :
Un serviteur/une servante, des jumeaux/des jumelles.

16

Troisième cas : les deux noms sont différents.

Un homme/une femme, un frère/une sœur, un cheval/une jument.

*Quatrième cas : la forme écrite et orale du nom
est la même au masculin et au féminin.*

La marque du genre est donnée par le déterminant :
*Un artiste/une artiste, un élève/une élève, un enfant/une enfant, un
libraire/une libraire, un pianiste/une pianiste.*

La marque du genre est donnée par un terme générique :
Un mannequin (femme)/*un mannequin homme, un crapaud mâle/un
crapaud femelle, une vedette masculine.*

• Des noms de charges ou de métiers longtemps exercés par des hommes n'ont
pas de féminin : *Monsieur ou Madame le ministre, le maire, le juge, le professeur,
le médecin, le pharmacien*, etc. On dit parfois *un professeur femme, une médecin, une maire*, etc. Les Québécois ont adopté : *une professeuse, une écrivaine...*
Pourquoi ne pas suivre leur exemple ?

• L'application de noms féminins à des hommes ou masculins à des femmes est
souvent péjorative :
Ce type est une canaille, une crapule, une fripouille.
Cette femme est un laideron, un souillon, un bas-bleu.

10   Le genre des noms non animés

Les noms désignant des objets, des idées, des actions, etc., devraient
être au genre **neutre**. Mais ce genre n'existe pas pour les noms en français.
Ils sont donc ou **masculins** ou **féminins.**

Le genre de ces noms non animés dépend :
— de leur **histoire** *(automobile* a d'abord été masculin à cause du nom : *un
mobile)* ;
— de leur **morphologie** (les finales en *e, ette, ée*, etc., sont senties comme
féminines : *un camion, une camionnette ;* dans les noms composés de deux
noms le sens impose généralement le genre : *un wagon-restaurant, une
plate-forme)* ;
— d'un **rapprochement avec un autre nom** *(un Airbus* ← *un avion).*
Dans de nombreux cas, le masculin joue le rôle de genre indifférencié : il
accueille tous les noms.

• Sont masculins : *un abîme, un antre, un alvéole, un apogée, un armistice, un
astérisque, des effluves, un éloge, un équinoxe, un obélisque, un pétale, un tenta-
cule*, etc.

• Sont féminins : *des alluvions, une épigramme, une épithète, une espèce, une
oasis, une omoplate, une orbite, une oriflamme, les ténèbres*, etc.

• Pour *après-midi, autoroute, H.L.M., interview*, etc., l'usage hésite. Il hésite aussi
pour les autres noms cités mais le registre soutenu demande que la règle soit
respectée.

■ Plusieurs **homonymes sont distingués par le genre**. Il ne faut pas les confondre avec le cas des noms animés :

> *Un livre de français / une livre de pommes, le page du roi / la page d'un livre, faire un somme / faire la somme, un vase de fleurs / patauger dans la vase, un trompette joue de la trompette...*

C. Le nombre des noms

11   Les marques du pluriel

En français la marque écrite du pluriel des noms se place à la fin du mot. Selon le cas, cette marque s'entend (pluriels en *-aux*) ou ne s'entend pas (pluriels en *-s* et *-x*).
Cependant, une liaison est obligatoire entre les déterminants pluriels et les noms qui commencent par une voyelle ou un *h* non aspiré. Ces noms portent donc une marque orale du pluriel au début du mot :

> *Des [z] enfants, mes [z] amis, trois [z] heures.*

▶ • La liaison est facultative, mais courante, entre le nom et un adjectif qui commence par une voyelle ou un *h* non aspiré :
Des chevaux [z] emballés, des artisans [z] habiles.

■ *Premier cas : le pluriel est marqué par l'addition d'un -s à la forme écrite du nom singulier :*

> *Un chat/ des chats, un enfant / des enfants.*

▶ • On doit dire : *un œuf* [œf] / *des œufs* [ø], *un bœuf* [bœf] / *des bœufs* [bø].

■ *Deuxième cas : le pluriel est marqué par l'addition d'un -x à la forme écrite du nom singulier.*

Les noms concernés sont :
■ Sept noms en **-ou** : *bijoux, cailloux, choux, genoux, hiboux, joujoux, poux.* Et, récemment, le nom familier *ripoux.*
■ Les noms en **-au, -eau, -eu** et **-œu** : *un tuyau/des tuyaux, un préau/des préaux, un feu/des feux, un vœu/des vœux.*
Exceptions courantes : *pneus, landaus, lieus* (poissons).

■ *Troisième cas : les noms en -s, -x et -z sont invariables.*

> *Un avis/des avis, une voix/des voix, un nez/des nez.*

▶ • On doit dire : *un os* [ɔs]/ *des os* [o].

> ███ *Quatrième cas : les pluriels en -aux.*

Les noms concernés sont :
■ La plupart des noms en **-al** : *animaux, canaux, chevaux, hôpitaux, journaux, maux, rivaux, tribunaux.*
Dix noms font leur pluriel en *-als* : *avals, bals, cals, carnavals, chacals, chorals, festivals, narvals, récitals, régals.*
■ Sept noms en **-ail** : *baux, coraux, émaux, soupiraux, travaux, vantaux, vitraux.*

> ███ *Autres cas.*

— *Aïeul* donne *les aïeuls* (les grands-parents), *les aïeux* (les ancêtres). *Ciel* donne *cieux* et *les ciels d'un peintre* ou *des ciels de lit. Œil* donne *yeux* mais *des œils-de-bœuf.*
— *Amour, délice, orgue* et *gens,* voir le dictionnaire.
— Noms toujours employés au pluriel (§ 2).

12   Pluriel des noms composés

Quelques procédures permettent de trouver le bon chemin dans un grand nombre de cas. Ce qu'il faut examiner, c'est la composition du nom :

■ **Verbe + nom.** Le verbe reste invariable, le nom prend le pluriel selon le sens :
> *Des chasse-neige, des garde-boue, des porte-monnaie.*
> *Des tourne-disques, des tire-bouchons, des pèse-lettres.*

Le sens peut demander que le nom complément soit toujours au pluriel :
> *Un porte-avions, un sèche-cheveux.*

■ **Nom + nom.** L'analyse des relations syntaxique et sémantique peut guider :
> *Des choux-fleurs, des chiens-loups, des sourds-muets.*
> *Des timbres-poste* (de la poste), *des pauses-café* (pour prendre un café), *des coups d'œil* (avec un seul œil).

■ **Nom + adjectif.** En principe les deux prennent le pluriel :
> *Des coffres-forts, des hauts fourneaux, des grands-pères.*

■ **Adverbe + nom.** L'adverbe est invariable :
> *Des haut-parleurs, des arrière-boutiques, des contre-offensives.*

■ Les **autres noms composés** restent **invariables** :
> *Des va-et-vient, des laissez-passer, des on-dit.*

• Les irrégularités sont nombreuses. N'hésitez pas à recourir aux dictionnaires. Tout le monde le fait ! Si vous découvrez avec surprise que votre dictionnaire donne un *couvre-pied,* n'en déduisez pas qu'il faut laisser un pied en dehors du lit et écrivez bravement *un couvre-pieds.* Sauf au scrabble ou dans un championnat d'orthographe !
Plusieurs linguistes et grammairiens ont proposé d'aligner le pluriel des noms composés sur celui des noms simples. On aurait écrit : *un sèche-cheveu/des sèche-cheveux* (les chauves ont applaudi le singulier), *un tire-fesse/des tire-fesses* (les skieurs ont refusé le singulier), *un prie-Dieu/des prie-Dieux* (les polythéistes ont refusé le singulier, les monothéistes ont repoussé le pluriel), etc. Le débat pose un problème délicat : celui de l'influence du référent sur la forme du nom.

13   Pluriel des noms propres

En principe, les noms propres **n'ont pas de pluriel** puisque le référent est unique :
> *J'ai rencontré les Dupont.*

Mais quand la famille est considérée comme illustre (point toujours difficile à apprécier !) le pluriel est possible :
> *Les Curiaces et les Horaces.*

Attention aux noms propres qui **sont déjà au pluriel :**
> *Les Comores, les Célèbes, les Baléares* (plusieurs îles).
> *Les Pyrénées, les Alpes, les montagnes Rocheuses.*

On écrit : *Les deux Amériques* (du Nord et du Sud).

Quand le nom propre n'est plus un nom animé mais un nom concret non animé, il semble plus logique qu'il prenne le pluriel : *Il y a dans ce musée deux Renoirs* et *trois Picassos* (des tableaux de...). Cependant, l'usage hésite.

14   Pluriel des noms d'origine étrangère

L'usage demande qu'on applique les règles du français : *des solos* (italien), *des lieds* (allemand), *des barmans* (anglais). Le snobisme maintient le pluriel étranger : *des soli, des lieder, des barmen.* Mais c'est normalement qu'on dit *des spaghetti, des ravioli,* sur le modèle du pluriel italien, puisque l'usage courant est d'en manger plusieurs !

EXERCICES

LE NOM

1 **Relevez les noms de ces phrases.**

a) « La silhouette fondit dans le couloir obscur ; de nouveau je me retrouvai seul. » (GRACQ)

b) « La chambre de cette maison de famille d'Arcachon était meublée de faux bambou. » (MAURIAC)

c) « Adieu, adorables saucisses de bœuf joliment pimentées ! » (A. COHEN)

d) « À travers les persiennes le soir est arrivé. Le vacarme a augmenté. Il est plus éclatant, moins sourd. » (DURAS)

e) « Quel est le plus long chemin d'un point à un autre ? » (TARDIEU)

f) « J'étais venu à Paris pour six mois ; j'y suis resté avec quelques absences plus de douze ans. » (RAMUZ)

g) « Je me fis donner un cahier, une bouteille d'encre violette, j'inscrivis sur la couverture : ''Cahier de romans''. » (SARTRE)

h) « J'ai essayé d'abord, comme je fais parfois, en m'approchant doucement, de les surprendre. » (SARRAUTE)

i) « Je fus réveillé par le planton. Il était trois heures du matin. » (GIONO)

j) « J'entends la mer comme jamais je ne l'ai entendue jusqu'alors. » (LE CLÉZIO)

2 **Relevez les noms de ces phrases. Quels sont les noms obtenus par dérivation impropre ? Expliquez leur origine.**

a) J'ai trop de travail. Je n'ai pas eu le temps de prendre mon déjeuner. J'ai hâte de dîner.

b) « Ici, le noir domine. Il est entré dans les yeux, sous les ongles, aux interstices de la peau, il imprègne les poumons. » (ARAGON)

c) Ce haut-parleur a des aigus criards.

d) « On est laid à Nanterre
C'est la faute à Voltaire
Et bête à Palaiseau
C'est la faute à Rousseau. » (HUGO)

e) « Un grand cri s'éleva, domina *la Marseillaise* :
— Du pain ! Du pain ! Du pain ! » (ZOLA)

f) « On ne gouverne pas avec des mais. » (DE GAULLE)

g) (Dans une salle de jeu) « Un grand homme sec, en habit râpé, tenait un registre d'une main et de l'autre une épingle pour marquer les passes de la rouge ou de la noire. » (BALZAC)

h) Il me dit encore vous. On dirait qu'il ne connaît pas le tu.

i) « Honore, ô Prince, ton exil ! » (SAINT-JOHN PERSE)

j) « Une fois il lui dit qu'il était né à La Ferté-Milon, aux bords du canal de l'Ourcq. » (PEREC)

3 **Ces noms communs viennent de noms propres. En vous aidant d'un dictionnaire encyclopédique, recherchez leur origine.**

a) le narcissisme. **b)** la panique. **c)** un apollon. **d)** un python. **e)** un hercule. **f)** un molosse. **g)** des colchiques. **h)** un phare. **i)** un mécène. **j)** un vandale.

4 **Même exercice.**

a) un cordonnier. **b)** une praline. **c)** une binette (une drôle de figure). **d)** une silhouette. **e)** des persiennes. **f)** une montgolfière. **g)** un saxophone. **h)** un mazagran. **i)** une bougie. **j)** un décibel.

5 **Examinez de nouveau les noms communs des exercices 3 et 4. Lesquels sont obtenus sur le modèle de *poubelle* ? Lesquels sont obtenus sur le modèle de *harpagon* (§ 5) ?**

6 Quels changements de traits lexicaux pouvez-vous observer dans ces couples de noms ?

a) un cheval de course / un cheval de bois. b) du cuivre / des cuivres. c) boire du vin / boire un grand vin. d) Bordeaux / un bordeaux. e) faire preuve de décision / prendre une décision. f) le public a applaudi les mannequins. / on a rangé les mannequins dans l'arrière-boutique. g) mon poids est de 80 kg / c'est un poids de 200 g. h) élever des moutons / manger du mouton. i) la raison / j'ai mes raisons pour agir ainsi. j) de la mousse / un mousse.

7 Ces noms non animés sont masculins ou féminins. Essayez de comprendre pourquoi.

a) une Renault. b) une jeep. c) une cigarette. d) un Airbus. e) un aller-retour. f) un jean. g) une table. h) un match. i) une allumette. j) un Caméscope.

8 Même exercice avec les noms composés suivants.

a) un coffre-fort. b) un porte-plume. c) un coupe-fil. d) le qu'en-dira-t-on. e) un chou-fleur. f) un essuie-glace. g) un lave-vaisselle. h) un rouge-gorge. i) un télésiège. j) une télécabine.

9 Composez deux phrases pour chaque couple de noms afin de bien faire ressortir l'écart sémantique entre les homonymes. En cas de doute, consultez un dictionnaire.

a) la foi et le foie. b) un satyre et une satire. c) un greffe et une greffe. d) un mode et une mode. e) un cartouche et une cartouche. f) un mémoire et la mémoire. g) un tour et une tour. h) un parallèle et une parallèle. i) un vapeur et une vapeur. j) un manche et une manche.

10 Même exercice.

a) un aigle et une aigle (en plus de l'opposition mâle/femelle). b) un barde et une barde. c) un carpe et une carpe. d) un crêpe et une crêpe. e) un hymne et une hymne. f) un moule et une moule. g) un ombre et une ombre. h) un pendule et une pendule. i) un souris et une souris. j) un voile et une voile.

11 Parmi les quinze noms qui suivent, dix sont des noms de marques déposées et cinq des noms communs. En vous aidant du dictionnaire, rendez leur majuscule aux noms propres.

a) un ricqlès. b) un airbus. c) un frigidaire. d) un sparadrap. e) un camembert. f) un restoroute. g) un monopoly. h) un supermarché. i) un prisunic. j) un orangina. k) un scrabble. l) du polyester. m) un thermos. n) un caméscope. o) du rimmel.

CHAPITRE 2

Les déterminants du nom

15 Définition

■ Les déterminants introduisent le nom dans le discours (§ 1), c'est-à-dire qu'ils **l'actualisent** en formant avec lui la base du syntagme nominal :

$$SN = D + N$$

L'accord du déterminant et du nom est un ciment qui assure la cohésion du SN.
Les déterminants forment une classe fermée (on n'invente pas de nouveaux déterminants) et ils portent des valeurs qui éclairent les relations du nom avec son ou ses référents.

■ Les **déterminants spécifiques** ne peuvent pas se combiner entre eux. Ce sont les articles, les adjectifs démonstratifs et les adjectifs possessifs :
Le train. Ce train. Mon train.

■ Les **déterminants complémentaires** peuvent se combiner entre eux et avec les déterminants spécifiques. Ce sont les adjectifs numéraux, indéfinis, interrogatifs et exclamatifs :
Les deux trains. Tous les trains. Quel autre train ? Quel train !

I. LES ARTICLES

A. L'article indéfini

16 Les formes de l'article indéfini

	Masculin	Féminin
Singulier	un	une
Pluriel	des	

17   Valeurs de l'article indéfini singulier

>   *Elle a acheté **un vélo**.*

Dans le SN *un vélo*, l'emploi de l'article indéfini *un* :
— présuppose l'existence d'un ensemble de référents (c'est-à-dire laisse entendre qu'existe un ensemble d'objets vélos de course) ;
— dit qu'un élément précis est extrait de cet ensemble ;
— mais ouvre un SN qui ne permettra pas à l'interlocuteur de connaître quel élément de l'ensemble est concerné, à quel référent exact il renvoie.
L'**indétermination** du SN est donc liée à l'existence de l'ensemble de référents : ensemble qui n'est ni vide ni de cardinal 1.

18   Emplois de l'article indéfini singulier

■ Un élément est **extrait de l'ensemble des référents**. Cet élément est unique mais il ne peut pas être identifié :
>   *Elle a acheté **un** vélo. J'ai rencontré **une** amie.*

> • C'est pourquoi l'article indéfini est utilisé quand le SN évoque un référent dont on n'a pas encore parlé, qui n'est pas encore connu :
> *Un agneau se désaltérait*
> *Dans le courant d'une onde pure.*
> *Un loup survient à jeun...* (LA FONTAINE)

■ Un élément **représente l'ensemble des référents** (singulier général ou générique).

> *Les freins sont importants sur **un** vélo.* ⟹ Pas sur un seul bien entendu, mais sur tous les vélos.

> • En prenant des notes, on remplace souvent *un* par 1. Cette abréviation est difficilement acceptable dans le premier emploi où elle efface la valeur indéterminée pour ne retenir que la valeur numérale. Elle est incompatible avec le singulier générique où il ne s'agit pas d'« 1 » vélo mais de tous les vélos.

19   Emplois de l'article indéfini pluriel

■ L'article indéfini *des* indique **qu'un sous-ensemble d'éléments est extrait** de l'ensemble présupposé des référents. Il exprime donc une double indétermination puisqu'on ne sait pas quels éléments sont extraits, ni combien :
>   ***Des** agneaux se désaltéraient. J'ai rencontré **des** amis.*

■ Le **singulier générique a déjà une valeur plurielle.** On rencontre cependant :

> *Les freins sont importants sur **des** vélos de course.* ⟹ Ce pluriel est fautif (il suppose un sous-ensemble) ou du moins inutile.

■ Dans une phrase à la forme négative, l'article indéfini d'un SN complément direct est remplacé par *de* :
>   *J'ai apporté un cadeau. → Je n'ai pas apporté **de** cadeau.*

Mais on conserve l'article indéfini pour souligner une opposition :
> *Je n'ai pas apporté des fleurs mais des bonbons.*
> *Je n'ai pas apporté un cadeau mais un présent.*

La négation ne concerne pas le verbe : on a apporté quelque chose. Elle concerne le complément, ce qu'on a apporté. Les linguistes parlent ici d'une négation métalinguistique : une négation qui porte sur les mots eux-mêmes.

> • Dans l'usage soutenu, quand un adjectif précède le nom, *des* devient *de* :
> *J'ai acheté **des** fleurs.* → *J'ai acheté **de** belles fleurs.*

B. L'article défini

20 Formes de l'article défini

Formes simples :

	Masculin	Féminin
Singulier	le, l'	la, l'
Pluriel	les	

Formes contractées (toutes au masculin) :

	avec à	avec de
Singulier	au	du
Pluriel	aux	des

> • La forme *ès*, contraction de *en les*, ne s'emploie plus que dans quelques locutions : *licencié ès lettres, docteur ès sciences.* Dans les locutions *licencié en droit, docteur en médecine*, il n'y a pas de déterminant.

> • Ne pas confondre *des* article indéfini et *des* article défini contracté *(de les)* :
> *J'ai rencontré des amis.*   ⟹   Au singulier : *un ami.*
> *C'est un ami des voisins.*   Au singulier : *du voisin.*

21 Valeurs de l'article défini

> *Il faut faire réparer **le** vélo.*

Dans le SN *le vélo*, l'emploi de l'article défini *le* :
— construit un référent unique *(ce vélo)* ;
— mais implique que l'interlocuteur pourra l'identifier (il doit savoir de quel vélo il s'agit).
La question décisive est donc celle de l'**identification.**
L'ensemble des vélos existe toujours ! Ce qu'il faut comprendre, c'est que l'article défini n'y fait pas allusion. Il pourrait n'y avoir au monde qu'un vélo.

LES DÉTERMINANTS DU NOM

25

22 Emplois de l'article défini singulier

Les emplois de l'article défini singulier reposent sur la manière dont l'interlocuteur peut identifier le référent.

■ Le référent est **identifiable** parce qu'il a **déjà été présenté.** L'article défini est alors en relation avec ce qui précède. On appelle cette relation une **anaphore** (« reprise ») et l'on parle de l'emploi anaphorique de l'article défini :
Un cavalier approchait. Devant le château, ***le cavalier*** *s'arrêta.*

▶ • On trouve ici la contrepartie de l'article indéfini, employé pour parler de ce qui n'est pas encore connu (§ 18) : *un agneau, un loup.* Plus loin dans la fable, l'article défini apparaît : *Sire, répond* ***l'agneau...,*** et : ***Le*** *loup l'emporte et puis le mange...*

■ Le référent est **identifiable** parce qu'il **fait partie d'un univers extralinguistique** que tous les locuteurs potentiels connaissent ou sont censés connaître :
La pluie, l'été, le 14 août 1978, la littérature, la grippe.
C'est dans cet emploi que l'article défini permet la nominalisation (par dérivation impropre) de mots appartenant à d'autres classes : *le rire, le vrai, le pourquoi et le comment.*

▶ • Quand l'article défini détermine un nom abstrait, le référent « construit » est presque toujours susceptible d'être discuté. Si quelqu'un affirme : *Je dis la vérité,* quelqu'un d'autre peut répondre : *Ce n'est pas la vérité, mais votre vérité, une vérité.*

■ Le référent est **identifiable à partir de la situation d'énonciation** précise que partagent les interlocuteurs. On parle alors de l'**emploi déictique** de l'article défini (§ 67) :

Est-ce que tu as réparé ***le*** *vélo ?* ⟹ Le vélo que connaissent les interlocuteurs en présence.

Je reviendrai ***le*** *14 août de l'année prochaine.* ⟹ L'année n'est identifiable que par rapport au moment de l'énonciation.

■ Le référent **est l'espèce nommée** (singulier générique) :
L'homme est mortel.

▶ • Le singulier générique est donc exprimé par l'article indéfini (§ 18) et par l'article défini.
Avec le défini, la référence est globale : *Qu'est-ce que l'homme dans l'infini ?*
Avec l'indéfini, un élément représente l'espèce : *Qu'est-ce qu'un homme dans l'infini ?* (PASCAL)

23 Emplois de l'article défini pluriel

■ L'article *les* construit un **ensemble d'éléments considéré dans sa totalité.** Il a les mêmes emplois que l'article défini singulier :
Les *cavaliers s'arrêtèrent.*
Les *pluies d'automne.* ***Les*** *étés des années 70.*
Tu sais où sont ***les*** *vélos ?*

26

Le **singulier générique exclut en principe le pluriel.** La phrase : *Les hommes sont mortels*, n'est que le pluriel formel de : *L'homme est mortel.* Les deux phrases ont des sens presque identiques, mais la première envisage l'ensemble des éléments, la seconde envisage un élément pour l'ensemble.

• Les emplois de *les* et *des* sont souvent confondus. On entend souvent dire : *Les gens pensent que...* Il serait plus exact de dire : *Des gens pensent que...* On voit bien qu'il est plus avantageux d'avoir *les* gens de son côté que *des* gens.
Mais il y a des cas où le choix entre les deux formes n'est pas entièrement libre. Par exemple, quand le SN est complément de verbe. On peut dire *manger des gâteaux* ou *manger les gâteaux* (les sens sont différents). On peut dire : *J'aime les gâteaux*, mais : *J'aime des gâteaux* semble impossible. Sauf si le contexte est prolongé : *J'aime des gâteaux avec le café.* Ce qui est une manière de revenir au premier cas : *J'aime (manger) des gâteaux avec le café.*

C. L'article partitif

24   Formes et emplois de l'article partitif

	Masculin	Féminin
Singulier	du	de la

L'article partitif s'emploie devant les noms non comptables. Il signifie qu'on prend **une part d'un référent continu.** Ce référent peut être une matière ou toute entité non comptable :
*Manger **du** pain. Boire **de** l'eau. Jouer **du** Bach. Faire **du** sport.*
En principe, l'article partitif ne peut pas avoir de pluriel puisque les noms non comptables n'en ont pas. On considère pourtant parfois que *des* est partitif dans : *manger **des** épinards, **des** lentilles, **des** rillettes...*

À la forme négative, *du* et *de la* sont remplacés par *de* :
*Je mange **du** pain. Je ne mange plus **de** pain.*
Mais les deux articles sont conservés après le verbe *être* ou pour souligner une opposition (§ 19) :
*Ce n'est pas **du** pain, c'est **du** gâteau.*
*Je ne mangerai pas **du** fromage mais **de la** salade.*

• Le problème que pose l'article partitif... c'est de savoir s'il existe vraiment. Certains linguistes considèrent que la nuance partitive est portée par la seule préposition *de*. Ils proposent même de ne pas considérer ce *de* comme la préposition mais comme une particule spécifique. Elle peut être employée avec un adjectif démonstratif ou possessif :
*Reprenez donc **de ce** gâteau. Il a repris **de mon** gâteau.*

II. LES ADJECTIFS POSSESSIFS

25   Formes des adjectifs possessifs

	Le nom déterminé est			
	Au singulier			Au pluriel
	Il commence par une consonne		Il commence par une voyelle	
Possesseur	Masculin	Féminin		
moi	mon vélo	ma moto	mon ami(e)	mes
toi	ton vélo	ta moto	ton ami(e)	tes
lui/elle	son vélo	sa moto	son ami(e)	ses
nous		notre		nos
vous		votre		vos
eux/elles		leur		leurs

26   Valeurs des adjectifs possessifs

*Paul a vendu **son** vélo.*
Dans le SN *son vélo*, l'emploi de l'adjectif possessif *son* :
— construit un référent unique, exactement comme l'article défini (§ 17) ;
— mais il exprime en plus un **rapport dit de possession** *(le vélo de Paul, Paul a un vélo).*
C'est ce rapport qui doit assurer l'identification de l'élément. Du fait de ces deux points :
— l'adjectif possessif s'accorde en genre et en nombre avec le nom qu'il détermine (l'objet possédé) ;
— il s'accorde en personne avec le possesseur.

27 Emplois des adjectifs possessifs

Les emplois de l'adjectif possessif dépendent de la manière dont le « possesseur » est identifié et de la nature du lien dit de « possession ». Pour les emplois dans la langue classique, voir § 398.

▰ *L'identification du « possesseur ».*

▰ Le possesseur est **présent dans le contexte :**
*Paul a vendu **son** vélo.*

*Découvrir Naples, c'était donner **son** vrai nom au soleil.* (MORAND)

> • Dans le premier exemple, l'adjectif possessif renvoie à un « possesseur » (Paul) cité avant. C'est un emploi **anaphorique** (§ 22). Dans le second exemple, l'adjectif possessif précède le « possesseur » (le soleil). On parle dans ce cas de **cataphore** (« anticipation »). Autre bel exemple de cataphore avec le possessif :
> *Dans l'ombre du grand acacia, son fauteuil de rotin attend grand-père.*
> (J. ROUAUD)

▰ Le possesseur est **présent dans la situation d'énonciation** (valeur **déictique** du possessif) :
*Tu peux me passer **ton** crayon, s'il te plaît ? **Mon** stylo est cassé.*

> • Il faut penser à l'identification du possesseur quand on emploie un adjectif possessif. Dans cette phrase d'une copie d'élève : *Quand Phèdre rencontre Hippolyte, son émotion est grande,* l'adjectif possessif *son* peut renvoyer par anaphore à deux possesseurs. Il fallait écrire, par exemple : *L'émotion de Phèdre est grande quand elle rencontre Hippolyte.*

▰ *La nature du lien dit de « possession ».*

L'adjectif possessif exprime :
— une **possession véritable :** *Ma voiture, notre maison.*
— un **rapport de famille** ou d'amitié : *Mon frère, mes copains.*
— un **rapport d'affection :** *Mon amour. C'est encore son Paul.*
Tu reviendras mon vieux... On n'oublie pas ses copains. (IONESCO)
— des **relations diverses :** *J'ai manqué mon train. Il a perdu son temps. Nous avons passé nos vacances à la campagne.*
Tu t'en vas sans moi, ma vie. (MICHAUX)

> • Quand le nom déterminé est une partie du corps, l'identification du « possesseur » ne pose pas de problème. L'adjectif possessif est donc inutile, l'article défini suffit :
> *Elle a levé la main. Il a mal à la cheville.*
> Si le nom est caractérisé, le possessif redevient nécessaire parce qu'une telle « possession » ne va plus de soi :
> *Elle a levé sa main blessée. Il a mal à sa cheville bandée.*
> • Expressions avec le pronom *chacun.* On doit accorder l'adjectif possessif avec la personne du sujet :
> *Nous sommes partis chacun de notre côté.*
> *Vous êtes partis chacun de votre côté.*
> À la 3e personne, l'emploi du singulier est possible :
> *Ils sont partis chacun de leur côté,* ou : *de son côté.*

28   Les adjectifs possessifs toniques

Les formes des adjectifs possessifs toniques sont :

mien	mienne	miens	miennes
tien	tienne	tiens	tiennes
sien	sienne	siens	siennes
nôtre		nôtres	
vôtre		vôtres	
leur		leurs	

Les formes des trois personnes du singulier s'emploient comme déterminants complémentaires : *Une mienne* amie. *Des miens* amis.
Toutes les formes s'emploient comme adjectif en position d'attribut : *Ces idées sont **miennes**. Ces espoirs sont **nôtres**.*
Ces emplois sont tous des archaïsmes en français moderne.

29   Formes des adjectifs démonstratifs

III. LES ADJECTIFS DÉMONSTRATIFS

	Le nom déterminé est		
	Masculin		Féminin
	Il commence par une consonne	Il commence par une voyelle	
Singulier	ce vélo	cet ami	cette
Pluriel	ces		

Ces formes peuvent être renforcées par les particules *ci* et *là* :
Ce vélo-là. Cet enfant-là. Cette rue-ci. Ces maisons-ci.

30 Valeurs et emplois des adjectifs démonstratifs

L'adjectif démonstratif « montre ». À partir de là, deux cas d'emplois peuvent être distingués.

■ L'adjectif **« montre » un référent** qu'on ne peut identifier que dans la situation d'énonciation (valeur **déictique**) :
> *Ce soir, je rentre vers 8 heures.*

Si quelqu'un trouve ce billet en revenant chez lui, il comprend le message. Il sait qui est « je », de quel « soir » il s'agit. Mais si quelqu'un trouve ce billet dans la rue, il ne peut le comprendre complètement.

■ L'adjectif **« montre » un mot** ou **un passage du contexte** (emploi anaphorique) :
> *J'ai revu Z. Ce film est vraiment intéressant.*

31 Emplois des formes en -ci et -là

■ La forme en *-ci* **« montre » un référent** qui est repéré du point de vue du locuteur. D'où l'idée d'une proximité :
> *Cette **maison-ci** n'est pas à vendre.*

■ La forme en *-là* **« montre » un référent** qui est repéré dans une sphère commune au locuteur et à l'interlocuteur. D'où l'idée d'une sphère plus grande impliquant un éloignement :
> *Cette **maison-là** est à vendre.*
> *Ce **matin-là** tout avait gelé.* (MORAND).

L'emploi du couple *-ci/-là* est devenu rare dans la langue courante :
> *Tu choisis cette **veste-ci** ou cette **veste-là** ?*

32 L'absence de déterminant spécifique

■ Le déterminant est **souvent supprimé** dans les énoncés où la situation de communication demande de la brièveté.
— Notes, télégrammes : *Arrive gare 8 h. Envoyer voiture.*
— Titres de presse : *Orages sur le Midi.*

■ Le déterminant est **absent** dans les désignations.
— Étiquettes, avis, etc.: *Camembert supérieur. Voie privée.*
— Titres d'ouvrages : *Grammaire française. Manuel de vol à voile.*

■ Le déterminant est **toujours absent** dans les SN où le référent du nom est envisagé dans sa plus grande généralité. Cela concerne :
— de nombreux **proverbes** :
> *Pierre qui roule n'amasse pas mousse. Pauvreté n'est pas vice.*
— de nombreuses **locutions verbales** :
> *Avoir faim, avoir peur, prendre froid, faire peur, faire face.*

— des **noms attributs à valeur qualifiante** :
> *Mon frère est garagiste. Jean est fonctionnaire.*

— des **compléments de nom** :
> *Une tasse de/à café, une bouteille d'eau, un avion à réaction.*

— certains **compléments prépositionnels du verbe** :
> *Travailler avec ardeur. Rougir de colère.*

— l'**apostrophe** :
> *Joie ! ô joie déliée dans les hauteurs du ciel.* (SAINT-JOHN PERSE)

> • Dans plusieurs de ces constructions, le déterminant redevient nécessaire à chaque fois que le nom est caractérisé :
> *Avoir une faim de loup. Faire une peur bleue.*
> *Mon frère est un excellent garagiste.*
> *Une tasse d'un délicieux café. Une bouteille d'une eau sale et polluée.*
> *Il travaille avec l'ardeur de ceux qui espèrent réussir.*

■ Dans diverses constructions, le déterminant peut être **omis ou non**. Son omission correspond toujours à la recherche d'une référence générale. C'est le cas d'une :

— **apposition** : *Henri de Navarre, (le) futur roi de France, est né à Pau.*
L'apposition avec le déterminant sert à identifier le nom *Henri de Navarre*.
L'apposition sans déterminant sert à caractériser ce nom.

— **énumération** : *Il a tout perdu : papiers, argent, billets d'avion.*

— **construction négative** : *Je ne veux pas de (ce) pain. Il est venu sans (son) parapluie.*

33 La répétition des déterminants

■ Quand plusieurs noms ont chacun leur référent, on répète le déterminant :
> *J'ai apporté **un** crayon, **un** carnet et **une** gomme.*

Sauf dans les locutions :
> *Des allées et venues, les us et coutumes, les arts et métiers, les ponts et chaussées, ses frères et sœurs.*

Ou en cas d'omission volontaire (§ 32) :
> *J'ai apporté crayon, carnet et gomme.*

■ Quand plusieurs noms renvoient à un seul référent, on ne répète pas le déterminant :
> *Je vous présente Michel, **mon** collègue et ami.*

La répétition a valeur d'insistance :
> *Je vous présente Michel, **mon** collègue et **mon** ami.*

> • Les mêmes règles valent pour les SN coordonnés par *ou*.
> Quand les référents sont différents, on répète le déterminant : *une hase **ou** un lièvre.*
> Quand le référent est unique, on ne le répète pas : *une hase, **ou** femelle du lièvre.*

■ Quand il s'agit du même nom avec plusieurs référents distingués par des adjectifs, on a le choix entre trois constructions :
> *La langue française, la langue anglaise et la langue italienne.*
> *La langue française, l'anglaise et l'italienne.*
> *Les langues française, anglaise et italienne.*

32

■ Quand les adjectifs sont antéposés et le référent unique, on a le choix.
— Si les adjectifs sont coordonnés, la construction courante ne répète pas le déterminant :

Un agréable, reposant et vivifiant séjour.

Mais la répétition est possible :

Le vierge, le vivace et le bel aujourd'hui. (MALLARMÉ)

— Si les adjectifs sont juxtaposés, le déterminant peut être répété :

Un agréable, un reposant, un vivifiant séjour.
Il faut lire ce magnifique, ce prodigieux roman !

IV. LES ADJECTIFS NUMÉRAUX

34 Les numéraux

On appelle **numéraux** des mots qui expriment une **quantité,** un **rang** ou diverses valeurs associées à la numération. On peut distinguer parmi les numéraux :
— Des déterminants numéraux (§ 35 et 37).
— Des adjectifs qualificatifs : *Le dernier jour. Un chêne centenaire. L'ère primaire. Le système décimal. Un plan triennal. Un double saut périlleux.*
— Des noms : *Une douzaine, un sizain, un quintil, un quatuor, un septennat. Un centenaire, le bicentenaire de la Révolution, un double.*

> • Les noms numéraux en *-aine* formés sur *six, huit, quinze* et sur *cent*, les dizaines de *dix* à *soixante*, évoquent une quantité proche de la valeur numérique du nombre d'origine : *une dizaine*, c'est environ dix, *une trentaine*, environ trente. Mais la dizaine arithmétique comporte 10 unités, et une douzaine d'œufs comporte 12 œufs (à moins que le commerçant n'en vende « treize à la douzaine »).

— Des adverbes : *Premièrement, deuxièmement, troisièmement.* Ainsi que les formes latines : *Primo, secundo, tertio, quarto. Bis, ter, quater.*

> • En latin, la suite des adverbes couvre évidemment la suite des nombres. Dans le français courant, il est pédant de dépasser le rang quatre ou cinq : *quinto, sexto, septimo..., quinquies, sexies, septies...* Il faut éviter l'emploi de *deuxio* qui imite plaisamment le modèle latin.

33

35   Les adjectifs numéraux cardinaux

■ **Définition**. Les adjectifs numéraux cardinaux indiquent un nombre précis d'unités. Ils s'emploient seuls ou avec un déterminant spécifique (§ 15) :
> *Dix jours. Cent francs. Les trois mousquetaires.*

■ Les **formes** des cardinaux sont de trois types :
— Une série de formes simples : *un, deux, trois, quatre, cinq, six, sept, huit, neuf, dix, onze, douze, treize, quatorze, quinze, seize, vingt, trente, quarante, cinquante, soixante, cent, mille*.
— Des formes composées à partir des précédentes, par coordination ou juxtaposition. Elles expriment une addition *(trente et un, soixante et onze)*, une multiplication *(quatre-vingts, trois cents, deux mille)* ou le résultat de l'opération *(dix-sept, vingt-trois, quatre-vingt-dix)*.
Les cardinaux des autres nombres combinent ces trois formations *(cent deux mille quatre cent trente et un)*.

> • *Quatre-vingts* est le reste d'un ancien système à base 20. Demeure également : *l'hôpital des Quinze-Vingts* ($15 \times 20 = 300$ malades).
> • En Belgique, *septante* (70) et *nonante* (90) sont les formes courantes. Les Suisses emploient *septante, octante* ou *huitante* (80) et *nonante : nonante-trois* = 93. Ce sont des formes dialectales du français ancien.

■ La **seule variation de genre** est *un / une*.

■ **Accord en nombre :**
— *Mille* est invariable. *Vingt* et *cent* prennent le pluriel : *quatre-vingts, trois cents*. Mais ils sont invariables quand d'autres numéraux les suivent : *quatre-vingt-deux, deux cent cinquante-trois*.
— *Million, milliard* sont des noms : *deux millions de francs*.

> • Attention : Le pluriel ne commence qu'à 2 : *1,75 litre*.
> On dit cependant : *Plus d'un élève est malade*, et : *Moins de deux semaines se sont écoulées*. L'accord enfreint la logique, mais il correspond au nombre grammatical des SN sujets *(un élève, deux semaines)*.

■ La valeur numérique des cardinaux est une **valeur précise :**
> *Deux jours, soixante secondes, mille deux cent trente francs.*

Mais dans certaines expressions, ils ont une valeur indéfinie :
> *En voir trente-six chandelles. Se répéter cent sept fois. Faire les quatre cents coups. Je te l'ai dit mille fois* (§ 41).

■ Les cardinaux s'emploient comme **unique déterminant** du SN :
> *Trois jours. Douze heures. Trente élèves. Vingt ans après.*

Mais ils peuvent aussi se combiner à d'autres déterminants :
> *Tous les trois jours. Trois autres amis. Les trois mousquetaires.*

> • Par dérivation impropre, les adjectifs numéraux cardinaux peuvent devenir des adjectifs : *Ils étaient trois*. Et des noms : *Trois fois trois, neuf. J'ai joué le six. J'habite au 14*.

36 Problèmes d'écriture et de prononciation des adjectifs numéraux cardinaux

■ **Problèmes d'écriture.**
On sépare par un trait d'union les termes inférieurs à *cent : trente-deux, soixante-douze, quatre-vingt-treize.* Mais on écrit : *cent dix-huit, mille deux cent trente-trois, dix-neuf mille quatre cent trente-deux.*
— Dans l'écrit ordinaire correct, les chiffres sont réservés aux dates *(2 décembre 1805)*, aux siècles *(18ᵉ siècle* ou XVIIIᵉ *siècle)*, aux dynasties *(Louis XIV)*, aux divers systèmes de mesures *(2 mètres, 5 kilos, 10 francs).* Les écrits des sciences et des techniques emploient les chiffres selon leurs besoins propres :
Application numérique : $C_B = 10^{-1}$ mol. l^{-1}, $V_A = 20.10^{-3}$ l.
— *Mil* est une graphie ancienne qu'on ne conserve que pour une écriture un peu solennelle des dates : *mil neuf cent quatorze.*

■ **Problèmes de prononciation.**
— *Six et dix* présentent deux prononciations : *six* [sis] et *six jours* [si ʒur] ; quand il y a une liaison, on prononce : *six heures* [si zœr].

— Pour *cinq* devant une consonne, il y a deux prononciations possibles : *cinq jours* [sɛ̃kʒur] ou [sɛ̃ʒur].

— Le *t* final de *vingt* se prononce devant une voyelle : *vingt et un* [vɛ̃teɛ̃], et dans un mot composé quand *vingt* est en tête : *vingt-deux* [vɛ̃tdø] (mais on dit : *quatre-vingts :* [katrəvɛ̃]).

— *Huit* perd son *t* devant une consonne : *huit jours.*

— Le *t* de *cent* ne se prononce pas devant une voyelle, c'est-à-dire dans : *cent un* et *cent onze* [sɑ̃ɛ̃, sɑ̃ɔ̃z].

— Entre 1100 et 2000, deux prononciations sont en usage pour les dates. 1789 se prononce : **mille sept cent** quatre-vingt-neuf ou **dix-sept cent** quatre-vingt-neuf. Dans les autres mesures, la prononciation sans *mille* semble plutôt en usage pour les nombres ronds : **dix-huit cents** *francs*, mais on dit : **mille huit cent** *vingt-neuf francs.*

37 Les adjectifs numéraux ordinaux

■ Les adjectifs numéraux ordinaux **indiquent un rang.** Ce sont des déterminants complémentaires qui s'emploient toujours après un déterminant spécifique :

> *Mon second fils. Ce premier échec. Le troisième homme.*

■ Sauf *premier* et *second,* les ordinaux sont **dérivés de l'adjectif numéral cardinal** de même rang avec le suffixe *-ième : deuxième, trente et unième, centième, millième, mille cent troisième.*
Second et *deuxième* ont le même sens et les mêmes emplois.

● Les ordinaux peuvent aussi être employés comme adjectifs : *François Iᵉʳ. Le tome II* (prononcer *deux* ou *deuxième*).
Employés comme noms, ils expriment une division :
Prendre le dixième des bénéfices.
● *Moitié, tiers* et *quart* sont les noms des divisions en 2, 3 et 4. Ce sont des formes archaïques qui ne sont employées que dans ces constructions : *Manger le quart d'un gâteau,* et dans quelques expressions : *le tiers-monde, le quart-monde.*

V. LES ADJECTIFS INTERROGATIFS ET EXCLAMATIFS

38 Formes des adjectifs interrogatifs et exclamatifs

Les adjectifs interrogatifs et exclamatifs ont les mêmes formes. À l'oral, ils se distinguent par le ton, à l'écrit par les points d'interrogation ou d'exclamation qui accompagnent les SN.

	Masculin	Féminin
Singulier	Quel homme ? Quel homme !	Quelle femme ? Quelle femme !
Pluriel	Quels hommes ? Quels hommes !	Quelles femmes ? Quelles femmes !

39 Valeurs et emplois

■ Les adjectifs interrogatifs permettent d'interroger sur le référent désigné par le nom :
> *Quelles amies as-tu rencontrées ? Quel avion prends-tu ?*

■ Les adjectifs exclamatifs permettent d'exprimer une modalité exclamative d'intensité dans l'étonnement, l'admiration, le dépit :
> *Quel film quand même ! Quel dommage que tu partes !*
> *Voici votre dîner. Quel beau crépuscule !* (IONESCO)

VI. LES ADJECTIFS INDÉFINIS

40 Définition

On regroupe sous le nom d'adjectifs indéfinis des **déterminants divers**. L'appellation adjectif indéfini ne doit pas induire en erreur. Si certains de ces déterminants ont effectivement une **valeur indéfinie** (*certains jours, quelques jours, plusieurs jours*, etc.), d'autres ont au contraire une **valeur parfaitement définie** (*chaque jour, tous les jours, le même jour*, etc.).
Plusieurs homonymes fonctionnent comme adjectifs indéfinis et comme adjectifs qualificatifs. C'est le cas de *nul, certain, différents, divers, tel, autre, quelconque.*

Cette liste et celle qui suit sont souvent discutées entre les grammairiens. Les différentes grammaires s'entendent rarement sur la liste des adjectifs indéfinis.

41 Formes des adjectifs indéfinis

■ Adjectifs exprimant **une quantité.**
— une quantité nulle : *aucun, nul, pas un ;*
— une quantité égale à un : *quelque, certain ;*
— une quantité supérieure à deux : *quelques, certains, plusieurs, différents, divers, maint.* On peut ajouter à cette liste *x, n* (dire × fois quelque chose) et des locutions comme *assez de..., beaucoup de..., bien du/des..., nombre de..., la plupart des..., peu de..., pas mal de...* On peut aussi ajouter des numéraux de valeur indéfinie (§ 35).

■ Adjectifs exprimant **la totalité.**
— une totalité globale : *tout ;*
— une totalité envisagée élément par élément, c'est-à-dire envisagée de manière distributive : *chaque, tout* (sing.).

■ Adjectifs exprimant **une valeur.**
— une valeur d'identité : *même ;*
— une valeur de différence : *autre ;*
— une valeur démonstrative : *tel.*

■ Adjectif exprimant une **indétermination** : *quelconque.* Ainsi que des locutions comme *n'importe quel* ou *je ne sais quel.*

42 Adjectif indéfini exprimant une quantité nulle

■ *Aucun(e), nul(le) et pas un(e).*

Ils expriment **une quantité nulle** et s'emploient sans déterminant spécifique :
Aucune chance. **Nul** projet. **Pas une** goutte de pluie.

■ Le **pluriel** d'*aucun* et de *nul* s'emploie devant des noms qui n'ont pas de singulier :
*La revue ne prend à sa charge **aucuns** frais supplémentaires.*
Devant un nom qui a un singulier, l'emploi du pluriel est un souvenir de la langue classique :
*Sans faire **aucunes** plaintes.* (LA FONTAINE)

■ Dans une phrase verbale, ils sont toujours en relation avec un **autre élément négatif** :
*Je **ne** lui ai fait **aucun** mal. Ce chemin **ne** mène **nulle** part.*
***Aucun** oiseau **ne** bougeait sur la cime des arbres.* (J. CAYROL)

■ Dans une phrase nominale, ils expriment eux-mêmes la négation :
***Aucun** bruit, **pas un** souffle. Tout était tranquille.*

■ Après *sans, aucun* peut être postposé :
*C'est sans **aucune importance,** ou : sans **importance aucune.***

> • Dans les phrases dubitatives, interrogatives ou comparatives de la langue écrite soutenue, *aucun* conserve son sens positif ancien. Il signifie « un » :
> *Je doute qu'**aucune** aide ne lui arrive.*
> *Avez-vous entendu **aucun** discours qui vous fît croire… ?* (LITTRÉ)
> • *Nul* appartient plutôt à la langue soutenue, sauf dans l'expression *nulle part*.
> • L'adjectif qualificatif *nul* est toujours postposé. Il a le sens de « sans valeur » :
> *une idée nulle, un travail nul.* Mais : *faire match nul* = être à égalité.

43   Adjectifs indéfinis exprimant une quantité égale à un

▇ *Quelque.*

▆ *Quelque* exprime la même indétermination que l'adjectif indéfini *un*. Il appartient au registre de la langue soutenue :
   *Je trouverai bien **quelque ami(e)** pour m'aider.*

▆ Avec un nom non comptable, *quelque* signifie « un peu de » :
   *Cette histoire présente **quelque intérêt.***
Quelque temps signifie « un peu de temps » (registre courant).

▇ *Certain.*

Certain(e) a la même valeur que *quelque.* Deux constructions sont possibles :

▆ ***Certain* + nom.**
Cette construction de la langue classique appartient aujourd'hui au registre soutenu :
   ***Certain** ajustement, dites-vous, rend jolie.* (LA FONTAINE)
   *J'ai rencontré **certaine** personne que tu connais.*

▆ ***Un + certain* + nom.**
Construction courante où l'adjectif indéfini ajoute son indétermination à l'indétermination apportée par l'article *un* :
   *Il a fait preuve d'**une certaine** audace.*
Un certain temps a le même sens que *quelque temps*.

▆ ***Un certain* + nom propre** exprime une ignorance réelle ou feinte :
   *J'ai rencontré **un certain** monsieur Dupont.*
   ***Un certain** Blaise Pascal…* (PRÉVERT)

> • Attention ! l'adjectif qualificatif *certain* est toujours postposé. Il signifie « sûr », « vérifié » :
> *Une audace **certaine**, des preuves **certaines**.*

44   Adjectifs indéfinis exprimant une petite quantité

▇ *Quelques.*

Il peut s'employer seul ou avec un déterminant spécifique (§ 15) :
   *Il a acheté **quelques** fleurs et **quelques** gâteaux.*
   *Les **quelques** amis que j'ai invités sont venus.*

▰▰ *Certain(e)s.*

Il signifie « quelques-uns parmi d'autres », un petit sous-ensemble :
Certains *aliments font grossir.* **Certaines** *fleurs se fanent vite.*
Pour exprimer un sous-ensemble plus important, on peut employer *beaucoup de.* Pour exprimer un sous-ensemble presque aussi important que l'ensemble lui-même, on emploie *la plupart des.*

45   Adjectifs indéfinis exprimant une quantité importante

▰▰ *Plusieurs (x, n).*

Il s'emploie sans déterminant spécifique :
J'ai **plusieurs** *ennuis à régler. J'ai* **x** *personnes à rencontrer.*

▰▰ *Maint (mainte, maints, maintes).*

Il a le même sens. On le rencontre dans les expressions : *en maintes circonstances, à maintes reprises, mainte et mainte fois.* Ses autres emplois relèvent de tours archaïques.

46   Adjectifs indéfinis exprimant une quantité et une diversité

▰▰ *Différent(e)s et divers(es)*

Ils expriment une petite quantité d'éléments variés.
Ils s'emploient sans déterminant spécifique :
Différents *procédés de fabrication.* **Diverses** *personnes.*

> • Quand il est postposé, l'adjectif qualificatif *différent* signifie « distinct », « opposé » :
> *Un avis* **différent.** *Des opinions* **différentes.**
> Avant le nom et au pluriel, il signifie « variés » :
> *Les* **différentes** *opinions des gens apparaissent dans les sondages.*
> • L'adjectif qualificatif *divers* signifie « varié ». Il peut être antéposé ou postposé :
> *Les* **diverses** *personnes que j'ai vues m'ont donné des avis* **divers.**

47   Adjectif indéfini exprimant la totalité

▰▰ *Tout.*

Il s'accorde avec le nom en genre et en nombre *(tout, toute, tous* [tu] *toutes).*

▪ *Tout* + **déterminant spécifique** + **nom.**
Cette construction n'est possible qu'avec *tout.* C'est pourquoi on l'appelle parfois un pré-article.

LES DÉTERMINANTS DU NOM

39

— Au singulier, *tout(e)* exprime la totalité dans l'unité :
    Toute la *classe est réunie.*   ⟹   La classe en entier.
— Au pluriel, *tous (toutes)* exprime la totalité dans le nombre :
    Toutes les *classes sont réunies.*   ⟹   L'ensemble des classes.

> • Dans certaines expressions, *tout* signifie « en entier » sans être accompagné d'un article :
> *J'ai lu* **tout** *Balzac. De* **tout** *cœur. La fête attira* **tout** *Paris.*
> • Avec un adjectif numéral, la valeur est distributive :
> **Tous** *les dix pas.* **Toutes** *les trois semaines.*

■ ***Tout*** + nom.

— Au singulier, *tout* + nom exprime aussi la totalité de l'ensemble des référents mais il les envisage dans leur distributivité, c'est-à-dire cas par cas (son sens est proche de celui de *chaque* (§ 48) :
    À **tout** *moment. À* **tout** *propos. De* **toute** *part.*
    Il refuse d'avance **toute** *discussion !*
— Dans la locution *pour tout* + nom, *tout* signifie « unique » :
    Pour **toute** *réponse, il m'a tourné le dos !*
— Au pluriel, *tous* + nom n'apparaît guère que dans des expressions figées mais courantes :
    De **tous** *côtés, à* **tous** *égards,* **toutes** *taxes comprises.* **Tous** *trains au quai 9.*

48   Adjectif indéfini exprimant la totalité et la distributivité

■ *Chaque.*

Il ne s'emploie qu'au singulier, mais ce singulier exprime la totalité et la distributivité. Il s'emploie sans déterminant spécifique :
    Chaque *jour, je regarde les informations télévisées.*

> • *Chaque* a une signification proche de celle de *tout* + nom. Il faut cependant les distinguer.
> Quand on emploie *chaque*, on prend en compte les cas particuliers (chaque cas) en impliquant le cas général, c'est-à-dire la totalité :
> **Chaque** *accusé a droit à l'assistance d'un avocat.*
> Quand on emploie *tout*, on exprime la totalité en la posant comme valable pour tous les cas particuliers, existant ou n'existant pas encore. C'est pourquoi *tout* convient aux formules des lois qui ont toujours une valeur générale :
> **Tout** *accusé a droit à l'assistance d'un avocat.*

49   Adjectif indéfini exprimant l'identité

■ *Même.*

Il peut s'employer avant ou après le nom. Dans les deux cas, il exprime une identité, mais avec des valeurs différentes. Il s'accorde en nombre.

■ **Déterminant spécifique + *même* + nom.**
— *Même* exprime l'identité du référent du nom avec un autre référent :
>*C'est **la même** idée et **le même** projet que les miens.*
>***Les mêmes** causes ont **les mêmes** effets.*

— Il peut n'y avoir qu'un seul référent qu'on compare en quelque sorte avec lui-même :
>*Toutes ces idées sont dans **le même** livre.* $\Longrightarrow$ Dans un seul livre.

— Dans les comparaisons, *même* peut être employé sans déterminant :
>*Je voudrais un cahier **de même** format que celui-ci.*

■ **Nom + *même*.**
Même permet d'insister sur l'identité du référent animé ou non :
>*Ses amis **mêmes** ne l'ont pas vu. Il est le courage **même**.*

▶ • *Même* s'emploie aussi avec les formes fortes des pronoms personnels : *lui-même, nous-mêmes*. Attention au trait d'union et aux accords !

50   Adjectif indéfini exprimant la non-identité

■ *Autre.*

Il s'emploie toujours avant le nom et s'accorde en nombre.

■ **Déterminant spécifique + *autre* + nom.**
>*Prête-moi **ton autre** gomme et **tes autres** crayons.*

■ ***Autre* + nom.**
Construction en usage dans la langue classique :
>***Autres** temps, **autres** mœurs.*
>*Le loup l'emporte et puis le mange*
>*Sans **autre** forme de procès.* (LA FONTAINE)

▶ • Attention ! L'adjectif qualificatif postposé *autre* signifie « différent » :
*Un homme **autre**. Il est devenu **autre**.*

51   Un faux démonstratif

■ *Tel (telle, tels, telles).*

Il est une sorte de faux démonstratif qui **montre** un référent indéterminé.
— Les emplois courants sont au singulier. Ils expriment un nombre ou une identité à préciser :
>*Il m'a dit qu'il viendrait **tel** jour, avec **telle** personne.*

Tel peut être coordonné à lui-même :
>*Chaque jour, **tel ou tel** appareil tombe en panne.*

— Les autres emplois appartiennent à la langue soutenue :
>***Tels** amis promettent tout qui ne tiennent rien.*
>*Je ne sais pas **telle** chose.* (VALÉRY)

• L'adjectif qualificatif *tel* est une sorte de faux adjectif. Il tire son sens d'une comparaison avec un autre élément du contexte ou de la situation. Ses emplois sont très nombreux et très variés.
— Emploi anaphorique comme épithète ou comme attribut :
*Il est inventif. Une **telle** qualité est précieuse.*
*Non. Mille fois non. **Telle** est ma réponse !*
— Expression d'une comparaison :
*Il est parti **tel** un bolide. Il est parti **tel** qu'une fusée.*
*Ces pains sont **tels** que vous les aimez : bien cuits.*
— Valeur superlative :
*Je n'avais jamais vu **un tel** film !*
— Expression d'une conséquence (*tel* + nom + *que*) :
*Il y a eu **un tel** orage **que** la rue est inondée.*
• Quand *tel* exprime une comparaison, il peut renvoyer au premier nom ou au second. Il s'accorde en conséquence :
*Elle est partie **tel** un bolide. Elle est partie **telle** un bolide.*
• Dans *tel que*, *tel* s'accorde toujours avec le premier terme de la comparaison :
*Elle est partie **telle qu'un** bolide.*

52   Adjectif indéfini exprimant une indétermination

 *Quelconque(s).*

Il s'emploie avec un déterminant spécifique. Il se place avant ou après le nom :
*Donnez-lui **un quelconque** travail / **des** occupations **quelconques**.*

▶ • L'adjectif qualificatif postposé *quelconque* signifie « banal, médiocre » :
*C'est un film **quelconque**.*

EXERCICES
LES DÉTERMINANTS DU NOM

1 **Quels emplois de l'article indéfini** *un* **peuvent être remplacés par le chiffre 1 ? (§ 18)**

a) Les premières paroles d'un personnage sont souvent importantes dans une tragédie. Elles laissent deviner un trajet heureux ou fatal.
b) Dans une comédie, quand la scène occupée par un ou deux personnages s'emplit peu à peu, une impression de crescendo est ressentie. C'est souvent ainsi que l'auteur conduit les spectateurs vers une fin endiablée.

2 **Analysez les valeurs d'emploi des articles indéfinis.**

a) Il a reçu une lettre d'un ami. **b)** Un sportif ne doit pas fumer. **c)** Ça, c'est un film ! **d)** Je voudrais un pain et deux croissants. **e)** Je viendrai à une condition, c'est que…

3 **Même exercice.**

a) « Une seconde de stupeur, puis un brouhaha assourdissant. Toute la salle, debout, s'était tournée vers la glace brisée. » (MARTIN DU GARD)
b) « Les habitants de Paris sont d'une curiosité qui va jusqu'à l'extravagance. » (MONTESQUIEU)
c) « Voici des fruits, des fleurs, des feuilles et des branches. » (VERLAINE)
d) « Un marteau de fer pendait sur une lourde porte de chêne. » (MAUPASSANT)
e) « Il y a une maison de campagne où j'ai passé plusieurs étés de ma vie. » (PROUST)

4 **Analysez les valeurs d'emploi des articles définis.**

a) L'exactitude est la politesse des rois.
b) Ce vélo, c'est le vélo de Pierre. **c)** Ça,

c'est vraiment la voiture de demain !
d) Tu connais la nouvelle ? Pierre se marie ! **e)** Le pain est un aliment de base.
f) Fermé le mardi.

5 **Même exercice.**

a) « Il y avait deux personnes à bord, un homme au volant et à côté de lui une femme… La femme retira ses lunettes et sauta à terre. » (TOURNIER)
b) « Il était un quidam,
Dont je tairai le nom, l'état, et la patrie. » (LA FONTAINE)
c) « J'entre en classe, et je monte sur l'estrade. » (BUTOR)
d) « Il n'y avait que le ciel à l'horizon, pas un homme ne se montrait. » (CAMUS)
e) « Les entretiens sérieux ne se font qu'à deux. » (VIGNY)
f) « La conviction est la conscience de l'esprit. » (CHAMFORT)
g) « Comme la vie elle-même, l'histoire nous apparaît un spectacle fuyant. » (F. BRAUDEL)

6 **Reprenez les articles définis de l'exercice 5. Parmi les SN du type « le x », lesquels pourraient se voir opposer la réplique :** *Quel x ? Ce n'est pas le x, c'est votre x* **(la remarque du § 22).**

7 **Analysez les valeurs d'emploi des adjectifs possessifs.**

a) Je vous présente mon frère et ma sœur. **b)** Il a réussi son examen. **c)** Présenter ses papiers au poste de douane.
d) Présentez vos papiers au poste de douane ! **e)** Il souffre de sa jambe.
f) Puis-je emprunter votre gomme ?

43

8 **Complétez les phrases en employant un adjectif possessif ou un article défini. Analysez leurs valeurs d'emploi.**

a) Jean a mal à ..... épaule. **b)** Jean a mal à ..... épaule droite. **c)** Jean a mal à ..... épaule plâtrée. **d)** Annie a ouvert ..... porte. **e)** Il avait si peur qu'il n'a pas voulu montrer ..... dents au dentiste ! **f)** Montre ..... dents au dentiste !

9 **Analysez les valeurs d'emploi des adjectifs démonstratifs.**

a) Ce livre m'appartient. **b)** Cette histoire commence à m'énerver. **c)** Je ne parle pas à ces gens-là ! **d)** Pierre est venu avec des amis à lui. Ces amis habitent au Québec. **e)** À cette heure-ci, il est encore à son bureau.

10 **Même exercice.**

a) « Tu peux la regarder, tiens, cette photo ! C'est sans doute la seule photo existant à Tabelbala. » (TOURNIER)
b) « Le capitaine donna un ordre. Ce capitaine était un bel homme d'une quarantaine d'années... » (ZOLA)
c) « Ils étaient arrivés sur la route. — Tu m'attendais là-bas, ce soir-là, dit-elle. » (MAUPASSANT)
d) « Jamais cette rosse n'a été mieux montée, dit un lancier. » (STENDHAL)
e) « M. Jourdain. — Je me suis fais faire cette indienne-ci. » (MOLIÈRE)
f) « Le maître de philosophie : — Voulez-vous que je vous apprenne la logique ? M. Jourdain : — Qu'est-ce que c'est que cette logique ? » (MOLIÈRE)
g) « Un léger murmure de grelots annonça qu'on maniait les harnais ; ce murmure devint bientôt un frémissement clair et continu... » (MAUPASSANT)

11 **Les phrases qui suivent comportent des SN sans déterminant. Analysez chaque construction en vérifiant s'il est possible d'introduire un déterminant.**

a) « Jamais on ne fit meilleure chère et jamais on n'eut plus d'esprit à souper qu'en eut Sa Majesté. » (VOLTAIRE)

b) « Célébrité : l'avantage d'être connu de ceux que vous ne connaissez pas. » (CHAMFORT)
c) « De là l'impossibilité de s'entendre et de se rejoindre ; religion, idées, intérêts, langage, terre et ciel, tout était différent pour le peuple et pour le roi... » (CHATEAUBRIAND)
d) « Le comte et le manufacturier se mirent à causer politique. » (MAUPASSANT)
e) « Ô violettes de mon enfance ! » (COLETTE)
f) « Insomnies totales, fièvre nerveuse, cruelles souffrances morales. » (R. ROLLAND)
g) « Adieu, fruits charmants au palais, déjà mûrs en ce tendre climat ! » (A. COHEN)
h) « Je haïssais les clôtures, les portes ; frontières et murs m'offensaient. » (MORAND)
i) « Unique survivant du naufrage de son bateau, il serait resté seul sur une île peuplée de chèvres et de perroquets... » (TOURNIER)
j) *Désert* (Titre d'un roman de LE CLÉZIO).

12 **Écrivez en lettres l'adjectif cardinal et l'adjectif ordinal qui correspondent à ces nombres :**

64 - 87 - 98 - 143 - 651 - 1680 - 4382 - 12 346 - 567 876 - 1 345 034.

13 **Ces cinq chèques sont rédigés en chiffres. Rédigez-les en lettres.**

1200 F - 4389 F - 555 F - 880 F - 5001 F.

14 **Relevez les adjectifs indéfinis et précisez ce qu'ils expriment comme quantité ou comme autre valeur.**

a) Tous les jours, je lis le journal en prenant mon café.
b) Chacun de mes amis apportera quelque chose à manger ou à boire et nous passerons tous une bonne soirée.
c) Elle fait chaque semaine une séance de gym et elle va à la piscine quelques après-midi par mois.

d) Aucun avion n'a pu atterrir.

e) Je ne pourrai pas venir à cause de divers problèmes qui me retiendront toute la journée.

f) Vous recevrez une autre lettre bientôt. Notre proposition de vente sera différente.

g) Nous nous sommes fâchés sans raison aucune et je ne vois nul moyen de nous réconcilier.

h) Quelque argument que tu trouves, il ne te croira pas. De toute façon, il est sûr d'avoir raison. Tous les autres arguments lui sont indifférents.

i) Certains pensent que ce film est bon. Moi, je pense que c'est le film même qui ne mérite que l'oubli.

j) Tout compte fait, je préfère renoncer.

15 **Même exercice.**

a) « Tout autre sentiment m'est étranger, que celui du désespoir. » (LACLOS)

b) « Tes cheveux contiennent tout un rêve... » (BAUDELAIRE)

c) « Toutes les idées secondaires, en matière politique, sont mouvantes. » (TOCQUEVILLE)

d) « M. Bouchard, qui n'avait pas les mêmes craintes, prit le cheval du régiment. » (STENDHAL)

e) « Elle avait eu, comme une autre, son histoire d'amour. » (FLAUBERT)

f) « Tout, monsieur, tout ; je lui offris tout... » (MÉRIMÉE)

g) « J'ai tous les talents. » (RIMBAUD)

h) « Je reviendrai chaque saison... » (SAINT-JOHN PERSE)

i) « La Terre n'est pas une planète quelconque. » (SAINT-EXUPÉRY)

j) « Il sera question de quelques gestes, de quelques nourritures, de quelques poèmes. » (BARTHES)

16 **Même exercice.**

a) « Aucuns ordres ni soins n'ont pu le secourir. » (CORNEILLE)

b) « Aucun chemin de fleurs ne conduit à la gloire. » (LA FONTAINE)

c) « Tout éloge imposteur blesse une âme sincère. » (BOILEAU)

d) « Il y a dans quelques hommes une certaine médiocrité d'esprit qui contribue à les rendre sages. » (LA BRUYÈRE)

e) « Rancé prêcha avec succès dans diverses églises. » (CHATEAUBRIAND)

f) « Je ne veux citer que certaine histoire qui se trouve rapportée partout. » (MÉRIMÉE)

g) « Tous les yeux d'une femme joués sur le même tableau. » (PRÉVERT)

h) « Certains mercredis étaient réservés à la musique italienne. » (MORAND)

i) « Les quelques parasols de la plage s'épanouissaient. » (CAYROL)

j) « Plusieurs expéditions de recherche furent organisées, mais elles ne donnèrent aucun résultat. » (PEREC)

CHAPITRE 3

L'adjectif

A. Définitions et généralités

53   Les adjectifs qualificatifs

■ *Adjectif qualificatif et « qualité ».*

Le référent du SN *un cheval* est tout animal qui présente les caractères distinctifs de cette espèce. Ces caractères sont stables, c'est-à-dire qu'ils sont valables pour tous les chevaux. Dans les SN *un cheval gris* ou *un beau cheval*, quelque chose est ajouté (en latin *adjicere*, d'où adjectif). Ce quelque chose est une qualité particulière exprimée par les adjectifs qualificatifs *gris* et *beau.*
On dit que l'adjectif qualificatif désigne une qualité de la substance du référent (§ 2).

■ *Formation des adjectifs qualificatifs.*

— Les adjectifs qualificatifs forment une **classe ouverte,** c'est-à-dire que de nouveaux adjectifs peuvent être créés. Exemples récents : *allergisant, antisismique, antitabac, autocorrectif...* Il existe :
— des adjectifs qualificatifs **simples** : *beau, fort, gris, sec, lourd... ;*
— des adjectifs **dérivés** : *aimer → aimable, courage → courageux... ;*
— des adjectifs **obtenus par dérivation impropre** à partir de participes passés : *peint, collé, énervé ;* à partir de participes présents : *amusant, essoufflant, méfiant,* etc. (§ 199 et 200).

■ *Valeur lexicale des adjectifs qualificatifs.*

L'analyse des emplois des noms conduit à les distinguer par des caractéristiques sémantiques et syntaxiques qu'on appelle les traits lexicaux des noms (§ 3). On peut reconnaître des **traits** du même type dans les emplois des adjectifs qualificatifs.
— Dans le SN *un garçon rieur,* le nom et l'adjectif renvoient tous les deux aux traits animé et humain.
— Dans le SN *un soleil rieur,* la liaison du trait non animé de *soleil* et du trait animé de *rieur* interdit, en principe, l'association des deux mots. S'affranchir de cette impossibilité, c'est rendre possible une métaphore.

■ *Compléments des adjectifs qualificatifs.*

L'adjectif qualificatif peut être complété par :
— un nom : *une robe bleu ciel, un visage rouge de colère ;*
— un verbe à l'infinitif : *un exposé difficile à suivre ;*

— un autre adjectif : *un tissu rouge vif, un rideau bleu foncé.*
Il reçoit des degrés d'intensité ou de comparaison (§ 60-62) :
— adverbe : *un outil très maniable ;*
— comparatif : *un outil moins maniable qu'un autre ;*
— superlatif : *l'outil le plus maniable.*

54 Les adjectifs de relation

On appelle adjectifs de relation des adjectifs qui sont généralement **échangeables avec des compléments de nom** :
Le voyage présidentiel (= du président). *Une manifestation lycéenne* (= de lycéens). *L'industrie chimique* (= de la chimie).
— Ces adjectifs sont tous formés par dérivation à partir du nom correspondant : *président → présidentiel, lycée → lycéenne, chimie → chimique.*
— Ces adjectifs ne prennent pas les marques de degré. *L'industrie chimique* ne peut pas être : *moins chimique* qu'une autre, ou : *la plus chimique.*

• Dans certains de leurs emplois, les adjectifs de relation peuvent devenir adjectifs qualificatifs. C'est en particulier le cas avec les marques d'intensité ou de comparaison :
Il a un ton très présidentiel. L'adjectif ne signifie pas un ton « du président », mais un ton « qui rappelle celui que doit avoir tout président ».

55 Fonctions et accords des adjectifs

Fonctions des adjectifs.

L'adjectif est un **constituant facultatif** du SN :

SN = D + N + (Adj.)

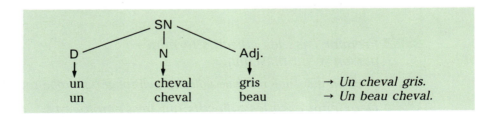

• Rappel : La position de l'adjectif dans la structure du SN est une chose. Sa place dans la phrase est une autre chose (§ 1). Un adjectif qualificatif peut donc être antéposé (avant le nom) ou postposé (après le nom), il est toujours un constituant facultatif du SN.

Dans ce cas, l'adjectif est **épithète** du nom (§ 238) :
*Un cheval **gris**. Un beau cheval. L'industrie textile.*
Mais il peut aussi être **en apposition** (§ 239) :
*Un cheval, **superbe** et fougueux, galopait dans le pré.*

• L'adjectif qualificatif en apposition exprime souvent une cause :
Les élèves, malades, sont dispensés de piscine.

■ L'adjectif qualificatif est un **constituant du syntagme verbal.** Il est alors **attribut** du sujet (§ 257) :
    Ce cheval est gris.
Les adjectifs de relation ne peuvent pas être attributs.

▶ • Les autres constituants facultatifs du SN sont le complément du nom (§ 240) : *un cheval de course*, et la proposition relative : *le cheval qui a gagné la course* (§ 242).

■ *Accord des adjectifs.*

La plupart des adjectifs des deux types sont variables en genre et en nombre. Cette variation est gouvernée par le nom. On dit que l'**adjectif s'accorde avec le nom auquel il se rapporte** :
    Une pomme mûre. Les industries métallurgiques.
Le nom tient de lui-même son genre, et il tire son nombre de la situation d'énonciation (§ 2). Tandis que l'adjectif les tire du nom.

une pomme   deux pommes   deux pommes mûres

▶ • Quand un adjectif qualifie un nom masculin et un nom féminin, il s'accorde au masculin. Pour éviter des rencontres surprenantes, il faut placer les noms de telle façon que le nom masculin soit le plus proche de l'adjectif.
On n'écrira pas : *Un garçon et une fille gentils.*
Mais plutôt : *Une fille et un garçon gentils.*

B. Le genre des adjectifs

56   Les adjectifs invariables en genre

■ *Premier cas : les adjectifs terminés par un -e au masculin.*
    Un engin utile/une machine utile, un pull rouge/une robe rouge.

■ *Deuxième cas : les adjectifs qui ne s'emploient qu'à un genre.*

■ Masculin : *un pied bot, un nez aquilin, un air fat/dispos, un vent coulis, des yeux pers, un hareng saur.*

■ Féminin : *une femme enceinte, bouche bée, la fièvre scarlatine, une pie grièche* (*grecque* en ancien français), *une œuvre pie.*
— *Grand* reste invariable dans *grand-mère, grand-rue, grand-messe* et quelques expressions comme *à grand-peine.* C'est un souvenir de l'ancien français où cet adjectif ne marquait pas le genre.
— L'adjectif *hébreu* n'a pas de féminin. *Hébraïque* s'emploie dans les deux genres pour qualifier des noms non humains : *l'alphabet hébraïque, la syntaxe hébraïque.* Avec des noms humains, on emploie *juive* ou *israélite.*

57   Les adjectifs variables en genre

Premier cas : les adjectifs dont le genre est formé avec un suffixe.

Menteur/menteuse, trompeur/trompeuse, voleur/voleuse.
Indicateur/indicatrice, accusateur/accusatrice.
Enchanteur/enchanteresse, pécheur/pécheresse.
Traître/traîtresse.
— Attention : *Victorieuse* est le féminin de *victorieux* mais sert aussi de féminin à *vainqueur.*

Deuxième cas : les adjectifs ayant deux formes au masculin.

Beau, nouveau, vieux, fou et *mou* font *bel, nouvel, vieil, fol* et *mol* quand ils sont suivis d'un nom commençant par une voyelle :
Un bel enfant. Le nouvel an. Un vieil homme. Un fol avis. Un mol oreiller.
Leurs féminins sont formés sur cette seconde forme :
Belle, nouvelle, vieille, folle, molle.
Mais on dit : *Des frères jumeaux/des sœurs jumelles.*

Troisième cas : les adjectifs dont le féminin est formé par l'ajout d'un -e à la forme du masculin.

Ce -e n'est pas prononcé.
- Le -e est simplement ajouté à la forme du masculin :
Joli/jolie, noir/noire, fatal/fatale, antérieur/antérieure.

- Le -e est ajouté et la dernière consonne est doublée :
Net/nette, nul/nulle, métis/métisse.

- L'ajout du -e entraîne des modifications de l'écrit :
Public/publique, grec/grecque, cher/chère, aigu/aiguë.

Quatrième cas : l'ajout du -e à la forme du masculin entraîne des modifications dans la prononciation et l'écriture.

- La consonne finale muette du masculin se prononce :
Petit/petite, grand/grande, bavard/bavarde, gris/grise.

- La consonne finale muette se prononce et modifie la prononciation de la dernière syllabe du masculin :
Idiot/idiote [o]/[ɔt] *vain/vaine* [ɛ̃]/[ɛn] *brun/brune* [œ̃]/[yn], *persan/persane* [ã]/[an], *léger/légère* [e]/[ɛr].

- La consonne finale muette est prononcée et doublée à l'écrit :
Gros/grosse, gras/grasse, épais/épaisse, muet/muette.

- La consonne finale muette se prononce, est doublée à l'écrit et modifie la prononciation de la dernière syllabe du masculin :
Sot/sotte [o]/[ɔt], *ancien/ancienne* [ɛ̃]/[ɛn], *bon/bonne* [ɔ̃]/[ɔn].

- La consonne finale muette est modifiée :
Blanc/blanche, gentil/gentille, doux/douce, long/longue, faux/fausse, paresseux/paresseuse. Frais est fait sur *fraîche.*

49

■ La consonne finale muette est modifiée ainsi que la dernière syllabe du masculin et la prononciation change :
Malin/maligne, bénin/bénigne [ɛ̃]/[iɲ].

■ La consonne finale prononcée est modifiée :
Neuf/neuve, bref/brève, vif/vive, sauf/sauve, sec/sèche.

■ Une consonne finale apparaît au féminin :
Andalou/andalouse, favori/favorite, rigolo/rigolote, coi/coite.

C. Le nombre des adjectifs

58 Les marques du pluriel

■ La plupart des adjectifs font leur pluriel au moyen **d'un -s** :
Utiles, jolis/jolies, petits/petites, bons/bonnes, vifs/vives.
Ce *-s* ne s'entend qu'en cas de liaison :
De jolis [z] *enfants. Les bonnes* [z] *idées.*

■ Les adjectifs terminés **par -s** ou **par -x** ne marquent pas le nombre :
Bas, gros, heureux, doux, vieux.

■ Adjectifs faisant leur pluriel **en -x** :
— Tous les adjectifs en **-eau** : *nouveaux, beaux.*
— *Hébreu* donne au pluriel *hébreux*, mais *bleu* donne *bleus.*
Ce pluriel ne s'entend qu'en cas de liaison.

■ Les adjectifs en **-al** forment leur pluriel **en -aux** :
Normal/normaux, brutal/brutaux, oral/oraux.
— Toutefois certains adjectifs restent **en -als** : *bancals, fatals, natals, navals.*
Et, de formation plus récente : *atonals, tonals...*
— On dit *des fours banaux* (terme de la féodalité) mais *des films banals, des récits banals*, etc.

59 Les adjectifs invariables en genre et en nombre

■ C'est le cas des **adjectifs de couleur.**
— Les adjectifs de couleur provenant d'un nom sont invariables :
Un manteau marron. Une veste marron. Des vestes marron.
— Tous les adjectifs de couleur sont invariables quand ils sont accompagnés d'un nom ou d'un autre adjectif :
Des robes bleues, grises. Des robes bleu ciel, gris clair.
— Attention : *mauve, rose, écarlate* et *pourpre* sont des noms devenus adjectifs, mais ces adjectifs sont variables en nombre :
Des fleurs roses. Des robes mauves.

■ C'est le cas de *mi, demi, nu* et *feu.*
— Les adjectifs *mi, demi* et *nu* sont invariables quand ils sont antéposés :
À mi-course. Une demi-heure. Être nu-tête, nu-pieds.

Mais : *une heure et demie ; être tête nue, pieds nus.*
— L'emploi dans des expressions figées de l'ancien adjectif *feu* (= décédé) distingue : *la feue reine* et : *feu la reine.*

■ C'est le cas des **adjectifs employés comme adverbes.**
> *Elle se fait fort de réussir. Parler haut/bas/net/fort.*
> *Elles tiennent ferme. Ils chantent juste, faux.*
> *Légère et court vêtue, elle allait à grands pas.* (LA FONTAINE)

Mais, parfois, l'usage hésite : *Des nouveau-nés* ou *des nouveaux-nés. Une porte grand ouverte* ou *grande ouverte.*

■ Sont également invariables : *baba, chic, disco, kaki, jojo, snob, standard, rococo, sexy...* Mais l'accord en nombre ne serait pas un scandale : *des musiques pops, des musiciens rocks.*

D. Les degrés des adjectifs qualificatifs

60 Les degrés absolus

Les degrés absolus de l'adjectif qualificatif sont marqués par des adverbes ou des locutions adverbiales :
> *Il est fort → très/vraiment/moyennement/assez/pas très... fort.*

61 Les degrés relatifs : le comparatif simple

■■■ *Les comparatifs réguliers.*

■ Comparatif d'égalité : ***aussi*** + **adjectif** + *que...*
> *Pierre est **aussi grand que** Paul. Anne est **aussi grande que** moi.*

Après une négation, on peut employer *si :*
> *Pierre n'est pas **si (aussi) grand que** Paul.*

■ Comparatif d'infériorité : ***moins*** + **adjectif** + *que...*
> *Pierre est **moins grand que** Paul. Les saisons semblent **moins marquées qu'**autrefois.*

■ Comparatif de supériorité : ***plus*** + **adjectif** + *que...*
> *Pierre est **plus grand que** Paul. Je suis **plus habile** à ce jeu **que** tu ne penses.*

■■■ *Les comparatifs irréguliers.*

■ *Bon → meilleur.*
> *Ton devoir est **meilleur que** le mien.*

■ *Petit → moindre.*
Pour évoquer une mesure, on dit *plus petit :*
> *Ce gâteau est **plus petit que** l'autre. Elle est **plus petite que** toi.*

Pour porter un jugement de valeur, on dit *moindre* :

*Cette nouvelle est de **moindre importance que** la précédente.*
Les emplois de *moindre* appartiennent plutôt à la langue soutenue.

■ *Mauvais* → *pire, pis.*
L'usage courant emploie *plus mauvais* :

*Ton devoir est **plus mauvais que** le mien.*
L'usage soutenu emploie *pire* ou *pis* :

*Il a eu un comportement **pire que** tout ce que tu imagines.*
*C'est encore **pis.***

▶ • Il faut éviter d'employer au comparatif des adjectifs comme *égal, perpendiculaire, inférieur* et *supérieur, excellent*, etc. Ces adjectifs expriment une qualité qui admet difficilement des degrés.

62 Les degrés relatifs : le comparatif généralisé (superlatif)

Trois constructions sont possibles.
■ ***Le + comparatif*** (usage de la langue classique, § 398).
Il est placé avant ou après le nom :

*C'est **le plus** beau film. C'est le film **le plus** beau.*
*C'est **le meilleur** travail. C'est le travail **le meilleur.***

■ **Adjectif possessif + comparatif.**
Il est toujours avant le nom :

*C'est **son plus** beau film. C'est **son** film **le plus** beau.*
*C'est **mon meilleur** travail.*

■ ***Le/mon + moindre/pire.***
Il est toujours avant le nom :

*C'est **le pire** résultat de l'année.*
La fourmi n'est pas prêteuse :
*C'est là **son moindre** défaut.* (LA FONTAINE)

▶ • Rappel : les adjectifs de relation ne prennent pas les degrés absolus ou relatifs (§ 54).

E. La place des adjectifs épithètes

63 Généralités

■■■ *Les régularités observables.*

En français, la **place** « normale » de l'adjectif est **après le nom**. Cette postposition n'appelle pas de commentaires particuliers. Sinon pour remarquer que l'adjectif qualificatif apporte alors une **caractérisation objective, neutre**.

À l'inverse, toute **antéposition** d'un adjectif qualificatif mérite examen. Elle peut reposer sur un choix stylistique ou sur une contrainte sémantique, mais elle engage toujours une **appréciation subjective** de la valeur de l'adjectif qualificatif (§ 64, 65).

Les places fixes.

Certains adjectifs **ne peuvent pas être antéposés** :
— les adjectifs relationnels (§ 55) : *la politique économique ;*
— les adjectifs qualificatifs de couleur : *un ciel bleu ;* de forme : *une table ronde ;*
— les adjectifs de nationalité : *un écrivain français ;*
— les adjectifs dérivés de participes : *un bras cassé ;*
— les adjectifs suivis d'un complément : *un devoir facile à faire, un manteau jaune paille.*

Quelques adjectifs sont **le plus souvent antéposés** :
Beau, vieux, joli, petit, mauvais, bon, haut...
Associés à un autre adjectif, ils sont postposés mais peuvent être antéposés pour une mise en relief :
Un acteur beau et sympathique. Un bel et sympathique acteur.

▶ • Rappel : les adjectifs indéfinis antéposés, *certain, différents, divers, nul, tel, autre* et *quelconque* (§ 40) sont des adjectifs qualificatifs en postposition.

64 L'antéposition stylistique

L'antéposition produit une **mise en relief** de l'adjectif qualificatif épithète, soulignée dans la prononciation par un accent d'insistance :
C'est un film formidable ! C'est un formidable film !
Vous avez fait un travail remarquable / un remarquable travail.
Cette antéposition peut être gouvernée par des recherches de sonorités ou de rythme. Comparez les deux places de *long* dans :
Comme un long sanglot, tout chargé d'adieux... (BAUDELAIRE)
Les sanglots longs
Des violons
De l'automne... (VERLAINE)

65 Les antépositions qui relèvent d'une contrainte sémantique

Plusieurs adjectifs **n'ont pas le même sens** selon qu'ils sont antéposés ou postposés. Leur antéposition n'est donc plus l'affaire d'un choix stylistique mais d'une **contrainte de sens** :
Un grand homme (= un homme qui a joué un rôle important) et *un homme grand* (= de haute taille).
Brave, cher, drôle (*drôle de* + nom), *propre, rare, seul, vrai, dernier, prochain, jeune, ancien, curieux,* etc.

◻ L'antéposition donne à l'adjectif une **valeur adverbiale**.
— Pour des adjectifs comme *ancien, simple, vrai, seul* :

Un ancien cinéma	⟹	Anciennement un cinéma.
Un cinéma ancien	⟹	Construit il y a longtemps.

— Devant les noms d'agent, *grand, petit, gros* :

Un gros/un petit mangeur	⟹	Qui mange beaucoup/peu.
Un mangeur gros/petit	⟹	Contraires : maigre/grand.

> • Nous avons bien parlé de régularités et non pas de règles. Le problème est en effet compliqué. Ainsi, l'adverbe *très* neutralise l'opposition dans le cas de *ancien* : *un très ancien cinéma* a le même sens que : *un cinéma très ancien*. Mais il la conserve dans le second exemple : *un très gros mangeur* n'a pas le même sens que *un mangeur très gros*.

EXERCICES
L'ADJECTIF

1 **Relevez les adjectifs qualificatifs.**

a) C'est une nouvelle robe.
b) Il a taché sa belle veste blanche.
c) Je vous ai acheté des marrons glacés.
d) Le rouge signifie que la voie n'est pas libre.
e) Il y a sur la table un bouquet de roses et de lilas blancs.
f) Sa nouvelle voiture est vraiment d'un bleu trop vif.
g) Les grands de ce monde sont sur les couvertures de magazines.
h) Les problèmes économiques et sociaux ont été traités par le Premier ministre devant les journalistes.
i) Les tarifs des voyages aériens augmenteraient plus si les compagnies ne se faisaient pas une concurrence féroce.
j) À chaque rentrée littéraire, les éditeurs publient plusieurs dizaines de nouveaux romans.

2 **Même exercice.**

a) « Rien n'était si beau, si leste, si brillant, si bien ordonné que les deux armées. » (VOLTAIRE)
b) « Tout est dans un flux continuel sur la terre. Rien n'y garde une forme constante et arrêtée, et nos affections qui s'attachent aux choses extérieures passent et changent nécessairement comme elles. » (ROUSSEAU)
c) « Je crois qu'il y a des résistances honnêtes et des rébellions légitimes. » (TOCQUEVILLE)
d) « Il était cinq heures, une pluie fine tombait. » (FLAUBERT)
e) « L'étable, bâtie au bord de la route, avait une large porte charretière, car elle servait en même temps de grenier à foin. » (ZOLA)

f) « Leurs yeux sont des feux mal éteints. » (APOLLINAIRE)
g) « Ce sage, je l'ai vu cent fois franchir la fenêtre... » (COLETTE)
h) « Adieu, bons petits cafés noirs et sucrés du matin... ! » (A. COHEN)
i) « Les mouettes s'abattaient par bancs ondulants sur les glaçures miroitantes. » (GRACQ)
j) « Sur la plage, la lumière rouge est devenue orange, puis couleur d'or. » (LE CLÉZIO)

3 **Dans les phrases de l'exercice 2, relevez :**
— Les adjectifs dérivés à partir d'un verbe ou d'un nom.
— Les adjectifs obtenus par dérivation impropre à partir d'un participe présent ou d'un participe passé.

4 **Dans ces SN, relevez les adjectifs de relation. Précisez leur sens.**

a) Un beau film. **b)** Un supplément gratuit. **c)** Un geste agressif. **d)** Une musique rythmée. **e)** Un film publicitaire. **f)** Un concert réussi. **g)** Un paysage splendide. **h)** Une expédition risquée. **i)** Les vacances pascales. **j)** Une température estivale.

5 **Même exercice.**

a) Une réponse courageuse. **b)** Une chemise usée. **c)** Un agréable voyage. **d)** Une histoire triste. **e)** Une cuisinière électrique. **f)** Un faux passeport. **g)** La production industrielle. **h)** Un débat budgétaire. **i)** Une liaison ferroviaire. **j)** Un fruit mûr.

6 Essayez de nominaliser les adjectifs des exercices 4 et 5 sur le modèle suivant :

un **gentil** garçon → la **gentillesse** du garçon.
un accueil **aimable** → l'**amabilité** de l'accueil.
Que remarquez-vous ?

7 Remplacez les compléments du nom par un adjectif de relation.

a) Un voyage entre deux astres. **b)** Une manifestation de paysans. **c)** La circulation du sang. **d)** Un arrêté du préfet. **e)** L'industrie de l'élaboration des métaux. **f)** Une organisation pour la paix. **g)** La littérature du Moyen Âge. **h)** Les ouvriers de l'agriculture. **i)** Le développement des villes. **j)** Les problèmes du budget.

8 Quelles ambiguïtés comportent ces adjectifs de relation relevés dans la presse ?

a) Le gouvernement relance sa politique éducative.
b) Une nouvelle architecture lycéenne pour demain.
c) Le défi culturel que représente la consommation culturelle d'une ville comme Paris.
d) Le dynamisme démographique de l'Île-de-France.
e) Les problèmes doivent être replacés dans leur contexte hospitalier.

9 Donnez le féminin de ces adjectifs. Étudiez les modifications qui interviennent à l'oral et à l'écrit.

a) dur. **b)** tranquille. **c)** turc. **d)** banal. **e)** fier. **f)** formidable. **g)** laid. **h)** plein. **i)** limpide. **j)** rond.

10 Voici cinq couples formés d'un nom et d'un adjectif. L'adjectif n'a pas le même sens quand il est antéposé ou postposé. Trouvez pour chaque sens un mot ou une expression synonyme. (§ 65).

a) brave / homme. **b)** drôle / histoire. **c)** seul / élève. **d)** propres / mains. **e)** jeunes / mariés. **f)** sacré / bâtiment. **g)** vrai / histoire. **h)** petit / chef. **i)** gros / banquier. **j)** curieux/ individu.

11 Étudiez la place des adjectifs qualificatifs épithètes dans les phrases qui suivent.

a) « Voyager me semble être un exercice profitable. L'esprit est continuellement obligé de remarquer les choses inconnues et nouvelles. » (MONTAIGNE)
b) « Rome, l'unique objet de mon ressentiment ! » (CORNEILLE)
c) « Le monde politique change ; il faut désormais chercher de nouveaux remèdes à des maux nouveaux. » (TOCQUEVILLE)

d) « Un autre soir, sur la route de Beaumont, elle voulut dépasser un grand chariot de foin qui avançait lentement... » (FLAUBERT)
e) « Ma seule étoile est morte... » (NERVAL)
f) « Il y avait à quai de hauts navires à musique. » (SAINT-JOHN PERSE)
g) « Je revoyais la cuisine dont la fenêtre s'ouvrait sur une cour anormalement étroite. » (CAILLOIS)
h) « Tout le monde dévorait à belles dents ces tartines... » (CAYROL)
i) « Une bataille, une rencontre d'hommes d'État, un discours important, une lettre capitale, sont des instantanés d'histoire. » (BRAUDEL)
j) « Dans la falaise rouge, il y a ces trous noirs, à demi cachés par les buissons d'épines. » (LE CLÉZIO)

CHAPITRE 4

Les pronoms

66 Définitions

On dit souvent que le pronom est un mot employé **à la place d'un nom** *(pro-nomen).* Par exemple, dans la phrase qui suit, le pronom *elle* est employé à la place du nom *pêche* :

Cette pêche est mûre. ***Elle*** *doit être mangée maintenant.*

Cette définition ne convient pas pour tous les emplois des pronoms :

Paul : ***Je*** *mangerais bien* ***quelque chose.***
Annie : ***J'****ai deux pêches.* ***Elles*** *sont mûres.*
Paul : Merci. ***Je*** *prends* ***celle-là.***

Dans ce dialogue, il y a plusieurs pronoms.
— Le pronom *elles* est **mis à la place** du SN *deux pêches.* On peut remettre le SN : *J'ai deux pêches. Les deux pêches sont mûres.*
— Les trois pronoms *je* ne sont mis à la place d'aucun nom. **Ils désignent** directement **leurs référents respectifs,** c'est-à-dire ceux qui parlent : *Paul* dans la première et la dernière réplique, *Annie* dans la deuxième. On ne peut pas remplacer *je* par *Paul.*
— Le pronom *quelque chose* n'est mis à la place d'aucun nom. **Il désigne** directement **un référent indéterminé** non animé.
— Le pronom *celle-là* joue deux rôles. Il représente le sens du nom *pêche* et il désigne une *pêche* précise.
On voit donc que tous les pronoms ne sont pas mis à la place d'un nom !

- Donner une classification claire et complète des pronoms est difficile. Deux points de vue nous serviront de guides :
— il faut savoir identifier les différents types de pronoms : pronoms personnels, possessifs, démonstratifs, numéraux, interrogatifs, exclamatifs et indéfinis ;
— il faut savoir analyser leurs emplois.
- Les pronoms relatifs sont étudiés avec la proposition relative (§ 276).

67 Les emplois des pronoms

Les emplois de désignation.

Dans ces emplois, les pronoms désignent directement leur référent. On pourrait dire qu'ils sont « tournés » vers l'extérieur du texte, qu'ils « parlent » de la situation d'énonciation.

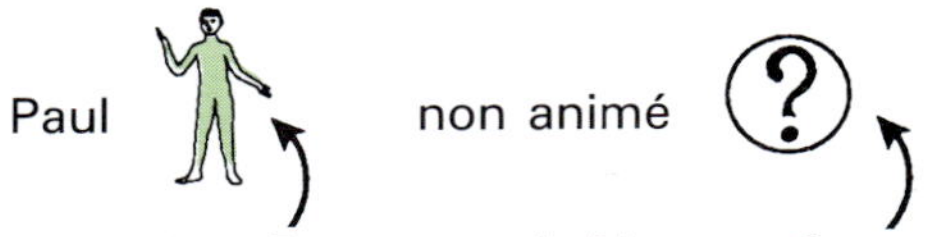

Paul : « ***Je*** *mangerais bien* ***quelque chose.*** *»*

En tenant compte de la nature du référent, on distingue :

■ Les emplois **déictiques** (dans l'exemple du § 66 : *je*). Les pronoms déictiques désignent un référent identifiable dans la situation de communication. C'est cette situation qui leur donne un sens et elle seule peut leur donner ce sens.

■ Les emplois de **désignation indéterminée** (dans l'exemple : *quelque chose).* Le pronom désigne un référent indéterminé, il n'a pas un sens précis.

Les emplois de représentation.

■ Dans ces emplois, le pronom ne désigne pas directement son référent. Il représente une unité du texte, et c'est cette unité qui renvoie au référent. On pourrait donc dire que le pronom est « tourné » vers le contexte, qu'il « parle » du contexte.
Le pronom est alors un **pronom représentant** (dans l'exemple : *elles).* On appelle généralement l'unité qu'il représente l'**antécédent** du pronom. Le pronom reçoit son référent et son sens de cet antécédent.

■ L'**antécédent** peut être :
— un SN : **Mon frère** est malade. **Il** a la grippe ;

— un verbe à l'infinitif : **Trop manger**, **cela** fait grossir ;

— un adjectif : Je suis **content**. Je **le** suis vraiment ;

— une proposition complétive : Je dis **qu'il a tort**. Je **le** sais.

— une phrase : **Il est malade.** — Ah ? je ne **le** savais pas.

■ L'antécédent peut être **placé avant** le pronom représentant. On a une relation d'**anaphore** (§ 22 et 27) :
Marie est arrivée hier. **Elle** reste chez nous jusqu'à lundi.

Il peut être placé après le pronom. On a une relation de **cataphore** mais on parle quand même d'antécédent du pronom :
Comme tu **le** pensais, c'est bien **hier qu'il est parti.**

Les emplois de représentation et de désignation.

Dans ces emplois, le pronom remplit plusieurs rôles :

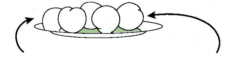

Ces **pêches** sont mûres. Je prends **celle**-là.

Le pronom *celle-là* est tourné vers le texte où l'antécédent lui donne une référence virtuelle (dans l'exemple : *pêche).* Il est également tourné vers l'extérieur du texte où la situation complète la référence (dans l'exemple : le fruit désigné). C'est la somme de ces deux rôles qui lui donne un sens.

68 L'accord des pronoms

▨ Pronoms **invariables** : *on, personne, rien, plusieurs...*

▨ Pronoms **variables.** Selon les types de pronoms, plusieurs accords sont nécessaires :
— accord en genre : *Je **le/la** connais. Celui-ci/celle-ci* ;
— accord en nombre : *Je **le/les** connais. Celui-ci/ceux-ci* ;
— accord en personne : *C'est **à moi/toi/lui.** Le mien/le tien/le sien* ;
— accord selon la fonction : *Il est là. Je **le** vois. C'est **lui.***

> • Quand les deux genres sont présents, c'est le masculin générique qui l'emporte :
> *Marc et Anne sont arrivés. **Ils** repartiront lundi.*
> • Quand l'antécédent représenté n'est pas un nom et n'a pas de genre, on emploie le pronom complément *le.* Mais il a alors une valeur de neutre :
> *Tu ne **le** savais pas qu'elle était malade ?*

▨ L'accord répond souvent à **plusieurs contraintes :**
> *Vos projets sont intéressants mais je préfère **le mien.***

Le pronom *le mien* est un masculin par accord avec l'antécédent représenté : *projet.* Et il est au singulier par rapport au référent désigné : *un seul projet.* Il est à la 1re personne du singulier par accord avec le « possesseur » (§ 78).

69 Syntaxe des pronoms

▨ Les pronoms peuvent constituer à eux seuls un SN (l'accolade signifie « ou ») :

$$SN = \begin{cases} D + N + (Adj) \\ Pronom \end{cases}$$

▨ Un pronom ne peut pas recevoir une épithète sauf si elle est en apposition :
> *Je, sain de corps et d'esprit, déclare...*
> *Le vacarme était infernal et moi, dérouté, **je** ne savais que dire.*
> *Quelqu'un, affolé, allait et venait.*

▨ Certaines constructions (présentative, interrogative) associent au pronom un adjectif attribut introduit par *de* :
> *Il n'y a que **lui d'efficace. Qui** vois-tu **d'efficace** ?*
> *C'est **quelque chose d'utile.** Il n'y a là **rien d'utile.***

▨ Plusieurs pronoms peuvent recevoir un nom ou un pronom complément, introduit par la particule à valeur partitive *de* (§ 24). Ce complément leur sert d'antécédent et les pronoms ont un emploi de représentation (de l'antécédent) et de désignation (de la partie prélevée) :
> ***Chacun** de mes amis viendra. **Lequel** de tes amis viendra ?*
> ***Dix** d'entre nous. **Personne** de nous. **Le premier** des trois.*

▨ Dans la phrase, le pronom assure toutes les fonctions du SN mais à des places souvent différentes :
> *Le train arrive. **Il** arrive.* $\Longrightarrow$ Mêmes places.
> *Je vois le train. Je **le** vois.* $\Longrightarrow$ Places différentes.

L'indéfini demande des constructions différentes :
> *Un train arrive. Il **en** arrive **un.***

59

I. LES PRONOMS PERSONNELS

70   Les formes des pronoms personnels

■ *Tableau des formes.*

	Formes conjointes			Formes disjointes
	Sujet	Objet direct	attribution	
Singulier				
1re personne	je	me, moi		moi
2e personne	tu	te, toi		toi
3e personne	il, elle	le, la	lui	lui, elle
indéfinie	on	se		soi
réfléchie		se		soi
Pluriel				
1re personne	nous	nous		nous
2e personne	vous	vous		vous
3e personne	ils, elles	les	leur	eux, elles
réfléchie		se		soi

■ *Formes conjointes.*

Elles sont placées à côté du verbe. Elles ne peuvent en être séparées que par une autre forme conjointe, les pronoms *en* et *y* ou la négation *ne*.
Ces pronoms ont différentes fonctions :
— sujet : *J'y suis arrivé.* **Elle** *n'est pas là.* **Nous** *en venons ;*
— objet : *Je* **le** *connais ;*
— objet second : *Je le* **lui** *donnerai. Ils* **nous** *le donneront.*

■ *Formes disjointes.*

Elles sont séparées du verbe par une préposition ou une pause. Elles portent toujours un accent tonique. Elles peuvent être renforcées par *même*.
Ces pronoms ont des emplois divers :
— complément avec une préposition : *Il est chez* **moi.** *Va avec* **lui** *;*
— présentatif : *C'est* **lui.** *C'est* **elle-même** *;*
— renforcement : **Moi-même,** *je pense que... Je te parle, à* **toi** *!*

71   Emplois des pronoms personnels singuliers

Première et deuxième personnes.

Les pronoms personnels des 1e et 2e personnes du singulier sont des **pronoms déictiques** : ils désignent les acteurs de la communication (§ 67, 97). Comme les interlocuteurs échangent leurs situations respectives d'énonciateur et de récepteur à chaque moment du dialogue, *je* et *tu* désignent alternativement l'un et l'autre :

> *Fanny :* **Je** *vois bien que* **tu** *attends quelqu'un.*
> *Marius :* **Je** *n'attends personne,* **je** *t'assure.* (PAGNOL)

• Dans un récit, on rencontre souvent les pronoms *je* et *tu* accompagnés du nom du locuteur.
C'est vous que **j'**entends, Cèbe ? criait ma mère.* (COLETTE)
• Le lecteur identifie le référent du pronom *je* parce que le contexte l'indique : la mère de la narratrice. Mais cela ne signifie pas que *je* est un pronom représentant. Il faut « entendre » la question, l'« entendre » comme si elle était réellement énoncée. En utilisant le discours direct (§ 304), Colette nous la fait « entendre » ainsi. Et dans cette question, *je* est un pronom déictique. Il désigne directement son référent : celle qui parle, là, devant nous.

Troisième personne.

Les pronoms de la 3e personne du singulier sont des **pronoms représentants** (§ 67) :

> *L'avion de Nice arrivera à 12 h 30.* **Il** *a 15 minutes de retard.*

> J'apporterai *sa lettre,* pour que tu puisses **la** *lire.*

Dans une situation de dialogue, les pronoms de 3e personne peuvent avoir un emploi proche de celui des **pronoms déictiques :**

> *Paul (à Marc) : Qu'est-ce que tu fais ?*
> *Marc : Je vais à la piscine.*
> *Paul (montrant Jean) : Et* **lui** *?*
> *Marc : Il vient aussi.*

• Attention à *le* neutre (§ 68).
• Le pronom *il* des verbes impersonnels n'est qu'une marque grammaticale de la 3e personne du singulier : *Il pleut.*
• La 3e personne de politesse *(Madame désire ?)* est aujourd'hui souvent remplacée par la 2e personne du pluriel *(Vous désirez ?).*

72   Le pronom on

Définitions.

— Du point de vue morphologique, le pronom *on* est un pronom de la 3e personne du singulier. Mais il peut prendre la valeur de toutes les autres personnes du singulier et du pluriel.

— Du point de vue syntaxique, *on* est toujours **sujet**.
— Du point de vue sémantique, le pronom *on* renvoie toujours à un **référent humain**. Dans ses emplois spécifiques, *on* est un pronom indéfini qui désigne un référent qu'on ne peut pas identifier. Dans les autres emplois, le référent pourrait être identifié mais l'emploi de *on* le cache. Ce pronom est alors un **masque**. C'est sans doute pourquoi il est l'un des mots les plus fréquemment utilisés.

■ *Accords.*

Après *on*, le verbe est toujours à la 3e personne du singulier, mais le participe passé ou l'attribut s'accordent avec le sens féminin ou pluriel de *on* :
>   Brigitte et moi, **on** est **allées** à la piscine.

• Devant une voyelle, le pronom *on* est lié au verbe. Il faut prendre soin de ne pas confondre cette liaison avec la présence d'une négation :
On [n] *a réussi. / On n'a pas réussi.*
Pour éviter cette faute, il faut vérifier la présence ou la possibilité d'une négation complète : *ne... pas, plus, jamais,* etc.
• En tête de phrase et après *si, où, ou, et, que,* l'usage soutenu place un *l'* :
*Si **l'on** pouvait partir le matin, ce serait très bien.*
C'est un souvenir de l'étymologie de *l'on* : l'homme (= un homme quelconque).

73 On, pronom indéfini

Quand le référent est **vraiment indéterminé,** *on* est un pronom de sens indéfini, comme dans son sens étymologique (§ 72). Dans tous ces cas, le pronom a la valeur d'un pronom de troisième personne. Le *je* de l'énonciateur est exclu, *on* est nécessairement quelqu'un d'autre que lui :
>   **On** *a déposé ce paquet pour vous.* ⟹ on = quelqu'un...
>   **On** *a repeint la façade de la mairie.* ⟹ on = des ouvriers...

• Même emploi de *on* indéfini dans les récits. Le *je* exclu est alors celui du narrateur :
Il sentit qu'on relevait son drap, puis qu'on lui palpait le ventre. Une douleur vive, près de la hanche, le fit tressaillir. **On** *le lavait maintenant...* (MAUPASSANT)
• On rencontre aussi le cas où *on* représente un antécédent, mais en lui donnant une **certaine indétermination :**
Maze venait moins souvent et semblait, à présent, mal à l'aise dans la famille ; **on** *le recevait toujours bien, avec plus de froideur cependant...* (MAUPASSANT)
On = les membres de la famille. Le pronom représentant *elle* serait possible. Mais la famille serait perçue comme une seule personne. *On* permet d'évoquer chaque personne et l'ensemble.
• La langue de la vie politique et administrative emploie souvent *on* avec un sens complètement indéfini :
La situation économique devrait s'améliorer le prochain trimestre : **on** *espère une relance de l'activité.*
On ne désigne plus personne. C'est le commencement de la « langue de bois ».

74 On, masque d'autres pronoms

■■■ *Masque d'un* je/nous.

Comme dans le cas précédent, le référent est indéterminé. Mais dans ces emplois, *on* inclut un *je* qui se masque lui-même :

On *espère toujours que demain sera meilleur.* ⟹ *on* = nous (dont moi)...

On *aurait dû protester plus tôt.*⟹*on* = n'importe qui (moi aussi)...

> • Dans un récit, on peut retrouver le même emploi de *on*. Le *je* inclus et caché est alors celui du narrateur :
> *Nous étions trop prudents pour nous frotter sans plus ample informé à quelqu'un qui avait été de cette puissance-là.* **On** *le jugea sournois et hypocrite...* (GIONO)
> *on* = nous (dont moi).

■■■ *Masque de* je/tu/vous.

C'est un usage dit de modestie :
On *a jugé utile de rédiger une préface.*⟹ *on* = j'ai jugé...
On *jugera peut-être la préface inutile.*⟹*on* = toi, vous, lecteur...

■■■ *Masque d'un* tu *ou d'un* vous.

On *pense que j'ai tort ?* ⟹ tu penses que... ?
L'emploi de *on* masque le rapport direct de la communication. D'où l'ironie, voire la menace exprimée par la fausse question à laquelle il sera prudent de répondre : non.
> *Enfin je vois qu'il faut se résoudre à céder,*
> *Qu'il faut que je consente à vous tout accorder ;*
> *Et qu'à moins de cela je ne dois point prétendre*
> *Qu'**on** puisse être content et qu'**on** veuille se rendre.* (MOLIÈRE)

Dans cette scène du *Tartuffe* (IV, 5), Elmire parle à Tartuffe en lui disant *vous*. Mais elle parle aussi à son mari, Orgon, caché sous la table. Elle dit *on* à ce dernier et Orgon interprète ces *on* comme des *vous*. Mais Tartuffe peut croire qu'elle continue de lui parler, à lui, et qu'en passant du *vous* au *on*, elle s'exprime avec discrétion et pudeur.

■■■ *Masque d'un* il, elle.

> *Il n'a pas répondu ? C'est qu'**on** veut jouer au petit soldat, **on** prétend ne pas se laisser impressionner.*

Le passage du *il* au *on* marque une distance, ici ironique.

■■■ *Masque d'un* il, elle, ils, elles *ou d'un nom propre.*

> **On** *me veut du mal.*

Cet emploi peut être identique à celui du *on* pronom indéfini, où le référent est effectivement indéterminé. Mais si le locuteur a son idée sur le référent et s'il ne l'exprime pas, *on* devient un masque.

75   On = nous

Cet usage est condamné par les puristes mais il est presque exclusif à l'oral et courant dans les écrits familiers :
> *On est allés à la piscine.*

Il recouvre tous les emplois de nous (§ 77) :
> *Toi et moi, on ira à la piscine.*
> *Lui et moi, on ira à la piscine.*

Ces emplois sont caractéristiques. Il y a d'abord délimitation des personnes, puis *on* suffit. Il signifie en quelque sorte « un sujet humain va à la piscine ».

76   Pronoms et adjectifs possessifs d'accompagnement de on

On est toujours sujet. Les pronoms compléments qui l'accompagnent sont, selon les cas, *soi, se, nous* ou *vous.* Des adjectifs possessifs correspondent à ces pronoms :
> *On pense toujours que les choses s'arrangeront **pour soi/nous/vous**. On espère que **ses/nos** affaires iront mieux.*
> *On **se** bouscule à l'entrée du stade.*
> *On n'a pas cru que **notre** préface serait inutile.*
> *On fait **son** savant ?*
> *On est content quand quelqu'un **nous (vous)** aide dans **notre (votre)** travail.*

77   Emplois des pronoms personnels pluriels

Première personne.

Dans ses emplois courants, *nous* **représente *je*** + d'autres personnes. L'interlocuteur peut être inclus :
> *Toi et moi / vous et moi, **nous** irons ensemble à la piscine.*

L'interlocuteur peut être exclu :
> *Elle et moi / eux et moi, **nous** irons à la piscine.*

Nous **représente *je*** dans deux cas.
— Le *nous* de « majesté » :
> *Le roi dit : « **Nous** voulons. » **Nous,** Préfet de Paris, déclarons...*

— Le *nous* de « modestie » :
> ***Nous** avons pensé qu'une préface serait utile.* $\Longrightarrow$ *Nous* = j'ai pensé...

Nous **représente *je* + *je* + *je*...** dans la formule figée :
> ***Nous,** soussignés, déclarons ne pas être d'accord avec...*

Deuxième personne.

Vous peut **représenter *tu* + *tu* + *tu*...** :
> *Toi, toi et toi, **vous** irez à la piscine demain.*

■ *Vous* peut également **représenter *tu* + d'autres personnes** :

Toi et lui/elle,
Toi et vous, } ***vous*** *irez à la piscine aujourd'hui.*
Eux/elles et toi,

■ Dans le *vous* de « politesse », le pronom a la valeur de la 2e personne du singulier. Le verbe est toujours à la 2e personne du pluriel, mais le participe est au singulier et marque l'accord en genre :

Monsieur Dupont, ***vous*** *êtes bien arrivé ?*
Mademoiselle Durand, ***vous*** *êtes bien arrivée ?*

■ *Troisième personne.*

■ Les pronoms personnels de la 3e personne du pluriel sont les simples pluriels des pronoms singuliers équivalents :

Il arrive. → ***Ils*** *arrivent. Je le vois.* → *Je* ***les*** *vois.*

■ Dans certaines expressions familières, *ils* sert de masque (§ 72) pour désigner le pouvoir, les responsables en général :

Ils *ont encore augmenté l'essence !*

78   Les pronoms se et soi

■ Dans la conjugaison des verbes pronominaux (§ 110), on utilise les pronoms compléments d'objet des 1re et 2e personnes :

Je ***me*** *lave. Tu* ***te*** *laves. Nous* ***nous*** *lavons. Vous* ***vous*** *lavez.*

À la 3e personne, on utilise le pronom réfléchi *se* :

Il/elle ***se*** *lave. Ils/elles* ***se*** *lavent.*

■ La forme *soi* a plusieurs emplois (usage classique, § 398).
— Avec les pronoms indéfinis *on, nul, personne, quiconque, tel*, il sert de **pronom d'accompagnement :**

On *ne pense qu'***à soi.***

— Avec un sujet précis, *soi* appartient à l'usage soutenu :

*Paul ne pense qu'à lui / qu'***à soi.***

79   Les pronoms en et y

■ *En* signifie « de cela ». *Y* signifie « à cela ».
Ces pronoms sont d'abord des pronoms **représentants d'antécédents non animés** (usage classique, § 398) :

*— Méfie-toi du chemin, il est boueux. — Merci. Je m'***en*** *méfierai.*
*— Tu penses à ce que je t'ai dit ? — J'***y*** *pense.*

■ Certains verbes acceptent *en* et *y* comme pronoms **représentants de noms animés.** Mais l'emploi d'un autre pronom personnel est possible :

Se méfier de quelqu'un. → *s'***en*** *méfier, se méfier de lui/d'elle/d'eux.*
Penser à quelqu'un. → ***y*** *penser, penser à lui/à elle/à eux/à elles.*

Également avec d'autres verbes : *parler de quelqu'un/**en** parler, croire à ou **en** quelqu'un/**y** croire, tenir à quelqu'un/**y** tenir....*

▶ • *En* et *y* effacent l'individualité du nom qu'ils représentent. Par exemple, ils ne font pas de distinction de genre :
Tu penses à Marie/à Marc ? → *Je pense à elle/à lui. J'**y** pense.*

■ Quand *en* et *y* renvoient à des lieux, ils sont **pronoms adverbiaux** (ou adverbes pronominaux) :
— *Tu connais Brest ? — J'**en** reviens./J'**y** vais demain.*

■ *En* et *y* figurent dans des locutions où on ne peut plus analyser leur valeur de représentant : *il m'**en** veut, il **en** va de même, il s'**en** est pris à, il **en** a été quitte pour la peur, il m'**en** coûte de faire cela, où veux-tu **en** venir ?, il **y** a, ça **y** est, il s'**y** prend bien, il s'**y** connaît...*

80   Place des pronoms personnels compléments conjoints

Les deux tableaux de la page ci-contre donnent des combinaisons possibles des différentes places que peuvent occuper les pronoms personnels conjoints.
Ces combinaisons sont très variées et il n'est pas possible de donner une règle absolue. On peut cependant distinguer des régularités selon que l'on a affaire à un ou deux pronoms, et que le verbe est ou n'est pas à l'impératif affirmatif (Sur l'usage en français classique, voir § 398).

Un seul pronom.

Le pronom personnel complément conjoint **précède le verbe** :
*Je **le** sais. Il **lui** a parlé. Elle **y** pense. Ne **le** fais pas.*
Sauf à l'impératif positif :
*Fais-**le**. Dis-**le-lui**. Apporte-**le-moi**.*

Deux pronoms.

■ Les pronoms *en* et *y* sont toujours en seconde place :
*Je **vous en** avertis. Je **lui en** apporte. Je **vous y** obligerai. Parle-**m'en**. Ne **lui en** parle pas.*

■ Quand les deux pronoms sont de la 3e personne, le complément direct précède le complément indirect :
*Je **le lui** dirai. Dis-**le-lui**. Ne **le lui** dis pas.*

■ Quand les deux pronoms sont de personnes différentes, le complément indirect précède le complément direct :
*Je **te le** dis. Ne **me le** dis pas.*
Sauf à l'impératif positif :
*Dis-**le-moi**.*

▮ *Tableau 1 : le verbe n'est pas à l'impératif.*

je tu il elle on (ne) nous vous ils elles	me, te, se, le, la, lui → nous, vous, les, leur → en, y →	Il me regarde. Il lui parle Il nous voit. Elle leur parle. Il en trouve. Il y pense.
	me, te, se, nous, vous + en, y →	Je t'en parle. Je vous y abonne.
	me, te, se, nv, vs + le, la, les →	Je te le dis. Je vous les apporte.
	lui, leur + en →	Je lui en parlerai. Ils leur en parleront.
	le, la, les + lui, leur →	Je la lui donnerai. Vous les leur donnerez.
	le, la, les + en, y →	Je les en convaincrai. Elle les y obligera.

▸ • Ces constructions sont modifiées dans l'usage oral familier :
*Je **lui** ai dit que... Je **te lui** ai dit ma façon de penser !*
Et dans les usages du sud de la France :
*Tu **te le** mets ton chapeau ?*

▮ *Tableau 2 : le verbe est à l'impératif affirmatif.*

Verbe	moi, toi, le, la, nous, vous, les ▸	Prends-le. Regarde-moi. Apporte-les.
	en, y →	Parles-en. Penses-y
	le, la, les + moi, toi, lui, nous, vous, leur ▸	Donne-le-moi. Dis-le-lui. Donne-les-nous.
	m', t', lui, leur + en →	Parle-m'en.
	nous, vous, les + en, y →	Donne-nous-en. Oblige-nous-y.

▸ • La 2e personne du singulier de l'impératif des verbes du premier groupe est *chante, donne, pense,* etc. Mais pour éviter un hiatus (rencontre de deux voyelles), on dit et on écrit :
Donnes-en. Penses-y.
• Le bon usage juge incorrectes les constructions comme : *Donne-moi-le.* Elles sont néanmoins très fréquentes dans l'usage oral.

II. LES PRONOMS POSSESSIFS

81 Les formes des pronoms possessifs

Les pronoms possessifs sont les **formes nominalisées** des adjectifs possessifs toniques (§ 28). La nominalisation est effectuée par la présence de l'article défini.

Possesseur(s)	Objet(s) possédé(s)			
	Singulier		Pluriel	
	Masculin	Féminin	Masculin	Féminin
moi	le mien	la mienne	les miens	les miennes
toi	le tien	la tienne	les tiens	les tiennes
lui, elle	le sien	la sienne	les siens	les siennes
nous	le nôtre	la nôtre	les nôtres	
vous	le vôtre	la vôtre	les vôtres	
eux, elles	le leur	la leur	les leurs	

▷ • Attention à l'accent circonflexe sur *le nôtre, le vôtre...* Ne pas confondre avec les adjectifs possessifs : *notre, votre*.

82 Accords et emplois des pronoms possessifs

On dit que les pronoms possessifs s'accordent en genre et en nombre avec l'objet possédé, et qu'ils s'accordent en personne avec le possesseur. Car le pronom possessif est un pronom qui assure à la fois des emplois **de représentation et de désignation** :

Marc : *Agnès a deux guitares. Elles sonnent mieux que la mienne.*

Le sens du pronom possessif *la mienne* cumule trois informations :
— *la mienne* représente « guitare ». L'accord en genre se fait avec cet antécédent (ici : le féminin) ;
— *la mienne* désigne un unique instrument (accord en nombre) ;
— *la mienne* désigne un possesseur : celui qui parle (accord en personne).

▷ • Certains emplois des pronoms possessifs ont été figés par l'usage. Ils correspondent à des noms :
Les miens (= ma famille). *Distinguer le tien du mien* (= ce qui appartient à chacun). *Faire des siennes* (= des bêtises). *Y mettre du sien ; mettez-y du vôtre* (= faire un effort).

III. LES PRONOMS DÉMONSTRATIFS

83   Les formes des pronoms démonstratifs

Objet(s) montré(s)				
Singulier			Pluriel	
Masculin	Féminin	Neutre	Masculin	Féminin
celui	celle	ce, c'	ceux	celles
celui-ci	celle-ci	ceci	ceux-ci	celles-ci
celui-là	celle-là	cela, ça	ceux-là	celles-là

84   Emplois des formes simples

■ Des pronoms… **incomplets.**
— *Celui, celle, ceux* et *celles* s'emploient comme **pronom représentant** d'un nom antécédent. Mais cette valeur de représentation ne suffit pas pour que le référent soit identifiable :
> *Ces guitares sonnent bien mais celle sonne mieux.* (de qui ?)

Les pronoms démonstratifs de forme simple doivent donc être accompagnés d'une information supplémentaire qui permette d'identifier clairement le référent :

> *Ces guitares sonnent bien mais **celle d'Agnès** sonne mieux.*

— L'accord en genre se fait avec le nom représenté (ici : « guitare », au féminin). L'accord en nombre se fait par rapport au référent (ici : « la guitare d'Agnès »).

■ **Les constructions.**
— Les formes simples du pronom démonstratif ne peuvent donc pas constituer à elles seules un SN. Elles sont employées **avec un nom complément, une proposition relative ou un participe présent** :
> *Ces guitares sonnent bien mais celle d'Agnès sonne mieux.*
> *Elles sonnent bien mais celle qu'Agnès a achetée sonne mieux.*
> *Ces chambres sont calmes, mais celles donnant sur la mer le sont aussi.*

▶ • L'emploi d'un participe passé est plus rare et relève d'un registre littéraire ou soutenu :
> *Il conservait les lettres reçues et la copie de **celles** envoyées.*

— Ces formes servent aussi « d'introducteurs animés » aux propositions relatives sans antécédent (§ 278 ; emploi de *ce que* § 86) :
> ***Ceux qui** veulent parler lèvent la main.*

85 Emplois des formes composées du masculin et du féminin

■ Emplois comme **pronoms représentants**.
Les formes composées peuvent représenter par anaphore un SN antécédent présent dans le contexte. Elles s'accordent avec lui :
   *Il se tourna vers son frère et vit **celui-ci** pâlir.*

■ Emplois **de représentation et de désignation**.

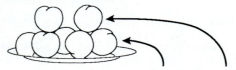

*Les pêches sont mûres. Veux-tu manger **celle**-ci ou **celle**-là ?*

Les pronoms démonstratifs *celle-ci* et *celle-là* représentent le nom « pêche » (accord en genre). Ils désignent des référents particuliers : chacune des pêches choisies (accord en nombre).

86 Emplois des formes neutres

■ *Ceci, cela, ça.*

■ Dans leurs **emplois déictiques** (§ 67, 97), les formes neutres *ceci, cela, ça* désignent un référent dont on ne connaît pas le nom ou qu'on ne nomme pas :
   *Comment **ça** s'appelle ? Tiens-moi **ceci/cela/ça**, s'il te plaît.*

▸ • Quand le référent est nommé dans le contexte, les formes neutres peuvent le « montrer » en soulignant l'écart entre ses qualités référentielles et le nom qui lui est attribué. Elles neutralisent le genre et le nombre du nom :
   *C'est un chanteur, **ça** ? Tu appelles **ceci/cela/ça** un devoir ?*

■ Elles peuvent aussi fonctionner comme **pronom représentant** d'un antécédent sans genre ni nombre :
   *Finis ton travail ! Après **cela/ça**, tu pourras sortir.*
Ou en neutralisant genre et nombre (nom à valeur générique) :
   *Un plombier qui vous dépanne tout de suite, **ça** n'existe pas !*
   *Une dissertation, **cela/ça** ne s'écrit pas sans réfléchir.*

■ *Ce.*

■ La forme *ce* était commune dans la langue ancienne. Elle a été remplacée dans la plupart de ses emplois par *cela*. Puis *cela* a été concurrencé par *ça* (de l'ancien adverbe de lieu *çà*).
Mais *ce* et *cela* restent d'usage dès qu'on emploie une langue soutenue :
   ***Ce** n'est pas vrai. / **Cela** n'est pas vrai.*

■ Dans l'usage courant, *ce* s'emploie de différentes manières :
— avec le verbe être dans la construction *c'est, c'était* (§ 323) :
   ***C'est** Paul, j'en suis sûr.*
— comme « introducteur non animé » d'une relative sans antécédent (§ 278 ; emploi de *celui qui* : § 84) :

Ce qui doit arriver arrive.
— comme introducteur du discours indirect (§ 307) :
Il sait ce qu'il dit mais il ne sait pas ce qu'il fait !
— et dans des locutions adverbiales : *ce faisant, ce disant* ; ou conjonctives : *parce que, sur ce, pour ce, jusqu'à ce que...*

▸ • On analyse chacune de ces constructions comme un tout : sans isoler l'emploi particulier de *ce*.

L'opposition -ci/-là.

Les valeurs d'emploi des formes composées des pronoms démonstratifs sont les mêmes que celles des adjectifs (§ 31).

D'une manière générale, *cela* renvoie à ce qui est connu de tous, *ceci* à ce que le locuteur soutient seul :
Tout le monde sait cela ! Mais, moi, j'affirme ceci.
Il est possible d'employer *cela* dans le second cas, mais c'est affaiblir l'argument.
On doit employer : *Cela dit* (et non : *Ceci dit*), pour la même raison : *cela* renvoie à ce qui a été dit et qui est donc connu de tous.

Quand les deux pronoms sont employés ensemble, la forme en *-ci* doit représenter l'antécédent le plus proche et la forme en *-là* l'antécédent le plus éloigné :
*Esther et Athalie sont les deux dernières tragédies écrites par Racine. Elles furent interprétées par les demoiselles de Saint-Cyr. **Celle-là** en janvier 1689 et **celle-ci** en janvier 1691.*
Pour plus de clarté, on remplace souvent les deux pronoms démonstratifs par des pronoms numéraux : *la première, la seconde.*

IV. LES PRONOMS NUMÉRAUX

87 **Formes et emplois**

Les pronoms numéraux ordinaux.

Ils sont formés d'un déterminant défini et de l'adjectif numéral ordinal du même rang. Ne pas confondre l'adjectif numéral et le pronom numéral :

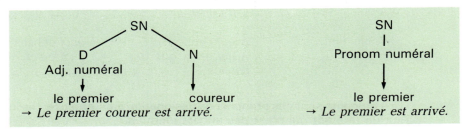

■ Le pronom numéral ordinal peut être employé comme un **pronom représentant** :
    Paul et Marc arrivent demain. **Le premier** ne reste que deux jours.
Ou comme un **pronom déictique** :
    Dans la rangée du dessus, tu attrapes **le premier** à gauche.

■ *Les pronoms numéraux cardinaux.*

■ Ils sont formés de l'adjectif numéral cardinal de même rang employé seul. Là encore, ne pas confondre l'adjectif et le pronom :

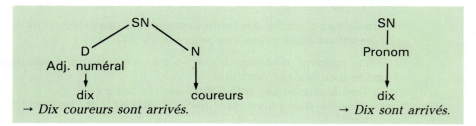

■ Le pronom numéral cardinal ne représente pas tout son antécédent mais une partie de cet antécédent. Employé comme complément d'objet, ce pronom exige donc la présence de *en* :
    S'il faut des disques, j'**en** apporterai **dix**.

V. LES PRONOMS INTERROGATIFS ET EXCLAMATIFS

88 Formes et emplois

■ *Les pronoms interrogatifs.*

	Référent humain	Référent non humain
Sujet	*Qui* est là ? *Qui est-ce qui* est là ?	*Qu'est-ce qui* est là ?
Objet, attribut	*Qui* vois-tu ? *Qui est-ce que* tu vois ?	*Que* vois-tu ? *Qu'est-ce que* tu vois ?
Complément indirect	*À qui* penses-tu ? *À qui est-ce* que tu penses ?	*À quoi* penses-tu ? *À quoi est-ce que* tu penses ?

Ces pronoms sont des pronoms de **désignation indéterminée** : ils interrogent sur un référent qui n'est pas encore identifié.

Les formes renvoyant à des référents non humains sont employées quand le référent est complètement inconnu. À la question : **Que** *vois-tu arriver ?* on peut répondre : *Un train,* ou : *Paul.* La question : **Qui** *arrive ?* appelle une réponse avec référent humain.

▸ • Les formes renforcées sont très courantes, mais on voit que leur emploi n'est indispensable que pour le cas des sujets non humains. À l'écrit, on peut les éviter.

Formes composées des pronoms relatifs.

Ces formes (§ 275) s'emploient comme pronoms interrogatifs de représentation et de désignation :
>   **Lequel** *préfères-tu des romans de Flaubert ?*
>   *Ces pêches sont superbes.* **Laquelle** *veux-tu ?*

Les pronoms exclamatifs.

Du système des pronoms exclamatifs demeurent deux formes :
>   **Que** *vas-tu penser !* **Qu'est-ce que** *tu vas penser de moi !*

VI. LES PRONOMS INDÉFINIS

Les formes et les valeurs des pronoms indéfinis sont rattachées à celles des adjectifs indéfinis (§ 40 et 41).

89   Aucun, pas un, personne, rien, nul

■ **Aucun(e), pas un(e)** sont des pronoms de représentation et de désignation. L'antécédent est toujours au pluriel, mais le pronom est au singulier puisqu'il exprime une quantité nulle de cet antécédent. Il ne s'accorde donc qu'en genre :
>   *Nos amis sont revenus mais je n'en ai encore rencontré* **aucun.**
>   **Pas une** *de mes amies n'est venue me voir.*

■ **Personne** renvoie à un référent humain. Il a des emplois de désignation indéterminée :
>   *Je n'ai vu* **personne.**

Ou de représentation (antécédent pluriel) et de désignation :
>   **Personne** *d'entre nous ne viendra.*

■ **Rien** désigne un référent non animé :
>   *Je ne vois* **rien. Rien** *n'a changé ici.*

■ **Nul(le)** appartient à la langue soutenue. C'est un pronom de désignation :
>   **Nul** *n'est censé ignorer la loi.*

Ou de représentation (antécédent pluriel) et de désignation :
>   **Nulle** *d'entre nous ne le connaît.*

• Ces pronoms fonctionnent comme des éléments négatifs et ils sont toujours accompagnés de *ne*. Le *ne* n'est absent que dans l'oral courant : *J'ai vu personne. Je vois rien.*
Attention : Le *ne* est obligatoirement présent à l'écrit !
• *D'aucuns pensent que... D'aucuns* est une forme ancienne du pronom, où *aucun* conserve son sens étymologique « quelqu'un ». Il s'emploie comme un pronom de désignation.

90 Quelqu'un, quelque chose, un, l'un, quiconque...

Quelqu'un, quiconque, n'importe qui renvoient à un référent humain. Ce sont des pronoms de désignation indéterminée :
Quelqu'un m'a indiqué la route. *N'importe qui* peut entrer.
Ils peuvent avoir aussi des emplois de représentation (antécédent pluriel) et de désignation :
Quelqu'un de tes amis est passé te voir.

Quelque chose, n'importe quoi désignent un référent non animé :
J'ai **quelque chose** *dans l'œil. Tu dis* **n'importe quoi.**

Un(e), l'un(e), n'importe lequel/laquelle sont des pronoms de représentation (antécédent pluriel) et de désignation :
*De tous ces tableaux, je n'en vois qu'***un** *qui me plaît.*
L'une de mes amies. *N'importe lequel* de mes amis.

L'un(e)... l'autre ont des emplois de pronom représentant :
Ces deux voyages me tentent. *L'un et l'autre* ont leur intérêt.
Et de désignation indéterminée :
L'un dit oui, *l'autre* dit non, comment choisir ?

91 Quelques-uns, certains, plusieurs, la plupart, les uns, les autres

Quelques-un(e)s, certain(e)s, plusieurs, les un(e)s... les autres ont des emplois de pronoms de désignation indéterminée :
Quelques-uns/certains/plusieurs disent détenir la vérité.
Les uns disent blanc, *les autres* noir : chacun sa vérité !
Mais ils s'emploient souvent comme pronom représentant :
Tout le personnel était là. *Certains* dirent oui. *La plupart* non.
Les romans de Balzac sont passionnants. J'en ai lu **plusieurs.**
Quelques-unes de mes amies. *Plusieurs* d'entre nous.
Les Dupont et les Dubois sont fâchés. Ils ont tort **les uns et les autres.**

92 Tout

Tout désigne un référent non animé :
Tout est prêt. Je sais *tout.*

Toute est un pronom représentant (usage familier) :
Tu connais ta leçon ? — Oui. **Toute.**

Toutes est un pronom représentant :
J'ai interrogé dix candidates. **Toutes** *sont venues à l'heure.*

Tous [tus] fonctionne comme pronom de désignation :
Il a su mériter l'estime de **tous.**
Et comme pronom représentant :
J'ai interrogé dix candidats. **Tous** *sont arrivés en retard.*

• On peut considérer *tout le monde* comme le pronom de désignation d'un référent humain :
Tout le monde *est prêt. Je connais* **tout le monde** *ici.*
Il peut fonctionner aussi comme pronom pluriel, mais l'expression est moins élégante qu'avec *tous* :
Il a su mériter l'estime de **tous/de tout le monde.**
• L'usage récent conduit parfois à ne pas s'en remettre au seul masculin générique de *tous* et à prendre en compte les deux genres :
Il a su mériter l'estime de **toutes** *et de* **tous.**

93   Chacun

Chacun(e) fonctionne comme pronom de désignation indéterminée :
Les espaces verts sont sous la sauvegarde de **chacun.**
Et comme pronom de représentation et de désignation :
Chacun *des élèves a reçu une convocation pour l'examen.*

• En principe, le masculin générique de *chacun* englobe les deux genres : garçons et filles ont reçu une convocation, promeneurs et promeneuses doivent respecter les espaces verts. Mais l'usage récent conduit souvent à préciser les deux genres :
Chacune et chacun *doivent respecter les espaces verts.*
• Les expressions *tout un chacun* et *un chacun* sont des archaïsmes de l'usage familier :
C'est l'affaire de **tout un chacun.**

Chaque est parfois employé comme **pronom.** C'est un usage familier. Le bon usage demande l'emploi de *chacun* :
Ces disques coûtent 120 F **chaque/chacun.**

94   Le même

Le même, la même, les mêmes sont des pronoms représentants :
C'est ton pull ? J'ai **le même** *en rouge.*

Les mêmes a aussi des emplois de pronom de désignation indéterminée d'un référent animé :
Ce sont toujours **les mêmes** *qui parlent.*

■ **Le même** fonctionne comme pronom de désignation d'un référent non animé dans les expressions figées :
>*C'est du pareil **au même,** ça revient au même.*

■ **La même chose** renvoie à un référent non animé et s'emploie comme pronom représentant :
>*Vos histoires, c'est toujours **la même chose** !*

Et comme pronom de désignation :
>*Servez-moi **la même chose** que lui, s'il vous plaît.*

95   Autrui, autre, autre chose

■ **Autrui** et **autre chose** sont des pronoms de désignation. *Autrui* désigne un référent humain, *autre chose* un référent non animé. Ils sont employés comme compléments :
>*Le bien d'**autrui.** J'ai acheté **autre chose** de meilleur.*

■ **Autre(s)** est associé à un déterminant. Il fonctionne comme pronom de représentation et de désignation :
>*Tu as aimé ces pommes ? Reprends-en **une autre.***
>*Deux autres de mes amis arriveront bientôt.*

Et comme pronom de désignation indéterminée :
>*La peur **de l'autre** est absurde.*

96   Tel

Le pronom **tel(s), telle(s)** fonctionne comme pronom de désignation indéterminée :
>*Tel est pris qui croyait prendre.*

Et comme représentant :
>*Une femme de bon sens et une bonne cuisinière, **telle** était ma grand-mère.*

▶ • Nominalisé par l'article indéfini, *tel* sert de nom propre pour désigner un inconnu :
Monsieur Un tel.

EXERCICES

LES PRONOMS

1 Récrivez les phrases suivantes en employant des pronoms représentants pour éviter les répétitions.

a) Je ne sais pas où est mon stylo. Mon stylo a disparu. Quelqu'un a-t-il vu mon stylo ?

b) Agnès et Brigitte prennent des leçons d'escrime. Agnès et Brigitte aiment beaucoup le sport. Le fleuret est l'arme préférée d'Agnès et de Brigitte. Le maître d'armes a dit à Agnès et Brigitte qu'Agnès et Brigitte faisaient des progrès.

c) Mes amis québécois sont arrivés. Mes amis québécois resteront un mois en France. J'ai séjourné chez mes amis québécois pendant trois semaines, l'an dernier. Je dois retourner voir mes amis québécois cet été.

d) Paul a rencontré Annie en vacances. Annie travaille dans une banque et Paul est vendeur de voitures. Annie et Paul vont sans doute monter ensemble une affaire de location de véhicules utilitaires. Mais la banque hésite encore à aider Annie et Paul.

e) Mes parents habitent à Toulouse. J'ai habité chez mes parents pendant trois ans après la fin de mes études. La maison où vivent mes parents appartient à mes parents. Mes parents ont fini de la payer l'an dernier. Maintenant elle est à mes parents.

2 Dans les phrases qui suivent relevez tous les pronoms personnels. Classez-les en deux catégories : les pronoms déictiques et les pronoms représentants. Précisez le référent que désigne chaque pronom déictique et l'antécédent de chaque pronom représentant. Quelles sont les formes disjointes ?

a) La représentation théâtrale aura lieu dans la salle des fêtes. Elle commencera à 21 heures.

b) Pierre et Paule sont mariés depuis une semaine. Il l'a rencontrée à l'I.U.T.

c) Je n'ai pas pu voir Marc. Il était reparti chez lui quand je suis arrivé.

d) Même si le directeur a un emploi du temps chargé, il faut que j'aie un rendez-vous avec lui.

e) Vous vous trompez au sujet de votre associée. Je ne lui ai pas encore parlé. Elle ignore tout de mon projet.

f) Les livres, j'avais l'impression de les avoir tous lus. Et puis, j'ai découvert ce roman et il m'a bouleversé.

g) Ce disque vous plaira sûrement. Écoutez-le dans la cabine d'audition. Je suis certain que vous l'apprécierez.

h) Donnez-leur un coup de main. Eux, ils n'arriveront pas à sortir leur voiture du fossé tout seuls.

3 Pour chaque emploi, précisez si *le* est : article défini, pronom personnel masculin ou pronom neutre (§ 22, 71 et 68).

a) Demain, le soleil se lèvera à 6 h 33.

b) Où as-tu appris le piano ?

c) Paul ? Je ne l'ai pas vu ce matin.

d) Ce qu'il a dit, je n'oserais pas le répéter.

e) Le chien était immobile devant le chat et le regardait.

f) Il pense que l'affaire est mal engagée et je le pense aussi.

g) Je le sais depuis hier : il part au Sénégal.

h) Elle regardait le camion qui reculait vers elle sans penser que le chauffeur risquait de l'écraser.

77

4 Ce texte de préface est écrit à la 1re personne du singulier. Récrivez-le en employant le *on* puis le *nous* de « modestie ». Laquelle des trois versions préférez-vous ?

Le livre que je présente aux élèves des lycées les aidera dans leurs études de français. Je l'ai écrit avec le souci d'être clair. Mes commentaires sont toujours centrés sur un point précis et mes remarques permettent de « creuser » quelques questions plus délicates. L'index que j'ai ajouté permettra à chacun de retrouver rapidement ce qu'il cherche. J'espère que mes lecteurs seront satisfaits, et je saurai faire bon usage des critiques qu'ils m'adresseront.

5 Reprenez le texte de l'exercice précédent. N'y a-t-il pas encore une autre manière de l'écrire ?

6 Analysez les emplois de *on*.

a) « On demandait à Socrate d'où il était. Il ne répondit pas : ''D'Athènes'', mais : ''Du monde''. » (MONTAIGNE)
b) « Te mesurer à moi ! qui t'a rendu si
[vain
Toi qu'on n'a jamais vu les armes à la
[main. » (CORNEILLE)
c) « Rien n'a plus d'avantage dans les *Lettres persanes,* que d'y trouver, sans y penser, une espèce de roman. On en voit le commentaire, le progrès, la fin... » (MONTESQUIEU)
d) « Il était six heures du soir. On vint m'avertir, un moment après mon retour, qu'une dame demandait à me voir. » (PRÉVOST)
e) « Enfin on me porta chez Valville, c'était le nom du jeune homme en question, qui fit ouvrir une salle où l'on me mit sur un lit de repos. J'avais besoin de secours... » (MARIVAUX)
f) « Tout est fini pour moi sur la terre. On ne peut plus m'y faire ni bien ni mal. » (ROUSSEAU)
g) « On est heureux ou malheureux par une foule de choses qui ne paraissent pas, qu'on ne dit pas et qu'on ne peut dire. » (CHAMFORT)

h) « Elles gagnent, toutes, entre trois cents et deux mille francs par mois, mais on a des renards à deux cents louis, et des sautoirs de perles... On est pincées, posées, méfiantes. » (COLETTE)
i) « On grelotte, on est mal ; on change de place sur place, comme un bétail parqué. Cocon explique à son voisin la disposition de l'enchevêtrement de nos tranchées. » (BARBUSSE)
j) « Onze heures du matin ; on pouvait se croire à l'aube, tant le ciel était sale... La bise me mordait aux reins ; nous descendions le Grand Canal... » (MORAND)

7 Complétez ces phrases en utilisant *nous* ou *vous.*

a) Pierre et moi, (partir) demain. **b)** Lui et vous, (chercher) des documents sur les déserts. **c)** Vous, elle et lui, (préparer) un exposé sur le roman par lettres. **c)** Les quatre filles du groupe, les deux garçons et moi, (organiser) le bal du lycée. **d)** Toi et moi, (être faits) pour travailler ensemble.

8 Récrivez ces phrases en pronominalisant le ou les compléments qu'elles comportent. Mettez ensuite ces phrases à la forme négative (§ 80).
Exemple : *Je parle à Anne. → Je lui parle. → Je ne lui parle pas.*

a) J'ai dit à Jean qu'il avait tort.
b) Elle apportera le journal à Jean.
c) J'ai pensé à acheter du pain.
d) Prête ton crayon à François.
e) Vous pourrez forcer le vendeur à vous rembourser.
f) J'apporterai un livre à Paul à l'hôpital.
g) Donnez vos devoirs au chef de classe.

9 Relevez tous les pronoms de ces phrases. Précisez :
— la sous-classe de chacun (possessif, interrogatif...) ;
— « ce » qu'il désigne ou représente.
(Ne relever ni les pronoms relatifs, ni le *en* du gérondif.)

a) « La dernière chose que l'on trouve en faisant un ouvrage est de savoir celle qu'il faut mettre la première. » (PASCAL)

78

b) « Deux vrais amis vivaient au Mono-
[motapa :
L'un ne possédait rien qui n'appartînt à
[l'autre. » (LA FONTAINE)
c) « Nous mourons tous, disait cette
femme dont l'Écriture a loué la prudence
au second livre des Rois... » (BOSSUET)
d) « Au reste, la différence la plus générale et la plus sensible entre les animaux
et les végétaux est celle de la forme. »
(BUFFON)
e) « Prenons deux comédies, l'une dans
le genre sérieux, et l'autre dans le genre
gai. » (DIDEROT)
f) « Ici tout est à tous ; et tu nous as prê-
ché je ne sais quelle distinction du tien
et du mien. » (DIDEROT)
g) « Si les siècles éclairés ne sont pas
moins corrompus que les autres, c'est
parce que la lumière y est trop inégale-
ment répandue. » (D'ALEMBERT)
h) « Il y a trois jours que j'attends inuti-
lement une lettre de vous. Ah, vous ne
m'aimez plus ! » (CRÉBILLON)
i) « Tout est dans un flux continuel sur
la terre. Rien n'y garde une forme constante et arrêtée, et nos affections qui
s'attachent aux choses extérieures passent et changent nécessairement comme
elles. » (ROUSSEAU)
j) « Il y a souvent bien de la différence
entre la volonté de tous et la volonté
générale ; celle-ci ne regarde qu'à l'intérêt commun, l'autre regarde à l'intérêt
privé, et n'est qu'une somme de volon-
tés particulières... » (ROUSSEAU)

10 **Même exercice.**

a) « Ellénore, lui écrivais-je, vous ne
savez pas tout ce que je souffre. »
(CONSTANT)

b) « Bien souvent j'ai souri de pitié sur
moi-même en voyant avec quelle force
une idée s'empare de nous, comme elle
nous fait sa dupe, et combien il faut de
temps pour l'user. » (VIGNY)
c) « Bientôt le silence régna dans la salle
à manger, les pensionnaires se séparè-
rent pour livrer passage à trois de ces
hommes qui tous avaient la main dans
leur poche de côté et y tenaient un pistolet armé. » (BALZAC)
d) « Et prenant la fleur de cassis qu'elle
avait à la bouche, elle me la lança d'un
mouvement du pouce, juste entre les
deux yeux. Monsieur, cela me fit l'effet
d'une balle qui m'arrivait... » (MÉRIMÉE)
e) « Pendant que le mari ruminait et com-
binait, la Thénardier, elle, ne pensait pas
aux créanciers absents, n'avait aucun
souci d'hier ni de demain, et vivait avec
emportement toute la minute. Tels
étaient ces deux êtres. Cosette était
entre eux... » (HUGO)
f) « Frédéric, en regardant ces personnes, éprouvait un sentiment d'abandon,
un malaise. Il songeait encore à Mme
Arnoux et il lui semblait participer à quelque chose d'horrible se tramant contre
elle. » (FLAUBERT)
g) « Trois heures sonnèrent. Rien encore.
Une averse avait trempé la foule, sans
qu'elle reculât d'un pas. » (ZOLA)
h) « Je suis perdu ! Quelqu'un possède
mon âme et la gouverne ! » (MAUPAS-
SANT)
i) « Il n'y a rien, plus rien d'autrefois...
Les problèmes des hommes ne sont plus
les mêmes. Excepté la fatigue et la
faim. » (ARAGON)
j) « Tu t'ennuies, je le vois bien. Allons,
avoue que tu la regrettes ! — Moi ? Tu
es folle ! Je regrette qui, quoi ? — Ton
île déserte, bien sûr ! » (TOURNIER)

CHAPITRE 5

Le verbe

97   Définition du verbe

■ *Le sens du verbe.*

Définition traditionnelle du verbe : le verbe exprime des actions *(chanter)*, des états *(être)*, des modifications *(grandir)*.
Les grammairiens modernes regroupent ces trois faits en disant que le **référent** (§ 1) **d'un verbe est un procès** (du latin *processus*, progression).

■ *La conjugaison et l'actualisation du verbe.*

■ La morphologie du verbe comporte un grand nombre de formes. On appelle l'ensemble de ces formes la **conjugaison** du verbe. On peut dire que le verbe est le mot qui se conjugue.

■ Tout verbe a un **sens lexical**, le sens qu'on peut trouver dans le dictionnaire. Ce sens est son référent virtuel disponible (§ 1). Le nom aussi a un référent virtuel. Par exemple, le référent virtuel du nom *course* et le référent virtuel du verbe *courir* sont à peu près semblables. Mais quand le nom et le verbe sont actualisés, une grande différence apparaît. Le référent actualisé du nom *course* ne comporte pas d'informations sur le moment de la course, ne dit pas si la course est en train de se dérouler ou si elle est finie, etc. : *la course, une course de fond, la deuxième course...*
Si une indication de temps est apportée, c'est par le verbe qui accompagne *course* :

> *La course du 100 mètres haies aura lieu à 15 heures.*

■ Au contraire, les **procès** exprimés par les **actualisations** du verbe *courir* comportent ces informations sur le temps et comportent aussi bien d'autres informations :

> *Il court. Elle a couru. Nous courrons. Cours plus vite !*

■ C'est grâce aux nombreuses formes de la conjugaison que l'**actualisation** du verbe peut être **précise**.
Ainsi pour le verbe ***courir***.

> Sens lexical : se déplacer rapidement avec ses jambes ou ses pattes.
> Actualisations possibles :
> *Le chien courait après une auto.*
> *Je courrai pour avoir mon train.*
> *Elle a couru plus vite qu'à l'entraînement.*
> *Courez le long de la plage !*
> *Il aurait fallu que je coure. Etc.*

■ *Le syntagme verbal.*

■ Le verbe est le **constituant essentiel du syntagme verbal** (SV). Les deux constituants essentiels de la phrase française sont le syntagme nominal et le syntagme verbal :

$$P \ = \ SN \ + \ SV$$

■ Quand un SN et un SV constituent une phrase, la relation qui les unit s'appelle la fonction **sujet**. Le verbe s'accorde avec le sujet (§ 226-229).

■ Dans le SV, le verbe peut être employé seul ; il peut aussi être suivi de divers compléments du verbe ou d'un attribut (§ 244 et suivants).

■ *Les sous-classes sémantiques et syntaxiques du verbe.*

L'analyse des emplois des noms conduit à les distinguer en sous-classes par des caractères sémantiques et syntaxiques qu'on appelle les traits lexicaux des noms (§ 3 et § 53). Ces traits se retrouvent dans les relations du verbe et des noms.

Le verbe *gémir* demande un nom sujet pourvu du trait animé (humain ou non humain) : *l'animal gémissait.* S'affranchir de cette contrainte contextuelle, c'est rendre possible un emploi métaphorique : *le vent gémissait.*

L'intervention sur le contexte peut concerner la relation sujet-verbe, comme dans le cas précédent. Mais aussi la relation verbe-complément : *dévorer un repas/dévorer un livre.* Ou l'ensemble sujet-verbe complément : *les soucis d'argent ont dévoré sa vie.* Les deux exemples s'analysent à partir d'un verbe *dévorer* dont le contexte est : un animé mange vite et beaucoup de quelque chose qui peut être mangé.

98   Le discours et le récit

À la suite des travaux du linguiste français Émile Benveniste, on distingue deux types d'énonciation (§ 1) : le **discours** et le **récit**.

> • Le nom *discours* a un sens courant : faire un discours. Mais le nom *discours* a également deux autres sens en grammaire : il désigne la langue « mise en œuvre », actualisée dans le discours (§ 1) ; il s'emploie aussi pour désigner les discours rapportés : discours rapporté direct, discours rapporté indirect et discours rappporté indirect libre (§ 303).
>
> De même, le nom *récit* désigne une histoire vraie ou fictive, qu'on narre oralement ou par écrit.
>
> Ces sens ne doivent pas être confondus avec ceux de l'opposition discours/récit. Pour éviter toute confusion, nous parlerons de l'opposition énonciation-discours/énonciation-récit à chaque fois qu'il y aura un risque d'ambiguïté.
>
> • La distinction entre énonciation-discours et énonciation-récit concerne les verbes, les pronoms (§ 66-67), les adverbes (§ 212) et l'écriture des textes en général.

■ *L'énonciation-discours.*

■ C'est une manière d'utiliser le langage comme dans le dialogue entre deux ou plusieurs personnes :

— *Hier, je l'ai vu sortir de chez lui.*
— *Tu as pu lui parler ?*
— *Oui. Il viendra nous voir ici cet après-midi.*

■ Ce type d'énonciation présente des caractères précis.
— Emploi des **pronoms personnels déictiques** *je* et *tu*. Ils désignent alternativement les interlocuteurs (§ 71). Les pronoms *nous* et *vous* assument les mêmes rôles avec d'autres valeurs (§ 77).
— Emploi de tous les temps des verbes sauf le passé simple. Le temps du passé le plus fréquemment employé est le **passé composé.**
— Emploi des adverbes du type : *ici, maintenant, hier, demain...*

L'énonciation-récit.

■ C'est une manière d'utiliser le langage comme dans le récit :
Au début d'octobre, Paris apprit que la cocarde tricolore avait été piétinée par les gardes du corps du roi. La colère était déjà grande mais cet événement entraîna une nouvelle journée révolutionnaire, celle du 5 octobre : ce jour-là le peuple marcha sur Versailles pour demander du pain au roi.

■ Ce type d'énonciation présente lui aussi des caractères précis.
— Emploi exclusif de la 3e personne du singulier et du pluriel. Les pronoms déictiques *je* et *tu* n'apparaissent pas.
— Emploi de tous les temps et, en particulier, du **passé simple.** Le couple passé simple/imparfait étant même l'un des caractères remarquables du récit.
— Emploi d'adverbes du type : *là, ce jour-là, la veille, le lendemain...*

I. LES CADRES GÉNÉRAUX
DE LA CONJUGAISON

99   La catégorie de la personne

Les marques.

Il y a trois personnes au singulier et trois au pluriel. Les pronoms personnels sujets et les pronoms personnels compléments (§ 70), les adjectifs et les pronoms possessifs (§ 25 et 81) sont des marques de la personne.
— Première personne du singulier : *je ; me, moi ; mon, le mien...*
— Deuxième personne du singulier : *tu ; te, toi ; ton, le tien...*
— Troisième personne du singulier : *il, elle, on ; le, la, lui, se, soi ; son, le sien...*
— Première personne du pluriel : *nous ; nos, le nôtre...*
— Deuxième personne du pluriel : *vous ; vos, le vôtre...*
— Troisième personne du pluriel : *ils, elles ; les, leur, se, eux, elles ; leur, le leur...*

Les emplois.

La catégorie de la personne permet d'exprimer la relation qui existe entre les acteurs de l'énonciation et l'énoncé. L'étude des emplois des pronoms personnels montre que :
— les pronoms des 1re et 2e personnes sont des déictiques ; ils n'apparaissent que dans le discours (§ 98) ;
— les pronoms de 3e personne caractérisent le récit (§ 98) mais peuvent aussi connaître des emplois déictiques (§ 71) ;
— le pronom *on* assume de nombreux emplois (§ 72) ;
— les pronoms *nous* et *vous* ne sont pas les simples pluriels de *je* et *tu* (§ 77).

100   La catégorie du temps

Dans le vocabulaire de la grammaire, le nom **temps** désigne les différents **temps grammaticaux** de la conjugaison : présent de l'indicatif, imparfait de l'indicatif, futur simple de l'indicatif, passé composé, passé simple ; présent du subjonctif ; conditionnel passé…
— Ce nom *temps* n'est pas pleinement satisfaisant : les temps n'expriment pas que des valeurs temporelles. Ainsi l'imparfait situe le procès dans le passé mais il « dit » également que ce procès est non accompli, non achevé *(je lisais)*. Le passé composé situe lui aussi le procès dans le passé, mais en le présentant comme accompli, achevé *(j'ai lu)*.
— De plus l'emploi du nom *temps* crée des ambiguïtés. Par exemple quand on dit : le temps présent peut exprimer un futur *(demain, je pars en vacances)*.

> • Pour éviter ces ambiguïtés, les grammairiens Jacques Damourette et Édouard Pichon ont proposé de nommer les « temps » les « tiroirs » de la conjugaison. On les ouvre selon les besoins de l'énonciation. Comme ce nom n'est pas entré dans l'usage, nous conserverons « temps ». Mais nous parlerons parfois de « tiroir ».

101   La catégorie du mode

Les **modes personnels** sont les modes qui donnent la possibilité d'utiliser une partie ou l'ensemble des six personnes de la conjugaison : l'indicatif, dont les temps du conditionnel, le subjonctif (six personnes), l'impératif (trois personnes).

Les **modes non personnels** sont ceux qui ne permettent pas de distinguer entre les différentes personnes : l'infinitif, le participe, le gérondif.

Les modes participent à l'**actualisation du verbe** (§ 97).
— Dans l'infinitif, cette actualisation est nulle. Les formes *être, finir, chanter* ne sont pas actualisées. Elles ne donnent aucune indication de temps.
— Dans l'impératif et le subjonctif l'actualisation est soumise à diverses contraintes :
    Partez ! (ordre). *Je désire qu'il parte* (souhait).

— Dans l'indicatif, le degré d'actualisation est maximal.
Du point de vue de la situation temporelle :

Il part. Nous partirons. Vous partiez.

Du point de vue de l'aspect (§ 111) :

Il est parti. Nous serons partis. Vous étiez partis.

Et les valeurs modales sont variées :

Un peu plus je manquais mon train (irréel).

Les accords seraient signés demain (hypothèse).

102　Les verbes défectifs

Ce sont des verbes qui ne sont pas employés à toutes les personnes, à tous les temps ni à tous les modes :

Accroire : infinitif seulement *(il a voulu m'en faire accroire).*

Braire : se conjugue comme *croire*. Infinitif, 3es personnes indicatif présent, imparfait et futur *(il brait / brayait / braira).*

Bruire : comme *finir*. Infinitif, 3es personnes indicatif présent et imparfait *(le vent bruit / bruissait dans l'arbre)*, participe présent *(bruissant).*

Choir : remplacé par *tomber*. Emplois archaïques *(il choit, il chut).*

Déchoir : ni imparfait ni participe présent. Usage courant du participe passé *(il a été déchu de son titre).*

Clore, éclore, enclore : pas d'imparfait ni de passé simple. Conjugaison difficile *(je clos, il clôt, je clorai, que je close)*. Participe passé fréquent *(clos, éclos, enclos). Éclore* ne se conjugue qu'à la 3e personne. *Forclore* : infinitif et participe *(dossier forclos* = arrivé trop tard).

Faillir : ne s'emploie qu'au passé simple et aux temps composés *(je faillis, j'ai failli).*

Férir : remplacé par *frapper*. Ne restent que *sans coup férir* et *être féru de* (être épris, amateur de).

Frire : infinitif, indicatif présent et temps composés *(il frit, il est frit)*. Pour les autres temps, on emploie la locution *faire frire.*

Gésir : emplois archaïques *(je gis, je gisais)* ou figés *(ci-gît, gisant).*

Ouïr : remplacé par *entendre* sauf dans : *apprendre par ouï-dire* et les archaïques *oyez ! oyons !*

Paître : comme *paraître*. Infinitif et indicatif présent, imparfait, futur *(la brebis paît, paissait, paîtra).*

Poindre : infinitif, 3e personne indicatif présent, futur *(le jour point, poindra).*

Promouvoir : ne s'employait guère qu'à l'infinitif et au participe *(il a été promu)*. Mais le verbe est depuis peu à la mode : *il faut promouvoir son image de marque.* Son emploi donne lieu à des résultats réjouissants : *il faut que nous pro…* heu ? Moralité : s'en tenir à l'usage ancien !

Quérir : remplacé par *chercher*. Infinitif archaïque *(aller quérir de l'aide).*

Reclure : participe passé *(il est reclus).*

Renaître : pas de participe passé *(rené)*, donc pas de temps composés.

Seoir : remplacé par *convenir*. Emplois archaïques, tous de 3e personne *(il sied, il seyait, il siéra, qu'il siée)*, et les participes *(séant, sis).*

Traire : pas de passé simple, donc pas d'imparfait du subjonctif.

103 La catégorie de la voix

Pour étudier la catégorie de la **voix,** on peut comparer le procès exprimé par un verbe à une pièce de théâtre. Dans une pièce, il y a ce qu'on appelle la « distribution des rôles ». Autour du verbe, les rôles ne sont pas toujours tenus par des personnes et, au lieu de parler d'acteurs du procès, on parlera d'**actants.**

La voix dépend de la distribution des rôles des actants du verbe. Dans l'organisation de la phrase, cela revient à étudier les relations entre le sujet, le verbe et les compléments du verbe.

La voix résulte donc toujours d'une construction syntaxique.

On distingue habituellement la voix active, la voix passive et la voix impersonnelle. On peut ajouter la voix factitive (§ 107). En revanche, la forme pronominale ne forme pas une voix (§ 109).

104 La voix active

■ **La voix active est la voix non marquée,** « banale ». Elle prend en compte tous les types de verbes et toutes les valeurs sémantiques de la relation entre le sujet et le verbe (§ 227) :

— sujet « accomplissant » le procès : *Guillaume arrive demain.*

— sujet « subissant » le procès : *Guillaume a reçu une lettre.*

■ Quand le verbe est transitif, il y a un complément d'objet direct (§ 250) qui désigne l'actant subissant le procès :

> *Le vent secoue les arbres.*
> *Zola a écrit « Germinal ».*
> *On arrosera cette plante régulièrement.*

105 La voix passive

■■■ *Les constructions du passif.*

La voix passive ne concerne que les verbes transitifs. Dans cette voix, le sujet désigne toujours l'actant qui subit le procès. Deux constructions sont possibles.

■ La voix passive résulte d'un **échange des rôles** des actants avec la voix active ; le complément d'objet direct devient le sujet, l'ancien sujet devient le complément d'agent, exprimé ou non :

> *Le vent secoue les arbres.* → *Les arbres sont secoués par le vent.*
> *Zola a écrit* Germinal. → Germinal *a été écrit par Zola.*
> *On arrosera cette plante régulièrement.* → *Cette plante sera arrosée régulièrement.*

■ Pour certains verbes, la voix passive peut aussi être exprimée par la **forme pronominale** (§ 110). Le **pronominal passif** demande un sujet à la 3e personne, généralement un nom de la classe des non-animés (§ 6) :

> *Cette plante s'arrosera régulièrement.*
> *Cette musique se joue partout.*

La construction est moins courante avec un nom sujet animé :
> *Paul s'entend de loin.*

▓▓ *Le verbe au passif.*

Quand la voix passive est obtenue par l'échange croisé du sujet et du complément d'objet direct, le verbe passe de l'actif au passif.
La **transformation** comporte deux points :
— le verbe conjugué à l'actif est mis au participe passé ;
— ce participe passé est précédé du verbe *être* employé au même temps que le verbe de la voix active :
Écrit (présent) → *est écrit* (présent + participe passé).
A écrit (passé composé) → *a été écrit* (passé composé + participe passé).
Arrosera (futur) → *sera arrosée* (futur + participe passé).

> • On parle souvent de **conjugaison passive.** Il est vrai qu'à côté de la conjugaison active, la présence systématique du verbe *être* crée une conjugaison dont les formes sont différentes. Mais il faut bien comprendre que le passif n'est pas uniquement une affaire de verbe et de conjugaison. Le passif concerne le verbe et ses actants. C'est un problème de construction de la phrase. C'est une « voix ».

▓▓ *Valeurs d'emplois de la voix passive.*

L'emploi de la voix passive correspond toujours à un choix. Elle permet d'exprimer de nombreuses différences ou nuances de sens.
Elle peut ainsi mettre en valeur deux manières de vivre un même procès :
> *Aimer / Etre aimé.*
>
> *Je battis, je fus battu.* (ROUSSEAU)

Ou effacer du discours l'agent du procès :
> *La situation se dégrade.*

106   La voix impersonnelle

Dans cette voix, le verbe est construit avec un pronom *il* qui marque simplement la 3ᵉ personne du singulier. Le sujet de la phrase de la voix active ou passive est devenu une suite du verbe :
> *Un train passe toutes les heures.*
>
> →*Il passe un train toutes les heures.*
>
> *Deux clés ont été perdues.*
>
> →*Il a été perdu deux clés.*

La suite du verbe n'est pas le sujet du verbe. On le voit dans le fait que, même avec une suite au pluriel, le verbe reste employé avec la 3ᵉ personne du singulier (§ 225).

> • La voix impersonnelle est une construction syntaxique échangeable avec les voix active ou passive. Il ne faut pas la confondre avec les verbes impersonnels qui ne peuvent pas s'employer autrement (§ 108).

107   La voix factitive

C'est la construction où le sujet agit sur un autre sujet qui est, lui, l'agent véritable du procès :
> *Le soleil fait germer les plantes.*   ⟹   Les plantes germent.

La voix factitive correspond toujours à la construction **faire** + **infinitif**. Le verbe *faire* fonctionne ici comme une sorte d'auxiliaire.

108 Les verbes impersonnels

On appelle verbes impersonnels les verbes qui ne s'emploient qu'avec la **marque grammaticale** *il*. Cette marque correspond à la 3e personne du singulier, mais elle n'est pas un vrai pronom personnel.
Il y a deux types de verbes impersonnels.

▪ Des verbes **qui ne s'emploient que de cette manière :**
— verbes météorologiques :
　　Il pleut, il neige, il vente, il tonne, etc.
— le verbe *falloir :*
　　Il faut, il faudrait, il aurait fallu, il fallait, etc.
— des verbes archaïques et figés :
　　Il appert que (apparoir). *Peu m'en chaut* (chaloir).

▪ Des verbes qui ont **une conjugaison normale** et **un emploi impersonnel :**
avoir (il y a), être (il était une fois), faire (il fait beau), s'avérer (il s'avère que), etc. Cet emploi impersonnel ne doit pas être confondu avec la voix impersonnelle (§ 106). Il n'y a pas de comparaison possible avec une autre voix.

> • On emploie parfois les verbes météorologiques en précisant le procès par une suite du verbe :
> *Il pleut / Il pleuvait une pluie tiède et abondante.*
> Cette suite du verbe ne peut pas devenir sujet. Elle joue le rôle d'un complément.
> • Dans les emplois figurés de ces verbes, la voix active est possible :
> *Les obus pleuvaient sur le fortin.*
> La construction impersonnelle relève alors du passage à la voix impersonnelle (§ 106) :
> *Il pleuvait des obus sur le fortin.*

109 La forme pronominale

▪ À la forme pronominale, les verbes présentent **trois caractères spécifiques :**
— Ils sont toujours employés avec un pronom personnel complément qui est de la même personne que le sujet et qui appartient à la série *me, te, se, nous, vous :*
　　Il se souvient de moi. Elle se lave.
— Leurs temps composés sont formés avec l'auxiliaire *être :*
　　Il s'est souvenu de moi. Elle s'est lavée.
— Ils ne s'emploient pas aux temps surcomposés (§ 114).

▪ On distingue **deux types de forme pronominale :** une forme pronominale lexicale et une forme pronominale construite. Chacune correspond à un type de verbe pronominal.

110 Les verbes pronominaux

Les verbes « essentiellement » pronominaux.

Ce sont des verbes qui ne s'emploient qu'à la forme pronominale. On a donc ici une **forme pronominale lexicale** : *s'abstenir, s'évanouir, s'enfuir, se souvenir, se méfier...*

> • Le sens de chaque verbe essentiellement pronominal est donné par le dictionnaire. Il est inutile d'essayer d'interpréter la fonction ou le sens du pronom d'accompagnement. Il ne fait qu'un avec le verbe.

Les verbes employés à la forme pronominale.

Les autres verbes pronominaux sont des verbes qui peuvent s'employer à une autre forme que la forme pronominale. L'appellation verbes pronominaux est donc discutable. Il serait plus exact de parler de « verbes employés à la forme pronominale ». Ici, on a une **forme pronominale** construite et non pas une forme pronominale lexicale : *douter / se douter, battre / se battre, laver / se laver...*

■ **Pronominaux de sens réfléchi.** Sujet singulier ou pluriel, mais nécessairement animé.
— L'agent sujet du verbe agit sur lui-même :
    Anne se lave. Le chat s'étire.
— L'agent sujet agit pour lui :
    Paul se donne un air malin. Le torrent s'est ouvert un passage.
— L'agent sujet agit sur une partie de son corps :
    Marc se coupe les ongles. Le chat se lèche la patte.

■ **Pronominaux de sens réciproque.** Sujet toujours pluriel. Les actants du verbe agissent l'un avec l'autre :
    Ils se sont embrassés. $\Longrightarrow$ L'un l'autre.
    Ils s'écrivent régulièrement. $\Longrightarrow$ L'un à l'autre.

> • La différence entre sens réfléchi et sens réciproque n'est pas toujours sans ambiguïté :
> *Les deux singes se grattent.* (Chacun ou l'un l'autre).

■ **Les pronominaux de sens successif.** Sujet toujours pluriel. Les actants successifs des procès sont regroupés sous un même sujet :
    Les jours se suivent.

■ **Autres sens.** La catégorie des verbes pronominaux est si riche et permet d'exprimer des sens si nuancés qu'il est impossible de les exposer tous. Comme pour les verbes essentiellement pronominaux, c'est le dictionnaire qui doit être consulté :
    Je m'imagine qu'elle va venir. $\Longrightarrow$ S'imaginer = croire à tort.
    Je me doute de sa réponse. $\Longrightarrow$ Se douter = deviner.

> • Nous avons vu que la forme pronominale permet d'exprimer la voix passive pour certains verbes (§ 105) :
> *La porte se ferma lentement. Ce médicament se prend avec de l'eau.*
> *Il s'est fait rouler par le vendeur.*

111 La catégorie de l'aspect

L'aspect exprime la manière dont un procès se réalise. En français, ce n'est toujours pas une catégorie clairement délimitée par des marques caractéristiques. Dans de nombreux cas, elle résulte d'une interprétation de l'énoncé.

Aspect non accompli et aspect accompli.

Cette opposition repose sur des **formes de la conjugaison** : les couples temps simple / temps composé. Elle est donc présente dans tous les modes.
— Le **temps simple** exprime l'aspect non accompli. Le procès n'est pas encore achevé :

> Je chante. Elle chantait. Arrive à midi !
> La vallée qu'il **suivait était** très étroite, encombrée de boqueteaux, de chênes nains ; les parois pierreuses qui **dévalaient** vers elle **brûlaient** à blanc.
> (GIONO)

— Le **temps composé** correspondant exprime l'aspect accompli. Le procès est achevé :

> J'ai chanté. Elle aura chanté. Sois arrivé à midi !
> Tu **as jeté** sur mes épaules une mante légère, quand un nuage trop long, vers la fin du jour, **a passé,** ralenti, et que j'**ai frissonné...** (COLETTE)

Dans l'énonciation-récit, l'opposition accompli / non accompli est aussi marquée par l'opposition passé simple / imparfait :

> Et brusquement la cloche sonna de nouveau deux coups. Les domestiques, sans doute, n'osaient pas se lever (MAUPASSANT).

Aspect imperfectif et aspect perfectif.

L'opposition repose sur le **sens** des verbes employés.
— Certains verbes ont un **sens imperfectif.** Ils expriment un procès qui se déroule dans le temps sans que des limites précises fassent partie du sens du verbe : aimer, chanter, manger, marcher, rire, travailler, vivre...

> Un merle noir, oxydé de vert et de violet, **piquait** les cerises, **buvait** le jus, **déchiquetait** la chair rosée.(COLETTE)

— D'autres verbes ont un **sens perfectif.** Ils expriment un procès qu'on ne peut envisager que dans son déroulement intégral. Quand il s'arrête, un nouvel état commence. Les limites du procès sont intégrées dans le sens du verbe : arriver, casser, entrer, sortir, naître, mourir, tomber...

> ... Il **commença** à descendre lentement en habituant peu à peu ses pieds au rythme des marches. Il **arriva** sur un autre palier. (GIONO)

Les phases du procès.

Elles sont exprimées par des **locutions verbales.**
— Être en train de... (aspect **duratif**).
— Commencer à, se mettre à, entreprendre de... (aspect **inchoatif** : qui exprime le début d'un procès).
— Finir de, cesser de, achever de... (aspect **terminatif**).

II. LES CONJUGAISONS

A. Données morphologiques générales

112   Radical et terminaison

■ Une forme verbale se compose :
— d'un **radical**, élément qui porte le sens lexical du verbe,
— et des marques grammaticales de **la terminaison** : *chant-ons, chant-aient, chant-erons...*

■ La terminaison porte **plusieurs informations.** Dans *chantons*, la terminaison *-ons* porte :
— l'information « 1re personne » (par opposition à *-ez, -ent*) ;
— l'information « pluriel » (par opposition à *-e, -es*) ;
— l'information « présent de l'indicatif » (par opposition à *-ions, -erons, -âmes*).

113   Les temps simples et les temps composés

▬ *Les formes.*

■ **Temps simples.** La forme verbale comporte le radical et la terminaison : *chante, chanterions, chanterez...*

■ **Temps composés.** La forme verbale comporte l'**auxiliaire** *être* ou *avoir* et le **participe passé** du verbe conjugué.
L'auxiliaire porte les terminaisons de la conjugaison : **ai** *chanté*, **avons** *chanté*, **est** *parti*, **suis** *revenu...*
Dans certains cas, le participe porte les marques du genre et du nombre (§ 204) : *est **partie**, sommes **revenus...***

▬ *Répartition des auxiliaires.*

■ **Avoir** s'emploie avec *être, avoir*, les verbes transitifs (§ 247) et un grand nombre de verbes intransitifs, souvent de sens imperfectif :
> *J'ai été. J'ai eu. J'ai regardé la télé. J'ai marché.*
— Verbes intransitifs imperfectifs conjugués avec *avoir* : *chanceler, courir, disparaître, dormir, fuir, marcher, nager, ruisseler, vivre...*
— Verbes intransitifs perfectifs : *aboutir, disparaître, perdre, rompre...*

Être s'emploie avec les verbes pronominaux (§ 110) et des verbes intransitifs de sens perfectif :

> *Je me suis lavé. Je suis arrivé.*

Verbes intransitifs perfectifs conjugués avec *être : aller, arriver, décéder, entrer, mourir, naître, partir, rester, sortir, tomber, venir...*

> • Quand un verbe transitif est employé comme verbe intransitif, il change d'auxiliaire :
> *J'ai rentré la voiture dans le garage. Je suis rentré à 5 heures.*

114 Les temps surcomposés

Ils sont formés par l'**ajout de l'auxiliaire** *avoir* au temps composé déjà en place. L'auxiliaire du temps composé est lui-même composé.

Le **passé composé surcomposé** est le seul temps surcomposé vraiment utile.
— Passé composé : *J'ai chanté. Je suis parti.*
— Passé surcomposé : *J'ai eu chanté. J'ai été parti.*
Dans l'énonciation-discours (§ 98), le passé composé s'emploie couramment pour situer un procès dans le passé. Or ce temps exprime déjà l'aspect accompli. Il est donc utile d'avoir un accompli du passé composé :

> *Quand il a été parti, la musique a recommencé.*

Les **autres temps** surcomposés apparaissent dans les usages non surveillés et dans... les exercices de grammaire.
— Infinitif passé surcomposé : *Après avoir eu déjeuné...*
— Plus-que-parfait surcomposé : *J'avais eu chanté. J'avais été parti.*
— Futur antérieur surcomposé : *J'aurai eu chanté. J'aurai été parti.*
— Conditionnel passé surcomposé : *J'aurais eu chanté. J'aurais été parti.*
— Passé du subjonctif surcomposé : *Il fallait que j'aie eu chanté.*
— Plus-que-parfait du subjonctif surcomposé : *Bien qu'il eût été sorti...*

> • On conçoit mal l'emploi d'un passé antérieur surcomposé parce que le passé antérieur n'exprime pas l'aspect accompli du passé simple mais l'antériorité par rapport à lui (§ 177).
> • Les formes surcomposées se construisent avec l'auxiliaire *avoir*. Or ce verbe est incompatible avec le pronom complément réfléchi : *Je m'a* (? ?). Donc, les verbes pronominaux n'ont pas de formes surcomposées : *Je m'ai été lavé* (? ?).

115 Les périphrases temporelles

Construction : ***venir de*** + **infinitif du verbe.**
Elle exprime le passé immédiat :

> *Je viens de manger. Il vient de partir.*

Ce passé immédiat peut être transposé dans le passé par rapport à un repère lui-même passé :

To (temps zéro) = le moment de l'énonciation
TR (temps repère) = le moment qui sert de repère

Je pars.

To

------------------ je pars ------------------------------→

Il vient de partir.

To

------------------ il/partir ----------------------‖--------------→

Il venait de partir quand je suis arrivé.

TR   To

-------------------- je suis arrivé -----------------------‖----------------→
        il/partir

■ Construction : **aller** + **verbe à l'infinitif.**

To

Je vais partir.   ---------‖--------- je/partir --------------------------→

Cette construction correspond à un futur dont la proximité est implicite.
Au contraire, l'emploi du futur simple demande un complément de temps :

Je vais avoir dix-huit ans.
J'aurai dix-huit ans dans deux mois.

B. Les verbes Avoir et Être

LE VERBE

116   Avoir

INDICATIF

Présent			Passé composé		
j'	ai	[ɛ]	j'	ai	eu
tu	as	[a]	tu	as	eu
il	a	[a]	il	a	eu
ns	avons	[avɔ̃]	ns	avons	eu
vs	avez	[avje]	vs	avez	eu
ils	ont	[ɔ̃]	ils	ont	eu

Imparfait			Plus-que-parfait		
j'	avais	[avɛ]	j'	avais	eu
tu	avais	[avɛ]	tu	avais	eu
il	avait	[avɛ]	il	avait	eu
ns	avions	[avjɔ̃]	ns	avions	eu
vs	aviez	[avje]	vs	aviez	eu
ils	avaient	[avɛ]	ils	avaient	eu

Futur simple			Futur antérieur		
j'	aurai	[ɔre]	j'	aurai	eu
tu	auras	[ɔra]	tu	auras	eu
il	aura	[ɔra]	il	aura	eu
ns	aurons	[ɔrɔ̃]	ns	aurons	eu
vs	aurez	[ɔre]	vs	aurez	eu
ils	auront	[ɔrɔ̃]	ils	auront	eu

Passé simple			Passé antérieur		
j'	eus	[y]	j'	eus	eu
tu	eus	[y]	tu	eus	eu
il	eut	[y]	il	eut	eu
ns	eûmes	[ym]	ns	eûmes	eu
vs	eûtes	[yt]	vs	eûtes	eu
ils	eurent	[yr]	ils	eurent	eu

Conditionnel présent			Conditionnel passé		
j'	aurais	[ɔrɛ]	j'	aurais	eu
tu	aurais	[ɔrɛ]	tu	aurais	eu
il	aurait	[ɔrɛ]	il	aurait	eu
ns	aurions	[ɔrjɔ̃]	ns	aurions	eu
vs	auriez	[ɔrje]	vs	auriez	eu
ils	auraient	[ɔrɛ]	ils	auraient	eu

INFINITIF

Présent	Passé
avoir	avoir eu
[avwar]	[avwary]

PARTICIPE

Présent	Passé
ayant	eu, eue
[ejɑ̃]	[y]

SUBJONCTIF

Présent			Passé		
j'	aie	[ɛ]	j'	aie	eu
tu	aies	[ɛ]	tu	aies	eu
il	ait	[ɛ]	il	ait	eu
ns	ayons	[ejɔ̃]	ns	ayons	eu
vs	ayez	[eje]	vs	ayez	eu
ils	aient	[ɛ]	ils	aient	eu

Imparfait			Plus-que-Parfait		
j'	eusse	[ys]	j'	eusse	eu
tu	eusses	[ys]	tu	eusses	eu
il	eût	[y]	il	eût	eu
ns	eussions	[ysjɔ̃]	ns	eussions	eu
vs	eussiez	[ysje]	vs	eussiez	eu
ils	eussent	[ys]	ils	eussent	eu

IMPÉRATIF

Présent		Passé	
aie	[ɛ]	aie	eu
ayons	[ejɔ̃]	ayons	eu
ayez	[eje]	ayez	eu

117 Être

INDICATIF

Présent	**Passé composé**
je suis [sɥi]	j' ai été
tu es [ɛ]	tu as été
il est [ɛ]	il a été
ns sommes [sɔm]	ns avons été
vs êtes [ɛt]	vs avez été
ils sont [sɔ̃]	ils ont été

Imparfait	**Plus-que-parfait**
j' étais [etɛ]	j' avais été
tu étais [etɛ]	tu avais été
il était [etɛ]	il avait été
ns étions [etjɔ̃]	ns avions été
vs étiez [etje]	vs aviez été
ils étaient [etɛ]	ils avaient été

Futur simple	**Futur antérieur**
je serai [s(ə)re]	j' aurai été
tu seras [s(ə)ra]	tu auras été
il sera [s(ə)ra]	il aura été
ns serons [s(ə)rɔ̃]	ns aurons été
vs serez [s(ə)re]	vs aurez été
ils seront [s(ə)rɔ̃]	ils auront été

Passé simple	**Passé antérieur**
je fus [fy]	j' eus été
tu fus [fy]	tu eus été
il fut [fy]	il eut été
ns fûmes [fym]	ns eûmes été
vs fûtes [fyt]	vs eûtes été
ils furent [fyr]	ils eurent été

Conditionnel présent	**Conditionnel passé**
je serais [s(ə)rɛ]	j' aurais été
tu serais [s(ə)rɛ]	tu aurais été
il serait [s(ə)rɛ]	il aurait été
ns serions [sərjɔ̃]	ns aurions été
vs seriez [sərje]	vs auriez été
ils seraient [s(ə)rɛ]	ils auraient été

INFINITIF

Présent	**Passé**
être	avoir été
[ɛtr]	[avwarete]

PARTICIPE

Présent	**Passé**
étant	été
[etɑ̃]	[ete]

SUBJONCTIF

Présent	**Passé**
je sois [swa]	j' aie été
tu sois [swa]	tu aies été
il soit [swa]	il ait été
ns soyons [swajɔ̃]	ns ayons été
vs soyez [swaje]	vs ayez été
ils soient [swa]	ils aient été

Imparfait	**Plus-que-Parfait**
je fusse [fys]	j' eusse été
tu fusses [fys]	tu eusses été
il fût [fy]	il eût été
ns fussions [fysjɔ̃]	ns eussions été
vs fussiez [fysje]	vs eussiez été
ils fussent [fys]	ils eussent été

IMPÉRATIF

Présent	**Passé**
sois [swa]	aie été
soyons [swajɔ̃]	ayons été
soyez [swaje]	ayez été

C. Les verbes du premier groupe : -ER

118   Chanter

INDICATIF

Présent
je chante [-ɑ̃t]
tu chantes [-ɑ̃t]
il chante [-ɑ̃t]
ns chantons [-ɑ̃tɔ̃]
vs chantez [-ɑ̃te]
ils chantent [-ɑ̃t]

Passé composé
j' ai chanté
tu as chanté
il a chanté
ns avons chanté
vs avez chanté
ils ont chanté

Imparfait
je chantais [-ɑ̃tɛ]
tu chantais [-ɑ̃tɛ]
il chantait [-ɑ̃tɛ]
ns chantions [-ɑ̃tɔ̃]
vs chantiez [-ɑ̃tje]
ils chantaient [-ɑ̃tɛ]

Plus-que-Parfait
j' avais chanté
tu avais chanté
il avait chanté
ns avions chanté
vs aviez chanté
ils avaient chanté

Futur simple
je chanterai [-ɑ̃tre]
tu chanteras [-ɑ̃tra]
il chantera [-ɑ̃tra]
ns chanterons [-ɑ̃trɔ̃]
vs chanterez [-ɑ̃tre]
ils chanteront [-ɑ̃trɔ̃]

Futur antérieur
j' aurai chanté
tu auras chanté
il aura chanté
ns aurons chanté
vs aurez chanté
ils auront chanté

Passé simple
je chantai [-ɑ̃te]
tu chantas [-ɑ̃ta]
il chanta [-ɑ̃ta]
ns chantâmes [-ɑ̃tam]
vs chantâtes [-ɑ̃tat]
ils chantèrent [-ɑ̃tɛr]

Passé antérieur
j' eus chanté
tu eus chanté
il eut chanté
ns eûmes chanté
vs eûtes chanté
ils eurent chanté

Conditionnel présent
je chanterais [-ɑ̃trɛ]
tu chanterais [-ɑ̃trɛ]
il chanterait [-ɑ̃trɛ]
ns chanterions [-ɑ̃tərjɔ̃]
vs chanteriez [-ɑ̃tərje]
ils chanteraient [-ɑ̃trɛ]

Conditionnel passé
j' aurais chanté
tu aurais chanté
il aurait chanté
ns aurions chanté
vs auriez chanté
ils auraient chanté

INFINITIF

Présent
chanter
[ʃɑ̃te]

Passé
avoir chanté
[avwarʃɑ̃te]

PARTICIPE

Présent
chantant
[ʃɑ̃tɑ̃]

Passé
chanté, e
[ʃɑ̃te]

SUBJONCTIF

Présent
je chante [-ɑ̃t]
tu chantes [-ɑ̃t]
il chante [-ɑ̃t]
ns chantions [-ɑ̃tjɔ̃]
vs chantiez [-ɑ̃tje]
ils chantent [-ɑ̃t]

Passé
j' aie chanté
tu aies chanté
il ait chanté
ns ayons chanté
vs ayez chanté
ils aient chanté

Imparfait
je chantasse [-ɑ̃tas]
tu chantasses [-ɑ̃tas]
il chantât [-ɑ̃ta]
ns chantassions [-ɑ̃tasjɔ̃]
vs chantassiez [-ɑ̃tasje]
ils chantassent [-ɑ̃tas]

Plus-que-parfait
j' eusse chanté
tu eusses chanté
il eût chanté
ns eussions chanté
vs eussiez chanté
ils eussent chanté

IMPÉRATIF

Présent
chante [-ɑ̃t]
chantons [-ɑ̃tɔ̃]
chantez [-ɑ̃te]

Passé
aie chanté
ayons chanté
ayez chanté

LE VERBE

119   Particularités des verbes du premier groupe

Le premier groupe n'est pas le groupe le plus régulier. Il présente plusieurs **particularités** liées à des **questions de prononciation**.

■ Les consonnes *c* et *g* devant les voyelles *a* et *o*.
— Verbes en **-cer.** Ils font *ç* devant *a* et *o* : *je place, il plaçait, nous plaçons, vous placiez.*
— Verbes en **-ger.** Ils font *ge* devant *a* et *o* : *je bouge, il bougeait, nous bougeons, vous bougiez.*

■ Influence du *e* muet.
— Verbes en **-eler.** Ils prennent *ll* devant un *e* muet : *j'appelle, tu appelles, il appelle, nous appelons, vous appelez, ils appellent ; j'appelais, j'appelai, j'appellerai, j'appellerais, que j'appelle, que j'appelasse.*
Certains verbes comme *celer, geler, peler* ne suivent pas la variation mais prennent un *è* : *il gèle, je pèle.*
— Verbes en **-eter.** Ils prennent *tt* devant un *e* muet : *je jette, tu jettes, il jette, ns jetons, vous jetez, ils jettent ; je jetais, je jetai, je jetterai, je jetterais, que je jette, que je jetasse.*
Certains verbes comme *acheter, haleter* ne suivent pas la variation mais prennent un *è* : *j'achète, je halète.*
— Verbes avec **e** ou **é** à l'avant-dernière syllabe de l'infinitif. Les deux deviennent *è* devant *e* muet : *mener, je mène, nous menons ; préférer, je préfère, nous préférons.*
— Verbes en **-ayer.** Le *y* demeure ou devient *i* devant *e* muet : *balayer, je balaye* ou *je balaie, nous balayons.*
— Verbes en **-oyer, -uyer.** Le *y* devient *i* devant *e* muet : *nettoyer, je nettoie, nous nettoyons ; essuyer, j'essuie, nous essuyons.*
Envoyer fait au futur *j'enverrai* et au conditionnel *j'enverrais.*

> • Il ne faut pas confondre ces verbes et les verbes qui ont un *i* dans leur radical : *crier, étudier, remercier...* Ce *i* demeure et il y a donc deux *i* aux 1re et 2e personnes du pluriel de l'imparfait et du subjonctif présent : *nous criions, vous criiez, que nous criions, que vous criiez.*

D. Les verbes du deuxième groupe : -IR, -ISSANT

120   Finir

INDICATIF

Présent

je	finis	[-ni]
tu	finis	[-ni]
il	finit	[-ni]
ns	finissons	[-nisɔ̃]
vs	finissez	[-nise]
ils	finissent	[-nis]

Passé composé

j'	ai	fini
tu	as	fini
il	a	fini
ns	avons	fini
ns	avez	fini
ils	ont	fini

Imparfait

je	finissais	[-nisɛ]
tu	finissais	[-nisɛ]
il	finissait	[-nisɛ]
ns	finissions	[-nisjɔ̃]
vs	finissiez	[-nisje]
ils	finissaient	[-nisɛ]

Plus-que-Parfait

j'	avais	fini
tu	avais	fini
il	avait	fini
ns	avions	fini
vs	aviez	fini
ils	avaient	fini

Futur simple

je	finirai	[-nire]
tu	finiras	[-nira]
il	finira	[-nira]
ns	finirons	[-nirɔ̃]
vs	finirez	[-nire]
ils	finiront	[-nirɔ̃]

Futur antérieur

j'	aurai	fini
tu	auras	fini
il	aura	fini
ns	aurons	fini
vs	aurez	fini
ils	auront	fini

Passé simple

je	finis	[-ni]
tu	finis	[-ni]
il	finit	[-ni]
ns	finîmes	[-nim]
vs	finîtes	[-nit]
ils	finirent	[-nir]

Passé antérieur

j'	eus	fini
tu	eus	fini
il	eut	fini
ns	eûmes	fini
vs	eûtes	fini
ils	eurent	fini

Conditionnel présent

je	finirais	[-nirɛ]
tu	finirais	[-nirɛ]
il	finirait	[-nirɛ]
ns	finirions	[-nirjɔ̃]
vs	finiriez	[-nirje]
ils	finiraient	[-nirɛ]

Conditionnel passé

j'	aurais	fini
tu	aurais	fini
il	aurait	fini
ns	aurions	fini
vs	auriez	fini
ils	auraient	fini

INFINITIF

Présent
finir
[finir]

Passé
avoir fini
[avwarfini]

PARTICIPE

Présent
finissant
[finisã]

Passé
fini, e
[fini]

SUBJONCTIF

Présent

je	finisse	[-nis]
tu	finisses	[-nis]
il	finisse	[-nis]
ns	finissions	[-nisjɔ̃]
vs	finissiez	[-nisje]
ils	finissent	[-nis]

Passé

j'	aie	fini
tu	aies	fini
il	ait	fini
ns	ayons	fini
vs	ayez	fini
ils	aient	fini

Imparfait

je	finisse	[-nis]
tu	finisses	[-nis]
il	finît	[-ni]
ns	finissions	[-nisjɔ̃]
vs	finissiez	[-nisje]
ils	finissent	[-nis]

Plus-que-parfait

j'	eusse	fini
tu	eusses	fini
il	eût	fini
ns	eussions	fini
vs	eussiez	fini
ils	eussent	fini

IMPÉRATIF

Présent

finis	[-ni]
finissons	[-nisɔ̃]
finissez	[-nise]

Passé

aie	fini
ayons	fini
ayez	fini

121   Particularités des verbes du deuxième groupe

Le deuxième groupe est le plus régulier. Il n'est bâti que sur deux radicaux du type *fin-* et *finiss-*. Il existe néanmoins quelques particularités.
— **Bénir** a un participe régulier : *béni (elle est bénie des dieux)*, et un participe employé comme adjectif : *bénit (eau bénite)*.
— **Fleurir** au sens de « donner des fleurs » est régulier *(le rosier fleurissait)*. Au sens de « prospérer », il a une forme en *flor-* à l'imparfait et au participe présent *(les arts florissaient à cette époque)*.
— **Haïr, haïssant.** Se conjugue comme *finir* sauf : *je hais, tu hais, il hait ; hais*.

E. Les verbes du troisième groupe

122   Remarques générales

Tous les verbes du troisième groupe ont des conjugaisons **irrégulières**. Mais il faut bien comprendre ces « irrégularités ». Elles concernent des variations de radicaux ou des terminaisons, tantôt alignées sur les verbes du premier groupe, tantôt sur ceux du deuxième.
Les tableaux qui suivent ne prétendent pas donner toutes les conjugaisons. Celles qui manquent se trouvent dans les dictionnaires. Mais l'essentiel est rassemblé et doit permettre de recomposer la conjugaison d'un grand nombre de verbes et, en particulier, de tous les verbes fréquemment employés.

Les radicaux.

Pour ce qui concerne les **variations des radicaux,** beaucoup de difficultés sont surmontées si l'on récite la conjugaison avant d'écrire. En effet, les verbes de ce groupe sont souvent des verbes très employés et la mémoire auditive est utile pour l'écriture. Ainsi, on peut hésiter sur la terminaison de *je prends*, mais on sait alterner oralement *je prends/nous prenons*.

En outre, il existe **certaines règles** concernant ces variations.
— L'imparfait de l'indicatif est formé sur la 1re personne du pluriel de l'indicatif présent : *nous venons → nous venions*.
— Le futur est généralement formé sur l'infinitif : *chanter → chanterai* ; mais *venir → viendrai*.
— Le conditionnel présent reprend les radicaux du futur : *il viendra → il viendrait*.
— Le subjonctif présent reprend généralement la 3e personne du pluriel du présent de l'indicatif : *ils viennent → que je vienne* ; mais *ils vont → que j'aille*.
— Le subjonctif imparfait reprend le passé simple : *je fis → que je fisse*.

Les terminaisons.

La plus irrégulière de toutes est celle de la 3ᵉ personne du singulier de l'indicatif présent : *il va, il attend, il conduit, il vainc.* La 1ʳᵉ personne est en *s* (sauf *x* dans *je veux, je vaux ;* et *e* dans *je cueille, j'ouvre).* La 2ᵉ personne prend toujours un *s.*
Au pluriel : *ons, ez, ent* (sauf *ils vont, ils font).*

Au passé simple, la série des six personnes est semblable à celle des verbes réguliers du deuxième groupe : *s, s, t, mes, tes, rent.* Le problème, c'est la voyelle. Les deux voyelles les plus fréquentes sont : *i (je finis)* et *u (je lus).* Les verbes qui se conjuguent comme *tenir* et *venir* font *in (je vins, je tins) ; aller* suit les verbes du premier groupe *(j'allai, tu allas).*

Le participe passé a des terminaisons diverses : *acquis, aperçu, bouilli, conduit, craint, dû, joint, mort, né, ouvert.* Attention aux féminins : *aperçue, bouillie, conduite, crainte...*

Pour les autres temps, ce sont les mêmes terminaisons que celles des verbes réguliers du deuxième groupe.

123 Acquérir

Ind. prés. : *j'acquiers, tu acquiers, il acquiert, nous acquérons, vous acquérez, ils acquièrent.*
Imparfait : *j'acquérais, nous acquérions.*
Passé simple : *j'acquis, il acquit.*
Futur : *j'acquerrai, nous acquerrons.*
Condit. : *j'acquerrais, nous acquerrions.*

Subj. prés. : *que j'acquière, que nous acquérions.*
Subj. imp. : *que j'acquisse, qu'il acquît.*
Impératif : *acquiers, acquérons, acquérez.*
Participes : *acquérant, acquis.*

Les autres verbes qui se conjuguent de cette façon sont : conquérir, requérir, s'enquérir.

124 Aller

Ind. prés. : *je vais, tu vas, il va, nous allons, vous allez, ils vont.*
Imparfait : *j'allais, nous allions.*
Passé simple : *j'allai, tu allas, il alla, nous allâmes, ils allèrent.*
Futur : *j'irai, nous irons.*
Condit. : *j'irais, nous irions.*

Subj. prés. : *que j'aille, que tu ailles, qu'il aille, que nous allions, que vous alliez, qu'ils aillent.*
Subj. imp. : *que j'allasse, qu'il allât.*
Impératif : *va, allons, allez.*
Participes : *allant, allé.*
Impératif : *vas-y.* Pour *s'en aller : va-t'en, allons-nous-en, allez-vous-en.*

125 (S')asseoir

Ind. prés. : *j'assois/assieds, il assoit/ assied, nous assoyons/asseyons, ils assoient/asseyent.*

Imparfait : *j'assoyais/asseyais, nous assoyions/asseyions.*
Passé simple : *j'assis, il assit.*

99

Futur : *j'assoirai/assiérai,*
nous assoirons/assiérons.
Condit. : *j'assoirais/assiérais,*
nous assoirions/assiérions.
Subj. prés. : *que j'assoie/asseye,*
que nous assoyions/asseyions.
Subj. imp. : *que j'assisse, qu'il assît.*

Impératif : *assois/assieds, assoyons/*
asseyons, assoyez / asseyez.
Participes : *assoyant/asseyant, assis.*
Pour surseoir, c'est la forme en *oi*.
Ind. pr. : *je sursois.* Futur. : *je sursoie-*
rai. P.S. : *je sursis.* Subj. pr. : *que je*
sursoie.

126   Attendre

Ind. prés. : *j'attends, il attend,*
nous attendons, ils attendent.
Imparfait : *j'attendais, nous attendions.*
Passé simple : *j'attendis, il attendit.*
Futur : *j'attendrai, nous attendrons.*
Condit. : *j'attendrais, nous attendrions.*
Subj. prés. : *que j'attende,*
que nous attendions.
Subj. Imp. : *que j'attendisse,*
qu'il attendît.
Impératif : *attends, attendons,*
attendez.
Participes : *attendant, attendu.*
Les autres verbes qui se conjuguent

ainsi sont : défendre, dépendre, descendre, détendre, entendre, étendre, fendre, prendre, prétendre, rendre, suspendre, tendre, vendre, rependre. D'autres verbes conservent la consonne finale de leur radical ; attention aux trois personnes du singulier.
Ind. pr. : perdre *(je perds, il perd)* ; mordre, tordre *(je tords, il tord)* ; confondre, correspondre, fondre, pondre, tondre, répondre *(je réponds, il répond)* ; rompre, corrompre, interrompre *(j'interromps)*. Attention : *il interrompt.*

127   Boire

Ind. prés : *je bois, il boit, nous buvons,*
vous buvez, ils boivent.
Imparfait : *je buvais, nous buvions.*
Passé simple : *je bus, il but.*
Futur : *je boirai, nous boirons.*
Condit. : *je boirais, nous boirions.*

Subj. prés. : *que je boive,*
que nous buvions, qu'ils boivent.

Subj. imp. : *que je busse, qu'il bût.*

Impératif : *bois, buvons, buvez.*

Participes : *buvant, bu.*

128   Conduire

Ind. prés. : *je conduis, il conduit,*
nous conduisons, ils conduisent.
Imparfait : *je conduisais,*
nous conduisions.
Passé simple : *je conduisis, il conduisit.*
Futur : *je conduirai, nous conduirons.*
Condit. : *je conduirais,*
nous conduirions.
Subj. prés. : *que je conduise,*
que nous conduisions.
Subj. imp. : *que je conduisisse,*
qu'il conduisît.

Impératif : *conduis, conduisons,*
conduisez.

Participes : *conduisant, conduit.*

Même chose pour : construire, cuire, déduire, détruire, enduire, induire, instruire, introduire, produire, réduire, séduire, traduire ; et nuire avec des exceptions (Participe : *nui)* ; luire, reluire (P.S. : *je reluis, il reluit.* Participe : *lui, relui*).

129 Connaître

Ind. prés. : *je connais, il connaît, nous connaissons.*
Imparfait : *je connaissais, nous connaissions.*
Passé simple : *je connus, il connut.*
Futur : *je connaîtrai, nous connaîtrons.*
Condit. : *je connaîtrais, nous connaîtrions.*
Subj. prés. : *que je connaisse, que nous connaissions.*

Subj. imp. : *que je connusse, qu'il connût.*
Impératif : *connais, connaissons, connaissez.*
Participes : *connaissant, connu.*
Même chose pour : apparaître, disparaître, paraître, reconnaître. Attention à naître (sauf P.S. : *je naquis, il naquit.* Subj. imp. : *que je naquisse, qu'il naquît.* Participe : *né).*

130 Convaincre

Ind. prés. : *je convaincs, tu convaincs, il convainc, nous convainquons, vous convainquez, ils convainquent.*
Imparfait : *je convainquais, nous convainquions.*
Passé simple : *je convainquis, il convainquit.*
Futur : *je convaincrai, nous convaincrons.*
Condit. : *je convaincrais, nous convaincrions.*

Subj. prés. : *que je convainque, que nous convainquions.*
Subj. imp. : *que je convainquisse, qu'il convainquît.*
Impératif : *convaincs, convainquons, convainquez.*
Participes : *convainquant, convaincu.*
Même chose pour vaincre.

131 Coudre

Ind. prés. : *je couds, tu couds, il coud, nous cousons.*
Imparfait : *je cousais, nous cousions.*
Passé simple : *je cousis, il cousit.*
Futur : *je coudrai, nous coudrons.*
Condit. : *je coudrais, nous coudrions.*
Subj. prés. : *que je couse, que nous cousions.*

Subj. imp. : *que je cousisse, qu'il cousît.*
Impératif : *couds, cousons, cousez.*
Participes : *cousant, cousu.*

Même chose pour moudre (mais avec *l* au lieu de *s* : *nous moulons, je moulais.* P.S. : *je moulus, il moulut.* Subj. imp. : *que je moulusse, qu'il moulût).*

132 Croire

Ind. prés. : *je crois, tu crois, il croit, nous croyons, ils croient.*
Imparfait : *je croyais, nous croyions.*
Passé simple : *je crus, tu crus, il crut, nous crûmes, ils crurent.*
Futur : *je croirai, nous croirons.*

Condit. : *je croirais, nous croirions.*
Subj. prés. : *que je croie, que nous croyions.*
Subj. imp. : *que je crusse, qu'il crût.*
Impératif : *crois, croyons, croyez.*
Participes : *croyant, cru.*

133   Croître

Ind. prés. : *je croîs, tu croîs, il croît, nous croissons, ils croissent.*
Imparfait : *je croissais, nous croissions.*
Passé simple : *je crûs, tu crûs, il crût, nous crûmes, ils crûrent.*
Futur : *je croîtrai, nous croîtrons.*
Condit. : *je croîtrais, nous croîtrions.*

Subj. prés. : *que je croisse, que nous croissions.*
Subj. imp. : *que je crûsse, tu crûsses, qu'il crût, que nous crûssions.*
Impératif : *croîs, croissons, croissez.*
Participes : *croissant, crû, crue, crus, crues.*

134   Cueillir

Ind. prés. : *je cueille, nous cueillons.*
Imparfait : *je cueillais, nous cueillions.*
Passé simple : *je cueillis, il cueillit.*
Futur : *je cueillerai, nous cueillerons.*
Condit. : *je cueillerais, nous cueillerions.*
Subj. prés. : *que je cueille, que nous cueillions.*
Subj. imp. : *que je cueillisse, qu'il cueillît.*

Impératif : *cueille, cueillons, cueillez.*
Participes : *cueillant, cueilli.*
Même chose pour les verbes : accueillir, recueillir. Attention à assaillir (Futur : *j'assaillirai*), défaillir, tressaillir et à bouillir (Pr. : *je bous, nous bouillons, ils bouillent.* Futur : *je bouillirai.* Impér. : *bous*).

135   Devoir

Ind. prés : *je dois, il doit, nous devons, vous devez, ils doivent.*
Imparfait : *je devais, nous devions.*
Passé simple : *je dus, il dut.*
Futur : *je devrai, nous devrons.*
Condit. : *je devrais, nous devrions.*
Subj. prés. : *que je doive, que nous devions.*

Subj. imp. : *que je dusse, qu'il dût.*
Impératif : *dois, devons, devez.*
Participes : *devant, dû, dus, due(s).*
Même chose pour : apercevoir, concevoir, décevoir, percevoir, recevoir (attention, Part. passé sans accent : *aperçu*).

136   Dire

Ind. prés : *je dis, il dit, nous disons, vous dites, ils disent.*
Imparfait : *je disais, nous disions.*
Passé simple : *je dis, il dit.*
Futur : *je dirai, nous dirons.*
Condit. : *je dirais, nous dirions.*
Subj. prés. : *que je dise, que nous disions.*
Subj. imp. : *que je disse, qu'il dît.*

Impératif : *dis, disons, dites.*
Participes : *disant, dit.*
Même chose pour : redire et contredire, se dédire, interdire, médire, prédire (mais attention à l'Ind. pr. : *vous contredisez.* Impér. : *contredisez*). Pour suffire (Ind. pr : *vous suffisez.* Impér. : *suffisez.* Participe : *suffi*).

137 Dissoudre

Ind. prés. : *je dissous, il dissout, nous dissolvons.*
Imparfait : *je dissolvais, nous dissolvions.*
Passé simple : *je dissolus, il dissolut.*
Futur : *je dissoudrai, nous dissoudrons.*
Condit. : *je dissoudrais, nous dissoudrions.*
Subj. prés. : *que je dissolve,*
que nous dissolvions.
Subj. imp. : *que je dissolusse, qu'il dissolût.*
Impératif : *dissous, dissolvons, dissolvez.*
Participes : *dissolvant, dissous, dissoute.*
Même chose pour absoudre et résoudre (attention au Participe : *résolu*).

138 Dormir

Ind. prés. : *je dors, il dort, nous dormons.*
Imparfait : *je dormais, nous dormions.*
Passé simple : *je dormis, il dormit.*
Futur : *je dormirai, nous dormirons.*
Condit. : *je dormirais, nous dormirions.*
Subj. prés. : *que je dorme, que nous dormions.*
Subj. imp. : *que je dormisse, qu'il dormît.*
Impératif : *dors, dormons, dormez.*
Participes : *dormant, dormi.*

Même chose pour endormir.
Une exception pour mentir (Pr. : *je mens*), sentir (Pr. : *je sens*), consentir, pressentir, servir (Pr. : *je sers*), partir (Pr. : *je pars*), sortir (Pr. : *je sors*) ; tous ces verbes perdent la consonne finale du radical au singulier de l'Ind. pr.
Vêtir (*je vêts*), dévêtir, revêtir gardent le *t* mais suivent le reste de la conjugaison (Participe : *vêtu*).

139 Écrire

Ind. prés. : *j'écris, il écrit, nous écrivons, ils écrivent.*
Imparfait : *j'écrivais, nous écrivions.*
Passé composé : *j'écrivis, il écrivit.*
Futur : *j'écrirai, nous écrirons.*
Condit. : *j'écrirais, nous écririons.*
Subj. prés. : *que j'écrive, que nous écrivions.*
Subj. imp. : *que j'écrivisse, qu'il écrivît.*
Impératif : *écris, écrivons, écrivez.*
Participes : *écrivant, écrit.*

Même chose pour : décrire, inscrire, prescrire, proscrire, souscrire, transcrire.

140 Émouvoir

Ind. prés. : *j'émeus, il émeut, nous émouvons, ils émeuvent.*
Imparfait : *j'émouvais, nous émouvions.*
Passé simple : *j'émus, il émut.*
Futur : *j'émouvrai, nous émouvrons.*
Condit. : *j'émouvrais, nous émouvrions.*
Subj. prés. : *que j'émeuve, que nous émouvions.*

Subj. imp. : *que j'émusse, qu'il émût.*
Impératif : *émeus, émouvons, émouvez.*

Participes : *émouvant, ému.*
Attention à mouvoir (Participe : *mû, mus, mue, mues*).

141 Faire

Ind. prés. : *je fais, il fait, nous faisons, vous faites, ils font.*
Imparfait : *je faisais, nous faisions.*
Passé simple : *je fis, il fit.*
Futur : *je ferai, nous ferons.*
Condit. : *je ferais, nous ferions.*

Subj. prés. : *que je fasse, que nous fassions.*
Subj. imp. : *que je fisse, qu'il fît.*
Impératif : *fais, faisons, faites.*
Participes : *faisant, fait.*

142 Fuir

Ind. prés. : *je fuis, nous fuyons.*
Imparfait : *je fuyais, nous fuyions.*
Passé simple : *je fuis, il fuit.*
Futur : *je fuirai, nous fuirons.*
Condit. : *je fuirais, nous fuirions.*
Subj. prés. : *que je fuie,*

que nous fuyions.
Subj. imp. : *que je fuisse, qu'il fuît.*
Impératif : *fuis, fuyons, fuyez.*
Participes : *fuyant, fui.*

Même chose pour s'enfuir.

143 Lire

Ind. prés. : *je lis, il lit, nous lisons, ils lisent.*
Imparfait : *je lisais, nous lisions.*
Passé simple : *je lus, il lut.*
Futur : *je lirai, nous lirons.*
Condit. : *je lirais, nous lirions.*

Subj. prés. : *que je lise, que nous lisions.*
Subj. imp. : *que je lusse, qu'il lût.*
Impératif : *lis, lisons, lisez.*
Participes : *lisant, lu.*
Même chose pour élire.

144 Mettre

Ind. prés. : *je mets, il met, nous mettons, ils mettent.*
Imparfait : *je mettais, nous mettions.*
Passé simple : *je mis, il mit.*
Futur : *je mettrai, nous mettrons.*
Condit. : *je mettrais, nous mettrions.*
Subj. prés. : *que je mette, que nous mettions.*
Subj. imp. : *que je misse, qu'il mît.*

Impératif : *mets, mettons, mettez.*
Participes : *mettant, mis.*

Même chose pour : admettre, commettre, démettre, émettre, omettre, permettre, promettre, soumettre ; et battre (sauf P.S. : *je battis*, et Subj. imp. : *que je battisse*), abattre, combattre, débattre.

104

145 Mourir

Ind. prés. : *je meurs, nous mourons.*
Imparfait : *je mourais, nous mourions.*
Passé simple : *je mourus, il mourut.*
Futur : *je mourrai, nous mourrons.*
Condit. : *je mourrais, nous mourrions.*
Subj. prés. : *que je meure, que nous mourions.*
Subj. imp. : *que je mourusse,*

qu'il mourût.
Impératif : *meurs, mourons, mourez.*
Participes : *mourant, mort.*

Pour courir, secourir, ce sont les mêmes terminaisons mais sans changement de radical (Pr. : *je cours, nous courons.* Participe : *couru*).

146 Ouvrir

Ind. prés. : *j'ouvre, nous ouvrons.*
Imparfait : *j'ouvrais, nous ouvrions.*
Passé simple : *j'ouvris, il ouvrit.*
Futur : *j'ouvrirai, nous ouvrirons.*
Condit. : *j'ouvrirais, nous ouvririons.*
Subj. prés. : *que j'ouvre, que nous ouvrions.*

Subj. imp. : *que j'ouvrisse, qu'il ouvrît.*

Impératif : *ouvre, ouvrons, ouvrez.*

Participes : *ouvrant, ouvert.*

Même chose pour : couvrir, offrir, souffrir.

147 Peindre

Ind. prés. : *je peins, il peint, nous peignons, ils peignent.*
Imparfait : *je peignais, nous peignions.*
Passé simple : *je peignis, il peignit.*
Futur : *je peindrai, nous peindrons.*
Condit. : *je peindrais, nous peindrions.*
Subj. prés. : *que je peigne, que nous peignions.*
Subj. imp. : *que je peignisse, qu'il peignît.*

Impératif : *peins, peignons, peignez.*
Participes : *peignant, peint.*
Même chose pour les verbes en *ein-dre* : atteindre, ceindre, déteindre, enfreindre, éteindre, étreindre, fein-dre, geindre, restreindre, teindre ; les verbes en *-oindre* : adjoindre, disjoin-dre, joindre, rejoindre ; ainsi que les verbes en *-aindre* : craindre, contrain-dre, plaindre.

148 Plaire

Ind. prés. : *je plais, il plaît, nous plaisons, ils plaisent.*
Imparfait : *je plaisais, nous plaisions.*
Passé simple : *je plus, il plut.*
Futur : *je plairai, nous plairons.*
Condit. : *je plairais, nous plairions.*
Subj. prés. : *que je plaise, que nous plaisions.*
Subj. imp. : *que je plusse, qu'il plût.*
Impératif : *plais, plaisons, plaisez.*
Participes : *plaisant, plu.*

Même chose pour déplaire ; (se) taire (mais attention à l'Ind. pr. : *il tait*) ; extraire, distraire, soustraire, traire (mais attention : *y* remplace *s* aux personnes du pluriel. Ind. Pr. : *j'extrais, il extrait, nous extrayons.* Imp. : *j'extrayais.* Subj. Pr. : *que j'extraie, que nous extrayions.* Impér. : *extrais, extrayons, extrayez*).

149 Pleuvoir

Ind. prés. : *il pleut.*
Imparfait : *il pleuvait.*
Passé simple : *il plut.*
Futur : *il pleuvra.*

Condit. : *il pleuvrait.*
Subj. prés. : *qu'il pleuve.*
Subj. imp. : *qu'il plût.*
Participes : *pleuvant, plu.*

150 Pouvoir

Ind. prés. : *je peux, il peut,*
nous pouvons, ils peuvent.
Imparfait : *je pouvais, nous pouvions.*
Passé simple : *je pus, il put.*
Futur : *je pourrai, nous pourrons.*

Condit. : *je pourrais, nous pourrions.*
Subj. prés. : *que je puisse,*
que nous puissions.
Subj. imp. : *que je pusse, qu'il pût.*
Participes : *pouvant, pu.*

151 Prendre

Ind. prés. : *je prends, il prend, nous*
prenons, ils prennent.
Imparfait : *je prenais, nous prenions.*
Passé composé : *je pris, il prit.*
Futur : *je prendrai, nous prendrons.*
Condit. : *je prendrais, nous prendrions.*
Subj. prés. : *que je prenne,*

que nous prenions.
Subj. imp. : *que je prisse, qu'il prît.*
Impératif : *prends, prenons, prenez.*
Participes : *prenant, pris.*

Même chose pour : apprendre, comprendre, entreprendre, s'éprendre, se méprendre, surprendre.

152 Rire

Ind. prés. : *je ris, il rit, nous rions, ils*
rient.
Imparfait : *je riais, nous riions.*
Passé simple : *je ris, il rit.*
Futur : *je rirai, nous rirons.*
Condit. : *je rirais, nous ririons.*
Subj. prés. : *que je rie, que nous riions.*

Subj. imp. : *que je risse, qu'il rît.*
Impératif : *ris, rions, riez.*
Participes : *riant, ri.*

Même chose pour : sourire ; et les verbes en *u* : conclure *(je conclus),* exclure ; inclure (Participe : *inclus).*

153 Savoir

Ind. prés. : *je sais, il sait, nous savons,*
vous savez, ils savent.
Imparfait : *je savais, nous savions.*
Passé simple : *je sus, il sut.*
Futur : *je saurai, nous saurons.*
Condit. : *je saurais, nous saurions.*

Subj. prés. : *que je sache,*
que nous sachions.
Subj. imp. : *que je susse, qu'il sût.*
Impératif : *sache, sachons, sachez.*
Participes : *sachant, su.*

154 Valoir

Ind. prés. : *je vaux, il vaut, nous valons, ils valent.*
Imparfait : *je valais, nous valions.*
Passé simple : *je valus, il valut.*
Futur : *je vaudrai, nous vaudrons.*
Condit. : *je vaudrais, nous vaudrions.*
Subj. prés. : *que je vaille, que nous valions.*

Subj. imp. : *que je valusse, qu'il valût.*
Impératif : *vaux, valons, valez.*
Participes : *valant, valu.*

Même chose pour : (se) prévaloir (sauf pour le Subj. pr. : *que je prévale, que nous prévalions*).

155 Venir

Ind. prés. : *je viens, nous venons.*
Imparfait : *je venais, nous venions.*
Passé simple : *je vins, il vint.*
Futur : *je viendrai, nous viendrons.*
Condit. : *je viendrais, nous viendrions.*
Subj. prés. : *que je vienne, que nous venions.*
Subj. imp. : *que je vinsse, qu'il vînt.*

Impératif : *viens, venons, venez.*
Participes : *venant, venu.*

Même chose pour : convenir, devenir, intervenir, parvenir, prévenir, provenir, se souvenir ; tenir, appartenir, contenir, détenir, entretenir, maintenir, obtenir, retenir, soutenir.

156 Vivre

Ind. prés. : *je vis, il vit, nous vivons.*
Imparfait : *je vivais, nous vivions.*
Passé simple : *je vécus, il vécut.*
Futur : *je vivrai, nous vivrons.*
Condit. : *je vivrais, nous vivrions.*
Subj. prés. : *que je vive, que nous vivions.*
Subj. imp. : *que je vécusse, qu'il vécût.*

Impératif : *vis, vivons, vivez.*
Participes : *vivant, vécu.*

Même chose pour : revivre, survivre ; et suivre, s'ensuivre, poursuivre (à l'exception du P.S. : *je suivis, il suivit.* Subj. imp. : *que je suivisse, qu'il suivît* ; Participe : *suivi*).

157 Voir

Ind. prés. : *je vois, il voit, nous voyons, ils voient.*
Imparfait : *je voyais, nous voyions, ils voyaient.*
Passé simple : *je vis, il vit.*
Futur : *je verrai, nous verrons.*
Condit. : *je verrais, nous verrions.*
Subj. prés. : *que je voie, que nous voyions.*

Subj. imp. : *que je visse, qu'il vît.*
Impératif : *vois, voyons, voyez.*
Participes : *voyant, vu.*

Même chose pour : entrevoir, revoir ; et prévoir (à l'exception du futur : *je prévoirai*), pourvoir (à l'exception de : *je pourvoirai.* P.S. : *je pourvus*).

158 Vouloir

Ind. prés. : *je veux, il veut, nous voulons, ils veulent.*

Imparfait : *je voulais, nous voulions.*

Passé simple : *je voulus, il voulut.*

Futur : *je voudrai, nous voudrons.*

Condit. : *je voudrais, nous voudrions.*

Subj. prés. : *que je veuille, que nous voulions.*

Subj. imp. : *que je voulusse, qu'il voulût.*

Impératif : *veux/veuille, voulons/veuillons, voulez/veuillez.*

Participes : *voulant, voulu.*

III. LE MODE L'INDICATIF

159 Le mode de l'actualisation maximale

■ La **conjugaison** du mode indicatif est celle qui offre le plus grand nombre de formes.

— D'abord, parce que le mode indicatif est un **mode temporel** qui comporte au moins onze temps d'usage courant :

Temps simples	Temps composés/surcomposés
présent	passé composé/surcomposé
imparfait	plus-que-parfait
passé simple	passé antérieur
futur simple	futur antérieur
conditionnel présent	conditionnel passé

— Ensuite, parce que tous ces temps peuvent se conjuguer aux six personnes.

— Les seules exceptions concernent les verbes défectifs (§ 102) et les temps surcomposés des verbes pronominaux (§ 114).

■ Grâce à toutes ces formes, l'**actualisation du verbe** peut être aussi précise que possible. En effet, l'indicatif exprime plusieurs concepts.

— La personne : *Je chante. Tu chantes. Nous chantons.*

— La position dans le temps : *Il chantait. Il chantera.*

— Les aspects accompli/non accompli : *Il a chanté/Il chante.*

— La réalité d'un fait : *Il chante. Il chantait.*

— L'éventualité : *Il chanterait.*

— L'irréalité : *Un peu plus, il chantait.*

— Etc.

160 Les « embouteillages » dans l'expression du passé

La dissymétrie des temps.

On peut répartir l'imparfait, le présent et le futur simple de l'indicatif sur une ligne représentant l'écoulement du temps. On obtient une image acceptable d'une expérience commune à tous les hommes, celle de la fuite irréversible du temps :

imparfait   présent   futur
──────────────────────║────────────────────────▶

Mais ce simple repérage temporel ne suffit pas pour rendre compte des temps grammaticaux (§ 100).
— Le présent est moins un « temps » qu'un passage, un seuil entre ce qui a été (le passé) et ce qui n'est pas encore (l'avenir). Comme ce seuil peut être envisagé de plusieurs manières, le présent n'est pas attaché au seul moment présent. Il a des valeurs d'emplois très diverses (§ 165-166).
— Le passé, ce qui a été, est si riche et si connu qu'un seul temps ne suffit pas à en rendre compte. Le dessin perd donc sa symétrie : il faut faire une place au passé simple et au passé composé.

La dissymétrie des aspects.

Trois temps simples expriment l'aspect non accompli, non achevé, en face d'un temps simple et de quatre temps composés qui expriment l'aspect accompli, achevé (§ 107) :

Aspect non accompli	Aspect accompli
Il chante (présent)	*Il a chanté* (passé composé)
Il chantait (imparfait)	*Il avait chanté* (plus-que-parfait)
Il chantera (futur)	*Il aura chanté* (futur antérieur)
	Il chanta (passé simple)
	Il eut chanté (passé antérieur)

> • Ces dissymétries ne sont évidemment pas des défauts du français. On en rencontre de semblables dans toutes les langues. Si les langues n'étaient construites qu'avec des symétries, ce ne serait plus des langues, mais des codes. Dans chaque langue, le système des temps répartit les emplois. En français, cette répartition s'effectue d'abord sur le discours et le récit.

161 La répartition des temps dans le discours et le récit

Les temps de l'énonciation-discours.

Les temps employés dans l'énonciation-discours (§ 98) forment un système temporel complet.
Le **passé composé** et le **futur** (ou le **futur proche**) se répartissent de chaque « côté » du Temps zéro (To) de l'énonciation :

J'**ai vu** Paul ce matin. Je le **reverrai** (vais le revoir) *ce soir.*

```
ce matin              To           ce soir
─── ai vu ───────────── ║ ──────────── reverrai ──────────▶
                                       vais le revoir
```

■ Le **présent** situe le procès exprimé en To mais aussi dans le passé ou le futur (§ 166) :
Ce matin, figure-toi que je **rencontre** *Paul.*
Je **rencontre** *Paul demain.*

■ L'**imparfait** permet l'expression de l'aspect non accompli, au contraire du passé composé qui exprime toujours l'accompli :
Quand j'ai rencontré Paul, il **revenait** *de son travail.*

▬▬ Les temps de l'énonciation-récit.

L'énonciation-récit (§ 98) est généralement tournée vers le passé, et l'opposition passé/avenir joue moins. Le système des temps s'organise sur l'opposition de l'**imparfait** et du **passé simple**, c'est-à-dire du non-accompli et de l'accompli :
On n'attendait plus que Boule de suif. Elle parut. (MAUPASSANT)

▶ • L'emploi du **présent** ou du **futur** correspond à des effets de style qui sont examinés dans l'étude de ces deux temps (§ 167, 179).

162 Le passé composé dans l'énonciation-récit

Aujourd'hui, l'opposition du discours et du récit n'est pas toujours réalisée comme elle vient d'être décrite. La nouvelle situation est le résultat d'une évolution très ancienne de l'énonciation-discours et de l'énonciation-récit.
— Jusqu'au XVIIe siècle, le passé simple pouvait encore être employé à l'oral. Dans le français oral contemporain, il a laissé toute la place au passé composé (sauf dans quelques régions du Sud où le passé simple demeure sous l'influence des anciens dialectes d'oc.).
— Jusqu'au XXe siècle, l'emploi du passé simple et de l'imparfait a caractérisé l'énonciation-récit. Aujourd'hui, les auteurs continuent d'employer ces deux temps mais beaucoup d'auteurs contemporains emploient aussi le passé composé dans leurs récits :
Lorsque Maria les **a retrouvés,** *ils étaient dans le bureau de l'hôtel. Ils bavardaient l'un près de l'autre dans ce bureau de l'hôtel. Elle* **s'est arrêtée,** *pleine d'espoir.* (M. DURAS)
Ils **ont essayé** *de rester encore sur la plage. Le grand Yao* **est retourné** *s'asseoir à l'ombre des cocotiers pour fumer. On n'entendait plus rien que le bruit des vagues.* (LE CLÉZIO)

Dans ces emplois, le passé composé a remplacé le passé simple, et l'opposition accompli/non accompli est exprimée par le couple passé composé/imparfait.

 • Cela ne signifie pas que le passé simple soit condamné. Les récits au passé composé et les récits au passé simple n'ont pas du tout le même ton (§ 171).

A. Le présent de l'indicatif

163   Valeurs d'emploi

Le présent de l'indicatif exprime l'**aspect non accompli** : il ne précise pas les limites de la durée du procès.
— Les liens du présent de l'indicatif avec le moment présent, c'est-à-dire avec le Temps zéro (T0) de l'énonciation, sont très variés. Le présent de l'indicatif peut exprimer un moment présent (§ 164), une durée variable (§ 165), voire un passé ou un futur (§ 166).
— On peut donc dire que le présent de l'indicatif est un « tiroir verbal » (remarque du § 100) qui mérite à peine son nom de « présent ».

164   Le présent de l'indicatif : expression du moment présent

■ Le présent de l'indicatif exprime un **présent immédiat** quand le fait est constaté sur le moment. Sa durée dépend du sens perfectif ou imperfectif du verbe (§ 107) :
*Le vent **se lève**. Tu **te trompes**. Il **arrive**.* ⟹ verbes perfectifs
*Il **pleut**. Elle **dort** dans le jardin.* ⟹ verbes imperfectifs

Les compléments de temps qui peuvent accompagner ce présent sont : *maintenant, en ce moment, pour le moment...*

■ On appelle **présent performatif** un présent où le Temps zéro de l'énonciation et le procès exprimé par le verbe coïncident exactement.
Par exemple, quand un témoin dépose devant un tribunal, il lève la main droite et dit : « *Je le **jure**.* » En prononçant ces mots, il fait ce qu'il dit. Il le fait en le disant, au moment même où il le dit. À cet instant, le verbe *jurer* a un emploi performatif.
Autres emplois performatifs : *Je **promets** de... Je te **remercie** de... Je te **pardonne**... Je te **baptise**... Je te **félicite**...*

• Il n'y a d'emploi performatif qu'au présent. Passé et futur sont exclus. Dire : *je l'ai juré*, ce n'est pas jurer une deuxième fois. Dire : *je le jurerai*, ce n'est pas jurer par avance.

• Le mot performatif vient du verbe anglais *to perform* qui signifie « accomplir, faire quelque chose » et il est emprunté aux travaux d'un philosophe anglais, J.L. Austin.

165 Le présent de l'indicatif : expression d'une durée variable

Présent actuel. La durée du procès exprimé par le verbe est précisée par le complément de temps :

> Je ***travaille*** *dans cette entreprise depuis cinq ans.*

Présent de répétition (ou présent **itératif**) :

> *Tous les soirs, je **regarde** la télé.*

Ce n'est pas le présent qui exprime la répétition, c'est le complément de temps *tous les soirs*. Il est indispensable.

Présent permanent :

> *L'eau **bout** à 100°. La Terre **tourne** autour du Soleil.*
> *On **a** toujours besoin d'un plus petit que soi.*

166 Le présent de l'indicatif : expression d'un passé ou d'un futur

Présent du passé proche ou du futur :

> *Je **quitte** Paul il y a une heure.*
> *Je **pars** demain/dans un mois.*

Dans une proposition subordonnée d'hypothèse introduite par *si, le présent a la valeur d'un* **futur possible :**

> *S'il **a** le temps, il **viendra** me voir.*

Normalement, le verbe de la proposition principale est au futur. Quand il est mis au présent, l'effet d'actualisation est complet :

> *S'il **a** le temps, il **vient** me voir.*

167 Le présent historique et le présent de narration

Dans un récit, le présent permet de situer le narrateur par rapport à son récit. Deux cas se présentent.

Présent historique. Tout le récit est au présent. Le présent remplace tous les temps du passé :

> *Soudain, Lalla **se lève**. Elle **court** aussi vite qu'elle **peut** vers les dunes.*
> *Elle **escalade** la pente de sable...* (LE CLÉZIO)

Le narrateur semble raconter l'histoire pendant qu'elle se déroule. Le Temps zéro de l'énonciation semble accompagner le récit, se déplacer le long des lignes :

$$\text{———————— } \underset{se\ lève}{\text{To}} \text{ ———————— } \underset{court}{\text{To}} \text{ ———————— } \underset{escalade}{\text{To}} \text{ ————————} \longrightarrow$$

■ **Présent de narration.** Le récit est au passé. L'emploi du présent donne soudain l'impression qu'on rejoint l'action, qu'elle est racontée au moment où elle se déroule :

> *Un à un, les soldats étalaient des torses creusés de trous ou bouquetés de poils. Le général se grattait un ongle, le colonel de la gendarmerie s'éventait avec un papier, les praticiens causaient en palpant les hommes. Mon tour* **arrive** *enfin...* (HUYSMANS)

Ce n'est pas le présent en lui-même qui a cette valeur d'actualisation soudaine, c'est l'emploi du présent au milieu de verbes au passé. Le Temps zéro de l'énonciation est comme transposé à l'époque des événements racontés :

$$\text{———————— } \underset{arrive}{\text{(To)}} \text{ ———————— } \underset{\|}{\text{To}} \text{ ————————} \longrightarrow$$

étalaient...
se grattait...
s'éventait...

> • Dans un récit au passé, on peut aussi rencontrer le présent permanent. Il ne faut pas le confondre avec le présent de narration :
> *Par instants, la vieille roue du moulin, ensommeillée, paraissait rêver comme ces vieux chiens de garde qui* **aboient** *en ronflant ; elle avait des craquements, elle causait toute seule...* (ZOLA)

B. L'imparfait de l'indicatif

168   Valeurs d'emploi

— L'emploi de l'imparfait situe le procès exprimé par le verbe **dans le passé** par rapport au Temps zéro de l'énonciation.
— Les emplois de l'imparfait peuvent être comparés avec les emplois du présent. Comme lui, l'imparfait exprime l'**aspect non accompli**. On l'appelle parfois « le présent du passé ».
— L'imparfait apparaît dans l'énonciation-discours et dans l'énonciation-récit. Dans le discours, il exprime l'aspect non accompli face au passé composé qui exprime l'aspect accompli.
Dans le récit, la même opposition existe entre l'imparfait et le passé simple.
À côté de ces valeurs temporelles ou aspectuelles, l'imparfait a aussi des valeurs de mode.

169   L'imparfait de l'indicatif : valeurs temporelles

Imparfait de durée. On pourrait dire que l'aspect non accompli de l'imparfait s'accorde particulièrement bien avec les verbes de sens imperfectif (§ 107) qui expriment une durée :

*Il **neigeait** depuis des heures et le vent **soufflait** violemment.*

Imparfait de répétition (valeur **itérative**). Il s'emploie avec des verbes de sens imperfectif ou perfectif :

*Tous les soirs, il **regardait** la télé.*
*Il **arrivait** tous les dimanches à midi.*

• Ces valeurs de l'imparfait sont celles qu'on retrouve dans les récits. Il est employé **pour décrire, pour narrer, pour commenter.** Il correspond à une sorte d'arrière-plan sur lequel le procès exprimé au passé simple se détache comme un événement :

Un soir que la fenêtre était ouverte, et que, assise au bord, elle venait de regarder Lestiboudois, le bedeau, qui taillait du buis, elle entendit tout à coup sonner l'Angélus. (FLAUBERT)

Imparfait situé par rapport à un Temps repère passé. Il exprime un procès à peine achevé ou qui dure encore :

*Paul **quittait** juste Pierre quand je l'ai rencontré.*
*Paul **se promenait** quand je l'ai rencontré.*

$$\text{T repère} \qquad\qquad\qquad\qquad \text{T}_0$$

ai rencontré ———— ‖ ————→
quittait...
se promenait...

Imparfait exprimant un futur proche :

*J'ai rencontré Jean à temps. Il **partait** le soir même.*

$$\text{T repère} \qquad\qquad\qquad\qquad \text{T}_0$$

ai rencontré ———— ‖ ————→
...partait

Dans le discours rapporté indirect (§ 307) au passé, l'**imparfait est une transposition du présent** du discours direct :

*Il a déclaré : « Je **viens**. »* ⟹ *Il a déclaré qu'il **venait**.*

Mais on conserve le présent dans le cas d'une vérité permanente :

*Galilée déclara que la Terre **tourne**.*

170   L'imparfait de narration

Dans un récit au passé, l'imparfait peut exprimer un événement ponctuel rapporté par un verbe perfectif. Le moment exact doit être précisé par un complément de temps.

Cet emploi de l'imparfait n'est pas en contradiction avec sa valeur d'aspect non accompli :

— *Le 14 juillet 1789, le peuple de Paris **prenait** la Bastille.*

Par comparaison avec le passé simple *(prit)*, l'imparfait semble **ralentir le procès.** On le compare souvent au ralenti cinématographique.

171 L'imparfait de l'indicatif : valeurs de mode

Imparfait de politesse (valeur d'**atténuation**) :
*Je **voulais** vous demander votre avis.*

Imparfait avec valeur d'irréel :
*Sans ton avertissement, **je tombais.***
Le fait de « tomber » aurait pu s'accomplir. Mais il ne s'est pas accompli et le procès ne doit pas être complètement actualisé. L'imparfait exprime le non-accomplissement du procès (valeur d'irréel).

Imparfait d'hypothèse :
*S'il **avait** le temps, il viendrait me voir.*
La proposition subordonnée d'hypothèse introduite par *si* est à l'imparfait. Comme dans le cas précédent, il exprime le non-accomplissement du procès. La principale est généralement au conditionnel (§ 289).

> • L'emploi du présent dans la subordonnée d'hypothèse actualise le procès (§ 166) :
> *S'il a le temps, il viendra me voir.*

C. Le passé simple et le passé composé

172 Valeurs d'emploi

☐ Le passé simple et le passé composé expriment tous les deux l'**aspect accompli, achevé.**
— Le **passé simple** situe le procès dans le passé par rapport au Temps zéro de l'énonciation. La coupure est nette : le passé est vraiment passé. Cette coupure souligne les limites de la durée du procès et renforce l'expression de l'aspect accompli.
— Le **passé composé** situe également le procès dans le passé, mais la coupure avec le T0 est moins nette. Il a donc des valeurs d'emploi différentes (§ 175).

Répartition des emplois du passé simple, du passé composé et de l'imparfait dans le discours et le récit :

	Énonciation-discours	Énonciation-récit
Aspect accompli	passé composé	passé simple passé composé
Aspect non accompli	imparfait	

> • Les 1re et 2e personnes du pluriel du passé simple sont plus rarement employées que les autres. L'usage moderne les trouve un peu lourdes, ou bizarres pour les verbes brefs :
> *Nous aimâmes, vous aimâtes. Nous allâmes, vous allâtes. Nous rîmes, vous rîtes. Nous mîmes, vous mîtes...*

173 Les emplois du passé simple

Passé simple ponctuel. On pourrait dire que les verbes de sens perfectif qui expriment un procès achevé, ponctuel, sont particulièrement bien adaptés à l'aspect accompli du passé simple.

*Il **ouvrit** la barrière d'un coup de pied, et **disparut**.* (FLAUBERT)

Passé simple de durée. Avec les verbes imperfectifs, le passé simple ne peut pas exprimer un procès ponctuel. Il exprime un procès complet dont la durée est ou non précisée par des compléments de temps :

*Il **se trouva** beau ; — et **resta** une minute à se regarder.* (FLAUBERT)

Passé simple de répétition (valeur **itérative**). Il s'emploie avec les verbes perfectifs et imperfectifs :

*Il voulut s'amuser. Il **se rendit** aux bals de l'Opéra.* (FLAUBERT)
*Pendant huit jours, Lesable ne **dormit** point...* (MAUPASSANT)

C'est le contexte qui indique la répétition : le pluriel de *bals* et *pendant huit jours*.

▶ • En relation avec l'imparfait qui sert à décrire, à commenter, le **passé simple détache les événements** (voir l'exemple du § 169).

174 Les emplois du passé composé

Le passé composé exprime l'**aspect accompli**, tandis que le présent exprime l'aspect non-accompli :

*Il **est parti** /il part. Il **a mangé** /il mange.*
*Quand il **a mangé**, il reprend son travail.*

Dans cet emploi, le passé composé n'est pas échangeable avec le passé simple :

Quand il mangea, il reprend son travail (??). ⟹ Phrase incorrecte

L'aspect accompli est compatible avec le **futur proche** :

*Dans une heure, j'**ai fini** mon travail !*

Par rapport au futur antérieur (*j'aurai fini*), le passé composé crée un effet d'actualisation semblable à celui du présent par rapport au futur (voir l'exemple du § 166).

Valeur temporelle de **passé** :

*Il **est arrivé** hier. Il **est venu** en voiture.*

Cette valeur du passé composé recoupe tous les emplois du passé simple. Toutes les citations du § 173 peuvent être mises au passé composé. C'est ce qui explique la présence du passé composé dans l'énonciation-récit.

175 Différences entre le passé composé et le passé simple

Un récit au passé simple n'est pas un récit au passé composé !

Le **récit au passé simple** tient le texte à distance du Temps zéro de la narration. C'est du passé, un passé pas forcément lointain mais en tout cas **révolu, accompli** :

*Il **ouvrit** la barrière d'un coup de pied, et **disparut**.* (FLAUBERT)

116

Le **récit au passé composé** garde quelque chose de l'énonciation-discours, donc garde un lien avec le **présent de l'énonciation** :

*Il **a ouvert** la barrière... et il **a disparu**.*

Le passé composé n'a pas que sa valeur temporelle. Il garde quelque chose de sa valeur aspectuelle : l'accompli du présent. On n'est donc pas dans un passé révolu, mais dans un présent... passé.

C'est d'ailleurs pourquoi la plupart des récits littéraires écrits au passé composé sont des récits à la première personne :

*Il a allumé une cigarette et il me l'**a donnée**. Et tout bas contre ma bouche il m'**a parlé**. Je lui **ai parlé** moi aussi tout bas.* (DURAS)

D. Le plus-que-parfait et le passé antérieur

176   Le plus-que-parfait

Valeur d'aspect. Dans l'expression du passé, le plus-que-parfait exprime l'**aspect accompli** en face de l'aspect non accompli de l'imparfait :

*Quand je suis arrivé, il **avait neigé**.* ⟹ Il ne neigeait plus.
Quand je suis arrivé, il neigeait. ⟹ Il neigeait encore.

$$\text{... il neigeait...}$$

$$\text{—— suis arrivé ——} \quad \substack{T_0 \\ \|\|} \longrightarrow$$

$$\text{... il avait neigé}$$

Valeur temporelle. Le plus-que-parfait exprime un **procès antérieur** à un verbe au passé :

*J'ai vu le film dont tu m'**avais parlé**.*
*Dès que le bruit du moteur **avait cessé,** on entendait le marais vivre.* (GRACQ)

Dans le discours rapporté indirect (§ 307) au passé, le plus-que-parfait est **la transposition du passé composé du discours direct** :

Il a dit : « Il a neigé. » → *Il a dit qu'il **avait neigé**.*

Valeur de mode. Dans une proposition subordonnée d'hypothèse, le plus-que-parfait évoque un événement qui n'a pas eu lieu (valeur **d'irréel**) et permet de situer ses conséquences possibles dans le passé ou dans le futur (§ 289) :

*S'il **avait eu** le temps, il serait venu me voir.*
*Si jamais je n'**avais** pas **réussi** à le rencontrer avant ce soir, avertissez-le vous-même.*

177 Le passé antérieur

■ **Valeur d'aspect.** Comme le plus-que-parfait, le passé antérieur exprime l'**aspect accompli** d'un procès situé dans le passé. Mais, à la différence du plus-que-parfait, le passé antérieur indique la limite de l'achèvement de ce procès :

$\qquad$ *À midi, il **eut fini** son travail.* $\Longrightarrow$ Fin du travail : midi.
$\qquad$ *À midi, il avait fini son travail.* $\Longrightarrow$ Fin du travail : avant midi.

■ **Valeur temporelle** : le plus-que-parfait exprime l'**antériorité** par rapport au passé simple :

$\qquad$ *Quand il **eut payé**, il se sentit tout gaillard...* (MAUPASSANT)

E. Le futur simple et le futur antérieur

178 Valeurs d'emploi du futur simple

L'emploi du futur simple situe le procès exprimé par le verbe dans l'avenir par rapport au Temps zéro de l'énonciation.

Le futur simple a des valeurs temporelles qui sont celles de l'actualisation dans le futur. Elles sont souvent comparables à celles du présent et de l'imparfait.

Mais comme l'avenir comporte toujours une **part d'incertitude,** le futur simple a aussi des valeurs de mode : l'incertain, le probable.

179 Le futur simple : valeurs temporelles

■ **Futur ponctuel** ou **duratif**, selon le sens perfectif ou imperfectif du verbe :

$\qquad$ *Mon avion **décollera** demain à midi.*
$\qquad$ *Elle **séjournera** à Prague pendant deux mois.*

■ **Futur itératif :**

$\qquad$ *Vous **prendrez** deux pilules midi et soir pendant une semaine.*

180 Le futur de narration

Dans un récit au passé, l'emploi du futur dit « de narration » correspond à un commentaire du narrateur. Alors que ce narrateur était détaché de l'époque narrée, il prend place dans son récit pour jouer en quelque sorte les prophètes, et évoque des faits postérieurs à ceux dont il vient de parler :

Montesquieu publia les Lettres persanes *en 1721. Il y critiquait la monarchie absolue. Bien d'autres auteurs* **reprendront** *la critique.*

$$\text{publia} \qquad\qquad\qquad\qquad\qquad\qquad\qquad \text{T}_0$$

———— 1721 ———— reprendront ———— ‖ ———→

critiquait

• Ces emplois du futur sont généralement ponctuels. Mais un récit tout entier peut soudain basculer dans le futur de narration :
Puis un matin, à 6 heures, ils seront au port. Les opérations d'embarquement seront longues et fastidieuses ; ils trouveront avec peine une place où, sur le pont, installer les chaises longues. La traversée sera sans histoire. (PEREC)
Par comparaison avec le présent historique et le présent de narration (§ 167), on devrait parler de futur... historique. Mais l'expression serait bizarre.

181   Le futur simple : valeurs de mode

Futur exprimant une certitude.

Futur des projets envisagés. Il exprime une certitude plus grande que le conditionnel (§ 185) :
*On **fera** un voyage. On **visitera** plusieurs pays.*

Futur impératif. Il est moins direct que l'ordre pur et simple, mais on ne s'y trompe pas. Ce futur doit advenir, sinon... :
*Le candidat **se présentera** à 8 heures pour subir les épreuves d'oral.*

Futur de promesse. Il ne s'emploie qu'à la 1re personne :
*Je te **rendrai** ton livre demain.*

• L'appellation futur de promesse peut être discutée. En fait, l'exemple n'est pas une vraie promesse. Pour faire une vraie promesse, il faut... promettre. C'est-à-dire accomplir au présent un acte performatif (§ 160) :
Je te promets que je te rendrai ton livre demain.

Futur permanent. Il exprime en fait une opinion :
*On ne **fera** jamais assez attention avec l'atome.*
*Paris **sera** toujours Paris.*

Futur conservant l'incertitude.

Futur de probabilité. Il peut renvoyer à un procès futur ou présent :
*Je sais. Vous me **direz** que je pouvais mieux faire.*
*Son absence m'étonne. Il **sera** malade.*

$$\qquad\qquad\qquad \text{T}_0$$

———— je sais ———— vous direz ————→

faire mieux...

$$\qquad\qquad\qquad\qquad \text{T}_0$$

———— m'étonne ————→

... malade...

Futur de politesse. Il atténue la présentation d'une opinion :
*Je vous **dirai** que je n'ai pas envie de sortir ce soir.*

■ **Futur d'indignation.** On ne veut pas accepter l'idée que le fait se réalise :
*Quoi ! Il **aura** raison ! Il **pourra** dire que je me suis trompé !*

182   Le futur antérieur

■ **Valeur d'aspect.** Le futur antérieur exprime l'**aspect accompli** en face de l'aspect non accompli du futur simple :
*Il **aura fini** son travail demain / Il finira son travail demain.*

■ **Valeur temporelle.** Le futur antérieur sert **d'antérieur** au futur simple :
*Quand le soleil **sera levé**, je partirai.*

■ **Valeur de mode.** Comme le futur simple, le futur antérieur peut exprimer une **probabilité** dans le passé ou le futur :
*Son absence m'étonne. Il **aura eu** un empêchement.*

F. Le conditionnel présent
et le conditionnel passé

183   Y a-t-il un « mode » conditionnel ?

Dans la grammaire traditionnelle, le conditionnel est traité comme un **mode** comportant trois temps : le présent *(il chanterait)*, le passé première forme *(il aurait chanté)* et le passé deuxième forme *(il eût chanté)*.
Il est plus cohérent de rattacher les deux premiers temps au mode indicatif et de considérer que le prétendu conditionnel passé deuxième forme n'est que le plus-que-parfait du subjonctif.
Le rattachement du conditionnel présent et du conditionnel passé au mode indicatif a deux raisons.
— Une raison morphologique. Les formes en *-rais* du conditionnel présent associent le *-r-* du futur simple et les finales de l'imparfait : *il chant**e**ra, il chan**tait**, il chant**erait**.*
— Une raison d'emploi. Les temps de l'indicatif ont des valeurs de mode (probabilité, irréel, atténuation...).
Il faut enfin ajouter que l'appellation « conditionnel » est très discutable. Dans de nombreux emplois, le conditionnel n'exprime pas une condition.

184   Le conditionnel présent : valeurs temporelles

■ Le **futur du passé.** Dans cet emploi, le conditionnel présent exprime un futur par rapport à un Temps repère passé. Le procès exprimé par le conditionnel peut se situer dans le passé, le présent ou le futur par rapport au Temps zéro.

L'important est qu'il soit dans le futur par rapport au Temps repère passé :
> *Il a cru qu'il **finirait** son travail hier/aujourd'hui/demain.*

Temps repère   *hier*   T₀   *demain*
—— *il a cru* ——————————‖————————————►
           finirait   *finirait*   *finirait*

> *Il se demanda sérieusement s'il **serait** un grand peintre ou un grand poète.* (FLAUBERT)

■ Dans le discours rapporté indirect (§ 307) au passé, le conditionnel est une **transposition du futur du discours direct** :
> *Il a dit : « Je viendrai. » → Il a dit qu'il **viendrait.***

Mais le futur peut parfois être conservé. La réalisation du fait paraît alors plus sûre :
> *Il a dit qu'il viendra.*

185   Le conditionnel présent : valeurs de mode

■ **Éventualité.** Après une proposition subordonnée d'hypothèse à l'imparfait, le conditionnel présent de la proposition principale exprime une éventualité dans le présent ou le futur :
> *Si tu le connaissais mieux, tu **changerais** d'avis sur lui.*

D'autres constructions sont possibles. Par exemple avec un complément de temps :
> *Après deux ou trois rencontres, tu **changerais** d'avis sur lui.*

Ou deux propositions juxtaposées au conditionnel présent :
> *Tu le **connaîtrais** mieux, tu **changerais** d'avis sur lui.*

■ **Expression de projets envisagés.** L'actualisation et la certitude sont moins nettes qu'avec le futur (§ 181) :
> *D'abord, ils **entreprendraient** un grand voyage avec l'argent que Frédéric **prélèverait** sur sa fortune, à sa majorité. Puis ils **reviendraient** à Paris, ils **travailleraient** ensemble, ne se **quitteraient** pas...* (FLAUBERT)

■ **Éventualité accompagnée de réserves.** Cet emploi est courant dans la presse :
> *Le Premier ministre **rencontrerait** les syndicats demain.*

■ **Atténuation d'un ordre** ou d'une demande :
> *Vous **devriez** travailler mieux.*
> *Je **voudrais** vous poser une question.*

■ Dans le discours rapporté indirect, le conditionnel présent ne transpose pas toujours un futur (§ 184), il peut y avoir un conditionnel dès le discours direct. Dans ce cas, le discours direct **conserve la valeur d'éventualité** :
> *Elle a dit : « Cette robe m'**irait** bien. »*
> *→ Elle a dit que cette robe lui **irait** bien.*

186   Le conditionnel passé

Le conditionnel passé exprime l'**aspect accompli** en face de l'aspect non accompli du conditionnel présent. C'est avec cette valeur d'accompli qu'il reprend les emplois du conditionnel présent (§ 184, 185).

■ **Futur du passé,** c'est-à-dire futur par rapport à un repère passé :
*Il a cru qu'il **aurait fini** hier/aujourd'hui/demain.*

■ Dans le discours rapporté indirect (§ 307) au passé, le conditionnel passé **transpose le futur antérieur du discours direct :**
Il disait : « Il aura neigé avant ce soir. » → *Il disait qu'il **aurait neigé** avant ce soir.*

■ **Éventualité.** Après une proposition subordonnée d'hypothèse au plus-que-parfait, la principale au conditionnel passé exprime un irréel situé dans le passé :
*Si tu l'avais mieux connu, tu **aurais changé** d'avis sur lui.*
Par comparaison avec la même phrase à l'imparfait et au conditionnel (§ 185), on voit comment l'aspect accompli donne une valeur modale d'**irréel.** Ce passé est irrémédiable, il restera sans réalité.

■ **Expression de projets non réalisés.** Ce ne sont plus des projets au conditionnel présent (§ 185). C'est l'expression (atroce) de tout ce qu'on a manqué :
*Quel bonheur nous **aurions eu** !* (FLAUBERT)

■ **Éventualité avec réserves** à propos d'un événement passé. Cet emploi est courant dans la presse :
*Le ministre **aurait rencontré** les syndicats.*

■ **Atténuation :**
*Vous **auriez dû** travailler mieux.*
*J'**aurais voulu** vous poser une question.*

■ Dans le discours rapporté indirect, le conditionnel passé ne transpose pas toujours le futur antérieur du discours direct, il peut y avoir un conditionnel dès le discours direct. Dans ce cas, le discours indirect **conserve la valeur d'éventualité.**
*Elle disait : « Cette robe m'**aurait plu**. »* → *Elle disait que cette robe lui **aurait plu**.*

IV. LE SUBJONCTIF

187 Formes et registres d'emplois

■ La conjugaison du subjonctif comporte quatre ensembles de formes personnelles qu'on appelle les « temps » du subjonctif :

Temps simples	Temps composés
Subjonctif dit « présent »	Subjonctif dit « passé »
que je chante	*que j'aie chanté*
qu'il chante	*qu'il ait chanté*
Subjonctif dit « imparfait »	Subjonctif dit « plus-que-parfait »
que je chantasse	*que j'eusse chanté*
qu'il chantât	*qu'il eût chanté*

■ Le subjonctif est un **mode non temporel.** Cela veut dire que les quatre temps grammaticaux de sa conjugaison sont des « tiroirs » verbaux plus que des temps (remarque du § 100). On constate en effet que la situation temporelle d'un verbe au subjonctif est donnée par le contexte :

*Il faut que tu **répondes** tout de suite/demain.*
*Il fallait que tu **répondes** hier.*

■ **Usage courant.** On utilise uniquement deux « temps », le présent et le passé du subjonctif :

*Il faut qu'il **réponde** maintenant.*
*Il fallait qu'il **réponde** hier/qu'il **ait répondu** hier.*
*Il faudra qu'il **réponde** demain/qu'il **ait répondu** demain.*

■ **Usage soutenu.** On utilise les quatre « temps ». C'est donc l'emploi de l'imparfait et du plus-que-parfait qui caractérise l'usage soutenu moderne. Cet emploi comporte des variations.
— À l'oral et à l'écrit, la forme la plus employée est la 3e personne du singulier de l'imparfait et du plus-que-parfait :

*Il fallait qu'il **répondît** hier/qu'il **eût répondu** hier.*
*Quelle que **fût** la profondeur de mon rêve, jamais je ne fus en danger de m'y perdre.* (SARTRE)

— Les autres personnes de l'imparfait et du plus-que-parfait sont absentes de l'oral, mais elles demeurent dans la langue écrite littéraire :

*Je reconnus sa voix bien que je l'**entendisse** à peine.* (DURAS)

— On emploie très rarement les 1re et 2e personnes du pluriel. Elles ont souvent un caractère cocasse :

*Comment faire pour que vous m'**aimassiez** ?*
*Encore **eût**-il **fallu** que je la **visse.*** (Du verbe *voir* ou du verbe *visser* ?)

▶ • L'usage soutenu du subjonctif demande le respect des règles dites « de concordance des temps » (§ 194).

188   Valeurs du subjonctif

■ L'indicatif est le mode de l'actualisation maximale. Au contraire, le subjonctif n'exprime pas l'actualisation du procès, mais il exprime une « prise de position » (Mary-Annick Morel) sur ce procès :

*a. Je cherche une voiture qui **ait** un toit ouvrant.*
*b. Je cherche une voiture qui **a** un toit ouvrant.*

En b, le verbe *avoir* est au présent de l'indicatif et le procès est pleinement actualisé. Le référent de la voiture existe : par exemple, je cherche cette voiture dans un parc automobile.
En a, je me propose d'acheter une telle voiture. Son référent est donc encore virtuel. L'actualisation du verbe *avoir* n'est pas faite : je cherche une voiture qui appartienne à un certain type de voiture.
Le subjonctif exprime une prise de position sur le procès. C'est pourquoi il est le **mode** du **souhait**, de la **crainte**, de l'**ordre**, du **refus**, etc. :

*Je souhaite qu'il **vienne.***
*Je crains qu'elle ne **parte.***
*Il faut que vous **restiez** ici jusqu'à nouvel ordre.*

123

Analyse des emplois des temps du subjonctif.

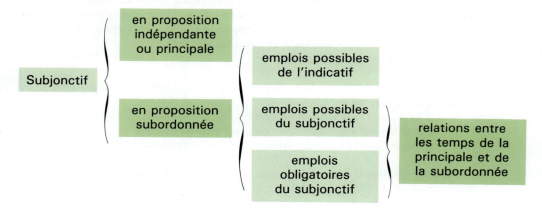

189   Le subjonctif présent en proposition indépendante ou principale

Les emplois appartiennent tous à des **constructions plus ou moins figées**.
Le *que* est tantôt présent, tantôt absent.
Le subjonctif exprime la manière dont l'énonciateur voit le procès.
— **Souhait :**
    Vive la France ! Que le meilleur **gagne** !
    À Dieu ne **plaise** ! **Puissent** les vents vous être favorables !
    Moi, j'aime la pluie ! Qu'il **pleuve** ! Qu'il **pleuve** ! (ARAGON)
— **Ordre, avertissement :**
    Qu'il **parte** ! Que ce bruit **cesse** !
    Tu es impie, Alcmène, **sache** que les dieux t'entendent. (GIRAUDOUX)
— **Hypothèse :**
    Soit un triangle ABC.
    Qu'il **fasse** ce qu'il veut, il verra !

▶ • Le subjonctif de la proposition principale peut aussi exprimer un faux doute ironique (usage soutenu) : *Je ne sache pas qu'il soit un héros.*

190   Le subjonctif présent ou passé en proposition subordonnée : subjonctif obligatoire

Les emplois du subjonctif en subordonnée sont, de très loin, les plus nombreux.

    ■ *En proposition complétive.*

Le **subjonctif est obligatoire** dans une proposition complétive (§ 271) quand le verbe de la proposition principale exprime un **souhait**, un **doute**, une **incertitude**, un **ordre**, un **jugement**, etc. :
    Je souhaite qu'il **parte**/qu'il **soit parti**.
    Il faut que je **finisse** ce travail/que j'**aie fini** ce travail.
    J'aime autant qu'il ne **pleuve** pas, dit Pascal. (ARAGON)
    Je crains que la chose ne **paraisse** invraisemblable. (CAILLOIS)

> • Exemples de verbes ou de constructions verbales appelant le subjonctif : *accepter, aimer, apprécier, attendre, craindre, défendre, demander, désirer, douter, s'étonner, être choqué/content/déçu/désolé/étonné..., exiger, s'indigner, interdire, ordonner, permettre, préférer, redouter, refuser, se réjouir, suggérer..., il faut que, il se peut que, il est temps que, il vaut mieux que...*
> Tous sont des verbes et des expressions qui correspondent à une interprétation du procès et non pas à sa simple désignation.

▐▐▐ *En proposition circonstancielle.*

▐ Le **subjonctif est obligatoire** :
— dans les propositions subordonnées circonstancielles de **but** :
> *Je l'ai aidé à travailler pour qu'il **réussisse** son examen.*
— et dans les propositions subordonnées circonstancielles de **concession** :
> *Bien qu'il **pleuve**, je sors.*

> • Le rôle du subjonctif apparaît bien dans ces emplois. Le but concerne évidemment un procès non actualisé. La concession, en revanche, considère un procès actualisé : *il pleut,* en ce moment, et je le dis. Mais ce n'est pas ce que dit la phrase dans son entier. Elle dit que la pluie pourrait entraîner une conséquence (ne pas sortir), et que j'agis autrement. C'est ce rapport entre la subordonnée et la principale qui est une prise de position sur le procès.

▐ Dans d'autres propositions circonstancielles, le subjonctif apparaît obligatoirement **avec certaines constructions** :
> *Je partirai avant qu'il **ait commencé** de chanter.* ⟹ Temps
> *Il n'y a pas assez de soleil pour que je **bronze**.* ⟹ Conséquence
> *Je viendrai pourvu qu'il **fasse** beau.* ⟹ Condition

Le détail de ces emplois est donné dans l'étude des propositions subordonnées circonstancielles (§ 280, 293).

191   Le subjonctif présent ou passé en proposition subordonnée : subjonctif échangeable avec l'indicatif

▐▐▐ *En proposition complétive.*

▐ Le subjonctif et l'indicatif donnent **deux sens différents au verbe de la principale** (§ 271) :
> *J'**admets** qu'il **a** raison.* ⟹ = J'accepte son opinion.
> *J'**admets** qu'il **ait** raison.* ⟹ = Je fais comme si j'acceptais...

L'emploi du subjonctif correspond dans ce cas à une interprétation du procès. On dit en même temps : « Il a raison mais... il a sans doute tort » ! Les autres verbes acceptant cette variation sont : *comprendre, dire, écrire, être d'avis que, expliquer, prétendre, se plaindre...*

▐ Quand la proposition principale est à la **forme négative** ou à la **forme interrogative**, on peut choisir entre l'indicatif et le subjonctif après certains verbes :
> *Je crois qu'il **pleut**.* ⟹ Indicatif obligatoire.
>
> *Je ne crois pas qu'il **pleuvra**/qu'il **pleuve**.* ⟹ On a le choix entre l'indicatif et le subjonctif.
> *Crois-tu qu'il **pleuvra** ?/qu'il **pleuve** ?*

LE VERBE

125

Le futur simple de l'indicatif exprime une certitude plus grande.
Le subjonctif correspond à une interrogation sur l'actualisation ou la non-actualisation du procès.
Les autres verbes acceptant cette variation sont : *avoir l'impression, espérer, être sûr/certain/convaincu..., penser, garantir...*

▶ • Pour souligner son interprétation, l'énonciateur peut placer la complétive en tête de phrase, c'est-à-dire en position détachée. L'emploi du subjonctif est alors **obligatoire** : *Qu'il **vienne**, c'est ce que je ne crois pas.*

▋ *En proposition subordonnée relative.*

▋ La proposition subordonnée relative (§ 279) est à l'indicatif quand l'énonciateur **actualise** le procès, quand il le tient pour acquis :
*Je connais un pianiste qui **sait** jouer cette chanson.*
*Connais-tu un pianiste qui **sait** jouer cette chanson ?*

▋ En revanche, si l'énonciateur n'envisage qu'une **virtualité**, ici un « type de pianiste », la relative est au subjonctif :
*Je ne connais pas un pianiste qui **sache** jouer cette chanson.*
*Connais-tu un pianiste qui **sache** jouer cette chanson ?*
*Connais-tu un seul pianiste qui **sache** jouer cette chanson ?*

192   L'imparfait du subjonctif

▋ *En proposition principale.*

Ce sont des **emplois figés du registre soutenu.** Ils expriment un regret par rapport à un procès qui ne s'est pas réalisé :
__Grâces__ au ciel, mes mains ne sont point criminelles.
__Plût__ aux dieux que mon cœur fût innocent comme elles ! (RACINE)

▋ *En proposition subordonnée.*

Le subjonctif a valeur de mode.

▋ Avec une proposition principale au présent, l'imparfait du subjonctif exprime une **éventualité pure** :
*On craint qu'il n'**essuyât** les larmes de sa mère.* (RACINE)
Ce n'est pas ici une question de concordance des temps, puisque la principale est au présent. Le subjonctif a donc bien une pure valeur de mode (elle remonte à l'ancien français).

▋ L'imparfait du subjonctif peut aussi exprimer une **hypothèse** dont on refuse de tenir compte, qu'on veut tenir pour **irréelle** (subordination implicite, § 270) :
__Eût__-il raison, je ne veux pas l'entendre !
Dans l'usage courant, on emploie le conditionnel passé, parfois avec subordination inverse (§ 270) :
Aurait-il raison, je ne veux pas l'entendre/que je ne veux pas...

126

■■■ *En proposition subordonnée.*

Le subjonctif répond à la règle de la concordance des temps.
L'**usage de la langue classique** demandait que le verbe fût au subjonctif imparfait quand celui de la principale était à un temps du passé ou du conditionnel :
> *Un moment après, elle demanda qu'on la **laissât** seule...* (LACLOS)

C'est toujours le cas dans l'usage soutenu :
> *Il arrivait que de cette sympathie première, il n'**émergeât** rien d'autre que des relations distantes...* (PEREC)

Mais l'usage courant admet aussi le subjonctif présent (§ 194).

193   Le plus-que-parfait du subjonctif

■■■ *Valeur d'aspect.*

Le plus-que-parfait du subjonctif exprime l'**aspect accompli** de l'imparfait du subjonctif :
> *Je souhaitais qu'il **fût venu.***
> *J'attendis, respectueux, qu'elle **eût vidé** un autre verre de bordeaux...*
> (COLETTE)

■■■ *Valeur de mode.*

■ Le plus-que-parfait du subjonctif souligne l'**irréalité d'un procès passé :**
> *Et si l'on **eût observé** son visage, on y **eût** sans doute **relevé** l'ennui comme expression dominante.* (SIMENON)

Dans l'usage courant, on emploie le plus-que-parfait de l'indicatif, mais la valeur d'irréel est moins marquée :
> *S'il **avait réussi,** il aurait été heureux.*

■ Le plus-que-parfait du subjonctif permet aussi d'**exprimer un fait passé** tout en tenant un raisonnement qui **écarte ce fait :**
> *N'**eût été** son prix, ce voyage aurait mérité d'être fait.*

194   Le subjonctif en subordonnée : la concordance des temps

■■■ *Le verbe de la proposition principale est au présent de l'indicatif ou au conditionnel présent.*

Ce verbe correspond au Temps zéro (To) de l'énonciation.

■ Le **subjonctif présent de la subordonnée** exprime un procès contemporain de To ou postérieur à To :

*Il a peur que tu **sois** malade.* ———————— To peur/malade ————————→

*Il a peur que tu **viennes** demain.* ———————— To peur ———— demain vienne ————————→

■ Le **subjonctif passé de la subordonnée** exprime un procès accompli, antérieur ou postérieur au To :

$$\text{Je souhaite qu'il } \textbf{ait fini } \text{hier.} \quad \overline{\quad \underset{fini}{hier} \quad \underset{souhaite}{To} \quad} \longrightarrow$$

$$\text{Je souhaite qu'il } \textbf{ait fini } \text{demain.} \quad \overline{\quad \underset{souhaite}{To} \quad \underset{fini}{demain} \quad} \longrightarrow$$

■ Dans la **langue classique**, une proposition principale au conditionnel présent demandait une subordonnée à l'imparfait ou au plus-que-parfait du subjonctif, selon l'aspect :

> *Je sens que je serais ravie que vous me **parlassiez** longtemps de vous.*
> (Mme DE SÉVIGNÉ)
> *À voir le climat affreux de la Moscovie, on ne croirait jamais que ce **fût** une peine d'en être exilé.* (MONTESQUIEU)

Le verbe de la principale est au passé.

Ce verbe correspond au Temps repère.

■ Dans la **langue classique**, l'**imparfait** du subjonctif de la proposition subordonnée exprimait un procès contemporain ou postérieur au Temps repère :

$$\text{Il souhaitait qu'il } \textbf{vînt.} \quad \overline{\quad \underset{souhaitait/vînt}{T \text{ repère}} \quad \underset{\|}{To} \quad} \longrightarrow$$

*Il souhaitait qu'il **vînt** le lendemain/qu'il **vînt** demain.*

$$\overline{\quad \underset{souhaitait}{T \text{ repère}} \quad \underset{vînt}{lendemain} \quad \underset{\|}{To} \quad \underset{vînt}{demain} \quad} \longrightarrow$$

> *D'abord j'appréhendai que cette ardeur secrète*
> *Ne **fût** du noir esprit quelque surprise adroite.* (MOLIÈRE)

Cet usage demeure dans la **langue soutenue** :

> *Bien qu'il **fût** encore tôt, il dut frapper longtemps pour que la porte s'**ouvrît**.*
> (TOURNIER)

■ Dans la **langue classique**, le **plus-que-parfait** de la subordonnée exprimait un procès accompli, antérieur au Temps repère :

$$\text{Il appréciait qu'il } \textbf{fût venu.} \quad \overline{\quad \underset{fût \ venu}{} \quad \underset{appréciait}{T \text{ repère}} \quad \underset{\|}{To} \quad} \longrightarrow$$

> *Cette princesse était belle, quoiqu'elle **eût passé** la première jeunesse.*
> (Mme DE LA FAYETTE)

Cet usage demeure dans la **langue soutenue** :

> *Ma mère était si parfaitement chrétienne qu'elle **eût détesté** qu'on la proposât en exemple.* (MORAND)

■ Dans la **langue courante**, les mêmes relations sont exprimées par le présent et le passé du subjonctif :

> *Il souhaitait qu'il **vienne**/le lendemain/demain.*
> *Il appréciait qu'il **soit venu**.*

V. L'IMPÉRATIF

195   Le mode impératif

La modalité impérative.

Une phrase peut être énoncée selon **quatre modalités** (§ 295), dont la modalité impérative. L'emploi du **mode impératif** correspond à l'énonciation d'une phrase de **modalité impérative.**

La modalité impérative est une **modalité qu'on n'emploie que dans l'énonciation-discours** (§ 98). On n'emploie pas l'impératif pour raconter une histoire. On l'emploie **pour que quelqu'un fasse ou ne fasse pas** quelque chose.

L'emploi « normal » de l'impératif est donc l'**oral**, en présence d'un **interlocuteur** directement concerné : toi, nous (moi + vous), vous.

> ***Sors*** *tout de suite !*   ***Partons*** *maintenant !*   ***Filez*** *vite !*

L'emploi « normal » de l'impératif peut être **transposé dans d'autres situations.**

— Le message peut être un écrit :

> *Je rentrerai tard. Ne m'**attends** pas pour dîner.*

— Ce peut être un personnage de roman qui parle :

> *Et le téléphone qui n'arrête pas de sonner. Que quelqu'un réponde à ma place !* ***Dites*** *que je suis sorti...* (CAYROL)

— Par la 2e personne, on peut se parler à soi :

> ***Rentre*** *en toi-même, Octave, et **cesse** de te plaindre !* (CORNEILLE)

— L'interlocuteur peut être fictif :

> ***Levez**-vous vite, orages désirés...* (CHATEAUBRIAND)

— La forme disjointe (§ 70) du pronom personnel peut apparaître en apostrophe pour désigner explicitement l'interlocuteur (§ 314) :

> ***Toi, sors*** *tout de suite !*

Formes.

Le mode impératif est un **mode non temporel** et **semi-personnel.**

— Il comporte deux « tiroirs verbaux » (§ 100) appelés « temps » grammaticaux. Un temps simple, l'**impératif dit « présent»,** et un temps composé, l'**impératif dit « passé ».**

Les deux temps de l'impératif n'ont pas une valeur temporelle de présent ou de passé. De par sa nature même, l'**impératif joue sur deux situations temporelles** : le moment présent (To) de l'énonciation et le moment futur de la réalisation.

— Chaque temps ne comporte que **trois personnes** : 2e du singulier, 1re et 2e du pluriel.

> • Il est possible de mettre certains verbes à la voix passive de l'impératif présent. Mais la phrase n'a plus une modalité impérative, elle n'est plus un ordre. Elle prend une valeur **performative** (§ 164) :
> *Soyez remercié ! Sois béni !*
> • Le mode impératif impose des positions particulières aux pronoms compléments (§ 80).

196 **Les temps de l'impératif**

L'impératif présent.

Il exprime un **ordre**, une **prière**, une **demande**, une **exhortation**, un **conseil** plus ou moins pressant selon le contexte :

> *Sortez immédiatement ! Allons-y !*
> *Travaillez, prenez de la peine...* (LA FONTAINE)
> *Imaginez ce que vous voudrez. Voici les faits tout simples.* (MAUPASSANT)

Dans des propositions **juxtaposées** ou **coordonnées,** l'impératif peut perdre sa valeur autonome d'ordre et introduire une **argumentation** dont la valeur dépend du contexte :
— une suite hypothèse/conséquence :
> *Faites ce que je dis, (et) tout ira bien !*
— une sorte de raisonnement par l'absurde :
> *Faites comme vous voulez, (et) vous verrez bien le résultat !*
— en coordination par *ou*, une menace :
> *Faites ce que je dis, ou vous verrez !*
— en juxtaposition, une valeur concessive :
> *Parle toujours, je ne bougerai pas d'ici !*

L'impératif passé.

Il exprime l'**aspect accompli** et l'**antériorité** par rapport à un Temps repère futur :
> *Soyez rentrés avant minuit !*

VI. LE GÉRONDIF

197   Formes et emplois

Le gérondif est un **mode non personnel.** Il est formé de l'**élément** *en* et de la **forme verbale de terminaison** *-ant,* issue du participe présent :
> *Il est revenu en marchant.*
> *Il est parti en m'avertissant qu'il me téléphonerait.*
— Il a une forme composée :
> *En ayant averti Paul à midi, j'ai pu le voir avant son départ.*
— Il peut être employé au passif quand le verbe est transitif :
> *En étant averti dès midi, il pourra me voir avant son départ.*

Attention : le **gérondif est invariable.**

> • *En* ne s'analyse pas comme une préposition mais comme un élément du gérondif.
> • L'absence de *en* est un archaïsme qui demeure dans des expressions figées : *chemin faisant, tambour battant.*

130

■ Le gérondif est avant tout un **aspect.** Comme le participe présent (§ 199), il montre le procès **en train de s'accomplir.**

Il n'a pas de valeur temporelle propre ; celle-ci dépend de son rapport au verbe principal :

> *Ne parle pas **en mangeant.*** $\Longrightarrow$ Simultanéité des deux procès.
> ***En prenant** l'avion, tu arriveras ce soir.* $\Longrightarrow$ Succession.

■ Le gérondif fonctionne comme **complément circonstanciel** (§ 234) :

> *Il est parti **en courant,/en marchant,/en sifflant.*** $\Longrightarrow$ Manière.

> ***En appuyant** sur le bouton,*
> *vous actionnerez le mécanisme.* $\Longrightarrow$ Cause.

> ***En revenant** dans la salle de bal,*
> *Madame de Chasteller dansa une valse*
> *avec M. de Blancet...* (STENDHAL) $\Longrightarrow$ Temps.

■ **L'agent du verbe au gérondif** doit être le même que celui du verbe principal :

> ***Hélène** m'a répondu **en riant.***
> ***En revenant** du lycée, **j'**ai croisé Jean.*

• Si cette contrainte n'est pas respectée, la phrase devient ambiguë. La faute est fréquente dans les devoirs :
***En ironisant** sur le* Second Discours, *Rousseau comprend que Voltaire sera pour lui un adversaire déterminé.*
Grammaticalement, Rousseau est le sujet du verbe principal *(comprend)* et l'agent du gérondif. Or c'est bien entendu Voltaire qui ironise sur l'ouvrage de Rousseau. On pouvait écrire :
Rousseau comprend que Voltaire, en ironisant sur le Second Discours, *devient pour lui un adversaire déterminé.*
• Cette contrainte n'était pas toujours respectée dans la langue classique :
*Vous m'êtes **en dormant,** un peu triste apparu.* (LA FONTAINE)
C'est le locuteur qui dormait et l'interlocuteur qui lui est apparu triste.
• De fait, dans l'énonciation-discours, les ambiguïtés possibles sont souvent levées par la situation :
***En partant** tôt, les routes sont moins embouteillées.*
Mais dans un essai ou une dissertation, il vaut mieux éviter les risques inutiles. Moralité : méfiez-vous du gérondif !

VII. LE PARTICIPE

198 Formes et emplois du participe

■ Le participe est un **mode non personnel.**
Il a deux temps grammaticaux :
— le **participe présent** *(chantant, finissant, partant)* ;
— le **participe présent de forme composée** *(ayant chanté, ayant fini, étant parti).*

Attention : le **participe présent est toujours invariable.**

131

■ Le participe est à la fois **un verbe et un adjectif** (il « participe » des deux classes de mot). Dans les deux cas, il est toujours lié à un **nom** qui lui sert de **support.** On distingue donc deux sortes de relation entre le participe et son nom support.

— Première relation : le **participe fonctionne comme un adjectif.**

Dans cette construction, on retrouve entre le nom support et le participe les mêmes fonctions qu'entre le nom et l'adjectif : le participe présent est épithète ou en apposition.

— Deuxième relation : le **participe fonctionne comme un verbe.**

Dans cette construction, la relation du nom support et du participe est celle d'un agent et d'un verbe. Ils forment une **proposition participe.** Cette construction appartient au registre soutenu de l'écrit.

199   Le participe présent

Le participe présent, c'est avant tout un **aspect** : il montre le procès **en train de s'accomplir.**

Le participe présent n'a pas de valeur temporelle propre. Celle-ci dépend de son rapport au verbe principal :

> *Il se voit déjà **prenant** l'avion pour les antipodes !* ⟹ Futur

> *De fait, il fumait bien son champ de tabac*
> *à lui seul, **allumant** chaque cigarette*
> *avec le mégot de la précédente...* (ROUAUD) ⟹ Imparfait itératif (§ 165)

■ *Le participe présent épithète.*

■ Quand le nom support du participe présent a une fonction par rapport au verbe principal, le participe est une **épithète invariable du nom support** (§ 238) :

> *Une tempête **soufflant** à 100 km/h dévaste le pays.*
> *Il regardait les vagues **s'écrasant** sur les rochers.*
> *Cette photo rend bien les teintes du soleil **se levant** dans la brume.*

Dans chacune de ces phrases, le nom support est lié au verbe principal :
— *tempête* est sujet de *dévaster, soufflant* est épithète de *tempête ;*
— *vagues* est complément de *regarder, s'écrasant* est épithète de *vagues ;*
— *soleil* est complément du nom *teintes* qui est complément du verbe *rendre, se levant* est épithète de *soleil.*

■ Le participe présent peut être **mis en apposition** (§ 239) :

> *Les gardes-côtes, **connaissant** les risques d'un fort coup de vent, ont décidé de rappeler au port tous les voiliers.*

▸ • Dans ces constructions, le participe présent peut être remplacé par une proposition subordonnée relative (§ 279) :
Une tempête qui souffle à 100 km/h dévaste le pays.

■ La relation du participe présent et de son nom support doit être **sans ambiguïté** pour le sens de la phrase. Quand le participe est en tête de phrase, il est toujours mis en relation avec le sujet :

> ***Allant** au marché, Jean a croisé Paule.* ⟹ Jean va au marché.

Mais il faut faire attention au participe présent placé dans la phrase :

> *Jean a croisé Paule **allant** au marché.* ⟹ Paule va au marché.

132

• Si cette contrainte n'est pas respectée, la phrase devient ambiguë. La faute est fréquente dans les devoirs :
Phèdre est fascinée par Hippolyte croyant reconnaître Thésée.
Cette phrase dit que Hippolyte croit reconnaître Thésée. On pouvait écrire :
Croyant reconnaître Thésée, Phèdre est fascinée par Hippolyte.
Moralité : Méfiez-vous du participe présent !

La proposition participe complément circonstanciel.

Si le nom support n'est pas lié au verbe principal, la valeur verbale du participe présent domine et le nom support est agent du verbe au participe. La construction donne une **proposition participe** (ou participiale) qui doit être **en position détachée :**
Les nuages voilant la lune, *l'obscurité devint complète.*
Le nom *nuages* n'a pas d'autre fonction que d'être le support et le sujet du participe *voilant.* La proposition *les nuages voilant la lune* est une proposition participe. Elle est complément circonstanciel de temps et de cause (§ 282).

• Quand le verbe est transitif (§ 247), la proposition participe peut être à la voix passive. On a alors une nuance aspectuelle différente : le participe présent montre un procès déjà accompli (§ 111).
La lune étant voilée par les nuages, *l'obscurité devint complète.*

200 Le participe présent de forme composée

Le participe présent de forme composée peut avoir les mêmes fonctions que le participe présent de forme simple. Il exprime l'**accompli** par rapport au participe présent, comme le passé composé à l'égard du présent de l'indicatif (§ 174) :
*Il se voit déjà **ayant pris** l'avion pour les antipodes !*
*Les nuages **ayant voilé** la lune, l'obscurité devint complète.*
Au passif, la forme est doublement composée :
*La lune **ayant été voilée** par les nuages, l'obscurité devint complète.*

201 Participe présent et adjectif verbal

Quand le participe présent perd complètement sa valeur verbale, il devient un **adjectif** à part entière et s'accorde avec le nom :
*Elle étendit la main, et je me précipitai, les doigts **tremblants** offrant une coupe pleine...* (COLETTE)
— **Participe présent :** *les doigts... offrant une coupe pleine...*
Le participe présent épithète est invariable *(la main offrant...).*
Pas de degré possible.
Le participe est suivi d'un complément d'objet.
— **Adjectif verbal :** *... les doigts tremblants...*
L'adjectif verbal épithète s'accorde avec le nom *(la main tremblante).*
Les degrés sont possibles : *les doigts tout tremblants.*
Pas de complément d'objet.

133

Dans plusieurs cas, il y a une **différence d'orthographe** entre le participe présent et l'adjectif. Le participe reste plus proche du radical de la conjugaison :

> *La police a photographié les espions **communiquant** avec leur chef.*
> *Connaissez-vous le principe des vases **communicants** ?*

Participe présent *-quant*	Adjectif *-cant*	Participe présent *-ant*	Adjectif *-ent*
communiquant	communicant	adhérant	adhérent
convainquant	convaincant	coïncidant	coïncident
provoquant	provocant	convergeant	convergent
suffoquant	suffocant	déférant	déférent
vaquant	vacant	détergeant	détergent
		différant	différent
		divergeant	divergent
		émergeant	émergent
Participe présent *-guant*	**Adjectif** *-gant*	équivalant	équivalent
		excellant	excellent
déléguant	délégant	expédiant	expédient
extravaguant	extravagant	influant	influent
fatiguant	fatigant	négligeant	négligent
intriguant	intrigant	précédant	précédent
naviguant	navigant	somnolant	somnolent
zigzaguant	zigzagant	violant	violent

VIII. LE PARTICIPE PASSÉ

202 Le participe passé employé sans auxiliaire : la forme adjective du verbe

Le **participe passé employé sans auxiliaire** est la forme réduite d'un participe présent composé avec l'auxiliaire *être.* Il n'a pas de valeur temporelle propre et fonctionne comme une **forme adjective** du verbe.
— Si le verbe est intransitif, la forme adjective a une valeur d'aspect accompli :

> ***La nuit venue,*** *ils partirent.*　　　　←　　　　*(étant) venue...*

— Si le verbe est transitif, la forme adjective a une double valeur d'aspect accompli et de voix passive :

> ***Sa leçon récitée,*** *il retourna s'asseoir.*　　←　　*(ayant été) récitée...*

Quand le nom support du participe passé n'a pas de fonction par rapport au verbe principal, ce nom support joue le rôle d'agent de la forme adjective. La construction donne une **proposition participe** complément circonstanciel. Elle est toujours en position détachée. On parle de l'**emploi absolu** du participe passé :

134

La nuit venue, la température a fraîchi.
*Madame de Chasteller restait pensive, **la tête appuyée sur son éventail.***
(STENDHAL)
*À qui penses-tu, toi, **la tête penchée** ?* (COLETTE)

• De nombreux participes passés sont entrés dans la classe des adjectifs qualificatifs :
*C'est une chanson **connue.** Francine semble **fatiguée.***
*Honteux, **vaincu, écrasé,** il retourna vers le chemin de fer, et s'en revint à Paris.*
(FLAUBERT)

203 Le participe passé employé avec un verbe auxiliaire

Quand le **participe passé est employé avec un verbe auxiliaire**, il peut remplir deux rôles.
— Former les **temps composés** et **surcomposés** de la conjugaison (§ 113, 114) :
*Il a **chanté** une chanson. Ils seront **partis** demain.*
— Former la **voix passive** des verbes transitifs (§ 104, 105) :
*La chanson **a été chantée** par lui.*
Dans les deux cas, les valeurs et les emplois du participe passé ne doivent plus être analysés séparément : ils sont entièrement englobés dans les valeurs et les emplois des temps composés et du verbe au passif.

204 L'accord du participe passé employé avec un verbe auxiliaire

▰▰▰ *Le participe passé employé avec* être.

Le participe passé employé avec *être* s'accorde avec le sujet :
*Elle est **partie** ce matin.*
*Nous sommes **satisfaits** de notre voyage.*

▰▰▰ *Le participe passé des verbes pronominaux.*

— Le participe passé des verbes essentiellement pronominaux s'accorde avec le sujet du verbe :
*Elles se sont **absentées.** Ils se sont **enfuis** en courant.*
— Le participe passé des verbes pronominaux de sens passif (§ 105) s'accorde avec le sujet du verbe :
*Ces musiques se sont **jouées** partout.*
— Quand le pronom personnel complément du verbe pronominal a la valeur d'un complément d'objet direct, le participe passé s'accorde avec ce complément :
*Elle **s'**est **lavée.***
*Ils **se** sont **rencontrés** en vacances.* ⟹ Chacun a rencontré l'autre.
— Quand le pronom personnel complément du verbe pronominal est un complément indirect, le participe passé reste invariable :

*La crue **s'**est **ouvert** un passage* ⟹	Pour elle.
*Ils **se** sont **écrit.*** ⟹	L'un à l'autre.
*Les jours **se** sont **succédé** si vite !* ⟹	L'un l'autre.

135

— Quand le verbe pronominal a lui-même un complément d'objet direct placé avant, le participe s'accorde avec ce complément :

*Voilà toutes **les lettres qu'ils** se sont **écrites**.*

— Quand le verbe pronominal a lui-même un complément d'objet direct placé après, le participe reste invariable :

*Ils se sont **écrit plusieurs lettres**.*

Le participe passé employé avec avoir.

— Le participe passé employé avec *avoir* s'accorde avec le complément d'objet direct quand celui-ci est placé avant le verbe :

*J'ai **rencontré Anne** au marché.*
***Anne** est là. Je **l'**ai **rencontrée**.*
*Voici **les livres que** tu m'as **demandés**.*
***Quelle idée** a-t-il **eue** de partir si vite !*

— Le complément d'objet direct est neutre. Le participe reste invariable :

*Des livres, je n'**en** n'ai jamais **lu** autant que cet été !*

Autres cas.

— Le participe passé des **verbes impersonnels** est toujours invariable :

*Tu as entendu les coups de tonnerre qu'**il** y a **eu** cette nuit ?*

— Le participe passé de **faire** + **infinitif** reste invariable :

*Madame Dupont est arrivée. Je l'ai **fait** entrer dans votre bureau.*

— Dans la construction **participe passé** + **infinitif**, le participe passé s'accorde avec le complément d'objet direct quand ce complément est aussi le sujet du verbe à l'infinitif :

*Une **musique** que j'ai **entendu** jouer.* ⟹ Entendre jouer la musique.
*Une **actrice** que j'ai **entendue** jouer.* ⟹ Entendre l'actrice jouer.

IX. L'INFINITIF

205   Valeurs et emplois

■ L'infinitif est un **mode non temporel et non personnel**.
Il a deux temps grammaticaux, « deux tiroirs » (§ 100) :
— un temps simple, l'**infinitif présent** *(chanter, partir)* ;
— un temps composé, l'**infinitif passé** *(avoir chanté, être parti)*.
Il peut être employé à la voix passive :

*Il ne supporte pas d'**être critiqué**.*

■ L'infinitif **ne permet pas d'actualiser** le procès virtuel exprimé par le verbe (§ 97). Il le laisse dans sa plus grande généralité :

*Défense de **fumer**. **Suivre** la flèche.*

On l'emploie dans les dictionnaires pour servir d'entrée au sens lexical du verbe.

136

■ Comme le gérondif et le participe, l'infinitif appartient à deux catégories.
— Il peut être le verbe d'une proposition indépendante ou d'une proposition dite « infinitive » ;
— Il peut remplir les fonctions d'un nom. C'est là sa fonction la plus fréquente.

▷ • Par dérivation impropre (§ 332), certains infinitifs sont devenus complètement des **noms.** Ils peuvent alors être employés avec un déterminant et un adjectif : Des **rires** clairs retentirent.

206   L'infinitif, verbe d'une proposition indépendante

■ *Infinitif des consignes écrites.*

C'est un usage très fréquent de l'infinitif. Il évite le caractère trop abrupt de la modalité impérative parce qu'il est déconnecté de la situation d'énonciation :
   Remplir le formulaire à l'encre rouge. Ne rien **écrire** ici.
   Incorporer le beurre à la crème et **faire** refroidir le mélange.

■ *Infinitif en interrogation.*

Il exprime la délibération. Le procès est comme maintenu sur la marge d'une actualisation qu'on lui refuse ou qu'on hésite à accomplir :
   Une solitude infinie et navrante m'entourait. Que **faire** ? Je m'assis.
                                                             (MAUPASSANT)

▷ • Dans le discours rapporté indirect (§ 310), l'infinitif en interrogation devient le verbe d'une proposition subordonnée interrogative indirecte :
Il ne sait pas **quoi faire.** Je me demande **où aller.**

■ *Infinitif en exclamation.*

— Il exprime l'indignation, l'impatience... Le procès est moins désigné que commenté.
Il peut s'agir d'un fait réel qu'on semble refuser de tenir pour possible :
   Toi ! Lui **avoir joué** ce mauvais tour !
Ou d'un procès encore virtuel :
   Ah ! **partir** ! **partir** enfin !
   Commencer la vie par Bérénice ! **Aimer** Bérénice à treize ans ! Il m'aurait fallu d'abord aimer quelqu'un qui aimât Racine. (MORAND)
— L'infinitif délibératif et exclamatif est proche du subjonctif. Les deux expriment un procès virtuel :
   Que faire ?   ⟹   Que faut-il que je fasse ?
   Partir, partir enfin ! ⟹   Que je parte, que je parte enfin !

■ *Infinitif de narration.*

Tour littéraire où l'absence d'actualisation de l'infinitif permet d'exprimer avec vivacité les conséquences immédiates d'un fait. Il est introduit par *et* :
   Il s'en alla passer sur les bords d'un étang.
   Et grenouilles aussitôt de **sauter** dans les ondes.
   Grenouilles de **rentrer** dans leurs grottes profondes. (LA FONTAINE)

207 La proposition infinitive

■ On appelle **proposition infinitive** une proposition constituée d'un infinitif pourvu d'un agent différent du sujet du verbe principal :

*J'entends **le vent souffler.*** $\Longrightarrow$ Le *vent* est agent de *souffler.*

■ La construction d'une proposition infinitive n'est possible qu'après certains verbes.
— **Verbes de perception** *(écouter, voir, sentir...) ; laisser, empêcher de.*
L'infinitif exprime un procès dont la situation temporelle est donnée par le verbe principal :

*J'ai entendu **Pierre revenir.** Je laisserai **l'eau couler.***

— **Verbes de mouvement** *(envoyer, mener).* L'infinitif exprime un procès dont l'actualisation est renvoyée dans le futur par rapport au verbe principal :

*Il emmène **les enfants jouer au parc.***

■ L'**agent** se place avant ou après l'infinitif :

*J'ai entendu **Paul** rentrer. J'ai entendu rentrer **Paul.***

— Il se place avant l'infinitif quand celui-ci a un complément d'objet :

*J'ai entendu **Paul** rentrer **sa moto** dans le garage.*

— Si le complément n'est pas un complément d'objet, la place de l'agent reste libre, mais peut être contrainte par des raisons de clarté :

*Je vois **Jean** venir de la maison.* $\Longrightarrow$ Jean vient de la maison.

*Je vois venir **Jean** de la maison.* $\Longrightarrow$ Jean vient de la maison ou je le vois de la maison ?

■ La construction *faire* + **proposition infinitive** forme la **voix factitive** (§ 107):

*Le soleil **fait germer** les plantes.*

208 L'infinitif nominal

■ L'infinitif nominal occupe dans la phrase les **mêmes positions que le nom.** En position de **sujet,** l'infinitif nominal est parfois précédé de *de.* En position de **complément,** il est parfois précédé de *de* ou de *à.* Ces prépositions sont généralement vides de sens. Mais les prépositions qui introduisent l'infinitif nominal complément circonstanciel participent au sens du complément.

■ L'infinitif nominal peut avoir les mêmes fonctions que le nom :
— **sujet :**

***Rire** est le propre de l'homme.*

— **complément d'objet direct** (§ 233) :

*Je n'aime pas **voyager.** Il sait **chanter.** Nous voulons **partir.***

*Elle tremblait, elle sentait la chute inévitable ; mais elle n'osait plus **intervenir.*** (ZOLA)

— **complément indirect :**

*J'ai appris **à nager.** Elle a promis **de revenir.***

*Alors tu feindras **de t'éveiller** !* (COLETTE)

— **attribut :**

*Souffler n'est pas **jouer.***

— **complément circonstanciel** (§ 234) :

***Au moment d'ouvrir** la porte, il se retourna.* (GRACQ)

138

EXERCICES

LE VERBE

1 **Remplacez les verbes défectifs à l'infinitif par la forme qui convient. Précisez à quel temps elle est employée.**
Exemple : *Il (clore) la discussion → Il clôt (présent) la discussion.*
a) Convaincu de dopage, le champion est (déchoir) de sa première place.
b) Il faut que nous (promouvoir) une nouvelle marque.
c) L'animal blessé (gésir) sur le bord de la route.
d) Il a (frire) trois poissons qu'il avait pêchés.
e) J'écoutais le vent qui (bruire) dans les arbres.
f) En le voyant, elle fut si surprise qu'elle (faillir) trébucher.
g) Il a une telle grippe qu'il est (reclure) dans sa chambre depuis deux jours !
h) Il a (clore) les volets avec soin.
i) La colère te (seoir) bien.
j) J'ai (faillir) rencontrer Paul.

2 **Relevez les verbes à la voix passive et récrivez-les à la voix active.**
a) Le match a été gagné par l'équipe locale.
b) La course sera parrainée par un grand journal de province.
c) Le couvreur est venu réparer le toit.
d) Il sera distribué une médaille à tous ceux qui termineront la course.
e) C'est le genre de roman qui se lit en deux heures.
f) L'étudiant devra faire établir des copies conformes de son diplôme. Il n'est pas remis de duplicata.
g) « Le chevalier de Guise fit tellement paraître les sentiments et les desseins qu'il avait pour Mlle de Chartres qu'ils ne furent ignorés de personne. » (Mme DE LA FAYETTE)

h) « Bien des années se passent. Et la maison ne se louait pas, ne se vendait pas. » (FLAUBERT)
i) « Il faisait une merveilleuse chaleur. » (ARAGON)
j) « Pendant très longtemps, le petit appartement de deux pièces du cinquième gauche a été occupé par une dame seule, madame Hourcade. » (PEREC)

3 **Quand la transformation est possible, écrivez ces phrases à la voix passive.**
a) Paul aime Anne.
b) La pluie a effacé les traces.
c) Le vent souffle très fort.
d) La police a arrêté le chauffard.
e) On conduit facilement cette voiture.
f) Mon voisin travaille la nuit.
g) On ne lit pas un roman aussi long en une journée.
h) « L'enfant poussa la grille. » (DURAS)
i) « Une femme vint sur le seuil. » (CAYROL)
j) « Tout le monde l'avait fêté. » (TOURNIER)

4 **À quelle catégorie de voix appartient chacune de ces phrases ?**
a) Le professeur a corrigé les devoirs.
b) Les tuiles ont été emportées par la tempête.
c) L'annonce d'une interrogation écrite a fait travailler tous les élèves.
d) Une langue étrangère ne s'apprend pas en dormant.
e) Il est arrivé une lettre pour vous.
f) Le beau temps a fait sortir les promeneurs.
g) Il se passe des choses étranges ici.

139

5 Employez ces sept verbes dans une phrase où ils auront une forme pronominale et précisez s'ils sont de sens réfléchi ou réciproque.

regarder, croire, dire, faire, rencontrer, prendre, rouler, monter.

6 Relevez les verbes pronominaux. Précisez leur nature (§ 110).
a) « Les époux se cachèrent leur secret. » (FLAUBERT)
b) « Il se leva, fit quelques pas... » (MAUPASSANT)
c) « On se cherche, on donne des nouvelles, on échange des avis. » (FRANCE)
d) « Il s'est fait une règle de ne jamais reprendre, au moment d'agir, le débat qui a décidé de l'action. » (MARTIN DU GARD)
e) « S'emparer de ce qui ne peut se défendre, c'est une lâcheté. » (GIDE)
f) « Ils ne s'étaient jamais battus, ni insultés. » (COLETTE)
g) « Les bureaux, les ateliers commençaient à se vider, du haut en bas des maisons des portes se fermaient, des gens sur le trottoir se serraient la main. » (BRETON)
h) « Il se préparait la journée la plus noire de l'hiver. » (GIONO)
j) « Les enfants se prenaient pour les rois de ce domaine... » (CAYROL)

7 Quelle est la valeur d'emploi de chacun de ces présents ?
a) Il pleut depuis ce matin.
b) Elle va à la piscine toutes les semaines.
c) La somme des angles d'un triangle est égale à 180 °.
d) Si tu rencontres Marc, dis-lui de me téléphoner.
e) Nous partons en vacances la semaine prochaine.
f) Ne reste pas au bord du quai, le train arrive.
g) « La dernière chose qu'on trouve en faisant un ouvrage, est de savoir celle qu'il faut mettre la première. » (PASCAL)
h) Je jouais au mail à Plain-Palais avec un de mes camarades appelé Pleince. Nous prîmes querelle au jeu, nous nous battîmes et durant le combat il me donna un coup de mail si bien appliqué que d'une

main plus forte il m'eût fait sauter la cervelle. Je tombe à l'instant. Je ne vis de ma vie une agitation pareille à celle de ce pauvre garçon voyant mon sang ruisseler dans mes cheveux. Il crut m'avoir tué. » (ROUSSEAU)
i) « Je me reporte pour un moment à ce qu'était la France il y a sept cents ans : je la trouve partagée entre un petit nombre de familles qui possèdent la terre et gouvernent les habitants. » (TOCQUEVILLE)
j) « La dentelle passa de main en main. Ces dames se récriaient. Mouret affirma qu'il vendait ces petites garnitures au prix de fabrique. Pourtant, madame Marty avait refermé le sac, comme pour y cacher des choses qu'on ne montre pas. » (ZOLA)

8 Quelle est la valeur d'emploi de chacun de ces imparfaits ?
a) Si tu voulais, nous pourrions préparer l'exposé ensemble.
b) Quand j'ai reçu ton coup de téléphone, Pierre arrivait.
c) Tu as de la chance. Une minute de plus et je partais.
d) « Mazarin et Turenne étaient des amoureux, l'un de la reine, l'autre de madame de Longueville, tandis que Charles Ier tombait sous la hache de Cromwell et que la fille de Henri IV mourait de froid au Louvre. » (CHATEAUBRIAND)
e) « Depuis une heure, Lucien marchait sans mot dire, à la gauche du capitaine commandant l'escadron... » (STENDHAL)
f) « Maintenant les rayons de l'entresol s'animaient, il dut se ranger pour laisser passer les dames qui, par petits groupes, montaient à la lingerie et aux confections... » (ZOLA)
g) Si tu suivais, dans mon pays, un petit chemin que je connais, jaune et bordé de digitales d'un rose brûlant, tu croirais gravir le sentier enchanté qui mène hors de la vie. » (COLETTE)
h) « Voyant qu'il ne s'en allait pas, elle lui dit qu'elle avait à sortir... » (FRANCE)
i) « À peu près vers le même temps que Charles Schweitzer rencontrait Louise Guillemin, un médecin de campagne épousa la fille d'un riche propriétaire périgourdin... » (SARTRE)

140

j) « Cependant que je regardais par la fenêtre le jour baisser sur le parc trempé, je tendais par moment l'oreille. » (GRACQ)

9 Voici quatre récits écrits au présent. Récrivez-les en employant le passé simple, l'imparfait et les autres temps qui conviendront.

a) « La mer est montée, les bateaux dansent dans la baie, au bout de leurs amarres, et trinquent du ventre. Un à un, les pêcheurs s'en vont, et serrent la patte du beau gars aux yeux d'or : ''Au revoir, Canada.'' À la fin, Canada reste seul dans le petit café, debout, le front aux vitres, son verre d'eau-de-vie à la main... Qu'attend-il ? Je m'impatiente et me décide à lui parler. » (COLETTE)

b) « Des autocars et des automobiles arrivent à chaque instant. Il en descend des gens endimanchés. Il y a une belle affluence et beaucoup d'agitation. Le monsieur me donne toutes les indications pour la distribution de ses prospectus. » (GIONO)

c) « Il doit être entre six heures et sept heures du soir. Une autre averse arrive et la place se vide. Des palmiers nains en massif, au milieu de cette place, se tordent sous le vent. Des fleurs, entre eux, sont écrasées. Judith arrive de la galerie et se blottit contre sa mère. » (DURAS)

d) « — Oh ! Elle lui montre du doigt un point noir immobile au centre de l'espace. Le Hartani regarde un instant dans la direction du point, et il fait avec la main le signe de l'oiseau, index replié, les trois doigts écartés comme les plumes de l'oiseau. Le point glisse lentement au centre du ciel, il tourne un peu sur lui-même, il descend, il s'approche. Maintenant, Lalla distingue bien son corps, sa tête, ses ailes aux rémiges écartées. C'est un épervier qui cherche sa proie, et qui glisse sur les courants du vent, silencieusement, comme une ombre. » (LE CLÉZIO)

10 Quelles sont les valeurs d'emploi des futurs et des conditionnels de ces phrases ?

a) J'aurais aimé rencontrer Monsieur le directeur.

b) On retournera le questionnaire à l'adresse indiquée.

c) Si elle voit Jean, elle lui dira que sa commande est arrivée.

d) « Commandez qu'on vous aime, et vous serez aimé. » (RACINE)

e) « Il dit qu'il reviendrait dans la soirée. » (FLAUBERT)

f) « Une enfance solitaire, et puis pas si solitaire que ça. Une enfance pourtant dont il restera une couleur de feuillage sombre entremêlé... » (ARAGON)

g) « Qu'il y ait eu du forcené dans Racine, nous le verrons. » (MAURIAC)

h) « Vous ne trouverez nulle part un boudin aussi bon. » (IONESCO)

i) « Tout aurait pu continuer ainsi. Ils auraient pu rester là toute leur vie. » (PEREC)

j) « Tu pourrais au moins lui demander son avis, grommela l'homme. » (TOURNIER)

11 Écrivez les verbes entre parenthèses à la forme de l'indicatif que le sens de la phrase demande.

a) Si j'avais plus de courage, je (faire) du sport le samedi.

b) Si j'ai assez de courage, je (faire) du sport samedi.

c) Quand il (finir) son travail, il prendra des vacances.

d) La nuit, tous les chats (être) gris.

e) Si tu ne m'avais pas averti, je me (cogner) dans l'arbre.

f) Je (vouloir) rencontrer votre vendeur demain.

g) En allant à la poste, tu (acheter) le journal, s'il te plaît.

h) « Or, cette hésitation, cet embarras durait déjà depuis longtemps, quand Barbicane (décider) d'en sortir. » (VERNE)

i) « M. Leras depuis quarante ans (arriver) chaque matin à huit heures... » (MAUPASSANT)

j) « Dans l'hôtel rien n'a bougé. Mais une fenêtre (s'éclairer) dans la maison qui touche à l'hôtel. Maria se recule légèrement. » (DURAS)

12 Analysez la valeur d'emploi de chaque verbe employé à un temps de l'indicatif.

a) « Il demanda l'aumône à plusieurs graves personnages, qui lui répondirent tous que, s'il continuait à faire ce métier, on l'enfermerait dans une maison de correction pour lui apprendre à vivre. » (VOLTAIRE)

b) « Pour faire durer son plaisir, Frédéric s'habilla le plus lentement possible, et même il se rendit à pied au boulevard Montmartre ; il souriait à l'idée de revoir, tout à l'heure, sur la plaque de marbre le nom chéri ; — il leva les yeux. Plus de vitrines, plus de tableaux, rien ! » (FLAUBERT)

c) « Ce jour-là, M. Leras demeura ébloui, sur la porte de la rue, par l'éclat du soleil couchant ; et, au lieu de rentrer chez lui, il eut l'idée de faire un petit tour avant de dîner, ce qui lui arrivait quatre ou cinq fois par an. Il gagna les boulevards où coulait un flot de monde sous les arbres reverdis. C'était un soir de printemps, un de ces premiers soirs chauds et mous qui troublent les cœurs d'une ivresse de vie. » (MAUPASSANT)

d) « En 1663, Racine est rentré à Paris et loge d'abord chez le duc de Luynes. Sa nature contenue à Uzès rompt les dernières digues. Il en a pour quinze ans à ne plus subir d'autre frein que celui de son intérêt: Son génie ne tremblera plus devant personne. » (MAURIAC)

13 **Relevez les verbes au subjonctif. Précisez : 1° Le temps du subjonctif utilisé. 2° Si le verbe est dans une proposition subordonnée ou indépendante. 3° Si le subjonctif est ou n'est pas obligatoire dans la proposition subordonnée.**
a) J'aurais bien voulu qu'il vienne. b) J'ai peur que tu te sois trompé. c) Soit une ligne AA'. d) Auriez-vous un boulanger qui soit encore ouvert ? e) Encore eût-il fallu qu'il réussît à revenir à temps. f) Qu'est-ce qui te fais croire qu'il ait fait cela ? g) Tu crois qu'il viendra ? h) Puisse-t-il réussir ! i) J'ai acheté un pneu neuf pour que tu puisses réparer le vélo.

14 **Complétez les phrases en employant le subjonctif ou l'indicatif.**
a) Le directeur demande que vous (passer) le voir.

b) Il faut qu'il y (avoir) une saison très pluvieuse pour rétablir le niveau des nappes phréatiques.
c) Je te garantis que tu (avoir) raison.
d) Je ne te garantis pas qu'elle (avoir) raison.
e) Qu'elle (avoir) raison, je ne te le garantis pas.
f) Je ne serais pas étonné qu'elle (avoir) raison.
g) Le maire a interdit que la course (franchir) le vieux pont parce qu'il est trop fragile.
h) Il reste assez de temps pour que tu (pouvoir) avoir ton train.
i) C'est le meilleur guitariste que je (connaître).
j) Que ce (être) un grand champion, je te l'accorde.

15 **Même exercice.**
a) Je désire que tu (venir) ce soir.
b) Il se peut que nous (être) en retard.
c) J'espère que vous (pouvoir) venir.
d) Elle est déçue que le film (être) si court.
e) Ils se sont plaints que leurs voisins (faire) du bruit.
f) J'ai l'impression qu'il (vouloir) autre chose à manger.
g) Je n'ai pas l'impression qu'il (vouloir) revenir.
h) Je comprends très bien que tu (avoir) envie de réussir.
i) J'ai acheté ce que tu (vouloir).
j) Il n'est quand même pas idiot que je (savoir).

16 **Dans les phrases qui suivent, la règle classique de concordance des temps (§194) entre la principale et la subordonnée au subjonctif n'est pas appliquée. Récrivez les phrases en appliquant la règle.**
a) J'ai souhaité que tu viennes et qu'elles t'accompagnent.
b) J'aurais voulu qu'il soit averti plus tôt.
c) Il aurait été possible que nous fassions un détour pour qu'elle puisse nous rejoindre.
d) Il cherchait un éditeur qui accepte de

142

lire son manuscrit et qui veuille bien, peut-être, le publier.

e) Qu'il puisse venir et que tu acceptes de la rencontrer, je ne l'avais jamais cru.

17 Ces phrases sont empruntées à des auteurs d'hier et d'aujourd'hui. Tous respectent la règle de concordance des temps. Nous avons osé récrire leurs textes sans respecter cette règle. Essayez de retrouver les textes de départ.

a) Les autres (critiques) se sont scandalisés que j'aie choisi un homme aussi jeune que Britannicus pour le héros d'une tragédie. (d'après RACINE)

b) Après avoir été longtemps irrésolu sur ce qu'il devait faire, il trouva qu'il n'y avait que M. de Nemours qui puisse lui aider à sortir de l'embarras où il était. (d'après Mme DE LAFAYETTE)

c) Ainsi, par exemple, elle voulait au lieu d'obéir à la mode, que la mode s'applique à ses habitudes, et se plie à ses fantaisies... (d'après BALZAC)

d) Bernard attendit qu'elle fasse le premier pas. (d'après CAYROL).

e) Je m'émerveillai qu'un homme ait sa place faite. (d'après SARTRE)

f) J'ai donc imaginé un journaliste qui soit aussi un écrivain rentré. (d'après ÉTIEMBLE)

18 Cette recette est à l'infinitif. Récrivez l'ensemble :
— à la 2e personne du singulier de l'impératif présent ;
— à la 2e personne du pluriel de l'impératif présent ;
— à la 2e personne du pluriel du futur simple ;
— à la 1re personne du singulier du présent de l'indicatif.

Flamber le pintadeau, l'assaisonner et le faire cuire dans la cocotte avec un oignon et une carotte émincés. Mettre aussi un bouquet garni, mouiller de vin blanc et couvrir. Pendant qu'il cuit, faire revenir les bananes pelées à la poêle. Servir avec des amandes pilées.

19 Dans les phrases qui suivent, relevez et classez les gérondifs, les participes présents et les adjectifs verbaux issus d'un participe présent. Donnez leurs fonctions.

a) En revenant de la piscine, j'ai trouvé qu'il était fatigant de devoir attendre le car aussi longtemps.

b) Son exposé était très convaincant. Je trouve qu'il parle avec beaucoup d'allant.

c) Il y avait une funambule dansant sur son fil.

d) Sa proposition étant la plus originale, il a obtenu le prix en devançant de loin tous les autres candidats.

e) Elle marchait en chantonnant, écartant d'un geste négligent les branches basses, charmante et heureuse.

f) « Candide, toujours marchant sur des membres palpitants, ou à travers des ruines, arriva enfin hors du théâtre de la guerre, portant quelques petites provisions dans son bissac, et n'oubliant jamais mademoiselle Cunégonde. » (VOLTAIRE)

g) « Sa nièce arrivant, c'était le feu dans la maison. — Bonjour, la tante ! Voici vos enfants, dit Sylvie ; nous avons bien faim ! » (NERVAL)

h) « Il promettait au cocher de gros pourboires. Mais souvent, la lenteur du cheval l'impatientant, il descendait... » (FLAUBERT)

i) « Jamais elle ne s'était montrée plus sotte et plus exigeante. » (ARAGON)

j) Ils se reverront traversant Paris à la recherche de cigarettes et s'arrêtant devant les antiquaires. » (PEREC)

20 Certaines phrases comportent une proposition participe formée sur un participe présent ou sur un participe passé. Relevez ces propositions et précisez leur fonction.

a) Son coup de téléphone donné, il nous a rejoints en courant.

b) N'ayant pas été prévenu à temps, Marc n'a pas pu venir.

c) Mon ami resta longtemps sur le quai, le bras levé en signe d'adieu, à regarder le bateau qui s'éloignait.

d) Le chat parti, les souris dansent. (Proverbe)

e) « Mon pacte signé, le démon me dit : Seigneur, je suis votre esclave, ordonnez... » (NODIER)

f) « Et bientôt, Paris disparaissant, il

143

poussa un gros soupir. » (FLAUBERT)

g) « Gavroche, fusillé, taquinait la fusillade. » (HUGO)

h) « Le chocolat pris, on se rendrait en voiture à Puygarrig. » (MÉRIMÉE)

i) « Troublée, elle inclina la tête, sans prononcer un mot. » (ZOLA)

j) « Lalla s'arrête, les jambes enfoncées dans le sable mêlé d'eau, la tête rejetée en arrière : elle regarde passer les oiseaux de mer. » (LE CLÉZIO)

21 **Relevez chaque infinitif et classez-le selon qu'il est verbe d'une proposition indépendante, centre d'une proposition infinitive ou infinitif nominal. Précisez sa fonction. (Attention à la voix factitive ; voir § 107).**

a) Je regarde tomber la neige.

b) Pour courir aussi vite, il faut s'entraîner souvent.

c) Le dîner était très bon. Je vous remercie de m'avoir invité.

d) Entrer sans frapper.

e) « Se relever, appliquer un grand coup de fourreau de son sabre à la rosse, sauter en selle, fut, à la vérité, l'affaire d'un instant ; mais l'éclat de rire fut général et bruyant. » (STENDHAL)

f) « Quant au maître de poste, il espérait bien voir le cheval revenir tout seul. » (STENDHAL)

g) « A ces mots, Baudoin jette un cri et tombe évanoui. Le domestique accourt au bruit de sa chute et le fait revenir à force de soins. » (NODIER)

h) « Un accès de toux l'obligea de s'arrêter. » (MÉRIMÉE)

i) « Tous les jours son réveille-matin, à six heures précises, le faisait sauter du lit, par un effroyable bruit de chaîne qu'on déroule. » (MAUPASSANT)

j) « J'écoute, la tête sur ta poitrine, palpiter le vent, les flammes et ton cœur... » (COLETTE)

CHAPITRE 6

L'adverbe

209 Définition

L'adverbe apporte une information supplémentaire au sens :
— d'un verbe : *il travaille* **bien.**
— d'un adjectif : *il est* **très** *intelligent.*
— d'un adverbe : *il vient* **très** *souvent.*
— d'une phrase : *il fait son travail* **consciencieusement.**

> • Les adverbes forment une classe très hétérogène, du point de vue de la morphologie (§ 210) et du point de vue des emplois.
> On peut décrire les adverbes en partant de leurs sens (adverbes de quantité, de manière, de temps, de lieu, etc.). Mais ces différents adverbes se retrouvent dans des constructions différentes. On peut considérer que le rôle de chaque adverbe dépend de ses liens avec l'unité à laquelle il apporte une information supplémentaire (§ 211 à 215). Mais l'éparpillement des données reste grand, et pour les groupes verbe + adverbe on est souvent à mi-chemin des régularités de la grammaire et des sens particuliers recueillis dans le dictionnaire.

210 Morphologie des adverbes

■■■ *Un mot invariable.*

À la différence de l'adjectif, l'adverbe est invariable :
  Parler à voix haute./Parler **haut.**
Il existe toutefois des exceptions.
— L'adverbe *tout* s'accorde avec un adjectif au féminin commençant par une consonne ou un *h* aspiré :
  Ils sont **tout** *petits./Elles sont* **toutes** *petites.*
Mais du même coup, la phrase peut devenir ambiguë : *toutes sont petites* ou *elles sont très petites.*
— Les adjectifs adverbialisés sont invariables *(parler haut/bas/net/fort).* Mais quand l'adverbe est adjoint à un adjectif, l'usage est parfois de mettre l'accord :
  Des fleurs **fraîches** *écloses. Une fenêtre* **grand(e)** *ouverte.*

145

Formation des adverbes.

Adverbes « héréditaires ». Ils sont formés à partir du latin : *bien, en, hier, là, loin, mal, mieux, où, plus, puis, quand, tant, tard, tôt, très.*

Adverbes composés en ancien français : *après, avant, beaucoup, bientôt, cependant, dedans, dehors, déjà, derrière, devant, ensemble, jadis, jamais, longtemps, naguère, parfois, partout, plutôt, quelquefois, sitôt, souvent, surtout...*

Locutions adverbiales : *à côté, au-dessus, après-demain, à présent, à tue-tête, au fur et à mesure, avant-hier, en bas, en général, jusqu'ici, peu à peu, sur-le-champ, tout à fait...*

Adverbes obtenus par **dérivation impropre** (§ 332). Les plus nombreux viennent d'adjectifs : *parler* **haut,** *chanter* **fort,** *couper* **court,** *payer* **cher,** *marcher* **droit**...

> • Attention : L'adverbe est invariable *(elle chante* **faux)**, l'adjectif s'accorde *(une* **fausse** *raison).*
> • En français contemporain, la dérivation impropre des adjectifs et même des noms pour donner des adverbes est particulièrement courante dans la publicité : *Roulez français. Mangez léger. Skiez Pyrénées.*

Adverbes résultant d'**emprunts.** Ils appartiennent aux vocabulaires de spécialités : *lire in extenso, juger a priori/a posteriori* (latin)*, envoyer franco de port, jouer allegro/piano* (italien) ; ou aux usages familiers : *rouler piano/piane piane, faire fissa* (arabe)*. Payer cash* se dit en français *payer comptant.*

Adverbes en -ment. C'est de très loin la catégorie la plus riche et la plus productive. Ces adverbes sont formés par l'adjonction du suffixe *-ment* au féminin des adjectifs : *lente*→ **lentement,** *vive*→ **vivement,** *certaine*→ **certainement.**

> • En ancien français, certains adjectifs avaient une forme unique au masculin et au féminin. Les adverbes formés à l'époque gardent trace de ce fait : *prudemment, vaillamment, savamment* (viennent de *prudent, vaillant, savant)*. D'autres adverbes ont été refaits sur le féminin : *grandement, fortement* (en ancien français : *gramment, forment).*
> L'adverbe *gaiement* garde trace de l'adjectif *gaie.* Mais le *-e* a disparu dans *vraiment, hardiment, résolument...* Il est rappelé par l'accent circonflexe dans *goulûment, assidûment...*

211   L'adverbe employé dans un syntagme

L'adverbe est **adjoint à l'un des mots** du syntagme et il **est intégré dans le syntagme.** Sa position est généralement **contrainte** : l'adverbe suit le verbe (ou se place entre l'auxiliaire et le participe), il précède l'adjectif et l'adverbe.

> • Chaque construction est soumise à des contraintes sémantiques et syntaxiques nombreuses. Tous les adverbes ne peuvent pas être compléments de tous les verbes, de tous les adjectifs ou de tous les adverbes.

■ **Adverbes compléments de verbe** (§ 233).
— Ce sont des adverbes de manière et d'intensité :
Elle conduit **bien.** *J'ai répondu* **stupidement.**
J'en ai **assez.** *Je l'aime* **beaucoup.**
Il en est bien d'autres comme : *mal, peu, un peu, pas du tout, comme ci comme ça, vite, haut, bas...,* et de nombreux adverbes en *-ment.*
— Ce peut être aussi des adverbes de lieu :
Il vient **ici.** *Il va* **là.**

■ **Adverbes compléments d'adjectif et d'adverbe.**
— Ce sont des adverbes d'intensité employés avec :
un adjectif **(trop** *grand,* **peu** *aimable,* **si** *vrai)* ;
un autre adverbe **(très** *vite,* **peu** *aimablement,* **si** *bien).*
Autres adverbes : *assez, bien, plutôt, fort, tout, autrement, aussi, plus, autant, moins...*
Ma femme est une **très** *mauvaise cuisinière.* (IONESCO)
— Ce sont aussi des adverbes de temps employés avec des adjectifs :
Un accueil **toujours** *aimable.*
Une femme **encore** *jeune était à genoux près du lit.* (GIDE)

■ **Adverbes de comparaison et de degré** des adjectifs et des adverbes. Ils sont employés seuls ou avec *que* :
Il est grand **comme** *son frère. Il est* **aussi** *grand* **que** *son frère.*
Il m'a répondu **plus** *aimablement* **que** *la vendeuse.*

• Adjoint à un nom, l'adverbe devient :
— un adjectif invariable : *un type* **bien,** *le siège* **avant.**
— un déterminant indéfini exprimant une quantité (§ 41) : *environ dix personnes, beaucoup de..., assez de..., peu de..., pas de..., combien de..., tant de....* L'oral familier utilise des formes comme : *plein de..., pas mal de...*
Certains adverbes peuvent aussi compléter un nom en exprimant une quantité : *un pas de* **trop,** *un ennui en* **moins.**
Ils expriment aussi l'espace et le temps. On retrouve alors la répartition entre l'énonciation-discours (§ 98) : *les gens d'***ici,** *la journée d'***hier** ; et l'énonciation-récit : *la journée du* **lendemain.**

■ **Adverbes compléments de syntagme prépositionnel** (§ 221) :
Il est **tout** *contre le mur. On était* **juste** *sous l'orage.*
Et de **proposition circonstancielle** (§ 280) :
Je l'ai appris **bien** *avant que tu reviennes.*

■ L'adverbe forme parfois avec le verbe une **locution verbale** où il n'a plus de fonction propre : *couper* **court** (« prendre un raccourci »), *tourner* **court** (« échouer »), *rire* **jaune,** *boire* **sec,** *travailler* **ferme.**

212   L'adverbe employé dans une phrase

Sa position est plus libre.
■ **Adverbes compléments circonstanciels** (§ 234).
— Ce sont des adverbes non déictiques de temps et de lieu (§ 98) :
Il est revenu **le lendemain. Le lendemain,** *il partit.*

>   ***Au loin,*** *le brouillard se levait.*
> — Ou des adverbes déictiques :
>   ***Hier,*** *j'ai rencontré Claire. J'ai rencontré Paul* **hier.**
> — Ou encore des adverbes de manière en -ment :
>   ***Lentement,*** *le train s'immobilisa. Le train s'éloignait* ***lentement.***

■ **Adverbes d'énonciation** (§ 1). Pour être exact, il faudrait dire adverbes d'énonciation-discours (§ 98) parce qu'ils correspondent à une « irruption » du locuteur dans son énoncé. Ils expriment le sentiment, l'opinion de ce locuteur. Ce sont des adverbes comme : *assurément, certes, certainement, évidemment, heureusement, vraiment, sûrement, en général, en somme, peut-être, probablement, sans doute...*

>   *Il a* **sans doute** *oublié notre rendez-vous.*
>   ***Heureusement,*** *j'avais assez d'argent sur moi !*

> • On voit que les adverbes de manière ne remplissent pas tous les mêmes fonctions :
> a) *Lentement, il entra./Il entra lentement.*
> b) *Stupidement, je répondis./Je répondis, stupidement.*
> c) *Je répondis stupidement.*
> En a, la place de *lentement* est libre. On a un complément circonstanciel de manière. En b, la place de *stupidement* est également libre. On a un adverbe d'énonciation : « le fait de répondre était stupide ». Comme le précédent, il est complément de phrase. En c, la place de *stupidement* est contrainte. On a un complément du verbe. Le sens est « le contenu de ma réponse fut stupide ». On note l'importance de la ponctuation (à l'oral : des pauses).

■ **Place de l'adverbe dans la phrase.**
— L'ordre **verbe + adverbe** n'appelle pas de commentaires particuliers. C'est généralement une place neutre, « normale » :

>   *J'avais emporté les* Commentaires *de César et je cheminais* ***lentement,*** *plongé dans ma lecture.* (CHATEAUBRIAND)
>   *Les volets sont* ***toujours*** *fermés.* (PEREC)

— Toute autre place correspond à un **choix stylistique** :

>   ***Jamais*** *elle n'avait eu plus de douceur et d'indulgence.* (FLAUBERT)
>   ***Certainement,*** *le patron devenait fou...* (ZOLA)
>   ***Maintenant*** *on commençait à percevoir le cri des mouettes.* (GRACQ)

213   L'adverbe marqueur d'une modalité

■ **Adverbes de négation** (§ 216). Ils expriment le pôle négatif des modalités (§ 295) :

>   *Je* **ne** *sais* **pas.** *Elle* **n'**est **plus** *là.*

■ **Adverbes interrogatifs et exclamatifs :** *combien* (adverbe de quantité), *comme, combien, que, ce que* (intensité), *comment* (manière), *quand* (temps), *où* (lieu), *pourquoi* (cause). Ces adverbes ont une fonction par rapport au verbe de la phrase, mais ils sont aussi **marqueurs de modalité :**

>   ***Combien*** *coûte ce disque ?*
>   ***Comme*** *je fus déçu par cette réponse !* (CAYROL)

> • À l'écrit, les adverbes interrogatifs et exclamatifs doivent être en tête de phrase, avec ordre verbe + sujet ; mais l'oral courant les place souvent en fin de phrase sans inversion du sujet :
> *Quand pars-tu ?/Tu pars **quand ?***

214 L'adverbe de liaison

Dans cet emploi, l'adverbe n'est pas adjoint à une unité (le mot ou la phrase), mais à deux phrases ou groupes de phrases (alinéas, paragraphes) qu'il relie. Il en existe de deux sortes.
— Les **adverbes d'argumentation**. Ils scandent les étapes d'une démonstration : *en effet, enfin, ainsi, bref, pourtant, puis, néanmoins, en outre, par conséquent...*
— Les **adverbes de balisage** : *premièrement, deuxièmement..., primo, secundo* (§ 34).

> • Une argumentation ne se bâtit pas sur les seuls adverbes dits « d'argumentation ». La disposition des parties dans le plan, le jeu des adverbes d'opinion sont également exploités.

215 L'adverbe formant une proposition

Cet emploi des adverbes apparaît dans l'énonciation-discours.

■ Il est assumé par les adverbes *oui, non* et *si :*
>   *Tu viendras ? — **Oui./Non.***
>   *Tu ne viendras pas ? — **Si./Non.***
Ces adverbes sont repris dans le discours rapporté indirect (§ 307) :
>   *Je dis **non.** Je te dis que **non.***
Ils renforcent une assertion :
>   ***Oui,** je viendrai. **Non,** je ne veux pas.*

■ Le même rôle est assumé par les adverbes d'énonciation et d'argumentation :
>   *Elle est arrivée à temps. — **Heureusement !***
>   *Tu ne trouves pas ça bizarre ? — **En effet.***

> • Dans certains domaines, en particulier celui de la presse, la mode est de ne plus répondre : *oui,* ou : *non,* mais d'employer des adverbes d'énonciation ou d'argumentation.
> — *Alors, le beau temps revient ? — Assurément. Le soleil...*
> — *Les ministres sont tombés d'accord ? — Tout à fait. Ils ont...*
> On n'est pas obligé de suivre la mode.

216 Les adverbes de négation

Les adverbes de négation ne sont pas différents des autres adverbes quant à leurs fonctions : ce sont des **adverbes marqueurs du pôle négatif des modalités** (§ 295). Mais l'importance de leur rôle demande un exposé particulier.

149

■ *Type* ne + *verbe* + pas, *le plus fréquent.*

— Il exprime des négations totales : *ne... pas, ne... point* (régional), *ne... goutte* et *ne... mie* (archaïques).
Ou des négations partielles : *ne... plus, ne... jamais, ne... guère.*
— *Ne* précède le verbe et le complément conjoint : *Je **ne** le vois **pas.***
Ne pas précède le verbe à l'infinitif : ***Ne pas** fumer.*
— À l'oral, *ne* peut être absent : *Je sais pas.*

■ *Type* ne + *verbe avec un élément négatif dans le contexte.*

> ***Ni** l'un **ni** l'autre ne viendra. Je **n'**en ai vu **aucun.***

■ *Type* ne + *verbe.*

Cette construction appartient à l'usage soutenu. Elle n'apparaît qu'avec quelques verbes *(pouvoir, savoir, oser...) :*
> *Je **ne** peux tout dire. Je **ne** sais. Je **n'**ose vous importuner.*

■ *Type* ne *(dit explétif)* + *verbe en proposition subordonnée.*

— On le rencontre après des verbes comme *craindre, douter, éviter que, empêcher que :*
> *Je crains qu'il **ne** parte. Évitons qu'il **ne** vienne !*

Après les locutions conjonctives *de peur que, à moins que, avant que :*
> *On amena les voiles avant que le grain **n'**arrive.*

Après les tours d'usage soutenu *il s'en faut que, peu s'en faut que,* et le tour courant *il s'en est fallu d'un cheveu que :*
> *Il s'en est fallu d'un cheveu qu'il **ne** soit blessé.*

Dans les propositions comparatives d'inégalité (§ 293) :
> *C'est moins intéressant que je **ne** le pensais.*
> *La nécessité extérieure [...] presse les passions et les mûrit plus vite qu'elles **ne** voudraient.* (ALAIN)

— Dans ces constructions, *ne* n'a pas une valeur négative. On le voit clairement si on compare :
> *Je crains qu'il ne vienne/Je crains qu'il ne vienne pas.*

— On dit que le *ne* est **explétif** ou abusif (H. Bonnard). Il appartient à l'usage soutenu écrit et oral.
> *Le mot propre est souvent difficile à rencontrer, et quand il est trouvé, la gêne du vers et la rime empêchent qu'on **ne** l'emploie.* (VOLTAIRE)

■ *Type* ne + *verbe* + que.

— Cette construction correspond à une négation restrictive ou exceptive (H. Bonnard). Le *ne... que* équivaut à une affirmation de ce qui le suit :
> *Je **n'**ai **que** des ennuis.* ⟹ Ces ennuis je les ai.

— L'emploi de la négation totale renverse la signification :
> *Je **n'**ai **pas que** des ennuis.* ⟹ J'ai aussi des satisfactions.

■ Non *et* pas.

L'adverbe *non* permet de faire porter la négation sur un autre terme que le verbe :
> *Je préfère les yaourts **non** sucrés. Elle demeure **non loin** d'ici.*
> *Je connais son père, **non** sa mère.*

La langue familière emploie souvent *pas* à la place de *non.*

217 Les degrés de l'adverbe

Les **variations en degré** de l'adverbe sont comparables à celles de l'adjectif (§ 60-62). Mais les adverbes restent invariables :

	Adjectif	Adverbe
Degré absolu	*Elles sont vives* *assez vives* *très vives*	*Elles chantent faux* *assez faux* *très faux*
Comparatif simple	*Il est plus vif que...* *moins vif que...* *aussi vif que...*	*Il chante plus faux que...* *moins faux que...* *aussi faux que...*
Comparatif généralisé	*Elle est la plus vive* *Elle est la moins vive*	*C'est elle qui chante le* *plus faux / le moins faux*

Formes irrégulières :
— **Bien.** Comparatif : *mieux. Vous travaillez mieux.*
   Comparatif généralisé : *le mieux.*
   Celui qui travaille le mieux.

— **Mal.** Comparatif courant régulier : *plus/moins/aussi mal.*
   Comparatif : *pis. De mal en pis. Au pis aller. Tant pis.*
   Comparatif généralisé courant régulier : *le plus/le moins mal.*
   Comparatif généralisé soutenu : *le pis.*
   Mettre les choses au pis.

EXERCICES

L'ADVERBE

1 Ces phrases sont lourdes ou fautives parce que plusieurs adverbes en *-ment* s'y succèdent. Récrivez-les en remplaçant les adverbes que vous choisirez par des compléments du type préposition + nom.
Exemple : *Il a agi courageusement.* → *Il a agi avec courage.*
a) Elle a répondu longuement et aimablement à mes questions.
b) Il parle véritablement fortement, on l'entend du couloir.
c) Ce train avance incroyablement lentement.
d) Cette nouvelle est assurément extrêmement très importante.
e) C'est un film vraiment formidablement réussi.
f) Il m'a répondu précisément.

2 Un adjectif peut devenir adverbe par dérivation impropre ou par adjonction du suffixe *-ment* (§ 210). Chaque ensemble de phrases oppose deux adverbes dérivés du même adjectif. Expliquez leurs différences d'emplois (fonction et sens).
a) Il parle haut./Il parle hautement.
b) Il parle bas./Il parle bassement.
c) Il a parlé net./Il a parlé nettement.
d) Il a vu clair dans ce problème./Il a vu clairement le problème.

3 Quand cela est possible, employez chacun de ces adverbes de manière dans deux phrases.
Dans la première, il sera adverbe complément du verbe (§ 211).
Dans la seconde, il sera adverbe d'énonciation, complément de phrase (§ 212).
franchement - sincèrement - tranquillement - certainement - évidemment - heureusement

4 Complétez les phrases suivantes et commentez la relation sémantique établie entre les deux parties de la phrase.
a) La conférence n'a pas duré longtemps, ainsi...
b) La conférence n'a pas duré longtemps, aussi...
c) Il n'a pas voulu me répondre, ainsi...
d) Il n'a pas voulu me répondre, aussi...
e) Je l'ai prévenu que nous aurions une heure de retard, ainsi...
f) Je l'ai prévenu que nous aurions une heure de retard, aussi...

5 Complétez le texte en utilisant l'un des adverbes proposés :
en outre, certes, cependant, par conséquent, pourtant, premièrement, néanmoins.
Tu dis que Paul a raison, ... je voudrais te faire remarquer deux choses.
... j'ai examiné attentivement son projet.
..., il y a des aspects intéressants. Mais il présente de graves lacunes. ..., tu continues à le soutenir. Pourquoi ?
D'où mon deuxièmement : le projet de Claire est aussi intéressant et, ..., plus complet.
..., tu ne veux pas l'examiner.
..., je suis forcé de conclure que tu ne choisis pas entre deux projets, mais entre deux personnes.

6 Relevez les adverbes et analysez leur fonction.
a) Vraiment, je ne comprends pas./Je ne comprends pas vraiment./Il veut vraiment changer de métier./Il a dit vrai.
b) Il a répondu juste./Justement, j'avais l'intention de répondre./J'avais justement l'intention de répondre.
c) Il vend cher./Il a vendu chèrement sa peau.
d) Il court vite./Vite, il court sur la route./Il court vite sur la route.

152

7 **Même exercice.**

a) « Les hommes de nos jours sont bien moins divisés qu'on ne l'imagine. » (TOCQUEVILLE)

b) « Sa voix devenait de plus en plus basse ; elle s'arrêta comme à bout de souffle. » (GIDE)

c) « Elles ne coûtent que cinquante francs la paire. » (MAC ORLAN)

d) « Ce livre est nettement un livre dédié à la publicité. » (IDEM)

e) « Nous serons tout bronzés. » (IONESCO)

f) « Je ne pleure jamais, je ne ris guère, je ne fais pas de bruit. » (SARTRE)

g) « Les trains s'arrêtaient à toutes les gares, plus ou moins longtemps. » (CAYROL)

8 **Même exercice.**

a) « Le cœur d'une grande reine, autrefois élevé par une si longue suite de prospérités, et puis plongé tout à coup dans un abîme d'amertumes, parlera assez haut. » (BOSSUET)

b) « Jacques et son maître s'en étaient aperçus ; l'amour n'a pas toujours attendu une occasion aussi séduisante. Pourquoi Jacques ne deviendrait-il pas amoureux une seconde fois ? » (DIDEROT)

c) « Sous ce rapport l'enfant est plus homme que l'homme. Il se hâte de se condamner ; il court à son propre malheur. ''Jamais je ne comprendrai'' ; c'est bientôt dit, et c'est irrévocable plus souvent qu'on ne croit. Tout l'art d'enseigner est de ne jamais pousser l'enfant jusqu'à ce point de l'obstination. » (ALAIN)

d) « La tragédie racinienne est d'abord netteté et clarté. Elle ne saurait prétendre à exprimer ce qui, dans l'homme, relève des genres littéraires les moins purs. La limpide, la lumineuse tragédie fait son choix dans le cœur humain ; elle élimine telle passion, isole telle autre ; il lui faut des contours nets ; elle répugne à cette confusion, à ces remous, dont nous faisons aujourd'hui nos délices. » (MAURIAC)

CHAPITRE 7

Les conjonctions et les prépositions

218   Les mots coordonnants et les mots subordonnants

Définition générale.

— Les mots coordonnants et les mots subordonnants sont des mots qui **introduisent un nouvel élément** (élément 2) et qui le mettent **en relation avec un élément déjà en place** dans un syntagme ou dans la phrase (élément 1).
— Les mots coordonnants et les mots subordonnants sont **invariables.**
— La différence entre les mots coordonnants et les mots subordonnants repose sur la nature du rapport qu'ils établissent entre l'élément 1 et l'élément 2.

Les mots coordonnants.

Ils appartiennent à la classe des conjonctions :
— **conjonctions de coordination** (§ 220) :
    Paul et Pierre.
— **conjonctions disjonctives** (§ 220) :
    ***Tantôt** lui, **tantôt** moi.*

La coordination est une relation de **voisinage.** Elle établit une **égalité** entre les éléments qu'elle relie :

élément 1	mot coordonnant	élément 2
Paul	*et*	*Pierre*

Chaque élément a la même fonction que l'ensemble :
    Paul et Pierre arriveront demain.
Paul, Pierre, Paul et Pierre sont sujets.

L'élément 2 n'a pas de fonction grammaticale par rapport à l'élément 1. On dit que l'**élément 2 est coordonné à l'élément 1**. Les éléments coordonnés doivent être de même fonction.

154

Les mots subordonnants.

Ils se répartissent sur deux classes de mots :
— **prépositions** (§ 221) :
> *Un livre **de** grammaire. Il est arrivé **en** voiture.*
— **conjonctions de subordination** (§ 222) :
> *Il est arrivé **après que** tu es parti.*

La subordination est une relation d'**inclusion**. Elle établit une **hiérarchie** entre les éléments qu'elle relie : l'élément 2 est subordonné à l'élément 1.

élément 1	mot subordonnant	élément 2
un livre	*de*	*grammaire*
je crois	*que*	*tu as tort*

L'élément 2 n'a pas la même fonction que l'ensemble :
> *Un livre de grammaire est rarement passionnant.*
Le SN *un livre de grammaire* est sujet du verbe ; *grammaire* est un constituant du SN.

Pour exprimer la fonction grammaticale de l'élément subordonné 2, on dit qu'il est **complément de l'élément 1**.

> • La subordination est également assurée par l'**adverbe** ou le **pronom interrogatif** dans la proposition subordonnée interrogative indirecte (§ 310), par le **pronom relatif** dans la proposition subordonnée relative (§ 274).

219   Les conjonctions de coordination

On distingue traditionnellement sept conjonctions de coordination qu'un procédé mnémotechnique bien connu permet de retrouver sans peine : *mais, ou, et, donc, or, ni, car.*

Ces conjonctions ne peuvent pas se combiner entre elles, sauf *donc* qui peut se combiner avec *et*, avec *ni*, avec *or* :
> *Le message n'a pas été transmis et **donc** vous n'étiez pas au courant.*
Ces conjonctions sont placées entre les éléments qu'elles coordonnent, sauf *donc* qui peut occuper une autre place :
> *J'ai rencontré Mme Dupont **et** ses enfants.*
> *Je n'étais pas arrivé, **(donc)** je n'ai **(donc)** pas pu le voir.*
On peut... donc considérer que *donc* est employé tantôt comme conjonction, tantôt comme adverbe (§ 220).

> • Puisque le rôle de *donc* remet en question la liste connue de sept conjonctions de coordination, plusieurs grammairiens ont proposé de considérer les adverbes de liaison (§ 214) comme des conjonctions. C'est une manière de dessiner les contours d'une vaste classe regroupant tous les mots qui expriment une liaison ou une relation entre les autres éléments des énoncés.
> Sans prétendre clore le débat, nous nous rangeons ici à l'opinion des auteurs qui pensent que les **mots de liaison** ne forment pas une classe de mots ayant sa place dans une grammaire, mais une catégorie dont l'analyse « se justifie dans un traité des style ou de rhétorique » (R.-L. Wagner, J. Pinchon).

220 Emplois des conjonctions de coordination

La conjonction de coordination et.

Et est la conjonction de coordination la plus fréquemment employée en français. Elle **coordonne deux éléments ou plus.**
Ces éléments peuvent être :
— ou bien des termes : *Paul, Anne **et** Pierre. Un tissu bleu **et** gris ;*
— ou bien des propositions : *Il part demain **et** il revient lundi ;*
— dans certaines constructions, un terme et une proposition : *Une voiture bien conçue **et** qui consomme peu d'essence.*

• La possibilité de coordonner deux éléments par *et* est une façon de marquer l'équivalence de fonction des deux éléments. Dans l'exemple donné, *et* établit cette équivalence entre l'adjectif et la proposition relative *qui consomme peu d'essence.*
• On appelle **zeugme** ou **attelage** la coordination par *et* de deux éléments de natures différentes.
Le zeugme peut être une erreur bizarre :
Il parlait en remuant la tête et en anglais.
Une réussite poétique :
Vêtu de probité candide et de lin blanc. (HUGO)
Ou une création cocasse :
Il s'enfonça dans la nuit noire et un clou dans la fesse droite. (P. DAC)

Le **sens de la relation** établie par *et* dépend du sens des éléments qu'elle relie. Il peut s'agir :
— d'une succession : *Il entendit l'appel, se leva **et** sortit.*
— d'une addition : *Une tartine avec du beurre **et** du chocolat.*
— d'une opposition : *Il pleut, il est enrhumé **et** il sort quand même !*
— d'une conséquence : *J'ai vite pris un taxi **et** me voilà !*

Quand il y a plus de deux éléments, on n'emploie *et* qu'entre les deux derniers :
*J'ai rencontré Guillaume, Valérie **et** Claire.*
Dans la langue littéraire, un effet d'insistance sur le sens et le rythme est obtenu par une répétition plus systématique :
Des dieux les plus sacrés j'invoquerai le nom,
***Et** la chaste Diane **et** l'auguste Junon,*
***Et** tous les dieux enfin...* (RACINE)

• À l'inverse, la suppression des coordinations (en particulier de *et*) est une technique de style qu'on appelle une **asyndète** (§ 269) :
Il avait votre port, vos yeux, votre langage. (RACINE)

Dans la conversation (donc dans l'énonciation-discours, § 98), *et* est souvent utilisé comme simple déclencheur de réponse, généralement une riposte :
*— **Et** alors ? — **Et** puis quoi encore ?*

Ou *et les conjonctions disjonctives.*

Les conjonctions disjonctives expriment l'alternative. Les deux types d'alternative sont pris en compte.

■ **L'alternative est exclusive :**

> *Ce soir, nous irons au cinéma* **ou** *au théâtre.*
> *Pierre* **ou** *Paul viendra nous aider.*

Les conjonctions *ou... ou, soit... soit, soit... ou* et la locution conjonctive *ou bien* expriment la même valeur :

> *Ce soir, nous irons* **ou** *au cinéma* **ou** *au théâtre.*
> *Pierre* **ou bien** *Paul viendra nous aider.*

■ **L'alternative est inclusive :**

> *Nous sortons assez souvent pour aller au cinéma* **ou** *au théâtre.*
> *Pierre* **ou** *Paul viendront nous aider.*

La conjonction *tantôt... tantôt* exprime la même alternative :

> *Nous irons* **tantôt** *au cinéma,* **tantôt** *au théâtre.*
> **Tantôt** *Pierre,* **tantôt** *Paul venaient nous aider.*

■ *Ou* **introduit également une explication** en apposition :

> *L'amanite tue-mouche,* **ou** *fausse oronge, est un champignon vénéneux.*

■ *Ou* employé seul occupe la même place que *et*, c'est-à-dire entre les deux derniers éléments d'une énumération :

> *Veux-tu un fruit, une glace* **ou** *un gâteau ?*

▬ *La conjonction de coordination* ni... ni.

■ La conjonction *ni... ni* a les **emplois de *ou*** mais dans un contexte négatif :

> *Nous n'allons* **ni** *au cinéma* **ni** *au théâtre* **ni** *nulle part !*

■ Le premier *ni* est omis après **ne** + **verbe** + ***pas/point*** :

> *Je ne connais pas son frère,* **ni** *sa sœur.*

Il peut être omis ou conservé après **ne** + **verbe** + ***plus/jamais*** :

> *Je n'ai jamais connu* **(ni)** *son frère,* **ni** *sa sœur.*

■ L'usage courant répète *ni* dans le contexte de la négation **ne** + **verbe** :

> *Je* **ne** *connais* **ni** *son frère* **ni** *sa sœur.*
> **Ni** *son frère* **ni** *sa sœur* **ne** *viendra (ou* **ne** *viendront).*

Dans la langue soutenue, le premier *ni* peut être omis :

> *Il n'a voulu me parler,* **ni** *me voir.*
> *Son frère,* **ni** *sa sœur* **ne** *viendra (ou* **ne** *viendront).*

> • Dans les deux exemples ci-dessus, *ne viendra* signifie qu'on envisage le *ni... ni...* cas par cas, en soulignant la disjonction ; *ne viendront* signifie qu'on envisage l'addition des deux, comme si on effaçait la disjonction.

▬ *La conjonction de coordination* mais.

■ La conjonction *mais* **ne peut opposer que deux éléments.**

— Il peut s'agir de deux termes : *Ce n'est pas Pierre,* **mais** *Jean.*
— Ou de deux propositions : *Je suis fatigué,* **mais** *je tiendrai le coup !*

> • *Mais* ne peut pas être répété. Quand c'est le cas, il ne s'agit pas d'une répétition de *mais*, il s'agit d'une reprise en anaphore :
> *Ce n'est pas mille francs, mais dix mille, mais vingt mille !*
> Le premier *mais* coordonne *mille francs* et *dix mille*. Le second ne coordonne pas *dix mille* et *vingt mille*, il répète en anaphore la construction *mais* + × francs.

157

■ Les emplois et les valeurs de *mais* sont très nombreux. On peut distinguer deux principaux emplois (J.-C. Anscombre et O. Ducrot).
— *Mais* **réfute une conclusion probable.** Cet emploi correspond à une construction *proposition 1* + **mais** + *proposition 2* :

> *Il gèle,* **mais** *je n'ai pas froid.*

La proposition P1, *il gèle*, entraîne une conclusion probable : *j'ai froid*.
La proposition P2 réfute cette conclusion.
— *Mais* **justifie une négation.** Cet emploi correspond à une construction *proposition 1 (négative)* + **mais** + *proposition 2* :

> *Je ne connais pas Pierre,* **mais** *je connais son père.*

La proposition P2, *je connais son père*, confirme en fait que la négation exprimée dans la proposition P1 était justifiée.

■ Dans la conversation (donc dans l'énonciation-discours), *mais* correspond à de nombreuses **valeurs d'intervention du locuteur** dans son énoncé :

> **Mais** *qu'est-ce que tu fais ? Non* **mais** *! Oui* **mais**...

▰▰ *La conjonction de coordination* or.

La conjonction de coordination *or* **ne coordonne que des propositions et elle est toujours en tête.**
— Elle exprime le plus souvent le second terme d'un enchaînement de faits et appartient plutôt à l'usage soutenu.

> *Le lieu mobile, obscur, capricieux, changeant,*
> *Où se plaît le poisson aux nageoires d'argent,*
> *Ce n'est qu'un point ; c'est grand deux fois comme la chambre.*
> **Or,** *la nuit, dans l'ondée et la brume, en décembre,*
> *Pour rencontrer ce joint sur le désert mouvant,*
> *Comme il faut calculer la marée et le vent !* (HUGO)

— Elle peut exprimer aussi le second terme d'un raisonnement en forme de syllogisme :

> *Tous les hommes sont mortels.* **Or** *Socrate est un homme. Donc Socrate est mortel.*

▰▰ *La conjonction de coordination* car.

Car **ne coordonne que des propositions.** La proposition ouverte par la conjonction *car* donne la raison ou la cause de ce qui est exprimé dans la phrase précédente :

> *Faites attention en roulant,* **car** *il y a du brouillard.*

▰▰ *La conjonction de coordination* donc.

— Employé comme conjonction de coordination, *donc* **coordonne des propositions et exprime une conséquence :**

> *Il fait beau* **donc** *il pourra venir à vélo.*

Ou la conclusion d'un **raisonnement** (voir exemple de *or*).
— Comme adverbe, *donc* marque une intervention du locuteur dans son énoncé. C'est un **adverbe d'argumentation** (§ 214) qui souligne le propos :

> *Mais tais-toi* **donc** *!*
> *C'était* **donc** *le juge l'assassin ! Je ne l'avais pas deviné.*

158

221   Les prépositions

La préposition est un **mot subordonnant**. Elle n'est pas une simple attache entre l'élément 1 et l'élément 2. La préposition est à la fois le **constituant de tête** et le **constituant introducteur du syntagme prépositionnel (SP)** :

élément 1	préposition + élément 2

Le SP peut être formé d'une **préposition suivie d'un nom** *(une chaise en osier)*, d'un **pronom** *(c'est à moi)*, d'un **verbe** à l'infinitif *(une machine à écrire)*, d'un **adverbe** *(les événements d'hier)*.
La fonction du SP dépend de sa position dans la phrase.

La nomenclature grammaticale en usage n'emploie pas le mot « subordination » pour la construction du SP. On dit que l'**élément 2 est complément de l'élément 1**.

> • On appelle **préposition explétive** une préposition qui s'insère dans une relation habituellement non prépositionnelle :
> *C'est deux jours **de** gagnés. Je serais **de** toi, j'irai.*

Du fait de leur formation, les **locutions prépositionnelles** ont souvent des **sens assez délimités** : *près de, auprès de, aux alentours de, aux environs de, le long de, en haut de, en bas de, à droite de, sur la gauche de, en deçà de, au-delà de...*
Il en est de même des prépositions archaïsantes, figées par l'usage : *Aller deçà delà, deci delà. Hors concours, hors série, être hors normes (« hors des normes » ;* attention à ne pas confondre avec la conjonction *or*).
— Les sens sont également assez délimités dans quelques **prépositions courantes** : *après, avant, avec, contre, depuis, dès, devant, durant, entre, envers, parmi, pendant, vers, sans...*
Ces prépositions offrent souvent des emplois concrets de valeur temporelle ou spatiale et des emplois dits « figurés » :

> *Anne a gagné le cross. Claire est arrivée **après** elle.*
> *Tout le monde court **après** le bonheur.*

Pour les **prépositions les plus courantes,** les sens sont **très variés.**
Dans : *Être dans l'ascenceur/dans la rue/dans le besoin...*
Travailler dans la bonne humeur/dans l'espoir de réussir...
Par : *Être vu par quelqu'un. Venir par le train/par Paris. Travailler par nécessité/par une nuit sans lune...*
Pour : *Travailler pour une interrogation/pour réussir/pour quelqu'un/pour la gloire. Passer pour un sot. Partir pour l'Italie. Je finirai pour demain...*
Quant aux prépositions les plus fréquentes, *de* (50 % des emplois), *à* et *en*, elles offrent une **richesse de sens** qui semble défier tout classement.

> • Cela ne signifie pas que les propositions les plus courantes sont des mots vides de sens, de simples « outils » grammaticaux. Chaque préposition porte avec elle une sorte de sens latent que le discours (§ 1) mêle aux sens des unité réunies. Pour mener une analyse de chaque emploi cohérente, il convient d'être attentif aux éléments reliés et aux constructions prépositionnelles de sens proche ou de sens opposé.

222   Les conjonctions de subordination

■ La conjonction de subordination est évidemment un **mot subordonnant**. C'est ce qui la différencie de la conjonction de coordination.
La différence avec la préposition, l'autre mot subordonnant, tient au fait que la conjonction de subordination **introduit toujours un élément 2 qui est une proposition dite « subordonnée »**.

■ Les conjonctions de subordination sont de **deux formes**.
— Des formes **simples** : *que, quand, comme, si*.
— Des formes **composées** avec *que*. Certaines sont devenues un mot : *lorsque, puisque, quoique*. D'autres sont des locutions conjonctives : *avant que, après que, pour que, bien que, du fait que...*
On peut ajouter à cette liste les adverbes interrogatifs, quand ils fonctionnent comme des subordonnants introducteurs d'une proposition subordonnée interrogative indirecte : *quand, comment, pourquoi, où, combien*. Même remarque pour les pronoms interrogatifs : *qui, quoi, lequel, auquel...*

■ La conjonction de subordination établit un **rapport de dépendance syntaxique** entre un élément 2, qui est toujours une proposition, et un élément 1.
— L'élément 1 peut être un **nom**. La conjonction de subordination introduit dans ce cas une proposition subordonnée complétive du nom (§ 272) :
   L'idée qu'il serait en retard ne m'était pas venue.
— L'élément 1 peut être un **verbe**. La conjonction de subordination introduit dans ce cas une proposition subordonnée complétive du verbe :
   Je crois que vous avez raison.

> • La proposition subordonnée interrogative indirecte (§ 310) établit le même rapport : *Je me demande **si vous avez raison**.*

— L'élément 1 peut également être **une phrase**. La conjonction de subordination introduit alors une proposition subordonnée circonstancielle (§ 280) :
   Si vous avez le temps, nous ferons un détour par la poste.
   *Je viendrai vous voir **pour que nous discutions de votre projet**.*

■ Quand plusieurs propositions subordonnées sont coordonnées, on peut répéter la conjonction :
   Si tu le veux et si tu as le temps, nous irons au cinéma.
— La conjonction *que* peut servir à reprendre toutes les autres conjonctions de subordination :
   *Si tu le veux et **que** tu as le temps...*
   ***Quand** il pleut et **que** le vent souffle...*
— Mais *si*, comme les pronoms et les adverbes interrogatifs des subordonnées interrogatives indirectes, doit être répété :
   *Je me demande **s'**il a compris et **s'**il va venir.*

EXERCICES

LES CONJONCTIONS ET LES PRÉPOSITIONS

1 **Relevez les prépositions. Précisez la classe de mot du constituant du syntagme prépositionnel, le type de complément et le sens exprimé par la construction.**
Exemple : *Les ponts de Nantes. Préposition : de. Introduit un nom propre de ville. Nantes est complément du nom pont. Exprime une situation géographique.*
a) une tasse à café.
b) une tasse de café.
c) une tasse de mon café préféré.
d) un moulin à café.
e) un gâteau au café.
f) le prix du café.

2 **Même exercice.**
a) une machine à laver.
b) une machine à vapeur.
c) une machine à écrire.
d) une machine à bois.
e) une machine d'imprimerie.
f) une machine à imprimer.
g) une machine à sous.

3 **Relevez les conjonctions de coordination. Quelles sont les unités qu'elles coordonnent ? Quand il n'y en a pas, quelles remarques pouvez-vous faire ?**
a) « Les géomètres qui ne sont que géomètres ont donc l'esprit droit, mais pourvu qu'on leur explique bien toutes choses par définitions et principes ; autrement ils sont faux et insupportables, car ils ne sont droits que sur les principes bien éclaircis. » (PASCAL)
b) « Il y a de certaines choses dont la médiocrité est insupportable : la poésie, la musique, la peinture, le discours public. » (LA BRUYÈRE)
c) « Tu n'es pas esclave : tu souffrirais plutôt la mort que de l'être, et tu veux

nous asservir ! Tu crois donc que le Tahitien ne sait pas défendre sa liberté et mourir ? » (DIDEROT)
d) « Cunégonde était, à la vérité, bien laide ; mais elle devint une excellente pâtissière. » (VOLTAIRE)
e) « J'appelle donc gouvernement, ou suprême administration, l'exercice légitime de la puissance exécutive... » (ROUSSEAU)
f) « Dans les sociétés démocratiques, il n'y a que le pouvoir central qui ait quelque stabilité et quelque permanence dans ses entreprises. Tous les citoyens remuent sans cesse et se transforment. Or, il est dans la nature de tout gouvernement de vouloir agrandir continuellement sa sphère. Il est donc bien difficile qu'à la longue celui-ci ne parvienne pas à réussir... » (TOCQUEVILLE)
g) « Vous avez repoussé Ducretot, ô mes frères ! et vous avez bien fait, mais ce n'est pas par irréligion, car nous sommes tous religieux. » (FLAUBERT)
h) « Lorsque l'énoncé d'un problème est exactement connu, le problème est résolu ; ou bien c'est qu'il est impossible. La solution n'est donc autre chose que le problème bien éclairé. » (ALAIN)
i) « Oui, la France, comme le Paris dont parle Mauriac, peut être contrainte aujourd'hui de dérober ses traits aux outrages et aux crachats des ténèbres. Mais voici, à l'horizon, les premiers rayons de l'aurore. Voici l'annonce de la fierté retrouvée, de la force renaissante, de la grandeur réapparue. » (DE GAULLE)

4 **Dans les textes de l'exercice 3, relevez les prépositions et rendez compte des syntagmes prépositionnels qu'elles introduisent : quels sont leurs constituants, de quelle unité sont-ils compléments ?**

CHAPITRE 8
Les constituants de la phrase simple

223 La phrase

La phrase est une suite finie de mots liés entre eux pour signifier quelque chose.

Une suite de mots.

Dans la hiérarchie des unités constitutives d'un texte, la phrase se situe à un **niveau intermédiaire entre les syntagmes et le texte** :

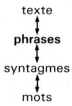

Ce niveau intermédiaire est en même temps une sorte de **frontière**.
La phrase est constituée de syntagmes et les syntagmes sont constitués de mots. Dans les deux cas, on observe des règles ou des régularités que la grammaire étudie et expose.
On ne peut pas dire de la même manière que le texte « est constitué de » phrases. La possibilité des combinaisons est si grande qu'on change manifestement de domaine. Comme l'écrit le linguiste Émile Benveniste : « Un inventaire des emplois d'un mot pourrait ne pas finir ; un inventaire des emplois d'une phrase ne pourrait même pas commencer. »
En franchissant la frontière de la phrase, **on entre dans l'univers du discours** (au sens défini dans le § 1).

• Une phrase peut être constituée d'un seul mot : *Venez !* Cela ne remet pas en cause la définitition.

▰▰ *Une suite de mots liés entre eux.*

Les mots qui constituent une phrase n'apparaissent pas de manière aléatoire. Des règles ou des régularités ordonnent ces mots selon deux réseaux de solidarités :
— une **solidarité sémantique** : la phrase a un sens ;
— une **solidarité syntaxique** : les mots sont organisés en syntagmes et les syntagmes forment la phrase.
Ces relations de solidarités s'appellent les **fonctions** des mots ou des syntagmes.

▰▰ *Une suite finie de mots liés entre eux.*

▰ Les mots d'une phrase peuvent renvoyer à une autre phrase du contexte :
    *Le train n'arrivait pas. **Il** avait pris beaucoup de retard.*
Le pronom *il* représente le nom antécédent *train* (§ 67). Mais cela n'empêche pas la deuxième phrase d'être une suite de mots solidaires sur le plan de la syntaxe et du sens : *il* est sujet du verbe *avait pris.*

▰ Les mots d'une phrase peuvent désigner un élément de la situation d'énonciation :
    *L'automne commence **demain.***
L'adverbe *demain* désigne (§ 212) le lendemain du jour où la phrase est prononcée ou écrite. Mais cela n'empêche pas la phrase d'être une suite de mots solidaires sur le plan de la syntaxe et du sens : *demain* est complément circonstanciel de temps.

▰ À l'écrit, les limites de la phrase sont la **majuscule** du début et le **point** de la fin. La solidarité des éléments est marquée par la **mélodie**, les **accents** et les **liaisons**.

▰▰ *Une suite finie de mots liés entre eux pour signifier quelque chose.*

On dit parfois : *« Il parle pour ne rien dire. »*
Cela signifie que celui qui parle ne dit rien d'intéressant. Cela ne signifie pas qu'il ne dit rien. Il est évident qu'il dit quelque chose. Quand on parle ou quand on écrit, on dit toujours quelque chose.

— Tout énoncé a un énonciateur. Un **énonciateur** qui dit ou qui écrit quelque chose a au moins un **destinataire**. Cela, même quand on parle « tout seul » : on est à la fois énonciateur et destinataire.
— L'énonciateur et le destinataire ne peuvent pas être oubliés quand on analyse une phrase. Ils peuvent l'être d'autant moins que leurs situations respectives par rapport à l'énoncé déterminent les deux grands types d'énonciation : l'énonciation-discours et l'énonciation-récit (§ 98).

224   La phrase et la proposition

▰ Une **phrase « sans verbe »** est une phrase qui ne comporte aucun verbe conjugué, donc aucun syntagme verbal :
    Alors, à demain ! Toutes mes amitiés à votre frère.

■ Une **phrase simple** « verbale » est une phrase qui comporte un seul syntagme verbal. On l'appelle aussi **proposition indépendante** :

Le soleil brille. Les nuages cachent la lune.

L'analyse des unités constitutives d'une proposition est donc gouvernée par la présence d'un verbe.

■ Une **phrase complexe** est une phrase qui comporte plusieurs propositions, donc plusieurs syntagmes verbaux. Ces propositions peuvent être unies :
— par un rapport d'égalité (§ 269) :

Le temps est clair et on aperçoit le phare.

— ou dans un rapport de dépendance (§ 270) :

Quand le temps est clair, on aperçoit le phare.

I. LES RELATIONS QUI CONSTITUENT LA PHRASE SIMPLE VERBALE

225 Les syntagmes constituants de la phrase simple

■ La phrase simple est constituée de **trois syntagmes** :

$$P = SN + SV + (CIRC)$$

Le **syntagme nominal** (SN) et le **syntagme verbal** (SV) sont les constituants obligatoires de la phrase simple verbale. Le **syntagme** appelé **circonstanciel** (CIRC) est une unité facultative.

▶ • Rappel. Ces positions du SN, du SV et du CIRC sont des positions repères. Elles permettent de décrire la structure de la phrase. Dans les phrases réalisées, les trois constituants peuvent occuper des places différentes (§ 231, 234).

■ Le syntagme nominal et le syntagme verbal peuvent être composés de plusieurs manières :

Le soleil + brille.

Il + brille.

Le soleil + a ébloui le conducteur.

Que la pluie puisse finir + semble impossible.

En dépit des différences, on rencontre dans tous les cas une relation fondamentale qui concerne les solidarités sémantiques et syntaxiques de la phrase. Cette relation est la **relation sujet/verbe.**

A. La relation sujet-verbe

226   La relation sujet-verbe : une solidarité indispensable

Dire que la relation sujet-verbe est une **relation indispensable** à la constitution de la phrase, c'est faire une remarque grammaticale qui repose sur deux « preuves ».
— **Tout verbe demande un sujet.**
— **Si on supprime le sujet, la phrase cesse d'être une phrase,** elle devient une simple suite de mots :

> *Paul est arrivé hier*
> *... est arrivé hier... (??)*

227   La relation sujet-verbe : la solidarité sémantique

La **solidarité sémantique** du sujet et du verbe varie en fonction de leurs sens respectifs.
— Le sujet peut être l'**agent** d'une action :
> *Jean-Paul Sartre a refusé le prix Nobel de littérature en 1954.*

— Le sujet peut être **bénéficiaire** d'une action :
> *François Mauriac a reçu le prix Nobel de littérature en 1951.*

— Il peut être le **patient** d'un état :
> *Baudelaire a souffert d'aphasie dans les deux dernières années de sa vie.*

— Etc.

Mais en dépit de ces différences, la relation sémantique du sujet et du verbe peut être **soulignée** par l'emploi du présentatif *c'est... qui* (§ 324) :

	Sartre		*a refusé le prix Nobel...*
C'est	*Mauriac*	***qui***	*a reçu le prix Nobel...*
	Beaudelaire		*a souffert d'aphasie...*

> ▶ • La construction *c'est... qui* ne s'applique pas aux verbes impersonnels (§ 107) :
> *Il pleut.*

228   La relation sujet-verbe : la solidarité syntaxique

Le sujet est le mot qui impose l'**accord au verbe**. Autrement dit, le verbe s'accorde avec le sujet. Cet accord se fait de plusieurs façons :
— en personne : *Je chante. Tu chantes.*
— en nombre : *Pierre arrive. Pierre et Anne arrivent.*
— parfois en genre et en nombre pour le participe des formes composées avec *être* : *Elles sont arrivées.*

165

■ **L'ordre sujet + verbe** est conforme aux positions de ces deux constituants dans la structure de la phrase : P = SN + SV. Si rien n'invite à douter de cet ordre, c'est celui qu'on applique à l'interprétation de la phrase :

Paul regarde François. François regarde Paul.

Dans les phrases réalisées du discours (§ 1), les places respectives du sujet et du verbe varient en fonction de différents facteurs (§ 231).

229   Le sujet grammatical et le sujet logique

■ L'analyse des solidarités sémantique et syntaxique montre que le sujet entretient avec le verbe deux sortes de rapports.

— Le sujet défini par la **solidarité sémantique** de la relation sujet-verbe peut être appelé **le sujet « logique »**. Il se déduit du sens général de la phrase et il est mis en lumière par le présentatif *c'est... qui* (§ 227) :

Le soleil brille → C'est le soleil qui brille.

— Le sujet défini par la **solidarité syntaxique** de la relation sujet-verbe peut être appelé **le sujet « grammatical »**. C'est lui qui gouverne l'accord du verbe (§ 228) :

Les nuages sont partis.

■ **Le sujet sémantique et le sujet grammatical** sont, presque toujours, **un seul et même mot** :

Le soleil brille. La pluie a cessé. Les nuages sont partis.

Mais ils peuvent parfois être distincts.

— C'est le cas à la voix impersonnelle :

Il passe deux trains par heure.

— On retrouve ces deux sujets distincts dans certaines constructions avec verbe attributif (§ 260) :

Le signal du début de la fête sera deux coups de gong.

Le sujet grammatical est la marque de 3ᵉ personne *il* et le nom *le signal*. C'est ce sujet qui impose l'accord du verbe : 3ᵉ personne du singulier dans les deux cas.

En revanche, les sujets logiques sont *deux trains* et *deux coups de gong* :

Ce sont deux trains qui passent...

Ce sont deux coups de gong qui seront...

230   La relation sujet-verbe : les accords

■ *Le verbe a un seul sujet.*

■ La **règle générale** demande que le verbe s'accorde avec le sujet :

Le soleil brille. Les nuages sont partis.

■ Le sujet est **un nom singulier de sens collectif**.

— Il est seul. Le verbe est au singulier :

La foule arrivait de toutes les rues.

166

— Il est suivi d'un complément de nom au pluriel. Le verbe s'accorde avec le nom au singulier ou avec le complément au pluriel, selon le sens qu'on donne à la phrase :

> *Une foule de gens était venue/sont venus.*
> *Une centaine de personnes est arrivée/sont arrivées.*

■ Le sujet est **une expression de quantité.**
Exemple : *beaucoup, assez, peu, trop, tant, combien, la plupart...*
— Si cette expression est seule ou si elle est suivie d'un complément au pluriel, le verbe est au pluriel :

> *Beaucoup de gens sont venus. Beaucoup viendront encore.*

— Avec *le peu, le peu de* et *plus d'un*, le verbe est au singulier :

> *Voici le peu d'argent qui me reste.*
> *Plus d'une personne a trouvé le spectacle intéressant.*

■ Le sujet est **un des/un de ceux... qui** + **complément.**
L'accord se fait avec le complément au pluriel ou avec le *un*, selon le sens de la phrase :

> *J'ai rencontré un des camarades de Pierre qui font du basket.*
> ⟹ un parmi tous ceux qui font...
> *J'ai rencontré un des camarades de Pierre qui fait du basket.*
> ⟹ parmi les camarades de Pierre, celui-là...

■ *Les sujets sont de personnes grammaticales différentes.*

— La 2ᵉ personne l'emporte sur la 3ᵉ :

> *Toi et lui, **vous** irez à la piscine.*

— La 1ʳᵉ personne l'emporte sur toutes les autres :

> *Toi et moi, **nous** irons à la piscine.*

■ *Le verbe a plusieurs sujets.*

■ La règle générale demande **un verbe au pluriel** :

> *Pierre, Paul et Claire sont arrivés.*

■ Il y a des cas où le **verbe reste au singulier.**
— Un pronom indéfini représente tous les sujets :

> *Livres, documents, photos, tout avait disparu.*

— Les sujets forment une gradation que le dernier terme résume :

> *La peine, la souffrance, le désespoir même se lit dans ses yeux.*

— Les sujets sont des synonymes :

> *Paul, mon ami, mon collègue, est arrivé.*

— Les sujets forment un ensemble, une idée globale :

> *« Attendre et voir » est un proverbe anglais.*

■ Les sujets sont **reliés par un adverbe de comparaison.**
— La comparaison réunit les deux sujets, le verbe est donc au pluriel :

> *Paul ainsi que Pierre viendront nous aider.*

— La comparaison apporte une information supplémentaire (souvent entre virgules), mais ne réunit pas les deux sujets, le verbe est donc au singulier :

> *Paul, ainsi que Pierre, viendra.*

■ Les sujets sont **coordonnés par une conjonction disjonctive** (§ 220).
— Si la valeur est exclusive, le verbe est au singulier :

> *Pierre ou Paul viendra nous aider.*
> *Ni Pierre ni Paul ne courra plus vite.*

167

— Si sa valeur est inclusive, le verbe est au pluriel :
> *Pierre ou Paul viendront nous aider.*
> *Ni Pierre, ni Paul ne courront plus vite.*

■ Le sujet est l'***un et l'autre***.
— On envisage les deux séparément, le verbe est alors au singulier :
> *L'un et l'autre viendra.*
— On envisage les deux ensemble, le verbe est au pluriel :
> *L'un et l'autre viendront.*
L'un ou l'autre, et *ni l'un ni l'autre* relèvent du cas précédent.

> • Les constructions donnent donc très souvent la possibilité de mettre le verbe au singulier ou au pluriel. Ce n'est pas une « tolérance ». Il faut bien voir que dans presque tous les cas, le singulier et le pluriel **n'ont pas le même sens.**

231   L'ordre verbe + sujet

Nous parlerons systématiquement de **l'ordre verbe + sujet** ou de **postposition du sujet**. La formule traditionnelle, « inversion du sujet », désigne l'opération elle-même et selon un sens de déplacement qui n'est pas toujours le bon : il peut s'agir d'une antéposition du verbe.

> • L'ordre verbe + sujet est abordé ici dans les phrases simples déclaratives. On ne traitera pas :
> — les phrases interrogatives (§ 299) et exclamatives (§ 297) ;
> — la voix impersonnelle (§ 229) ;
> — la place de l'agent dans la proposition infinitive (§ 207) ;
> — la place du sujet dans les propositions subordonnées relatives (§ 277) et interrogatives indirectes (§ 310), ainsi que dans les subordonnées circonstancielles de temps (§ 281) et de concession (§ 292).

Les propositions incises.

■ Dans les propositions incises qui accompagnent le discours rapporté direct (§ 305), le sujet est **postposé** :
> *Juliette se marie ? demandait-**on** à sa mère. C'est un événement !*
> *— Un accident, rectifiait **Sido**.* (COLETTE)

■ Dans les propositions incises de jugement, de commentaire (§ 313), le sujet est **antéposé** :
> *Je n'ai pas le même avis, **vous** savez, mais j'accepte le débat.*
> *Ce projet, **je** crois, serait entré dans l'esprit de peu de femmes...* (CRÉBILLON)

La phrase commencée par un adverbe d'énonciation.

■ **En français courant**, on conserve généralement l'ordre sujet + verbe :
> *Au moins/Du moins/Aussi, **j'**ai fait ce que je devais faire !*
— Ou on emploie la tournure *que* + sujet + verbe :
> *Sans doute/Probablement/Peut-être **que** Paul téléphonera.*
— Cette tournure existait déjà dans la langue classique :
> *Apparemment que vous n'avez pas encore reçu ma lettre.* (Mme DU DEFFAND, dans R.-L. Wagner, J. Pinchon)

■ **En français soutenu**, on postpose le sujet pronominal :
*Au moins ai-**je** fait ce que je devais faire !*
*Probablement recevrez-**vous** des nouvelles demain.*
Théâtres de Paris, modes, fêtes de Paris, ne lui étaient ni indifférents, ni étrangers. Tout au plus les aimait-elle d'une passion un peu agressive.
(COLETTE)

— Ou on rappelle le sujet nominal par un pronom postposé :
*Du moins **le médecin** m'a-t-**il** rassuré.*
*Sans doute **Paul** a-t-**il** téléphoné pendant votre absence.*

La phrase commencée par un adverbe qui a deux emplois.

— Après un adverbe de liaison, l'ordre est sujet + verbe :
*Il s'est entraîné. **Ainsi**, **il** améliorera ses résultats.*
— Après un adverbe complément circonstanciel, l'ordre est verbe + sujet :
***Ainsi** va le monde ! Ainsi soit-il !*

Le verbe en tête de la phrase.

■ Certains verbes sont facilement antéposés en tête de phrase. Ce sont des verbes intransitifs (§ 246) de sens spatio-temporel concret ou figuré *(arriver, survenir, passer, surgir...)* souvent suivis d'un long sujet :
Suit un paragraphe qui ne vous concerne pas.
Restait cette redoutable infanterie de l'armée d'Espagne. (BOSSUET)
Vint le vieux conquérant rayé, aux canines démesurées, sec, chauve par places, mais doué d'une expérience, d'une décision sans seconde, et respecté même de ses rivaux. (COLETTE)

■ Quand le **sujet est une énumération**, le sens de la phrase est plus clair avec un verbe antéposé. C'est un tour courant dans les formules administratives :
Sont convoqués pour 8 heures Mlles et Mrs Anne X, Paul Y, André Z...

■ Dans les **tournures administratives**, certains verbes intransitifs permettent deux constructions :
— verbe + complément d'objet indirect + sujet :
Correspond à ces décisions un crédit de 100 000 francs.
— complément d'objet indirect + verbe + sujet :
À ces décisions correspond un crédit de 100 000 francs.

Un choix stylistique.

Un auteur peut adopter l'ordre verbe + sujet en fonction de la manière dont il veut ordonner les syntagmes de sa phrase. Mais cet ordre n'est généralement adopté que si la phrase commence par l'adjectif seul, un adverbe de temps, de lieu, de manière, ou par un complément circonstanciel (voir thématisation, § 317).
Pourtant, çà et là, verdit la criste marine, grasse, juteuse, acidulée...
(COLETTE)

Par la fenêtre ouverte, monte l'odeur des acacias. (ARAGON)
Silencieusement va la sève et débouche aux rives minces de la feuille.
(SAINT-JOHN PERSE)

Alors apparaissent les choses belles et mystérieuses. (LE CLÉZIO)

B. Compléments de verbe et compléments circonstanciels

232   Les compléments dans la grammaire traditionnelle

Dans la grammaire traditionnelle, on distingue **quatre types** de compléments :
— le complément d'objet direct du verbe :
    *Claire lit **le journal**, Paul taille **une haie**.*
— le complément d'objet indirect du verbe :
    *Brigitte parle **de Guillaume**. Il tient **à ses affaires**.*
— le complément d'attribution du verbe :
    *Anne envoie une lettre **à Paul**.*
— les compléments circonstanciels du verbe :
    *Claire va **souvent à Paris**. Elle voyage **en train avec une amie**.*
Mais il faut réorganiser ce tableau en s'appuyant sur la distinction compléments de verbe/compléments circonstanciels.

233   Les compléments de verbe

> *Le complément de verbe est indispensable au sens du verbe.*

La solidarité sémantique et syntaxique qui unit le verbe et le complément de verbe ne peut pas être rompue. Si on supprime un complément de verbe, deux cas de figure sont possibles.
— Soit le verbe change de sens :
    *L'arbitre a sifflé **dix fautes**.*
    L'arbitre a sifflé.
— Soit on obtient une phrase incomplète parce que le syntagme verbal est incomplet :
    *J'ai envoyé **une lettre à Paul** pour le nouvel an.*
    *J'ai envoyé **à Paul** pour le nouvel an...(??)*

> *La préposition est incluse dans le sens du verbe.*

Le complément de verbe en construction indirecte est introduit par une préposition. Dans la majorité des cas, il s'agit des prépositions *de* et *à*.
Pour chaque verbe, le nombre de prépositions susceptibles d'introduire un complément de verbe est très limité, et c'est l'ensemble verbe + préposition qui fait le sens du verbe :
    *Écrire, écrire **quelque chose**, écrire à **quelqu'un**, écrire **sur** un sujet.*

> *Le complément de verbe n'est pas déplaçable.*

— Le complément reste après le verbe :
    Une lettre à Paul j'ai envoyé... (??)
    L'arbitre dix fautes a sifflé... (??)
— Quand le complément de verbe est un pronom, il est placé avant ou après le verbe (§ 80), mais là aussi, il ne peut pas être déplacé :
    *Ne **la lui** envoie pas. → Le lui ne envoie pas... (??)*
    *Envoie-**la-lui**. → Lui la envoie... (??)*

■ *Le complément de verbe est un constituant du SV.*

Les principaux compléments de verbe sont les compléments d'objet, direct et indirect, et le complément dit d'attribution ou d'objet second.
Mais de nombreux compléments de verbe portent des valeurs sémantiques de lieu, de temps, de manière, de prix, etc.

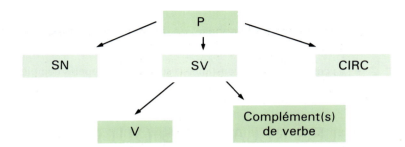

234   Les compléments circonstanciels

■ *Le complément circonstanciel n'est pas indispensable au sens du verbe.*

Les compléments circonstanciels sont solidaires du sens global de la phrase. Si on les supprime, la phrase change évidemment de sens. Mais elle reste une phrase complète, et le verbe garde son sens :
   J'ai envoyé une lettre à Paul **pour le nouvel an.**
   J'ai envoyé une lettre à Paul.
   L'arbitre a sifflé dix fautes **en première période.**
   L'arbitre a sifflé dix fautes.

■ *La préposition fait partie de l'expression des circonstances.*

Le complément circonstanciel en construction indirecte est introduit par une préposition.
Pour chaque verbe, le nombre de prépositions susceptibles d'introduire un complément circonstanciel correspond à toutes les circonstances qui sont susceptibles d'accompagner le procès :
   Écire **avec** un stylo, **avec** plaisir, **avec** retard, **sur** une table, **dans** le jardin, **pour** inviter un ami...

■ *Le complément circonstanciel peut occuper différentes places.*

   J'ai envoyé une lettre à Paul **pour le nouvel an.**
   Pour le nouvel an, j'ai envoyé une lettre à Paul.
   En première période, l'arbitre a sifflé dix fautes.
   L'arbitre, **en première période**, a sifflé dix fautes.

■ *Le complément circonstanciel est un circonstant (CIRC).*

Il y a différents types de compléments circonstanciels, mais tous sont des circonstants (CIRC), des constituants facultatifs de la phrase. Eux seuls peuvent être appelés **compléments circonstanciels** (voir § 255).

171

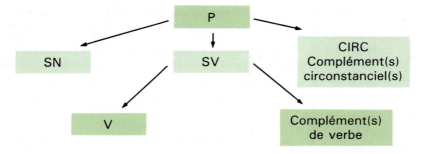

▸ • Les compléments circonstanciels sont parfois appelés compléments de phrase.

II. LES RELATIONS QUI CONSTITUENT LES SYNTAGMES

A. Le syntagme nominal

235 Les constituants du syntagme nominal

■ *Les constituants obligatoires.*

Le **déterminant** et le **nom** sont les deux constituants essentiels du syntagme nominal. Ils constituent la forme de base du SN (§ 2, 15 et 32) :

SN = D + N

Le nom peut être un nom commun ou un nom propre (§ 4) :
Mes amis sont là. Ils arrivent de **Lille**.

■ *Les constituants facultatifs.*

La **forme de base du SN** peut recevoir des constituants facultatifs :

SN = D + N + (ADJ) + (SN) + (SP) + (Proposition relative)

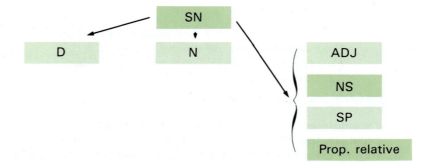

172

■ Ces constituants sont tous des **expansions du SN**, c'est-à-dire qu'ils sont inclus dans le SN. L'inclusion apparaît clairement dans les constructions où le SN est pronominalisé :

*J'ai rencontré **mes amies** du club de judo.*

→ *Je **les** ai rencontrées.*

Le pronom *les* représente tout le SN *mes amies du club de judo.* Il ne représente pas simplement *mes amies.* Le constituant *du club de judo* est donc bien inclus dans le SN.

▶ • L'expansion proposition relative fait passer de la phrase simple à la phrase complexe.

■ Ces constituants facultatifs peuvent occuper **la même position** et jouent tous **des rôles équivalents**. Aussi, certains grammairiens proposent-ils de les réunir sous une seule étiquette en les appelant les « modificateurs du nom » :

*Un film **américain***
*Le film **Mystère au Pôle***
*Le film **de Jean X.***   *a gagné le Prix.*
*Le film **dont je vous ai parlé hier***

236 Les fonctions du syntagme nominal

Le syntagme nominal (SN) est **le premier constituant obligatoire** de la phrase verbale simple :

$$P = SN + SV + (CIRC)$$

Le SN peut remplir **plusieurs fonctions** qui s'exercent au niveau de la phrase ou au niveau des syntagmes (SN et SV).

Quand le SN est lui-même complément, on dit qu'il est **en construction directe**.

Quand le SN est inclus dans un syntagme prépositionnel (SP, § 221), on dit qu'il est **en construction indirecte**.

Fonctions du syntagme nominal au niveau de la phrase.

■ **Sujet** (§ 226) :

*À cause du vent, **la marée d'équinoxe** sera très forte.*

▶ • Rappel. Dans les propositions participes (§ 199, 202) et infinitives (§ 207), le nom support est agent du verbe au participe ou à l'infinitif.

■ **Complément circonstanciel** (§ 234) :

— circonstant en construction directe :

*La tempête s'est apaisée **le matin suivant**.*

— circonstant en construction indirecte :

*Plusieurs bateaux ont rompu leurs amarres **sous l'effet du vent**.*

173

Fonctions du syntagme nominal inclus dans un syntagme verbal.

Complément de verbe (§ 233) :
— complément d'objet direct (§ 250) :
  *La marée d'équinoxe a recouvert **la digue.***
— complément d'objet indirect (§ 251) :
  *Mon voisin a participé **à un sauvetage en mer.***
— complément d'objet second, ou d'attribution (§ 256) :
  *J'ai prêté mon ciré **à un ami.***
— complément direct et indirect (§ 255) :
  *Il pèse **cent grammes.** Je vais **à Paris.** Je compte **sur ta présence.***

Attribut (§ 257, 261) :
  *La dernière marée d'équinoxe était **une marée moins forte.***

Fonctions du syntagme nominal inclus dans un syntagme nominal.

Complément de nom (§ 221, 240) :
— en construction indirecte :
  *Une marée **d'équinoxe.** Un bateau **à moteur.***
— en construction directe :
  *L'Institut **Pasteur.** La rue **Victor-Hugo.** Un roman **fleuve.***

En apposition (§ 242) :
  *Pendant la tempête, **vraie tempête d'équinoxe**, les vagues ont recouvert la digue.*

Complément d'adjectif (§ 53, 238) :
— en construction directe :
  *Il a repeint son bateau vert **pomme** et rouge **cerise.***
— en construction indirecte :
  *Pendant la tempête, j'avoue que j'étais vert **de peur.***

237   Les équivalents syntaxiques du SN

Les équivalents syntaxiques du SN sont les mots ou les propositions qui peuvent assumer les mêmes fonctions que le syntagme nominal.
Ainsi, la fonction sujet du verbe peut être assurée :
— par un pronom (§ 69) :
  ***Il** est arrivé. **J'**achète celui-ci. **J'**ai posé le mien ici.*
— par un infinitif nominal (§ 208) :
  ***Faire de la marche** est bon pour la santé.*
— par une proposition subordonnée relative sans antécédent (§ 278) :
  ***Qui veut voyager loin** ménage sa monture.*
  ***Ce que vous voulez acheter** n'est plus en vente.*
— par une proposition subordonnée complétive (§ 272) :
  ***Qu'il vienne** serait étonnant.*

238 Les constituants du syntagme nominal : l'adjectif épithète du nom

■ *L'adjectif épithète.*

L'adjectif épithète est **en construction directe** avec le nom qu'il détermine (§ 55). Il s'accorde en genre et en nombre avec ce nom :
   Un **bon** disque, une histoire **passionnante**, deux **belles** chansons.

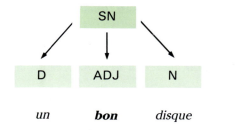
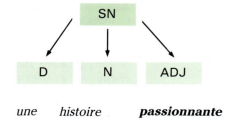

▶ • Rappel : le participe présent employé comme épithète du nom reste variable (§ 199).

■ *Le syntagme adjectival épithète.*

L'adjectif peut recevoir des degrés (§ 60-62) : *très bon, moins bon que...* Il peut être complété par un nom, soit en construction directe : *bleu ciel, vert pomme* ; soit en construction indirecte : *vert de peur, rouge de colère.* Ces constructions sont incluses dans l'ADJ et c'est l'ensemble du syntagme adjectival qui est épithète du nom :

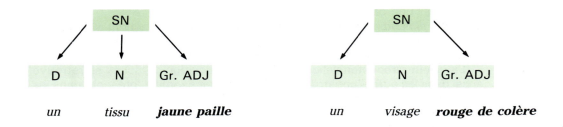

Ma mère me retenait par le bout d'une de mes tresses, et son soudain visage sauvage, **libre de toute contrainte, de charité, d'humanité,** bondissait hors de son visage quotidien. (COLETTE)

239 Les constituants du syntagme nominal : l'adjectif en position détachée

Alors que l'épithète est liée directement au nom, l'adjectif qualificatif peut aussi être un adjectif **en position détachée** (§ 315). Il reste en solidarité syntaxique avec le SN auquel il se rapporte. Mais du point de vue de la solidarité sémantique, il faut distinguer plusieurs cas.

■ La position détachée est **obligatoire** du point de vue de la syntaxe.
— Quand l'adjectif qualifie un pronom :
> *Il claqua des doigts, **impatienté.*** (COLETTE)
> ***Assises en tailleur, stupéfiées, elles** bâillent au soleil couchant.* (J. RENARD)

— Quand l'adjectif est inclus dans un groupe qui comporte une comparaison ou un degré :
> *Sa fille, **grande comme elle maintenant**, se tenait debout, près de la cheminée.* (FLAUBERT)
> *Le cadet, **un peu gris,** resta. Mais l'aîné, à bout d'efforts, disparut.* (COLETTE)

— Ou dans un groupe qui comporte un commentaire sur l'adjectif lui-même :
> *Le mouvement, **excellent sans doute,** n'avait pas été remonté depuis deux siècles.* (NERVAL)

■ L'adjectif en position détachée et l'épithète expriment des **qualifications différentes.**
> *Mais le calme héros, **courbé sur sa rapière,***
> *Regardait le sillage et ne daignait rien voir.* (BAUDELAIRE)

L'épithète antéposée *calme* prête au héros (Don Juan) une qualité durable, celle des épithètes dits « homériques » : *le sage Ulysse*. On n'imagine pas *« le courbé sur sa rapière héros... (??) »*. La position détachée exprime une qualification ponctuelle.

■ L'adjectif en position détachée a **le sens d'un complément circonstanciel.**
> *Les élèves malades n'iront pas à la piscine.*
> *Les élèves, **malades,** n'iront pas à la piscine.*

Dans la première phrase, l'épithète distingue le groupe des élèves malades de ceux qui ne le sont pas et qui iront à la piscine. Dans la deuxième phrase, tous les élèves sont malades et c'est pourquoi ils n'iront pas à la piscine. L'adjectif a la valeur sémantique d'un complément de cause.
— Cette construction est très fréquente. Elle est une manière élégante d'exprimer une cause, une concession, un temps :
> *Le plafond, **bas et tout blanc,** rabattait une lumière crue.* (FLAUBERT)
> *Le jour, cependant, plaçait les choses avec plus d'exactitude que la nuit.*
> *Les détails, **visibles**, ordonnaient une réalité différente.* (GIONO)

— La valeur circonstancielle de l'adjectif en position détachée se retrouve aussi dans les autres constructions. Elle est, par exemple, présente dans les deux phrases ci-dessus de Colette (cause) et dans celle de Nerval (concession).

> • L'élégance et la vivacité de ce tour syntaxique sont indéniables. Il faut cependant ne pas en abuser dans les résumés, les dissertations ou les essais. Ce genre de textes demande qu'on balise aussi clairement que possible la démonstration pour que le lecteur (correcteur ou non) s'y retrouve facilement.

240   Les constituants du syntagme nominal : le complément du nom

■ *Construction indirecte (SN = D + N + SP).*

■ Le **SN complément** est inclus dans un **syntagme prépositionnel** (SP) qui est lui-même inclus dans le SN complété :

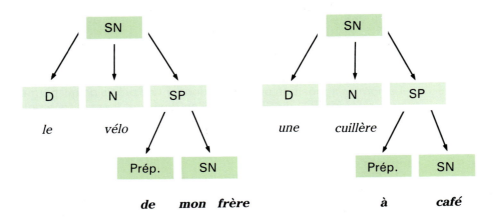

→ *le vélo **de mon frère***   → *une cuillère **à café***

■ **Les constructions** du syntagme prépositionnel complément de nom sont très variées dans leurs formes comme dans leurs sens. Ceux-ci résultent de la classe des éléments reliés (nom ou infinitif nominal) et de la préposition qui les relie (§ 221).
Le complément du nom peut exprimer différentes notions :
— une matière : *une table **en marbre**, un carter **de fonte*** ;
— une destination : *un engin **de terrassement**, une machine **à écrire*** ;
— un moyen : *un moteur **à essence**, une machine **à vapeur*** ;
— une origine géographique : *un vin **d'Alsace**, un produit **des Îles*** ;
— une appartenance : *la voiture **de mes voisins*** ;
— etc.

■ *Construction directe (SN = D + N + SN).*

Le seul cas indiscutable est celui du nom propre complément :
    *L'avenue **Victor-Hugo**. Le lycée **Claude-Monet**.*

▸ • Les autres cas sont de plus en plus fréquents :
*Un stylo **mine**, un stylo **feutre**, un stylo **bille**, un sac **poubelle**, un vélo **tout terrain**, une jupe **culotte**, un roman **fleuve**...*
Mais la plupart sont des mots composés ou des syntagmes en voie de lexicalisation.

241 Les constituants du syntagme nominal : le nom en apposition

■ Le syntagme nominal en apposition est un SN **en position détachée** (§ 315). Il est constituant facultatif du SN auquel il se rapporte :

> *Louis XIV,* **le Roi Soleil,** *fit construire le château de Versailles.*

Le SN *le Roi Soleil* est en apposition au nom propre *Louis XIV.* Du point de vue du sens, il précise le nom propre par le surnom que le roi avait choisi de se faire attribuer. Du point de vue de la syntaxe, il est inclus dans le SN sujet du verbe *faire.*

■ Quand le nom en apposition a une **valeur descriptive**, il est généralement employé **sans déterminant :**

> *Rubens,* **fleuve d'oubli,** *jardin de la paresse...* (BAUDELAIRE)

— Le nom en apposition peut aussi donner une précision qui permet d'identifier le référent (P1) du SN auquel il se rapporte. Il est alors employé avec un déterminant :

> *Je vous présente Jean,* **mon frère aîné.**

— Mais l'usage est de ne pas mettre de déterminant dans la liste des personnages d'une pièce :

> *Figaro,* **barbier de Séville.** (BEAUMARCHAIS)

242 Les constituants du syntagme nominal : la subordonnée relative

■ *La proposition subordonnée relative épithète.*

La proposition subordonnée relative est épithète du nom qui est son antécédent (§ 279) :

> *J'ai lu le livre* **dont tu m'avais parlé.**

> • Quand le SN a une expansion de la forme proposition subordonnée relative, on passe de la phrase simple à la phrase complexe.
> • L'appellation traditionnelle est « complément de l'antécédent ».

■ *La proposition subordonnée relative en position détachée.*

Tous les adjectifs (§ 239) et tous les noms (§ 241) en apposition à un nom peuvent être remplacés par une proposition subordonnée relative en position détachée qui assume les **même rôles** et les **mêmes valeurs :**

> *La Seine,* **qui était jaunâtre,** *touchait presque au tablier des ponts.*
> *Les élèves,* **qui étaient malades,** *n'allèrent pas à la piscine.*
> *Louis XIV,* **qui se faisait appeler le Roi Soleil,** *fit construire le château de Versailles.*
> *Je vous présente Jean,* **qui est mon frère aîné.**

243   Le syntagme nominal avec plusieurs constituants facultatifs

■ Aucune règle ne fixe **le nombre des constituants** facultatifs qui peuvent être ajoutés à la forme de base du SN. Les seules limites sont celles de la compréhension :

Le vieil escalier du grenier de la maison de campagne du frère de l'ami des parents de mon voisin de palier... a été réparé (??)

■ L'équivalence des rôles entre l'adjectif, le complément du nom et la relative rend possible leur **coordination** :

C'est un tissu de coton, léger et qui se lave à la main.
Un souriceau tout jeune et qui n'avait rien vu... (LA FONTAINE)

■ Dans l'analyse du SN il faut être attentif aux **inclusions** respectives des constituants :

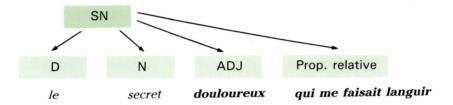

→ *Le secret douloureux qui me faisait languir.* (BAUDELAIRE)

Le SN *le secret* reçoit deux épithètes : l'ADJ *douloureux* et la proposition subordonnée relative *qui me faisait languir*.

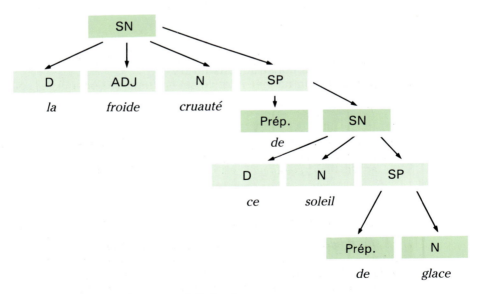

→ *La froide cruauté de ce soleil de glace.* (BAUDELAIRE)

Le SP *de glace* est complément du SN *ce soleil*, donc inclus dans le SP *de ce soleil de glace* qui est lui-même complément du SN *la cruauté*.

179

B. Le syntagme verbal

244　La fonction du syntagme verbal

Le syntagme verbal (SV) est le **deuxième constituant obligatoire** de la phrase verbale simple, également appelée proposition :

$$P = SN + SV + (CIRC)$$

Dans les phrases complexes, le syntagme verbal est le deuxième constituant obligatoire des propositions juxtaposées, coordonnées ou subordonnées. Par bien des aspects, le verbe est au cœur de la proposition. Dans les solidarités syntaxiques et sémantiques qui lui donnent l'existence, il assure un rôle essentiel, sinon le rôle essentiel.

245　Les constituants du syntagme verbal

Le constituant essentiel.

Le verbe conjugué est le constituant fondamental du SV. Il est impossible de supprimer le verbe dans un SV sans détruire le syntagme lui-même.

Les compléments de verbe.

On distingue trois constructions du SV :

V	verbe sans complément
V + SN V + SP	verbe à un complément
V + SN + SP V + SP + SP	verbe à deux compléments

Verbes sans complément (SV = V).
　　　Le soleil brille depuis hier. Paul arrive à midi.

Verbes à un complément.
On les trouve en construction directe (SV = V + SN) :
— passif possible ; complément d'objet direct (§ 250) :
　　　Claire a pris **le vélo.** *Le vent a abattu* **un arbre.**
— passif impossible ; complément direct de verbe (§ 255) :
　　　Ce pain coûte **5 F.** *Il pèse* **un kilo.**

180

On les trouve en construction indirecte (SV = V + SP) :
— complément d'objet indirect (§ 251) :
> *Je pense **à toi**. Je rêve **de ce voyage**.*
— complément indirect de verbe (§ 255) :
> *Il arrive **de Lyon**. Il compte **sur toi**.*

Verbes à deux compléments (§ 256) :
— avec objet direct (SV = V + SN + SP) :
> *J'ai rendu **mon devoir au professeur**.*
— avec objet indirect (SV = V + SP + SP) :
> *J'ai parlé **de mes projets au professeur**.*

L'attribut.

— Attribut du sujet (§ 257) :
> *Paul est **malade**. La pente est **à pic**.*
— Attribut du complément d'objet (§ 261) :
> *Je trouve ce film **intéressant**. J'ai M. Jean **pour professeur**.*

Le constituant facultatif.

Ce rôle est rempli par les adverbes compléments de verbe (§ 211) :
> *Elle court **vite**. Il dessine **bien**.*

246   La question de la transitivité

— Le nom transitivité signifie « passage ». Aussi la grammaire scolaire traditionnelle dit-elle qu'un verbe est transitif quand l'action accomplie par le sujet « passe » sur un complément appelé complément d'objet.
Cette définition convient pour beaucoup de verbes. Nous avons vu que tout énonciateur a une sorte d'expérience de la fonction sujet (§ 226). Il a de même une sorte d'expérience de la fonction complément d'objet et de la transitivité du verbe :
> *Je mange **un gâteau**. Je coupe **du bois**.*
— Mais cette notion d'objet est trop vague. Il est bien difficile de voir quelque chose « passer » d'un sujet vers un objet dans *recevoir un coup* ou *éprouver des difficultés*.
En fait, la relation du verbe et de son complément peut renvoyer à un instrument *(utiliser un compas)*, un lieu *(monter un escalier)*, un résultat *(peindre un tableau)*, une cause *(crier sa colère)*, une conséquence *(provoquer un accident)*, etc. C'est un dictionnaire qui commence...

> • Plusieurs grammairiens proposent d'abandonner complètement les appellations de verbes transitifs ou intransitifs, de compléments d'objet directs ou indirects. Le débat reste ouvert.

LES CONSTITUANTS DE LA PHRASE SIMPLE

247 Les verbes transitifs et les verbes intransitifs

■ On peut appeler **verbe intransitif** un verbe qui n'a pas besoin de complément de verbe. Le procès est en quelque sorte une affaire qui se règle entre le sujet et le verbe :

Le soleil **brille.** *Paul* **arrive** *demain. Elle* **rit.**

■ On peut appeler **verbe transitif** un verbe qui s'emploie avec au moins un complément de verbe. Le couple sujet-verbe ne suffit pas pour exprimer le procès, il faut une relation supplémentaire :

Je **regarde le ciel.** *Je* **pense à toi.**

— Le verbe **transitif direct** est un verbe qui peut être mis à la **voix passive** :

La crue **barre la route.** *La route* **est barrée** *par la crue.*

— Le **verbe transitif indirect** demande un complément de verbe introduit par une préposition.

> • Le verbe *avoir* n'est transitif que dans la langue familière : *J'ai été eu.*
> • Les emplois métaphoriques des verbes transitifs ne sont pas toujours utilisables au passif :
> *J'ai essuyé la table.* →*La table a été essuyée par moi.*
> *J'ai essuyé un échec.* → ... (??)
> *Il a pris plusieurs livres.* → *Plusieurs livres ont été pris par lui.*
> *Il a pris la porte* →... (??)
> • Dans les locutions verbales, on ne sépare pas le verbe et son complément : *faire peur, donner des ailes, prendre son courage à deux mains...*

248 Les emplois transitif et intransitif d'un même verbe

Les variations d'emplois dans l'histoire de la langue.

■ En français classique, des verbes comme *contribuer, disputer, prétendre, renoncer, ressembler, songer...* pouvaient être employés comme transitifs directs :

Je ne songerai plus que rencontres funestes... (LA FONTAINE)

■ À l'inverse, *contredire, dominer, ignorer, oublier, prévoir, prier...* pouvaient s'employer comme transitifs indirects :

J'ai contredit aux maximes que vous avez apportées. (PASCAL)

L'emploi absolu des verbes transitifs.

■ Le verbe transitif peut être employé avec un complément d'objet direct :

Paul **mange du pain.** *Elle* **lit** L'Espoir.

182

Mais le verbe transitif peut aussi être employé **absolument**, c'est-à-dire sans complément d'objet.
— Soit parce que le complément n'a pas besoin d'être exprimé :

> *Qu'est-ce que fait Paul ? — Il **mange.***

On sait bien que quand quelqu'un mange, il mange quelque chose.
— Soit parce que le verbe prend alors un autre sens :

> *Elle **lit** L'Espoir.* ⟹ Elle lit ce roman-là.
> *Elle **lit**.* ⟹ Elle est en train de lire. Ou : *Elle aime lire.*

Les rapports entre la syntaxe et le sens.

Le nombre des compléments de verbe employés et la différence entre les emplois transitifs et les emplois intransitifs peuvent faire varier le sens des verbes. Il en est ainsi pour certains verbes comme :
— *Tenir :*

> *Il tenait fermement la corde.* ⟹ Objet direct.
> *Je tiens beaucoup à ce livre.* ⟹ Objet indirect.

— *Voler :*

> *L'oiseau vole.* ⟹ Pas de complément. Emploi intransitif.
>
> *Le voleur vole un bijou à quelqu'un.* ⟹ Deux compléments. Emploi transitif.

Les différents sens d'un verbe dépendent de ses constructions syntaxiques en même temps que des contraintes sémantiques qui lient le verbe et ses actants (§ 97).

249 Le syntagme verbal : les verbes employés sans complément

Quand le syntagme verbal est de la forme SV = V, le verbe est **intransitif**. Quelques verbes intransitifs sont parfois employés avec un complément direct : *vivre sa vie, pleurer toutes les larmes de son corps, dormir son dernier sommeil...*
Ces compléments de verbe sont aussi appelés **compléments d'objet interne** parce qu'ils ne font que développer la notion déjà exprimée par le verbe.

250 Le syntagme verbal : les verbes à un complément (complément d'objet direct)

Le **complément d'objet direct** est un complément :
— en construction directe ;
— et qui devient **le sujet du verbe mis à la voix passive.**

Le passage de la voix active à la voix passive n'est pas une transformation automatique. La voix passive est soumise à diverses contraintes sémantiques qui font que la phrase obtenue est plus ou moins acceptable.

> *Paul aime **Claire**.* → *Claire est aimée de Paul.*
> *Paul aime **le cinéma**.* → *Le cinéma est aimé de Paul.* (??)

Paul a mangé **le gâteau.** → *Le gâteau a été mangé par Paul.*
Paul a mangé **du pain.** → *Du pain a été mangé par Paul.* (??)
Cela ne remet pas en cause la définition. Les phrases ne sont pas acceptables, mais on voit qu'elles sont potentiellement possibles.

• Le complément d'objet est le seul complément de verbe qui joue un rôle dans l'orthographe du verbe. Ce rôle concerne les participes passés des temps composés des verbes qui se conjuguent avec l'auxiliaire *avoir* (§ 204). Tous les verbes transitifs se conjuguent avec *avoir* (§ 113).

251 Le syntagme verbal : les verbes à un complément (complément d'objet indirect)

Le complément d'objet indirect est introduit par une **préposition** ; **à** et **de** sont les plus fréquemment employées :
*Il s'est emparé **du volant** pour redresser la voiture.*
*Elle ressemble vraiment **à sa sœur.***
*Je compte **sur vous** pour la réunion de samedi.*

252 Les formes du complément d'objet

■ Le complément d'objet direct type est un syntagme nominal et le complément d'objet indirect type est un syntagme prépositionnel :

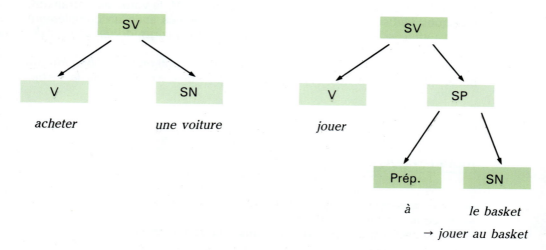

On voit que, dans les deux cas, le complément d'objet type est ou comporte un syntagme nominal.
C'est pourquoi les formes des compléments d'objet directs et indirects sont des syntagmes nominaux ou des équivalents syntaxiques du SN (§ 237), tantôt en construction directe, tantôt en construction indirecte.

■ Le complément d'objet peut prendre différentes formes :
— un syntagme nominal seul ou inclus dans un syntagme prépositionnel (le nom commun est toujours avec un déterminant) :

> *La grande marée a détruit **une partie de la digue.***
> *Elles jouent **au basket.***

— un pronom personnel conjoint placé avant le verbe :

> *Cette chanson **me** plaît. Je **la** fredonne tout le temps.*
> *Je **lui** ai parlé.*

— un pronom :

> *Le gardien n'a vu **personne.***

— un infinitif nominal (§ 208) :

> *Paul espère **venir** lundi.*
> *Il a arrêté **de jouer au tennis.***

— une proposition complétive (§ 272) :

> *Il craint **qu'il pleuve.***
> *Je m'attends **à ce qu'il revienne.***

— une proposition subordonnée interrogative indirecte (§ 310) :

> *Je ne sais pas **si je pourrai venir.***
> *Il s'est informé **de quelle région venait ce fromage.***

— une proposition subordonnée relative sans antécédent (§ 278) :

> *Paul a apporté **ce qu'il a pu trouver.***
> *Je ne réponds pas tout de suite **à qui m'adresse la parole.***

> • Ces trois dernières formes appartiennent à la phrase complexe.
> • Dans la proposition relative introduite par *que*, le pronom relatif est à la fois représentant de l'antécédent et complément d'objet du verbe de la relative (§ 276) : *Un film **que** j'ai vu.*

253 Syntaxe et sens : les objets directs et indirects

Il n'y a pas toujours une stricte identité de construction entre le SN ou le SP complément d'objet, et l'infinitif nominal ou la proposition complétive. On peut observer trois types de correspondances entre les différentes constructions (exemples cités par J. Pinchon).

— Le complément reste direct ou indirect :

> *Il aime la promenade. / Il aime se promener.*
> *Il parle de promenade. / Il parle de se promener.*
> *Il craint le froid. / Il craint qu'il ne fasse froid.*

— Le complément direct devient indirect :

> *Il commence un nouveau travail. / Il commence à travailler.*
> *Il cherche la bagarre. / Il cherche à se bagarrer.*

— Le complément indirect devient direct :

> *Il pense à son départ. / Il pense partir.*
> *Il doute de sa sincérité. / Il doute qu'il soit sincère.*

Tous ces exemples montrent bien qu'un verbe, même employé dans un seul sens, n'est pas attaché à une construction particulière. Comme pour les valeurs syntaxiques et sémantiques du verbe et de ses actants (§ 97), comme pour les emplois transitif ou intransitif (§ 248), on constate que les régularités et les particularités s'entrecroisent pour créer la richesse inépuisable du système.

254 Le complément d'agent

■ Le complément d'agent du verbe transitif à la voix passive est le sujet du même verbe à la voix active :

>   *L'orage a lavé la rue.*   ⟹   *L'orage* est sujet.
>   → *La rue a été lavée par l'orage.*   ⟹   *L'orage* est complément d'agent.

▶ • Le complément d'agent n'est pas un constituant obligatoire du syntagme verbal. Il est souvent omis. Ce trait le rapproche des compléments circonstanciels de phrase. Mais c'est quand même un complément particulier, lié à la voix passive.

■ En français moderne, le complément d'agent est presque toujours introduit par la préposition *par* :

>   *J'étais trompé par la pose du lièvre.* (J. RENARD)
>   *Je sens la profondeur où baigne l'altitude*
>   *Et suis intimidé par les astres du ciel.* (SUPERVIELLE)
>   *Le silence n'était troublé que par le grésillement de mille cris d'oiseaux.*
>   (GIONO)

■ La langue classique employait plutôt *de* :

>   *Il est enveloppé de deux escadrons.* (Mme DE SEVIGNÉ)

— L'usage demeure dans quelques tours figés :

>   *Il est estimé de tous. Son travail a été couronné de succès.*

— Et dans la langue littéraire :

>   *Tes yeux creux sont peuplés de visions nocturnes.* (BAUDELAIRE)

255 Le syntagme verbal : les verbes à un complément
(les compléments directs et indirects de verbe)

■ Les **compléments directs et indirects de verbe** sont des compléments qui n'ont pas un nom admis par toutes les grammaires. En s'appuyant exclusivement sur le sens, certains grammairiens leur donnent des noms différents :
— complément de lieu : *Il vient de Brest. Il va à Bordeaux.*
— complément de mesure : *Cette pièce mesure 30 m².*
— complément de poids : *Jean pèse 60 kilos.*
— etc.
Ou ils ne leur donnent aucun nom : *Ce flacon sent la lavande.*

■ Ce ne sont pas des compléments d'objet.
On ne dira pas : *50 kilos sont pesés par Jean.* (??)
On peut opposer : *Ce flacon sent la lavande/Je sens ce flacon.*

■ Ce ne sont pas des compléments circonstanciels, mais des compléments de verbe, indispensables au sens du verbe et indéplaçables (§ 233).
On peut les appeler compléments directs et indirects de verbe, ou **compléments essentiels** du verbe. L'important est de reconnaître leur rôle et leur sens dans le syntagme verbal.

256 Le syntagme verbal : les verbes à deux compléments

■ Le **premier complément** peut être un complément d'objet direct ou indirect. Le second complément est toujours un complément indirect :

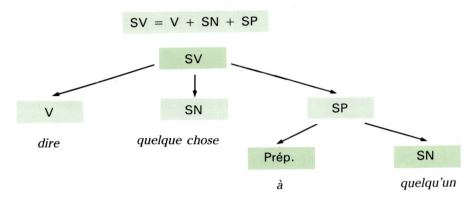

→ *dire quelque chose à quelqu'un*

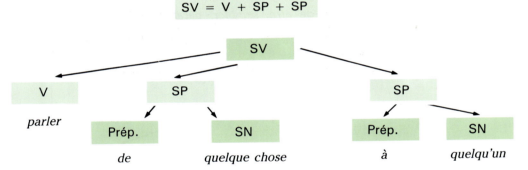

→ *parler de quelque chose à quelqu'un*

■ Les **verbes** qui appellent ce genre de construction sont généralement des verbes qui évoquent le transfert de quelque chose : *donner, accorder, annoncer, communiquer, dire, emprunter, envoyer, laisser, prendre, prêter, rendre...* Mais la construction est fréquente et concerne aussi d'autres domaines de sens : *cacher la vérité à un malade, demander son nom à un candidat, pardonner une faute à un enfant, enseigner la grammaire aux élèves* (exemples de R. Georgin, cités par J. Pinchon).
Tous appartiennent à ce que le grammairien L. Tesnière appelle la catégorie sémantique du « don » et du « dire ».

Les grammairiens sont divisés sur le nom qu'il convient de donner au **deuxième complément**. Certains défendent l'appellation traditionnelle de **complément d'attribution**. Il faut reconnaître que cette appellation convient seulement pour des verbes comme *donner, envoyer, prêter...* où l'on « attribue » effectivement quelque chose à quelqu'un. Mais avec *recevoir quelque chose de quelqu'un, emprunter quelque chose à quelqu'un...* ?
D'autres grammairiens proposent de nommer ces compléments **compléments d'objet second**. D'autres encore disent qu'ils ne voient pas l'utilité de leur donner un nom particulier. Le débat est ouvert.

187

■ L'**ordre** des compléments peut parfois être **inversé** :
> J'ai parlé de mes projets au professeur. J'ai parlé au professeur de mes projets.

Mais il ne faut pas qu'il y ait d'ambiguïté :
> J'ai parlé de mon frère au voisin. J'ai parlé au voisin de mon frère.

Dans certains cas, l'un des deux compléments peut être absent ; on revient alors à un verbe avec un complément :
> J'ai parlé de mes projets. J'ai parlé au professeur.

257 Le syntagme verbal : l'attribut du sujet

■ Le syntagme verbal peut être construit sur le verbe **être** ou un verbe du même type :
> Le ciel **est gris.** Le docteur X **est un bon médecin.**
> Les piles **semblent usées.** La pente **paraît glissante.**

Cette construction ne correspond pas à un verbe intransitif, puisque le verbe *être* ne peut pas fonctionner tout seul :
> Le ciel est... Les piles semblent... (??)

Elle ne correspond pas non plus à un verbe transitif, puisque la suite du verbe est un adjectif. On a donc affaire à un **syntagme verbal spécifique.**

■ Les verbes du type de *être, sembler, paraître, devenir*, sont appelés **verbes attributifs**, et le constituant obligatoire du SV est appelé **attribut du sujet.**

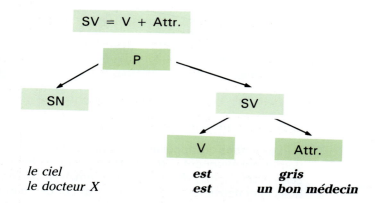

258 Le sens du syntagme verbe + attribut

■■ *La définition classique.*

■ L'**attribut du sujet** exprime une qualité, une manière d'être ou une propriété qui est « attribuée » au référent exprimé par le sujet :
> Que vous êtes **joli** ! que vous me semblez **beau** ! (LA FONTAINE)
> Cunégonde était, à la vérité, **bien laide** ; mais elle devint **une excellente pâtissière.** (VOLTAIRE)
> J'aurais voulu qu'elle eût peur et me demandât grâce, mais cette femme était **un démon.** (MÉRIMÉE)
> La figure de mon père reste **indécise, intermittente.** (COLETTE)
> La condition de l'homme est **obscure.** (SAINT-JOHN PERSE)

■ Le sens d'un attribut du sujet dépend **du sens du verbe attributif.**
— Par exemple *être malade* a un sens temporaire dont les valeurs temporelles et modales dépendent du verbe :

Paul est malade. Paul était malade. Paul a été malade.

— *Devenir, tomber...* expriment une entrée dans l'état. *Être, rester, demeurer, vivre...* expriment une continuité dans l'état. *Paraître, sembler, avoir l'air, faire semblant...* expriment une opinion qui peut être infirmée.

Cette nuit, Madame la princesse de Conti est tombée en apoplexie.

(Mme de SEVIGNÉ)

Sans troubler le repos de personne, Emile a vécu content, heureux et libre, autant que la nature l'a permis. (ROUSSEAU)

— Tout SV qui a une **valeur de propos** (§ 266), qui exprime une propriété du sujet, est attributif :

Il revint **tout mouillé.** *Il était assis* **immobile.**

■ Le sens dépend aussi **de l'attribut lui-même.**
— Quand l'attribut est un nom, il peut exprimer **plusieurs valeurs** :

Vénus est l'étoile du Berger. ⟹ Identité, égalité.
Paul est mon frère. ⟹ Identification.
La baleine est un mammifère. ⟹ Classification.

— Dans les deux cas, le sens de l'attribut influe aussi sur la valeur temporelle du SV :

Il est malade. Il est ingénieur. Il est français.

Les autres types de valeur attributive.

La construction *être, rester, demeurer* + suite obligatoire n'exprime pas une manière d'être ou une propriété du sujet, mais une **localisation** :

Paul est **dans le jardin** *depuis ce matin.*

Le complément de temps *depuis ce matin* est clairement un complément circonstanciel. Le groupe *dans le jardin* n'appartient pas à la même catégorie : il est indispensable au sens du SV. On peut donc parler de complément de verbe (§ 233).

> • Certains grammairiens proposent de les traiter comme des attributs. Cela oblige à modifier la définition classique du sens de l'attribut. Cela conduit à négliger la différence des pronominalisations possibles :
> *Paul est vendeur. Il l'est depuis deux ans.*
> *Paul est dans le jardin. Il y est depuis ce matin.*
> Le débat est ouvert.

Sens et syntaxe.

Nous venons de voir qu'une même forme verbale peut être tantôt attributive, tantôt transitive ou intransitive. Ces constructions différentes correspondent à des sens différents :

Verbe attributif	Verbe transitif ou intransitif.
Il paraît malade.	*Le soleil paraît à l'horizon.*
Il est tombé malade.	*Il est tombé dans l'escalier.*
Il fait malade.	*Il fait ses devoirs.*
Il mourut riche.	*Il mourut d'un refroidissement.*

259   Formes et accord de l'attribut du sujet

■ *Les formes.*

■ Alors que la forme type du complément du verbe est le syntagme nominal ou le syntagme prépositionnel (§ 252), la forme type de l'attribut est l'adjectif.

Tout SN peut être identifié comme attribut quand il est remplaçable par un adjectif :

> *J'ai appelé un plombier.*   *J'ai appelé petit / mince...(??)*
> *Mon voisin est **plombier**.*   *Mon voisin est **petit**.*

■ L'attribut du sujet peut être :
— un adjectif :
> *Claire est **brune**. Jean est **heureux**.*

— un syntagme nominal :
> *Claire est **comptable**. Jean est **un bon géomètre**.*
> *Ce produit est **un excellent décapant pour le fer rouillé**.*

▶ • Le SN attribut est employé sans déterminant quand il a une valeur simplement qualifiante. Il doit être déterminé quand il joue un rôle d'identification.

— un pronom :
> ***Qui** sont ces gens ?*

— un syntagme prépositionnel à valeur qualifiante :
> *La pente est **à pic**. Ce panier est **en osier**.*

— un infinitif nominal (parfois introduit par *de*) :
> *Souffler n'est pas **jouer**. Le problème est **de choisir !***

— une proposition complétive :
> *Mon idée est **qu'il a tort de s'obstiner**.*

— une proposition subordonnée relative sans antécédent (§ 278) :
> *Cette vie est **celle qu'il me faut**.*

▶ • Ces deux dernières formes appartiennent à la phrase complexe.

■ *L'accord.*

L'adjectif attribut s'accorde avec le sujet :
> *Elle est contente. Ils sont contents.*

Le nom attribut s'accorde quand il est employé sans déterminant :
> *Pierre et Claire sont directeurs d'école.*

Dans les autres constructions, l'attribut a sa propre autonomie :
> *Cette fête sera le meilleur souvenir de mon voyage.*

260   La place de l'attribut du sujet

■ L'attribut du sujet suit le verbe attributif.

■ Il y a toutefois des cas d'**antéposition obligatoire** :
— avec le pronom *tel* : ***Telle** est mon opinion.*

— en interrogation : *Qui êtes-vous ? Quel est votre nom ?*
— attribut pronominalisé : *Je suis **content**. Je **le** suis vraiment.*

▪ L'antéposition est également possible dans les exclamations de style soutenu. En phrase simple ou complexe :

Maladroit que tu es !
Maladroit comme tu es, tu vas tout renverser !
Si maladroit qu'il soit, il n'a rien cassé en déménageant !

▪ Un auteur peut antéposer l'attribut pour le mettre en relief ou mieux assurer le rythme de sa phrase :

*Ô **triste, triste** était mon âme...* (VERLAINE)

▸ • L'ordre sujet + verbe attributif + attribut correspond parfois à un ordre sujet grammatical + verbe + sujet logique (§ 229) :
*Le problème est de **bien choisir !***
*Le principal divertissement était **le retour des barques.*** (FLAUBERT)
C'est « de bien choisir » qui est « le problème ». C'est « le retour des barques » qui est « le principal divertissement ».

261   Le syntagme verbal : l'attribut du complément d'objet

▪ Le syntagme verbal peut comporter un verbe qui rapporte l'**attribut au complément d'objet** et non pas au sujet :

*Ce chocolat est trop doux. Je trouve ce chocolat **trop doux.***

Dans la première phrase, l'attribut *trop doux* est lié au sujet *ce chocolat* par le verbe attributif *être*. Dans la deuxième, le lien est toujours entre *trop doux* et *ce chocolat*, mais il est établi par le verbe *trouver* (au sens de « juger »).

▪ Certains verbes demandent un attribut qui soit **un adjectif** : *estimer, juger, rendre, traiter de, trouver...*

*Cette réussite l'a rendu **fou de joie.***
*Il l'a traité d'**imbécile !***

— D'autres demandent un **attribut nominal** : *avoir pour/comme, élire, nommer, prendre pour, proclamer...*

*Les élèves ont élu Agnès **déléguée de classe.***
*Je le prenais pour **un bon ami.***

— *Considérer comme, déclarer...* admettent les deux formes :

*Je le considère comme **incapable de faire ce travail.***
*Je le considère comme **un excellent vendeur.***

▸ • Il faut parfois examiner le contexte pour distinguer entre deux emplois apparemment identiques d'un verbe :
a) *Ce chocolat est trop doux. J'aime le chocolat **amer**. Je l'aime **très noir**.*
b) *Je voudrais du chocolat. J'aime le chocolat amer. Vous en vendez ?*
En a), *amer* et *très noir* sont attributs de l'objet. Le verbe *aimer* porte donc un sens attributif. En b), *amer* est épithète de *chocolat*. Le SN *le chocolat amer* est complément d'objet du verbe transitif *aimer*. On ne pourrait pas continuer en disant : *« Vous en vendez amer ? »*

C. Les compléments circonstanciels

262   Formes des compléments circonstanciels

Le complément circonstanciel (§ 234) peut être :
— un SN :
> *André repartira* **la semaine prochaine.**

— un SP :
> **Depuis ce matin,** *le vent souffle plus fort.*

— un adverbe (§ 212) :
> **Hier,** *j'ai reçu une lettre de Pierre.*

— un infinitif en construction prépositionnelle (§ 208) :
> **Pour finir,** *vous mettrez une formule de politesse.*

— une proposition participe (§ 199, 202) :
> **La nuit venant,** *il fallut partir.*
> **La nuit venue,** *il fallut partir.*

— un gérondif (§ 197) :
> **En voulant mieux faire,** *vous avez fait une bêtise.*

— une proposition subordonnée circonstancielle (§ 280) :
> **Quand vous aurez fini,** *venez me voir.*
> **Si la température retombait,** *les fruits seraient menacés.*

▸ • Le dernier cas concerne la phrase complexe.

263   Sens des compléments circonstanciels

▪ Les compléments circonstanciels sont des **circonstants** (CIRC). On les appelle traditionnellement **compléments circonstanciels** « du verbe ». La fin de cette appellation est fausse : ce sont des compléments qui fonctionnent au niveau de la phrase.

▪ Ils expriment **les circonstances** du procès et de l'énonciation. Leurs sens sont donc aussi nombreux que ces circonstances. Si l'on raffine sur les valeurs, on peut dire qu'il y en a un nombre incalculable.

Ce sont le plus couramment :
— des compléments de temps :
> *Je ne l'avais pas vu* **depuis des mois.** (COLETTE)

— des compléments de lieu :
> **Sur des gradins peints en vert,** *elle entretenait toute l'année des reposoirs de plantes en pots...* (COLETTE)

— des compléments de manière :
> **En vraie provinciale,** *ma charmante mère, « Sido », tenait souvent ses yeux de l'âme fixés sur Paris.* (COLETTE)

— des compléments de moyen :
> **D'un geste, d'un regard,** *elle reprenait tout.* (COLETTE)

— des compléments de cause :

> *Je tressaillais, je rougissais **sous la louange piquante, l'œil acéré, la voix aux finales hautes et justes.*** (COLETTE)

— des compléments de but :

> *Il se résigna à prendre un peu de viande **comme un remède,** passé soixante-dix ans.* (COLETTE)

— des compléments d'opposition ou de concession :

> ***À défaut d'une tendresse,** beaucoup plus exceptionnelle qu'on ne l'admet généralement, un homme s'attache à ses fils par le goût orgueilleux d'enseigner.* (COLETTE)

264 Place des compléments circonstanciels

La place des CIRC dans la phrase est **libre**. C'est un critère de leur définition (§ 234).

▸ • Pour la place de l'adverbe complément circonstanciel, voir § 212.

On peut considérer qu'un CIRC placé **en fin de phrase** est à sa place « normale », une place qui n'appelle pas de commentaires particuliers :

> *Il partit **presque aussitôt.*** (COLETTE)

Toute autre construction résulte **d'un choix** et correspond à une **mise en position détachée** du CIRC (§ 315). Elle souligne la ou les circonstances.

— détachement en tête de phrase (thématisation, § 316) :

> ***À la première haleine de la forêt,** mon cœur se gonfle.* (COLETTE)

— détachement en fin de phrase (ajustement, § 318) :

> *Là il est fixé, **à jamais.*** (COLETTE)

— détachement combiné à un souci d'équilibre et d'harmonie de la phrase :

> *Le cadet, un peu gris, resta. Mais l'aîné, **à bout d'efforts,** disparut.*
>
> (COLETTE)
>
> ***Autrefois,** le rossignol ne chantait pas **la nuit.*** (COLETTE)

265 La droite du verbe

Nous avons vu qu'il fallait analyser avec soin les suites composées de plusieurs constituants facultatifs du SN (§ 243). La situation peut être encore plus ambiguë à la droite du verbe.

On rencontre, parfois alignés, parfois inclus les uns dans les autres : des compléments de verbe, des compléments de phrase et des compléments des SN constitutifs des compléments précédents. Il ne saurait être question d'évoquer toutes les ambiguïtés possibles. Nous prenons deux cas classiques d'ambiguïtés pour servir d'exemples aux analyses.

1er cas :

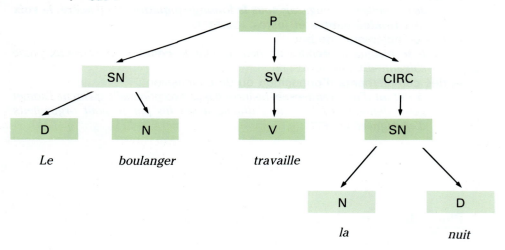

→ *Le boulanger travaille la nuit.*
→ *La nuit, le boulanger travaille.*

Le SN *la nuit* est un CIRC, complément circonstanciel de temps.

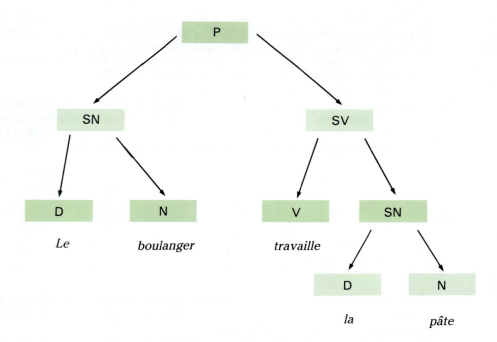

→ *Le boulanger travaille la pâte.*
→ *Le boulanger la travaille.*

Le SN *la pâte* est inclus dans le SV, il est complément d'objet direct.

2ᵉ cas

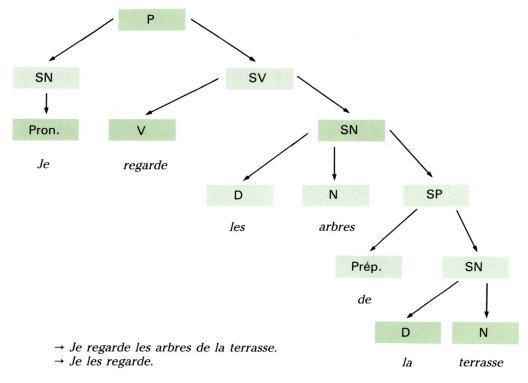

→ *Je regarde les arbres de la terrasse.*
→ *Je les regarde.*

Le SP *de la terrasse* est complément du nom *arbres*.
Le SN *les arbres de la terrasse* est complément d'objet direct.

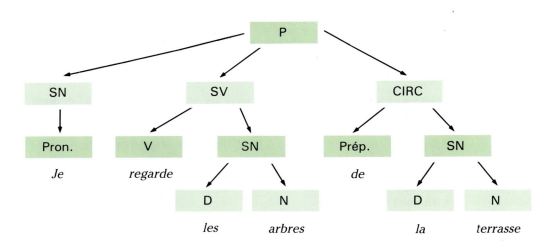

→ *Je regarde les arbres de la terrasse*
→ *Je les regarde de la terrasse.*
→ *De la terrasse, je regarde les arbres.*

Le SN *les arbres* est complément d'objet.
Le SP *de la terrasse* est complément circonstanciel de lieu.

III. LA PHRASE SANS VERBE

266   Définitions

La phrase sans verbe est un énoncé qui ne comporte pas de syntagme verbal. Ce n'est donc pas une proposition.

> • Quand une phrase sans verbe comporte un SN avec une proposition subordon-
> née relative épithète (§ 279), elle ne devient pas pour autant une phrase complexe.
> On ne retient que la valeur d'épithète et la phrase reste rattachable à la catégorie
> des phrases sans verbe :
> *Champs de choux qu'on va couper, ruisselant d'eau et de brouillard, la tête et
> les épaules cachées sous une toile d'emballage. Un labyrinthe vert.* (GRACQ)

L'organisation syntaxique de la phrase sans verbe.

L'organisation syntaxique conduit à distinguer plusieurs sortes de phrases :
— des phrases composées d'**un seul élément** :
> *Oui. Jean ! Sortie. Aïe !*

— et des phrases composées de **plusieurs éléments** :
> *Ô serments ! ô parfums ! ô baisers infinis !* (BAUDELAIRE)
> *Couleurs légères, légers parfums, âmes de printemps.* (SARTRE)

L'appellation courante de **phrase nominale** ne peut pas pleinement convenir puisque ces phrases ne sont pas exclusivement composées de noms
et puisqu'elles ne sont pas toutes des équivalents syntaxiques du nom.
Il faudrait donc parler aussi de phrase adjectivale *(Très heureux !)*, de phrase
adverbiale *(Oui.)*, de phrase infinitive *(À suivre.)*.

L'énonciation : le thème et le propos.

On appelle **thème** d'une phrase, ce dont elle « parle ».

On appelle **propos** d'une phrase ce qu'elle « dit » à propos du thème.

Le thème et le propos peuvent être tous les deux exprimés dans l'énoncé.
— Que l'énoncé soit une phrase sans verbe :

> *Superbe, ta robe !*   *Paul, quel type ennuyeux !*
> **[propos] [thème]**   **[thème]**   **[propos]**

— Ou que l'énoncé soit une phrase verbale :
> *Ta robe / est superbe.*
> **[thème]**   **[propos]**
> *Paul / est un type ennuyeux.*
> **[thème]**   **[propos]**

Mais le thème d'une phrase verbale n'est pas toujours exprimé par le sujet
et, très souvent, l'analyse prête à des interprétations délicates. C'est la raison pour laquelle les grammaires destinées aux lycées abordent cette question avec prudence.
Pour l'analyse des phrases sans verbe, thème et propos offrent des repères
utiles.

267   **Les types de phrases sans verbe**

Il y a plusieurs types de phrases sans verbe. Celles qui comportent un propos ou un thème forment les énoncés réduits, condensés, très nombreux dans les usages écrits et oraux de la langue. La situation ou le contexte permettent de les interpréter.

Phrase formée uniquement d'un propos.

Elle « parle » d'un thème, elle le commente. Le propos peut être déclaratif (exemples de Zola, Aragon), interrogatif (Maupassant), exclamatif (Colette).

Le thème a un référent **dans la situation d'énonciation :**
Attention ! $\implies$ Le référent du thème est le passage dangereux.

À *gauche, mesdames, dit Hutin,*
de sa voix prévenante, malgré $\implies$ Le référent du thème est
son exaspération qui grandissait. dans l'espace fictif (du ma
(ZOLA) gasin) évoqué par le texte.

Le thème est **dans le contexte :**
— *Monsieur désire ?*
— *Je voudrais savoir ce que* $\implies$ La dernière réplique
c'est que cet endroit. a comme thème
— ***Pas autre chose ?*** (MAUPASSANT) la phrase précédente.

Une visite banale, parfois, la laissait cramoisie et sans force au bras du grand
fauteuil capitonné, en reps vert.
— ***Ah ! Ces Vivenet** !... Que je suis fatiguée...* **Ces Vivenet, mon Dieu !**
(COLETTE)

On entendait aboyer les chiens ! Le fermier Lœuf et son fils Gustave, les
valets de ferme, tout le monde fut convoqué, interrogé. **Rien.** (ARAGON)

> • Les propos peuvent être introduits par les présentatifs (§ 319) :
> *C'est idiot ! Voilà le résultat !*
> *La générosité, c'est d'être vainqueur.* (MALRAUX)
> *La salle à manger des Rorschash, à droite du grand vestibule. Elle est vide. C'est*
> *une pièce rectangulaire, longue d'environ cinq mètres, large de quatre.* (PEREC)

Phrase comportant thème et propos.

À l'oral, la phrase associe une mélodie montante à une mélodie descendante :
Pierre,   *quel raseur ! Ce film, un chef-d'œuvre !*
[thème]   **[propos]**
Ennuyeuse, cette affaire. Intéressant, votre travail.
 [propos]   **[thème]**
Waterloo ! Waterloo ! Waterloo ! morne plaine ! (HUGO)

> • La construction propos + *que* + thème est courante quand on porte une
> appréciation personnelle, subjective :
> *Un sacré bonhomme,* **que ce marin !**

197

LES CONSTITUANTS DE LA PHRASE SIMPLE

Les interjections.

Les interjections forment un **ensemble d'unités figées et invariables.** C'est pour cette raison que la grammaire traditionnelle les range parmi les **neuf parties** du discours : nom, adjectif, article, verbe, adverbe, pronom, préposition, conjonction, interjection.

Ce sont des phrases souvent formées d'**un mot bref** et qui expriment un **commentaire** du locuteur. Elles fonctionnent donc comme des phrases sans verbe formées d'un propos. C'est la situation et, à l'oral, l'intonation qui permettent de les interpréter.

L'interjection peut être un mot qui ressemble à un cri :
Aïe ! (douleur) *Hein ?* (question) *Hein !* (étonnement) *Bof !* (indifférence) *Heu...* (hésitation) *Hep ! Ohé !* (appel) *Pouah !* (dégoût) *Zut !* (dépit) *Fi !* (mépris, dans la langue soutenue).
— L'interjection peut aussi être un mot ou un groupe de mots :
Ciel ! Parfait ! Bien ! Hélas ! Dommage ! Au secours !
— Elle comporte des évocations religieuses :
Dieu du ciel ! Sainte Vierge ! Doux Jésus ! Diable !
— Elle est souvent déformée pour éviter de blasphémer ou de jurer par le nom de Dieu :
Nom d'un chien ! Nom d'une pipe ! (= Nom de Dieu !)
Morbleu ! (= Mort de Dieu !) *Parbleu !* (= Par Dieu !)

• Attention à l'orthographe. *Ha !* exprime la surprise. *Ah !* la douleur, la joie, l'admiration...
Hé ! est un appel. *Eh !* exprime l'admiration, la douleur... On écrit : *Eh bien !* (pas : *Et bien*).
Ho ! est un appel ou exprime l'étonnement. *Oh !* exprime la douleur, la surprise...
Ô, ô est une invocation toujours suivie d'un autre mot : *Ô Joie !*

Étiquettes.

Les étiquettes portent des énoncés qui ont l'apparence de phrases sans verbe. Le nom et sa qualification ressemblent au couple thème-propos :
Sel fin. Camembert extra. Huile d'olive.
Mais ces énoncés relèvent de situations d'énonciation tout à fait particulières : ils ne peuvent pas être séparés de ce qu'ils désignent, ils ne disent rien d'autre que ce qu'ils désignent..
On a affaire à **un usage très codé du langage** : *Jus d'orange* et *Pur jus d'orange* ne désignent pas le même produit. Il est donc normal que la logique du codage soit poussée à son terme et que les étiquettes soient remplacées par des codes.

EXERCICES

LES CONSTITUANTS DE LA PHRASE SIMPLE

1 **Les majuscules et les points ont été supprimés. Récrivez ces textes en rétablissant une ponctuation cohérente par rapport au sens.**

a) on annonce des orages sur le midi demain la tendance restera orageuse en début d'après-midi le soleil fera de brèves apparitions sur les zones proches de l'océan à l'aube les températures ne dépasseront pas 10° dans les plaines dans les régions de montagne elles pourront descendre jusqu'à zéro
b) les écologistes de la région ont découvert une décharge sauvage depuis deux ans une société de produits chimiques entrepose des fûts dangereux dans un premier temps il faut faire le bilan de ces dépôts sur ce terrain proche du village des enfants risquent de se blesser ou d'être en contact avec des matières dangereuses

2 **Les verbes de ces phrases sont donnés à l'infinitif. Écrivez-les à un temps convenable en faisant les accords nécessaires.**

a) Le pain, le lait et le beurre (être) sur la table.
b) Paul ou Pierre (venir) réparer la télévision.
c) Une multitude de malheureux (attendre) l'arrivée des secours.
d) Le vent, de même que la pluie, (éroder) le relief.
e) Une des amies de Claire (téléphoner).
f) À cause de la panne des chambres froides, beaucoup de fruits (pourrir).
g) La plupart de mes amis (être) en vacances.

h) Un des voisins de Jean (se blesser) à la cheville.
i) Un film, une superbe aventure, en un mot un chef-d'œuvre (enthousiasmer) le public : « La vie de M. X ».
j) Plus de cent mille personnes (voir) ce film et plus d'un spectateur (vouloir) le revoir.

3 **Comment expliquer les constructions verbe-sujet dans ces phrases ?**

a) Doivent se présenter chez le proviseur les élèves suivants : ...
b) Elle est au lycée, répondit-il.
c) Il est vrai que la décision était difficile à prendre. Du moins auriez-vous pu demander conseil.
d) Il avançait avec précaution. Surgit sur sa droite un sanglier en pleine course.
e) « Ici commençait le domaine des enfants. » (ARAGON)
f) « Aux soirs de grande sécheresse sur la terre, nous deviserons des choses de l'esprit. » (SAINT-JOHN PERSE)
g) « Par la fenêtre ouverte entrait par moment le remue-ménage du poulailler. » (GRACQ)
h) « Là est peut-être le pas décisif qui implique et résume toutes les transformations. » (F. BRAUDEL)

4 **Relevez les syntagmes nominaux des trois phrases qui suivent. Analysez les constituants de ces SN. Vous pouvez suivre les modèles d'arbres donnés dans le § 243.**

a) « Cependant, un long châle à bandes violettes était placé derrière son dos, sur le bordage de cuivre. » (FLAUBERT)

199

b) « L'ombre d'un grand oiseau me passe sur la face. » (SAINT-JOHN PERSE)
c) « L'horizon était un serpentement lointain de collines faiblement bleutées. » (GIONO)

5 Ajoutez deux compléments circonstanciels à chacune de ces phrases. Vous en placerez au moins un en tête de la phrase. Vous utiliserez au moins une fois les adverbes *hier*, *demain* et *le lendemain*.

a) Le soleil brille.
b) Paul est venu.
c) Le bébé dort.
d) Le chat s'est endormi.
e) Je me suis foulé la cheville.
f) Je rencontre mon voisin.
g) Je vais au cinéma.
h) Les nuages s'étirent.
i) Le calme revint.
j) Le peuple de Paris prit la Bastille.

6 Dans ces six phrases du poète Saint-John Perse, relevez :
— les compléments de verbe et donnez leur fonction ;
— les compléments circonstanciels et donnez leur fonction.

a) « L'oiseau pousse son cri. »
b) « J'ai pris connaissance de ton message. »
c) « N'ouvre pas ton lit à la tristesse. »
d) « Un homme mit des baies amères dans nos mains. »
e) « Tu remuais sous la lumière le ruissellement bleu de tes membres. »
f) « Je ne hélerai point les gens d'une autre rive. »

7 Relevez les verbes et classez-les en quatre catégories.
1° Les verbes employés sans complément. 2° Les verbes suivis d'un complément d'objet direct. 3° Les verbes suivis d'un complément d'objet indirect. 4° Les verbes suivis d'un complément d'objet direct et d'un objet second (ou complément d'attribution).

a) « Exposer sa vie devint à la mode. » (STENDHAL)

b) « Derrière les grilles, des groupes de cinq à six personnes causaient. » (FLAUBERT)
c) « Une ardeur les animait. Ils s'en retournèrent au Palais-Royal. » (FLAUBERT)
d) « Un hurlement d'horreur s'éleva de la foule. » (FLAUBERT)
e) « Le gardien du troupeau chante tout doucement » (APOLLINAIRE)
f) « Une boîte à chaussure voisinait avec un colis mou. » (MAC ORLAN)
g) « Tu reviendras mon vieux... On n'oublie pas ses copains. » (IONESCO)
h) « Une femme traversa la salle avec une brassée de fleurs dans les bras. » (CAYROL)
i) « Quelques disques sont empilés sous la table basse. » (PEREC)
j) « La lumière du soleil éclatait partout. » (LE CLEZIO)

8 Relevez les compléments circonstanciels que vous trouverez dans les phrases de l'exercice 7. Donnez leur sens.

9 Ces couples semblent regrouper des phrases de structures identiques. Elles sont en fait très différentes. Montrez-le, soit en expliquant leur construction, soit en dessinant les arbres qui peuvent les représenter (§ 243).

a) Jean a dormi toute la journée. Jean a fait tout son travail.
b) Jean a écouté de la musique. Jean a écouté de son balcon.
c) Il a répondu clairement. Il a répondu, clairement.
d) Je viendrai de Toulouse. Je viendrai de toute façon.
e) Les voitures sont déviées par la police. Les voitures sont déviées par l'itinéraire bis.

10 Composez un exercice semblable à l'exercice précédent. Vous trouverez cinq couples de phrases qui comporteront respectivement les verbes ou les SV : *lire ; chanter ; prendre une photo ; parler ; parler + adverbe.*

200

11 Relevez les compléments circonstanciels. Précisez s'il s'agit d'un syntagme prépositionnel ou d'un syntagme nominal. Donnez leur sens.

a) « Il pâlit de colère. » (FLAUBERT)
b) « Ils avaient marché pendant deux heures pour se retrouver au point de départ. » (G. SAND)
c) « Le train Venise-Trieste s'essouffle pendant deux heures derrière l'autoroute nouvelle, de Venise à Trieste. » (MORAND)
d) « Contre le mur d'une resserre, un chien noir dormait le museau entre les pattes. » (GRACQ)
e) « Les mouettes s'abattaient par bancs ondulants sur les glaçures miroitantes. » (GRACQ)
f) « Sur la plage, la lumière rouge est devenue orange, puis couleur d'or. » (LE CLÉZIO)

12 Relevez les adjectifs et les groupes adjectifs. Précisez s'ils sont épithètes ou attributs.

a) « La guerre civile est le règne du crime. » (CORNEILLE)
b) « Je trouvais mes regards trop pleins de ma douleur. » (RACINE)
c) « Le monde vous croit heureux, vous me croyez dans l'erreur. » (MASSILLON)
d) « L'homme est un animal raisonnable ; l'animal est un être sans raison. » (BUFFON)
e) « La nuit descend lugubre et sans robe étoilée. » (HUGO)
f) « Leurs yeux sont des feux mal éteints » (APOLLINAIRE)
g) « Les plus hautes intelligences de l'espionnage furent des femmes. » (MAC ORLAN)
h) « Je jugeais son examen superflu. » (DUHAMEL)
i) « La ville est jaune de rancune. » (SAINT-JOHN PERSE)

j) « Or malgré les apparences, je suis un faux personnage secondaire. » (SARTRE)

13 Relevez les syntagmes nominaux (SN) et les syntagmes prépositionnels (SP) des phrases de l'exercice 11 et précisez leurs fonctions.

14 Dans les extraits proposés, relevez les phrases sans verbe et classez-les en vous appuyant sur les indications du § 267.

a) « CONDITION DE L'HOMME
Inconstance, ennui, inquiétude ». (PASCAL)
b) « *Rodrigue* — Ôte-moi d'un doute.
Connais-tu bien don Diègue ?
Le Comte — Oui.
Rodrigue — Parlons bas ; écoute.
Sais-tu que ce vieillard fut la même vertu,
la vaillance et l'honneur de son temps ?
Le sais-tu ?
Le Comte — Peut-être. » (CORNEILLE)
c) « Moi, des tanches ! dit-il ; moi, héron,
　　　　　　　　[que je fasse
Une si pauvre chère ? Et pour qui me
　　　　　　　　[prend-on ? »
(LA FONTAINE)
d) « — Flots qui gémissez sur l'écueil,
D'où venez-vous ? — Du bagne sombre.
— Et qu'apportez-vous ? — Un cercueil » (HUGO)
e) « Elle suivait, elle pleurait.
Ses yeux étaient si brouillés que la lumière du jour ne lui paraîtrait jamais claire. Plus jamais. » (PÉGUY)
f) « O dernier feu de l'année ! Le dernier, le plus beau ! Ta pivoine rose, échevelée, emplit l'âtre d'une gerbe incessamment refleurie ». (COLETTE)
g) « Si je l'avais su, je n'aurais pas laissé le silence s'établir entre nous. Trop tard. Ce sont deux petits mots affreux qu'on se redit souvent à mon âge ». (MAURIAC)
h) « Ouf ! Celui-là l'a échappé belle, dit-il de sa voix sombre ». (GIONO)

201

CHAPITRE 9

La phrase complexe

268 Définition

On appelle **phrase complexe** une phrase qui comporte plusieurs propositions (§ 224).
Ces propositions peuvent être **juxtaposées, coordonnées** ou **subordonnées**.

269 La juxtaposition et la coordination

■ *Définitions.*

■ La **juxtaposition** et la **coordination** sont des relations de simple voisinage syntaxique. Elles placent deux ou plusieurs propositions côte à côte pour former une phrase complexe :

Le train part, je le regarde s'éloigner et je quitte la gare.

■ Seule la première proposition commence par une **majuscule**. Seule la dernière se termine par un **point** et une **mélodie conclusive** suivie d'une pose forte.

■ Chacune des propositions juxtaposées et coordonnées peut reprendre son autonomie et redevenir une proposition indépendante ou phrase simple (§ 223) :

Le train part. Je le regarde s'éloigner. Je quitte la gare.

■ *Les propositions juxtaposées et coordonnées.*

■ Les propositions **juxtaposées** sont séparées par une virgule ou un point virgule (§ 385) :

La grille de fer était ouverte, elle lui semblait magnifique, il lui fallait entrer là-dedans. (STENDHAL)
Je l'avais vu presque tout de suite, j'ai de bons yeux. (J. RENARD)
Le vent nous conte sa vieillesse, le vent nous conte sa jeunesse. (SAINT-JOHN PERSE)

202

■ Les propositions **coordonnées** sont liées par une **conjonction de coordination** (§ 220) :

> *La jeune femme le regardait avec des yeux immenses **mais** elle n'avait pas l'air d'être étonnée.* (GIONO)
> *Il me fait peur, il me fait honte **et** il me fait pitié.* (J. RENARD)

■ Quand des propositions juxtaposées ou coordonnées ont le même sujet, on ne repète pas ce sujet :

> ***Elles** jetèrent un grand cri et se détournèrent.* (VOLTAIRE)
> ***Le vent** a pulvérisé les lucarnes et traverse les combles en hurlant, fracasse les meubles.* (LE CLÉZIO)

• Toutes les règles et les valeurs d'emplois concernant la coordination des mots s'appliquent à la coordination des propositions (voir § 218-220).

L'asyndète.

On appelle **asyndète** la suppression systématique des mots coordonnants. C'est donc la juxtaposition qui domine. La **polysyndète** est la multiplication des coordonnants :

> *Enfin le père se relâcha à ne lui demander autre chose, sinon qu'il allât voir le Roi et le Duc d'York le chapeau sous le bras, et qu'il ne les tutoyât point. Guillaume répondit que sa conscience ne le lui permettait pas, et le père, indigné et au désespoir, le chassa de sa maison. Le jeune Penn remercia Dieu de ce qu'il souffrait déjà pour sa cause ; il alla prêcher dans la cité ; il y fit beaucoup de Prosélytes.* (VOLTAIRE)

Voltaire multiplie les coordonnants dans les deux premières phrases et les supprime dans la dernière. Polysyndète et asyndète sont ici au service de l'ironie.

270   La subordination

Définitions.

■ La subordination est une **relation d'inclusion,** elle inclut une proposition dans une autre proposition (§ 218). Elle crée une relation hiérarchique entre :
— une **proposition principale,**
— et une **proposition subordonnée** qui est syntaxiquement et sémantiquement dépendante de la principale.

■ Une proposition subordonnée peut être **incluse dans une proposition principale :**

> *J'espère   que tu m'aideras.*

■ Une proposition subordonnée peut être **incluse dans une autre proposition** subordonnée qui devient principale par rapport à elle :

> *J'espère   que tu m'aideras   si tu peux.*

LA PHRASE COMPLEXE

■■ *La subordination explicite.*

■ La subordination est explicite quand la proposition subordonnée est introduite par un **terme subordonnant spécifique.**

■ Le subordonnant spécifique peut être :
— une **conjonction de subordination** ou une **locution conjonctive** (§ 222) :
> *Quand j'aurai fini ce travail, j'irai à la piscine.*
> *Il ne viendra pas bien qu'il l'ait promis.*

— un **adverbe interrogatif** ou un **pronom interrogatif** (§ 310) :
> *Je me demande où est passé ce livre.*
> *Je me demande à quoi tu penses.*

— un **pronom relatif** (§ 275) :
> *J'ai lu le livre que tu m'as prêté.*

■■ *La subordination implicite.*

> *Il me le dirait, je ne le croirais pas.*
> *Il viendra, tellement il a envie de venir.*
> *Faut-il aider quelqu'un, il est toujours d'accord.*

Du point de vue de la syntaxe, les deux propositions de chacune de ces phrases semblent simplement juxtaposées.
Mais aucune des deux n'est autonome. Elles ne peuvent pas fonctionner seules :
> *Il me le dirait...* ⟹ Mélodie suspensive sans conclusion (§ 299).
> *tellement il a envie de venir...* ⟹ Présence de l'adverbe.
> *Faut-il aider...* ⟹ Ordre verbe-sujet et mélodie non conclusive.

Il y a donc une juxtaposition syntaxique associée à une subordination sémantique. On appelle cette construction une **subordination implicite** (ou **sémantique**).

■■ *La subordination inverse.*

> *Il me le dirait que je ne le croirais pas.*
> *À peine était-il parti que vous arriviez.*

Du point de vue de la syntaxe, les deux propositions de chacune de ces phrases semblent subordonnées.
Mais dans les deux cas, la proposition de tête ne peut pas fonctionner seule. Elle est la proposition subordonnée. C'est donc la proposition principale qui est introduite par l'élément *que.*
On appelle cette construction une **subordination inverse.**

■■ *La parataxe.*

On appelle parataxe la suppression systématique des subordinations. C'est un procédé caractéristique de l'oral, des slogans publicitaires et des titres de presse. La subordination implicite est un des procédés de la parataxe.
> *Chute de neige : attention aux avalanches* ⟹ Parce qu'il y a des chutes de neige...

■ *Les différentes propositions subordonnées.*

En tenant compte des subordonnants qui les introduisent, des mots supports dans la proposition principale et de leurs fonctions, on distingue quatre grands types de propositions subordonnées :
— les propositions subordonnées complétives ou conjonctives (§ 271 et 272),
— les propositions subordonnées interrogatives indirectes (§ 310),
— les propositions subordonnées relatives (§ 274-279),
— les propositions subordonnées circonstancielles (§ 280-293).

I. LES PROPOSITIONS SUBORDONNÉES COMPLÉTIVES (OU CONJONCTIVES)

271   Les subordonnants et les supports

■ *La conjonction* que.

Les propositions complétives introduites par *que* peuvent avoir divers supports :
— un verbe :
> Je **sais que** tu me crois. Je **souhaite que** tu reviennes.
— un verbe impersonnel :
> **Il faut que** tu viennes. **Il est nécessaire que** tu renvoies Jean.
— un adjectif :
> Je suis **heureux que** tu sois revenu.
— un nom (du type *l'idée, la pensée, le sentiment...*) :
> **La pensée que** tu puisses échouer me fait peur.

Elles peuvent aussi ne pas avoir de support :
> **Que** tu me croies ou non importe peu.
> Ce serait sympathique **que** tu puisses venir.

■ *Les locutions conjonctives* à ce que, de ce que.

Elles ont comme supports :
— un verbe :
> Il **travaille à ce que** tout soit vite réparé.
> Je me **réjouis de ce que** vous avez dit.
— ou un adjectif :
> Sois **attentif à ce qu'**il dit.
> Je suis **heureux de ce que** tu m'as dit.

272 Les fonctions des propositions complétives et l'emploi des modes

Ces propositions sont appelées propositions complétives, propositions conjonctives pures (H. Bonnard), propositions conjonctives introduites par *que* (R.-L. Wagner, J. Pinchon), propositions substantives (M. Grévisse)... Le terme de **complétive** est le terme traditionnel et courant. Nous l'avons conservé, bien qu'il ne convienne pas aux complétives... sujets.

La complétive sujet.

Elle est toujours **en tête de phrase** et elle est toujours au **subjonctif** :
Que Paul soit un bavard est bien connu.
Qu'il soit en retard m'ennuie.
Qu'il vînt eût été souhaitable.

C'est un tour de la **langue soutenue.** La langue courante conserve l'ordre principale-subordonnée dans une construction impersonnelle ou personnelle :
Il est bien connu que Paul est un bavard.
Cela m'ennuie qu'il soit en retard.

La complétive complément d'objet.

C'est le cas le plus fréquent. La proposition complétive fait partie du syntagme verbal. Elle est **complément d'objet** du verbe.

Tous les **verbes transitifs** (§ 247) qui expriment une perception, une déclaration, une croyance, un savoir, un point de vue, un sentiment... peuvent être construits avec une proposition complétive objet :
*Je vois **qu'il vient.***
*Je veux **qu'il vienne.** Je crains **qu'il (ne) vienne.***
*Je m'étais bien douté **que mon départ ferait du bruit.*** (MONTESQUIEU)
*Lucien remarqua **que la dame aux cheveux cendrés souriait encore...***
(STENDHAL)
*L'enfant veut **qu'on le peigne sur le pas de la porte.*** (SAINT-JOHN PERSE)

• Dans le style soutenu, certains verbes de la principale demandent un *ne* **explétif** avant le verbe de la subordonnée (§ 216) :
*Je crains presque, je crains qu'un songe **ne** m'abuse.* (RACINE)
• Rappel. Un même verbe transitif peut demander un complément d'objet direct et une proposition complétive indirecte. Ou l'inverse (§ 253).

Le verbe de la proposition complétive est à l'indicatif ou au subjonctif selon le sens du verbe de la principale et selon la modalité de cette principale (§ 190 et 191) :
Notre seule réunion signifie que rien n'est perdu. (GIRAUDOUX)
Priam craint que l'envoyé ne soit massacré à son débarquement.
(GIRAUDOUX)

■ Quand le verbe de la principale exprime une **déclaration** (*dire, affirmer, exposer, prétendre, soutenir, crier, murmurer, nier...*), une pensée ou une opinion (*penser, croire, juger, comprendre, sentir...*), la proposition complétive appartient au **discours rapporté indirect** (§ 308).
Quand les verbes expriment une interrogation, ils demandent une **subordonnée interrogative indirecte** (§ 310).

La complétive après un verbe impersonnel.

Elle est toujours au **subjonctif** :
> *Il est bien **que tu sois** venu.*
> *Faut-il **que les mortels ne soient** heureux qu'en songe ?* (VOLTAIRE)
> *Il faut **que l'on sente** toujours la marche des heures.* (ALAIN)
> *Il importe **que les passions se dessinent** sur la chaîne du temps.* (ALAIN)

La complétive attribut.

■ **Le mode** de la proposition complétive attribut peut dépendre **du sens de la proposition principale** :
> *Son opinion est **que tout va mal.** Son espoir est **que tout aille mieux.***

■ **Le mode** peut aussi **orienter le sens** global de la phrase :
> *L'important est **que tu es là.***
> *L'important est **que tu sois là.***

Dans les deux cas, la personne est là. L'indicatif met l'accent sur la réalité du fait exprimé dans la complétive : « tu es là ». Avec le subjonctif (§ 188), l'accent est mis sur le fait exprimé dans la principale : « c'est important ».

La complétive complément d'un adjectif ou d'un nom.

■ **Le mode** de la proposition complétive peut dépendre **du sens du mot support** :
> *Je suis certain **qu'il viendra.***
> *Je suis heureux **qu'il vienne.***
> *Et j'aurai quelque espoir qu'elle pût me chérir !* (CORNEILLE)
> *D'autres fois, j'avais le sentiment qu'on se servait de moi.* (SARTRE)

■ **Le mode** peut aussi **orienter** le sens général de la phrase :
> ***L'idée que tu viendras** me fait plaisir.*
> ***L'idée que tu viennes** me fait plaisir.*

Dans les deux phrases, la venue est acquise. Il n'y a pas de doute. L'indicatif met l'accent sur la réalité du fait exprimé dans la complétive : « tu viendras ». Avec le subjonctif (§ 188), l'accent est mis sur le fait exprimé dans la principale : « l'idée de la venue plaît ».

> • Attention à ne pas confondre la conjonction de subordination *que* et le pronom relatif *que* (§ 275).

II. LES PROPOSITIONS SUBORDONNÉES INTERROGATIVES INDIRECTES

273 Leurs emplois

Du point de vue de la syntaxe de la phrase complexe, les propositions subordonnées interrogatives indirectes sont des **propositions compléments d'objet** de verbes comme *dire, demander, se demander, savoir, voir, comprendre*, etc. :

> *Je me demande **si tu pourras venir**.*

Mais du point de vue de l'énonciation, les propositions subordonnées interrogatives indirectes et certaines propositions complétives objets appartiennent au **discours rapporté indirect.** Il est donc préférable de les étudier en les rattachant à l'analyse générale du discours rapporté (§ 310).

III. LES PROPOSITIONS SUBORDONNÉES RELATIVES

274 Le pronom relatif : définition

Le pronom relatif est un mot subordonnant.

Comme la conjonction de subordination, le pronom relatif inclut une proposition dans une autre proposition. Il crée donc une relation hiérarchique de dépendance pour la proposition subordonnée dite relative (§ 218, 270).

Le pronom relatif est un pronom.

Quand le pronom relatif **a un antécédent**, il « représente » cet antécédent et l'antécédent sert de support à la proposition relative :

> *J'ai lu **les deux livres que** tu m'a prêtés.*

Quand le pronom relatif **n'a pas d'antécédent**, il « désigne » un référent indéterminé. Les formes en *qui* désignent un référent animé, les autres formes un référent non animé. La proposition relative peut être introduite par le pronom de forme simple, ou par un groupe formé d'un démonstratif et du pronom relatif :

> ***Qui veut voyager loin** ménage sa monture.*
> ***Celui qui a dit cela** est un menteur.*
> *Advienne **que pourra**.*
> ***Ce que tu me dis** est un mensonge.*

275 Le pronom relatif : les formes

■ Les pronoms relatifs comportent deux séries de formes.
— Des **formes simples** : *qui, que, quoi* ; et deux **adverbes relatifs** : *dont, où*. Toutes ces unités sont invariables.
— Des **formes composées** variables en genre et en nombre.

Formes simples	Formes composées			
	singulier		pluriel	
	masculin	féminin	masculin	féminin
qui *que, quoi* *dont* *où*	*lequel* *duquel* *auquel*	*laquelle* *de laquelle* *à laquelle*	*lesquels* *desquels* *auxquels*	*lesquelles* *desquelles* *auxquelles*

■ On ajoute à ces formes des pronoms **relatifs dit indéfinis** : *qui que, quoi que, qui que ce soit qui (que), quoi que ce soit qui (que), quiconque.*

▶ • Les formes *qui, que, quoi, où, quoi que* et *quiconque* n'appartiennent pas qu'à la catégorie des pronoms relatifs. L'index relève les nombreux autres classements de ces formes.

276 Le pronom relatif : les emplois et les fonctions

On abordera dans ce paragraphe la fonction du pronom relatif **dans la subordonnée relative.**
Il ne faut pas confondre ce point avec la fonction de la proposition subordonnée relative **dans la phrase** qui est traitée aux § 277 et suivants.

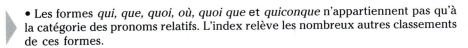 *Le pronom relatif* qui.

■ Le pronom relatif *qui* est toujours **sujet de la subordonnée relative.** Il représente un antécédent animé ou non animé :
> Les enfants qui arrivent... Les idées qui comptent...
> Lucien fut frappé par la joie contenue qui brillait dans les petits yeux du maître de poste. (STENDHAL)

▶ • *Lequel* s'emploie dans la langue écrite quand il pourrait y avoir une hésitation sur l'antécédent. La subordonnée relative est toujours en position détachée :
> Il y a au premier étage une petite salle à manger différente de celle où l'on mange ordinairement, laquelle est au rez-de-chaussée. (ROUSSEAU)

■ **Précédé d'une préposition,** le pronom relatif *qui* est complément indirect : *à qui, de qui, pour qui, avec qui...* L'antécédent doit être un nom animé :
> Les amis avec qui nous partons en vacances habitent à côté.
> C'est un chien à qui elle fait mille caresses. (VAUGELAS)
> Il faut bien des affaires avant qu'on soit logé, qu'on ait trouvé les gens à qui on est adressé. (MONTESQUIEU)

• Quand l'antécédent est un nom non animé, on emploie le relatif composé :
C'est le livre auquel je pensais.
• Mais l'usage a toujours permis l'emploi du relatif composé avec un antécédent animé :
La personne à laquelle je pensais pourrait vous aider.

Le pronom relatif que.

Le pronom relatif *que* est **complément d'objet direct du verbe de la relative.** Il représente un antécédent animé ou non animé :
> *Les enfants que vous voyez... Les idées que j'ai exposées...*
> *Un héros qu'on opprime attendrit tous les cœurs.* (VOLTAIRE)
> *Les feuilles que l'hiver entasse,*
> *Sans savoir où le vent les chasse,*
> *Volent en pâles tourbillons.* (LAMARTINE)

Que peut aussi être **attribut** :
> *C'est l'image même de l'élève que j'étais.*

Le pronom relatif quoi.

Le pronom relatif *quoi* est toujours **complément indirect** : *à quoi, sur quoi, avec quoi...*

Dans la langue classique, *quoi* représentait un antécédent non animé :
> *Ce n'est pas un bonheur après quoi je soupire.* (MOLIÈRE)

Aujourd'hui, le pronom relatif *quoi* a quasiment disparu de l'usage courant. Le relatif composé a pris sa place : *un bonheur après lequel je soupire.*

Quoi reste cependant usuel dans les tours *c'est à quoi...* et *sans quoi*, où il représente un neutre ou une phrase :
> *Fais attention, sans quoi tu auras des ennuis.*

On le retrouve également dans l'expression *moyennant quoi* :
> *Flatter ceux du logis, à son maître complaire ;*
> *Moyennant quoi votre salaire*
> *Sera force reliefs de toutes les façons.* (LA FONTAINE)

• L'usage classique peut être conservé, même s'il passe pour archaïque :
Il atteignit la table sur quoi était posé un vase.
C'est une idée avec quoi il faudra compter.

L'adverbe relatif dont.

L'adverbe relatif *dont* a le même sens que *de qui, duquel*. Il représente un antécédent animé ou non animé. Il peut remplir deux fonctions dans la subordonnée relative.

— **Complément d'un nom** de la relative :
> *L'homme dont tu regardes la photo...* ⟹ La photo de l'homme.
> *Je revoyais la cuisine dont la fenêtre s'ouvrait sur une cour anormalement*
> *étroite.* (CAILLOIS)

• On peut employer *de qui* quand l'antécédent est animé :
L'homme de qui tu regardes la photo...
• On doit employer *de qui* et *duquel* quand le pronom relatif est complément d'un nom précédé d'une préposition :
C'est un cinéaste dans les films de qui (duquel) il y a toujours beaucoup d'action.

— **Complément indirect du verbe** de la relative :
> *L'homme dont je t'ai parlé...* ⟹ Je t'ai parlé de cet homme...
> *Le livre dont je t'ai parlé...* ⟹ Je t'ai parlé de ce livre...
> *Mon oncle Émile me fit cadeau d'une petite machine à écrire dont je ne me servis pas.* (SARTRE).

> • On peut employer *de qui* quand l'antécédent est animé :
> *L'homme de qui tu regardes la photo.../de qui je t'ai parlé...*
> Ou *duquel, de quoi* (langue soutenue) quand l'antécédent est non animé :
> *Le livre duquel je t'ai parlé...*

L'adverbe relatif où.

L'adverbe relatif *où* représente un nom non animé. Il est **complément direct ou indirect de lieu ou temps :**
> *Le village où j'habite... Le jour où tu es parti...*
> *Le pays d'où il vient... Le quartier par où je passe...*
> *L'oie de Toulouse connaît le chemin, les bonnes herbes, et l'heure où il faut rentrer.* (J. RENARD)
> *Près de la fenêtre d'où on avait appelé se tenaient une femme et deux enfants.* (GIONO)

Comme **complément de temps,** *où* est en concurrence avec *que* :
> *Je viendrai le jour où (que) tu voudras.*

Les pronoms relatifs composés lequel, duquel, auquel...

Les emplois des pronoms relatifs composés sont parallèles aux emplois des relatifs simples *qui, quoi* et *dont.* Nous les avons indiqués dans les remarques accompagnant ces relatifs.

Les pronoms relatifs indéfinis.

Ils n'ont jamais d'antécédent. Ils assurent plusieurs fonctions.
— **Sujet :** *quiconque, qui que ce soit qui, quoi que ce soit qui.*
> *Quiconque dit le contraire est un menteur.*
> *Puisse périr comme eux quiconque leur ressemble.* (RACINE)
— **Attribut :** *qui que, quoi que.*
> *Qui que vous soyez, vous devez être poli.*
— **Complément d'objet :** *quoi que, qui que ce soit que, quoi que ce soit que.*
> *Quoi qu'on fasse,*
> *Rien ne change un tempérament.* (LA FONTAINE)

277   Places du pronom relatif et du sujet de la relative

Le pronom relatif doit **suivre son antécédent** du plus près possible pour éviter toute ambiguïté.
Toutefois, quand aucune confusion n'est à craindre, cette règle peut être assouplie. C'était souvent le cas dans la langue classique :
> *Un loup survint à jeun, **qui** cherchait aventure.* (LA FONTAINE)
> *Bien **des gens** vont jusqu'à sentir le mérite d'un manuscrit qu'on leur lit, **qui** ne peuvent se déclarer en sa faveur jusqu'à ce qu'ils aient vu le cours qu'il aura dans le monde...* (LA BRUYÈRE)

■ La place du sujet de la proposition relative.

— Le pronom relatif *qui* est nécessairement **avant le verbe.**

— Avec les autres pronoms relatifs, l'ordre **verbe-sujet** est possible quand le sujet n'est pas un pronom :

> *C'est une histoire dont me parlaient mes parents.*
> *Ce monarque doit s'occuper du détail en quoi consiste la liberté civile.*
> (ROUSSEAU)
>
> *Je veillerai pour entretenir le feu auprès duquel dormira la petite.* (GIDE)
> *Ils s'étaient regardés dans le fond de leurs yeux*
> *Apercevant enfin la clairière attendue*
> *Où couraient de grands cerfs dans toute leur franchise.* (SUPERVIELLE)

278   Les propositions subordonnées relatives sans antécédent

■■■ *Les subordonnants.*

Le subordonnant d'une proposition relative sans antécédent peut être :
— un pronom relatif simple :
> ***Qui*** *vivra verra.*

— un pronom relatif indéfini :
> *J'en parlerai à* **quiconque** *voudra bien m'écouter.*

— un groupe démonstratif + pronom relatif :
> *J'ai retrouvé un homme différent de* **celui que** *je connaissais.*

— le groupe *tel* + relatif :
> ***Tel qui*** *rit vendredi, pleurera dimanche.*

■■■ *Les fonctions des relatives sans antécédent.*

— **Sujet :**
> ***Qui peut le plus,*** *peut le moins.*
> *A la troisième lunaison,* **ceux qui veillaient** *aux crêtes des collines replièrent leurs toiles.* (SAINT-JOHN PERSE)

— **Attribut :**
> *La vie ambulante est* **celle qu'il me faut.** (ROUSSEAU)

— **Complément d'objet :**
> *Vous pouvez prendre* **ce que vous voudrez.**
> *J'aime* **celui qui m'aime** (PRÉVERT)

— **Complément du verbe :**
> *Je vais* **où va le vent.**

— **Complément circonstanciel :**
> ***Après ce qu'il m'a fait,*** *je ne lui parle plus !*

■■■ *La subordonnée relative infinitive.*

Elle est toujours **complément d'objet :**
> *Il a trouvé* **à qui parler** *!*
> *L'événement n'offre pas* **de quoi rire.**

279 Les fonctions et les valeurs d'emploi des propositions subordonnées relatives avec antécédent

Les relatives avec antécédent ont, à l'égard de leur antécédent, les mêmes fonctions que l'adjectif qualificatif.

> • L'emploi du mode indicatif ou du mode subjonctif dans les propositions subordonnées relatives est étudié aux § 190 et 191.
> La règle dite de « concordance des temps » s'applique (§ 194) :
> *Il y a peu de rois qui sachent chercher la véritable gloire.* (FÉNELON)
> *Il était impossible de rencontrer un lieu qui promît au voyageur une halte plus agréable.* (MÉRIMÉE)

■ *La subordonnée relative épithète.*

Ma mémoire brouillait le souvenir des villes **où j'étais passé.** (CAILLOIS)
Le vieux Namam raconte les histoires **qu'il a entendues autrefois.**

(LE CLÉZIO)

Voir § 238 et 242.

■ *La subordonnée relative attribut du complément d'objet.*

On la rencontre après des verbes de perception *(voir, entendre)*, et les verbes comme *trouver* (§ 261) :
J'entends Paul **qui rentre.**
Considérez que c'est une chose bien triste
De le voir **qui s'en va.** (HUGO)

■ *La subordonnée relative en position détachée.*

Elle peut avoir :
— une valeur d'identification ou de description (§ 239, 242) :
    Guillaume, **qui est mon frère aîné,** *travaille en Italie.*
— une valeur de cause :
    L'automobiliste, **qui avait trop bu,** *a percuté un arbre.*
— une valeur de temps :
    Paul, **qui est un ami d'enfance,** *est maintenant mon beau-frère.*
— une valeur de concession :
    Mademoiselle de Saint-Yves, **qui n'avait jamais vu le père ni la mère,** *assura que l'Ingénu leur ressemblait parfaitement.* (VOLTAIRE)

■ *La subordonnée relative de liaison.*

Elle est toujours séparée de son antécédent par une pause (qui peut aller jusqu'au point). Elle est placée à côté de la proposition principale comme si elle lui était juxtaposée :
Il poussa la porte, **qui s'ouvrit lentement.** → *Il poussa la porte, elle s'ouvrit lentement.*
Je viens au dialogue, **qui est le principal moyen du drame,** *mais aussi le plus clair.* (ALAIN)

LA PHRASE COMPLEXE

213

IV. LES PROPOSITIONS SUBORDONNÉES CIRCONSTANCIELLES

280 Définitions

Les propositions subordonnées dites circonstancielles sont toutes des **circonstants de la phrase** (§ 234 et 262).
On les classe selon leur sens. Les classements diffèrent selon les grammaires, mais sept types de subordonnées sont généralement distingués.
— circonstancielles de temps (§ 281-282) :
— circonstancielles de cause (§ 283-284).
— circonstancielles de conséquence (§ 285-286).
— circonstancielles de but (§ 287).
— circonstancielles d'hypothèse et de condition (§ 288-291).
— circonstancielles de concession et d'opposition (§ 292).
— circonstancielles de comparaison (§ 293).

Les propositions subordonnées circonstancielles sont introduites par des **conjonctions de subordination** ou des **locutions conjonctives**. Beaucoup ne correspondent qu'à un type de circonstancielles. Les plus courantes ont des emplois variés. C'est en particulier le cas de *que, quand, comme, si* (voir l'index).

Quand deux propositions subordonnées circonstancielles juxtaposées ou coordonnées sont introduites par la même conjonction, la seconde peut toujours être remplacée par la conjonction *que* :
> *Puisqu'on plaide, et **qu'**on meurt, et **qu'**on devient malade,*
> *Il faut des médecins, il faut des avocats.* (LA FONTAINE)
> *Comme les ennuis de Frédéric n'avaient point de cause raisonnable et **qu'**il ne pouvait arguer d'aucun malheur, Martinon ne comprit rien à ses lamentations sur l'existence.* (FLAUBERT)
Quand la conjonction est le *si* d'hypothèse, *que* demande le subjonctif (§ 290).

A. Les propositions subordonnées circonstancielles de temps

281 Les subordonnants et les constructions

Relation de temps et subordonnées de temps.

Toutes les propositions d'un énoncé entretiennent entre elles des rapports de temps ; par leurs verbes respectifs, par les conjonctions, prépositions et adverbes qui les lient, ou tout simplement, par le simple fait de leur succession :
> *Il ouvrit la porte, entra et referma derrière lui.*

214

Quand la relation de temps est exprimée par **une marque de subordination,** on a une proposition subordonnée circonstancielle de temps.
— Les marques de la subordination sont des conjonctions et des locutions conjonctives formées avec *que* et avec l'adverbe relatif *où.* La subordination peut également être implicite ou inverse.
— Ces marques se combinent avec les valeurs temporelles et aspectuelles (§ 111) des deux verbes pour donner le sens de la subordonnée de temps.

> • L'ordre verbe + sujet dans la subordonnée circonstancielle de temps est un tour de la langue littéraire :
> **Quand se leva le soleil,** *il avait pris sa décision.*

Les subordonnants : quand, lorsque, comme, maintenant que.

Le sens complet de la relation de temps est donné par l'ensemble de la phrase.

Il peut y avoir **simultanéité :**
> **Quand il fait beau,** *je fais un tour dans le bois.*
> **Comme il finissait,** *elle lui remplit de nouveau son bol à ras bord.* (GIONO)

Antériorité de la subordonnée :
> **Quand j'aurai fini ce travail,** *j'irai faire un peu de vélo.*

Postériorité de la subordonnée :
> **Quand il arriva,** *le match était terminé.*

Les autres subordonnants.

Il y a **simultanéité.**
On emploie dans ce cas : *tandis que, pendant que, cependant que, aussi longtemps que, tout le temps que, tant que, à mesure que, au fur et à mesure que.*
Simultanéité répétitive ou itérative : *chaque fois que, toutes les fois que.*
Simultanéité immédiate : *au moment où, aussitôt que, sitôt que, en même temps que.*
> *Je resterai* **aussi longtemps** *que vous voudrez.*
> **Chaque fois que** *je viens le voir, il est absent.*
> *Je n'ai guère d'esprit, et je m'en aperçois bien* **sitôt que** *je veux dire quelque chose.* (MUSSET)
> **Au moment où** *le jeune homme entra dans le salon, quelques joueurs s'y trouvaient déjà.* (BALZAC)
> **A mesure qu'**il avançait vers Nogent, elle se rapprochait de lui.* (FLAUBERT)

La principale est **postérieure.**
On emploie : *après que, depuis que, dès que, du moment où, sitôt que, aussitôt que, à peine... que* + aspect accompli.
> *Je l'ai rencontré* **après que Paul m'a téléphoné.**
> **Dès que le cavalier fut en selle,** *tous s'enfuirent.* (FLAUBERT)

La principale est **antérieure.**
On emploie : *avant que, jusqu'à ce que, en attendant que, jusqu'au moment où (que), avant le moment où, que* (langue soutenue).
> *Je vais essayer de le rencontrer* **avant qu'il ne soit reparti.**
> *Je ne bougerai pas* **que tu ne m'aies répondu.**

215

*Il faut bien des affaires **avant qu'on soit logé, qu'on ait trouvé les gens** à qui on est adressé.* (MONTESQUIEU)
*Je verrai cet instant **jusqu'à ce que je meure...*** (HUGO)

▓ *Autres subordinations.*

— Subordination **implicite** (§ 270) :
Je suis arrivé, *il partait.*
A peine était-il arrivé, *ils commencèrent à se disputer.*
— Subordination **inverse** :
A peine était-il arrivé *qu'ils commencèrent à se disputer.*

282 Les modes dans la subordonnée temporelle

■ **L'indicatif** est de règle après les subordonnants qui permettent l'actualisation du procès exprimé dans la subordonnée :
*Je venais chaque fois que je **pouvais.***
*Je viendrai après que tu **seras parti.***
*Je courrai avec lui jusqu'au moment où le souffle me **manquera.***

■ **Le subjonctif** est de règle après les subordonnants qui introduisent un procès postérieur et l'envisagent avant sa réalisation *(avant que, en attendant que, jusqu'à ce que, sans attendre que)* :
*Je viendrai avant que tu **sois parti.***

■ Les **propositions participes** expriment une relation de temps qui a parfois valeur de cause :
— simultanéité, avec le participe présent (§ 199) :
La nuit venant, *il fallut rentrer.*
— antériorité, avec le participe passé (§ 202) :
La nuit venue, *il fallut rentrer.*
ou avec le participe présent de forme composée (§ 200) :
La nuit étant venue, *il fallut rentrer.*

B. Les propositions subordonnées circonstancielles de cause

283 Les subordonnants et les constructions

La proposition subordonnée circonstancielle de cause exprime un fait qui est présenté comme étant la cause, la raison, le motif du fait exprimé dans la principale.

La cause est présentée comme réelle par le locuteur.

Le subordonnant a un sens de **relation causale.** Il s'agit de : *parce que, puisque, comme, étant donné que, du fait que, vu que, attendu que* (langue de l'administration et de la procédure) :

> *Puisqu'il n'y tient pas,* je ne viendrai plus le voir.
>
> *« Moi, ce procès-là m'a fait de la peine », dit Dussardier, « **parce que ça déshonore un vieux soldat. »** (FLAUBERT)*
>
> *Partez, **puisque vous me refusez votre aide.*** (GIRAUDOUX)

Le subordonnant peut souligner le rôle d'une cause **précise.** On rencontre : *d'autant plus que, surtout que* (dans la langue familière), *d'autant que* (dans la langue soutenue), *c'est que* (lorsque la principale commence par *si*) :

> *Je ne viendrai plus le voir, **d'autant qu'il** n'y tient pas.*
>
> *Si vous avez une mauvaise note, **c'est que** votre travail est bâclé.*

Le subordonnant exprime une **antériorité à valeur causale :** *dès lors que, du moment que, dès que, depuis que, dès l'instant que.*

> ***Du moment que** vous êtes d'accord, je n'ai rien à ajouter.*
>
> ***Dès qu'il** s'aperçut que l'un des deux chiens était à lui, il le saisit par le collier...* (J. RENARD)

> • Quand l'énonciateur emploie *parce que,* il considère que la cause n'est pas encore connue. Quand il emploie *puisque,* il considère que la cause est connue et donnée comme évidente.

La cause est soutenue par autrui et on la juge discutable.

On emploie *sous prétexte que, sous le prétexte que :*

> *Il n'est pas venu **sous prétexte que** je ne l'avais pas prévenu.*
>
> *Le problème consiste à ne pas nier l'individuel **sous prétexte qu'**il est frappé de contingences.* (F. BRAUDEL)

La cause est présentée comme incertaine, ou elle est niée.

— La cause présente une alternative : *soit que... soit que...*

> *Je viendrai, **soit qu'il m'invite, soit que je m'invite moi-même !***

— La cause n'est pas intervenue : *sans que.*

> *Il est venu **sans que je le prévienne.***

— La cause réelle est opposée à une cause discutable : *non que... mais, non pas que... mais.*

> *Je ne le vois plus, **non que nous soyons fâchés, mais je préfère en rester là.***

Autres subordinations.

— Subordination **implicite** (§ 270) avec *tant, tellement, si :*

> *J'ai fini par céder, **tellement il m'ennuyait.***
>
> *Je l'aime bien, **il est si gentil.***

— Subordination **inverse** avec mélodie suspensive sans conclusion sur la cause :

> ***Vous êtes donc fâchés,** qu'on ne vous voit plus ensemble.*

217

284 Les modes dans la subordonnée de cause

■ L'**indicatif** est de règle quand la cause est soutenue par le locuteur ou autrui. Le procès est actualisé.

■ Le **subjonctif** est de règle quand la cause est incertaine ou niée.

▶ • Rappel. L'épithète en apposition a souvent la valeur d'une subordonnée de cause (§ 55).

C. Les propositions subordonnées circonstancielles de conséquence

285 Les subordonnants et les constructions

La proposition subordonnée circonstancielle de conséquence exprime un fait qui est présenté comme la conséquence, la suite logique ou matérielle, le résultat du fait exprimé dans la principale.
— Les subordonnants sont des locutions conjonctives construites avec *que*. Beaucoup sont disjointes : *si... que.*
— L'ordre est presque toujours : principale + subordonnée.

■ *La conséquence dépend simplement de la proposition principale.*

On emploie : *si bien que, de (telle) manière que, de (telle) sorte que, de (telle) façon que, sans que, en sorte que.*
   *Le voleur n'a fait aucun bruit, **si bien que personne n'a été réveillé**.*
   Il lui conta ses mélancolies au collège, et comment dans son ciel poétique resplendissait un visage de femme, si bien qu'en la voyant pour la première fois, il l'avait reconnue. (FLAUBERT)

■ *La conséquence dépend d'une intensité.*

— Cette intensité concerne **le verbe de la principale**. La locution conjonctive l'accompagne : *au point que, à un tel point que, tant que, tellement que, trop pour que, assez pour que...*
   *Je tremble **au point que je suis incapable d'écrire**.*
   *J'ai **tellement peur que je tremble**.* ⟹ Verbe : avoir peur.
— Cette intensité concerne **un autre mot** de la principale. La locution conjonctive disjointe encadre le mot : *si... que, trop, assez... pour que, tellement... que, tel... que, tant de... que, trop de, assez de... pour que.*

*Cette table est **si** grande **qu'elle ne tient pas dans ma voiture.***
*Les lettres sont **tellement** petites **qu'on a de la peine à lire.***
*Tu as invité **trop de** gens **pour que je puisse les saluer tous.***

• La presse use systématiquement de phrases sans verbe où le rapport de consé-
quence est marqué par deux points :
Départs en vacances : embouteillages dès ce soir.
C'est un procédé qui peut s'appliquer aussi aux phrases verbales. Il correspond
alors à une subordination implicite :
En 1715 Louis XIV meurt : un nouveau siècle commence.
Mais il ne faut pas trop abuser de ce procédé de parataxe (§ 270) parce qu'il dislo-
que trop les phrases écrites.

286 Les modes dans la subordonnée de conséquence

L'**indicatif** est de règle quand la conséquence est pleinement envisagée,
même si elle n'est envisagée que dans son éventualité :
*Je me suis placé **de telle façon qu'il ne peut** me voir.*
*J'ai eu **tellement peur que je redouterais** de recommencer.*
*Ils ont des ennuis en **si grand** nombre **qu'ils ont failli** renoncer.*

Le **subjonctif** est de règle quand la conséquence est soumise à une inter-
prétation :
*Je me suis placé **de façon qu'il puisse me voir.***
*Cette affaire est trop importante **pour que je parte maintenant.***
Ou quand la proposition subordonnée dépend d'une intensité qui est niée :
*Cette table n'est pas **si** grande **qu'elle ne tienne dans ma voiture.***
*Ces lettres ne sont pas petites **au point qu'on ne puisse les lire.***

D. Les propositions subordonnées circonstancielles de but

287 Les subordonnants et les constructions

Le but est **une conséquence visée ou refusée :** on a l'intention d'aboutir
au résultat ou on craint d'y aboutir.
Cette visée explique que toutes les propositions subordonnées circonstancielles de but demandent **le subjonctif.**

Les subordonnants sont : *pour que, afin que, pour que... ne... pas, pour pas
que* (oral familier incorrect), *afin que... ne... pas, de peur que, de crainte que.*
*Je l'aide **pour qu'il finisse son travail à temps.***
*Je l'aide **de peur qu'il finisse son travail trop tard.***

219

Je veux vous écrire encore ce soir, afin qu'il ne soit pas dit que la poste arrive sans vous apporter de mes nouvelles. (MME DE SÉVIGNÉ)
Ma mère me prodiguait les encouragements, elle introduisait les visiteurs dans la salle à manger pour qu'ils surprissent le jeune créateur à son pupitre d'écolier. (SARTRE)

Après une principale à l'impératif, *que* introduit la surbordonnée de but :
Ouvre donc, **que je puisse entrer !**

• Quand le verbe de la subordonnée et celui de la principale ont le même sujet, la subordonnée est remplacée par une construction à l'**infinitif.** Les locutions conjonctives sont adaptées selon les cas :
Je travaille ce soir **pour finir cette commande à temps.**
Je travaille ce soir **afin de ne pas perdre un client.**

E. Les propositions subordonnées circonstancielles d'hypothèse et de condition

288 Les subordonnants

La proposition subordonnée d'hypothèse ou de condition présente une **hypothèse** dont les suites éventuelles sont exposées dans la principale.

La construction la plus fréquente est la subordonnée introduite par *si*. C'est une construction qui offre de nombreuses possibilités de sens ou de nuances.
On emploie également *quand* et des locutions conjonctives formées avec *que* et *où*. La subordination peut être également implicite.

289 Les subordonnées d'hypothèse introduites par si

Les différentes constructions avec si.

Si + imparfait

Si tu écrivais à Paul, ⟶ *il te répondrait.*

Si (demain) *tu écrivais à Paul,* ⟶ *il te répondrait.*
il te répondra.
guette sa réponse !

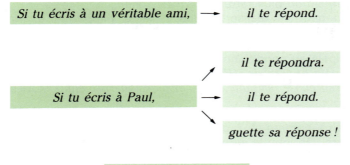

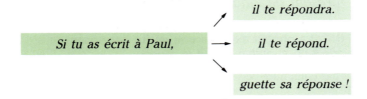

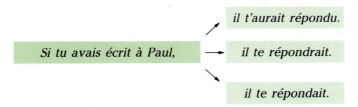

Si + plus-que-parfait du subjonctif

Si tu eusses écrit à Paul, → il t'eût répondu.

▶ • *Si* conjonction d'hypothèse ne peut pas être suivi du conditionnel, ni du futur.

Si + *imparfait de l'indicatif (1ᵉʳ cas).*

■ **La subordonnée** d'hypothèse est à l'imparfait. Cet imparfait a **valeur d'irréel du présent** (§ 171) ; c'est à peine une hypothèse puisqu'on sait qu'elle n'est pas réalisée :
   Si tu écrivais à Paul...

■ **La principale** doit être au conditionnel présent. Elle exprime **une pure éventualité** (§ 185) :
   Si tu écrivais à Paul, il te répondrait.

Si + *imparfait de l'indicatif (2e cas).*

La subordonnée d'hypothèse concerne **un moment futur** :

Si (demain ou plus tard) *tu écrivais à Paul...*

L'hypothèse peut se réaliser. Précédé de *si,* l'imparfait exprime cette hypothèse (§ 171).

La principale au conditionnel présent exprime **l'éventualité** :

Si demain tu écrivais à Paul, il te répondrait.
Ce serait chose plaisante, si les malades guérissaient... (MOLIÈRE)

Mais la principale peut aussi être au futur ou à l'impératif. Dans tous les cas, on « fait » comme si..., on s'exprime comme si la lettre était écrite, ou allait l'être. On joue le jeu d'une situation réalisée dans la principale :

Si tu écrivais à Paul, il te répondra.
Si tu écrivais à Paul, guette sa réponse !

Si + *présent de l'indicatif (1er cas).*

Les deux verbes sont au présent. Ce présent n'a pas de valeur temporelle précise (§ 165). La phrase exprime **une vérité permanente** :

Si tu écris à un véritable ami, il te répond.

• Il ne faut pas confondre cette construction avec celle où *si* a une valeur itérative (§ 290).

Si + *présent de l'indicatif (2e cas).*

La **subordonnée** d'hypothèse concerne **un futur proche** ou lointain. Le présent exprime ces deux valeurs temporelles (§ 166). On « fait » comme si..., on s'exprime comme si la lettre était là, ou allait être là. On joue le jeu d'une situation réalisée dès la proposition subordonnée :

Si demain, ou plus tard, tu écris à Paul...

L'usage courant met la principale au futur ou au présent :

Si demain tu écris à Paul, il te répondra.
Si demain tu écris à Paul, il te répond.

— Le futur se contente d'annoncer l'événement : il aura lieu. Mais l'avenir est toujours incertain. Avec le présent, l'effet d'**actualisation** est complet : « c'est sûr, il te répond ».
— L'impératif a le même effet d'actualisation :

Si demain tu écris à Paul, guette sa réponse !

Si la principale est au conditionnel présent, on revient au contraire à l'éventualité :

Si demain tu écris à Paul, il te répondrait sans doute.

Si + *passé composé.*

La **subordonnée** d'hypothèse envisage **un accompli** passé ou futur (§ 174). Elle a une nuance concessive *(s'il est vrai que...)* :

Si hier tu as écrit à Paul...
Si demain soir tu écris à Paul...

Les principales et leurs valeurs sont les mêmes que dans le cas précédent.

■■■■ **Si** + *plus-que-parfait de l'indicatif.*

■ La **subordonnée** d'hypothèse est située dans le **passé**. C'est un **constat,** plus qu'une hypothèse : il n'y avait pas de lettre. Le plus-que-parfait a ici une valeur d'irréel (§ 176) :

> *Si tu avais écrit à Paul...*

■ La **principale** peut recevoir trois « temps » grammaticaux. Mais leur valeur n'est pas temporelle puisqu'ils renvoient au passé, au présent ou à l'avenir.
— Principale au conditionnel passé (expression de l'accompli) :

> *Si tu avais écrit à Paul, il t'aurait répondu* (hier, aujourd'hui, demain, § 176).

— Principale au conditionnel présent (non accompli) :

> *Si tu avais écrit à Paul, il te répondrait* (depuis longtemps, aujourd'hui, demain).

— Principale à l'imparfait. L'accent est mis sur la rapidité de la réponse, même si elle intervient au futur :

> *Si tu avais écrit à Paul, il te répondait* (tout de suite, aujourd'hui, dès demain).

▶ • Il ne faut pas confondre cette dernière construction (deux verbes à l'imparfait) avec celle où *si* a une valeur itérative (§ 290).

■■■■ **Si** + *plus-que-parfait du subjonctif.*

Cette construction ne relève plus que de la **langue soutenue.** La principale est au conditionnel passé ou au plus-que-parfait du subjonctif :

> *Si on leur eût fait cette question, ils n'auraient su que répondre.*
> (DICTIONNAIRE DE L'ACADÉMIE)
> *Si l'on m'eût mis au pain sec, il m'eût porté des confitures.* (SARTRE)

Une principale à l'imparfait donne un effet d'actualisation :

> *Si vous fussiez venue à Vichy et de là ici, c'était une chose naturelle.* (Mme de SÉVIGNÉ)

290   Les autres emplois de si conjonction d'hypothèse

■ La **postposition** de la subordonnée introduite par *si*, avec un accent d'intensité mis sur cette subordonnée, lui donne une valeur de **condition** plutôt que d'hypothèse :

> *Je viendrai, **s'il fait beau.***
> *Nul empire n'est sûr, **s'il n'a l'amour pour base.*** (RACINE)

■ *Si* **itératif** (= chaque fois que). Le temps (imparfait ou présent de l'indicatif) est le même dans la proposition principale et dans la proposition subordonnée :

> *A cette époque, **si tu écrivais à Paul,** il te répondait.*
> ***Si le temps est trop froid,** ou trop pluvieux, je me réfugie au café de la Régence.* (DIDEROT)

■ *Même si* : hypothèse et opposition.
Comme si : hypothèse et comparaison.
Sauf si, excepté si : hypothèse et restriction.
Toutes ces locutions s'emploient de la même manière que *si* :

> *Il ne répondrait pas,* **même si tu écrivais deux fois.**
> *Il ne répondait pas,* **comme s'il n'avait pas entendu.**
> *Il ne répondra pas,* **sauf si tu lui écris pour sa fête.**

■ *Si... si. Si... que.*
Quand deux subordonnées d'hypothèse introduites par *si* sont coordonnées :
— on peut répéter *si* :

> **Si** *j'avais le temps et* **si** *le stade était ouvert le soir, j'irais faire un peu de sport.*

— ou employer *que* + subjonctif :

> **Si** *j'avais le temps et* **que** *le stade* **soit** *ouvert le soir...*
> *A quoi vous servira d'avoir de l'esprit,* **si** *vous ne l'employez pas, et* **que** *vous ne vous* **appliquiez** *pas.* (BOSSUET)

291   Les autres propositions subordonnées d'hypothèse

■ Introduites par *que, pourvu que, à moins que* (ne explétif)*, pour peu que, à supposer que, en admettant que, en supposant que, si tant est que* + **subjonctif :**

> **Qu'il m'écrive,** *je lui répondrais tout de suite.*
> *Il répondra,* **à moins qu'il (ne) soit** *en vacances.*

Quand on envisage **deux hypothèses,** on emploie : *soit que... soit que, que... que* + **subjonctif :**

> **Qu'il fasse beau, qu'il fasse laid,** *c'est mon habitude d'aller sur les cinq heures du soir me promener au Palais-Royal.* (DIDEROT)

■ Introduites par *suivant que, selon que* + **indicatif :**

> **Selon que vous serez** *puissant ou misérable,*
> *Les jugements de cour vous rendront blanc ou noir.* (LA FONTAINE)

■ *Au cas où, dans la mesure où* demandent **le conditionnel :**

> **Au cas où il téléphonerait,** *dites-lui que nous le rappellerons.*

■ Après *moyennant que, à (la) condition que,* on emploie indifféremment l'indicatif ou le subjonctif :

> *Je viendrai* **à la condition qu'il fasse** *beau.*
> *Je viendrai* **à la condition que je pourrai** *repartir vers midi.*

■ Avec *quand,* conjonction d'hypothèse, les deux verbes sont au conditionnel présent ou passé :

> **Quand vous auriez** *raison, je ne* **changerais** *pas d'attitude envers lui.*
> **Quand vous auriez perdu,** *je n'***aurais pas gagné** *pour autant.*

■ Subordination **implicite** (§ 270) :

> **Il serait arrivé,** *nous l'aurions rencontré.*

F. Les propositions subordonnées circonstancielles de concession et d'opposition

292   Les subordonnants, les constructions et les modes

L'opposition et la concession.

Deux phrases qui s'opposent par leurs sens peuvent être **juxtaposées** ou **coordonnées** :

> *Je lui parle, (et, mais) il ne me répond pas.*

Elles peuvent aussi être liées par une **subordination temporelle** :

> *Quand je lui parle, il ne me répond pas.*

Mais quand une cause n'entraîne pas les suites qu'on aurait pu attendre, on dit qu'il y a une **opposition concessive** :

> **Bien que je lui parle,** *il ne me répond pas.*

Les subordonnants.

Le subordonnant de concession est une conjonction.
Bien que, quoique, encore que, malgré que, quel(s) que, quelle(s) que + **subjonctif :**

> **Bien qu'il pleuve,** *nous sortirons.*
> **Quelle que soit** *l'heure, je viendrai.*
> *Marie n'avait pas de volonté ; et,* **quoiqu'elle eût** *grande envie de dormir, elle se disposa à suivre Germain.* (SAND)
> *Bien qu'elle fût sa maîtresse, il n'en était nullement amoureux.* (FLAUBERT)

Quand, quand même (langue soutenue)*, quand bien même* + **conditionnel :**

> **Quand bien même il pleuvrait,** *nous sortirons.*
> **Quand vous me haïriez,** *je ne m'en plaindrais pas.* (RACINE)

Le subordonnant de concession est une conjonction disjointe. Ces constructions appartiennent à la langue soutenue.
— La conjonction encadre un adverbe ou un adjectif avec idée d'intensité, de haut degré.
Quelque... que, si... que + **subjonctif :**

> **Quelque valables que soient tes idées,** *elles ne seront pas retenues.*

Tout... que, pour... que + **indicatif** ou **subjonctif :**

> **Toute rapide qu'elle est (soit),** *je l'ai battue sur 1 000 mètres.*

L'indicatif supprime la notion d'intensité. La qualité est prise pour elle-même.

> *Tout Picard que j'étais, j'étais un bon apôtre.* (RACINE)

> • *Quelque* et *tout* sont des adverbes. *Quelque* reste invariable mais *tout* s'accorde (§ 210).

— La conjonction encadre un nom : *quelque(s)... que* + **subjonctif.**

> **Quelques idées qu'il ait,** *elles ne seront pas retenues.*

> • *Quelque* est adjectif indéfini. Il s'accorde donc normalement.

■ Le subordonnant de concession est un relatif indéfini (§ 275).
Le verbe est toujours au **subjonctif** :

> ***Qui que tu sois,*** *il faudra faire tes preuves.*
> ***Quoi qu'on fasse,*** *on n'est pas sûr de réussir.*

Autres expressions de la concession.

— Expression **lexicale** : *avoir beau* + infinitif :
> ***Il a beau pleuvoir,*** *je sors.*

— Subordination **implicite** et **inverse** :
> ***Il pleuvrait,*** *(que) je sortirais quand même.*

Les subordonnées d'opposition.

■ Les subordonnants sont des conjonctions de temps ou la conjonction *si.*
Le rapport qu'ils établissent devient un rapport d'opposition par les sens confrontés de la principale et de la subordonnée :

> ***Quand je dis blanc,*** *il dit noir.*
> *Monsieur dormait tranquillement* ***pendant que je travaillais !***

■ Les locutions *là où* + **indicatif,** *au lieu que, loin que* + **subjonctif** appartiennent à la langue soutenue :

> ***Là où tu aurais dû*** *te taire, tu as parlé !*
> ***Loin qu'il soit disposé*** *à vous faire satisfaction, il est homme à vous quereller.* (DICTIONNAIRE DE L'ACADÉMIE)

G. Les propositions subordonnées circonstancielles de comparaison

293   Les subordonnées, les constructions et les modes

Subordination explicite.

■ La subordonnée est introduite par une conjonction ou une locution conjonctive de subordination.
Elle marque **l'équivalence** : *comme, comme si, ainsi que, de même que, autant que.*
Ou au contraire, **une différence** dans laquelle on fait un choix : *plutôt que* (avec *ne* explétif).

*Il est reparti sans dire un mot, **ainsi qu'il était venu.***
*Il crie **plutôt qu'il (ne) parle.***
***Comme il sonna** la charge, il sonne la victoire.* (LA FONTAINE)

• Dans la langue soutenue, *autant que* peut encadrer le terme qui sert de support
à la comparaison :
*La véritable conversion du cœur fait **autant** aimer Dieu **qu'on** a aimé les créatures.* (PASCAL)
Serait possible : *fait aimer Dieu autant que...*

La subordonnée est introduite par une **locution comparative** qui encadre
un terme de la principale : *aussi... que, plus... que, moins... que* :
*Elle chante **aussi** bien **qu'elle danse.***
*Il est **plus grand que je croyais.***
*Il était **aussi vivant** par l'esprit **que mourant** par le corps.* (BOSSUET)

*Par malheur elles s'éteignaient **plus vite qu'elles** ne s'allumaient.* (SARTRE)
— Ou par une locution formée d'un terme exprimant lui-même la différence
et de *que* :
*Elle chante **mieux qu'elle (ne) danse.***

Subordination implicite.

Elle repose sur des couples d'adverbes *(plus... plus, plus... moins, autant... autant)*
ou la reprise de l'adjectif *tel* :
***Tel il était** hier, **tel il est** aujourd'hui.*
***Plus** il la contemplait, **plus** il sentait entre elle et lui se creuser des abîmes.*
(FLAUBERT)

L'emploi des modes.

L'**indicatif** est le mode normal des subordonnées comparatives. L'emploi du
plus-que-parfait du subjonctif est un archaïsme de la langue soutenue qui
souligne l'irréalité du procès passé (§ 193) :
*Il n'a pas répondu **comme il devait** / comme il aurait dû.*
*Il n'a pas répondu **comme il eût dû répondre.***

EXERCICES

LA PHRASE COMPLEXE

1 Ces textes sont donnés sans majuscules et les points ont été remplacés par des virgules. Rétablissez-les comme le sens du texte vous semblera l'exiger.

a) malgré la réelle complexité de l'orthographe du français, on voit qu'il est possible d'imaginer une pédagogie qui, consciente de la nécessité d'un bon niveau de pratique orale, s'appuie sur les contraintes de la communication écrite et développe chez les élèves le sens de l'observation de cet écrit, on peut croire également que tout ce qui favorisera la lecture aidera à cet apprentissage, les exercices ne manquent pas, nous en avons cité plusieurs

b) mieux vaut ne dicter que cinq lignes, mais exiger qu'elles soient impeccables tant en ce qui concerne les accords qu'en ce qui regarde les accents, les majuscules ou les points, mieux vaut vérifier que l'orthographe est également correcte sur la carte envoyée à l'oncle alfred pour sa fête, mieux vaut se contenter de dire à l'enfant il y a trois fautes à toi de les trouver, tout en étant prêt à répondre à ses questions sans pour autant lui livrer telle quelle la bonne solution, mieux vaut lui demander de justifier tous ses accords, même ceux qui sont correctement écrits, car ce serait lui manifester une confiance coupable que se figurer qu'il ne puisse tomber juste par hasard

2 Dans ces textes, les auteurs usent tantôt de l'asyndète, tantôt de la polysyndète (§ 269). Retrouvez ces différentes formes de style et commentez l'effet obtenu.

a) « Le lendemain, après le dîner, comme on sortait de table, Cunégonde et Candide se trouvèrent derrière un paravent ; Cunégonde laissa tomber son mouchoir, Candide le ramassa, elle lui prit innocemment la main ; le jeune homme baisa innocemment la main de la jeune demoiselle avec une vivacité, une sensibilité, une grâce toute particulière ; leurs bouches se rencontrèrent, leurs yeux s'enflammèrent, leurs genoux tremblèrent, leurs mains s'égarèrent. » (VOLTAIRE)

b) « Le feu dans la cheminée ne brûlait plus, la pluie fouettait contre les vitres. Mme Arnoux, sans bouger, restait les deux mains sur les bras de son fauteuil ; les pattes de son bonnet retombaient comme les bandelettes d'un sphinx ; son profil se découpait en pâleur au milieu de l'ombre.
Il avait envie de se jeter à ses genoux. Un craquement se fit dans le couloir, il n'osa. » (FLAUBERT)

c) « Tout sent le poisson cru : le cigare du Silencieux, le maillot de Maggie, la chevelure humide de Marthe... Le vent d'ouest, mou et brûlant, sent le poisson... La fumée de l'auto, et la dune glacée d'ombre bleue, et toute cette journée, sentent le poisson... » (COLETTE)

3 Récrivez les titres en employant une subordination explicite.

a) Abondantes chutes de neige : circulation difficile.
b) Décision du conseil général : 15 % d'augmentation pour la vignette auto.
c) Nouveau stade : subvention attendue.
d) Les loisirs des jeunes : les propositions du maire.
e) Un coup de fatigue ? Solution vitamines.

4 Relevez les propositions complétives et donnez leur fonction. Justifiez l'emploi du subjonctif (§ 272).

a) Mon idée est qu'il faut répondre tout de suite.

228

b) Il faut que ce travail soit fini à temps.
c) « Je crains que cette censure ne fasse plus de mal que de bien. » (PASCAL)
d) « Je suis trop heureux que ce soit le seul mal qu'ils puissent me faire. » (MONTESQUIEU)
e) « L'étonnement redoubla quand on sut qu'il sortait de chez M. Dambreuse. » (FLAUBERT)
f) « Mercadier indiqua d'un geste de la main qu'il était au-dessus des injures. » (ARAGON)
g) « Qu'il fût plus utile que Katow n'était pas douteux. » (MALRAUX)
h) « Les prêtres s'opposent à ce que l'on ferme les portes de la guerre. » (GIRAUDOUX)
i) « Il me semble que nous revenons sur nos pas, dit la jeune femme. » (GIONO)
j) « La victime du vol s'était emparée du propos et avait exigé de Robinson ou qu'il remboursât l'argent, ou alors qu'il livrât le voleur. » (TOURNIER)

5 **Relevez les propositions subordonnées relatives et donnez leur fonction. Justifiez l'emploi du subjonctif (§ 279).**

a) Ce que j'avais prévu est arrivé. b) J'ai retrouvé le livre dont tu m'avais parlé. c) Je voudrais bien trouver un professeur qui puisse m'expliquer cette question. d) Avec ce que j'ai lu, je peux faire ma dissertation. e) L'oiseau, qui avait une patte brisée, sautillait maladroitement. f) La piscine où je vais d'habitude est fermée pour cause de travaux. g) Je n'ai pas acheté ce qu'il fallait.

6 **Même exercice.**

a) « Une âme insensible est un clavier sans touches, dont on chercherait en vain à tirer des sons. » (LA BRUYÈRE)
b) « J'existe et j'ai des sens par lesquels je suis affecté. » (ROUSSEAU)
c) « Les hommes qui vivent dans les siècles démocratiques où nous entrons ont naturellement le goût de l'indépendance. » (TOCQUEVILLE)
d) « Mon ami, dont je ne voyais que les cheveux, s'était endormi devant mon feu en m'attendant... » (MAUPASSANT)
e) « Tous les soirs ce piano. Encore s'il avait joué quelque chose d'agréable,

quelque chose qu'on pût fredonner. Il vous cassait les oreilles. » (ARAGON)
f) « Les deux matous qui se battent dehors, comme ils emploient bien la nuit de juillet ! » (COLETTE)
g) « Quiconque osera lui rendre les honneurs funèbres sera impitoyablement puni de mort. » (ANOUILH)

7 **Même exercice.**

a) « La fortune nous corrige de plusieurs défauts que la raison ne saurait corriger. » (LA ROCHEFOUCAULD)
b) « On a le plus beau spectacle que nous ait fourni l'Antiquité. » (MONTESQUIEU)
c) « Il jalousa celui qui avait inventé ces choses dont elle paraissait occupée. » (FLAUBERT)
d) « L'enfant me fit prendre une route où jusqu'alors je ne m'étais jamais aventuré. » (GIDE)
e) « L'avenue qui s'engageait entre les bois dessinait une percée droite et verdissante qui montait vers le sommet d'un pli de terrain. » (GRACQ)
f) « Les coupes dans les forêts, qu'on apercevait de loin en loin, avaient perdu leurs angles vifs, leurs entailles nettes... » (GRACQ)
g) « Tout le monde dévorait à belles dents ces tartines sur lesquelles nous avions répandu un miel mi-dur, mi-liquide découvert dans un placard. » (CAYROL)

8 **Relevez les propositions subordonnées circonstancielles et donnez leur nature. Justifiez l'emploi du subjonctif. Attention aux subordinations implicites et inverses, s'il y en a.**

a) « Unissons-nous ensemble, et le tyran est bas. » (CORNEILLE)
b) « Je vous hais d'autant plus qu'on vous aime. » (RACINE)
c) « Descends, animal, que je te parle ! » (STENDHAL)
d) « Ils parlaient de ce qu'ils feraient plus tard, quand ils seraient sortis du collège. » (FLAUBERT)
e) « Plus Germain cherchait à raisonner et à se calmer, moins il en venait à bout. » (SAND)
f) « J'adorais le plagiat, d'ailleurs, par snobisme et je le poussais délibérément

à l'extrême, comme on va voir. » (SAR-TRE)

g) « M'eût-il laissé du bien, mon enfance eût été changée ; je n'écrirai pas puisque je serais un autre. » (SARTRE)

h) « Je reconnus sa voix bien que je l'entendisse à peine. » (DURAS)

i) « Alors qu'elle aurait dû s'éloigner, elle descendit de son auto. » (DURAS)

j) « Lala reste à l'ombre du grand pin jusqu'à ce que le soleil soit haut dans le ciel. » (LE CLÉZIO)

9 Relevez et analysez toutes les propositions subordonnées.

a) « L'hyène se défend du lion, ne craint pas la panthère, attaque l'once, laquelle ne peut lui résister. » (BUFFON)

b) « Quand il fut sur le quai, Frédéric se retourna. Elle était près du gouvernail, debout. Il lui envoya un regard où il avait tâché de mettre toute son âme ; comme s'il n'eût rien fait, elle demeura immobile. » (FLAUBERT)

c) « L'idée qu'il suffisait d'un regard, entre les planches de cette porte disjointe, pour qu'on les massacrât, la glaçait. » (ZOLA)

d) « Devant les sifflements de l'âtre, transi sous ta houppelande à fleurs, tu regardes onduler les nageoires douces de la flamme. » (SAINT-JOHN PERSE)

e) « Je vous dirai tout bas le nom des sources, où, demain, nous baignerons un pur courroux. » (SAINT-JOHN PERSE)

10 Même exercice.

a) « Quand je m'y suis mis quelquefois, à considérer les diverses agitations des hommes, et les périls et les peines où ils s'exposent dans la Cour, dans la guerre, d'où naissent tant de querelles, de passions, d'entreprises hardies et souvent mauvaises, etc., j'ai dit souvent que tout le malheur des hommes vient d'une seule chose, qui est de ne savoir pas demeurer en repos dans une chambre. » (PASCAL)

b) « Je ne puis consentir à séparer l'Amérique de l'Europe, malgré l'Océan qui les divise. » (TOCQUEVILLE)

c) « Tous nos malheurs, autant qu'ils résultent de nos passions, viennent de ces entretiens où les passions trouvent leur jeu et leur développement. Si l'on appliquait assez la règle monastique du silence, les passions retomberaient aux émotions toutes nues qui ne durent point. » (ALAIN)

d) « L'exemple est sans doute excessif, comme tous les exemples que l'on veut charger d'enseignement. » (F. BRAUDEL)

e) « Neuves et tout écrites, des phrases se reformaient dans ma tête avec l'implacable sûreté qu'on prête à l'inspiration. » (SARTRE)

11 Complétez les phrases suivantes en employant une proposition subordonnée circonstancielle de sens indiqué.

a) Je le rencontre tous les jours. (TEMPS)

b) Je te crois. (CAUSE)

c) Je le revois demain. (CONSÉQUENCE)

d) Je le revois demain. (BUT)

e) Il pourra venir. (HYPOTHÈSE)

f) Je n'ai pas fini à temps. (CONCESSION)

g) Il est parti en courant. (COMPARAISON)

12 Même exercice en employant deux propositions subordonnées circonstancielles.

a) Il reviendra. (TEMPS + CAUSE)

b) Tous les matins, il fait son marché. (CONCESSION + CAUSE)

c) Je pourrai l'avertir. (HYPOTHÈSE + CONCESSION)

d) Elle n'est pas sûre de revenir. (COMPARAISON + CONCESSION)

e) Il faut que tu ailles le voir. (CONSÉQUENCE + CONSÉQUENCE)

CHAPITRE 10

La phrase et l'énonciation

294 Définitions (rappels)

La langue et le discours.

On appelle **discours** la mise en œuvre de la langue dans une situation de communication.

Dans la langue, les référents des noms (§ 1) sont des **référents virtuels** et les procès des verbes (§ 97) sont des **procès virtuels.** Ils sont « en attente » d'utilisation. Un peu comme des outils dans une trousse à outils.

Dans le discours, les noms ou les verbes sont employés dans une **situation de communication,** ils entrent dans une phrase et reçoivent un sens complet. On dit qu'ils sont **actualisés.** C'est cette **actualisation** qui leur donne **une référence complète, un procès complet.**

L'énonciation.

L'acte qui consiste à employer la langue dans une situation de communication est appelé **énonciation.**

Toute énonciation renvoie à une **situation d'énonciation.** C'est-à-dire que toute énonciation suppose :
— un **énonciateur** et au moins un ou plusieurs interlocuteurs ;
— un **moment d'énonciation,** le temps zéro (To) de l'énonciation ;
— un **lieu d'énonciation.**

Certains mots ont pour premier rôle de renvoyer directement à cette situation. Ils « désignent » un locuteur, un lieu, un moment. Ce sont principalement les emplois **déictiques** des pronoms (§ 67) et des adverbes (§ 212). Mais les rapports qui existent entre la phrase et son énonciation ne sont pas seulement ceux que révèlent les mots déictiques.

231

■ *L'énonciation de la phrase.*

■ L'énonciateur peut énoncer une phrase pour diverses raisons. Quelques-unes de ces raisons imposent que la phrase comporte des marques morphologiques et syntaxiques particulières. C'est le cas quand on veut :
— déclarer quelque chose ;
— s'exclamer, manifester sa surprise, sa joie... ;
— donner un ordre ;
— poser une question.

■ Tous ces points appartiennent à ce que l'on appelle les **modalités** d'énonciation de la phrase. A chaque modalité correspond un type de phrase (§ 295).

■ *L'énonciation dans la phrase.*

■ L'énonciateur ou les interlocuteurs sont partout présents dans une phrase. Leur position par rapport à l'énoncé contribue à distinguer deux types d'énonciation (revoir § 98) :
— **l'énonciation-discours** (attention à ne pas confondre avec le sens précédent de *discours*) ;
— **l'énonciation-récit.**

■ Mais il y a des moments où ils font irruption d'une manière plus marquée :
— l'énonciateur rapporte ou emprunte le discours d'un autre (§ 303-312) ;
— l'énonciateur intervient dans sa phrase pour la commenter (§ 313) ;
— pour nommer ou interpeller l'interlocuteur (§ 314) ;
— l'énonciateur modifie l'ordre courant ou attendu des mots pour placer certains d'entre eux en position détachée (§ 315-318) ;
— l'énonciateur emploie un tour de phrase dit à présentatif (§ 319-324).

I. L'ÉNONCIATION DE LA PHRASE

295 Les types de phrase

■ *Les modalités de la phrase.*

Du point de vue des modalités d'énonciation de la phrase, on distingue quatre **types de phrase :**
— phrase **déclarative ;**
— phrase **exclamative ;**
— phrase **interrogative ;**
— phrase **impérative.**
Toute phrase appartient obligatoirement à l'un de ces quatre types.

Les polarités de la phrase.

Une phrase peut exprimer deux polarités :
— la **polarité positive** (ou **affirmative**) ;
— et la **polarité négative.**
Toute phrase présente obligatoirement l'une ou l'autre de ces deux polarités. On le voit dans les exemples suivants :
— phrase déclarative positive : *Marcel se couche de bonne heure.*
— négative : *Marcel ne se couche pas de bonne heure.*
— phrase interrogative positive : *Est-ce que Marcel se couche de bonne heure ?*
— négative : *Marcel ne se couche pas de bonne heure ?*

296 La phrase déclarative

Un type de phrase « neutre ».

On pourrait dire que la phrase déclarative est la phrase **« neutre » du point de vue de la syntaxe** : elle ne comporte pas une marque particulière d'énonciation, et l'ordre sujet + verbe est bien l'ordre le plus neutre (§ 231).

La mélodie de prononciation d'une phrase déclarative est une **mélodie montante** à finale **descendante** :

Paul
      viendra
          demain
Je crois que

La phrase déclarative dans le discours et le récit.

— La phrase déclarative appartient à l'énonciation-discours :
    Je crois qu'il va pleuvoir toute la journée.
— Et à l'énonciation-récit (§ 98) :
    Pangloss, Candide et Martin, en retournant à la petite métairie, rencontrèrent un bon vieillard qui prenait le frais à sa porte sous un berceau d'orangers. (VOLTAIRE)

297 La phrase exclamative

Y a-t-il un type exclamatif de phrase ?

La phrase exclamative partage ses marques avec d'autres types de phrase.
— **Du point de vue du sens,** la phrase exclamative affirmative est une phrase déclarative affirmative.

233

— **Du point de vue de la syntaxe,** elle comporte des constructions qu'on retrouve dans l'interrogation : *qu'est-ce que*, pronoms interrogatifs et exclamatifs (§ 88).

> *Qu'est-ce qu'il fait chaud !*   *Qu'est-ce que vous faites ?*
> *Qu'il fait chaud !*   *Que faites-vous ?*

— Quant au point d'exclamation, on le retrouve souvent en ponctuation de la phrase impérative.

Pour toutes ces raisons, plusieurs linguistes proposent de faire de la phrase exclamative une variété de phrase déclarative. On peut effectivement considérer l'exclamation comme une déclaration expressive, c'est-à-dire comme une déclaration exprimée avec une particulière intensité. **Son interprétation est donc sémantique et non syntaxique** (Jean-Claude Milner).

■ La mélodie de prononciation d'une phrase exclamative est une **mélodie montante avec accentuation et prolongement du final :**

> demain !
>
> viendra
>
> Paul

Le **point d'exclamation** est la marque écrite de cette prononciation.

■ L'organisation syntaxique de la phrase exclamative peut être la même que celle de la phrase déclarative :

> *Paul viendra demain. / Paul viendra demain !*

Mais elle peut aussi comporter en plus des formes ou des tours divers :
— un pronom exclamatif : *Qu'il fait chaud !*
— un adverbe d'intensité : *Il fait drôlement chaud !*
— une répétition : *Pour faire chaud, il fait chaud !*

La phrase exclamative dans le discours et le récit.

■ La phrase exclamative est une **phrase de l'énonciation-discours :** elle suppose un « je » qui s'exclame.
— La situation appartient à l'oral courant :

> *Paul a fait ça ! Pas possible !*

— Elle appartient aussi à l'énonciation-discours de l'écrit. Par exemple, dans une autobiographie :

> *Reste que, le plus souvent, je devais à l'erreur mes plus vifs plaisirs poétiques. Que d'heures je rêvai sur Saint-Berthenin-lès-Laval ! Or, à ma connaissance, il n'existait qu'un Laval, le chef-lieu du département.*
>
> (ÉTIEMBLE)

■ Quand la phrase exclamative apparaît dans l'énonciation-récit, il faut distinguer deux cas.
— Elle appartient à une **énonciation-discours fictive** (récit à la première personne) :

> *J'attendis, on ne répondit pas, on n'ouvrit point la porte. Je sonnai de nouveau ; j'attendis encore — **rien !** (MAUPASSANT)*

— Elle marque **l'irruption de l'énonciateur-narrateur** dans son récit. Elle est comme un fragment de discours dans le récit :

> *Cette natte mignonne, perdue dans la masse de ses cheveux soigneusement relevés, permettait à l'œil de suivre avec plaisir la ligne onduleuse par laquelle son col se rattachait à ses belles épaules. Ce petit détail prouvait le soin qu'elle apportait toujours à sa toilette. Elle tenait à réjouir les regards de ce vieillard. **Quelle charmante et délicieuse attention !** (BALZAC)*

298 **La phrase interrogative**

◼ *L'interrogation totale et l'interrogation partielle.*

◼ L'interrogation **est totale quand elle porte sur la phrase dans son ensemble. L'interrogation totale demande une réponse par** *oui* **ou par** *non*.

> *Viendrez-vous ? — Oui.*
> *Est-ce que vous viendrez ? — Non.*
> *Mais est-ce que vous auriez l'intention de m'interroger, par hasard ?*
> *Il balbutia : Non... Monsieur...* (MAUPASSANT)

◼ L'interrogation **est partielle quand elle porte sur un des termes de la phrase**. Une réponse par *oui* ou par *non* est impossible.
— Interrogation sur le sujet :

> *Qui est là ? — Paul.*
> *Qui est-ce qui arrive ? — Mes amis.*

— Interrogation sur le complément d'objet direct ou indirect :

> *Qu'est-ce que tu lis ? — Un roman policier.*
> *A quoi penses-tu ? — A rien.*

— Interrogation sur un attribut :

> *Qui est ce monsieur ? — Ce monsieur est mon voisin.*

— Interrogation sur un complément circonstanciel :

> *Quand viendrez-vous avec Paul ? Avec qui viendrez-vous demain ?*
> *Je demandai : Comment le savez-vous ?* (MAUPASSANT)
> *Marius. — Pourquoi me racontes-tu ça ?* (PAGNOL)

◼ L'interrogation totale ou partielle peut être **insistante**, c'est-à-dire renforcée par le ton ou par un mot d'appui :

> *Alors, vous viendrez,* **oui ou non ?**
> *On se couche tard,* **hein ?** (COLETTE)
> *Qu'est-ce* **donc ?** (DIDEROT)

◼ L'interrogation peut également être **dirigée.** Dans ce cas, la question comporte un choix limité pour la réponse :

> *Quand est-ce que tu viens,* **lundi ou jeudi ?**
> *Comment dites-vous tout cela ?* **est-ce ironie ou vérité ?** (DIDEROT)

◼ *L'énonciation et l'interrogation.*

◼ Dans la majorité des cas, ce sont des constructions syntaxiques particulières qui permettent de distinguer l'interrogation totale et l'interrogation partielle.

◼ Mais il y des cas ambigus :

> *Vous venez souvent ?* { — *Oui.* ⟹ Interrogation totale.
> — *Non.* ⟹ Interrogation totale.
> — *Tous les jours.* ⟹ Interrogation partielle.

Ce genre de dialogue montre bien deux choses.
— **Une phrase interrogative est une sorte de phrase inachevée.**
— **C'est l'interlocuteur qui l'achève en répondant.**

235

■■■ *La phrase interrogative dans le discours et dans le récit.*

■ **La phrase interrogative appartient au discours.** Comme la phrase excla-mative, elle suppose un « je » qui interroge.
— On le trouve dans l'oral courant :
> *Est-ce que je peux savoir l'heure qu'il est ?*

— Et dans les textes de type autobiographique :
> *Comme chaque fois que je le contredis, Gide m'approuve sans réserve.*
> *Faiblesse ? Refus de la discussion ? Ou plutôt que chaque idée accueille*
> *en lui l'idée contraire ? Ceci surtout, je crois, qui est bien.* (ÉTIEMBLE)

■ Quand elle accompagne l'énonciation-récit, elle peut correspondre à deux situations.
— Au « je » du narrateur d'un récit à la première personne dans une **énonciation-discours fictive :**
> *Une épouvante me saisit, — horrible. Que se passait-il ? Oh ! mon Dieu !*
> *que se passait-il ?* (MAUPASSANT)

— **A l'irruption du narrateur** dans son texte :
> *Ces deux vieillards faisaient admirablement ressortir la beauté de la*
> *baronne. Quelle femme n'eût semblé jeune et jolie entre monsieur du*
> *Guénic et sa sœur ?* (BALZAC)

299   Les marques de l'interrogation

■■■ *Prononciation et ponctuation.*

La mélodie de prononciation d'une phrase interrogative est une **mélodie mon-tante qui reste en suspens :**

        demain ?
     viendra
   Paul

Le **point d'interrogation** est la marque écrite de cette mélodie.

▶ • Pour la construction de l'interrogation indirecte, voir le discours rapporté (§ 309).

■■■ *Les marques de l'interrogation totale.*

■ Langue écrite ou orale soutenue.
— Ordre **verbe** + **sujet** pronominal :
> *Reviendras-tu ? Partirez-vous ? Ira-t-elle à Paris ?*

— Reprise du sujet nominal dans l'ordre verbe + pronom de 3e personne :
> **Paul** *reviendra-t-****il*** ? **Claire** *ira-t-****elle*** à Paris ?*

■ Usage oral courant.
— Mélodie interrogative montante sans autres marques :
> *Tu reviendras ? Vous partirez ? Elle ira à Paris ?*

— *Est-ce que* + **sujet** + **verbe :**
> *Est-ce que tu viendras ? Est-ce que Paul viendra ?*

236

Les marques de l'interrogation partielle : le mot interrogatif.

La mélodie interrogative montante (et dans certains cas l'ordre verbe + sujet) est également une marque de l'interrogation partielle. Mais ce type d'interrogation nécessite un mot interrogatif. Les mots interrogatifs employés appartiennent à plusieurs classes de mots :
— pronoms interrogatifs de forme simple ou renforcée (§ 88) :
__Qui__ est là ? __Que__ dis-tu ? __A quoi__ penses-tu ?
__Qui est-ce qui__ est là ? __Qu'est-ce que__ tu dis ?
— pronoms relatifs de forme composée (§ 88) :
__Lequel__ préfères-tu ? __Pour lequel__ vas-tu voter ?
— adjectifs interrogatifs (§ 38) :
__Quel__ jour sommes-nous ? __Quels__ amis as-tu invités ?
— adverbes interrogatifs (§ 213) :
__Comment__ pars-tu ? __Combien__ coûte ce livre ?

L'interrogation partielle porte sur le sujet.

— L'ordre **sujet** + **verbe** est maintenu :
Qui est là ? Qui te l'a donné ? Combien de gens sont venus ?
— Il reste maintenu quand le sujet est mis en relief :
Est-ce Paul qui viendra ? (langue soutenue)
Est-ce que c'est toi qui viendras ?
C'est vous qui viendrez ?

L'interrogation partielle porte sur un autre terme de la phrase.

A l'écrit et dans l'usage oral correct.
— Le **sujet pronominal** est toujours **postposé** :
Qui es-__tu__ ? Que dit-__elle__ ?
Quel jour viens-__tu__ ? Quand partez-__vous__ ?
— Le **sujet nominal** est généralement **postposé** :
Qui est __cet homme__ ? Que dit __Anne__ ?
Quel jour vient __Brigitte__ ? Quand partent __vos amis__ ?
— Il peut parfois être maintenu devant le verbe, mais il faut le rappeler par un pronom de 3e personne :
Quel jour __Brigitte__ vient-__elle__ ? Quand __vos amis__ partent-__ils__ ?

Dans l'usage oral courant, l'interrogation est marquée par la mélodie et l'ordre **sujet** + **verbe** + **mot interrogatif** :
Vous êtes qui ? Tu penses à quoi ? Claire part quand ?

Le tour *est-ce que* maintient l'ordre sujet pronominal + verbe :
Qu'est-ce que tu deviens ? Qu'est-ce qu'il dit ?
Où est-ce qu'elle part ? Pourquoi est-ce qu'il rit ?
Mais il laisse l'ordre libre quand le sujet est nominal :
Qu'est-ce que Paul devient ? Qu'est-ce que dit Pierre ?
Où est-ce que part Claire ? Pourquoi est-ce qu'Agnès rit ?

300   La phrase impérative

La phrase impérative est une **modalité spécifique de l'énonciation-discours.**
Voir ses formes et ses emplois § 80, 195 et 196.

301   La négation

Polarité négative des phrases déclarative et impérative.

La phrase déclarative négative est **la négation** pure et simple **de la phrase déclarative** positive correspondante :
> Il est arrivé./**Il n'est pas arrivé.**
> Le vent souffle./**Le vent ne souffle pas.**

Elle est également la négation de la phrase impérative :
> Partez !/**Ne partez pas !**

Polarité négative de la phrase exclamative.

Du seul point de vue de la syntaxe, la phrase exclamative négative peut apparaître comme la négation pure et simple de la phrase exclamative positive correspondante.
Mais, en fait, **dans l'usage réel de la langue, on ne nie pas une exclamation.**
On choisit d'emblée de s'exclamer en énonçant une phrase de polarité positive ou de polarité négative :
> Paul a fini son travail !
> **Paul n'a pas fini son travail !**

Il y a des cas où l'on voit clairement que la phrase exclamative négative n'est pas la négation d'une forme affirmative. Elle a **une double valeur** exclamative et interrogative :
> a) Que ne fait-il pas !
> b) Que ne vient-il pas m'en parler !

La phrase a) signifie : « On peut se demander ce qu'il ne fait pas, à quel domaine il ne s'intéresse pas. » La phrase b) : « Pourquoi ne vient-il pas m'en parler ? » Il n'y a pas de forme positive correspondante.

Polarité négative de la phrase interrogative.

La phrase interrogative de forme négative n'est pas la simple négation d'une interrogation. Elle prend plusieurs valeurs qui dépendent du ton, de la situation.
— Elle est une demande de confirmation de ce qu'on croit déjà savoir :
> N'as-tu pas vu Paul hier ?

— Elle peut être une question avec une invitation à répondre :
> Est-ce que tu ne vas pas lui écrire ?

**La négation syntaxique et la négation sémantique.**

La **négation syntaxique** est celle que nous venons de voir ; elle correspond à une certaine organisation de la phrase :

> _Il pleut. / **Il ne pleut pas. Il ne pleut plus.**_
> _Il est heureux. / **Il n'est pas heureux. Il n'est jamais heureux.**_

La **négation sémantique** repose sur le sens des mots et des phrases. Mais les phrases elles-mêmes ne sont pas des phrases de forme négative :

> _Il pleut / Il fait beau. Il y a du soleil._
> _Il est heureux. / Il est malheureux._

> • Attention. Pour l'étude des phrases de polarité négative, voir aussi les adverbes de négation (§ 216) et les antonymes (§ 341).

302 Ce qu'on peut « faire » avec une phrase

**Types de phrase et actes de langage.**

Il ne faut pas confondre :
— la **modalité d'énonciation** d'une phrase ;
— et ce qu'on peut « faire » avec cette phrase, c'est-à-dire l'**acte de langage** que l'énonciation de la phrase permet d'accomplir.

On ne peut pas dresser le relevé de tous les actes de langage. Mais on peut, sur quelques exemples, montrer comment les différents types de phrase permettent d'accomplir des actes de langage autres que ceux que ces types annoncent ouvertement et qu'ils accomplissent dans la plupart des cas : déclarer, s'exclamer, interroger, ordonner.

**La phrase déclarative qui ne fait pas que déclarer.**

La déclaration peut être une demande.
Je suis dans une pièce dont la fenêtre est ouverte. Je dis : « Il fait froid », ou : « Il ne fait pas chaud ». Dans les deux cas, j'énonce une phrase déclarative (positive et négative). Mais dans les deux cas, ma phrase peut avoir pour but d'obtenir que la fenêtre soit fermée. En énonçant ces phrases déclaratives, j'accomplis un acte de parole qui est une demande.

L'emploi performatif.
L'emploi performatif d'un verbe permet d'accomplir certains actes de langage : promettre, jurer, baptiser, etc. (§ 164).
A chaque fois, le verbe est employé à la 1re personne du singulier du présent de l'indicatif et dans une phrase déclarative positive. Toute autre personne, tout autre temps et tout autre type de phrase est impossible. Le verbe cesserait d'être employé comme performatif.

■■■■ *La phrase interrogative : les emplois non interrogatifs.*

■ Pour qu'on puisse vraiment parler d'interrogation, il faut que trois conditions soient réunies.
— Un **énonciateur** dit ou écrit quelque chose à un **interlocuteur.**
— Il existe des **marques de l'interrogation** dans la phrase.
— **Une question est posée.** C'est-à-dire que l'énonciateur ignore quelque chose ou n'est pas certain de quelque chose. Dans les deux cas, il attend de son interlocuteur une information ou une précision.
L'usage le plus ordinaire du langage montre que nous employons souvent une phrase interrogative sans vraiment poser une question, c'est-à-dire sans attendre une réponse.

■ La question est un avertissement, une menace :
Me prendriez-vous pour un imbécile ?
Cette question n'attend pas de réponse. Celui qui répondrait malgré tout le ferait à ses risques et périls. L'énonciateur attend certes que son interlocuteur fasse ou ne fasse pas quelque chose, mais il n'attend pas une réponse au sens strict.
     Le soldat — *Je dis que... Je dis que... Hop !... Le chef !*
     Ils se lèvent et se mettent au garde à vous.
     Le chef — *Repos !... Alors... Mes lascars...* ***C'est ici qu'on voit des fantômes ?*** (COCTEAU)

▶ • C'est un usage de la phrase interrogative que nous apprenons très tôt à distinguer. Comparez :
Tu veux une fessée ? / Tu veux un gâteau ?

■ La question de politesse est une demande, un ordre :
     Pouvez-vous fermer la fenêtre, s'il vous plaît ?
     Vous ne pouvez pas vous taire ?

■ L'interrogation rhétorique.
C'est une interrogation qui inverse la polarité syntaxique de la phrase interrogative. Elle s'accompagne d'une intonation de « mise au défi » et elle est préparée par le contexte.
— On pose une question de polarité syntaxique positive mais, du point de vue du sens, elle a une polarité négative :
     Tu le connais ! Et tu penses qu'il a fini son travail ?
On « dit » qu'il ne l'a pas fini.
— On pose une question de polarité syntaxique négative mais, du point de vue du sens, elle a une polarité positive :
     Tu le connais ! Et tu penses qu'il n'a pas fini son travail ?
On « dit » qu'il l'a fini.

     — *Et ça ! là-bas !! regarde !!! le Panthéon !!!!*
     — *C'est pas le Panthéon, dit Charles, c'est les Invalides.*
     — *Vous allez pas recommencer, dit Zazie.*
     — *Non mais, cria Gabriel,* ***c'est peut-être pas le Panthéon ?***
     — *Non, c'est les Invalides, répondit Charles.*
     Gabriel se tourne vers lui et le regarde dans la cornée des œils :
     — ***T'en es sûr,*** *qu'il lui demanda,* ***t'en es tellement sûr que ça ?***
     Charles ne répondit pas. (QUENEAU)

II. L'ÉNONCIATION DANS LA PHRASE

A. Le discours rapporté

303   Définition générale

Un texte oral ou écrit comporte du discours rapporté quand son énonciateur intègre dans ce texte un autre texte énoncé par un autre énonciateur ou par lui-même. Il faut donc distinguer :
— le **texte d'accueil** ;
— et le **discours rapporté.**

Le texte d'accueil du discours rapporté.

Le texte d'accueil peut appartenir à l'énonciation-discours (§ 98) :

Paul m'a dit qu'	*il viendrait.*
Énoncé de l'énonciateur-moi	Transposition de l'énoncé de Paul
texte d'accueil	**discours rapporté**

Le texte d'accueil peut aussi appartenir à l'énonciation-récit (exemple de VOLTAIRE) :

Pangloss avouait qu'	*il avait toujours horriblement souffert.*
Énoncé du narrateur	Transposition de l'énoncé de Pangloss
texte d'accueil	**discours rapporté**

Le rôle de l'énonciateur du texte d'accueil.

L'énonciateur du texte d'accueil et l'énonciateur du discours rapporté peuvent être une seule et même personne :

| *Je me dis que* | *je dois lui répondre.* |
| **texte d'accueil** | **discours rapporté** |

Mais même dans ce cas, il y a un texte d'accueil et un discours rapporté : ce n'est pas le même énoncé, la même énonciation, le même énonciateur.

> • Si l'on compare : « Je dois lui répondre » et : « Je me dis que je dois lui répondre », on voit que les deux phrases n'expriment pas la même attitude à l'égard de ce qu'on dit. Dans la deuxième phrase, l'énonciateur prend en quelque sorte ses distances avec ce qu'il dit.

Les types de discours rapporté.

Le discours rapporté n'est donc pas une simple question de syntaxe. Il correspond à **une attitude de l'énonciateur du texte d'accueil vis-à-vis du discours qu'il rapporte.**

On distingue trois types de discours rapporté.

— Le **discours rapporté direct** : l'énonciateur reproduit, « rediffuse » le discours qu'il rapporte (§ 304).

— Le **discours rapporté indirect** : l'énonciateur inclut dans son propre énoncé le discours qu'il rapporte (§ 305-307).

— Le **discours rapporté indirect libre** : l'énonciateur reproduit en les adaptant des fragments épars du discours qu'il rapporte (§ 308).

Il existe également des discours empruntés. On peut ajouter à ces formes syntaxiques précises les nombreuses manières de citer autrui, de reprendre ses propos sous une forme ou sous une autre : citations, proverbes, etc. (§ 312).

304   Le discours rapporté direct : une rupture d'énonciateur

Le discours rapporté direct « entre » directement dans le texte d'accueil. Si l'on compare le discours original, c'est-à-dire le discours à rapporter, et le discours rapporté direct, on constate que le discours rapporté direct ne modifie pas le discours original. Il le rapporte comme « un bloc » déposé dans le texte d'accueil. Donc, on pourrait dire que le discours rapporté direct interrompt le texte d'accueil. Il crée **une rupture.**

Dans le discours rapporté direct, **on « entend » la voix de l'autre énonciateur.** C'est un peu comme un enregistrement qu'on écouterait.

On peut par exemple lire un roman en confiant à un lecteur le texte narratif d'accueil et, à d'autres lecteurs, les interventions des personnages quand elles sont en discours rapporté direct. Ce texte de Giono demande trois lecteurs :

(Narrateur) *Angélo s'inclina.*
(Angélo) *— Puis-je vous faire une proposition ?* (Narrateur) *dit-il.*
(La femme) *— Je vous en prie.*
(Angélo) *— J'ai deux pistolets dont un vide. Voulez-vous accepter celui qui est chargé ? Ces temps exceptionnels ont libéré beaucoup de passions exceptionnelles.*
(La femme) *— Je suis assez bien pourvue,* (Narrateur) *dit-elle,* (La femme) *voyez vous-même.*
(Narrateur) *Elle souleva un châle qui était resté de tout ce temps à côté du réchaud à esprit-de-vin. Il recouvrait deux forts pistolets d'arçon.*

305   Le discours rapporté direct : une rupture syntaxique

Une structure de juxtaposition.

— La phrase du discours rapporté direct est **juxtaposée** à la proposition du texte d'accueil.

— Cette proposition du texte d'accueil comporte un **verbe de parole,** d'expression ou d'opinion, qui introduit le discours rapporté direct : *dire, affirmer, ajouter, déclarer, expliquer, répondre, murmurer, crier, chanter,* etc.

242

■ *Place de la proposition d'accueil. La proposition incise.*

■ Premier cas : la proposition d'accueil **précède le discours** rapporté. Elle doit être suivie de **deux points,** et le discours rapporté direct est écrit entre des **guillemets :**

> **Mlle de Saint-Yves, se réveillant en sursaut, s'était écriée :**
> *« Quoi ! c'est vous ! ah ! c'est vous ! arrêtez-vous, que faites-vous ? »*
> (VOLTAIRE)

> **Le matelot disait en soufflant et en jurant :** *« Il y aura quelque chose à gagner ici. »* (VOLTAIRE)

■ Deuxième cas : la proposition d'accueil du discours rapporté direct est située au milieu, ou à la fin de la phrase. On parle alors de **proposition incise.** L'ordre est toujours verbe + sujet (§ 231) :

> *« Ah ! mon frère,* **disait mademoiselle de Kerkabon au prieur,** *jamais vous ne ferez un sous-diacre de notre neveu. »* (VOLTAIRE)
> *« Je vais me marier »,* **dit l'Ingénu en courant.** (ID.)

■ Le point d'interrogation et le point d'exclamation se placent avant l'incise :

> *Encore une robe neuve ? s'étonnait-il.* (COLETTE)
> *Tu es si humain ! lui disait parfois ma mère, avec un accent d'indéfinissable suspicion.* (COLETTE)

■ Quand le discours rapporté direct est un **dialogue,** des **tirets** remplacent les guillemets. Ces tirets sont placés **à la ligne** pour chaque réplique :

> *— Je suis un gentilhomme, dit bêtement Angélo.*
> *Il y eut un tout petit instant de silence et elle dit :*
> *— Je crois que c'est exactement ce qu'il fallait dire.* (GIONO)

306 Le discours rapporté direct : une rupture de la situation d'énonciation du texte d'accueil

Les mots déictiques et les temps employés dans le discours rapporté direct renvoient à la situation d'énonciation du discours rapporté et non pas à celle du texte d'accueil :

Hier, Paul m'a dit :	*« Je viendrai demain. »*
texte d'accueil	**discours rapporté direct**
me = l'énonciateur	*Je* = Paul
Paul = celui dont « je » parle	
Hier = pour l'énonciateur	*Demain* = par rapport au jour
Passé composé pour le moment	où Paul parlait
d'énonciation	Futur pour le moment où Paul parlait

307 Le discours rapporté indirect : une inclusion dans la voix de l'énonciateur

■ **Le discours rapporté indirect n'interrompt pas le texte d'accueil.** Il est pris en charge par lui. **On n'entend pas la voix de l'autre énonciateur,** on entend toujours celle de l'énonciateur du texte.

■ Il n'y a donc pas de rupture, mais une **inclusion**.
Mais si l'on compare le discours original, c'est-à-dire le discours à rapporter, et le discours rapporté indirect, on constate que le discours rapporté indirect **adapte** le discours original.
C'est le prix à payer pour son inclusion dans le texte d'accueil.

▶ • Attention. Cette « adaptation » concerne uniquement des formes grammaticales. Il ne s'agit évidemment pas d'adapter le sens du discours, de le modifier !

308 Le discours rapporté indirect : une inclusion syntaxique

■ *La proposition complétive.*

Le discours rapporté indirect suit le verbe introducteur et prend la forme d'une proposition subordonnée complétive (§ 272) complément d'objet du verbe introducteur :

*Il m'a dit **qu'il viendrait nous voir.***

*On lui dit que, **six ans auparavant, Saumur contenait plus de quinze mille âmes, et qu'à présent il n'y en avait pas six mille.*** (VOLTAIRE)

*Maman lui rétorque, agacée, **qu'une fièvre de quarante ans ne tombe pas en cinq minutes.*** (J. ROUAUD)

■ *Adaptation du discours rapporté :*
les changements de personne.

Il faut adapter les pronoms personnels, les adjectifs et les pronoms possessifs.

(Paul dit :) « ***Je** viendrai avec **mon** frère. »* (Discours original)
→ *Paul a dit qu'**il** viendrait avec **son** frère.* (Discours rapporté indirect)

■ *Adaptation du discours rapporté :*
les changements de temps.

■ Quand le verbe de la proposition principale est au présent, les temps du discours rapporté ne changent pas :

(Anne dit :) « *Je viendrai.* » → *Anne dit qu'elle viendra.*

■ Quand le verbe de la proposition principale est à un temps grammatical passé, ils sont adaptés à la situation d'énonciation du texte d'accueil.
— Présent → imparfait (§ 169) :

(Anne a dit :) « *Je viens.* » → *Elle m'a dit qu'elle **venait.***
— Passé composé → plus-que-parfait (§ 176) :

(Anne a dit :) « *Je suis venue.* » → *Elle m'a dit qu'elle **était venue.***

244

— Futur simple → conditionnel présent (§ 184) :
    (Paul a dit :) « *Anne viendra.* » → *Il m'a dit qu'Anne* **viendrait.**
— Futur antérieur → conditionnel passé (§ 186) :
    (Paul a dit :) « *Elle aura fini.* » → *Il m'a dit qu'elle* **aurait fini.**

> • Ces transpositions ne sont pas automatiques. La conservation du temps du dis-
> cours direct est toujours possible. Pour les valeurs de ces emplois, voir les para-
> graphes signalés.

▬ *Adaptation du discours rapporté : le changement de mode.*

— Dans la langue courante, l'impératif devient un infinitif :
    (Anne a dit à Paul :) « *Partez !* »
    → *Elle a dit à Paul de* **partir.**
— L'usage soutenu demande le subjonctif :
    → *Elle a dit à Paul qu'***il parte.**

▬ *Adaptation du discours rapporté : les déictiques.*

Il faut modifier les déictiques (§ 98) pour les adapter à la situation d'énonciation du texte d'accueil :
    (Paul a dit :) « *Je viendrai* **demain***. »*
    → *Il a dit qu'il viendrait* **le lendemain.**

309   Interrogation directe et interrogation indirecte

La comparaison de l'interrogation directe (§ 299) et de l'interrogation indirecte montre plusieurs différences.

▪ Dans l'interrogation indirecte, il n'y a pas de point d'interrogation, ni à
l'oral de mélodie interrogative :
    « *Est-ce que Paul a compris ?* »
    → *Je me demande si Paul a compris.*
    « *Quand finiront ces travaux ?* »
    → *Je ne sais pas quand finiront ces travaux.*

> • La phrase qui comporte une interrogation indirecte peut être une phrase décla-
> rative : *Je me demande si tu es au courant de l'affaire.*
> Ou une phrase interrogative : *Puis-je vous demander si vous viendrez ?*
> Le point d'interrogation qui termine la deuxième phrase correspond à l'interro-
> gation du texte d'accueil « Puis-je vous demander... ? ». Il n'a pas de rapport avec
> l'interrogation indirecte.

LA PHRASE ET L'ÉNONCIATION

245

■ Les marques de l'interrogation directe sont remplacées par des marques spécifiques de l'interrogation indirecte. Ces marques servent de mots subordonnants aux propositions subordonnées interrogatives indirectes (§ 310).

■ Le discours indirect interrogatif subit les mêmes changements, les mêmes transformations que le discours indirect rapportant des phrases non interrogatives (§ 308).

310   La proposition subordonnée interrogative indirecte

Les verbes introducteurs.

Le verbe type est le verbe *demander*. D'autres verbes impliquent ou permettent une interrogation : *interroger, s'informer, ignorer... ; dire, savoir, comprendre, indiquer, sentir, deviner,* etc.

Les mots subordonnants.

■ La conjonction *si* correspond aux marques de l'interrogation directe totale (§ 299) :

> *« Viendra-t-il ? »*
> → *Je me demande* ***s'il viendra.***
> → *Je ne sais pas* ***s'il viendra.***
> *Une bonne vieille m'arrêta dans la rue, et me demanda* ***si je m'appelais Diego de la Fuente.*** (LESAGE)
> *Il se demanda sérieusement* ***s'il serait un grand peintre ou un grand poète.*** (FLAUBERT)

■ Les pronoms, les adjectifs et les adverbes interrogatifs conservent le même rôle que dans l'interrogation directe partielle (§ 299) ;

> *« Qui est-là ? » « Quel film vas-tu voir ? »*
> → *Je me demande* ***qui est là / quel film tu vas voir.***
> → *Je sais* ***qui est là / quel film tu vas voir.***
> *« Quand viendra-t-il ? » « Pourquoi viendra-t-il ? »*
> → *Je me demande* ***quand il viendra / pourquoi il viendra.***
> → *Je ne sais pas* ***quand il viendra / pourquoi il viendra.***
> *L'Ingénu, attendri de plus en plus, demanda* ***quels*** *étaient les Français qui trompaient ainsi un monarque si cher aux Hurons.* (VOLTAIRE)
> *On demande* ***pourquoi*** *tous les hommes ensemble ne composent pas une seule nation.* (LA BRUYÈRE)
> *Tu me demandes* ***où*** *je vais et* ***pourquoi*** *je pars.* (HUGO)

■ Les locutions conjonctives *ce qui, ce que* remplacent les interrogatifs *que ? qu'est-ce-qui ? qu'est-ce que ?*

> *« Que fais-tu ? » « Qu'est-ce que tu dis ? »*
> → *Je me demande* ***ce que tu fais / ce que tu dis.***
> → *Je sais* ***ce que tu fais / ce que tu dis.***

*Je le suppliai de me dire **ce que** c'était qu'avoir le pouvoir prochain de faire quelque chose.* (PASCAL)
— Qu'est-ce qu'ils t'ont fait, maman ?...
*— **Ce qu'**ils m'ont fait ? Ils sont venus.* (COLETTE)

La mère reprend l'interrogation directe et la transpose en interrogation indirecte avec ellipse de la principale : « Tu me demandes... »

311   Le discours rapporté indirect libre

■ *Description.*

Dans ce texte, le passage en caractères gras appartient à ce qu'on appelle le **discours rapporté indirect libre** :

*Jean pensa qu'il fallait faire le voyage. Mais il n'avait pas encore choisi la date. **La semaine prochaine ? Pourquoi pas ? Pourvu qu'il n'y ait pas trop de monde sur les routes ! Il verrait bien !** Il téléphona : « J'arriverai mardi midi. »*

— Le discours direct est **inséré dans ce texte** par les deux points et les guillemets. Aucune de ces marques n'accompagne le discours indirect libre.

— Le discours indirect est **subordonné** (« qu'il fallait... »). Le discours indirect libre est simplement juxtaposé.

— Comme le discours direct, le discours rapporté indirect libre conserve les modalités interrogatives (?) et exclamatives (!) du discours original.

— Comme le discours indirect, le discours indirect libre modifie, adapte le discours original *(« Je verrai bien ? » → Il verrait bien !)*

On voit que le discours rapporté indirect libre est un modèle **intermédiaire** entre le discours rapporté direct et le discours rapporté indirect.

■ *Le contexte introducteur.*

Le discours direct et le discours indirect sont introduits par un verbe de parole, d'expression. Ce n'est pas le cas du discours indirect libre. Pourtant, il n'arrive pas par hasard. **Il y a un contexte qui prépare sa venue.** Ce contexte apparaît clairement dans les trois exemples ci-dessous :

*La vulgarité de cet homme exaspérait Frédéric. **Tout lui appartenait donc, à celui-là ?** Il le retrouvait sur le seuil de la lorette ; et la mortification d'une rupture s'ajoutait à la rage de son impuissance.* (FLAUBERT)

Le discours rapporté indirect libre conserve l'exclamation du discours original, comme dans le discours direct. Mais le verbe, qui serait au présent dans un discours direct (« Tout lui appartient donc... »), est à l'imparfait, comme dans le discours indirect.

*Dans sa chambre, la porte fermée, elle s'abandonna sur le lit, tellement les pieds lui faisaient mal. Longtemps, elle regarda d'un air hébété la table de toilette, l'armoire, toute cette nudité d'hôtel garni. **C'était donc là qu'elle allait vivre ;** et sa première journée se creusait, abominable, sans fin. **Jamais elle ne trouverait le courage de la recommencer.*** (ZOLA)

Tout le début du texte est une énonciation-récit menée par le narrateur. Mais la fatigue de la jeune femme est si grande... Ses deux soupirs de détresse

247

LA PHRASE ET L'ÉNONCIATION

qu'exprime le discours indirect libre ne surprennent pas. Au discours rapporté direct on aurait : « C'est donc là que je vais vivre », « Jamais je ne trouverai le courage... ».

> *Il plia sa serviette, regarda l'heure.* **Il aurait dû s'installer plus tard dans ce restaurant funèbre. Que pouvait-il faire à huit heures du soir ?**
> *Il y avait encore une lueur toute cisaillée au-dessus de la ville...* (CAYROL)

La description du personnage qui regarde l'heure, celle du ciel encore clair : ce sont deux remarques du narrateur qui encadrent les réflexions du personnage (« J'aurais dû m'installer... », « Que puis-je faire... ? »).

312   Les discours empruntés

Le discours rapporté n'est pas la seule manière de « parler avec les mots des autres » (Jacqueline Authier).

Les emprunts.

Ce sont les **citations** empruntées à un auteur ou à un texte précis :

> *Ayant parcouru d'un seul mouvement ce grand paysage de* l'Illiade*, j'en comprends soudain le premier mot :* **« C'est la colère que tu vas chanter, Muse. »** (ALAIN)

On trouve également ici la citation du titre du poème.

Les mots ou les expressions que l'on **cite** :

> *Autre exemple, la forte expression populaire :* **« ne pas savoir ce qu'on dit »,** *nous ramène à cette même idée.* (ALAIN)

Les **proverbes** :

> — *Il n'y a pas de voleurs, dit Angélo.*
> — *Ben, et moi ? dit l'homme.* **L'occasion fait le lard rond.** (GIONO)

Le proverbe déformé est : *L'occasion fait le larron.*

Ou les **fragments de propos d'autrui** que l'on reprend dans la conversation :

> — *Veux-tu que je te dise, Robinson ? Ton île déserte, bien sûr qu'elle est toujours là. Et même je peux t'assurer que tu l'as bel et bien retrouvée !*
> — **Retrouvée ?** *Robinson suffoquait. Mais puisque je te dis...*
> — *Tu l'as retrouvée ! Tu es passé peut-être dix fois devant, mais tu ne l'as pas reconnue.*
> — **Pas reconnue ?** (TOURNIER)

Ces fragments de discours empruntés à autrui peuvent être cités en **écriture italique,** entre **guillemets,** après **deux points,** entre **parenthèses...** Quand le texte est lui-même en écriture italique, la citation est en écriture normale (voir ci-dessous l'exemple de Diderot).
Seule règle impérative : **toute citation d'autrui doit être clairement distinguée du texte d'accueil et son auteur doit être nommé.**

Les contextes.

Il ne suffit pas d'examiner le discours emprunté : il faut également considérer son contexte pour comprendre son sens.
La citation peut venir à l'**appui d'un argument :**

> *La civilisation afro-latine unira les complémentaires. De Gaulle, en 1942,
> disait à un gouverneur : « Vous êtes un bourgeois, l'avenir est au
> métissage ! »* (MALRAUX, citant SENGHOR)

— Ou **illustrer** une idée :

> *Valéry appelait « professions délirantes » celles de l'art et de l'esprit.*
> (MALRAUX)

— Ou être **critiquée** :

> *On ne sait ce que c'est que ce modèle naturel qu'il faut imiter ; et, à faute
> de cette connaissance, on a inventé de certains termes bizarres : « siècle
> d'or, merveille de nos jours, fatal », etc. ; et on appelle ce jargon beauté
> poétique.* (PASCAL)
> *On a dit que bonne renommée valait mieux que ceinture dorée.*
> *Cependant qui a bonne renommée n'a pas de ceinture dorée, et je vois
> qu'aujourd'hui qui a ceinture dorée ne manque guère de renommée.*
> (DIDEROT)

B. L'incise et l'apostrophe

313   L'incise : une intervention de l'énonciateur

Il y a deux types d'incises :
— la **proposition incise** qui accompagne le discours rapporté direct (voir
§ 305) ;
— les **incises de commentaire,** d'opinion (phrase verbale ou phrase sans
verbe).

L'incise de commentaire.

L'incise de commentaire entraîne une **rupture dans la structure de la
phrase.** Elle peut intervenir à n'importe quelle place. Elle est séparée du reste
de le phrase :
— par des **marques écrites** : les **parenthèses** et les **tirets** sont les plus nettes, mais l'incise peut être simplement séparée par des **virgules** ;
— et par des **marques orales** (changement d'intonation).

Elle correspond toujours à une **intervention explicite de l'énonciateur dans
son énoncé** pour le commenter, le préciser, ironiser sur ce qu'il vient de dire,
etc.

• Il ne faut pas confondre l'incise avec les **informations documentaires** qu'un texte peut contenir : paginations, références, renvois, etc. ; par exemple, le nom de l'auteur d'une citation.

Le caractère objectif, et souvent indispensable, de ces notes documentaires est très différent du caractère subjectif des incises.

L'incise de commentaire dans l'énonciation-discours.

Elle trouve naturellement sa place dans l'énonciation-discours (§ 98), puisque **l'énonciateur est explicitement présent** :

> *La France, me disait un délégué de la Révolution algérienne* **— oui, de la Révolution algérienne, à ce moment-là !** *— la France c'est vous, c'est moi, c'est le président de Madagascar ; c'est la culture française !* (MALRAUX)

> *Nulle trace dans mes archives de cette première après-midi rue Vaneau, en 1933* **(mon journal intime ne commence qu'en 1934),** *sinon une lettre que par erreur m'adressa Gide, et qu'il destinait à son « cher Rohmer ».*
> (ÉTIEMBLE)

Dans ce texte, « mon cher Rohmer » est une citation, l'incise de commentaire est entre parenthèse.

L'incise de commentaire dans l'énonciation-récit.

Quand une proposition incise interrompt l'énonciation-récit (§ 98), elle correspond clairement **à une intervention du narrateur-énonciateur dans son texte** :

> *Elle était alors retirée à La Haye, où elle vit ces amis,* **car c'est ainsi qu'on appelait alors les Quakers.** (VOLTAIRE)

Voltaire commente l'appellation *ami.*

> *Salah Brahim se leva incrédule et cependant docile. Les échanges avec le chauffeur de la Toyota* **— qui était anglais** *— se limitèrent au minimum, mais confirmèrent les propositions du Toubou.* (TOURNIER)

Michel Tournier souligne le fait. S'il n'avait pas voulu le marquer particulièrement, une relative en apposition pouvait suffire.

314   L'apostrophe : une adresse à l'interlocuteur

Comme l'incise, l'apostrophe entraîne une **rupture dans la structure de la phrase.** Elle est **une adresse en direction de l'interlocuteur.** Elle est essentiellement formée du **nom propre** ou d'une **désignation** de cet interlocuteur. Elle peut être accompagnée d'une **interjection** (§ 267) :

> **Hé ! Paul,** *tu as une minute ? Je voudrais te parler.*
> **Mes chers concitoyens !** *Si je m'adresse à vous, ce soir...*
> *Entendez,* **ô grands de la terre ;** *instruisez-vous,* **arbitres du monde.**
> (BOSSUET)

> *Sois sage,* **ô ma douleur,** *et tiens-toi plus tranquille.* (BAUDELAIRE)

250

C. Les mises en position détachée

315 La position détachée

■ Un mot ou une unité de la phrase est en position détachée quand ils sont **séparés du reste de la phrase** à l'oral par une **intonation spécifique,** à l'écrit par **une ou des virgules.**

■ Trois types d'unités peuvent être mises en position détachée. Chaque cas est étudié au paragraphe cité en renvoi :
— le SN (§ 241) qui est dit « en apposition » :
> Monsieur Dubois, **mon voisin,** est comptable.
— l'adjectif (§ 239) :
> Paul, **essoufflé,** s'arrêta.
> **Essoufflé,** Paul s'arrêta.
— la proposition subordonnée relative (§ 242) :
> Paul, **qui était essoufflé,** s'arrêta.

■ Il y a deux types particuliers de détachement :
— la thématisation (§ 317) ;
— l'emphase syntaxique (§ 318).
Ces deux dernières mises en position détachée concernent toujours une unité placée en tête de phrase.

> • Un terme qui se trouve « normalement » entre virgules n'est pas en position détachée :
> Anne, Claire, Paul et moi nous sommes dans le même lycée.
> Le nom propre *Claire* est entre deux virgules. Mais cette ponctuation est celle d'une énumération, pas d'une mise en position détachée.
> • L'incise ou l'apostrophe sont souvent entre virgules. Mais ce ne sont pas des mises en position détachée. Nous venons de voir qu'elles expriment la « présence » de l'énonciateur ou de l'interlocuteur dans le texte (§ 313-314).

316 La thématisation

Elle correspond à la **mise en tête de phrase d'un ou de plusieurs complé-ments circonstanciels** (voir les exemples du § 264) :
> **Après le souper, quand la soirée était belle,** nous allions encore tous ensemble faire quelque tour de promenade sur la terrasse pour y respirer l'air du lac et la fraîcheur. (ROUSSEAU)

251

317 L'emphase syntaxique

■ Il y a emphase syntaxique quand un constituant de la phrase est **détaché en tête de phrase, et qu'il est rappelé dans la phrase par un pronom.** C'est la présence de ce pronom de rappel qui distingue l'emphase syntaxique de la thématisation.

■ L'emphase syntaxique concerne tous les types de phrase :
— la phrase déclarative :
  Moi, je ne mange pas de ce pain-là !
  Lui, je le connais.
— la phrase exclamative :
  Ce type, qu'est-ce qu'*il* est bavard !
— la phrase interrogative :
  Ce film, tu *l'*as vu ?
— la phrase impérative :
  Ma balle, rattrape-*la* !

■ Mais toutes les constructions ne permettent pas l'emphase syntaxique.
— Les constructions interrogatives du type : « Paul est-il venu ? », bloquent la possibilité d'une emphase sur le sujet, puisque le nom sujet *Paul* est déjà en tête de phrase et qu'il est repris par le pronom *il.*
— Les constructions impératives du type : « Toi, attrape cette balle ! », font apparaître l'interlocuteur en apostrophe (§ 314), non pas en emphase syntaxique.

318 Compléments : les autres types d'emphase

■ **L'emphase sémantique** est un accent d'insistance placé sur un mot ou sur le mot de tête d'un syntagme. Elle n'entraîne aucune modification syntaxique de la phrase :
  Ce film est vraiment **fooormidable** !

  Envolez-vous, **pages** *tout éblouies !* (VALÉRY)

■ **L'ajustement après le propos** (Mary-Annick Morel). C'est la reprise en fin de phrase d'une unité exprimée dans la phrase :
  Je ne mange pas de ce pain-là, **moi.**
  Ils sont tous venus me voir, **tous.**

■ **Les répétitions :**
  J'en suis sûr ! j'en suis sûr !
  Waterloo ! Waterloo ! Waterloo ! morne plaine. (HUGO)
  Trois mots, sourdement répétés, passèrent de bouche en bouche :
  — Il est mort... Il est mort... (MARTIN DU GARD)

■ **Les anaphores.** Elles sont de deux types très différents.
— **Les anaphores d'organisation du discours.**
Ce type d'anaphore n'est pas un phénomène d'emphase mais un système fondamental d'organisation du discours. Tout ce que nous avons vu sur les emplois anaphoriques de l'article défini ou des pronoms le montre assez (§ 22,67).

252

— Les anaphores d'organisation du texte.

L'anaphore est également un système d'organisation du texte. C'est, par exemple, la reprise d'une formule identique en tête de phrases successives, ou à des positions similaires dans le texte. Elle joue un grand rôle dans les textes argumentatifs et en poésie :

> *Toujours aimer, toujours souffrir, toujours mourir.* (CORNEILLE)
> *Par-dessus les tyrans enroués de mutisme*
> *Il y a la nef silencieuse de vos mains*
> *Par-dessus l'ordre dérisoire de tyrans*
> *Il y a l'ordre des nuées et des cieux vastes*
> *Il y a la respiration des mots très bleus*
> *Il y a les libres lointains de la prière...* (P. EMMANUEL)

D. Les phrases à présentatif

319   Définition

Certains **groupes verbaux** ont pour fonction de « présenter » un SN, un SP, un adjectif, un verbe à l'infinitif, une proposition relative, une proposition introduite par *que*. On les appelle **présentatifs**.

— *Voici / voilà* : termes figés, invariables (§ 320).
— *Il y a* : se rencontre à l'indicatif et au subjonctif (§ 321).
— *Il est* : figé sur les emplois au présent et à l'imparfait (§ 322).
— *C'est* : exprimable à tous les temps de l'indicatif. Le pluriel appartient à l'usage soutenu (§ 323).

Associés à *qui* et *que*, ces présentatifs fonctionnent également comme groupes extracteurs permettant une focalisation (§ 324).

320   Voici / Voilà...

Voici et *voilà* sont « les plus déictiques des présentatifs » (M.-A. Morel). Ils conservent en effet la trace de leur formation, l'ancien français : « *Voi ci* », « *Voi là* ». Ils semblent appeler un geste d'accompagnement pour désigner plus clairement ce qu'on découvre, ce qu'on « montre ».

> • Sur le sens de *-ci / -là*, voir § 31.
> • Il n'y a pas de construction négative possible.
> • On utilise de la même manière *revoici, revoilà*.

Ce que « montrent » ces présentatifs peut être à différents niveaux de la phrase.
Dans la situation de communication (**emploi déictique,** § 67, 98) :

253

>> **Voici votre chambre.** *Vos bagages y ont été déposés.*
> *Orgueil, le plus fatal des conseillers humains, qu'es-tu venu faire entre cette fille et moi ?* **La voilà pâle et effrayée...** (MUSSET)
> *C'est moi, Mesa,* **me voici.** (CLAUDEL)

Dans le contexte antérieur (**emploi anaphorique,** § 22, 67) :
(Andromaque vient de décrire Pyrrhus au siège de Troie)
> *Peins-toi dans ces horreurs Andromaque éperdue ;*
> **Voilà comment Pyrrhus vint s'offrir à ma vue.** (RACINE)

Dans le contexte postérieur (**emploi cataphorique,** § 27, 67) :
> **La voilà,** *malgré ce grand cœur, cette princesse si admirée et si chérie !*
> **La voilà** *telle que la mort nous l'a faite...* (BOSSUET)

■ *Voici / voilà* peuvent être employés dans **plusieurs constructions :**
— présentatif + SN (ou SP) :
> *Voilà Paul. Voici ma maison. Voici pour toi.*
— pronom conjoint + présentatif (+...) :
> *La voilà patronne / heureuse / enfin arrivée / chez elle !*
— *en* + présentatif + SN (phrase exclamative) :
> *En voilà une nouvelle !*
— présentatif + relative :
> *Voilà qui mérite attention.*
> *Voilà ce qui arrive quand on est tête en l'air.*

321   Il y a ...

■ *Il y a* constate l'**existence d'un référent :**
> *Il y a mon amour*
> *Il y a toute la vie*
> *Je t'adore* (APOLLINAIRE)

■ Dans la plupart des cas, *il y a* est accompagné de **compléments circonstanciels** de temps ou de lieu. Ces compléments renvoient :
— à la situation de communication :
> *Il y a une tache sur ton manteau.*
— à des repères connus :
> *Il y a un jour de plus dans les années bissextiles.*
— au contexte :
> *Il y en avait tant, de ces pages respectées par la timidité ou la nonchalance, que nous n'en vîmes jamais la fin.* (COLETTE)
> *A partir d'ici, il y avait un tapis dans l'escalier.* (GIONO)

■ La suite peut être un SN, un SP, une proposition :
> *Il y aurait une cuisine vaste et claire...* (PEREC)
> *Il y a que je languis après une lettre qui tarde.* (APOLLINAIRE)

■ Le tour hypothétique *s'il y a* pose l'existence d'un référent nécessaire à un raisonnement :
> *S'il y a un Dieu, mon cher Rhédi, il faut nécessairement qu'il soit juste...*
> (MONTESQUIEU)

▶ • L'usage oral familier emploie « y'a » ». Cette forme est incorrecte à l'écrit.

322 Il est...

■ *Il est* peut, comme *il y a*, constater quelque chose :
> *Il est huit heures. Il est trop tard.*

Mais sa valeur est généralement plus « active » (R.-L. Wagner) que celle de *il y a*. Le présentatif *il est* pose l'existence d'un référent :
> *Il était une fois...*

Il est n'est d'usage courant que dans des tours figés comme ceux qui viennent d'être cités.

■ Les autres emplois appartiennent à **l'usage soutenu** et à la langue littéraire :
> *Je suis jeune, il est vrai, mais aux âmes bien nées*
> *La valeur n'attend pas le nombre des années.* (CORNEILLE)
> *Il est des parfums frais comme des chairs d'enfants,*
> *Doux comme des haubois, verts comme des prairies...* (BAUDELAIRE)

323 C'est...

C'est est le présentatif le plus fréquemment employé. Mais c'est aussi celui qui a la plus faible valeur « présentative ». Il suppose que ce dont on parle est connu. Ainsi, *c'est* peut suivre les présentatifs *voilà* et *il y a*, il ne les précède pas :
> *Voilà Paul. C'est un de mes meilleurs amis.*
> *Il y a de quoi manger dans le réfrigérateur. C'est pour ce soir.*

Il apparaît dans quatre types de constructions.

■ « *C'est la vie.* »

■ Le groupe *c'est* peut être un **simple présentatif d'emploi déictique** :
> *Tiens ! c'est Paul.*
> *Est-ce toi, Perdican ?* (MUSSET)

Il peut aussi assumer une double valeur de présentation et de représentation par **anaphore** (§ 67) :
> *Lucien n'avait d'autre consolation que d'examiner de près le Sanréal ; c'était à ses yeux le vrai type du grand propriétaire de province.* (STENDHAL)
> *Un de mes grands plaisirs, c'est la découverte.* (COLETTE)

■ *C'est* accepte plusieurs types de suites :
— un SN ou un SP :
> *C'était le bon temps ! C'est pour Jean.*
> *C'était l'ouvrage de quelque envieux subalterne.* (STENDHAL)
> *C'est un tableau pendu dans un sombre musée.* (APOLLINAIRE)
> *Je t'assure, dit l'oncle, que tu te fais des idées... Ce sont des gens très corrects...* (ARAGON)

— un adjectif ou un adverbe :
> *C'est beau ! C'est bien !*
> *C'est stupide, mais c'est atroce. Que veux-tu ? Je n'y peux rien.*
> (MAUPASSANT)
>
> *C'est très curieux, constatait ma mère.* (COLETTE)

255

— une proposition relative sans antécédent :
> *Ce n'est pas ce que je voulais.*
> *Et c'est ce que pensent aussi les autres Grecs ?* (GIRAUDOUX)

▆▆▆ « *C'est parfois bizarre, la vie.* »

— Le pronom *ce* introduit par **cataphore** (§ 67) le sujet de la phrase attributive :
> ***C'est*** *parfois bizarre,* **la vie.** */ La vie est parfois bizarre.*

— Il peut être suivi du pronom *que*, qui sert d'introducteur au sujet :
> ***C'est*** *une histoire étrange* ***que*** *cette histoire.*
> *Ce m'est, je le confesse, une audace bien grande,*
> ***Que*** *d'oser de ce cœur vous adresser l'offrande.* (MOLIÈRE)

▆▆▆ « *La vie, c'est parfois bizarre.* »

— Ce type de construction correspond à une **emphase syntaxique** (§ 317) d'un SN ou d'un équivalent :
> *Une voiture bien entretenue, c'est un gage de sécurité.*
> *Partir, c'est mourir un peu.*

— Ou à la mise en tête de phrase d'une proposition relative sans antécédent :
> *Ce qui compte, c'est d'arriver à temps.*

324   La focalisation

■ On appelle **focalisation**, l'opération qui consiste à **« extraire » un constituant de la phrase** pour le placer en **tête de phrase** entre les deux éléments d'un **présentatif extracteur**.

■ Les extracteurs du type *c'est... qui, voilà... qui, il y a... qui*, permettent de focaliser le sujet logique (§ 229) :
> ***Ce*** *n'**est** pas la peur d'une maladie* **qui** *affole les gens.* (MAUPASSANT)

■ Les extracteurs du type *c'est... que, voilà... que, il y a... que*, permettent de focaliser les autres constituants :
> ***C'est*** *pour lui* ***qu'****on danse...* (MAUPASSANT)
> ***C'est*** *une conversation d'ennemis* ***que*** *nous avons là ?* (GIRAUDOUX)

EXERCICES

LA PHRASE ET L'ÉNONCIATION

1 **Transformez ces phrases déclaratives en phrases interrogatives avec interrogation totale.**

a) Les valises sont rangées dans le placard. **b)** La tempête a causé de nombreux dégâts dans la région. **c)** Elle joue au volley-ball. **d)** Marc et Brigitte se connaissent depuis deux ans. **e)** Il pleut souvent. **f)** Chaque jour, j'apprends trois mots d'ancien français. **g)** Sur la terrasse ensoleillée, les touristes prenaient le café.

2 **Transformez les phrases déclaratives du précédent exercice en phrases interrogatives avec interrogation partielle. Précisez sur quel constituant de la phrase porte votre interrogation.**

3 **Récrivez ces passages en employant le discours rapporté indirect.**

a) Paul affirme : « Ma voiture sera réparée demain. »
b) La loi précise : « Tout contrefacteur sera puni d'une amende. »
c) L'acteur répond au journaliste : « J'espère que mon film vous plaira. »
d) La cliente dit : « J'aimerais trouver une broche qui aille avec ma robe. »
e) Le professeur leur demande : « Avez-vous tous lu le premier chapitre de votre livre ? »
f) Paul me demande : « A quelle heure es-tu parti hier ? »

4 **Récrivez les passages de l'exercice précédent en employant le discours rapporté indirect et en mettant le verbe de la principale (texte d'accueil) à un temps du passé.**
Exemple : Paul affirmait que...

5 **Récrivez ces passages au style indirect.**

a) « L'avocat reprit : Tu n'y perdras rien, la spéculation est excellente. » (FLAUBERT)
b) « Il avait dit : Tel jour cet astre reviendra. » (HUGO)
c) « Mouret se contenta de répéter : C'est bon, nous verrons cela. » (ZOLA)
d) « Tout d'un coup, il cria : Zut ! je me fends d'un supplément !... Victor, une troisième confiture ! » (ZOLA)
e) « Elle criait : On a tiré sur M. Jaurès ! » (MARTIN DU GARD)

6 **Dans ces textes, relevez en les classant les passages de discours rapportés direct, indirect et indirect libre. Relevez aussi les discours empruntés.**

a) « Si vous me demandez comment tant de factions opposées ont pu conspirer ensemble, vous l'allez apprendre. » (BOSSUET)
b) « Cacambo demanda humblement quelle était la religion d'Eldorado. » (VOLTAIRE)
c) « Pour mettre à profit les leçons du bon Plutarque je résolus d'employer à m'examiner sur le mensonge la promenade du lendemain, et j'y vins bien confirmé dans l'opinion déjà prise que le *Connais-toi toi-même* du temple de Delphes n'était pas une maxime si facile à suivre que je l'avais cru dans mes *Confessions.* » (ROUSSEAU)
d) « Il fallut demander successivement le pays, la ville et le quartier où je me trouvais. » (ROUSSEAU)
e) « Il examinait la lettre dans tous les sens : N'est-ce pas là une écriture de femme ? se disait-il. En ce cas, quelle

257

femme l'a écrite ? Il passait en revue toutes celles qu'il connaissait à Verrières, sans pouvoir fixer ses soupçons. Un homme aurait-il dicté cette lettre ? Quel est cet homme ? Ici, pareille incertitude ; il était jalousé et sans doute haï de la plupart de ceux qu'il connaissait. » (STENDHAL)

7 **Même exercice.**

a) « A chaque femme qui marchait devant lui ou qui s'avançait à sa rencontre, il se disait : ''La voilà !'' C'était, chaque fois, une déception nouvelle. L'idée de Mme Arnoux fortifiait ses convoitises. Il la trouverait peut-être sur son chemin ; et il s'imaginait, pour l'aborder, des complications du hasard, des périls extraordinaires dont il la sauverait. » (FLAUBERT)

b) « Lorsque Bouthemont avait vu passer Mouret, il s'était levé de table, ayant fini, et il contait les ennuis de son rayon, il disait son embarras. Les deux autres l'écoutaient, refusant encore de sacrifier Robineau, un vendeur de premier ordre, qui datait de madame Hédouin. Mais, quand il vint à l'histoire des nœuds de cravate, Bourdoncle s'emporta. Est-ce que ce garçon était fou, de s'entremettre pour donner des travaux supplémentaires aux vendeuses ? La maison payait assez cher le temps de ces demoiselles ; si elles travaillaient à leur compte la nuit, elles travailleraient moins dans le jour au magasin, c'était clair ; elles les volaient donc, elles risquaient leur santé qui ne leur appartenait pas. La nuit était faite pour dormir ; toutes devaient dormir, ou bien on les flanquerait dehors !
— Ça chauffe, fit remarquer Hutin. » (ZOLA)

c) « Pierre allait prendre son air agressif, quand Paulette s'écria : ''Oh ! par exemple ! Pierre, tu ne reconnais pas l'amiral ?'' Pierre n'avait pas reconnu l'amiral, qu'il n'avait pas revu depuis le jour de leur mariage. L'amiral Courtot de la Pause. L'oncle de Denise, voyons. » (ARAGON)

8 **Relevez les incises et les apostrophes. Quelles sont leurs marques ? Quelles sont leurs significations ?**

a) « Tu as vu, mon cher Mirza, comment les Troglodytes périrent de leur méchanceté même et furent les victimes de leur propres injustices. » (MONTESQUIEU)

b) « Elle espérait sans doute qu'en me voyant brave (c'était son terme), je serais tentée de laisser durer plus longtemps mon aventure avec M. de Climal. » (MARIVAUX)

c) « De toutes les habitations où j'ai demeuré (et j'en ai eu de charmantes), aucune ne m'a rendu si véritablement heureux et ne m'a laissé de si tendres regrets que l'île de Saint-Pierre au milieu du lac de Bienne. » (ROUSSEAU)

d) « Depuis l'instant qu'il avait ouvert la lettre anonyme, l'existence de M. de Rênal avait été affreuse. Il n'avait pas été aussi agité depuis un duel qu'il avait failli avoir en 1816, et, pour lui rendre justice, alors la perspective de recevoir une balle l'avait rendu moins malheureux. » (STENDHAL)

e) « ... et l'art deviendra si l'on continue, je ne sais quelle rocambole au-dessous de la religion comme poésie, et de la politique comme intérêt. Vous n'arriverez pas à son but — oui, son but ! — qui est de nous causer une exaltation impersonnelle. » (FLAUBERT)

f) « — Favier, passez votre raie à Deloche... Il l'aime comme ça.
— Et votre viande, Hutin : Deloche la demande pour son dessert. » (ZOLA)

g) « Il ne m'a jamais parlé, à moi, de la seule longue et grave maladie qui m'ait atteinte. Mais voici que des lettres de lui (je l'apprends vingt ans après sa mort) sont pleines de mon nom, du mal de la ''petite''. » (COLETTE)

9 **Relevez les passages qui présentent une mise en position détachée et précisez leur nature : apposition, thématisation, emphase syntaxique. Relevez également les passages introduits par un présentatif et précisez leur nature.**

a) « Pour moi, j'avais le caractère trop vrai pour me conduire de cette manière-là. » (MARIVAUX)

b) « Oui, monsieur, lui dis-je ; c'est elle-même qui, en vous nommant, est venue m'avertir que vous me demandiez. » (MARIVAUX)

258

c) « Ni en Angleterre ni en aucun pays du monde on ne trouve des établissements en faveur des beaux-arts comme en France. » (VOLTAIRE)

d) « C'est moi qu'on voit toujours seul, rêvant sur le banc d'Argenson. » (DIDEROT)

e) « Mais moi, détaché d'eux et de tout, que suis-je moi-même ? Voilà ce qui me reste à chercher. » (ROUSSEAU)

f) « Il n'y a pas deux mois encore qu'un plein calme est rétabli dans mon cœur. » (ROUSSEAU)

g) « Le jeudi 24 octobre 1776, je suivis après dîner les boulevards jusqu'à la rue du Chemin-Vert par laquelle je gagnai les hauteurs de Ménilmontant. » (ROUSSEAU)

h) « Seul et délaissé, je sentais venir le froid des premières glaces, et mon imagination tarissante ne peuplait plus ma solitude d'êtres formés selon mon cœur. » (ROUSSEAU)

10 **Même exercice.**

a) « Enfin, Julien parut. C'était un autre homme. C'eût été mal parler que de dire qu'il était grave ; c'était la gravité incarnée. » (STENDHAL)

b) « Un jeune homme occupait le second fauteuil. Le clerc dit en le montrant :
— C'est lui ! le voilà ! Sénécal ! » (FLAUBERT)

c) « A dix heures, une bonne parut. D'ordinaire, la table était servie pour Baudu, Geneviève et le premier commis. Il y avait une seconde table à onze heures pour madame Baudu, l'autre commis et la demoiselle. » (ZOLA)

d) « Les médecins me font rire avec leur microbe. Ce n'est pas un insecte qui terrifie les hommes au point de les faire sauter par les fenêtres ; c'est le choléra, l'être inexprimable et terrible venu du fond de l'Orient. » (MAUPASSANT)

e) « Ce qu'il faut voir, disait l'amiral, c'est le pavillon de Sèvres... » (ARAGON)

f) « Outré, le docteur Sartre resta pendant quarante ans sans adresser la parole à sa femme ; à table, il s'exprimait par signes, elle finit par l'appeler ''mon pensionnaire''. » (SARTRE)

g) « Ce fut, si je me souviens bien, dix jours après avoir franchi la Crête que nous atteignîmes l'entrée du Perré... » (GRACQ)

h) « Avant la pluie, le soleil brûlait. Les après-midi semblaient sans fin, sans un souffle. Rien ne bougeait. » (LE CLÉZIO)

CHAPITRE 11

Les structures du lexique

325   Le lexique et les vocabulaires

■ *Définitions.*

■ Le **lexique du français** est l'ensemble des mots de la langue française. Le lexique général de la langue peut être divisé en plusieurs sous-ensembles qu'on appelle des **vocabulaires.**

■ **Vocabulaire actif** et **vocabulaire latent.**
Il y a des mots que nous utilisons tous les jours *(heure, pain, dire, télévision...)*, c'est le vocabulaire actif ; d'autres que nous utilisons moins souvent, mais que nous connaissons *(ski, igloo, carburateur...)*, c'est le vocabulaire latent.

> • Les dix verbes les plus fréquents du français sont : *être, avoir, faire, dire, pouvoir, aller, voir, savoir, vouloir, venir.*
> Les dix noms : *homme, jour, chose, temps, vie, femme, œil-yeux, heure, main, monde.*
> Et les dix adjectifs : *grand, petit, seul, premier, beau, nouveau, vieux, bon, fort, dernier.*

■ **Vocabulaire commun** et **vocabulaires spécifiques.**
Les vocabulaires spécifiques sont les vocabulaires scientifiques, techniques, professionnels, etc.
Un garagiste utilise le nom *carburateur* tous les jours, le menuisier sait ce qu'est une *varlope*, le cuisinier connaît les secrets d'une *duxelle*, le chimiste n'ignore rien des *alcanoïques* et l'ichtyologue méprise parfois les *ichtyophages...*

■ **Vocabulaires soutenu, courant, familier, argotique.**
Chaussures, cothurnes, pompes, godasses, tatanes, grolles... n'appartiennent pas aux mêmes registres de langue.

260

Lexique simple et lexique construit.

On appelle **lexique simple** l'ensemble des mots dont la forme lexicale ne peut pas être décomposée : *avant, arrière, barque, cour, dire, île, mère, pomme, rouge, tirer,* etc.

On appelle **lexique construit** l'ensemble des mots construits :
— par **dérivation suffixale** (§ 327) et **dérivation préfixale** (§ 329) : *embarquer, débarquer, embarquement... ;*
— par **composition** (§ 331) : *arrière-cour, rouge-gorge, pomme de terre, tire-bouchon... ;*
— ou par **formation savante** (§ 332) : *endogène, polynévrite, stratosphère, zoologie...*

Le lexique et l'Histoire.

Le lexique n'est pas un ensemble figé. Il évolue en liaison avec l'Histoire. On appelle **néologie** la création de mots nouveaux.

La néologie comporte trois aspects :
— l'**emprunt** d'un mot à une langue étrangère (§ 399) ;
— l'**évolution du sens** d'un mot : par ses emplois figurés (§ 340-341) et par la désignation de réalités nouvelles (§ 399) ;
— la **construction** d'un mot dérivé, composé ou de formation savante (§ 327-332).

L'**étymologie** est la recherche de l'origine d'un mot.

Sémantique, lexicologie et lexicographie.

La **sémantique** est l'étude du sens des unités du langage.
La **lexicologie** est l'étude du lexique.
La **lexicographie** est l'art de composer les dictionnaires.

326   Le mot, le signe linguistique

Le mot.

Il est presque aussi difficile de définir le mot... *mot,* que le mot *phrase* (§ 223)
— Dans la hiérarchie des unités constitutives d'un texte, le mot se situe à un niveau intermédiaire **entre le syntagme et le son** (à l'oral) ou **la lettre** (à l'écrit) :
niveau du syntagme : *le cheval / galopait*
niveau du mot : *cheval*
niveau des sons : [ʃəval] et des lettres : c/h/e/v/a/l
— En dessous du mot, il n'y a plus d'unité ayant un sens : *râteau* se décompose en deux syllabes, mais *râ* et *teau* n'ont pas de sens (ils n'ont évidemment rien à voir avec *rat* et *tôt* !).

LES STRUCTURES DU LEXIQUE

■ Cette définition n'est pas entièrement satisfaisante.
— A cause des mots composés : *pomme de terre* est un mot formé de trois mots.
— A cause des mots dérivés, des verbes conjugués et des marques morphologiques : *em-barqu-ement, chant-ons, petit-e-s.* Toutes ces unités sont porteuses de sens. Par exemple : *e* « signifie » féminin, *s* « signifie » pluriel. Mais cette définition est suffisamment pratique pour être conservée. On dira que les mots composés sont composés... de mots. Les préfixes, suffixes, terminaisons et marques morphologiques diverses forment quant à eux des sous-catégories qu'on peut distinguer des mots eux-mêmes. Les linguistes les appellent des **morphèmes grammaticaux**.

▇▇▇ *Le signe linguistique (rappels).*

■ Le signe linguistique est l'association d'un **signifiant** et d'un **signifié,** c'est-à-dire d'une forme sonore et d'un sens. Le linguiste genevois Ferdinand de Saussure (1857-1913) disait que le signifiant et le signifié d'un signe sont comme le recto et le verso d'une feuille de papier : l'un ne va jamais sans l'autre. Dans les langues à écriture alphabétique, des lettres et des groupes de lettres (§ 376) représentent la forme sonore du mot à l'écrit.

■ Un mot appartient donc à **deux réseaux principaux** qui peuvent être subdivisés en plusieurs autres sous-réseaux :

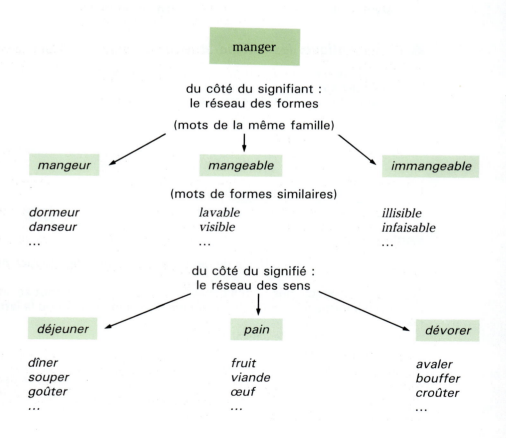

262

I. LE LEXIQUE CONSTRUIT

327 La suffixation

■ Un mot **dérivé par suffixation** est formé d'une **base** et d'un **suffixe** placé après la base :
verbe ***laver*** : base *lave* + suffixe *-able* → adjectif *lavable.*

■ Le suffixe ne s'ajoute pas au mot lui-même *(laver)* mais à une base *(lave-).*
La base est une forme du mot qui le rend en quelque sorte disponible pour recevoir un suffixe (et un préfixe).

■ Problèmes d'accrochage.
— La base a parfois la même forme que le mot :
clou → *clouer, haut* → *hauteur, dent* → *dentition, bon* → *bonté.*
— Mais dans la plupart des cas, elle est différente :
vérité → *vérit-able, chanter* → *chant-eur, feuille* → *feuill-age.*

■ Problèmes de sens.
Le mot suffixé ne concerne pas toujours tous les sens du mot de départ.
Le suffixe sélectionne certains sens :

élever $\begin{cases} \textit{élever un objet} \to \textit{élévation, élévateur, élévator} \\ \textit{élever un enfant} \to \textit{(bien) élevé, élève} \\ \textit{élever des animaux} \to \textit{éleveur, élevage} \end{cases}$

■ Quand on veut étudier la construction d'un mot suffixé, **il faut consulter le dictionnaire.** C'est lui qui vous indiquera le mot d'origine. Il vous restera à distinguer la base, le suffixe et le sens sélectionné.

328 Le classement des suffixes

■ Pour classer les suffixes, il faut examiner leurs emplois, c'est-à-dire **la classe grammaticale du mot de départ et celle du mot dérivé.**
Il ne faut donc pas parler du suffixe *-eur* puisqu'il y a, en fait, plusieurs suffixes *-eur.*
— Dans la dérivation *chanter* → *chanteur, -eur* est un suffixe de nom d'agent qui s'ajoute à une base verbale, le *chanteur* est celui qui chante.
— Dans la dérivation *haut* → *hauteur, -eur* est un suffixe de nom de qualité qui s'ajoute à un adjectif.
La plupart des suffixes **changent la classe grammaticale du mot d'origine :**
chanter → *chanteur, clou* → *clouer.*
Mais les suffixes diminutifs ou péjoratifs, ainsi que certains suffixes de lieu ou d'objet, conservent la classe :
bleu → *bleuâtre, chêne* → *chênaie.*

■ **Les suffixes ont une histoire,** comme tous les mots. Certains ne sont plus productifs (dans la liste du § 329, ils sont marqués d'un astérisque). Mais tout peut toujours changer. Vers 1960, le suffixe de nom de lieu *-erie* semblait n'être plus employé. Les années 80 ont vu fleurir des mots tels que *jardinerie, croissanterie, tartinerie, solderie...*

329 Les principaux suffixes

Les principaux suffixes de noms.

Noms d'action ou de résultat d'action formés sur des verbes.
-age : *pilotage, lavage, bronzage.*
-(e)ment : *changement, chargement.*
-tion (et variantes) : *démonstration, finition, émission.*
-ure, -ature : *courbure, courbature.*
-aison, -ison : *floraison, crevaison, guérison.*
-ade : *glissade, baignade.*
-is : *hachis, semis.*
-erie : *tricherie.*
-aille : *trouvaille, semaille, limaille.*
-isme (voir **-iste**, noms d'adepte, de partisan).

Noms d'agent, de métier, formés sur des verbes.
-eur/-euse : *chanteur/chanteuse, coiffeur/coiffeuse.*
-ateur/-atrice : *illustrateur/illustratrice.*

Noms d'agent, de métier, formés sur des noms.
-(i)er/-(i)ère : *épicier, crémier, horloger.*
-aire : *disquaire.*
-iste : *fleuriste, dentiste.*
-ien/-ienne : *musicien, informaticien.*

Noms d'adepte, de partisan.
-iste (formé sur un verbe) : *arriviste, « jmenfichiste ».*
-iste (formé sur un adjectif) : *socialiste, communiste.*
-iste (formé sur un nom propre) : *gaulliste, bouddhiste.*
Tous ces noms sont associés à un nom de doctrine en **-isme** : *l'arrivisme, le socialisme, le gaullisme.*
Pour *christianisme*, on a le nom *chrét-ien.*

Noms d'instrument, de machine, formés sur des verbes.
-eur, -ateur : *aspirateur, convertisseur*
-euse : *agrafeuse, arroseuse, perceuse, moissonneuse.*
-atrice : *calculatrice, excavatrice.*
-oir, -oire (*) : *arrosoir, sarcloir, laminoir, rôtissoire.*
-on (*) : *bouchon, pilon.*

Noms d'objet formés sur des noms.
-ier : *sucrier, encrier.*
-ière : *salière, cafetière.*

Noms de lieu formés sur des noms.
-erie : *épicerie, teinturerie, tuilerie, sandwicherie.*
-(r)aie : *chênaie, peupleraie, hêtraie, roseraie.*
-ière : *sapinière, volière, verrière.*

Noms de lieu formés sur des verbes.
-erie : *fonderie, tréfilerie.*

264

■ **Noms de qualité formés sur des adjectifs.**
-(er)ie : *folie, courtoisie, fourberie.*
-esse : *gentillesse, tendresse, petitesse.*
-eur : *hauteur, grandeur, largeur.*
-té, -ité : *bonté, générosité, civilité.*
-itude : *platitude, exactitude, solitude.*
-ise (*) : *bêtise, sottise, franchise.*

■ **Noms exprimant une valeur collective, plurielle, d'origine, formés sur des noms** .
-ure, -ature : *chevelure, denture, ossature.*
-age : *branchage, feuillage.*
-ade : *colonnade, orangeade.*
-aille : *ferraille, pierraille, cochonnaille.*
Ne pas confondre avec le suffixe **-aille** de sens péjoratif. En soi, ces mots ne sont pas péjoratifs. Mais ils peuvent le devenir en contexte.

■ **Noms péjoratifs formés sur des noms et des verbes.**
-aille : *antiquaille* (antiquité), *mangeaille* (manger).
-ard : *gueulard, vantard (motard* a d'abord été péjoratif*).*
-asse : *vinasse, lavasse.*

■ **Diminutifs de noms.**
-et/-ette, -elet/-elette : *maisonnette, côtelette.*
Se méfier des « diminutifs » : une chemisette n'est pas une petite chemise.

■ **Suffixe zéro,** noms « déverbaux », c'est-à-dire dérivés d'un verbe :
 galoper → galop, survoler → survol, rebondir → rebond.
 rechercher → recherche, casser → casse, reporter → report.

■ **Autres suffixes de noms.**
— Tous les suffixes servant à former des noms d'habitants : *Français, Italien, Lillois, Bordelais...*
— Tous les noms d'arbre ou d'arbuste producteur en **-ier,** formés sur des noms : *pommier, poirier, fraisier, caféier...*
— Les noms d'état, de fonction, formés sur des noms. Suffixe **-ise** : *maîtrise* ; **-at** : *artisanat* ; **-age** : *esclavage.*
— Les noms de mesure, de numération en **-ée, -ain, -aire,** formés sur des noms : *brassée, cuillerée, matinée, soirée ; sizain, dizain, centaine ; centenaire, millénaire...*

■ *Les principaux suffixes d'adjectifs.*

■ **Adjectifs formés sur des noms.**
-(i)aire : *nucléaire, majoritaire, glaciaire.*
-é/-ée : *denté, dentelé, imagé.*
-el/-elle : *confidentiel, naturel, conflictuel, présidentiel.*
-al/-ale : *original, caricatural, gouvernemental.*
-(i)er/-(i)ère : *princier, mensonger.*
-eux/-euse : *brumeux, pluvieux, courageux, chanceux.*
-esque : *clownesque, dantesque.*
-in/-ine : *enfantine, estudiantin.*
-ique : *cubique, ironique.*
-u/-ue : *barbu, chevelu, goulu.*
-atoire : *diffamatoire.*
-if/-ive (*) : *plaintif, compétitif, excessif.*
-issime (modèle italien) : *grandissime.*

265

■ **Adjectifs formés sur des verbes** (très nombreux).
-able, -ible, -uble : *lavable, lisible, soluble.*
Tous ces adjectifs ont un sens passif : « qui peut être... ».
Mais méfiez-vous des nuances de sens ; ne pas confondre *mangeable* et *comestible.*

■ **Adjectifs formés sur des adjectifs.**
Ce sont souvent de diminutifs ou des péjoratifs.
-ain/-aine : *hautain.*
-in : *blondin.*
-âtre : *rougeâtre, verdâtre.*
-aud/-aude : *lourdaud, courtaude.*
-ot/-otte : *petiot, petiotte ; pâlot, pâlotte.*
-asse : *blondasse, fadasse.*
-ard : *richard.*

Les autres suffixes.

■ **Suffixes de verbes.**
Seul le suffixe **-er** est pleinement productif et disponible : *clouer, vitrifier, griser.*
Les autres suffixes ne servent plus à former de verbes.

■ **Suffixe d'adverbes.**
Le suffixe **-ment** vient du latin. Il signifie « manière d'être ». (Voir § 210.)

330   La préfixation

Définition et classement.

■ Un **mot dérivé par préfixation** est formé d'une **base** et d'un **préfixe** placé avant la base :
     faire → *re-faire, dé-faire* ; **juste** → *in-juste*

■ **La préfixation ne change pas la catégorie grammaticale du mot d'origine.**
Le préfixe *anti-* fait exception : *char* (nom) → *antichar* (adjectif).

■ On range habituellement dans la **catégorie des préfixes** deux sortes de formes.
— Des formes qui ne servent que de préfixes : *a-, re-, dé-, mi-, pré-, in-, inter-, archi-...*
— Des prépositions ou des adverbes : *entre (entrepont), sur (surestimer), sous (sous-estimer), contre (contrevent), demi (demi-heure).*
On peut aussi réserver l'appellation préfixe aux formes qui n'ont pas d'autres emplois dans la langue et considérer *entrepont, surestimer...* comme des mots composés.
Certains dictionnaires donnent une liste des préfixes, mais la plupart rendent compte des préfixes à leur place alphabétique. Nous citons quelques préfixes courants.

■■■ *Préfixes appliqués à des noms, des adjectifs.*

— **Préfixes de temps, d'espace : anté**posé, **anti**chambre (avant la chambre), **post**posé, **Pré**histoire, **trans**atlantique, **infra**rouge, **ultra**violet, **inter**continental, **super**structure.
Infiltrer (**in-/im- :** « dans »), **en**cadrer (**en-/em- :** « dans »), **a**merrir (**a-/af-/al-/at-** ; etc. : « en direction de »).
— **Préfixes intensifs : archi**plein, **extra**ordinaire, **super**marché, **hyper**marché.
— **Préfixes d'opposition ou de soutien : pro**-anglais/**anti**alcoolique, **anti**aérien, **para**tonnerre, **co**équipier.
— **Préfixes négatifs : in**égal, **il**légal, **ir**réel, **im**moral, **a**moral, **dis**courtois, **dés**ordre, **més**aventure, **mal**adroit.

■■■ *Préfixes appliqués à des verbes.*

Chaque cas est un cas particulier et doit être examiné dans l'ensemble des usages :
        faire → **dé**faire → **re**faire.
Mais le préfixe **re-** ne signifie pas toujours « une nouvelle fois ». Dans plusieurs verbes, il se substitue à la forme simple : *rentrer, raccourcir, rajuster (réajuster).*
Coller s'oppose à **dé**coller ; on peut *coller* et **redé**coller ; **en**coller s'oppose à... ôter la colle, mais on dit **réen**coller. Plusieurs verbes portent donc **deux préfixes.**

331   Les mots parasynthétiques

Un mot peut être suffixé puis préfixé :
        accepter → accept**able** → **in**acceptable.
Mais on appelle **parasynthétiques** des mots qui sont préfixés et suffixés **en même temps :**
        lent → **ra**lent**ir** (pas de verbe « lentir »).
La plupart des parasynthétiques sont des verbes : *atterrir, alunir, affaiblir, dépoussiérer, embellir...*
Il y a aussi quelques adjectifs : *antialcoolique, interstellaire.*

332   La dérivation impropre

On appelle **dérivation impropre** le procédé qui consiste à faire passer un mot d'une classe grammaticale dans une autre.
— **Verbe → nom :** *rire → le rire ; souper → le souper.*
— **Pronom → nom :** *le moi, le ça, le tien et le mien.*
— **Adjectif → nom :** *le rouge, le grand.*
— **Adverbe → nom :** *avec des si...*
— **Participe présent → adjectif :** *convaincant, détergent.*
— **Participe passé → adjectif :** *perdu, lassé.*
— etc.

267

LES STRUCTURES DU LEXIQUE

333 La composition

Les mots composés.

— Les **mots composés** sont formés de mots qui ont **une existence autonome** dans la langue, mais qui sont liés entre eux pour former **une unité lexicale nouvelle et complète.**
— La solidarité de l'ensemble ne peut pas être rompue pour placer un déterminant, un adjectif ou un adverbe : *un taille-(le) crayon, une pomme cuite de terre, un très rouge-gorge (??).*
— Dans de nombreux cas, le **trait d'union** est la marque de cette solidarité. Souvent, les mots sont complètement réunis : *un portefeuille, un survêtement, un gentilhomme.*

Types de composition.

On classe les mots composés d'après la nature grammaticale de leurs éléments. Mais **chaque cas doit être examiné pour lui-même,** parce que les relations ne sont pas toujours identiques.

■ **Nom + nom.** Un *wagon-restaurant* est un wagon où se trouve un restaurant. Un *timbre-poste* est un timbre pour l'affranchissement postal. Une *station-service* n'est pas une station de ou pour le service (?) mais un lieu de vente d'essence et de produits liés à l'automobile... où l'on se sert souvent soi-même !

■ **Nom + *de* + nom.** Un *dessus-de-lit* couvre le lit. Une *descente de lit* est un tapis placé à côté du lit. Un *dessous-de-table* est une somme d'argent versée en cachette, « sous la table ».

■ **Verbe + nom.** Dans presque tous les cas, la relation est celle du verbe et d'un nom objet. Un *taille-crayon* sert à tailler un crayon, un *tire-bouchon* à tirer un bouchon, un *porte-avions* à transporter des avions, un *cache-nez* à protéger le nez, la face ou le cou... Mais un *ouvre-boîte* n'ouvre que les boîtes de conserve et un *passe-montagne* n'est pas un contrebandier !

■ **Nom + adjectif.** L'adjectif peut être postposé : *un coffre-fort, une table ronde, une boîte noire.* Ou antéposé : *une grand-mère, les bas-fonds, un bas-côté.*

■ **Adjectif + adjectif** : *un nouveau-né, un sourd-muet, des jeunes mariés.*

■ **Locutions composées** : *un bois-sans-soif, un va-nu-pieds, un aller-retour, le qu'en-dira-t-on...*

334 La formation des mots savants et techniques

■ Certains vocabulaires scientifiques et techniques sont **en continuel renouvellement** pour suivre le rythme du progrès et des innovations. Ils créent donc un très grand nombre de mots.
Mais ces mots doivent être immédiatement compréhensibles. Les ambiguïtés des mots ordinaires ne sont pas permises.

Aussi, ces vocabulaires sont-ils construits sur un ensemble d'unités empruntées surtout au **grec** et, dans une moindre mesure, au **latin**. Chaque scientifique, chaque technicien connaît ces unités et peut comprendre les mots de sa spécialité. Le lexicologue H. Cottez a proposé de les appeler des **formants.** Les deux exemples que nous donnons illustrent cette évolution du vocabulaire.

— En 1789, Lavoisier crée le mot *hydrogène.* Ce mot est formé sur *hydro* « eau », et *gène* « qui engendre, qui produit ». Puis le chimiste emploie le formant réduit *hydr(o)* pour représenter *hydrogène* dans *hydrure de X* (combinaison d'hydrogène et de X) et *hydro-carboneux* (hydrogène + carbone). D'autres chimistes créeront *hydrosulfure, hydrocarbure...* (combinaison d'hydrogène et de soufre, de carbone), etc.

— Dans le vocabulaire de la médecine, *algie* signifie « douleur ». Il se place toujours en deuxième position dans le mot, et le formant qui le précède désigne le lieu de la douleur : *névralgie* (douleur à un nerf), *otalgie* (douleur à l'oreille), *gastralgie* (douleur à l'estomac), etc.

■ Les termes des vocabulaires spécialisés entrent parfois dans **le vocabulaire commun.** Il faut alors se méfier. Leurs emplois et leur évolution n'ont plus la même rigueur.
— Le formant *télé-* signifie « loin, à distance ». Il a permis de former *téléscope* en 1611 (« qui observe au loin »), *télégraphe* en 1792 (« qui écrit de loin »), et *télévision...* en 1900 (il s'agissait d'un adjectif, pas de l'appareil actuel).
— Mais *télévision* est entré dans le vocabulaire commun et a été abrégé en *télé*, d'après lequel on a créé *téléspectateur* (« spectateur de la télé » et pas « spectateur qui regarde au loin»), *téléreportage, téléfilm*, etc.
— D'autre part, sur le *télé-* de *téléphérique* (vers 1930) « qui transporte au loin », en fait « en haut d'une montagne », on a fait *téléski, télécabine.*

Les dictionnaires donnent des tableaux assez complets des éléments grecs et latins, mais il faut toujours aller au mot lui-même pour ne pas risquer de se tromper.

335 La manipulation des signifiants

La siglaison.

■ On apppelle **sigle** une suite de lettres majuscules reprenant les initiales d'un nom composé, le plus souvent d'un nom propre.
> *O.N.U. = Organisation des Nations unies.*
> *H.L.M. = habitation à loyer modéré.*
La siglaison est un moyen d'écriture économique. Elle a toujours existé *(SAR = Son Altesse Royale, NSJC = Notre Seigneur Jésus-Christ).* Mais elle connaît un développement particulièrement important aujourd'hui.

■ Le sigle est un mot à part entière sur lequel peut s'exercer la dérivation :
> *C.G.T.* → *un cégétiste* (Confédération générale du travail).
> *O.N.U.* → *les décisions onusiennes.*
> *E.N.A.* → *un énarque* (École nationale d'administration).

La réduction.

C'est un phénomène de l'oral. Elle s'opère de deux manières.
— Par **apocope,** réduction opérée sur la fin du mot : *cinématographe → cinéma
→ ciné ; sécurité sociale → sécu ; vélocipède → vélo ; vétérinaire → véto ; écologiste → écolo.*
— Par **aphérèse,** réduction opérée sur la syllabe initiale du mot. Elle est plus
rare que l'apocope : *alors → lors ; autobus → bus.*

Autour du signifiant.

— L'**anagramme** est un mot obtenu par permutation des lettres d'un autre
mot : *aimer → Marie ; mare → rame.*
— Le **palindrome** est un mot ou une phrase qui se lit dans les deux sens :
Laval ; ressasser ; un et tenu.
— Le **contrepet** est une phrase anodine qui, par permutation de lettres ou
de sons appartenant à des mots différents, donne une nouvelle phrase, souvent moins anodine : *la moule de parc ; glisser dans la piscine ; il a repeint ses
prix ; il a un flou dans sa caisse.*
— Le **calembour** est un jeu de mots qui repose sur des rencontres de sons
faisant naître des sens imprévus :

> *Le grand dieu fit les planètes et nous faisons les plats nets.* (RABELAIS)
> *Tout penseur avare de ses pensées est un penseur de radin.* (P. DAC)

336   Le champ morphosémantique d'un mot (famille de mots)

Le **champ morphosémantique** est une mise en ordre de ce qu'on appelle traditionnellement une famille de mots. Il ne s'agit pas simplement de relever
des mots, mais de montrer comment ils dérivent ou se composent les uns
par rapport aux autres.
Prenons l'exemple du mot **langue** :

$$\textbf{\textit{langue}} \begin{cases} \textit{langue} \text{ (organe)} & \rightarrow \quad \textit{une languette} \\ & \qquad\quad \textit{lingual, sublingual} \\ \\ \textit{langue} \text{ (expression)} & \rightarrow \quad \textit{le langage} \\ & \qquad\quad \textit{langagier} \\ & \qquad\quad \textit{la linguistique, le/la linguiste} \\ & \qquad\quad \textit{linguistiquement} \\ & \qquad\quad \textit{bilingue, trilingue} \end{cases}$$

Une *languette* n'est pas une « petite langue » mais une pièce de bois, de
métal, qui a la forme d'une langue. Se tromper de sens, ce serait mal interpréter le suffixe diminutif (§ 328).
Dire qu'une *languette* est une « langue parlée par peu de gens » (??), ce serait
confondre les deux séries de dérivés.

II. LES RELATIONS SÉMANTIQUES

337   La monosémie et la polysémie

Un mot est **monosémique** quand il a **un seul sens** :
un télescope, un hydrocabure, un mainate, un phénicoptère.
La **monosémie** est une exigence des vocabulaires scientifiques, techniques et professionnels. Nous avons vu que, pour les utilisateurs de ces vocabulaires, il fallait pouvoir se comprendre immédiatement (§ 333).

Un mot est **polysémique** quand il a **plusieurs sens** qui ont entre eux au moins **une valeur sémantique commune** :

devoir { obligation morale : *le devoir de solidarité.*
{ exercice scolaire écrit : *faire ses devoirs.*

— La polysémie est la règle du vocabulaire commun.
Les mots les plus polysémiques sont les mots les plus courants (§ 326). Voyez par exemple dans un dictionnaire le nombre de sens pour des verbes comme *être, avoir, faire, pouvoir.*
— La polysémie n'est pas un défaut de la langue. C'est au contraire l'une de ses plus grandes qualités. Une langue entièrement faite d'unités monosémiques (un code) serait évidemment sans ambiguïtés... mais il faudrait des centaines de milliers de mots pour exprimer les centaines de milliers de situations que nous pouvons rencontrer.
— Les mots polysémiques permettent au contraire de tout dire avec un nombre raisonnable de mots. Les ambiguïtés qui existent dans le sens lexical disparaissent dans le discours grâce au contexte et à la situation.

> • Attention. Les avantages de la polysémie ne signifient pas qu'on peut se dispenser de chercher le mot précis. Dire : « J'ai pris un truc pour faire une chose », ce n'est pas profiter des avantages de la polysémie. C'est ne plus rien dire du tout !

338   Aspects de la polysémie : le champ sémantique d'un mot

Nous avons déjà vu comment les différents sens d'un mot sont liés aux contextes dans lesquels il se trouve. C'est, par exemple, le cas des emplois de l'adverbe de manière (§ 212), des emplois transitif ou intransitif d'un même verbe (§ 248), des verbes employés dans des constructions avec attribut (§ 258).

271

Établir le **champ sémantique d'un mot**, c'est étudier les différents sens de ce mot :

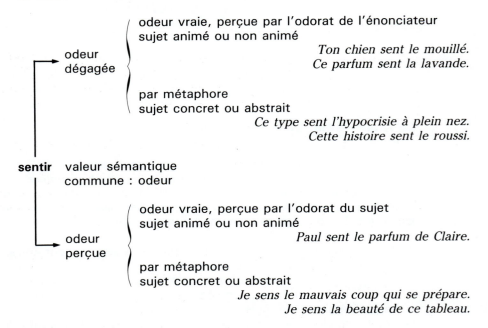

Les deux derniers emplois ne sont séparables qu'en contexte.

339   La polysémie et l'homonymie

▪ Les **homonymes** sont des mots dont les formes sont identiques mais dont les sens sont différents : **louer** un appartement ; **louer** quelqu'un pour sa réussite.
— Ils sont **homographes** quand la ressemblance porte sur la forme écrite : des **fils** de laine ; Paul et Jean sont les **fils** de mon voisin.
— Ils sont **homophones** quand la ressemblance porte sur la forme orale : *seau, saut, sceau, sot ; verre, ver, vert, vair ; mère, maire.*

▪ Le cas du verbe *louer*, comparé au nom *devoir* (§ 335), permet de comprendre le rapport entre polysémie et homonymie.
— Il y a deux verbes homonymes *louer*, parce qu'on ne trouve aucune valeur sémantique qui leur soit commune : accorder l'usage de quelque chose en échange d'une somme d'argent/dire du bien de quelqu'un.
— Il y a un nom polysémique *devoir*, parce que dans les deux sens de ce nom on retrouve l'idée d'obligation.

▪ La **paronymie.** Ne pas confondre l'homonymie et la paronymie. On appelle **paronymes** des mots qui se ressemblent par leurs sons : *conjecture, conjoncture ; percepteur, précepteur ; gradation, graduation ; collision, collusion ; agonir, agoniser ; recouvrer, recouvrir...*
Il faut faire attention à bien les distinguer. Mais le discours joue souvent sur des effets de paronymie :
Qui se ressemble, s'assemble.
Il faut que ça passe ou que ça casse.

340 La synonymie

▐ Définition.

▐ **Les synonymes** sont des mots de formes différentes mais qui peuvent renvoyer au même référent, c'est-à-dire au même « objet » de la réalité (§ 1). **Ils permettent donc à l'énonciateur de choisir son expression,** de l'adapter à son intention et à son interlocuteur : *maman, mère ; boulot, travail ; ictère, jaunisse.*

Il n'y a pas de synonymes absolus. **La synonymie est toujours partielle.**

▐ Synonymie et synonymie partielle.

▐ La synonymie est partielle parce que **les mots ne sont synonymes que dans certains de leurs sens.**
— *Concours* est synonyme d'*aide*, dans :
   Il a apporté son concours à cette entreprise.
— *Concours* est synonyme de *compétition*, dans :
   Le Concours hippique commence demain.

▐ La synonymie est partielle parce que **les deux mots s'emploient dans des situations différentes.** Cette différence peut porter sur plusieurs éléments :
— les domaines d'emplois : *ictère* est le terme médical, *jaunisse* le nom courant. L'acteur touche un *cachet*, le fonctionnaire un *traitement*, le soldat une *solde*, l'avocat des *honoraires...*
— les registres de langue : *boulot* est familier, *travail* est le terme neutre ;
— les relations affectives : *maman* est plus familier ou plus enfantin que *mère* ;
— les origines géographiques : *septante/soixante-dix* (§ 35).

▐ Comme la polysémie, la synonymie aurait pu passer pour un défaut de la langue. Comme la polysémie, la synonymie est une richesse de la langue. Il faut apprendre à l'utiliser : elle est un choix offert à l'énonciateur.

▐ Autour de la synonymie.

▐ Le **pléonasme** est la jonction de deux mots ou de deux valeurs synonymes : *monter en haut, descendre en bas, reculer en arrière.* **Le pléonasme est toujours une faute.**

   • Il ne faut pas confondre le pléonasme et les verbes intransitifs employés avec un complément d'objet interne (§ 249) : *vivre sa vie.*

▐ La **périphrase** est un propos qu'on peut employer à la place d'un mot :
   Il y a des lieux où il faut appeler Paris, Paris *et d'autres où il la faut appeler* capitale du royaume. (PASCAL)

■ Pour éviter des ambiguïtés, il est préférable de réserver l'emploi du mot « synonyme » à la seule comparaison des mots. On ne dira donc pas que la *capitale du royaume* est synonyme de *Paris.*

■ L'**euphémisme** est un mot ou une expression employés pour parler d'un référent désagréable sans utiliser le terme exact. Les euphémismes appartiennent à la langue courante :
> *Il n'est plus. Il nous a quittés. Il a cassé sa pipe.* ⟹ = Il est mort.
> *Vous êtes remercié.* ⟹ = Vous êtes renvoyé.
> *J'ai deux mots à vous dire.* ⟹ = Un peu plus, bien entendu...

■ La **litote** est une expression atténuée. L'**hyperbole** est une expression exagérée. Les deux résultent d'un choix de l'énonciateur :
> *Les débats ont été plutôt vifs./Les orateurs se sont entre-tués.*
> *Je suis assez satisfait./Je suis fou de joie.*

— La litote use souvent de la double négation (§ 1) :
> *Ce n'est pas immangeable. Il n'est pas tout à fait incapable.*

— Ou de l'**antiphrase,** procédé dans lequel on dit le contraire de ce que le sens littéral dit :
> *Vous devez être content ?* ⟹ = l'interlocuteur, lui, n'est pas content.

Tous ces procédés sont au services de l'**ironie** (§ 453).

■ L'**antanaclase** n'est pas un monstre préhistorique, mais un jeu de mots sur deux homophones qui ne sont pas synonymes :
> *Le cœur a ses **raisons** que la **raison** ne connaît pas.* (PASCAL)
> *Le soir **tombait**. Il **tombait** bien d'ailleurs.* (P. DAC)

341   L'antonymie

■ *Antonymie et négation.*

On appelle antonymes **des mots de sens contraires**. L'antonymie relève du vaste domaine des contraires, domaine qui est lié à celui de la négation :

contraire
- négation syntaxique → phrase négative : *Il pleut./Il ne pleut pas.*
- négation sémantique →
  - phrases contraires : *Il pleut./Il fait beau.*
  - mots contraires (antonymes) : *grand/petit, pair/impair.*

Bien entendu, deux phrases peuvent être contraires parce qu'elles contiennent des antonymes : *Il est grand./Il est petit.*

Formes des antonymes.

Il y a trois formes d'antonymes :
— des mots simples opposés par leurs sens : *haut/bas, grand/petit, pair/impair, vendre/acheter, monter/descendre ;*
— des mots préfixés, opposés par le sens de leurs préfixes : *possible/impossible, heureux/malheureux, faire/défaire, pro-anglais/antialcoolique.*
— quelques mots composés opposés par le couple *-phile/-phobe : anglophile/anglophobe.*

Sens de l'antonymie

L'antonymie a trois valeurs de sens.

Les **antonymes complémentaires** sont des couples de mots qui imposent un choix. Une personne est *majeure* ou *mineure*. Elle ne peut pas être les deux ; elle ne peut pas être ni l'un ni l'autre. Si elle est majeure, elle n'est pas mineure.
Ces antonymes sont peu nombreux, et ils sont définis en dehors de la langue, dans un contexte scientifique *(mâle/femelle, pair/impair, négatif/positif, monosémie/polysémie)* ou dans un contexte social *(majeur/mineur).*

Les **antonymes réciproques** sont plus nombreux. Ce sont encore des couples de mots qui s'opposent, mais qui n'imposent pas un choix. Je peux vendre ou acheter, ou ni vendre ni acheter. Si je ne vends pas, cela ne signifie pas que j'achète.
Autres exemples : *monter/descendre, offrir/recevoir, prêter/emprunter, arriver/partir.*

Les **antonymes simples** sont les plus fréquents. Ils appartiennent à des ensembles hiérarchisés de mots : *grand/moyen/petit, chaud/tiède/froid.*
On parle d'antonymie quand on oppose les mots qui sont aux extrêmes de ces échelles. On dira que *grand* est l'antonyme de *petit*, mais on ne dira pas que *grand* est l'antonyme de *moyen.*

L'antonymie dans le discours.

La situation d'énonciation et le contexte donnent les cadres de l'antonymie.
— Les couples d'antonymes ne sont pas toujours les mêmes : *monter* est le contraire de *descendre* dans *monter un escalier*, pas dans *monter un modèle réduit.*
— On doit choisir les couples d'antonymes en fonction des circonstances : *pain frais/pain rassis, fruit frais/fruit sec* ou *confit, aliment frais/aliment pourri, produit frais/produit surgelé, teint frais/teint fatigué, maladif*, etc.

Comme la synonymie (§ 337), **l'antonymie permet à l'énonciateur de bien choisir son expression.** On peut noter que, dans les deux cas, le contexte et la situation jouent un rôle important.

275

■ *Autour de l'antonymie.*

L'**oxymore** est l'alliance de deux termes généralement contradictoires : *un jour sombre, une nuit blanche.*
> *Une seconde balle du même tireur l'arrêta court. Cette fois il s'abattit la face contre le pavé. Cette **petite grande** âme venait de s'envoler.* (HUGO)

342   Les hyperonymes et les hyponymes

■ *Définition.*

— Une unité lexicale A est l'**hyperonyme** d'une unité lexicale B, quand le sens de A inclut celui de B. Il s'agit d'une **unité générique** dont les unités B sont dépendantes.
— On dit, à l'inverse, que l'unité B est l'**hyponyme** de l'unité A.

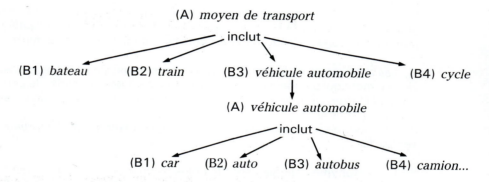

Véhicule automobile (B3) est l'un des hyponymes de *moyen de transport*. C'est aussi (A) l'hyperonyme de *car, auto,* etc.

■ *Les traits sémantiques.*

Chaque mot présente des **traits** ou des **valeurs sémantiques** (les linguistes les appellent des **sèmes**), qui forment la carte d'identité du mot.
La carte d'identité d'un mot comporte :
— une sorte de nom de famille, appelé son **trait générique** et représenté par son hyperonyme ;
— et des prénoms, c'est-à-dire des caractéristiques qui n'appartiennent qu'à ce mot et qu'on appelle des **traits spécifiques.**
Exemples :
camion = (véhicule automobile) + (de grand gabarit/servant à transporter des marchandises).
car = (véhicule automobile) + (de grand gabarit/servant à transporter des passagers/généralement en liaisons interurbaines).

On peut regrouper toutes ces informations sémantiques sous forme de tableau. Les traits sémantiques spécifiques sont marqués + / − /0.

On peut regrouper toutes ces informations sémantiques sous forme de tableau. Les traits sémantiques spécifiques sont marqués +/−/0.

véhicule automobile	individuel + collectif −	ville + route −	passagers + marchandises −	taille
auto	+	+/−	+	0
car	−	−	+	+
autobus	−	+	+	+
camion	0	+/−	+/−	+
camionnette	0	+/−	+/−	−

Le zéro indique que la différence des traits n'est pas pertinente.

III. LE SENS FIGURÉ

343 La métaphore

▬▬▬ *Définition.*

■ La métaphore repose sur **une association d'idées. Le mot quitte son contexte habituel pour entrer dans un autre contexte :**
   Le soleil s'est noyé dans son sang qui se fige. (BAUDELAIRE)
— Le verbe *se noyer* demande habituellement un sujet animé : une personne ou un animal peut se noyer. Ici, le sujet est « le soleil », c'est-à-dire un objet non animé. En l'employant comme sujet du verbe *se noyer*, Baudelaire joue sur l'association d'idées avec une personne qui se noie.
L'ensemble « le soleil se noie » est une métaphore.
— Le nom *sang* renvoie habituellement à un être animé qui a parmi ses fonctions vitales la circulation du sang. Ici, il s'agit toujours du soleil.
L'ensemble « le sang du soleil » est une métaphore.

■ Écrire ou lire une métaphore, c'est très exactement **changer de monde.**
— C'est quitter un monde où le Soleil est une des cent milliards d'étoiles de notre galaxie, un monde où le mouvement de la Terre tournant autour du Soleil le fait disparaître chaque soir derrière la ligne d'horizon.
— C'est entrer dans un monde nouveau, différent, où le Soleil saigne en disparaissant à l'horizon de l'océan.

▶ • Ne dites pas qu'un mot est une métaphore. **La métaphore ne concerne jamais un mot isolé.** Elle concerne toujours un ensemble. C'est cet ensemble qui produit la métaphore.

■ *Autour de la métaphore.*

■ La **métaphore filée** est une métaphore reprise au long d'une phrase ou d'un texte. On dit qu'on **file** la métaphore :
> *Bergère ô Tour Eiffel **le troupeau** des ponts **bêle** ce matin.* (APOLLINAIRE)

▶ • Il faut faire attention en filant une métaphore : on emmêle facilement les fils ! C'est-à-dire qu'on perd de vue la cohérence nécessaire de l'ensemble et le résultat peut être ridicule :
> *C'est une terre vierge où le pied de l'homme n'a jamais posé la main.*

■ L'**allégorie** est un ensemble d'une ou de plusieurs métaphores (ou métonymies) qui évoquent un univers complet sur un passage assez long. Dans ce début d'un poème de Supervielle, l'ancrage de l'allégorie est le double sens de *figure* (« visage » et « carte à jouer ») :
> *Figures*
> *Je bats comme des cartes*
> *Malgré moi des visages,*
> *Et, tous, ils me sont chers.*
> *Parfois l'un tombe à terre*
> *Et j'ai beau le chercher*
> *La carte a disparu.* (SUPERVIELLE)

■ La **catachrèse** est une métaphore qui est entrée dans l'usage courant. De ce fait, la métaphore est un des procédés de la **néologie** (§ 325) :
> *Le soleil se lève, le soleil se couche, les bras d'un fauteuil, le pied d'une montagne, la tête d'un clou, le lit d'une rivière, les ailes d'un moulin...*
Ce ne sont évidemment plus des métaphores originales. Elles sont même intégrées au sens lexical d'un des mots de l'ensemble. Ainsi le mot *pied* :
— 1. Base d'un objet, par laquelle il repose sur un plan : *un pied de table ; un verre à pied.*
— 2. Partie inférieure d'un élément vertical reposant sur le sol : *le pied d'une montagne ; le pied de l'arbre.*

344   La métonymie

■ La métonymie repose sur **un contact ou une relation nécessaire**. Ce n'est pas une association d'idées mais un contact des référents. On parle de métonymie quand le même mot désigne :
— **le tout et la partie** : *une lame* pour dire *une épée ;*
— **l'objet et sa matière** : *un verre* pour dire *un récipient en verre ;*
— **le contenu et le contenant** : *boire un verre d'eau* pour dire *boire le contenu d'un verre ;*
— **le lieu et l'activité** : *un théâtre, une cuisine ;*
— **l'activité et l'instrument, l'objet** : *faire du piano, jouer aux cartes ;*
— etc.

■ La métonymie est un procédé de la **néologie**. Par exemple, le nom *bureau* a d'abord désigné une étoffe (XIIᵉ s.), puis la table recouverte de cette étoffe (XIVᵉ s.), la pièce où se trouve le bureau (XVᵉ s.) et le groupe de personnes travaillant dans un ensemble de bureaux (XVIIIᵉ s.).

EXERCICES

LES STRUCTURES DU LEXIQUE

Ces exercices doivent être faits en utilisant un dictionnaire.

1 **Analysez la construction de ces mots et donnez pour chaque mot un exemple de construction semblable.**
Exemple : *glissade.* **Verbe** *glisser* = **base** *gliss-* + **suffixe** *-ade.* **Action de glisser.**
bêtise, propreté, pâleur, mollesse, blessure, filature, braillard, agrandissement, laverie, informaticien.

2 **Même exercice.**
danseuse, tondeuse, berceuse, paresseuse, parloir, arrosoir, fleuriste, pianiste, impressionniste, anarchiste.

3 **Dans chaque groupe de quatre mots, il y a un intrus. De quel mot s'agit-il ?**
a) pâlot, clairet, lourdaud, monticule.
b) charmeur, vengeur, clameur, flatteur.
c) le beau, la solidité, le juste, le vrai.
d) camper, caraméliser, contenter, clouer, vitrifier.
e) décoiffer, dépoussiérer, endolorir, assouplir.

4 **Même exercice.**
a) bivalve, bicyclette, bison, biplace.
b) diphasé, dialogue, dipôle, dimorphe.
c) rosé, chinois, habitable, fautif.
d) des branchages, des cageots, des bestioles, des économies.
e) un brise-lames, un rouge-gorge, un tire-bouchon, un arrache-clou.

5 **Classez les dérivés en fonction des différents sens du mot d'origine.**
a) Souffler : souffleur, soufflerie, essoufflé, soufflet.

b) Juste : justice, justesse, injuste, justement.
c) Centre : centrer, centriste, centrifuge, centraliser.
d) Trancher : tranche, tranchant, tranchoir, tranché.
e) Viser : viseur, visée, visées.

6 **Analysez la construction de ces mots composés. Pour chaque cas, donnez un exemple de construction semblable.**
la pause-café, un lave-vaisselle, le savoir-faire, un lève-tôt, un chauffe-eau, une machine à timbrer, une machine-outil, une brosse à cheveux, un trois-mâts, un haut-parleur.

7 **Ouvrez un dictionnaire à n'importe quelle lettre et cherchez les dix premiers mots monosémiques de cette lettre.**

8 **Employez chaque paronyme dans une phrase pour faire ressortir les différences de sens entre les deux mots.**
a) adhérence **et** adhésion. **b)** agoniser **et** agonir. **c)** allocation **et** allocution. **d)** antinomie **et** antonymie. **e)** collision **et** collusion. **f)** effraction **et** infraction. **g)** exalter **et** exulter. **h)** inclinaison **et** inclination. **i)** intégralité **et** intégrité. **j)** proscrire **et** prescrire.

9 **Inventez des contextes (syntagmes, phrases) ou des situations qui fassent ressortir la ou les différences qui existent entre ces mots, qu'on pourrait considérer comme des synonymes.**
a) matou, chat, greffier. **b)** vélo **et** bicyclette. **c)** aigu **et** pointu. **d)** libérer **et** élargir. **e)** réfléchir **et** refléter. **f)** moisi, pourri, gâté, avarié. **g)** effleurer, frôler, caresser.

279

10 Quels sont les antonymes de ces mots ? Attention aux différents sens possibles.
a) diminuer. b) consentir. c) centrifuge. d) grossier. e) méchant. f) plier. g) nord. h) préface. i) ajouter. j) particule.

11 Relevez les métaphores et les métonymies, et analysez leur construction.
a) « Bientôt ces cœurs de fer se verront adoucis. » (RACINE)
b) « Ce pays avait été désolé pendant quinze ans de guerres par le fer, par le feu et par la contagion. » (VOLTAIRE)
c) « Sous les plis de ce voile de fumée, et grâce à sa petitesse, il put s'avancer assez loin dans la rue sans être vu. » (HUGO)
d) « Si l'on met un bâillon à la bouche qui parle, la parole se change en lumière, et l'on ne bâillonne pas la lumière. » (HUGO)
e) « J'ai embrassé l'aube d'été. » (RIMBAUD)
f) « Les branches d'arbres me caressaient le visage. » (MAUPASSANT)
g) « Et toi que les fenêtres observent la
[honte te retient
D'entrer dans une église et de t'y confes-
[ser ce matin » (APOLLINAIRE)
h) « Nue, balayée, dispersée, je resserre en vain les lambeaux de ma pensée... » (COLETTE)
i) « Les mots m'ont pris par la main. » (ARAGON)
j) « Le cœur de l'homme s'encombre
Lourd de tout ce qu'il aima. » (COCTEAU)

12 Analysez la construction des métaphores filées que vous trouverez dans ces textes.
a) « Lisette. — Votre amour ne saurait être bien fort, ce n'est tout au plus qu'un amour naissant.
Arlequin. — Vous vous trompez, prodige de nos jours, un amour de votre façon ne reste pas longtemps au berceau ; votre premier coup d'œil a fait naître le mien, le second lui a donné des forces et le troisième l'a rendu grand garçon ; tâchons de l'établir au plus vite, ayez soin de lui puisque vous êtes sa mère. » (MARIVAUX)

b) « O mon Dieu ! le bonheur est une perle si rare dans cet océan d'ici-bas ! Tu nous l'avais donné, pêcheur céleste, tu l'avais tiré pour nous des profondeurs de l'abîme, cet inestimable joyau... » (MUSSET)
c) « Qu'il me soit permis... de rendre à ce roi bien-aimé à qui aucune branche de la prospérité publique ou particulière n'est indifférente, et qui dirige à la fois d'une main si ferme et si sage le char de l'État parmi les périls incessants d'une mer orageuse... » (FLAUBERT)
d) « Bon chevalier masqué qui chevauche
[en silence,
Le Malheur a percé mon vieux cœur de
[sa lance.
Le sang de mon vieux cœur n'a fait qu'un
[jet vermeil,
Puis s'est évaporé sur les fleurs, au
[soleil. » (VERLAINE)
e) « Éloigne-toi lentement, lentement, sans larmes ; n'oublie rien ! Emporte ta santé, ta gaîté, ta coquetterie, le peu de bonté et de justice qui t'a rendu la vie moins amère ; n'oublie pas ! Va-t'en parée, va-t'en douce, et ne t'arrête pas le long de la route irrésistible, tu l'essaierais en vain, — puisqu'il faut vieillir ! Suis le chemin et ne t'y couche que pour mourir. » (COLETTE)
f) « Le ciel se penche sur la Terre et ne la reconnaît pas. » (SUPERVIELLE)

13 Relevez les paronymes, les euphémismes, les litotes, les hyperboles, les oxymores et les allégories.
a) « Cette obscure clarté qui tombe des
[étoiles
Et qui, avec le flux, nous fait voir trente
[voiles. » (CORNEILLE)
b) « Ce n'était pas un sot, non, non, et
[croyez-m'en
Que le chien de Jean de Nivelle. » (LA FONTAINE)
c) « Celui qui veut vivre dans un monde vrai, il faut que son cœur ou se brise ou se bronze. » (CHAMFORT)
d) « Elle a vécu, Myrto, la jeune Tarentine. » (CHÉNIER)
e) « L'honnêteté universelle proteste contre ces lois protectrices du mal. » (HUGO)

f) « Ô fangeuse grandeur ! sublime igno-minie ! » (BAUDELAIRE)

g) « Cette vie est un hôpital où chaque malade est possédé du désir de changer de lit. Celui-ci voudrait souffrir en face du poêle, et celui-là croit qu'il guérirait à côté de la fenêtre. » (BAUDELAIRE)

h) « Mais en vérité je l'attends
Avec mon cœur avec mon âme
Et sur le pont des Reviens-t'en
Si jamais revient cette femme
Je lui dirai Je suis content » (APOLLINAIRE)

i) « D'énormes radis ! des poires ! » (CÉLINE)

j) « La plupart des êtres humains ne se choisissent guère plus que les arbres qui ont poussé côte à côte et dont les branches se confondent par leur seul croissance. » (MAURIAC)

16 **Pour obtenir le champ sémantique des trois verbes donnés :**
— établissez un tableau du même type que celui de l'exercice 14 (les colonnes pourront évidemment être différentes) ;
— trouvez les exemples nécessaires.
a) regarder. **b)** souffler. **c)** tourner.

17 **Établissez un tableau du même type que celui de l'exercice 15 pour les ensembles de mots donnés.**
a) langue, dialecte, patois, créole, sabir, argot, jargon.
b) assonance, rime, allitération, cacophonie, paronymie.
c) roman, nouvelle, conte, récit, fable.

14 **Placez sur le tableau les différents emplois du verbe** *communiquer* **donnés dans les phrases qui le suivent. Classez ces emplois pour obtenir le champ sémantique de ce verbe (§ 338).**
a) Paul a communiqué votre lettre à tout le monde. **b)** Je communique avec Jean par telex. **c)** La cuisine communique avec le jardin. **d)** Les deux appartements communiquent. **e)** Le soleil communique sa chaleur à la Terre. **f)** On communique facilement avec l'Australie. **g)** Nous communiquerons par télécopie. **h)** Les deux pièces communiquent par un long couloir.

SUJET		VERBE	COMPLÉMENT DE VERBE				CIRC.
animé humain	non animé		SN		SP		
			animé	non animé	animé	non animé	

15 **Ce tableau est fait sur le modèle du tableau du § 342. Complétez-le.**

vent	constant	périodique	localisé	violent	chaud
Alizé					
Aquilon					
Bise					
Brise	+	—	—	—	
Mistral					
Mousson					
Simoun					
Sirocco					
Tramontane					
Zéphyr					

CHAPITRE 12

Les dictionnaires

345   Les grands types de dictionnaires

Les dictionnaires.

On distingue trois grands types de dictionnaires :
— les **dictionnaires de langue,** également appelés **dictionnaires de mots** (§ 346),
— les **dictionnaires encyclopédiques,** également appelés **dictionnaires de choses** (§ 347),
— les **dictionnaires spécialisés** (§ 348).

Les dictionnaires de langue et les dictionnaires encyclopédiques concernent le **lexique général** d'une langue. Les dictionnaires spécialisés concernent des **vocabulaires** particuliers de la langue (§ 325).

> • Attention. Une simple liste de mots classés par ordre alphabétique n'est pas un dictionnaire. Pour qu'un livre soit un dictionnaire, il faut non seulement qu'il relève et classe des mots, mais il faut aussi qu'il les définisse, qu'il explique leurs relations, leurs emplois.

Les index.

— Dans un livre, on appelle **index** une liste de mots accompagnés d'indications de pages ou de paragraphes. Cette liste est généralement placée à la fin du livre.
— L'index regroupe les mots importants du livre. En le consultant, on peut facilement trouver les passages où chaque mot est défini, expliqué, commenté.
— **L'index est le guide et le mode d'emploi d'un livre.** Le livre que vous êtes en train de lire comporte un index. Consultez-le souvent !

Le format et les volumes.

On appelle **format** d'un livre, ses dimensions. Quand un ouvrage comporte plusieurs livres, on parle de **volumes.**
Pour la plupart des ouvrages, la question du format et du nombre de volumes est une question secondaire. Pour un dictionnaire, c'est un problème fondamental. On n'écrit évidemment pas le même dictionnaire en un volume et de petites dimensions, ou en dix volumes et de grandes dimensions.

282

346 Les dictionnaires de langue

▰ *Usages du dictionnaire de langue.*

Vous voulez connaître tous les sens et tous les emplois du nom CINTRE, ou du verbe CINTRER. Consultez un dictionnaire de langue.

Le *Lexis* (Librairie Larousse)

CINTRE [sɛ̃tr] n. m. (de *cintrer*; 1300). **1.** Archit. Courbure concave de la surface intérieure d'une voûte ou d'un arc : *Sur la façade de cette maison, toutes les baies forment un cintre discret. Les grandes et grosses tours percées de longues fenêtres à plein cintre* (Flaubert) [= formant un demi-cercle sans brisure]. — **2.** (1549). Échafaudage servant à édifier une voûte. — **3.** (1753). Partie du théâtre située au-dessus de la scène, entre le décor et les combles (souvent au plur.) : *L'un des escaliers partait du fond de la scène et montait vers le cintre* (Duhamel). — **4.** (1932). Support incurvé, destiné à recevoir une robe, une veste, un manteau, etc. : *Tu devrais mettre ta veste sur un cintre au lieu de l'accrocher à une patère. L'armoire avec, pendus à l'intérieur, deux ou trois cintres nus* (Simon). ◆ **cintrer** v. tr. (lat. pop. *cincturare,* class. *cinctura,* ceinture; 1349). Donner une courbure à : *Le menuisier cintre un morceau de bois à la vapeur* (syn. COURBER, INCURVER). *Cintrer une galerie. De hauts murs, où s'ouvrent de très rares petites fenêtres cintrées* (Loti). *Une chemise cintrée* (= serrée à la taille).

Le *Petit Robert* (Éditions Robert)

CINTRE [sɛ̃tr(ə)]. *n. m.* (1300 ; de *cintrer*). ◆ **1°** Courbure hémisphérique concave de la surface intérieure d'une voûte, d'un arc. — *Archit.* Figure en arc de cercle. V. **Arc.** — *Plein cintre :* dont la courbure est un demi-cercle. *Voûte, arcade en plein cintre.* — Subst. *Le plein cintre (opposé à* arc brisé, abusiv. ogive). — *Cintre surbaissé,* dont la courbure elliptique repose sur le grand axe. ◆ **2°** Échafaudage en arc de cercle sur lequel on construit les voûtes. *Poser, lever les cintres.* V. **Armature, coffrage.** ◆ **3°** (1753). Partie du théâtre située au-dessus de la scène, entre le décor et les combles. ◆ **4°** (XXᵉ). Barre courbée munie d'un crochet servant à suspendre les vêtements par les épaules. V. **Porte-manteau.**
    CINTRER [sɛ̃tre]. *v. tr.* (XVᵉ ; en wallon *voûte chintrée,* 1349 ; lat. pop. *cincturare,* de *cintura* « ceinture »). ◆ **1°** *Archit.* Bâtir en cintre. *Cintrer une galerie, une porte.* — *Fenêtre cintrée.* ◆ **2°** *Techn.* V. **Bomber, cambrer,** courber. *Cintrer des plaques de métal. Cintrer une barre, un rail, un tuyau. Machine, presse à cintrer* (V. **Cintrage).** ◆ **3°** (Du

▰ *Définition du dictionnaire de langue.*

▰ Le **dictionnaire de langue,** ou dictionnaire de mots :
— rassemble les mots d'une langue (à l'exception des noms propres) ;
— classe ces mots pour qu'on puisse facilement les retrouver ;
— et donne leurs définitions en les éclairant par des exemples.

▰ Dans les langues à écriture alphabétique, le classement est celui de l'**ordre alphabétique.** Les autres écritures ont leurs systèmes de classement particuliers. C'est, par exemple, un système de traits regroupés en clefs de un, deux, trois… traits pour l'écriture chinoise.

▰ Le dictionnaire de langue ne donne que des **informations linguistiques.**
— Il donne obligatoirement : écriture, prononciation, sens et emplois de chaque mot relevé.
— Il donne, selon les ouvrages : étymologie, synonymes, antonymes, mots appartenant aux mêmes domaines d'emploi, etc.

▰ Dans un dictionnaire de langue, **les mots sont expliqués par des mots.** Les dictionnaires de langue ne comportent généralement pas d'illustrations.

283

347 Les dictionnaires encyclopédiques

▰ *Usage du dictionnaire encyclopédique.*

Vous voulez connaître les principaux sens du nom CINTRE et du verbe CINTRER. Mais vous voulez aussi savoir comment on fabrique les cintres qui soutiennent la voûte des tunnels où vous passez. Consultez un dictionnaire encyclopédique. Exemple :
Le Grand Dictionnaire encyclopédique Larousse

cintrage

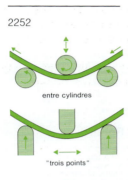

2252

entre cylindres

"trois points"

cintrage des tôles

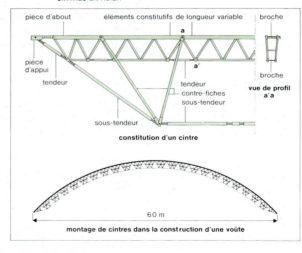

CINTRES EN ACIER
pièce d'about — éléments constitutifs de longueur variable — broche
pièce d'appui
tendeur
contre-fiches
sous-tendeur
sous-tendeur
broche
vue de profil a'a
constitution d'un cintre

60 m
montage de cintres dans la construction d'une voûte

pièces cintrées peuvent être réalisées en bois massif ou en bois lamellé-collé. Généralement précédé d'un étuvage à la vapeur, afin d'accroître la flexibilité du bois, le cintrage s'effectue à l'aide de formes sur lesquelles les pièces sont serrées à la main ou mécaniquement. Le cintrage, qui impose au matériau une sorte de fluage, peut être facilité par l'imprégnation de produits chimiques comme l'urée.
— Métall. ● *Cintrage des tôles*. Il est effectué à froid, et éventuellement suivi d'un recuit destiné à adoucir le métal si la déformation imposée à celui-ci n'est pas trop grande, à chaud dans le cas contraire. On utilise deux procédés.
Le *cintrage entre cylindres* s'effectue à l'aide d'une machine composée de trois rouleaux à axes horizontaux et parallèles, dont les deux inférieurs, écartés, supportent et guident la tôle et tournent dans des coussinets fixes, tandis que le troisième, à la partie supérieure et disposé entre les deux premiers, peut être déplacé en hauteur de façon à donner à la tôle le rayon de courbure désiré. Ce troisième rouleau peut se dégager pour permettre l'enlèvement de la tôle en fin de travail. Cette technique est limitée aux tôles d'épaisseur faible ou moyenne.
Le *cintrage « trois points »* est utilisé surtout pour les tôles fortes, dont l'épaisseur peut dépasser 150 mm. La machine à cintrer

CINTRE n. m. (de *cintrer*). **1.** Bât. Courbure intérieure d'un arc, d'une voûte. (Un arc est dit *plein cintre* s'il décrit un demi-cercle sans brisure.) — **2.** Support de bois, de plastique ou de fil de métal plastifié dont la forme courbe ou triangulaire permet de suspendre les vêtements par les épaules. (Syn. PORTEMANTEAU.)
— Théâtr. (généralement au plur.) Partie supérieure de la cage de scène, où l'on remonte les décors. (Des machinistes, les cintriers, y travaillent, se déplaçant sur des passerelles latérales. Les électriciens y installent certains projecteurs au-dessus du plateau.) [Syn. DESSUS.]
■ — Trav. publ. Charpente de bois ou d'acier servant de plancher et d'échafaudage pour la construction d'une voûte en maçonnerie ou en béton. (V. part. *encycl*.) ‖ Tout support de coffrage, reposant sur le sol ou sur des parties d'ouvrages déjà réalisées, utilisé dans la construction du tablier d'un pont en béton armé ou précontraint. ‖ Élément métallique de soutènement des galeries de mines ou de tunnels, qui épouse la forme de la voûte.
— ENCYCL. Trav. publ. Les cintres se font en bois, en acier ou même en béton. Les cintres en bois s'exécutent en grande partie avec des bois de sapins de pays, les bois en grume étant utilisés sous les appareils d'appui. Ils comportent un plancher, ou platelage, épousant la forme de l'intrados de l'arc, et constitué par des couchis et des fermes en bois, qui supportent ce plancher. On distingue les *cintres fixes*, qui comportent des appuis intermédiaires reportant les charges sur le sol, et les *cintres retroussés*, qui reposent sur des appuis extrêmes situés aux naissances de la voûte. L'emploi de cintres métalliques est indiqué lorsque de nombreux réemplois sont prévus, ou lorsque la place manque pour faire un cintre en bois. Ces cintres sont alors constitués par de la charpente métallique à treillis ordinaire ou sous forme d'arc.
Par extension, on désigne également sous le nom de cintres des poutres métalliques supportant le coffrage d'une travée de pont et prenant appui sur le sol ou sur une partie de l'ouvrage déjà réalisée (pile ou travée). Quand la poutre se déplace d'une travée à la suivante par ses propres moyens, il est appelé « cintre autolanceur ». Un tel cintre peut être situé au-dessus ou au-dessous du tablier.

CINTRÉ, E adj. et n. Pop. Se dit de qqn qui a l'esprit dérangé ; fou.

CINTRER v. t. (lat. pop. *cincturare*, du lat. class. *cinctura*, ceinture) [conj. 3]. **1.** Bât. Construire en forme de cintre. — **2.** Bois. et Métall. Procéder au cintrage.
— Cout. Appuyer un vêtement au buste et

▰ *Définition du dictionnaire encyclopédique.*

▪ Le **dictionnaire encyclopédique**, ou dictionnaire de choses :
— rassemble les mots d'une langue, y compris les principaux noms propres appartenant aux usages de la langue ou aux langues étrangères (MOLIÈRE, PASTEUR, SHAKESPEARE, EINSTEIN) ;

284

— classe ces mots pour qu'on puisse facilement les retrouver ;
— donne brièvement leurs définitions ;
— et **donne de nombreuses informations sur le référent** (§ 1), **c'est-à-dire la chose ou l'idée en question.**

■ La plupart des dictionnaires encyclopédiques ont un **classement alphabétique.** On utilise alors ce dictionnaire comme un dictionnaire de langue : on « va directement au mot ».
Mais il y a des dictionnaires encyclopédiques qui ont un **classement par thèmes** : l'Homme, le Monde, les Sciences, les Techniques, les Arts, etc. Pour être facilement utilisable, le dictionnaire est accompagné d'un index (§ 345).

■ Un dictionnaire encyclopédique comporte souvent plusieurs grands volumes. Il faut en effet beaucoup de place pour les nombreuses indications historiques, géographiques, scientifiques, techniques, etc., que comportent les articles.
Ces indications demandent des dessins, des cartes, des plans, des tableaux, des illustrations aussi nombreuses et aussi claires que possible.

348   Les dictionnaires spécialisés

■■■ *Des dictionnaires de toutes sortes.*

■ **Dictionnaires « millésimés ».**
Ce sont des dictionnaires qui paraissent tous les ans. Composés d'un seul volume, ils sont à la fois dictionnaires de langue et dictionnaires encyclopédiques. Ce sont des observateurs attentifs du mouvement de la langue et de l'actualité.
— Le *Petit Larousse illustré* paraît chaque année depuis 1905, et chaque année les commentateurs relèvent des mots nouveaux qui « entrent » dans le *Petit Larousse*. On fait moins attention aux mots qui disparaissent. L'ouvrage comporte deux parties : les mots de la langue et les noms propres.
— Le *Dictionnaire Hachette* paraît depuis 1980. Il présente en ordre alphabétique suivi les noms propres et les autres mots de la langue.

■ **Dictionnaires des structures du lexique.**
Dictionnaire des synonymes. Dictionnaire analogique. Dictionnaire des homonymes. Dictionnaire de prononciation. Dictionnaire de conjugaison. Dictionnaire d'orthographe. Dictionnaire des locutions. Dictionnaire d'argot. Etc.

■ **Dictionnaires d'histoire du lexique.**
Dictionnaire étymologique. Dictionnaire d'ancien français. Dictionnaire de moyen français. Dictionnaire du français classique. Etc.

■ **Dictionnaires de domaines d'emploi.**
Dictionnaire de chimie. Dictionnaire de médecine. Dictionnaire de droit public. Dictionnaire de rimes. Dictionnaire des prénoms. Dictionnaire des noms de lieux. Etc.

■ **Dictionnaires bilingues et plurilingues.**
Dictionnaire grec-français et français-grec. Dictionnaire latin-français et français-latin. Dictionnaire français-anglais. Dictionnaire anglais-français. Dictionnaire français-allemand. Dictionnaire italien-français. Etc.

Les dictionnaires plurilingues peuvent recouper les dictionnaires des domaines d'emploi : Dictionnaire trilingue de chimie (Domaines anglais-allemand-français).

349   Exemples de dictionnaires spécialisés

Un dictionnaire « des mots et des idées ».

On appelle **dictionnaire analogique** un dictionnaire qui regroupe, autour de certains mots clefs, les mots désignant les idées proches du mot clef.
Le *Thésaurus Larousse* (publié en 1991, direction : D. Péchoin) joue le rôle de dictionnaire analogique en le développant. Dans ce dictionnaire, 873 mots clefs classés par thèmes (de EXISTENCE à JOUET) permettent d'explorer les synonymes, les dérivés, les analogies et les différentes associations d'idées offertes par le lexique et ses emplois.
L'article LARGEUR :

125 LARGEUR

N. 1 **Largeur** ; ampleur, grosseur 127. – Vx : latitude, amplitude.

2 **Largeur** (*la largeur,* opposée notamm. à la longueur). – Côté 167, travers. – Carrure ; envergure 124 ; diamètre.

3 Élargissement, épatement, écrasement ; écartement 158.

V. 4 **Élargir** ; agrandir, dilater, évaser, étendre, ouvrir ; desserrer ; donner du large à. – S'élargir, s'évaser ; s'agrandir, se dilater, s'étendre, s'ouvrir.

5 Être au large ; avoir de la place, être à l'aise.

Adj. 6 **Large** ; carré, fort, grand. – Ample, étendu, spacieux, vaste.

7 Élargi, évasé, ouvert.

8 Latéral.

Adv. 9 **Largement** ; amplement. – De long en large ; en long, en large et en travers [souv. fig. et fam.] ; en long et en large, en travers, dans les grandes largeurs [fig., fam.].

10 **Latéralement.** – De part en part.

11 **Spacieusement,** vastement.

12 Dans le sens le plus large, *largo sensu* (lat., « au sens large »).

13 MUS., ital. : *largo, larghetto.*

Un dictionnaire de registre de langue.

L'article FIOLE du *Dictionnaire du français non conventionnel* (J. Cellard et A. Rey), Hachette :

FIOLE, n. f.

Le sens du lexique général. ⟶ ◁▷ Petite bouteille ou flacon à col étroit.

Le sens « non conventionnel », (familier, argotique). ⟶ ◁▶ Visage, figure. Surtout en locutions – *Se payer la fiole de quelqu'un* : le tourner en dérision, le duper (formé sur *se payer la tête de...*).

Bernot (suffoqué). – Trente et un lits ! Vous vous payez ma fiole !... Où voulez-vous que je les prenne ?

G. COURTELINE,
Les Gaités de l'escadron, p. 95

Ma fiole, sa fiole... : moi, lui.

Mais j'ai mon plan, ej' suis mariolle :
Quand les jug' auront assez d' moi
Et qu' i 's auront soupé d' *ma fiole,*
Faudra ben qu' i 's m'appliqu'nt la loi ;
A. BRUANT, *Dans la rue,* p. 106

Hist. – 1848. Métaphore habituelle assimilant la tête à un récipient (Cf. *cafetière*).

• Au sens strict, un **argot** est une langue secrète. C'était la langue des truands pour qu'ils puissent se parler sans être compris de la police. Au sens courant, **on appelle argot** tous les vocabulaires liés à des utilisateurs précis. Exemple : l'argot des collèges *(bahut, bahuter, avoir une bulle, pion, dirlo...)*. On classe aussi dans l'argot la langue parlée très familière avec ce qu'elle comporte de mots « corrects » *(pote, liquette, ne pas mouffeter, se planquer...)* et de mots « incorrects » (nous ne donnons pas d'exemples !).

350 Petite histoire des dictionnaires français

Les noms des auteurs de dictionnaire sont moins connus que ceux des romanciers ou des poètes. Ils ne méritent pas un tel oubli.

■ 1539. Robert Estienne, *Dictionnaire françois-latin, contenant les motz et manieres de parler françois tournez en latin*, 1 vol., in-f°. Cet ouvrage est le premier *Dictionnaire*. Des listes bilingues français-anglais, français-latin l'avaient précédé.

■ Au XVIIe siècle paraissent trois grands dictionnaires :
— 1680. Pierre Richelet, *Dictionnaire françois contenant les mots et les choses*, 2 vol., in-4°. C'est le premier dictionnaire monolingue du français. « Son vocabulaire choisi et les indications d'usage qu'il renferme en font le prototype du dictionnaire de l'honnête homme de la deuxième moitié du siècle » (R.-L. Wagner).
— 1690. Antoine Furetière, *Dictionnaire universel contenant généralement tous les mots françois tant vieux que modernes et les termes de toutes les Sciences et des Arts*, 2 vol., in-f°. C'est le premier dictionnaire de type encyclopédique.
— 1694. *Dictionnaire de l'Académie françoise*, 1re édition, 2 vol., in-4°. Les mots sont classés par racines étymologiques.

■ Une œuvre capitale domine le XVIIIe siècle :
— *Encyclopédie ou Dictionnaire raisonné des sciences, des arts et des métiers* par Diderot et d'Alembert (1751-1780), 17 grands volumes de textes et 11 grands volumes de « planches », in-f°, c'est-à-dire de dessins et plans techniques. Plus les volumes du *Supplément*.
Mais il paraît aussi beaucoup d'autres dictionnaires :
— Le *Dictionnaire de l'Académie française* donne les mots dans l'ordre alphabétique dès sa 2e édition (1718). Il accepte de nombreux termes des sciences et des techniques dans sa 6e édition (1762) (§ 382).
— Le *Dictionnaire universel de Trévoux*, ainsi nommé parce que publié par les pères jésuites de Trévoux. Cet ouvrage prolonge le dictionnaire de Furetière. Il sera enrichi tout au long du siècle : 7e et dernière édition en 1771, 8 vol., in-f°. C'est l'adversaire de l'*Encyclopédie* sur le plan des idées philosophiques.
— 1787. Abbé Féraud, *Dictionnaire critique de la langue française*, 3 vol., in-8°.

■ Au XIXe siècle :
— 1833. *Dictionnaire de l'Académie française*, 6e édition, 2 vol., in-4°, puis un volume de *Complément* qui contient beaucoup de termes techniques. Ils ne seront pas repris dans les éditions suivantes.
— 1863-1873. Émile Littré, *Dictionnaire de la langue française*, 5 vol., in-f°,

avec le *Supplément*. On l'appelle simplement *le Littré*. C'est le grand diction-naire de langue du siècle. Il cite surtout les auteurs classiques.

— 1865-1876. Pierre Larousse, *Grand Dictionnaire universel du XIXe siècle*, 17 vol., in-f°. Dictionnaire de langue qui cite souvent les auteurs du XIXe siècle. Grand dictionnaire encyclopédique. À l'origine des *Larousse*.

351   L'article du dictionnaire de langue

L'**article** d'un dictionnaire de langue est l'ensemble des informations don-nées sur le mot qu'on appelle l'**entrée** de l'article.

Les informations de base.

L'**entrée** est la forme écrite du mot :
— pour les verbes, cette forme est celle de l'infinitif : ALLER. DIRE ;
— pour les mots variables, c'est la forme du masculin singulier, souvent accompagnée du féminin singulier : GRAND, GRANDE. FORTUNÉ, ÉE. Les dictionnaires donnent le pluriel quand il est irrégulier ou s'il pose un problème d'orthographe : ŒIL, YEUX.

L'article comporte aussi des informations diverses :
— la **prononciation** indiquée dans l'alphabet phonétique international (§ 347) ;
— la **classe grammaticale** du mot : *n. f., adj., prép., v. intr* ;
— l'**étymologie**, la **date de la première attestation** du mot en français et le sens du mot dans cette attestation. C'est ce qu'on appelle le **sens étymologique.**

Les définitions.

Il y a deux sortes de définitions.

Les définitions logiques.
Le mot est défini par sa « carte d'identité » sémantique (§ 342). Elle com-porte le **trait générique** du mot et ses traits spécifiques.
TROMPETTE : **Instrument à vent**/à embouchure/qui fait partie des cuivres *(Petit Robert)*. — **Instrument à vent,**/de la famille des cuivres, /muni de pis-tons, /comportant une embouchure, /un tube cylindrique replié sur lui-même/et terminé par un pavillon *(Lexis)*.
DÉCRIRE : **Représenter**/dans son ensemble, /par écrit ou oralement *(Petit Robert)*. — **Représenter**/par un développement détaillé/oral ou écrit *(Lexis)*.

Les définitions nominales.
Elles sont formées du commentaire d'un dérivé.
COLONNADE : **File** de colonnes sur une ou plusieurs rangées *(Petit Robert)*.
— **Rangée** de colonnes le long d'un bâtiment ou incluses dans un édifice *(Lexis)*.
REDIRE : Dire **de nouveau** *(Petit Robert)*. — **Répéter** ce qu'on a **déjà** dit *(Lexis)*.

288

• Les bons dictionnaires évitent les définitions composées d'un synonyme ou d'un antonyme :
PÉNIBLE : fatigant. MOUILLÉ : qui n'est pas sec.
Il suffit en effet qu'on trouve la définition inverse (FATIGANT : pénible. SEC : qui n'est pas mouillé), pour que le dictionnaire ressemble à un match de ping-pong.

Les exemples.

Il y a deux sortes d'exemples :
— des **exemples littéraires**, c'est-à-dire des citations d'auteurs ;
— et des **exemples composés** par les auteurs du dictionnaire.
Dans les deux cas, les exemples servent à éclairer les emplois du mot. Ils sont une sorte de passage modèle du sens virtuel (ou sens lexical) au sens actualisé.

Les synonymes, les antonymes et les renvois par analogie.

Ils peuvent éclairer la ou les définitions d'un mot. Quand un mot a plusieurs sens, ils se trouvent placés à côté du sens qui convient.
COMPÉTITION : 1. Épreuve sportive… (syn. MATCH). 2. Se poser en rival de, en concurrent de… (syn. CONCURRENCE). *(Lexis)*

Le problème de la polysémie.

Pour définir un mot polysémique (§ 337), les auteurs des dictionnaires établissent le champ sémantique du mot (§ 338). À partir de là, ils peuvent suivre deux chemins.
— La plupart des dictionnaires traitent la question de la polysémie en donnant **sous une même entrée** les différents sens du mot. Ils classent ces sens en tenant compte de l'histoire du mot et de ses emplois (par exemple : emploi transitif, emploi intransitif).
C'est ainsi que procèdent les différents *Robert*.
ALEXANDRIN *(adj.* et *n. m.)* : 1. D'Alexandrie… 2. Vers français de douze syllabes.

— Le *Dictionnaire du français contemporain* et le *Lexis* préfèrent distinguer plus nettement les emplois. Ils proposent de considérer qu'il n'y a pas un mot polysémique mais **deux homonymes.**
1. ALEXANDRIN, E : D'Alexandrie…
2. ALEXANDRIN : Vers français de douze syllabes.

352 L'article ACCESSOIRE de deux dictionnaires de langue

Similitudes.
— Les deux dictionnaires donnent la prononciation, l'étymologie et la date de la première attestation.
— Les deux dictionnaires distinguent l'adjectif et le nom.
— Les deux emploient des définitions logiques.
— Les deux donnent des exemples construits et des citations d'auteurs.
— Les deux dictionnaires donnent des synonymes et des antonymes.

■ Différences.

— Le *Petit Robert* regroupe tous les sens sous une même entrée et donne les analogies. Le *Lexis* distingue deux homonymes et donne le sens classique (CLASS.).

— Le *Lexis* (et le *D.F.C.*) place les dérivés dans le corps de l'article. Il retrouve ainsi la tradition du premier *Dictionnaire de l'Académie française* (§ 350). Le *Petit Robert* les place dans l'ordre alphabétique comme le font tous les autres dictionnaires.

ACCESSOIRE [akseswar]. *adj.* et *n.* (1296; lat. médiév. *accessorius*, de *accedere* « joindre ». V. **Accéder**).
I. *Adj.* ♦ **1°** Qui vient avec ou après ce qui est principal, essentiel. Vx. «*Un grand État devenu accessoire d'un autre*» (MONTESQ.). V. **Dépendant**. — *Mod.* (Dr. ou abstrait) *Une action accessoire.* V. **Annexe, complémentaire, incident, secondaire, subsidiaire.** Par ext. *C'est tout à fait accessoire.* V. **Insignifiant, négligeable.** ♦ **2°** *Subst.* Ce qui est accessoire.
II. *N. m.* Chose accessoire. ♦ **1°** *Vx.* Partie secondaire d'un tableau. ♦ **2°** *Mod.* Petit objet nécessaire à une représentation théâtrale, un déguisement. *Décors, costumes et accessoires. S'occuper des accessoires, au cinéma.* V. **Accessoiriste**. ♦ **3°** Élément associé à une toilette, mais n'en faisant pas partie (sac, gants, chaussures, ceinture, etc.). *Accessoires coordonnés.* ♦ **4°** *Mécan.* Pièce non indispensable. *Pièces et accessoires d'automobile.*
◇ ANT. (du I) : *Essentiel, principal.*
ACCESSOIREMENT [akseswarmã]. *adv.* (1326; de *accessoire*). D'une manière accessoire; en plus d'un motif principal.
ACCESSOIRISER [akseswarize]. *v. tr.* (v. 1980; de *accessoire*). Compléter (une toilette) par un ou des accessoires.
ACCESSOIRISTE [akseswarist(ə)]. *n.* (1908; de *accessoire*). Personne qui dispose les accessoires (éléments mobiles de décor, objets) au théâtre, au cinéma, à la télévision. *L'équipe des machinistes, des électriciens, des accessoiristes.*

1. ACCESSOIRE [aksɛswar] adj. (lat. médiév. *accessorius*, de *accedere*, ajouter; 1296). Qui s'ajoute, qui complète ou accompagne une chose principale, qui est subordonné ou inférieur à cette chose : *Retrancher d'un développement les idées accessoires* (syn. SECONDAIRE; contr. CAPITAL, ESSENTIEL). *Ces remarques ne présentent qu'un intérêt accessoire* (contr. PRIMORDIAL). *Au prix de la chambre s'ajoutent quelques frais accessoires* (syn. SUPPLÉMENTAIRE). *Cette solution n'est pas seulement la plus économique, elle présente l'avantage accessoire d'être la plus rapide* (syn. INCIDENT; contr. IMPORTANT). ♦ n. m. *Odette avait beau retrancher de sa confession tout l'essentiel, il restait dans l'accessoire quelque chose, que Swann n'avait jamais imaginé* (Proust). ♦ **accessoirement** adv. (1326). *Des comparses trop accessoirement mêlés au drame de ma vie* (Mauriac). *Accessoirement, nous ferons appel à sa collaboration pour cet ouvrage* (= éventuellement).
● CLASS. **accessoire** n. m. Situation difficile, danger : *Et tout ce qu'elle a pu dans un tel accessoire, C'est de me renfermer dans une grande armoire* (Molière).

2. ACCESSOIRE [aksɛswar] n. m. (de *accessoire* 1). **1.** Pièce, outil, objet qui ne font pas partie d'une machine, d'un instrument, mais qui servent à son fonctionnement : *Les accessoires d'automobile sont la manivelle, le cric,* etc. — **2.** *Accessoires de théâtre, de cinéma,* les objets, les meubles utilisés au cours d'une représentation théâtrale, le tournage d'un film. ♦ **accessoiriste** n. (1908). **1.** Artisan de scène ou de studio qui a la responsabilité des accessoires. — **2.** Marchand d'accessoires pour automobiles.

Petit Robert

Lexis

Nous ne donnons pas d'exercices pour ce chapitre. Il n'y a qu'un exercice qui soit utile :
SE SERVIR SANS CESSE DES DICTIONNAIRES !

CHAPITRE 13

La langue parlée

I. LES UNITÉS
DE LA LANGUE PARLÉE

353 La voix humaine

Parler.

Lorsque nous parlons, c'est tout notre corps qui travaille :
— les muscles de la respiration et le diaphragme fournissent l'air nécessaire ;
— les muscles de la tête, liés à ceux du tronc (cou, dos), permettent d'articuler les paroles ;
— les vibrations des paroles produites résonnent d'abord dans notre tête mais aussi dans notre corps entier ;
— et nous faisons souvent des gestes pour accompagner nos paroles.

Il n'est donc pas étonnant que l'orateur, le chanteur... ou le professeur se fatiguent en ne faisant rien d'autre que parler.
Il n'est pas étonnant non plus que notre voix porte l'empreinte de tout notre corps. Chaque personne a sa voix. Elle lui est aussi personnelle que ses empreintes digitales. On peut imiter une voix. C'est ce que font les imitateurs, qui sont un peu comme des caricaturistes : ils grossissent les détails caractéristiques. Mais l'imitation absolue n'est pas possible.

Les organes de la parole.

Les organes phonatoires, c'est-à-dire les organes de l'articulation de la parole, sont tous situés dans la tête.
— L'air expulsé par les poumons arrive dans le **larynx**, où il fait vibrer ou non les **cordes vocales**. Puis il est « articulé » dans la **cavité buccale** (la bouche).
— La **langue** et les **lèvres** servent d'organes articulateurs.
— Le **palais mou** (partie arrière, le **voile**), le **palais dur** (cartilage de la voûte buccale) et les **dents** servent d'appui à l'articulation.
— Les **fosses nasales** servent de caisse de résonance ; une caisse ouverte ou fermée par la **luette** (nom savant : l'*uvule*).

291

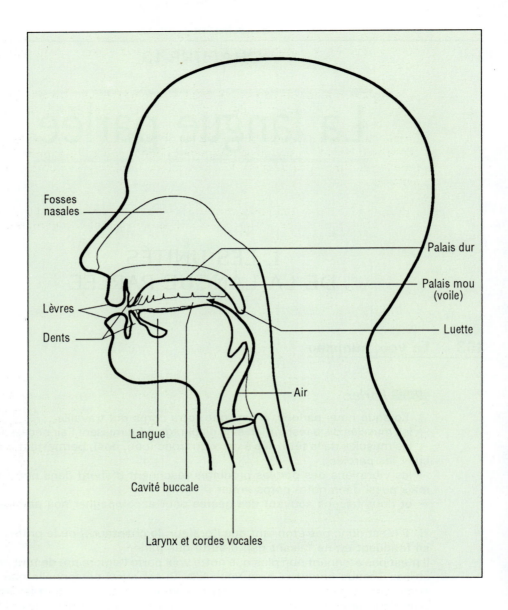

354 Les sons et les phonèmes

■ La forme orale des langues est faite de sons et de bruits.
— Les **sons** peuvent se prononcer tout seuls : on les appelle des **voyelles**.
— Les **bruits** ne peuvent pas se prononcer sans les sons : on appelle les bruits des **consonnes**.

■ Il y a mille manières de prononcer une même voyelle ou une même consonne. Chaque locuteur a sa voix, son accent. Il parle vite ou lentement. Il est enrhumé, enroué. Il articule bien, mal...
Mais, si nous entendons à chaque fois un son ou un bruit différent, nous reconnaissons à chaque fois la même voyelle ou la même consonne. Comment cela se peut-il ?

C'est que nous « entendons » avec les oreilles mais que nous « comprenons » avec notre esprit. Nous « entendons » des sons ou des bruits. Mais nous « comprenons » des phonèmes.

Le phonème est un son ou un bruit « entendu » avec toutes ses différences de prononciation, mais « compris » en faisant abstraction de ces variations.
En français, il y a 36 phonèmes. Pour les distinguer des lettres, on les représente en utilisant les signes de l'**Alphabet phonétique international.** Presque tous les dictionnaires donnent la prononciation des mots en employant cet alphabet.

▸ • Les prononciations données dans ce chapitre sont des prononciations générales. Chaque lecteur les adaptera en fonction des **variantes régionales.**

355 Les voyelles du français

████ *Le tableau des voyelles.*

	Langue allongée vers l'avant voyelles d'avant	Langue tassée vers l'arrière voyelles d'arrière	
		Lèvres arrondies voyelles arrondies	
Bouche presque fermée voyelles fermées	[i] *si*	[y] *tu*	[u] *vous*
voyelles moyennes	[e] *dé*	[ø] *yeux* [ə] *me*	[o] *eau*
Bouche très ouverte voyelles ouvertes	[ɛ] *laid* ([ɛ̃]) *lin*	[œ] *œil* ([œ̃]) *brun* [a] ([ã]) [ɑ] *patte pan pâte*	[ɔ] *bloc* ([ɔ̃]) *bon*

— Les voyelles écrites entre parenthèses sont des **voyelles nasales.** C'est-à-dire qu'en les prononçant, on fait résonner leur son dans les fosses nasales. Les autres voyelles sont des **voyelles orales.**
— La voyelle centrale du tableau est le *e* **dit muet.** Le jeu de sa prononciation ou de son absence (§ 360) est l'un des traits caractéristiques de la langue française.

▸ • Attention. Le français n'a pas de **voyelles longues** ou de **voyelles brèves.** On peu bien sûr allonger la prononciation d'une voyelle par emphase (§ 318) : « Ouiiii, il est là ! » Mais *oui* a le même sens que *ouiiii.* Dans d'autres langues, voyelle courte et voyelle longue opposent deux sens. Par exemple, en anglais : *ship* (*i* bref) signifie « bateau », *sheep* (*i* long) signifie « mouton ».

293

■ *Les effets sonores des voyelles.*

Dans les textes, les voyelles sont toujours accompagnées de consonnes. Les sons produits sont donc très variés. Mais on peut faire trois remarques générales.
— Les **voyelles ouvertes et arrondies** ont les sons les plus amples, les plus graves :

    A moi comte, deux mots ! (CORNEILLE)
    [a]   [a]   [ɔ̃]   [ø]   [o]

— Les **voyelles d'avant non arrondies** ont les sons les plus tendus, les plus aigus :

    Pour qui sont ces serpents qui sifflent sur vos têtes (RACINE)
        [i]   [e] [ɛ]   [i] [i]   [y]   [ɛ]

— Les **voyelles nasales** ont des sons sourds :
    Le gardien du troupeau chante doucement (APOLLINAIRE)
       [ɛ̃]   [ɑ̃]   [ɑ̃]

■ *L'assonance.*

On appelle **assonance** (formé sur le nom *son*) l'effet sonore obtenu par la rencontre de plusieurs voyelles semblables ou qui ont des sons proches.
— Retour de la même voyelle :
    Métro, boulot, dodo.
     [o]   [o]   [o][o]

— Ensemble de voyelles nasales :
    Ébranlant de mon nom ces longs corridors sombres (CHENIER)
    [ɑ̃] [ɑ̃]   [ɔ̃] [ɔ̃]   [ɔ̃]   [ɔ̃]

— Ensemble de voyelles nasales et de voyelles arrondies :
    L'automne est morte souviens-t'en (APOLLINAIRE)
    [o] [ɔ]   [ɔ]   [u] [ɛ̃] [ɑ̃]

356   Les consonnes du français

■ *Les lieux de leur articulation.*

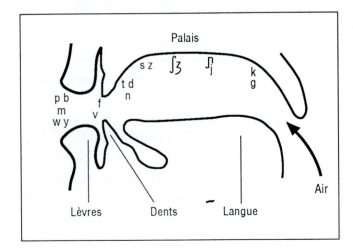

p *(pas)*   s *(sous)*
b *(bas)*   z *(zouave)*
f *(fou)*   ʃ *(chou)*
v *(vous)*   ʒ *(joue)*
w *(oui)*   j *(yoyo)*
pɥ *(puis)*   к *(cas)*
t *(ta)*   g *(gant)*
d *(dent)*

Les semi-consonnes.

Il y a trois semi-consonnes en français :
— le ɥ qu'on entend dans *puis* [pɥi] ;
— le w qu'on entend dans *oui* [wi] ;
— le yod, écrit j, qu'on entend dans *yoyo* [jojo].

Les effets sonores des consonnes.

C'est le mode d'articulation des consonnes qui commande leurs principaux effets sonores.
— Les **consonnes occlusives** (occlusion = fermeture) sont articulées par une brutale sortie d'air. Si vous parlez trop près d'un micro, vous provoquez un bruit de claquement sur l'appareil. Ces consonnes ne peuvent pas être tenues. On les prononce d'un coup. On les appelle parfois consonnes **explosives** :

> [pa] *pas*, [ba] *bas*, [ta] *ta*, [dã] *dent*, [ka] *cas*, [gã] *gant*.

— Les **consonnes constrictives** (constriction = resserrement) sont articulées avec un frottement de l'air expulsé. Ces consonnes peuvent être tenues. Elles évoquent un sifflement ou un chuintement :

> [fu] *fou*, [vu] *vous*, [su] *sous*, [zu] *zouave*, [ʃu] *chou*, [ʒu] *joue*.

— La **consonne liquide** du français est la consonne [l] : [lwa] *loi*.
— La **consonne vibrante** du français est la consonne [ʀ] : [ʀu] *roue*.
— Le yod « mouille » les sons : [ʀuje] *rouiller*, [ijɛʀ] *hier*.

Les allitérations.

On appelle **allitération** (formé sur le nom *lettre*) les effets sonores obtenus par la rencontre de consonnes semblables ou proches.
— Rencontre de constrictives sifflantes :

> *Pour qui **s**ont **c**es **s**erpents qui **s**ifflent **s**ur vos têtes* (RACINE)
>   [s]   [s] [s]   [s]   [s]

— Rencontre de constrictives en *v* et en *f* :

> ***V**ers le **f**eu doux de l'a**v**enir* (ÉLUARD)
> [v]   [f]   [v]

— Rencontre d'occlusives :

> *Ce **t**oi**t** **t**ranquille où **p**i**c**oraient **d**es fo**c**s* (VALÉRY)
>   [t] [t] [k]   [p][k]   [d] [ʀ]

357   La syllabe

La syllabe est une **unité de la langue parlée**. Elle peut être composée simplement d'une voyelle, mais résulte le plus souvent de l'association d'une voyelle à une ou plusieurs consonnes. C'est donc toujours la voyelle qui joue le rôle central dans la syllabe.

Les **syllabes ouvertes** sont terminées par une voyelle.
— Type V : ***ou*** [u], ***ou**vrir* [u], ***ai**mer* [ɛ].
— Type C-V : ***cou*** [ku], ***dan**ser* [dã-se], *fi**nir*** [fi].
— Type CC-V : ***trou*** [tʀu], ***trou**ver* [tʀu], ***cram**pon* [kʀã].

295

LA LANGUE PARLÉE

■ Les **syllabes fermées** sont terminées par une consonne.
— Type V-C : *os* [ɔs], *art* [aʀ], *espoir* [ɛs].
— Type C-V-C : *tard* [taʀ], *détour* [tuʀ], *vertu* [vɛʀ].
— Type CC-V-C : *cric* [kʀik], *flaque* [flak].
— Type C-V-CC : *carte* [kaʀt], *poste* [pɔst].

• Plus de 70 % des syllabes du français sont des syllabes ouvertes.
• Attention. La distinction des syllabes ouvertes et fermées ne recouvre pas celle des rimes féminines et des rimes masculines.
• La **charade** est une énigme qui joue sur des syllabes homophones ou presque homophones :
Mon premier n'est pas maigre.
Mon deuxième a des enfants.
Mon tout est un supplice.
Réponse : Grammaire (gras-mère).

358 L'enchaînement, l'élision

■ L'**enchaînement** relie une consonne finale prononcée et la voyelle initiale du mot suivant :
*Cet en*fant/*Cette en*fant/*Sept en*fants [sɛtɑ̃fɑ̃].
On voit qu'il faut raisonner ici en termes d'oral. L'enchaînement est un phénomène oral.

■ Les enchaînements sont obligatoires en français. Ils n'entraînent pas de modification des consonnes prononcées :
*No*tre *en*fant [nɔtʀɑ̃fɑ̃]. *Leur a*mi [lœʀami]. *Une be*lle *o*range [bɛlɔʀɑ̃ʒ].

■ Quand l'enchaînement concerne des mots grammaticaux (déterminants du nom, pronom, *si* conjonction...), il s'accompagne du phénomène orthographique de l'**élision**, c'est-à-dire de la suppression de la voyelle écrite. L'**apostrophe** est la marque orthographique de cette élision.
— Élision du *e* : *l'ami, je l'ai vu, jusqu'à demain, ce qu'on dit.*
— Élision du *a* : *l'amie, je l'ai vue.*
— Élision du *i* : *s'il le veut...*

359 La liaison

Faire une **liaison,** c'est prononcer une syllabe composée de la consonne finale **muette** d'un mot et de la voyelle initiale du mot suivant :
Mes [-z-] *amis. Il est* [-t-] *ému.*

■ *Les modifications phonétiques.*

■ Dans les liaisons :
— les lettres *s* et *x* se prononcent [z] ;
— *d* se prononce [t] *(un grand* [-t-] *homme)* ;
— *f* se prononce [v] *(neuf* [-v-] *heures)* ;
— *g* se prononce [k] dans la *Marseillaise («un sang* [-k-] *impur»).*
Il ne se prononce plus ailleurs.

296

■ La voyelle nasale ɛ̃ se « dénasalise ». C'est ainsi que les adjectifs en *-ain, -ein, -en* se prononcent comme s'ils étaient au féminin :
— *un lointain ami* [lwɛ̃tɛnami] ;
— *un plein arrosoir* [plɛnaʀoswaʀ] ;
— *le Moyen Âge* [mwajɛnaʒ] ;
Le même effet se produit avec *bon : un bon ami* [bɔnami].

■■ *L'usage et la liaison.*

■ L'usage actuel est de faire la liaison :
— entre le déterminant et le nom :
    Mes [-z-] *amis sont arrivés.*
— entre le pronom sujet et le verbe, le verbe et le pronom antéposé :
    Ils [-z-] *étaient en retard. Étaient* [-t-] *ils en retard ?*
— entre le verbe et l'attribut :
    Mes amis sont [-t-] *arrivés.*
— entre l'adjectif antéposé et le nom :
    Un savant [-t-] *Italien* (adjectif + nom).
Mais on dit : *un savant italien* (nom + adjectif).

■ La liaison est facultative dans les autres cas.
— Mais toute prononciation un peu soutenue demande des liaisons :
    Ils [-z-] *étaient* [-t-] *en retard.*
— Il ne faut pas pourtant tomber dans le ridicule :
    Ils sont allés au zoo. (Ils sont allés zau zoo !!)
— Il faut savoir que *et* n'est jamais lié.
— Et que l'on dit :
    Je l'ai toujours [-ʀ-] *aimé.*
    Je suis fort [-ʀ-] *heureux.*

■ Le **hiatus** est la rencontre de deux voyelles, l'une en fin de syllabe, l'autre en début :
    Je suis levé et prêt. Il va à Paris.
— Le hiatus gêne la prononciation du français.
— On tend spontanément à le combler par une liaison parfois enregistrée dans l'orthographe :
    Chante-t-elle ? Alla-t-il le voir ?
— Attention aux liaisons fautives :
    Je suis levé [-z-] *et prêt.* (??)
    Il va [-t-] *à la campagne.* (??)

360   Le *e* dit muet

■■ *Usages courants.*

■ Dans le Midi de la France on prononce le **e muet en position finale** : *une fête* [fɛtə]. Ailleurs, il est muet : [fɛt]
Quand cette position est suivie d'un autre mot qui commence par une voyelle, il y a un enchaînement (§ 358).

■

LA LANGUE PARLÉE

297

■ Le ***e* muet interne** est prononcé quand deux consonnes le précèdent et une consonne le suit : *aima**blem***ent [ɛmabləmã], *mer**cred**i* [mɛʀkʀədi]. Dans les autres configurations, le *e* muet interne n'est pas prononcé : *normalement* [nɔʀmalmã], *la petite* [ptit], sauf dans le Midi [pətitə].

■■■ *Diction soutenue.*

■ Dans la diction soutenue (discours, oral très soutenu, lecture à voix haute, théâtre classique ou d'expression littéraire, poésie...), la prononciation du *e* muet est plus fréquente. Elle entraîne alors des liaisons absentes de la prononciation courante.

■ Elle peut être **indispensable au rythme de la phrase :**
   C'est la gran-de vanité des cho-ses [-z-] *humaines.* (BOSSUET)

■ Elle est **toujours nécessaire à la diction exacte des vers :**
   Il pleu-re dans mon cœur (VERLAINE)   6 syllabes.
   Vous y dansiez pe-ti-te fille (APOLLINAIRE)   8 syllabes.
   Les villa-ges [-z-] *éteints médi-tent maintenant* (ID.)   12 syllabes.

361   La prononciation des phrases

■■■ *Le rôle des accents.*

■ L'**accent** est un phénomène d'intensité, de hauteur et d'allongement de la syllabe. Il marque **le rythme de la phrase.**

■ En français, il n'y a pas d'accent tonique de mot, mais des **accents de groupes** syntaxiques et sémantiques. L'analyse de ces accents dans les phrases de l'oral courant ne fait que commencer. Elle pose de nombreux problèmes aux linguistes. Ainsi les accents réellement placés, enregistrés par les appareils, ne sont pas toujours ceux que perçoivent les auditeurs. L'accentuation n'est donc pas uniquement un phénomène objectif d'organisation du discours.

■ L'**accent d'attaque d'un groupe** se place généralement sur une syllabe du premier mot de sens plein du groupe :
   *Mon **frè**re revient du Brésil.*
— Quand le premier mot est accentué, cela correspond à une emphase sémantique (§ 318) :
   ***Mon** frère revient du Brésil.*
— L'accent peut ainsi soutenir une thématisation (§ 317) :
   ***Aujourd'hui,** moi qui fus faible comme une mère...* (HUGO)
— Ou participer à une apostrophe :
   ***Seigneur,** je reconnais que l'homme est en délire...* (HUGO)

  • Il y a ainsi des strophes ou des poèmes dont l'accentuation est plus systématiquement placée à l'attaque du vers. Elle produit un effet d'anaphore (§ 318) :
  Mère, voici vos fils qui se sont tant battus.
  Qu'ils ne soient pas pesés comme Dieu pèse un ange.
  Que Dieu mette avec eux un peu de cette fange
  Qu'ils étaient en principe et sont redevenus. (PÉGUY)

■ **L'accent de finale d'un groupe** peut être une montée mélodique ou un allongement. La montée annonce une suite. L'allongement a valeur de frontière :

> *Je l'ai rencontré dix fois, à chaque fois,*
>
> *il m'a raconté les mêmes histoires.*

> • L'accentuation de la finale d'un groupe provoque comme un effet de « rebond ». On est renvoyé à ce qui précède :
> *Je fais souvent ce rêve étrange et pénétrant*
> *D'une femme inconnue, **et que j'aime, et qui m'aime**...* (VERLAINE)

L'ensemble mélodie, pauses et accents.

■ Tous les paramètres de la prononciation des phrases contribuent à leur **sens** et à leur **interprétation**.
C'est ainsi que l'on peut distinguer les types de phrase (§ 296, 297, 299), repérer le thème et le propos dans les phrases sans verbe (§ 267) ou interpréter la subordination implicite et la subordination inverse (§ 270).

■ **Un texte ne peut donc pas être étudié en faisant l'impasse sur sa lecture, sur sa prononciation.** C'est tout particulièrement vrai pour la poésie, le théâtre, les expressions oratoires ; mais aussi les romans et les essais.

II. LES DIFFÉRENTS TYPES D'ORAL

362   L'oral réel

L'oral réel est celui de chaque jour, **l'oral de nos conversations spontanées.** C'est le seul véritable oral. Sa transcription écrite ne peut s'effectuer qu'avec l'alphabet phonétique et une série complète de signes marquant les pauses, les accents, les mélodies, etc.

■ L'oral réel est gouverné par des régularités et des contraintes spécifiques qui concernent tous les aspects de la langue.
— **Aspects phonétiques :** enchaînements et liaisons (§ 358-360), accents (§ 361), prononciation relâchée, etc.
— **Aspects morphosyntaxiques :** unités de l'énonciation-discours (§ 98), emploi des modes et des temps (§ 172 : le passé simple, § 187 : le subjonctif), modalités exclamative (§ 297), interrogative (§ 298), impérative (§ 195), marques de l'interrogation (§ 299), incises et apostrophes (§ 313), interjections (§ 267), phrases sans verbe (§ 267), présentatifs (§ 319), répétitions diverses (§ 318), effacement des formes atones (§ 216, le *ne* négatif), parataxe, subordination implicite ou inverse (§ 270), etc.
— **Aspects lexicaux :** registres de langue familiers ou relâchés, vocabulaires spécifiques (type argot de collège, de caserne), diminutifs, etc.
— **Aspects du discours :** actes de langage (§ 302), reprises en dialogue (§ 312), etc.

■ La notion de phrase ne sert pas dans l'analyse de l'oral réel. Cela ne signifie pas que l'oral n'est pas organisé, n'a pas de syntaxe. Mais **sa syntaxe est spécifique**. Les phénomènes de répétition et de rupture sont les caractères fondamentaux de cette syntaxe.

— **Les ruptures** ne sont pas gênantes parce que la mélodie de l'énoncé oral assure la cohésion de l'ensemble.

— On appelle **anacoluthe** (mot grec signifiant « absence de suite ») la rupture de la continuité syntaxique. À l'écrit, elle est encore plus nette puisqu'elle brise la phrase sans qu'une mélodie la maintienne assemblée :

> *Le nez de Cléopâtre, s'il eût été plus court, la face du monde en eût été changée.* (PASCAL)

▶ • L'anacoluthe peut être une faute involontaire. Elle menace celui qui est parti pour écrire une très longue phrase et qui ne maîtrise pas sa construction.

Voici, à titre d'exemple, le dialogue spontané de deux historiens. Le vocabulaire, l'essentiel des données morphologiques restent « corrects ». Mais que reste-t-il de la phrase grammaticale, quand les anacoluthes s'accumulent ?

> Ph. Ariès — *... et alors, vous avez très bien dit que le centre de cette famille nouvelle, qui ne ressemble pas du tout à la famille traditionnelle, c'est l'enfant ; et qu'il se fit alors, une sorte de relation, il se crée une relation très particulière entre l'enfant et la mère.*
>
> G. Snyders — *Le père aussi !*
>
> Ph. Ariès — *Le père aussi, et le père aussi ; mais entre le couple, mettons, entre le couple et l'enfant qui vont peu à peu se séparer du reste de la société ; la famille va se dégager.*
>
> G. Snyders — *Pas encore au XVIIIe siècle.*
>
> Ph. Ariès — *Pas encore au XVIIIe siècle.*
>
> G. Snyders — *Ça sera l'annonciation du XIXe.*
>
> Ph. Ariès — *Vous avez tout à fait raison : pas encore.*
>
> G. Snyders — *Mais au XVIIIe siècle pas encore.*
>
> Ph. Ariès — *Mais ça se sent un petit peu déjà, ne serait-ce que par la recherche de l'intimité dont..., à laquelle vous avez fait allusion tout à l'heure...*

(Débat reproduit dans le dossier *Enfants d'hier*, E.N.S. de Saint-Cloud et Université de Paris V.)

Tel est l'oral réel, transcrit en écriture ordinaire, sans marques de pause ou d'accent. Lu, il semble presque incohérent. Entendu, il était compréhensible.

363   L'oral oratoire

■ *Définition.*

■ L'expression **oral oratoire** pourrait être un pléonasme. Elle désigne en fait un **oral non spontané**. C'est l'oral de celui qui « fait attention à ce qu'il dit ». C'est l'oral du **discours** ou de la **lecture à haute voix**.

■ Cet oral oratoire a **plusieurs aspects** qui dépendent de son degré relatif de spontanéité, étant entendu que ce degré n'est jamais maximal.

— Oral du professeur, du conférencier, de tous ceux qui parlent en public à partir de quelques notes qu'ils développent. Oral de ceux qui débattent en public, lorsqu'ils parlent tour à tour, sans interruption.

Ce niveau d'oral est celui qu'un élève ou un étudiant doit pratiquer dans un exposé ou un commentaire oral. Il faut être assez habile pour s'appuyer sur ses notes et développer son propos.

— À un degré d'organisation plus élevé, donc de spontanéité encore moindre, il y a l'oral du journaliste qui lit son « papier » au micro ou devant la caméra. Ou l'oral du conférencier qui a rédigé son texte mais le « dit » plus qu'il ne le « lit », qui sait s'en éloigner pour rendre son exposé « vivant ».
— Vient ensuite le discours rédigé, lu avec les nuances de l'art oratoire.

■ **Toutes ces formes d'oral appartiennent en fait beaucoup plus à l'écrit qu'à l'oral réel. Il s'agit d'une oralisation de l'écrit.** Les textes enregistrés peuvent être publiés sans grandes modifications. C'est le cas de l'exemple ci-dessous. Les textes écrits sont publiables immédiatement.

> *Comme Leclerc entra aux Invalides, avec son cortège d'exaltation dans le soleil d'Afrique et les combats d'Alsace, entre ici, Jean Moulin, avec ton terrible cortège. Avec ceux qui sont morts dans les caves sans avoir parlé, comme toi ; et même, ce qui est peut-être plus atroce, en ayant parlé ; avec tous les rayés et tous les tondus des camps de concentration, avec le dernier corps trébuchant des affreuses files de* Nuit et Brouillard, *enfin tombé sous les crosses ; avec les huit mille Françaises qui ne sont pas revenues des bagnes, avec la dernière femme morte à Ravensbrück pour avoir donné asile à l'un des nôtres. Entre, avec le peuple né de l'ombre et disparu avec elle — nos frères dans l'ordre de la Nuit...* (MALRAUX, Oraison funèbre de Jean Moulin pour le transfert de ses cendres au Panthéon, en 1964.)

364   L'oral fictif

■ L'oral fictif est **l'oral des personnages d'un roman** (avec toutes les variantes de discours rapporté, § 303), **ou l'oral d'une pièce de théâtre.** C'est aussi **l'oral du narrateur qui « parle » dans un roman écrit à la première personne.**

■ Les auteurs de peu de talent croient avoir assez caractérisé l'oral de leurs personnages quand ils y ont placé quelques mots familiers, vulgaires, argotiques, quelques termes régionaux ou étrangers. Mais, quand on y regarde de près, on s'aperçoit que tous les personnages parlent de la même manière : même syntaxe, même morphologie et, à quelques détails près, même vocabulaire.
Il n'en va pas de même avec un véritable écrivain.

> *Homais demanda la permission de garder son bonnet grec, de peur des coryzas.*
> *Puis, se tournant vers sa voisine :*
> *— Madame, sans doute, est un peu lasse ? on est si épouvantablement cahoté dans notre Hirondelle !*
> *— Il est vrai, répondit Emma ; mais le dérangement m'amuse toujours ; j'aime à changer de place.*
> *— C'est une chose si maussade, soupira le clerc, que de vivre cloué au même endroit.*
> *— Si vous étiez comme moi, dit Charles, sans cesse obligé d'être à cheval...*
> *— Mais, reprit Léon s'adressant à madame Bovary, rien n'est plus agréable, il me semble ; quand on le peut, ajouta-t-il.* (FLAUBERT)

Homais fait des phrases et place soigneusement l'incise « sans doute ». Mais « épouvantablement » est quand même un peu encombrant. Emma soigne sa réponse. Le clerc, Léon, s'essaye au beau style... mais ne tient pas longtemps (deuxième réplique). Quant à Charles Bovary, il se contente de deux fragments d'une subordonnée d'hypothèse au sujet bien concret... et la suite ne vient pas. Il rumine. Comme d'habitude.

EXERCICES

LA LANGUE PARLÉE

1 Écrivez en alphabet normal ces mots donnés en alphabet phonétique.

a) [ʃəval]
b) [ãfɛ̃]
c) [ʀatyʀ]
d) [ɛsɥiglas]
e) [kʀak(ə)mã]
f) [tãpeʀatyʀ]
g) [asãblaʒ]
h) [ɛ̃depãdãs]
i) [ɛkselã]
j) [fildəfɛʀ]

2 Écrivez en alphabet normal ce poème d'Apollinaire.

kə lãtəmã pasə lezœʀ
kɔmə pasœ̃nãtɛʀəmã
ty plœʀəʀa lœʀutyplœʀ
ki pasəʀa tʀo vivəmã
kɔmə pasə tutəlezœʀ

3 Dans ces vers de Supervielle, relevez les syllabes ouvertes et donnez leur type de construction (§ 357). Indiquez aussi les enchaînements et les liaisons. Faites attention à bien respecter le vers de 12 syllabes.

« Je nage sous la vague, abri de mon
[amour.
Les algues ont l'odeur et le goût de la
[lune.
Poissons des jours heureux, avez-vous
[vu son corps
Dont brille le contour qui fait si belle
[écume. »

4 Enregistrez un bulletin d'information à la radio, par exemple le bulletin météo. Puis vérifiez si les accents et les pauses marquent bien les groupes syntaxiques de la phrase. Y a-t-il une pause forte après chaque phrase ?

5 Certains passages de ces textes sont des passages d'oral fictif. Relevez les éléments qui se rapprochent de l'oral réel (voir liste § 362).

a) « — Courage, ça y est ! dit la voix de Catherine.
Mais, comme il arrivait en effet, une autre voix cria du fond de la taille :
— Eh bien ! quoi donc, est-ce qu'on se fout du monde… ! J'ai deux kilomètres à faire de Montsou, et je suis là le premier.
C'était Chaval, un grand maigre de vingt-cinq ans, osseux, les traits forts, qui se fâchait d'avoir attendu. » (ZOLA)

b) « — Oui, chez Mme Octave, ah ! une bien sainte femme, mes pauvres enfants, et où il y avait toujours de quoi, et du beau et du bon, une bonne femme, vous pouvez dire, qui ne plaignait pas les perdreaux, ni les faisans, ni rien, que vous pouviez arriver à dîner à cinq, à six, ce n'était pas la viande qui manquait, et de première qualité encore, et vin blanc, et vin rouge, tout ce qu'il fallait. (Françoise employait le verbe ''plaindre'' dans le même sens que La Bruyère.) Tout était toujours à ses dépens, même si la famille, elle restait des mois et an-nées. (Cette réflexion n'avait rien de désobligeant pour nous, car Françoise était d'un temps où ''dépens'' n'était pas réservé au style judiciaire et signifiait seulement dépense.) » (PROUST)

c) « ''Tu t'es bien lavé ce matin ?'' Silence de Pascal, choqué. ''Tu t'es bien lavé, voï ou non ?''… Quand nous étions enfants, mon père, s'il nous trouvait les oreilles sales, nous faisait déshabiller, nus comme des vers, puis il envoyait le jardinier avec la lance. Vlan. L'été passe. Mais l'hiver. N'empêche que c'est comme ça qu'on trempe une génération… » (ARAGON)

CHAPITRE 14

La langue écrite. L'orthographe

I. L'ÉCRITURE

365 La parole et l'écriture

■ **L'écriture n'est pas absolument indispensable au fonctionnement du langage.** La langue parlée, la communication orale y suffisent. Mais l'écriture est une trace de la langue :

> *Verba volant, scripta manent.*
> Les paroles s'envolent, les écrits demeurent.

■ L'écriture ne se contente pas d'être une trace de la langue. En retour, les contraintes de l'écrit influencent l'organisation de la langue. Nous avons vu au chapitre précédent que les « règles » du **français oral** ne sont pas exactement les mêmes que les « règles » du **français écrit** (§ 362).

■ On dit parfois que le rôle de l'écrit est de moins en moins important. Aujourd'hui, on peut enregistrer la parole, la diffuser, la conserver, la rediffuser, etc. Les paroles ne s'envolent donc plus...
Cela n'est vrai qu'en apparence.
— **Il ne suffit pas qu'une parole soit enregistrée pour qu'elle ne « s'envole » plus.** Une bande d'enregistrement, cela se perd, cela brûle très bien. Pour que les paroles restent, il faut donc qu'elles soient enregistrées à plusieurs exemplaires. L'imprimerie donne ici un avantage à l'écrit que même les moyens les plus modernes d'enregistrement de la parole ne peuvent pas concurrencer.
— **Il ne suffit pas qu'une parole soit enregistrée pour qu'elle garde son sens.** Nous avons vu que les déictiques de l'énonciation-discours ne pouvaient pas être compris en dehors de la situation (§ 98). Or, comment enregistrer « une situation » ? Même le film n'apporte pas de solution. Un film n'enregistre jamais une situation mais un certain aspect d'une situation.
— Au contraire, l'écrit, en quelques mots tout simples, peut situer, expliquer, dire... **L'écrit est et reste le procédé le plus simple et le plus économique de conservation de la parole.**
— Il le reste d'autant plus que les moyens modernes ne sont pas réservés à l'image et au son : le microfilm, la photocopie, la télécopie, le disque vidéo, etc., accompagnent le livre.

303

■ L'écriture n'est pas qu'une trace de l'oral. Elle offre aussi l'occasion de multiples **jeux**. Dans le cas des écritures alphabétiques, ces jeux sont par exemple : les mots croisés, le scrabble ou le jeu télévisé *Des chiffres et des lettres.* Ces jeux ne sont pas que des moyens de se distraire. Ils offrent en même temps la possibilité d'explorer toutes les richesses de la langue écrite. Tous les labyrinthes aussi :

```
A I L E         I M A G E
I L O T         M O M E S
L O I N         A M A N T
E T N A         G E N I E
                E S T E R
```

366   L'écriture et la lettre

■ L'écriture est un dessin. La **lettre** est le dessin de l'écriture alphabétique. Il n'est évidemment pas indispensable que la lettre soit belle, l'essentiel est qu'elle soit lisible.
Mais la beauté n'est pas inutile à la lisibilité.

■ La **calligraphie** est l'art de bien former les dessins de l'écriture.

écriture alphabétique   écriture chinoise   écriture arabe

 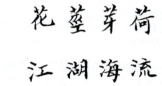 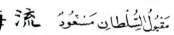

367   Les caractères

■ La **typographie** est l'art de composer un texte écrit à l'aide de caractères mobiles en plomb. Aujourd'hui, la typographie est remplacée par la photocomposition, mais les très belles éditions et les très belles compositions restent l'œuvre du typographe.

■ Le mot **caractère** vient d'un mot grec qui signifie « signe gravé, empreinte ». Pour écrire le français, on emploie différents caractères : des lettres, des chiffres et de nombreux autres signes (§ paragraphe, * astérisque, % pour cent, 1° primo, +, =, etc.), ainsi que des accents et des signes de ponctuation.

■ Il y a une distinction très courante qu'il faut connaître et savoir utiliser, celle des **caractères romains** et des **caractères italiques.**
En outre, chaque sorte de caractère comporte trois formes de lettres : les **grandes capitales,** les **petites capitales** et les lettres ordinaires appelées **bas-de-casse.** On appelle couramment les capitales : **majuscules,** et les bas-de-casse : **minuscules.**

CETTE LIGNE EST EN GRANDES CAPITALES DE CARACTÈRES ROMAINS
CETTE LIGNE EST EN PETITES CAPITALES DE CARACTÈRES ROMAINS
cette ligne est en bas-de-casse de caractères romains
CETTE LIGNE EST EN GRANDES CAPITALES DE CARACTÈRES ITALIQUES
CETTE LIGNE EST EN PETITES CAPITALES DE CARACTÈRES ITALIQUES
cette ligne est en bas-de-casse de caractères italiques

> • Les caractères romains ont été inventés par des imprimeurs allemands, puis perfectionnés à Rome et à Venise au XVe siècle. Les caractères italiques ont été inventés au début du XVIe siècle par un imprimeur de Venise, Alde Manuce.
> • Les bas-de-casse sont nommées ainsi parce qu'elles sont rangées dans la partie basse de la casse (caisse) du typographe.

— On emploie les **caractères italiques** pour écrire les titres des ouvrages, les mots étrangers ou pour distinguer une partie de texte (exemples, citations, mot rare, mot sur lequel on attire l'attention, etc.).
— On emploie les **capitales**, ou majuscules, au commencement des phrases et des noms propres. Les titres, les inscriptions solennelles, les mots qu'on veut distinguer du reste du texte peuvent être écrits en capitales.
— On emploie en outre des **caractères gras,** romains ou italiques, pour souligner un passage d'un texte.

368   L'alphabet : des Phéniciens à l'alphabet latin

▰▰ *Définition.*

Le nom **alphabet** est formé sur les deux premières lettres de l'alphabet grec : *alpha* et *beta.* Il désigne un système d'écriture où les signes ne représentent plus des idées, comme dans les idéogrammes, ni même des sons comme dans les phonogrammes. L'**alphabet repose sur un système de phonèmes** (§ 354), et il donne la possibilité d'écrire tous les mots et toutes les paroles possibles avec simplement une **trentaine de signes.** Ces signes sont classés dans un **ordre fixe** pour en faciliter la mémorisation.

▰▰ *Histoire de l'alphabet.*

C'est vers le IIe millénaire av. J.-C. que commence l'histoire de l'alphabet. Il y eut d'abord des tentatives diverses, en particulier dans l'écriture cunéiforme.
— Plusieurs de ces tentatives aboutirent à un stade intermédiaire : celui du **syllabaire,** ou système de notation des syllabes. Mais ce stade restait peu pratique, les syllabes étant en trop grand nombre.
— La plus importante tentative est celle de l'alphabet mis au point par les scribes de la cité d'**Ugarit**, en l'actuelle Syrie, vers le XIVe siècle av. J.-C. C'est sans doute ces hommes qui, les premiers, imaginèrent une écriture formée d'une trentaine de signes, toujours représentés dans le même ordre.

L'ancêtre direct de notre alphabet est l'**alphabet linéaire phénicien,** apparu à la fin du XIIe siècle av. J.-C. La Phénicie de l'époque correspond au Liban d'aujourd'hui.
Cet alphabet est inspiré par l'alphabet d'Ugarit mais, au lieu de concerner des signes cunéiformes, il est dit « linéaire » parce que les lettres y sont for-

mées de lignes droites ou courbes facilement et rapidement traçables. Il s'agit d'une **alphabet consonnantique,** c'est-à-dire un alphabet qui ne note que les consonnes. Les voyelles sont rétablies à la lecture.

— Hommes de commerce et maîtres navigateurs, les Phéniciens firent connaître leur alphabet à tout le monde méditerranéen. Cet alphabet inspira l'**alphabet grec**, où les voyelles sont ajoutées aux consonnes.

— L'**alphabet latin** est issu de l'alphabet grec par l'intermédiaire des Étrusques qui vivaient dans le nord de l'actuelle Italie. L'alphabet survécut à la chute de l'Empire romain parce qu'il avait été adopté par l'Église catholique. Aujourd'hui, cet alphabet est employé dans le monde entier, soit seul, soit à côté d'autres alphabets ou d'autres écritures.

phénicien	grec archaïque	grec classique	étrusque	latin
⟨	ᘔ ᗝ	A	ᗝ	A
ᒫ	ᖇ ᖇ ᖻ	B	ᖺ	B
ᒐ	ᒥ Γ ᐱ	Γ	ᑦ	C
◁	△	Δ		D

███ *L'alphabet grec moderne.*

A	α	alpha	I	ι	iota	P	ρ	rhô
B	β, ϐ	bêta	K	ϰ	kappa	Σ	σ, ς	sigma
Γ	γ	gamma	Λ	λ	lambda	T	τ	tau
Δ	δ	delta	M	μ	mu	Υ	υ	upsilon
E	ε	epsilon	N	ν	nu	Φ	φ	phi
Z	ζ	dzéta	Ξ	ξ	ksi	X	χ	khi
H	η	êta	O	o	omicron	Ψ	ψ	psi
Θ	θ	thêta	Π	π	pi	Ω	ω	oméga

369 Une écriture différente : l'écriture chinoise

■ L'écriture chinoise est une **écriture idéographique.** Chaque signe représente un référent et la combinaison des signes permet d'évoquer d'autres référents. Elle comporte aussi quelques éléments phonétiques. Des inscriptions du XIVe siècle avant notre ère montrent que cette écriture était déjà élaborée à l'époque.

▸ • L'écriture des chiffres est aussi une écriture idéographique, qu'il s'agisse de chiffres romains ou arabes (§ 371).

Exemple :
— Le signe *arbre* signifie « arbre ».

Le signe *arbre* « représente » le tronc, les racines et les branches.   Le signe *forêt* reprend le signe *arbre*.

— Mais le signe *arbre* signifie aussi « bois ».

                          (bois pont)   (rocher pont)

pont   pont de bois   pont de pierre

Cette combinaison signifie « pont ».
Elle reprend le signe *arbre/bois* parce que les premiers ponts étaient tous en bois.

Quand les ponts purent être de matériaux divers, il fallut préciser. On rajouta donc le signe *bois* (bien qu'il soit déjà dans le signe *pont*) ou le signe *rocher* pour signifier l'autre matériau.

■ Tous ces signes se décomposent en **clefs,** c'est-à-dire en tracés qu'on retrouve dans plusieurs caractères. Les dictionnaires de chinois reposent sur **un système de clefs.**
Apprendre le tracé d'un signe, c'est apprendre l'ordre dans lequel ses différents éléments sont tracés. Ainsi, le signe *arbre* se trace dans l'ordre suivant :

■ L'écriture idéographique a l'inconvénient de demander un très long apprentissage. Mais elle a l'avantage d'être indépendante de la prononciation. Elle permet donc aux Chinois de comprendre ce qu'ils écrivent, alors que les dialectes (§ 381) chinois sont phonétiquement très différents. Par exemple, le signe *arbre* se prononce [mu] à Pékin, [mo] à Shanghai et [muk] à Canton.
Au Moyen Âge, cette souplesse a permis que des langues complètement différentes comme le coréen ou le japonais adoptent l'écriture chinoise.

370 Les idéogrammes modernes

Nous venons de voir que les idéogrammes échappaient aux différences de prononciation. C'est pourquoi ils sont utilisés aujourd'hui dans toutes les situations où il faut avertir sans ambiguïté des gens parlant des langues différentes :

fragile   défense de fumer   escalier mécanique

On les utilise aussi dans toutes les formes de publicité :

J' 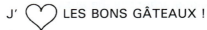 LES BONS GÂTEAUX !

▸ • Les surréalistes ont souvent joué sur les idéogrammes. Dans ce domaine comme dans beaucoup d'autres, la « pub » ne fait guère que les imiter.

371 L'écriture des chiffres et des nombres

■ Les chiffres sont des idéogrammes. Ils sont visuellement lus de la même manière dans le monde entier, mais chaque langue les prononce dans ses propres phonèmes.

■ Les Romains employaient un système de lettres :
I = 1   V = 5   X = 10   L = 50   C = 100   D = 500   M = 1000
Les combinaisons permettaient l'écriture de tous les chiffres et nombres, sauf le zéro :
II = 2 (I plus I)
III = 3 (I plus I plus I)
IV = 4 (V moins I)
VI = 6 (V plus I)
VIII = 8 (V plus III)
IX = 9 (X moins I)
XL = 40 (L moins X)
XLIV = 44 (L moins X plus IV)
MCMXX = 1920 (M plus M moins C plus XX)

▸ • Les chiffres romains s'emploient généralement pour les siècles, les noms des souverains, les pages de préface d'un livre, etc.

■ Les Arabes ont emprunté aux Indiens (de l'Inde) le système de chiffres utilisés aujourd'hui dans le monde entier : 0 1 2 3 4 5 6 7 8 9. Les noms *chiffre* et *zéro* viennent de l'arabe :

arabe	italien	français
	cifra (tchi-) « chiffre »	*chiffre*
sifr « zéro »	*zefiro* « zéro »	*zéro*

▸ • Pour l'écriture en lettres des adjectifs numéraux cardinaux, voir § 35.

II. L'ORTHOGRAPHE DU FRANÇAIS

372 Les phonèmes, les lettres et les graphèmes

Nous avons vu que la langue française employait 36 phonèmes. Or, notre alphabet ne comporte que 26 lettres. Il est clair que l'écriture du français ne peut pas faire simplement correspondre une lettre à un son.

On appelle **graphème** toute lettre ou tout groupe de lettres qui forme une **unité minimale** de l'écriture du français. Les graphèmes peuvent avoir trois fonctions :
— une fonction phonographique,
— une fonction morphologique ;
— une fonction distinctive.

373 Les graphèmes de fonction phonologique

■ Leur rôle est de représenter les phonèmes. On les appelle les **phonogrammes**. Des linguistes (équipe C.N.R.S. de Nina Catach) ont montré qu'on pouvait obtenir :
— un recensement large d'environ 300 graphèmes ;
— un recensement plus restreint d'environ 70 graphèmes (par élimination des graphèmes les plus rares, dont ceux des noms propres *Saône, Caen...*) ;
— et finalement un recensement de 45 graphèmes qui forment le système de base de transcription du français.

■ **Les phonogrammes essentiels du français :**

phonèmes	graphèmes fréquents	graphèmes plus rares (exemples)	mots exemples
[i]	i	y, î, ï	*mi, type, île, maïs*
[e]	é, es	er, ez, ée	*dés, mes, verger, chez, allée*
[ɛ]	e, è, ai	ei, ê	*sec, règle, mai, pleine, bête*
[y]	u	û, ue, eu	*nu, dû, vue, j'ai eu*
[ø]	eu	œu	*peu, bœufs*
[œ]	eu	œu, œ	*jeune, œuf, œil*
[ə]	e		*je*
[u]	ou	où, oû	*fou, où es-tu, goût*
[o]	o, au, eau	ô	*mot, aux, oiseau, tôt*
[ɔ]	o		*or, bol*

[a]	a	à	*patte, là*
[ɑ]	a, â		*voix, pâte*
[ɛ̃]	in, im, en, ain, ein		*brin, impair, tien, sain, sein*
[œ̃]	un	um	*brun, parfum*
[ɔ̃]	on	om	*bon, ombre*
[ã]	an, am, en, em		*dans, ambre, dent, temps*
[p]	p	pp	*pont, appel*
[b]	b	bb	*bon, abbé*
[t]	t	tt, th	*ta, attente, théâtre*
[d]	d	dd	*don, addition*
[k]	c, qu	k, q	*col, qui, kilo, coq*
[g]	g, gu + i,e	gg	*garçon, gond, gui, gué, aggraver*
[f]	f	ph, ff	*fa, phare, effroi*
[v]	v	w	*vous, wagon*
[s]	s, ss, c + e, i ç + a, o, u	sc, t	*si, assez, science, potion* *ici, ces* *ça, leçon, reçu*
[z]	s, z	x	*raser, zoo, dixième*
[ʃ]	ch		*chat*
[ʒ]	j, g, ge		*je, gigot, geôle*
[l]	l	ll	*lit, allié*
[R]	r	rr	*roue, arrivée*
[m]	m	mm	*ma, pomme*
[n]	n	nn, mn	*nous, bonne, damné*
[ɲ]	gn	`	*agneau*
[j]	i, il(l)	y, ï	*lié, rail, faille, paye, aïeul*
[w]	oi, oin	ou (+voy.)	*moi, loin, louer, ouest*
[ɥ]	u (+voy.)		*puits, nuées*

• La prise en compte des prononciations régionales, déjà signalée à propos des phonèmes (§ 354), joue également son rôle ici. À cette — grande — différence près, que si la prononciation n'est pas soumise à des contraintes, les graphies le sont.

374 Les graphèmes de fonction morphologique

■ Leur rôle est de marquer les catégories du genre et du nombre, ainsi que les terminaisons des verbes. Ils participent aux liaisons entraînées par leur présence. On les appelle des **morphogrammes.**
Ils ont été étudiés à leur place dans la description des unités de la langue : genre et nombre des noms (§ 9-14), des adjectifs qualificatifs (§ 56-59) ; conjugaison (§ 112-158).

■ Le linguiste Jean Dubois a montré que les morphogrammes et les marques phonétiques ne se répartissaient pas de manière identique sur les différents constituants d'une phrase.

Phrase de départ : *Le livre est ouvert.*

Pluriel écrit
les livres sont ouverts
+   +   +   +

Il y a quatre phonogrammes du pluriel.

Pluriel oral
lɛ   livʀ   sɔ̃   uvɛʀ
+   0   +   0

Il n'y a que deux marques phonétiques du pluriel.

Phrase de départ : *Cet enfant est malade.*

Féminin écrit
cette enfant est malade
+   0   0   0

Il y a un morphogramme du féminin.

Féminin oral
sɛt   ãfã   ɛ   malad
0   0   0   0

Il n'y a aucune marque phonétique du féminin.

L'examen systématique des phrases montre que :
— **Les morphogrammes sont toujours en nombre supérieur ou égal aux marques phonétiques.** On ne décompte pas les liaisons dans ce calcul qui porte sur les mots seulement.
— Les morphogrammes se répartissent sur toute la phrase. Il en résulte un phénomène de **redondance**, c'est-à-dire de répétition (§ 413).
Du point de vue de l'orthographe, cette redondance oblige à suivre les règles d'**accord** (sujet-verbe, accord du participe, etc.).
Mais J. Dubois montre qu'il ne s'agit pas seulement d'une question d'orthographe. La redondance des marques assure **la cohésion de la phrase** :
> Ma **fille** est **partie** en vacances, je l'ai **conduite** à la gare.

▶ • Dans les querelles sur l'orthographe du français, la « règle des participes » est toujours critiquée. Il est vrai que cette règle, introduite par le poète Clément Marot au XVIe siècle, présente bien des difficultés (§ 202). Mais l'analyse de la redondance des marques montre qu'elle n'est pas totalement absurde.

375   Les graphèmes de fonction distinctive

■ Certains graphèmes ne se prononcent pas et ont pour fonction de distinguer des homophones (§ 339). On les appelle des **logogrammes.**

■ Il y a des **logogrammes lexicaux** :

ancre	encre	maux	mot
balais	ballet	mou	moût
bon	bond	mur	mûr
car	quart	pain	pin
champ	chant	pécher	pêcher
chat	chas	point	poing
compte	conte	puits	puis
cygne	signe	raisonner	résonner
du	dû	seller	sceller
ère	erre	sur	sûr
faim	fin	voie	voix
héros	héraut	...	

Et les célèbres séries :
foi, foie, fois, Foix
fond, fonds, font, fonts
ma, mât, mas
mord, mors, mort

sain, saint, sein, seing, ceint, cinq
saut, sceau, seau, sot, Sceaux
vain, vainc, vin, vingt
vair, ver, verre, vers

■ Il y a des **logogrammes grammaticaux** :

a	à	la	là
ça	çà	or	hors
ces	ses	ou	où
des	dès	si	ci
		...	

■ Il y a des **expressions formant des logogrammes** :

autant	au temps
autour de	au tour de
bientôt	bien tôt
plutôt	plus tôt
c'est	s'est
davantage	d'avantage
quelquefois	quelques fois
quoique	quoi que
quelque	quel que...

376   Les accents

■ L'**accent aigu** note l'*e* prononcé [e]. Il est inutile quand le *e* est suivi de *d, r, z,* ou *f* en position finale : *blé, école, pied, chanter, nez, clef.*

■ L'**accent grave** note l'*e* prononcé [ɛ]. Il est inutile quand le *e* est suivi d'une consonne double : *j'achète, je jette.*
Il s'emploie aussi avec une fonction de logogramme (voir la liste du § 375).

• L'accent aigu date de 1530. Ronsard soutient son usage. L'accent grave date de 1531. Il s'imposera plus lentement, et ne sera retenu dans le *Dictionnaire de l'Académie* qu'en 1740.

■ L'**accent circonflexe** apparaît au XVIe siècle (là encore, avec Ronsard).
— Au XVIIIe siècle, il remplacera le *s* ou d'autres lettres disparues (voir adverbe en -*ment*, § 210) : *feste → fête, forest → forêt, aage → âge.*
— Il distingue la 3e personne du subjonctif imparfait de la même personne du passé simple pour tous les verbes autres qu'en -*er* : *il finit/qu'il finît, il vint/qu'il vînt.*
Il a une fonction de logogramme (§ 375).

■ Le **tréma** indique, en principe, que la lettre voyelle qu'il surmonte doit être prononcée : *haïr, héroïne, ambiguïté, aïeul.*
Mais on écrit *aiguë, ciguë, ambiguë, exiguë*, etc., tous mots prononcés [y].

377   Les autres signes orthographiques des mots

■■■ *Les signes de prononciation.*

■ La **cédille** se place sous la lettre *c* pour lui donner la prononciation [s] devant *a, o, u* : *ça, leçon, reçu.*

■ L'**apostrophe** marque l'élision du *e* muet (§ 358).
Attention : on ne termine jamais une ligne par une apostrophe.

■■■ *Mots incomplets : point et points de suspension.*

■ Un mot inachevé se termine par un **point.**
    M. (Monsieur), XVIIIe s. (siècle), p. (page).
Sauf si on laisse la dernière lettre du mot :
    Mme (Madame), Mlle (Mademoiselle), XVIIe s. (dix-septième), Cie (compagnie).

■ Quand le mot est laissé incomplet, par politesse ou par discrétion, le vide est occupé par des **points de suspension :**
    Monsieur D..., vous n'êtes qu'un sal...

■■■ *Mots coupés en fin de ligne : trait d'union.*

■ Quand on écrit à la main, on peut toujours s'arranger pour ne pas couper ses mots en fin de ligne.
— On ne coupe jamais un mot formé de deux syllabes : *cou-per.*
— On ne coupe jamais pour laisser une seule syllabe de moins de trois lettres en fin de ligne : *a-mitié, dé-mocratie.*
— On ne coupe jamais un mot pour renvoyer à la ligne suivante une seule syllabe de moins de trois lettres : *sylla-be, occu-pé.*

■ Quand on écrit à la machine et qu'un mot est coupé en fin de ligne :
— on place **un trait d'union en fin de ligne ;**
— la coupe doit intervenir **entre deux syllabes** *(démo-cratie).*
Pour couper entre deux syllabes, on doit respecter deux règles :
— on coupe entre des consonnes doubles : *malhon-nêtement, carros-sable.*
— on conserve le *e* muet « prononcé » après une consonne : *petite-ment.*

■■■ *Mots composés : trait d'union.*

■ Le **trait d'union** est employé dans beaucoup de mots composés. Mais c'est uniquement une question d'usage. Il n'y a pas de règles fixes.
On peut faire de n'importe quelle expression une sorte de mot composé en plaçant plusieurs traits d'union entre les unités :
Alors on te baignait dans l'eau-de-feuilles-vertes... (SAINT-JOHN PERSE)

> • Rappel. On place le trait d'union dans les constructions avec verbe antéposé + pronom sujet (*Vient-il ?* § 299), avec verbe à l'impératif + pronom (*Prenez-le. Donne-les-lui.* § 80), ou pour encadrer le *t* d'euphonie, c'est-à-dire le *t* de prononciation qui évite le hiatus (*Ira-t-il ?* § 359).

378   Histoire de l'orthographe

■■■ *L'orthographe de l'ancien français.*

L'orthographe de l'ancien français des XIᵉ et XIIᵉ siècles est une orthographe « tâtonnante » (J. Picoche) à dominante phonétique. Mais ce n'est pas pour autant une orthographe phonétique. En fait, les scribes essaient de saisir les différentes prononciations tout en employant des graphèmes de fonctions morphologiques et distinctives.
— Ainsi, le phonème germanique [w] à l'initiale d'un mot se prononce [g] et s'écrit *g* dans de nombreuses régions. Mais, comme sa prononciation est conservée dans le Nord, les scribes associent deux *v* pour faire *w*.

— Un mot comme *cheval* fait son pluriel en *chevals*, quand il est employé comme complément (§ 387). Mais la prononciation du [l] devient [u] devant le *s*. Le pluriel s'écrit donc *chevaus* et se prononce [ʃəvaus]. Les lettres *-us*, liées en finale des pluriels, sont réunies dans la graphie *x* (de même *-ts →* *z*). Le pluriel s'écrit alors *chevax* et se prononce [ʃəvaus].
— Pour la prononciation vraisemblable [bwɛ̃nə], on a pu relever dans des textes d'oïl (§ 383) du XIIIᵉ siècle les graphies : *boene, boenne, bouenne, buene* (A. Dees, cité par J. Picoche).

■■■ *L'orthographe du moyen français jusqu'à la Renaissance.*

L'orthographe des scribes veut tenir compte de la prononciation, de la morphologie et de l'étymologie.

■ **Prononciation.**
— La nasalisation de certaines voyelles est marquée par le dédoublement de la consonne suivante : *feme, bone → femme, bonne*, prononcés [ã], [ɔ̃]. Mais le dénasalisation ([ã] → [a], [ɔ̃] → [ɔ]) laissera l'orthographe intacte.
— Ils remplacent systématiquement la finale *-x* par *-ux. Chevax* devient *chevaux*. Et voilà comment ce petit mot (et beaucoup d'autres) comportent en réalité deux *u* : le *u* venu du *l* et « enfermé » dans la graphie *x*, et le *u* ajouté !

■ **Morphologie.**
— Ils généralisent l'emploi du *z* final à des mots qui n'étaient pas de graphie *-ts* : *nez (nasum), chez (casa)*.
— En partie pour des questions de lisibilité, ils multiplient en finale les *y* inutiles mais affublés de grandes boucles.

■ **Étymologie.**

— Les scribes calquent le latin : *ome* devient *homme* (latin *homo* + nasalisation), *lou* devient *loup (lupus)* ; *avenir →* *advenir (advenire)* ; *fait →* *faict (factu)* ; *tere → terre (terra)*; *erbe → herbe (herba)* ; etc.

— Mais ils se trompent parfois : *pois (pensum)* est récrit *poids (pondus)*. L'effort fut utile pour la distinction des homophones, mais il en résulta aussi nombre de complications inutiles.

L'imprimerie va fixer cette orthographe.

Les « *réformes* » *de l'orthographe.*

■ Dès le XVe siècle apparaissent les premiers projets de modernisation. Ils visent toujours à simplifier des graphies abusivement compliquées. Ils visent souvent à obtenir une orthographe plus proche de la prononciation. Ronsard s'y employa au XVIe siècle. Sans succès.

Au XVIe siècle, l'humaniste Ramus propose de distinguer les lettres *i* et *j, u* et *v.* On écrivait *ioie, auois*, on écrirait *joie, avois.* L'usage suivra très lentement : Corneille en exige l'emploi pour l'édition de 1663 de son théâtre, l'Académie les adopte au XVIIIe siècle, bien après les imprimeurs hollandais. Si bien que ces lettres, d'abord appelées « lettres ramistes », furent appelées « lettres hollandaises ».

Le *s* restera écrit *f* au début et à l'intérieur des mots jusqu'à la fin du XVIIIe siècle :

> *Si uous fouffrez que ie fois uotre feruiteur...*

■ À partir du XVIIe siècle, toute discussion sur l'orthographe renvoie à la norme fixée par le *Dictionnaire de l'Académie française* (§ 350). Aujourd'hui encore, tous les autres dictionnaires suivent l'usage académique, et rares sont les cas où ils signalent des orthographes différentes.

La 3e et la 4e édition du *Dictionnaire de l'Académie* (1740 et 1762) ont accompli des réformes très importantes qui concernent plus du quart du vocabulaire.

— Suppression d'un grand nombre de lettres inutiles introduites au Moyen Âge :

> *dhetroner → détrôner ; advocat → avocat ; advenir → avenir.*

— Remplacement du *y* final par un *i* :

> *icy → ici ; moy → moi ; roy → roi.*

— Remplacement du *s* d'allongement par un accent grave ; une graphie retenue par Pierre Richelet au siècle précédent (§ 350 et 376) :

> *teste → tête ; feste → fête.*

La 6e édition (1835), moins hardie déjà, adopta cependant deux importantes modifications.

— Alignement du pluriel des mots en *-ant/-ent* sur le singulier, et suppression des anciens pluriels irréguliers :

> *un enfant/des enfans → enfants ; une dent/des dens → dents.*

— Remplacement de *oi* par *ai*, partout où ce graphème se prononçait [ɛ]. Ce faisant, cette réforme conforte un usage adopté par Voltaire en 1732 (pour *Français* et *Anglais*) et 1752 (pour l'imparfait et le conditionnel), mais encore incertain à la fin du XVIIIe siècle :

> *françois → français ; j'avois → j'avais ; j'aurois → j'aurais.*

> • Dès le XIIIe siècle, la graphie *oi* s'est prononcée [oɛ], puis [wɛ]. La langue soutenue conservera cette prononciation. La langue populaire la changera en [ɛ] ou, à Paris, en [wa].

315

Le [wɛ] deviendra peu à peu une prononciation provinciale. Le [ɛ] sera adopté dès le XVIIIᵉ siècle comme la prononciation correcte pour les terminaisons de l'imparfait, du conditionnel ou des noms de nationalité. Mais on continuera d'écrire *oi.* Au XIXᵉ siècle, la prononciation [wa] entrera dans l'usage correct pour les autres mots : *moi, joie, toit,* etc.

■ Depuis lors, aucune vraie réforme n'est intervenue. Quelques arrêtés officiels de « tolérance » sont parus (en particulier en 1976). Ils n'ont rien changé et ils traitent parfois comme une tolérance des écarts orthographiques qui impliquent en fait des sens tout à fait différents. Une « querelle » très vive a éclaté en 1990 lors d'un nouveau projet de réforme (voir § 12). Trois choses sont parfaitement claires.
— Une orthographe phonétique est impossible, elle n'a d'ailleurs jamais existé.
— Quelques améliorations précises sont possibles et souhaitables. Unifier les champs morphosémantiques (§ 336) : par exemple, écrire *chariot* avec deux *r*, comme *charrette*, ne bouleverserait pas le système.
— À moins que le français cesse d'être le français, son orthographe restera globalement ce qu'elle est. Ceux qui attendent une orthographe « simplissime » doivent se hâter d'apprendre une autre langue. Mais pas l'anglais parce que, là aussi, l'orthographe est tout sauf simple...

III. LES SIGNES DE PONCTUATION

379   La ponctuation des énoncés : généralités

■ *Rôles de la ponctuation.*

■ La ponctuation des énoncés écrits répond à plusieurs nécessités :
— aider à la **distinction des groupes syntaxiques** ;
— **détacher** certains groupes ou certaines constructions ;
— imiter les **pauses** de l'oral dans le discours rapporté direct, les dialogues ou les récits à la première personne ;
— préparer les pauses de **respiration** pour la lecture.

■ Considérée dans la seule pratique des textes littéraires, la ponctuation est infiniment plus libre que dans les textes informatifs courants. Elle est même **l'un des caractères fondamentaux du style** d'un auteur.
Pour saisir toutes les valeurs d'une ponctuation, il faut toujours lire le texte à haute voix.

■ *Histoire.*

— Le système actuel de la ponctuation s'est élaboré à partir du XVIᵉ siècle, avec le développement de l'imprimerie.
La ponctuation des textes classiques est souvent différente de la ponctuation moderne. Elle est moins gouvernée par des règles grammaticales que

par l'**importance de l'oralisation des textes.** Car il s'agissait à l'époque de textes prévus pour l'oral (théâtre, poésie, prose oratoire), ou de textes non directement destinés à l'oral mais « oralisés », parce que la lecture à haute voix était une lecture très fréquente.

— Au XIXᵉ siècle, l'évolution de la ponctuation s'explique par le développement de la **lecture visuelle** et par la **normalisation** qui s'effectue avec le développement de l'enseignement. On est donc passé d'une ponctuation commandée par toutes les nuances de la diction à une ponctuation de type logique.

Règles.

Quelques règles doivent être obligatoirement suivies dans les textes de caractère non littéraire :

— mettre un point à la fin des phrases ;

— ne pas mettre de virgule entre le sujet et le verbe, le verbe et l'attribut, le verbe et le complément d'objet direct ;

— respecter la ponctuation indispensable des mises en positions détachées (§ 315-318) et de l'emploi des présentatifs (§ 319-324).

Beaucoup d'auteurs contemporains jouent sur toutes les libertés qu'offre le système de ponctuation, retrouvant ainsi le « souffle » du texte fait pour la lecture à haute voix :

> *Jette ce plaid qui m'étouffe ; vois ! la mer verdit déjà... Ouvre la fenêtre et la porte, et courons vers la fin dorée de ce jour gris, car je veux cueillir sur la grève les fleurs de ton pays apportées par la vague, — fleurs impérissables effeuillées en pétales de nacre roses, ô coquillages...*
> (COLETTE).

C'est pour retrouver cette même liberté que beaucoup de poètes ou de prosateurs suivent l'exemple d'Apollinaire et ne ponctuent par leur texte :

> *Sous le Pont Mirabeau coule la Seine*
> *Et nos amours*
> *Faut-il qu'il m'en souvienne*
> *La joie venait toujours après la peine* (APOLLINAIRE)

380   La ponctuation des énoncés : les signes

Le point, le point d'interrogation, le point d'exclamation.

Le point est une **pause forte.** Il marque la fin d'une phrase.

— Les phrases déclaratives (§ 296) sont terminées par un **point** (.). Les phrases interrogatives (§ 298) sont terminées par un **point d'interrogation** (?). Les phrases exclamatives et souvent les phrases impératives (§ 297 et 300) sont terminées par un **point d'exclamation** (!).

— Ces ponctuations s'appliquent aussi aux phrases sans verbe (§ 266) :

> *Paul ? Lui ! Étrange. Très étrange.*

Les points de suspension.

Les **points de suspension** (...) ont plusieurs emplois. Tous correspondent à un manque, une absence.

317

■ Ils marquent une **interruption** :

> *Quand il reparut, il tapa légèrement du poing pour réclamer l'attention ;*
> *ensuite il commença d'une voix enrouée :*
> *— Citoyens...*
> *Une petite porte s'ouvrit, il dut s'interrompre.* (ZOLA)

Ou une pause de la parole :

> *Qui... qui... qui êtes-vous ?* (MAUPASSANT)
> *Mais enfin explique-moi... Quel est votre but ?* (ZOLA)

■ Ils peuvent aussi marquer un **prolongement emphatique** ou sous-entendu d'une phrase achevée :

> *Le soleil s'est noyé dans son sang qui se fige...* (BAUDELAIRE)
> *Peut-être, en effet, l'aime-t-il...* (COLETTE)

Ou l'inachèvement volontaire d'une énumération :

> *Des gosses, des mioches, des bambins, des lardons, des salés...*
> *L'argot ne saurait suffire, ils sont trop !* (COLETTE)

▶ • Attention ! On ne met pas de points de suspension après *etc.*, qui indique déjà un prolongement (*et cætera* = « et le reste »).

▰ *La virgule.*

La virgule est une **pause de courte durée**. Elle peut jouer plusieurs rôles.

■ Rôle de **coordination** entre des éléments de même fonction :

> *Le chat vint saluer Angélo, s'étira aussi, ouvrit une large bouche et émit*
> *un miaulement imperceptible.* (GIONO)

La virgule cumule souvent cette fonction avec une conjonction de coordination exprimée :

> *Tirez le verrou, et dites qu'on vous fiche la paix.* (COLETTE)

■ Rôle de **détachement** d'un mot ou d'un groupe de mots : apposition du SN (§ 241), de l'adjectif (§ 239), de la proposition relative (§ 242), thématisation (§ 317), emphase syntaxique (§ 318), présentatifs divers (§ 319-324), proposition incise de discours rapporté (§ 305).

■ Rôle d'**inclusion** d'un commentaire en incise (§ 313) ou d'une interpellation en apostrophe (§ 314).

▰ *Le point-virgule.*

Le point-virgule marque, en principe, une **pause moyenne** avec légère descente de la mélodie. C'est un signe de ponctuation interne à la phrase.
— Il était plus fréquent dans la langue classique où il scandait les arguments de l'énoncé :

> *De là vient que les hommes aiment tant le bruit et le remuement. De là*
> *vient que la prison est un supplice si horrible ; de là vient que le plaisir*
> *de la solitude est une chose incompréhensible ; et c'est enfin le plus grand*
> *sujet de félicité de la condition des rois, de ce qu'on essaie sans cesse à*
> *les divertir et à leur procurer toutes sortes de plaisirs.* (PASCAL)

— Toutefois, les auteurs contemporains ne négligent pas l'emploi du point-virgule :

> *Puis j'eus honte de cette faiblesse ; et je tirai lentement les gros verrous.*
> *Mon cœur battait ; j'avais peur.* (MAUPASSANT)
> *Bénard était doux, affable, sensible ; avec cela, le premier partout.* (SARTRE)

Les deux points.

Les deux points annoncent une suite et ils établissent une relation sémantique entre ce qui les précède et ce qui les suit. Cette relation a plusieurs aspects.

— **Énumération** bien sûr :

J'ai revu tous mes amis : Paul, Claire, Jean, Marc.

— **Relation de conséquence :**

Le cerf est reconnu : chacun prend un épieu. (LA FONTAINE)

— **Relation de cause :**

La foi est différente de la preuve : l'une est humaine, l'autre est un don de Dieu. (PASCAL)

— **Introduction d'un discours rapporté direct** (§ 305) ou d'un **discours emprunté,** par exemple une citation (§ 312).

Les deux points peuvent aussi jouer un rôle proche de celui de la virgule :

— mais en soulignant la construction d'un attribut ou d'un sujet logique :

Je ne dirai rien de ce qui était le but de notre voyage : le Cap Ferret.

(MAURIAC)

— ou la construction d'un circonstanciel :

J'ai commencé ma vie comme je la finirai sans doute : au milieu des livres.

(SARTRE)

Les autres éléments de la ponctuation des énoncés.

Les **guillemets** et les **tirets** participent à la ponctuation du discours rapporté direct (§ 305), les tirets et les **parenthèses** (comme les virgules) permettent l'insertion des incises de commentaires (§ 313).

Il faut ajouter à tous ces signes les **alinéas,** les **paragraphes,** les **espacements** qui organisent le texte, soit pour en faciliter la lecture, soit pour produire un effet sémantique surajouté au texte :

Quand elle fut sortie, Frédéric ouvrit sa fenêtre, Mme Arnoux, sur le trottoir, fit signe d'avancer à un fiacre qui passait. Elle monta dedans. La voiture disparut.

Et ce fut tout. (FLAUBERT)

EXERCICES

LA LANGUE ÉCRITE. L'ORTHOGRAPHE

1 **Analysez l'emploi des différents types de caractères dans ce texte.**
a) « La bibliothèque ne comprenait guère que les grands classiques de France et d'Allemagne. Il y avait des grammaires, aussi, quelques romans célèbres, les *Contes choisis* de Maupassant, des ouvrages d'art — un *Rubens,* un *Van Dyck,* un *Dürer,* un *Rembrandt* — que les élèves de mon grand-père lui avaient offerts à l'occasion d'un Nouvel An. Maigre univers. Mais le Grand Larousse me tenait lieu de tout : j'en prenais un tome au hasard, derrière le bureau, sur l'avant-dernier rayon, A-Bello, Belloc-Ch ou Ci-D, Mele-Pro ou Pr-Z. » (SARTRE)
b) « Les emplois de l'adjectif possessif dépendent de la manière dont le ''possesseur'' est identifié et de la nature du lien dit de ''possession''.
1° L'identification du possesseur.
Le ''possesseur'' peut être **présent dans le contexte :**
Découvrir Naples, c'était donner son vrai nom au soleil. (MORAND) »

2 **Précisez la fonction des graphèmes des mots suivants (§ 372) :**
a) maison. **b)** frayeur. **c)** une jolie ville. **d)** des fruits mûrs. **e)** Mes cheveux sont mouillés.

3 **Voici quelques lignes des *Essais* de Montaigne. Analysez leur orthographe en relevant les différences avec l'orthographe d'aujourd'hui (on a employé le *s* selon l'usage moderne).**
« I'ay le goust tendre et difficile, et notamment en mon endroit ; ie me desaduoue sans cesse ; et me sens par tout flotter et fleschir de foiblesse. je n'ay rien du mien dequoy satisfaire mon iugement. »

4 **Voici six vers d'une épître de Boileau. Analysez leur orthographe en relevant les différences avec l'orthographe d'aujourd'hui.**
« Grand Roy, c'est vainement qu'abju-
[rant la Satire,
Pour Toy seul desormais j'avois fait vœu
[d'écrire,
Dès que je prens la plume, Apollon
[éperdu
Semble me dire : ''Arreste, insensé, que
[fais-tu ?
Sçais tu dans quels perils aujourd'huy tu
[t'engages ?
Cette mer où tu cours est celebre en
[naufrages.'' »

5 **Proposez une ponctuation pour ce poème d'Apollinaire :**
« L'amour est mort entre tes bras
Te souviens-tu de sa rencontre
Il est mort tu la referas
Il s'en revient à ta rencontre

Encore un printemps de passé
Je songe à ce qu'il eut de tendre
Adieu saison qui finissez
Vous nous reviendrez aussi tendre »

6 **Composez un texte de cinq lignes sur un sujet quelconque mais sans jamais employer la lettre *e*.**

7 **Même exercice, mais sans jamais employer le phonème [a].**

CHAPITRE 15

Histoire du Français

I. DEUX MILLE ANS D'HISTOIRE

381   Définitions

■ Le langage et les langues.

« La langue est un ensemble de conventions nécessaires adoptées par le corps social pour permettre l'exercice de la faculté du langage chez les individus. » Ces définitions données par le linguiste genevois Ferdinand de Saussure au début du siècle permettent de comprendre **la différence entre langage et langue.**

— **Le langage** est une « faculté ». Comment l'homme possède-t-il cette faculté ? C'est une question sans réponse. On sait qu'elle suppose des organes pour parler, entendre. On sait qu'elle suppose les organes indispensables à l'activité du psychisme. On constate que **cette faculté de langage est inséparable de la pensée.** Aller plus loin reviendrait à « définir » l'homme. Le langage se pratique dans les différentes langues. Cette pratique est indispensable au développement de la faculté. On s'est demandé, au XVIIIe siècle, quelle langue parlerait un enfant élevé dans le silence, un enfant à qui on ne parlerait jamais. La réponse est simple : il ne parlerait pas. C'était le cas des enfants sourds, donc muets, avant qu'on sache comment les aider à surmonter l'obstacle du silence.

— **Une langue est donc la manière dont un groupe d'individus exerce sa capacité langagière humaine.** C'est un ensemble organisé de signes vocaux. Dans la majorité des cas, l'histoire du groupe d'individus les a conduits à « inventer » ou à emprunter un système de transcription graphique des signes vocaux.

■ Les dialectes.

On appelle **dialecte** la forme prise par une langue dans un groupe linguistique donné. Les dialectes ne sont pas des déformations de la langue mais ses différents modes de fonctionnement. Par exemple, on ne dira pas que les différents dialectes de langue d'oïl (§ 383) étaient des déformations de la langue d'oïl. La langue d'oïl n'a jamais existé en tant que telle. Elle existait dans ses différents dialectes.

■ Les patois.

On appelle **patois** un parler employé sur une aire géographique très limitée et né d'une adaptation d'un dialecte ou d'une langue. Cette adaptation entraîne des changements phonétiques.

321

■ **Les sabirs.**

On appelle **sabir** un parler qui mêle deux ou plusieurs langues. Le mot *sabir* a d'abord désigné la *lingua franca*, c'est-à-dire un mélange de langues romanes (§ 382), principalement à base de français, d'italien, de castillan et de catalan, parlé tout autour du bassin méditerranéen. Le sabir a donc été au contact du turc et de l'arabe, depuis les croisades jusqu'à la période coloniale. Il s'agit toujours d'un parler quotidien, parler des ports, des casernes, avec ses expressions de pratique commerciale et ses expressions familières ou vulgaires.

C'est un sabir de fantaisie que Molière emploie dans *Le Bourgeois gentilhomme* :

> Le Muphti, à M. Jourdain :
> *Se ti sabir*
> *T respondir ;*
> *Se non sabir*
> *Tazir, tazir.*

• Le même phénomène s'est produit avec l'anglais ; les sabirs sont alors appelés des pidgins. Dans la plupart des cas, les pidgins ont connu un développement tel qu'ils fonctionnent comme des langues secondes. C'est en particulier le cas du pidgin composé du vocabulaire anglais appliqué sur des règles de grammaire chinoise.
• *Sabir* n'est pas un terme péjoratif mais le nom d'un type de parler. Le mot vient de l'espagnol *saber*, « savoir ».
• Il ne faut pas confondre *sabir* et *jargon*. Ce deuxième mot a d'abord désigné l'argot des truands. *Jargon* peut continuer de désigner un argot (§ 349). Le sens courant de *jargon* est aujourd'hui « langage incompréhensible ». On parle en particulier du jargon de l'administration ou des... linguistes.

■ **Les créoles.**

On appelle **créole** un sabir qui est devenu une langue maternelle à part entière. Il existe des créoles nés de l'anglais, de l'espagnol, du portugais, du néerlandais. Dans le domaine de la langue française, les principaux créoles sont ceux d'Haïti, de la Martinique, de la Guadeloupe, de la Réunion.

À la Martinique, l'enfant s'entend dire :

> *Fe travail ou avant ou enmisé co !* (Fais ton travail avant de t'amuser !)

Et dans une rue haïtienne on entend :

> — *Bam' nouvelle'ou, non ?* (Donne-moi de tes nouvelles ?)
> — *Et le corps-a ?* (Comment va ta santé ?)
> — *M'ap'débatt'oui !* (Je me débats avec la vie) (R. RIOU)

382   Les langues romanes

■ *L'histoire.*

Il va de soi que de nombreuses langues étaient employées sur toute l'étendue de l'Empire romain : du gaulois de la Gaule transalpine à l'araméen de Palestine. Mais deux langues « internationales » recouvraient ces langues et beaucoup d'habitants de l'empire étaient bilingues.

— En Orient, on parlait le grec commun, la **koinê**, langue devenue internationale à l'époque hellénistique (IVe siècle av. J.-C.). Elle était parlée dans toutes les classes de la société. C'est dans ce grec commun que furent écrits les textes fondateurs du christianisme.

— En Occident, le **latin parlé** était celui des fonctionnaires militaires et civils de l'empire, des commerçants et des aristocraties locales. À partir du IIe siècle, le latin est aussi la langue de l'évangélisation. Jusqu'aux grandes invasions (IIIe-IVe siècles), la **Romania**, c'est-à-dire l'ensemble des territoires où l'on parle latin, connaît une évolution linguistique relativement homogène. La chute de l'empire d'Occident va accroître les divergences et ouvrir la voie à la naissance des langues romanes.

▰ *Définition.*

On appelle langues romanes les langues qui ont **le latin pour langue mère**. Les langues romanes se répartissent sur l'arc nord de la Méditerranée. On distingue plusieurs langues et groupes de dialectes.

Les langues indo-européennes et les langues d'Europe

— le roumain ;
— les dialectes dalmates (éteints au XIXe siècle) ;
— le rhéto-roman (est de la Suisse, Tyrol, nord de la Lombardie) ;
— les dialectes italiens, très vivants, qui côtoient l'italien standard ;
— les dialectes sardes ;
— le corse ;
— le castillan domine le groupe espagnol ;
— le portugais ;
— le catalan ;
— l'ensemble de parlers nommé franco-provençal ;
— les dialectes de langue d'oc ;
— le français et les anciens dialectes de langue d'oïl (pour ces trois derniers groupes, voir § 383).

383   Du latin à l'ancien français

En 58-52 av. J.-C., c'est la conquête de la Gaule par César.

▰ Ier au IVe siècle ap. J.-C. Le **latin,** d'abord pratiqué dans les villes gauloises, gagne les campagnes. Disparition des dialectes **celtiques.**
Le latin parlé n'est pas le latin classique, celui de Virgile ou de Ciceron. C'est le latin des soldats, des fonctionnaires, des commerçants. Mais en dépit des différences, il existe un profond principe d'unité : c'est la langue de la civilisation romaine et de la religion chrétienne.

▰ IIIe au Ve siècle. Invasions burgondes et franques. Les Francs (dont le nom signifie « fier, hardi, libre ») s'installent dans le nord de la Gaule. Clovis se fait baptiser en 496. Les Francs conservent leur langue, le **francique** (de la famille des langues germaniques), et pendant cinq siècles les chefs mérovingiens puis carolingiens resteront plus ou moins bilingues.
Conséquences linguistiques essentielles de cette situation :
La langue parlée dans le nord de la Gaule évolue rapidement au contact des parlers germaniques, tandis que la langue parlée dans le sud reste plus proche du latin. La coupure entre **langue d'oïl** et **langue d'oc** apparaît et s'affirme (voir carte).

DIALECTES D'OÏL, DIALECTES D'OC ET AUTRES LANGUES DE FRANCE

Les termes de *langue d'oc* et de *langue d'oïl* n'apparaissent qu'au Moyen Âge. Mais les appellations sont conformes puisque depuis longtemps, pour dire « oui », le Nord disait *« oïl »* (latin *hoc ille*) et le Sud disait *« oc »* (latin *hoc*).
— La limite des deux domaines a varié dans la région du Poitou et de la Saintonge. Ces provinces ont d'abord parlé la langue d'oc, puis la langue d'oïl est devenue dominante au Moyen Âge.
— « Aujourd'hui, la limite entre parlers d'oc et d'oïl passe par l'embouchure de la Dordogne, par Blaye, et par Coutras (...). Au centre, les deux langues interfèrent sur une zone de 25 km de large, appelée par les dialectologues le ''croissant'', dont le tracé actuel, contournant le Massif Central, va du nord d'Angoulême au sud de Thiers, en passant par Confolens, Bellac, Guéret, Gannat » (J. Picoche).
— La langue d'oc est restée plus proche du latin :

latin *sapere*	oc *saber*	français *savoir*
pagare	*pagar*	*payer*
flore	*flur*	*fleur*
canto	*canto*	*chante*

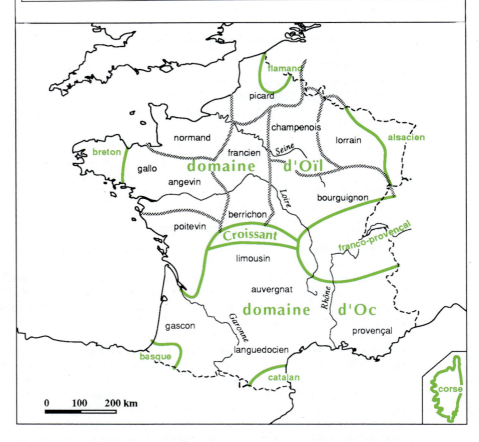

▪ Vᵉ au Xᵉ siècle. Deux langues sont en présence dans le nord de la Gaule : un latin écrit de médiocre qualité et des parlers différents issus du latin et mêlés d'influences germaniques.

— À partir du Vᵉ siècle, des peuples bretons, chassés d'Angleterre par les Saxons, viennent se réfugier en Armorique. Ils sont à l'origine du **breton** parlé en Petite Bretagne, la Bretagne française.

— Au VIIIᵉ siècle, le vieux nom **Gallia** devient **Francia,** le pays des Francs.

— En 732, Charles Martel stoppe à Poitiers la progression des Arabes en Europe occidentale. Ils sont repoussés en Espagne. Mais l'influence de leur civilisation va être très grande.

— Au IXᵉ siècle, Charlemagne réforme l'administration et l'enseignement et impose l'usage d'un latin de meilleure qualité. Les différences entre cette langue et la langue parlée quotidienne ne font donc que croître.

— En 813, le Concile (assemblée d'évêques) de Tours ordonne au clergé de prêcher en langue courante. On appelait *lingua romana rustica* (langue romaine rustique) l'ensemble des dialectes appartenant à cette langue courante. On l'appelle aujourd'hui le **roman.**

— En 842, les petits-fils de Charlemagne se disputent l'empire. Louis et Charles le Chauve s'entendent contre Lothaire. Ils signent un traité où Louis jure en germanique et Charles en roman.

Le serment de Charles est le premier texte roman écrit de notre histoire :

> Pro Deo amur et pro christian poblo et nostro commun salvement d'ist di in avant in quant Deus savir et podir me dunat si salvarai eo cist meon fradre Karlo...
>
> *Pour l'amour de Dieu et pour le salut commun du peuple chrétien et de nous-mêmes, de ce jour, tant que Dieu me donne savoir et pouvoir, je soutiendrai celui que voici mon frère Charles...*

— Finalement les trois frères se réconcilient et se partagent l'empire mettant fin à son unité politique et aussi à toute chance d'évolution linguistique convergente. La *Francia occidentalis* de Charles deviendra la France. La *Francia orientalis* de Louis deviendra le royaume de Germanie. Entre les deux, la *Francia media* de Lothaire, la Lotharingie, qui s'étirait de la Méditerranée à la mer du Nord, se disloque en moins d'un demi-siècle.

— En 987, le duc de France Hugues Capet est élu roi. Il ne parle pas le germanique.

■ À partir du IXᵉ siècle, les incursions des pirates vikings se multiplient. Ceux qui s'établissent en Normandie (*Northmans / homme du Nord*) parlent une langue germanique, mais ils se romanisent. Ils porteront le roman sur les autres terres de leurs conquêtes : la Sicile et, en 1066, l'Angleterre. L'**anglais** moderne est né de **la rencontre du saxon** (famille des langues germaniques) et **du roman** des hommes de Guillaume le Conquérant.

— Xᵉ siècle. Les premiers textes d'ancien français sont des poèmes liturgiques, *Séquence de sainte Eulalie, Vie de saint Léger* (les deux textes sont wallons avec des traits picards).

— XIᵉ siècle. *Vie de saint Alexis*, poème en strophes de décasyllabes assonancés. À la fin du siècle : la *Chanson de Roland*, longue épopée en décasyllabes assonancés dont le plus ancien texte connu est anglo-normand.

— XIIᵉ siècle. Chansons de geste, romans courtois, première « branche » du *Roman de Renart*. Les œuvres littéraires se multiplient et se répandent dans toute l'Europe. Elles présentent toujours des traits dialectaux marqués.

■ XI-XIIIe siècles. Les dialectes de langue d'oïl sont toujours en usage. Mais le **« françois »** devient prépondérant.

Le françois est le dialecte de la région parisienne. Il comporte des formes communes aux différents dialectes d'oïl. Son prestige, lié au fait qu'il était le parler des affaires et du roi, ne cesse de grandir. Trois textes en témoignent :
— En 1173, le poète Guernes, né dans l'Oise, affirme :
   Mis languages est bons, car en France sui nez.
— En 1180, Conon de Béthune, présent au mariage de Philippe Auguste, se plaint qu'on y ait raillé son parler picard :
   Ke mon langaige ont blasmé li François (...)
   Qui m'ont repris se j'ai dit mot d'Artois
   Car je ne sui pas noriz à Pontoise.
— À la fin du XIIIe siècle, Jean de Meun (Meung-sur-Loire), s'excuse :
   Si m'escuse de mon langage
   Rude, malostru et sauvage
   Cer nés ne sui pas de Paris.

384 De l'ancien français au français d'aujourd'hui

■ Dès le XIIIe siècle, le français de Paris se diffuse dans les provinces parce qu'il est la langue de l'administration royale.

Dans les textes administratifs comme dans les textes littéraires, les traits dialectaux disparaissent peu à peu.

Les parlers restent divers, mais l'usage du français employé à la cour et au parlement sert de modèle. C'est cet usage d'un des dialectes de langue d'oïl qui va devenir le français standard d'aujourd'hui :

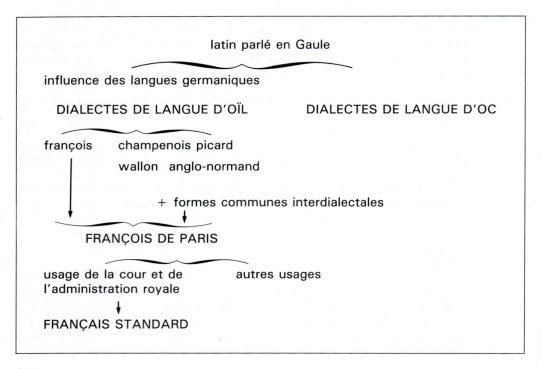

326

■ XVIe siècle. L'ordonnance de Villers-Cotterêts (1539), prise par François Ier, impose l'usage du français pour tous les actes juridiques. L'administration des provinces de langue d'oc est francisée.
Les chrétiens de confession réformée traduisent la Bible en français. Les écrivains de la Renaissance participent à la *Défense et illustration de la langue françoise*, titre du manifeste collectif publié par Du Bellay.

■ XVIIe et XVIIIe siècles. La fondation de l'Académie française (1635), les efforts des grammairiens et des auteurs pour tendre vers un usage épuré, le « bon usage », l'influence et le prestige de la France, de ses auteurs comme de ses manufactures, font que le français devient **la langue de l'Europe cultivée.** En 1714, le français supplante le latin comme langue de la diplomatie (traité de Rastadt). Mais déjà, l'anglais lui conteste cette suprématie en profitant lui aussi du prestige des savants, des philosophes, des institutions politiques et du développement économique britanniques.
Les revers militaires et politiques de la France séparent du royaume le Canada et la Louisiane.

■ À la veille de la Révolution, les anciens dialectes sont encore très vivants dans l'usage oral. La Révolution entreprend une **politique active de francisation** à leur détriment. L'unité du pays n'étant plus assurée par la « personne » royale, la patrie et la langue occupent la place vacante. Les dialectes sont ressentis comme des factions dans le corps linguistique, d'autant plus qu'ils évoquent les anciennes provinces en face de la République « une et indivisible ».

■ Ce programme est en partie repris par Louis-Philippe, en 1832. Il crée un enseignement primaire où la lecture devra être enseignée sur des livres français. Mais c'est la scolarité obligatoire qui va donner au mouvement toute son ampleur. La loi de Jules Ferry date de 1882. Elle interdit l'usage d'un dialecte ou d'un patois, même dans la cour de récréation.
Le service militaire, la Première Guerre mondiale (dans le coude-à-coude des combattants et les déplacements d'hommes qu'elle impose), puis les moyens modernes de diffusion de la parole et de l'écrit parachèvent l'**unité linguistique** de la France.

■ Cependant, dès 1854, le poète et dialectologue Frédéric Mistral veut redonner sa place au **provençal.** Aujourd'hui, dans toutes les régions, l'intérêt est souvent vif pour les dialectes ou les autres langues. Depuis 1951, les candidats au baccalauréat peuvent passer une épreuve de « langue régionale ». On notera au passage que l'appellation est linguistiquement fausse pour les dialectes d'oïl et d'oc. La liste actuelle comporte : **les langues régionales d'Alsace, le basque, le breton, le catalan, le corse, le gallo** (voir carte d'oïl), **l'occitan** (en ses diverses subdivisions dialectales).

385　Le français, la francophonie

■ Le français peut aujourd'hui conforter son statut de **langue internationale.** Il est l'une des langues de travail de l'O.N.U., de l'U.N.E.S.C.O., des organismes qui leur sont rattachés et de nombreuses autres organisations internationales. Il est, bien entendu, l'une des langues de la Communauté européenne.

Mais ses positions, comme celles de toutes les langues, sont fragilisées par l'universalité de l'anglo-américain. Il faut y voir moins une présence particulièrement active de l'anglais que la passivité de trop de Français qui se font souvent rappeler au devoir d'employer leur langue par des Québécois, des Belges, des Africains ou le secrétaire général de l'O.N.U. en personne ! D'autre part, dans ce domaine comme dans beaucoup d'autres, tout est affaire d'échange. Les pays étrangers prêteront attention à l'enseignement du français chez eux, si nous prêtons attention à l'enseignement de leur langue chez nous. N'employer qu'une seule langue serait un appauvrissement culturel sans précédent pour l'humanité, même si cette langue était le français. **L'avenir est au plurilinguisme** et aux traducteurs.

■ Le meilleur atout du français est la **francophonie**, terme créé en 1870 par le géographe O. Reclus et repris en 1962 par l'ancien président du Sénégal, le poète Léopold Sedar Senghor :
« La Francophonie n'est pas, ce que d'aucuns nous reprochent, le moyen d'assurer et de renforcer le colonialisme français dans le monde ou simplement de favoriser la domination de la culture française sur nos propres cultures. La Francophonie est, et doit demeurer, la commune solidarité qui lie, par l'usage de la langue française, des millions et des millions de personnes, réparties sur tous les continents. »
De cette francophonie, la France devrait être le pilier essentiel. Il faut, hélas, constater qu'à l'exception d'une poignée de gens convaincus de la justesse et de l'importance du défi, les Français s'intéressent trop peu à cette question. Savent-ils même qu'on parle et qu'on écrit le français en Belgique, en Suisse, au Luxembourg, au Québec, en Haïti, en Louisiane, en Afrique subsaharienne, au Maghreb, au Liban, et que beaucoup de gens parlent ou veulent apprendre le français en Égypte, au Cambodge, au Viêt-nam, en Europe centrale et orientale, dans les pays Baltes, en Amérique latine, etc. ?
Lorsque l'on regarde une carte de l'implantation des langues romanes (§ 382), on constate la position exceptionnelle du français : langue romane d'oïl, c'est-à-dire une langue au contact des influences du latin et des langues germaniques. Ce contact n'a pas été que linguistique, il représente un ensemble de valeurs de civilisation fondamental.
Tout au long de son histoire, le français a continué d'être une langue carrefour. C'est l'un de ses caractères et l'une de ses richesses. Aujourd'hui, l'existence de la francophonie présente les mêmes avantages.
Aujourd'hui comme hier, le français peut jouer un rôle international important :
— s'il est ouvert aux autres langues, sans se laisser déformer par aucune ;
— si les Français acceptent de croire en ce rôle.

II. L'ÉVOLUTION DE LA LANGUE

386   Du latin au français : l'évolution phonétique

La **phonétique historique** étudie l'évolution des langues du point de vue de leur prononciation. Cette évolution est souvent très difficile à reconstituer. Mais on peut donner trois exemples types pour montrer les phénomènes qui se produisent (exemples empruntés à G. Zink).

Modification d'une voyelle.

Plusieurs des voyelles accentuées du latin se sont **diphtonguées** en roman et en français. C'est-à-dire que la voyelle s'est segmentée en deux voyelles liées qu'on appelle une **diphtongue**. Par la suite, le français a perdu toutes ses diphtongues. Elles se sont soit réduites soit modifiées avec l'emploi d'une semi-consonne (§ 356).

latin	prononciation avec diphtongue	prononciation actuelle
pedem	[pie]	[pje]
petra	[piɛr]	[pjɛr]
ferum	[fiɛr]	[fjɛr]
cor	[kuor/kuœr]	[kœr]
mare	[maɛr]	[mɛr]
tres	[treis/trwɛ]	[trwa]

Modification d'une consonne.

Le [k] et le [g] se sont palatalisés devant [e] et [i]. Ce phénomène de **palatalisation** est une sorte de glissement et d'étalement de la langue vers l'avant du palais (§ 356) :
[k] devient la sifflante [s], [g] devient la chuintante [ʒ].

cinerem [ki-]	→	**cen**dre [s]	radi**ci**na [ki-]	→	ra**ci**ne [s]
civitatem [ki-]	→	**ci**té [s]	ar**g**entum [g]	→	ar**g**ent [ʒ]

Au Vᵉ siècle, une nouvelle palatalisation apparaît, mais devant [a], [k] et [g] deviennent des **chuintantes**. Cette palatalisation ne concerne que le domaine français. Elle n'existe pas en provençal (oc) et n'est qu'amorcée en picard (oïl).

carum [ka-]	→	**ch**ar [ʃ]	**c**ampum [kã-]	→	**ch**amp [ʃ]
caballum [ka-]	→	**ch**eval [ʃ]	**g**audia [g]	→	**j**oie [ʒ]

▶ • L'ancien picard *car* est passé en anglais.

Disparition d'une consonne.

Quand elle est placée entre deux voyelles, la consonne est toujours dans une position faible. Les voyelles tendent à se débarrasser d'elle ou à l'atténuer.

mutare	→	*muer*	*habere*	→	*avoir*
videre	→	*voir*	*ripa*	→	*rive*

HISTOIRE DU FRANÇAIS

387 Du latin au français : l'exemple du nom

Le cadre général de l'évolution du latin au français est celui du **passage d'une langue synthétique à une langue analytique.**
La langue synthétique est une langue avec **déclinaisons,** c'est-à-dire avec des marques de fonction inscrites dans le mot.
La langue analytique est une langue où les fonctions sont liées à la **position du mot** dans la phrase.

Le latin.

Les noms latins se répartissent en **cinq déclinaisons.** Voici les deux premières déclinaisons des noms modèles : *rosa*, la rose, et *dominus*, le maître.

	Première déclinaison		Deuxième déclinaison	
	singulier	pluriel	singulier	pluriel
nominatif	rosa	rosae	dominus	domini
accusatif	rosam	rosas	dominum	dominos
génitif	rosae	rosarum	domini	dominorum
datif	rosae	rosis	domino	dominis
ablatif	rosa	rosis	domino	dominis
vocatif	rosa	rosae	domine	domini

Ces déclinaisons latines comportent **six cas :**
— le **nominatif** (sujet, attribut du sujet, apposition) :
  Dominus venit. Le maître vient.
— l'**accusatif** (objet direct, sujet de la proposition infinitive, quelques compléments de verbe, par ex. de lieu avec mouvement) :
  Dominos salutant. Ils saluent les maîtres.
— le **génitif** (complément de nom) :
  Domini rosa. La rose du maître.
— le **datif** (complément d'attribution et complément indirect du verbe rendu par *à* en français) :
  Rosas domino dat. Il a donné des roses au maître.
— l'**ablatif** (complément circonstanciel et divers) :
  Bene de dominis existimant. Ils ont une bonne opinion du maître.
— le **vocatif** (apostrophe) :
  Quis venit, domine ? Qui est-ce qui vient, maître ?

Cet ensemble est celui du latin classique **écrit.** Dans le latin **parlé,** il a très vite été simplifié. Songez aux écarts que nous avons relevés entre le français écrit et le français oral (§ 362). Il en allait de même en latin. Or, il ne faut pas oublier que **c'est le latin parlé qui a d'abord été en contact avec les peuples de l'empire.** Ils ont donc rencontré un latin déjà éloigné du latin classique écrit.

L'ancien français.

En ancien français, on ne retrouve que **deux cas** (sujet et régime, c'est-à-dire complément) et **deux déclinaisons principales** (à côté de quelques déclinaisons irrégulières) :

	singulier	pluriel	singulier	pluriel
Cas sujet	*li murs*	*li mur*	*la flor*	*les flors*
Cas régime	*le mur*	*les murs*	*la flor*	*les flors*

L'examen de ces formes montre tout de suite qu'il n'y a plus qu'une marque, le *-s*, et qu'elle n'est pas employée de la même manière dans les deux déclinaisons. D'autre part, un grand nombre de noms sont invariables parce que déjà terminés par *-s (corpus → cors)* ou par *-z (nasus → nez)*.

Le moyen français.

Dès le XIIIe siècle, la langue parlée familière n'applique plus les alternances régulières. Les clercs s'efforcent de maintenir le système à l'écrit en retenant les couples singulier-pluriel *murs/mur* pour les noms masculins, et *flor/flors* pour les noms féminins.
En fait, **c'est le système des cas lui-même qui était condamné**. Le coup de grâce lui est porté au XIIIe et au XIVe siècle, quand le *-s* final cesse d'être prononcé.

Le système aligné sur le cas régime reste seul en place pour marquer l'opposition du singulier et du pluriel. Mais du fait de la disparition des déclinaisons, la **marque orale est reportée sur l'article :**

> *le mur, les murs ; la fleur, les fleurs.*

> • Nous avons conservé des alternances de l'ancien système de cas un certain nombre de formes dites irrégulières : *cheval/chevaux* (§ 378).

388   Du latin au français : l'exemple du verbe

Tableau de l'évolution du verbe *chanter* :

	latin	ancien français	français moderne
1re sing.	**cant**o	*chant/chante*	*je chante*
2e	**cant**as	*chantes*	*tu chantes*
3e	**cant**at	*chante (t)*	*il chante*
1re plur.	cant**amus**	*chantons*	*nous chantons*
2e	cant**atis**	*chantez*	*vous chantez*
3e	**cant**ant	*chantent*	*ils chantent*

— En latin, on voit (ou plutôt on entend !) que les terminaisons sont clairement marquées à l'oral et à l'écrit. Il n'y a donc pas besoin de pronom sujet : *amo* signifie « j'aime », *amas* signifie « tu aimes ».
— En ancien français, on a la même situation. Pour entendre la conjugaison, il suffit de la prononcer comme elle est écrite. On remarque aussi que l'alternance entre les formes repose sur l'accent présent dans le latin. Quand

la terminaison latine était accentuée *(-amus, -atis)*, elle est conservée en ancien français.
— Mais l'évolution vers la langue moderne présente un phénomène comparable à celui de la déclinaison des noms. Très tôt, le pronom sujet devient usuel. On passe du latin, langue synthétique, au français, langue analytique (§ 387).

389   Du latin au français : le lexique

■ *Le latin, les doublets, les emprunts au latin et au grec.*

■ **Le fonds originel du lexique français est le latin vulgaire** (c'est-à-dire courant, commun ; qui vient de *vulgus*, « le commun des hommes, la foule »). On ne peut pas considérer que les mots qui viennent de ce fonds sont des emprunts puisqu'ils ne sont pas passés d'une langue dans une autre. Ils ont changé avec la langue. Aujourd'hui encore, ce sont souvent les mots les plus fréquents du français (§ 325).

■ L'évolution phonétique de la langue a séparé les mots du gallo-roman de leur forme latine. Du même coup, le mot latin s'est retrouvé comme « libre » de son attache avec le mot français et il a pu être emprunté. Il s'agit cette fois d'un véritable **emprunt,** du transfert savant d'un mot latin dans le « moyen français », celui des XIVᵉ, XVᵉ et XVIᵉ siècles.

■ On appelle **doublets** les mots qui présentent deux formes dont les sens peuvent être différents, voire opposés :

évolution phonétique normale	emprunt savant
blâmer	*blasphémer*
chétif	*captif*
écouter	*ausculter*
entier	*intègre*
frêle	*fragile*
hôtel	*hôpital*
loyal	*légal*
livrer	*libérer*
mâcher	*mastiquer*
nager	*naviguer*
parole	*parabole*
peser	*penser*
rade	*rapide*
raide	*rigide*

Toujours pendant la période du moyen français, d'autres mots furent empruntés au latin sans qu'ils aient eu un doublet. Ils concernent essentiellement un vocabulaire savant : *cartilage, césure, dividende, exact, exorde, inversion, membrane, préfecture, progression, quotient, secteur,* etc.
Par l'intermédiaire du latin, il y eut aussi des emprunts au grec : *épiderme, épithète, hexagone, hygiène, hyperbole, hypoténuse, hypothèse, isocèle, larynx, lyrique, métallurgie, métamorphose, parallélogramme, sympathie, tropique...*

Le fonds gaulois et l'apport germanique.

— Les quelque cinquante mots qui nous restent du **gaulois** sont liés à la vie rurale : *alouette, arpent, balai, bec, bouleau, bruyère, cervoise, charrue, chemin, chêne, combe, dune, galet, glaise, glaner, lieue, raie, sillon, soc, tonneau,* etc.
— Les **mots franciques** sont environ quatre cents. Ils ont trait à la vie politique : *bannir, fief, sénéchal* ; à la guerre : le mot *guerre* lui-même, ainsi que le mot *trêve,* et *blesser, épieu, fourreau, gagner, (re)garder, guetter, hache, haubert, heaume* ; ou à des attitudes liées à la guerre : *franc, hardi, haïr, honte, orgueil.* Ils concernent également le vocabulaire de tous les jours : *anglais, allemand, blanc, bleu, garçon, gars, jardin, gerbe, haie, danser, début,* etc. ; et des noms propres : *Bernard, Charles, Henri, Louis, Roland,* etc.
— Les **mots normands** concernent des noms propres : *Normandie, Caudebec* ; ou le vocabulaire maritime : *agrès, arrimer, bâbord, bord, cingler, crique, hauban, hisser, hune, marsouin, tillac, varech,* etc.

Les emprunts de l'ancien et du moyen français.

— Mots de **langue d'oc** : *troubadour, daurade, sole, cigale, cigogne,* etc.
— Mots d'**origine arabe** (du IXᵉ au XVᵉ siècle) : *alambic, alchimie, alcool, élixir, goudron, musc, sirop, soude* ; *algèbre, chiffre, zéro* (§ 371) ; *bazar, magasin, tarif, amiral, café, coton, orange, safran, sucre,* etc.
— Mots d'**origine italienne** (surtout au XVIᵉ siècle) : *alarme, alerte, attaquer, bombe, camp, canon, caporal, cavalier, citadelle, colonel, embuscade, escadron, escorte, espion, fantassin, infanterie, pistolet, sentinelle, soldat, vedette* (guetteur) ; *arcade, balcon, belvédère, corniche, corridor, façade, fresque, guirlande, mosaïque* ; *banque, banqueroute, bilan, crédit, faillite* ; *cortège, courtisan, donzelle, page* ; *ambassade* ; *cantilène, madrigal, sonnet,* etc.
— Viennent de l'**allemand** : *arquebuse, halte* ; de l'**espagnol** : *camarade, casque, guitare* ; du **portugais** : *acajou, bambou, caravelle, cobra* ; et des **langues américaines** : *cacao, caïman, coca, hamac, maïs.*

390   Le français classique : le lexique

■ Le **lexique classique** est un lexique plus « pauvre » que celui du siècle précédent. Cet « appauvrissement » résulte de la volonté de ne retenir que les mots de la langue de « l'honnête homme ». Le bon usage écarte les mots anciens, les mots des provinces, les mots « bas », c'est-à-dire bourgeois et populaires mais aussi les termes trop techniques, trop savants.

■ La **préciosité** présente évidemment des aspects ridicules, en particulier dans le domaine des périphrases : *les chers souffrants* (les pieds), *les trônes de la pudeur* (les joues), *la jeunesse des vieillards* (la perruque), etc. Mais on peut considérer avec moins de sévérité *le bel air, l'air de la Cour, le fin du fin, se piquer de* ; ainsi que les adjectifs employés comme noms (emploi recommandé par la Pléiade) : *un brutal, une inhumaine, le tendre, le passionné* ; ou les noms abstraits au pluriel : *les froideurs, les rigueurs, les extrémités...* Quant à *chaînes, flammes, feux, fers, nœuds...,* on ne peut négliger que Corneille ou Racine ont su « se contenter d'eux » pour explorer les *abîmes* du cœur humain.

■ La langue française emprunte d'abord peu aux autres langues. Allemand : *humanisme, choucroute, nouille, sabre.* Espagnol : *caramel, chocolat, romance.* Portugais : *banane.* Anglais : *comité, dock, paquebot...*

333

Mais **le mouvement d'emprunt** se développe de nouveau au XVIIIᵉ siècle.
— Il concerne souvent l'anglais dans les vocabulaires de la vie politique, des sciences et des techniques ou des coutumes anglaises : *amender, budget, coke, disqualifier, électricité, fanatisme, jury, parlementaire, pétionnaire, club, punch, grog, humour, spleen, whisky, redingote...*
— *Statistique, esthétique, nickel...* sont allemands, et *tungstène*, suédois. *Cosaque, mammouth, moujik, steppe, ukase...* sont russes. *Arpège, cantate, concerto, mandoline, opéra, oratorio, ténor*, ainsi que *aquarelle, gouache, pittoresque...* viennent de l'italien.

■ Un aspect important du lexique classique tient au fait que les mots sont encore employés avec leur **sens étymologique**. Le sens moderne commence seulement d'entrer dans l'usage. C'est en particulier le cas de :
accident (« sort heureux ou malheureux »)
appareil (« préparatif, apprêt »)
ardent (« brûlant »)
charme (« chant, action magique »)
cœur (« courage »)
commerce (« relation »)
courage (« cœur »)
déplaisir (« désespoir »)
émouvoir (« mettre en mouvement »)
énerver (« affaiblir »)
ennui (« désespoir »)
étonner (« frapper comme le tonnerre »)
fâcher (« causer un très vif déplaisir »)
fatal (« fixé par le destin »)
fier (« cruel »)
formidable (« redoutable, terrifiant »)
fortune (« sort, hasard »)
funeste (« qui donne la mort »)
fureur (« folie »)
gêne (« torture »)
généreux (« noble, courageux »)
gloire (« honneur »)
hasard (« danger »)
industrie (« habileté, ruse »)
injure (« injustice »)
intérêt (« sentiment très vif »)
libertin (« incrédule, libre penseur »)
licence (« permission »)
magnifique (« fastueux, dépensier »)
manie (« folie »)
médiocre (« moyen, modéré »)
monstre (« prodige »)
munir (« fortifier »)
naïf (« naturel »)
offenser (« gêner »)
superbe (« orgueilleux »)
tourment (« torture »)
travaux (« exploits »)
trivial (« commun, banal »)
vertu (« force, énergie »)
vulgaire (« commun, banal »)
etc.

391   **Le français classique : la syntaxe**

Nous ne pouvons exposer toute la grammaire du français classique. Mais quelques points essentiels doivent être connus.

Nous n'évoquerons pas les différences dans les accords. Si vous avez à travailler sur les textes originaux, il vous suffira de relever cette différence (Exemple : l'usage classique accorde le participe présent en genre et en nombre).

Pour les problèmes liés à l'histoire de l'orthographe, voir § 378.

Les déterminants.

— Les emplois de l'article n'obéissent pas aux mêmes usages. Il est absent dans des cas où nous l'employons :

> *Il n'est pas savant, il **a relation** avec des savants.* (LA BRUYÈRE)

— Il est employé où nous le supprimons :

> *Des trois, **les** deux sont morts.* (CORNEILLE)

— Devant un nom d'action, l'adjectif possessif peut avoir une valeur objective ou subjective :

> *Vous serez libre alors de venger **mon** injure.* (CORNEILLE)   = l'injure que j'ai subie.

▸ • Voir également § 42 *(aucuns)*, 43 *(certain* + nom), 50 *(autre)*.

L'adjectif.

— Nous avons vu que les précieuses employaient souvent les adjectifs comme noms. Beaucoup d'auteurs procédaient de même :

> *[Le poème tragique conduit] à la pitié par **le terrible.*** (LA BRUYÈRE)

— Le comparatif généralisé (superlatif) s'emploie souvent sans article :

> *C'est l'unique fin qu'on doit se proposer en écrivant, et les succès aussi que l'on doit **moins** se promettre.* (LA BRUYÈRE)

Les pronoms personnels.

— Le pronom sujet ou complément est souvent absent là où nous l'employons :

> *S'il est ainsi, j'ai tort...* (MOLIÈRE)
> *Je relâchais de mon devoir.* (RACINE)
> *Il masque toute l'année...* (LA BRUYÈRE)   = Il se masque...

Il est présent là où nous n'en usons plus :

> *Le premier qui les vit de rire **s'**éclata.* (LA FONTAINE)

— Le pronom complément d'un verbe à l'infinitif se place avant le verbe principal :

> *Nous **l'**allons montrer tout à l'heure.* (LA FONTAINE)
> *Il **se** faut entr'aider.* (LA FONTAINE)

Mais la construction moderne est déjà possible :

> *Je **la** dois attaquer, mais tu dois **la** défendre.* (CORNEILLE)
> *Le lecteur peut **les** condamner, et l'auteur **les** doit prescrire.* (LA BRUYÈRE)

— Le pronom réfléchi *soi* peut renvoyer à un sujet déterminé :

> *Gnathon ne vit que pour **soi.*** (LA BRUYÈRE)

Et à un sujet pluriel :

> *Un grand nombre de gens travaillent pour **soi.*** (PASCAL)

335

— *En* et *y* ont des emplois plus libres qu'aujourd'hui dans la représentation d'une personne :

> *Ils se fâchent contre vous et s'**en** dégoûtent.* (LA BRUYÈRE)
>
> *Je romps avec que vous, et j'**y** romps pour jamais.* (MOLIÈRE)

Ou d'une idée :

> *Il mourut. Mille bruits **en** courent à ma honte.* (RACINE)
>
> *Vous me haïssez donc ? — J'**y** fais tout mon effort.* (MOLIÈRE)

Le verbe.

Les emplois transitifs et intransitifs ne sont pas toujours les mêmes qu'aujourd'hui (§ 248).

Les formes pronominales ne sont pas toujours les mêmes qu'aujourd'hui (voir ci-dessus les exemples de *relâcher* et *masquer).*

La règle de concordance des temps est bien entendu appliquée dans son usage classique (§ 194). Mais l'emploi des modes dans la subordonnée complétive est parfois différent et demande donc une interprétation de la différence d'emploi entre indicatif et subjonctif (§ 191) :

> *Il suffit que l'on **est** contente.* (MOLIÈRE)

L'indicatif est justifié par l'absence d'interprétation, le fait n'est pas discuté. L'usage moderne oblige à considérer que le verbe *suffire* porte une valeur d'interprétation.

> *Je crois qu'il **soit** fou.* (MALHERBE)

Situation inverse. L'usage classique permet de faire valoir la valeur d'interprétation contenue dans le verbe *croire* en polarité affirmative. L'usage moderne demande l'indicatif et ne permet le subjonctif qu'en polarité négative *(Je ne crois pas qu'il est fou/qu'il soit fou).*

La construction de la proposition participe est très libre :

> **Après mon père mort,** *je n'ai plus à choisir.* (CORNEILLE)
>
> **Mon voyage dépeint**
>
> *Vous sera d'un plaisir extrême.* (LA FONTAINE)   = la peinture de...

Ces tours littéraires se maintiennent dans l'usage soutenu (§ 202, emploi absolu du participe).

La relation du participe présent et de son nom support est plus libre (§ 199) :

> *Pour cette fois elle accourut à point ;*
>
> *Car, **ayant changé de figure,***
>
> *Les souris ne la craignaient point.* (LA FONTAINE, dans R.-L. Wagner et J. Pinchon)

Le gérondif est souvent construit sans *en :*

> *J'aurai, **le revendant,** de l'argent bel et bon.* (LA FONTAINE)

L'adverbe de négation.

Ne suffit pour nier :

> *Le chien **ne** bouge et dit...* (LA FONTAINE)
>
> *Il **n'**est oreille qu'il **ne** lasse.* (MOLIÈRE)

Les prépositions.

Elles ont des emplois où le sens est plus vague qu'aujourd'hui.

— D'une manière générale, *à* et *de* peuvent se substituer à la plupart des autres prépositions :

> *Vivez heureuse **au** monde, et me laissez en paix.* (CORNEILLE) = dans
> *Armande, prenez soin d'envoyer **au** notaire.* (MOLIÈRE) = chez
> *Je me laissai conduire **à** cet aimable guide.* (RACINE) = par
> *Il traitait **de** mépris les dieux.* (CORNEILLE) = avec
> *Je suis vaincu **du** temps ; je cède à ses outrages.* (MALHERBE) = par
> *On sème **de** sa mort d'incroyables discours.* (RACINE) = à propos de

— Après des verbes comme *désirer, espérer,* l'infinitif est construit avec *de :*

> *Je n'aime pas **de** pleurer.* (RACINE)
> *Je désire **de** passer le reste de ma vie avec vous.* (Mme DE SÉVIGNÉ)

— Dans une coordination où l'on retrouve la même préposition, la seconde ou la dernière est souvent omise :

> *Réduit **à** te déplaire ou souffrir un affront.* (CORNEILLE)

Les relatifs.

La syntaxe des relatifs n'est pas aussi stricte qu'en français moderne.

— *Qui* relatif ou interrogatif peut représenter des noms de choses :

> *Soutiendrez-vous un faix sous **qui** Rome succombe ?* (CORNEILLE)
> ***Qui** fait l'oiseau ? — C'est le plumage.* (LA FONTAINE)

— L'adverbe relatif *où* a des emplois plus étendus :

> *Je descends dans la tombe **où** tu m'as condamnée.* (CORNEILLE)
> *Le choix est inutile **où** les maux sont extrêmes.* (ID.)
> *Vous avez vu ce fils **où** mon espoir se fonde.* (MOLIÈRE)
> *C'est le coup scélérat par **où** tu m'expédies.* (ID.)

— Le pronom relatif *lequel*, très usité dans l'ancienne langue, est encore employé fréquemment, en particulier quand un pronom relatif simple risquerait d'être équivoque. Exemple avec *dont :*

> *En vertu d'un contrat **duquel** je suis porteur.* (MOLIÈRE)

— À l'imitation du latin, la langue classique inclut parfois dans une proposition subordonnée relative une autre relative ayant le même antécédent :

> *J'ai fondé un caractère **que** je puis dire **qui** n'a point déplu.* (RACINE)

▶ • Voir également § 276 *(quoi)* et § 277 (place du relatif).

392 Le français de 1789 à nos jours

Malgré les écarts qui existent entre la syntaxe du français classique et celle du français contemporain, pour l'essentiel **ces syntaxes sont identiques.** Il est même de nombreux tours classiques qui peuvent toujours être employés. Leur caractère un peu archaïque ne dépare pas leur élégance, au contraire.

Les raisons de cette permanence sont essentiellement de deux ordres : prestige du modèle « classique » et rôle essentiel de l'éducation.

De ce fait, il n'est pas étonnant qu'aient grandi les écarts entre la langue écrite et le français oral spontané (§ 362). Mais rien ne dit que cela fragilise la langue écrite. On peut même penser que la relative stabilité de celle-ci autorise les libertés de l'oral.

337

■ Les principales évolutions concernent **le lexique.**

Celui du français moderne a intégré tout l'apport des Lumières du XVIIIe siècle, de la Révolution et de l'Empire, des institutions politiques qui ont accompagné le pays depuis la Restauration jusqu'à la Ve République.

Il faut ajouter à cela la prise en compte du formidable développement des sciences et des techniques dont les terminologies constituent des vocabulaires spécifiques mais débordent parfois sur le vocabulaire commun.

Pour répondre à cet accroissement du lexique, toutes les voies de la **néologie** (§ 325) ont été utilisées :

— Construction de dérivés ou de composés : *satelliser, station-service, imprimante, écologiste, autonomiste, perceuse,* etc.

— Mots anciens qui voient leur sens évoluer (liste du § 390) ou qui élargissent leur polysémie : *branche d'autoroute, fourchette de statistiques, fenêtre d'écran d'ordinateur, paysage audiovisuel,* etc.

— Mots nouveaux : *chloroforme, auto(mobile), autoroute, avion, cinéma(tographe), vélo(cipède), radio(diffusion), radio(graphie), télévision, ordinateur, logiciel,* etc.

— Emprunts :

Biniou, dolmen... sont bretons. *Aïoli, bouillabaisse, pétanque...* viennent du provençal. *Maquis* est corse. *Alpage, glacier, luge, moraine* viennent de parlers savoyards. Etc. Le renouveau des langues et des dialectes devrait contribuer à enrichir ces formes d'emprunt.

Arabe : *bled, gourbi, maboul, toubib, zouave,* etc.

Allemand : *accordéon, bock, chic, chope, ersatz, putsch,* etc.

Italien : *diva, expresso, fascisme, ferroviaire, fiasco,* etc.

Russe : *isba, goulag, vodka, samovar,* etc.

Espagnol : *boléro, cigare, gaucho, guérilla, guérillero, tango,* etc.

Anglais : *dandy, bifteck, rosbif, sport, boxe, ring, football, golf, turf, jockey, yacht, match, record, bar, cocktail, tourisme, wagon, week-end, reporter, détective, jeep, scout, jerrican, jeans, jazz, rock, blues, pop,* etc.

■ Les dictionnaires millésimés (§ 348) sont de bons témoins des mouvements du vocabulaire. Mais **les mots qu'ils enregistrent ne sont pas tous destinés à durer. Heureusement !**

En voici quelques-uns du *Petit Larousse illustré 1990* : *médiaplanning, sitcom, soap opera, labelliser, perestroïka, glasnost, plasturgie, buller, zoner.*

Prenons rendez-vous pour l'an 2000 et nous verrons ! Mais ne « bullons » pas trop, ou ce beau verbe bien rond disparaîtrait dans les bulles de savon du *soap opera.*

Nous ne donnons pas d'exercices pour ce chapitre. Vous trouverez à chaque page des Tomes 2 et 3 de *Langue et Littérature* des tours de langue classique et les formes les plus variées de français moderne.

338

DEUXIÈME PARTIE
LA COMMUNICATION

CHAPITRE 1

La notion de signe

393 Les signes naturels et les signes de communication

■ Le nom **signe** est un nom polysémique (§ 337). On dit qu'un temps lourd est « un signe » d'orage. Qu'une branche cassée est « le signe » du passage d'un animal. Que quelqu'un nous a « fait un signe » de la main. Qu'un mot est « un signe » linguistique.

Pour s'y retrouver parmi tous ces « signes », il faut distinguer deux principaux types de signes.

— Les **signes dits naturels** sont des phénomènes qu'on peut interpréter mais ils ne sont pas un message que nous envoie un émetteur.

Par exemple, le temps lourd ne nous envoie pas un signe signifiant : « il va y avoir de l'orage ». C'est nous qui savons qu'un temps lourd est souvent suivi d'une période orageuse.

— Les autres signes sont des messages envoyés ou échangés par des émetteurs-récepteurs capables de les comprendre. Ce sont des **signes de communication.**

Ainsi le cri d'un animal pour avertir un autre animal, un geste de la main pour dire « au revoir », les mots d'une lettre envoyée à quelqu'un, tous les mots des *Misérables* de Hugo...

■ On voit que la différence entre les signes naturels et les signes de communication ne dépend pas de la nature des signes : le temps lourd et un mouvement de la main sont aussi « naturels » l'un que l'autre, au sens « qui appartient à la nature concrète, qui n'est pas une idée, une abstraction ». La différence entre les deux types de signes dépend de leur participation à une communication.

— Les signes dits naturels ne communiquent pas. Ils sont uniquement interprétés. Il est préférable de parler de **phénomènes** et non de signes.

— Les autres signes sont liés à une communication : ils sont émis et interprétés. Eux seuls sont vraiment des **signes.**

▶ • Les signes sont donc inséparables de la communication. Il n'y a pas « d'abord » les signes ou une aptitude à comprendre les signes, « puis » l'utilisation de ces signes dans la communication. Il y a « en même temps » les signes et la communication.

394 L'analyse des signes

Le signe en général.

■ Un signe réunit trois faits : une trace perceptible par les émetteurs-récepteurs, un référent et la signification qui associe la trace et le référent.

L'analyse d'un signe demande donc qu'on examine ces trois données.
— **La trace.** Il ne peut pas y avoir de signe s'il n'y a pas une trace perceptible par un sens qui lui sert de support. Pour l'homme et la plupart des animaux, ce sont la vue, l'ouïe, l'odorat, le tact et le goût (§ 395).
— **Le référent.** Nous avons déjà souvent rencontré cette notion (§ 1, 2, 53, 97). Mais il faudra la reprendre en la situant par rapport au signe en général (§ 402,403).
— **La signification.** C'est le lien qui unit la trace à ce qu'elle signifie. Et pour que ce lien soit une signification, il faut qu'il y ait une communauté de compréhension entre les émetteurs-récepteurs (§ 397, 403).

Les signes et les signaux.

Dans la langue courante les noms *signe* et *signal* sont souvent employés comme des synonymes.
Dans l'analyse des signes de la communication, on appelle généralement **signal** un signe dont la signification est fixe, attachée à une situation donnée, comme par exemple les signaux du code de la route.
Les communications animales correspondent à ce genre de signification (§ 397). Là aussi, on parle de signal et non de signe.

395   Les signes et les signaux par rapport à leurs traces

Il ne faut pas confondre la trace et le signe, ou le signal. La trace n'est qu'une partie du signe. Elle dépend du sens qui lui sert de support.

Les supports de la communication sont communs à beaucoup d'espèces vivantes. Chaque espèce développe particulièrement le ou les supports qui correspondent à ses organes d'émission et de réception.
Pour chaque espèce, l'utilité du support dépend de la manière dont il lui permet :
— de **distinguer** les éléments du message ;
— de le **transmettre** à une distance plus ou moins grande.

La communication humaine ne néglige pas les signaux portés par l'odorat, le goût, le toucher. Mais elle s'appuie presque exclusivement sur des signaux ou des signes acoustiques et visuels.

L'alphabet inventé en 1825 par Louis **Braille** met à la disposition des aveugles un système de points en relief lisible par l'extrémité du doigt.
La **langue gestuelle** employée par les sourds est une langue, pas la simple traduction de la langue ordinaire.

396   Les signes par rapport à leurs référents

Le philosophe américain Charles S. Peirce (1839-1914) a proposé de distinguer trois sortes de signes par rapport à leurs référents.
— **Les icônes reproduisent** tout ou une partie de ce qu'elles signifient. Par exemple, le dessin d'un compas sur une boîte de compas ou la représentation des différentes couleurs des crayons contenus dans une boîte.

— **Les signes déictiques montrent** un référent. Ils ne signifient pas ce référent, ils le montrent. Par exemple une flèche qui indique une direction. Elle ne « dit » rien sur ce qu'il y a dans cette direction, elle la montre, simplement. Elle « dit » qu'il faut aller dans cette direction.

— **Les symboles signifient**, c'est-à-dire qu'ils ont un sens qui ne leur est donné que par **l'usage** et qui doit avoir été **appris** par ceux qui les utilisent. Ils ne reproduisent pas leur référent, ils ne montrent pas. Ainsi, une statue représentant une femme tenant une balance et un glaive est une allégorie (§ 343) de la Justice. C'est surtout le cas des **signes linguistiques.**

> • Peirce ne distingue pas que ces trois types de signes. Sa classification est beaucoup plus complète et complexe, et elle fait encore l'objet de débats chez les philosophes et les linguistes. En dépit de ces débats, tous s'accordent cependant pour retenir ces trois types de signes.
> Mais il ne faut pas trop simplifier l'analyse : les signes humains associent toujours les symboles à l'emploi des deux précédents types (§ 398).

397 Les signaux des communications animales

■ Ce qu'on sait de la communication animale révèle que les signes employés sont des icônes ou des déictiques. Ce sont donc plutôt **des signaux** : des cris de plus en plus vifs peuvent être une icône de la peur, de l'agressivité ou du désir croissant d'un animal ; les signaux qui indiquent la présence d'un prédateur ou la direction et l'importance d'une source de nourriture ; etc.

■ Certains animaux peuvent utiliser **plusieurs signaux**. Ainsi, l'abeille qui a trouvé une source de nourriture utilise quatre signaux :
— un signal gestuel : une danse en rond ou en huit pour indiquer la distance et la direction ;
— un second signal gestuel : un frétillement dont le rythme augmente avec la distance ;
— un signal olfactif qui renseigne sur la nature du nectar ;
— un signal acoustique qui indique sa teneur en sucre.

■ Les expériences menées sur certains animaux, et plus particulièrement sur plusieurs sortes de singes, montrent qu'ils peuvent acquérir des signaux plus nombreux et plus riches, qui se rapprochent des signes symboliques. Mais c'est toujours par dressage ou contact avec l'homme, donc dans un cadre qui cesse d'être celui d'une communication animale stricte.

398 Les signes et les signaux de la communication humaine

Tous les signes de la communication humaine sont des symboles. Mais ces symboles peuvent être aussi des déictiques et des icônes. On a donc trois sortes de signes.

Les symboles iconiques.

■ **Le pictogramme** est un symbole iconique.
— Par son dessin, le pictogramme est une **icône** puisqu'il reproduit le référent. Mais cette reproduction pourrait être un simple dessin, un tableau (figure

1). Quand la reproduction se trouve sur un panneau de signalisation routière, elle n'est plus un simple dessin, elle a aussi une signification, elle est devenue un signal.

— Toutefois, le sens de ce signal ne va pas de soi. On voit bien qu'il s'agit de deux enfants. Mais que font-ils ? Que signifie leur représentation ? Le sens doit donc être appris et c'est pour cela que le signal est aussi un **symbole** (figure 2).

Figure 1
« Deux enfants »

Figure 2
« Attention école »

■ Il est d'autres exemples de symboles iconiques.

— La taille et la forme des lettres dans les bulles des bandes dessinées. Elles « représentent » un murmure, une parole normale, un cri...

— Les alinéas et les espacements. Ils peuvent correspondre au seul souci de faciliter la lecture du texte, de bien dégager les divers arguments. Mais ils peuvent aussi « représenter » un vide, un silence, une absence :

Il voyagea.
Il connut la mélancolie des paquebots, les froids réveils sous la tente, l'étourdissement des paysages et des ruines, l'amertume des sympathies interrompues.
Il revint. (FLAUBERT)

■ **Les symboles déictiques.**

■ Certains codes, comme le code du « Réglement international pour prévenir les abordages en mer » sont formés de symboles déictiques. Ce code précise que les navires doivent porter un feu vert à tribord et un feu rouge à babord. Les couleurs verte et rouge ne sont pas des icônes, elles ne « reproduisent » pas les deux bords du navire. Ce sont des signaux **déictiques** qui « montrent » ces bords.

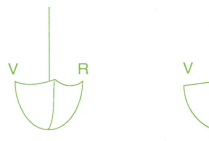

Mais il faut apprendre et retenir que rouge correspond à babord et que vert correspond à tribord. Ces signaux déictiques sont donc aussi des **symboles**.

■ Les pronoms *je*, *tu*, les adverbes *ici*, *maintenant*, etc., sont d'autres symboles ; ils ont un sens qu'il faut apprendre (*je*, *ego*, *io*, *I*, *eu* signifient « l'énonciateur » dans différentes langues).

En tant que symboles employés comme déictiques, ils « montrent » un élément de la situation de communication (§ 98). En dehors d'une situation de communication précise, le sens de *je* ne peut pas être perçu.

343

■■■■ *Les symboles purs.*

C'est le cas de tous les autres signes linguistiques. Ils ont un sens qu'il faut apprendre à utiliser. En lisant les noms *pétunia* et *acier*, je ne peux pas deviner qu'un pétunia est une fleur ou que l'acier est un alliage de fer et de carbone.

399   Le signe linguistique (rappels)

☐ Nous avons vu que le linguiste Ferdinand de Saussure présente le **signe linguistique** comme l'association d'un **signifiant** et d'un **signifié**.
Pour chaque signe, cette association est unique mais elle ne fonctionne pas de manière isolée. Chaque signe appartient à un **système** de signes et le système dans son ensemble contribue à donner un sens au signe (§ 416). Rappelons trois points.
— Par son signifiant, le signe linguistique est relié à sa trace, il est donc aussi relié à tout le réseau des formes.
— Par son signifié, le signe linguistique est lié à son référent, il est donc aussi relié à tout le réseau des sens (tableau du § 326).
— La signification n'est achevée que dans le discours, c'est-à-dire quand le signe est employé dans un énoncé qui correspond à une situation d'énonciation donnée. Il passe alors d'un référent virtuel à un référent actualisé.

■ Pour examiner la signification du signe linguistique, il faut donc prendre en compte son contexte et son référent.
On appelle **contexte** l'énoncé dans lequel le signe linguistique est employé. En fait, il y a deux contextes à considérer :
— le contexte présent, celui qui est effectivement autour du signe ;
— les contextes absents mais possibles, ceux qui auraient pu être à la place du contexte présent.

400   Le signe linguistique et son rapport au contexte présent

■ Le signe acquiert un référent complet quand il est actualisé dans le discours (§ 1). Cette actualisation lui donne un contexte et nous avons vu de nombreux exemples du **rôle du contexte dans la signification du signe** :
— relations d'anaphore et de cataphore (§ 67) ;
— construction des syntagmes et des phrases, place des éléments dans les structures du syntagme ou de la phrase, déplacements possibles ou impossibles de ces éléments (§ 63-65, 233-234, 315...) ;
— rôle du contexte pour identifier le sens d'un mot polysémique (§ 336) ou pour distinguer des synonymes (§ 340) ;
— etc.

> Dans l'interprétation du sens d'un signe, on doit donc prendre en compte ses relations avec les signes du contexte qui l'entoure.

■ Ces relations sont importantes dans tous les textes. Elles sont essentielles dans les phrases qui ne tiennent que par la logique totale de leur assemblage :
Aucun chiffre pair n'est impair.

Elles sont très importantes dans les textes où les arguments doivent être enchaînés avec rigueur :

> Bridoison, à Figaro. — *Qu'oppo... qu'opposez-vous à cette lecture ?*
> Figaro. — *Qu'il y a, Messieurs, malice, erreur, ou distraction dans la manière dont on a lu la pièce ; car il n'est pas dit dans l'écrit : laquelle somme je lui rendrai, ET je l'épouserai ; mais laquelle somme je lui rendrai, OU je l'épouserai ; ce qui est bien différent.*
> Le comte. — *Y a-t-il ET dans l'acte ; ou bien OU ?* (BEAUMARCHAIS)

401 Le signe et son rapport aux contextes absents

■ Un signe est toujours choisi parmi d'autres signes.

> *Paul est arrivé à huit heures.*

Il est possible d'imaginer une situation où le nom propre pourrait être remplacé par *« Monsieur Paul Dubois »*, ou par *« mon voisin »*, ou *« mon cousin »*. Le verbe pourrait être remplacé par *« il a surgi »*, ou *« il a débarqué »*.

L'énonciateur opère donc une sélection entre des unités qui peuvent se substituer les unes aux autres dans une situation d'énonciation donnée.

— La **sélection d'un signe parmi d'autres signes possibles** n'est pas le fait du hasard. Généralement, elle correspond à un choix de l'énonciateur, un choix qui s'exerce par exemple entre des synonymes ou des antonymes. Nous avons montré que ces deux types de relation sémantique étaient une richesse de la langue, mise à la disposition de ses utilisateurs (§ 340 et 341).

— Il en va de même pour la métaphore : en substituant à une association attendue une combinatoire imprévue, nous avons dit qu'elle nous faisait changer de monde (§ 343).

> Dans l'interprétation du sens d'un signe, il faut donc également prendre en compte ses relations avec les signes qui auraient pu le remplacer, avec les contextes « absents ».

■ Pour bien marquer le rôle du choix et de la sélection des signes, on peut aussi le dérégler en faisant intervenir systématiquement **le hasard**.

— Tristan Tzara conseillait de tirer au hasard des mots d'un chapeau pour « faire un poème dadaïste ».

— Les surréalistes ont joué aux « cadavres exquis ». Par exemple, le premier joueur écrit un syntagme sujet et plie la feuille. Le second écrit un verbe et plie de nouveau la feuille. Le troisième écrit un complément. On découvre alors le résultat.

L'une des premières phrases produites par le groupe surréaliste fut : *« Le cadavre — exquis — boira — le vin nouveau. »* D'où le nom du jeu.

— Les membres de l'Oulipo ont inventé un jeu : « la méthode M +/− n ». Il consiste à prendre un texte et à remplacer chaque mot par le mot de même classe grammaticale situé avant (− n) ou après (+ n) dans un dictionnaire donné.

Exemple : règle M + 9, *Petit Larousse 1986*. On ne change que les noms et les verbes.

> Départ : *Les paroles s'envolent, les écrits demeurent.*
> Arrivée : *Les paroxysmes s'éparpillent, les écrous démolissent.*

402 Le signe linguistique et son référent : l'arbitraire du signe

■ Entre le signifiant et le signifié, le lien est obligatoire. Nous apprenons à nous servir d'un signe linguistique global. Il est impossible de séparer signifiant et signifié ; ou alors le signe se modifie (§ 326).
Entre le signe global et son référent, le lien est arbitraire. Cela signifie que les mots ne sont pas commandés par leurs référents. Si les mots étaient commandés par leurs référents, il n'y aurait qu'un mot dans toutes les langues pour dire *arbre* ou *maison* ou *fourchette*.

> • L'écriture idéographique chinoise approche de cette universalité parce que ses signes écrits sont des pictogrammes, donc des icônes (§ 369). Mais il s'agit uniquement d'une écriture ; la remarque d'universalité ne vaut pas pour son expression orale.

■ **L'arbitraire** peut être **relatif**. *Camion* est arbitraire par rapport à son référent. En revanche, *camionnette* est moins arbitraire puisque ce nom renvoie à *camion*. D'une manière générale, toutes les unités du lexique construit sont moins arbitraires que les unités du lexique simple (§ 325).

■ Puisque le lien entre le signe et le référent est arbitraire, n'importe quel signe peut servir à signifier n'importe quel référent. On peut décider d'appeler *cheval* l'eau, et *eau* le cheval. On dira :
　　J'ai bu un verre de cheval
　　Le jockey est tombé de son eau.
Tout est possible !
Mais nous avons vu que le signe est inséparable de la communication. Si j'appelle *cheval* l'eau, je ne peux plus communiquer avec les autres personnes qui parlent le français.

■ Le signe est donc arbitraire, mais chaque locuteur a appris à se servir des signes d'une manière **collective** qui ne laisse pas de place aux arbitraires individuels.

403 Le signe linguistique et son référent : l'interprétation du signe

■ Quand le signe est employé dans le discours, il passe d'une référence virtuelle à une référence actualisée (§ 1). Le lien entre le signe et son référent actualisé est donc toujours inscrit dans une situation de communication précise.
— Ce lien peut être un lien direct, immédiat, indiscutable. C'est le cas quand le signe est monosémique (§ 337) :
　　　　　　signe ⟶ référent
— Dans les usages ordinaires du langage, le lien entre le signe et son référent est une interprétation qui passe par d'autres signes :
　　　　　　signe ⟶ référent

　　　　autres signes

346

Ces « autres signes » sont ceux du contexte présent et des contextes absents. Ce sont également les signes qui peuvent nous venir à l'esprit devant un signe : *glace* vous « fait penser » à quoi ? et *bleu* ? ou *sable* ? ou… *linguistique* ?

■ Donc le trajet du signe à son référent est riche de mille détours. Et si nous trouvons **le chemin qui mène au sens, c'est dans la communication :**
— parce que nous parlons de quelque chose avec quelqu'un ;
— parce que nous parlons de nous, du monde, de tout un ensemble d'expériences, de savoirs, de choses, de faits et d'idées qui forment une **communauté de compréhension** entre les hommes.

> • Cette communauté de compréhension n'a rien à voir avec les opinions, les idées ou même les simples sentiments d'humanité. Elle tient uniquement au fait que les hommes appartiennent tous à la même espèce vivante. Entre deux hommes qui appartiennent à des sociétés différentes, qui ont des opinions différentes, voire complètement opposées, il y a toujours plus de communauté de compréhension qu'entre un homme et son animal le plus familier.

Dans l'interprétation du sens d'un signe, il faut donc évidemment prendre en compte sa relation avec le référent actualisé que lui donne le texte.

■ La relation référentielle est particulièrement nette dans les textes qui sont en prise directe avec les référents d'une situation de communication très précise. Les modes d'emploi, par exemple :
> *Brancher l'appareil. Régler la température au moyen du bouton de réglage. La lampe témoin reste allumée tant que l'appareil chauffe. Elle s'éteint dès que la température demandée est atteinte. Veiller à ce que le curseur soit bien sur la position « automatique ».*

Mais l'imagination d'un auteur peut dérégler la relation du signe et de son référent pour nous proposer des phrases « absurdes », c'est-à-dire parfaitement construites mais sans relations possibles avec notre expérience du monde :
> *Quel est le plus long chemin d'un point à un autre ?* (J. TARDIEU)

404 Le texte, le contexte et les référents

■■ *Les relations associatives et les relations référentielles.*

Les signes linguistiques acquièrent une signification complète grâce aux liens qui les unissent à leurs contextes et à leurs référents (§ 400-403).
Ces liens permettent également de découvrir dans les textes deux sortes de relations :
— des relations associatives,
— des relations référentielles.

■ Les **relations associatives** résultent des liens qui s'établissent entre les signes et les contextes présents ou absents. C'est donc un type de relation qui est **centré sur le texte lui-même,** sur son organisation, sur son écriture. Les principales relations syntaxiques sont citées au § 400. On peut ajouter des associations établies au niveau du signifiant : les assonances et allitérations (§ 355, 356), les rimes (§ 494), les anagrammes, palindromes, contrepets et calembours (§ 355), les effets de paronymie (§ 339), les antanaclases (§ 341). Les métaphores sont le cas type des combinaisons établis au niveau des signifiés (§ 343).

■ Les **relations référentielles** résultent des liens qui s'établissent entre les signes et leurs référents. C'est donc un type de relation qui **« tourne » le texte vers l'extérieur**, vers le monde, vers « ce » dont parle le texte.
On rencontre ici non seulement les déictiques (§ 98) mais aussi toutes les relations qui unissent le signe à son référent (§ 403).

Textes à dominante associative ou relationnelle.

■ Il peut paraître logique de considérer que ces deux formes de relations concernent **des types de textes différents :**
— les **relations référentielles** seraient l'affaire des textes scientifiques ou techniques, des lois, des contrats, des récits historiques, etc. ;
— les **relations associatives** seraient l'affaire des romans, des poèmes, de tous les textes de fiction, d'imagination.
Cette classification n'est pas complètement fausse. Un mode d'emploi, un guide, une brochure d'information ont effectivement besoin d'un bon ensemble de relations référentielles.
Mais si l'on accepte la classification, on est conduit à dire :
— que les textes scientifiques, techniques ou pratiques n'ont pas besoin d'être bien écrits ;
— que les textes romanesques ou poétiques racontent n'importe quoi !

■ En fait, tous les textes qui ont été écrits avec un minimum de soin comportent des relations référentielles et des relations associatives. On peut simplement relever que les unes ou les autres sont dominantes :

> *JOUR 9 : QUEBEC. Petit déjeuner, tour de ville : la citadelle, les Plaines d'Abraham, la Place Royale, les remparts et le Château Frontenac. La visite se termine sur l'île d'Orléans, dans une cabane à sucre, pour le déjeuner.*

Dans ce texte, les relations référentielles sont assurées par les repères temporels (9e jour du circuit, *se termine, déjeuner)* et spatiaux (les noms propres). Elles sont indispensables : le client paye et doit savoir ce qu'il verra. Les relations associatives des signes présents contribuent à cette rigueur : l'ordre des syntagmes suit celui du trajet. Mais le texte cherche aussi à évoquer le voyage et les rêves qui en découlent. Pour cela, l'association des noms propres joue le rôle essentiel : elle laisse le champ libre à l'imagination du lecteur.

> *Ma jeunesse ne fut qu'un ténébreux orage,*
> *Traversé çà et là par de brillants soleils ;*
> *Le tonnerre et la pluie ont fait un tel ravage,*
> *Qu'il reste en mon jardin bien peu de fruits vermeils.*
> (BAUDELAIRE)

Dans ce texte, les relations associatives sont dominantes : tout le quatrain est occupé par une allégorie (§ 343), dont la première métaphore est mise en place dès le premier vers. Mais qui s'aviserait de dire qu'il n'y a là aucune relation référentielle, que Baudelaire parle dans le vide ? Ce type de relation se trouve en réalité dans l'évocation d'un moment de la vie et non dans la « description » d'un jardin.

405 Dénotation et connotation

■ On appelle **dénotation** le lien courant entre le signe et son référent.
On appelle **connotation** les valeurs sémantiques qu'à un moment donné, des groupes donnés ajoutent au lien de dénotation.
Exemple : Le nom *automobile* dénote une automobile, c'est-à-dire un certain type de moyen de transport. Mais à une époque où très peu de gens avaient une automobile, dire de quelqu'un : *« Il a acheté une automobile »*, c'était dire deux choses :
— il a acheté un moyen de transport qu'on appelle *automobile* ;
— il a les moyens financiers pour l'acheter, donc il est « riche ».

■ Pour ne pas employer le mot connotation n'importe comment, il faut distinguer deux éléments.
— **Les connotations et les impressions personnelles.** Toutes les nuances que vous percevez dans le sens d'un signe ne sont pas des connotations. Ce sont vos impressions personnelles. Pour qu'il y ait connotation, il faut qu'il y ait un ensemble, un système de valeurs sémantiques admises par un groupe donné. Les connotations expriment des modèles socio-culturels.
— **Les connotations et les vocabulaires spécifiques.** Il est logique de trouver un vocabulaire scientifique dans un texte scientifique :

> MODIOMORPHE. *Mollusque bivalve fossile, à allure de moule, caractéristique du paléozoïque, de l'ordovicien au permien.* (GRAND DICTIONNAIRE ENCYCLOPEDIQUE LAROUSSE)

En revanche, la présence d'un vocabulaire scientifique, ou d'apparence scientifique, dans un texte ordinaire lui donne une connotation scientifique. Ce peut être parce que l'auteur veut passer pour savant, ou pour donner au lecteur l'illusion que le texte est réellement scientifique :

> *Parfois même, se levant à demi, [Homais] indiquait délicatement à Madame le morceau le plus tendre, ou, se tournant vers la bonne, lui adressait des conseils pour la manipulation des ragoûts et l'hygiène des assaisonnements ; il parlait arôme, osmazôme, sucs et gélatines d'une façon à éblouir.*
> (FLAUBERT)

EXERCICES

LES SIGNES ET LA COMMUNICATION

1 Classez chacun des signes suivants dans la catégorie des symboles iconiques, des symboles déictiques ou des symboles purs (§ 396 et 398).
a) Une girouette. b) Une porte avec l'inscription *SORTIE*. c) Le couvercle d'un pot de peinture peint de la couleur de la peinture que contient le pot. d) Le mot *DANGER* sur un panneau. e) Le mot *espérance* dans un texte. f) L'onomatopée du cri du coq : *cocorico.*

2 Ces vers sont le résultat d'une transformation M + 9, *Petit Robert* (§ 401). Retrouvez les textes de départ.
a) À varapper sans péripétie, on trompette sans glossaire.
b) En tout chou-fleur, il faut consteller la finasserie.
c) Douche-lui tout de même à border, discrimina mon perfide.

3 Quelles connotations pouvez-vous relever dans ces textes publicitaires ?
a) L'époque est à la mutation, les privilèges ne vont plus aux privilégiés et ceux qui pensaient avoir tout vont encore avoir mal. Un exemple, la Clio Baccara : la présence discrète de la ronce de noyer, la chaleur du cuir souple et l'air conditionné la placent d'emblée au niveau des plus grandes. (PUBLICITÉ RENAULT)
b) *GLOBE* ou l'univers frais. Globe, eau de toilette pour homme, lancée dans la dernière décennie de la fin d'un millénaire, choisit le symbole de l'universalité. (PUBLICITÉ ROCHAS)
c) Notre édition complète en 4 beaux volumes in-octavo (14 × 21 cm) de 528 pages chacun environ est reliée plein cuir de mouton taillé d'une seule pièce. Le décor des plats et du dos est poussé sur feuille d'or fin à 22 carats. La tranche supérieure est également dorée à l'or véritable. Le papier est un superbe vergé chiffon filigrané « aux canons ». (PUBLICITÉ JEAN DE BONNOT)

4 Expliquez les parts respectives des relations associatives et des relations référentielles dans les textes suivants.
a) L'hypothénuse est le côté d'un triangle rectangle opposé à l'angle droit.
b) Le tarif des abonnements est celui en vigueur au jour de la souscription, ou aux dates de renouvellement. En cas de changement de tarif, le nouveau tarif ne s'applique qu'à compter du nouvel abonnement ou de sa reconduction.
c) « J'appelle donc *gouvernement,* ou suprême administration, l'exercice légitime de la puissance exécutive, et *prince* ou *magistrat,* l'homme ou le corps chargé de cette administration. » (ROUSSEAU)
d) Dans la mine. « La cage se vidait, les ouvriers traversèrent la salle de l'accrochage, un salle taillée dans le roc, voûtée en maçonnerie, et que trois grosses lampes à feu libre éclairaient. Sur les dalles de fonte, les chargeurs roulaient violemment des berlines pleines. Une odeur de cave suintait des murs, une fraîcheur salpêtrée où passaient des souffles chauds, venus de l'écurie voisine. Quatre galeries s'ouvraient là, béantes. » (ZOLA)
e) « L'un des principaux éléments du Schmilblick est la papsouille à turole d'admission qui laisse passer un certain volume de laplaxmol, lequel, comme nul ne l'ignore, n'est autre qu'un combiné de smitmuphre à l'état pur et de roustimalabémol sulsiphoré. » (P. DAC)

CHAPITRE 2

Les fonctions du langage

I. LES TYPES DE COMMUNICATION

406 La communication (première description)

Pour qu'une communication puisse avoir lieu, plusieurs facteurs doivent être réunis. Le linguiste Roman Jakobson (1896-1982) représente ainsi l'**acte de communication** :

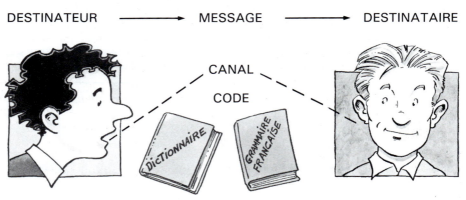

— Le **destinateur** est l'émetteur du message. Le **destinataire** est le récepteur. Dans une communication courante, ils échangent leur rôles au fur et à mesure.

— Le **message** est fait des traces des signes (§ 395). Pour passer du destinateur au destinataire, les traces ont besoin d'un support : le **canal.** Exemples : l'air sert de canal aux paroles, le papier et son transport (lettre, photocopie, télécopie...) sert de canal aux écrits.
— Le **code** est la langue employée par les interlocuteurs. Pour que la communication soit possible, il faut que ce code leur soit commun ou en partie
commun.
— Le **contexte** et le référent désignent tout ce qui « entoure » la communication : le contexte des signes employés, les référents, la situation elle-
même.

407   Communiquer = transmettre une information

■ L'acte de communication décrit dans le schéma de Jakobson est un acte
au cours duquel **une information est transmise d'un destinateur vers un
destinataire :**

destinateur → information → destinataire

■ On constate tout de suite que la description est valable pour plusieurs
sortes de « communications ». Des communications transmettent un message verbal :

— *Est-ce que vous avez l'heure ?*
— *Oui, il est midi juste.*

Mais aussi des « communications » qui correspondent au transfert quelconque d'une « information » quelconque d'un émetteur vers un récepteur. Par
exemple le bouton sur lequel on appuie et qui déclenche la mise en marche
d'une machine :

bouton → « information » → mise en marche

■ Présenté ainsi, la transmission d'une information a l'apparence d'un acte
très primaire. En fait, ce type de communication n'a rien de primaire ou de
frustre. Au lieu d'un simple bouton, on peut avoir un circuit très complexe :

organe récepteur d'un robot → « information » → réaction du robot

Les techniques modernes de traitement des données sont des techniques
de « pointe » de la science et de la technologie contemporaines. Elles apportent une aide capitale au choix et aux décisions proprement humaines.

■ Le langage humain permet d'avoir des communications du même modèle
dans toutes les activités. C'est le cas des demandes et retours d'information ou des messages à dominantes informative et référentielle :

Fiche individuelle de renseignements

NOM : . . . .   *Prénom :* . . . .

Date de naissance : . . . .

Lieu de naissance : . . . .

Adresse : . . . .

. . . .

Profession : . . . .

Mais il peut s'agir d'un autre modèle de communication.

> Toinette. — *Que vous ordonne votre médecin pour votre nourriture ?*
> Argan. — *Il m'ordonne du potage.*
> Toinette. — *Ignorant.*
> Argan. — *De la volaille.*
> Toinette. — *Ignorant.*
> Argan. — *Du veau.*
> Toinette. — *Ignorant.*
> Argan. — *Des bouillons.*
> Toinette. — *Ignorant.* (MOLIÈRE)

Ce modèle de communication est donc un modèle très important :
— il s'applique à de très nombreuses situations de communication (communications humaines ou animales, communications entre des entités vivantes comme les cellules d'un organisme, ou non vivantes comme les appareils d'un mécanisme, etc.)
— il permet de décrire un très grand nombre de communications humaines passant par le langage verbal, les gestes ou les images, etc.
Mais cela ne suffit pour en faire le modèle unique de la communication par le langage.

408 Communiquer = comprendre, vivre une situation

Dans le dialogue qui suit, on a affaire à un autre type de communication que dans le dialogue précédent, entre Toinette et Argan.

> Philinte. — *Quoi ? vous iriez dire à la vieille Emilie*
> *Qu'à son age il sied mal de faire la jolie,*
> *Et que le blanc qu'elle a scandalise chacun ?*
> Alceste. — *Sans doute.*
> Philinte. — *A Dorillas, qu'il est trop importun,*
> *Et qu'il n'est à la cour, oreille qu'il ne lasse*
> *À conter sa bravoure et l'éclat de sa race ?*
> Alceste. — *Fort bien.*
> Philinte. —   *Vous vous moquez.*
> Alceste. —   *Je ne me moque point.*
> *Et je vais n'épargner personne sur ce point.* (MOLIÈRE)

Bien sûr, pris réplique par réplique, le dialogue semble ressembler au précédent. À chaque réplique, une information est transmise, les questions et les réponses se succèdent, comme entre Toinette et Argan.
Mais l'ensemble est gouverné par une manière de communiquer qui n'est pas la simple somme de ces questions-réponses. Il ne s'agit plus d'informations simplement transmises, mais d'une recherche où Philinte essaye de comprendre Alceste et où Alceste lui-même s'explique, éclaire son point de vue.
On a donc affaire ici à une communication où il ne s'agit plus simplement de transmettre des informations. **Une communication où il faut considérer les intentions des interlocuteurs, la manière dont ils sont présents (ou absents) dans la communication, la manière dont ils la vivent, la manière dont ils se comprennent.**

409 La communication (autre description)

▪ *Représentation de la communication humaine.*

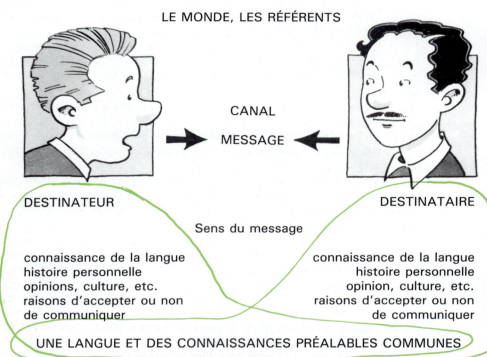

Trois différences essentielles apparaissent avec le précédent modèle. Elles concernent :
— le rôle du destinataire,
— la place de la langue,
— l'existence de connaissances communes préalables à la communication.

▪ *Le rôle du destinataire.*

Le destinataire n'est pas un simple récepteur. Il participe à la compréhension du message. **Le sens du message est construit par les interlocuteurs ensemble.**
Dans tous les cas, le destinataire détient la « clef » de la communication. Elle dépend de son refus de communiquer ou de son acceptation.

> • Le refus peut prendre deux aspects. Le premier aspect est banal : on n'écoute pas le conférencier ou le professeur, on n'ouvre pas la revue ou le livre qui est sur la table.
> Le second aspect est plus curieux. Il ne s'applique qu'aux communications face-à-face : on refuse de communiquer, mais on veut que l'autre s'aperçoive de ce refus. C'est par exemple la personne qui regarde obstinément par la fenêtre du train, qui se plonge dans son journal ou qui fait semblant de dormir. L'attitude est donc paradoxale : pour ne pas communiquer, on est forcé de communiquer sans arrêt qu'on ne veut pas communiquer (§ 430).

La place de la langue.

La langue n'est pas un code neutre placé entre les interlocuteurs. Ce n'est pas une sorte de boîte pleine de mots dans laquelle il suffirait de « piocher ». La langue est **une donnée commune** mais que chacun connaît et comprend en fonction de **son histoire personnelle,** de **ses opinions,** de **sa culture,** etc. Cela devrait en principe rendre la communication presque impossible. A la limite, on pourrait presque dire que si les histoires sont très différentes, les gens ne parleront pas exactement la même langue.
C'est quand même la même langue, et c'est en la connaissant aussi bien que possible qu'on peut communiquer avec le plus grand nombre de gens sans abdiquer sa personnalité, sans disparaître dans une langue fade et banale.

Les connaissances communes préalables.

Toute communication s'appuie sur **des connaissances communes** qui ne sont pas précisées : elles vont de soi.
Quand on commande un café au restaurant, on peut préciser *« double »* parce que généralement les cafés sont servis dans une tasse à café normale ou dans une tasse plus grande. Mais on ne dira pas : *« Je le veux dans une tasse, pas dans un seau, ni dans une bouteille, ni dans un chapeau... »*
En effet, il n'est pas besoin de préciser ces derniers points, parce que le café n'est habituellement pas servi dans un seau, une bouteille ou un chapeau ! C'est donc une connaissance préalable, qu'il est inutile de préciser.
L'exemple peut paraître bizarre. Mais, en fait, il y a des milliers de connaissances communes préalables dans toutes nos communications : elles concernent l'espace, le temps, le monde, la vie quotidienne, etc. Elles sont le ciment de cette communauté de compréhension que nous avons rencontrée dans l'analyse du signe (§ 403).
Ces connaissances communes ne sont pas *avant* le langage. Si nous devons les expliciter, c'est *dans* la langue que nous le ferons.

Les connaissances communes préalables concernent aussi **l'usage qu'on peut faire de la langue.**
— Il pleut. Vous dites à quelqu'un : *« Beau temps n'est-ce pas ? »* La personne vous répond : *« Comment beau temps ? Vous ne voyez pas qu'il pleut ? »* Vous en déduisez que la personne n'a pas le sens de la plaisanterie, qu'elle ne sait pas comprendre et se servir d'une antiphrase. Vous ne parlez pas tout à fait la même langue qu'elle (§ 340).
— Quelqu'un lit un poème et s'exclame : *« Mais enfin ! comment peut-on écrire « Le soleil s'est noyé dans son sang qui se fige » ? Il est évident que le soleil ne se noie pas ! »* Vous en déduisez que la personne n'est pas sensible à la beauté d'une métaphore. Vous ne parlez pas tout à fait la même langue qu'elle (§ 343).

Un langage et deux modèles de communication.

Les deux modèles de communication que nous venons de décrire ne sont pas contradictoires, ils sont complémentaires. Ils correspondent à **deux usages différents du langage :**
— un usage où domine la nécessité de **transmettre** aussi clairement et aussi vite que possible une information ;
— un usage où domine la nécessité de **comprendre** l'autre, pas simplement de comprendre « ce » qu'il dit mais « comment » il le dit, « pourquoi » il le dit.

LES FONCTIONS DU LANGAGE

355

410 Le dialogue et la lecture

Du point de vue des données de la communication, il n'y a pas une réelle différence entre le dialogue et la lecture.

■ Dans un **dialogue,** une conversation ou un débat, les interlocuteurs sont présents et ils peuvent s'interrompre mutuellement, demander des précisions, revenir sur des points antérieurs, dresser des bilans temporaires, etc. Ils construisent bien le sens des messages ensemble (§ 435).

■ **La lecture est aussi un dialogue** : un dialogue avec un texte. Certes, quand le texte écrit n'est qu'un simple texte informatif, on se trouve dans le modèle de communication du simple transfert d'une information.
Mais un roman, un poème ou un essai n'est pas une information transmise. C'est un texte offert, un texte dont il faut s'emparer, qu'il faut apprendre à connaître.
Chaque lecteur est différent. Chaque lecteur apporte avec lui sa propre connaissance de la langue, son histoire personnelle... Il y a souvent un grand écart entre le texte et le lecteur : le texte date d'une époque lointaine, différente, une époque que le lecteur connaît mal, ou qu'il ne connaît pas du tout. La lecture n'est donc pas une simple réception passive. C'est un dialogue avec le texte, une suite d'interrogations pour parvenir à la compréhension progressive de ses significations, à ce que « dit » le texte, à ce qu'il « nous » dit.

Pour vous aider dans ce dialogue qu'est la lecture, il faut que vous sachiez quelles sont les « questions » qu'on peut et qu'on doit poser à un texte. Cela vous aidera aussi à rédiger vos propres textes.
Ces « questions » découlent des données de la langue mises en œuvre dans la communication (voir la Troisième partie du livre).

411 Les fonctions du langage : l'analyse de R. Jakobson

A chaque facteur de la communication, R. Jakobson fait correspondre une **fonction du langage :**

| FONCTION RÉFÉRENTIELLE |
| Contexte, référents |

| FONCTION EXPRESSIVE | FONCTION POÉTIQUE | FONCTION CONATIVE |
| destinateur | message | destinataire |

| FONCTION PHATIQUE |
| canal |

| FONCTION MÉTALINGUISTIQUE |
| code |

— La **fonction expressive** est centrée sur le destinateur. Elle correspond à son intervention directe dans le message. Elle peut être soutenue par des gestes dans lequels le destinateur se désigne, occupe l'espace qui est autour de lui.

— La **fonction conative** est centrée sur le destinataire. Elle correspond à son interpellation par le destinateur. Là aussi, des gestes divers peuvent participer à cette fonction.

— La **fonction référentielle** (ou dénotative, § 405) est centrée sur le référent. Elle correspond aux relations référentielles étudiées dans le chapitre précédent (§ 402, 404). Les gestes déictiques (§ 397) renforcent cette fonction.

— La **fonction phatique** est centrée sur le canal. Elle correspond à toutes les expressions ou attitudes qui ont pour but d'ouvrir ce canal *(Allo ?)*, de le maintenir ouvert *(Patientez...)* ou de le fermer *(Je raccroche...)*. Relèvent de cette même fonction tous les *Euh..., Voyons voir..., Bon..., Je disais...* qui ont pour but de conserver l'attention de l'autre.

— La **fonction métalinguistique** retourne le langage vers le code. Elle correspond aux précisions qu'on apporte sur le ou les sens de ce qu'on dit.

— La **fonction poétique** est centrée sur le message. Elle ne concerne pas que les poésies mais toutes les relations associatives (§ 404) de signifiants ou de signifiés qui peuvent intervenir dans le message.

II. L'INFORMATION

412 Éléments de théorie de l'information : le nom information

La **théorie de l'information** est une analyse des données quantifiables de la communication. Ces données concernent trois domaines :
— l'efficacité des canaux de transmission. Les plus efficaces sont ceux qui transmettent le maximum de signes dans le minimum de temps ;
— le codage des informations. Il a pour but de « traiter » le message afin de faciliter sa communication et sa mise en mémoire ou en archive ;
— la quantité d'informations transmises.

La **quantité d'information** portée par un signe est inversement proportionnelle à la probabilité d'apparition de ce signe dans un message.
— Soit une phase qui commence ainsi : *La lampe...*
La probabilité d'apparition de verbes comme *briller, être allumée, être éteinte* est très grande puisque ce sont des verbes attendus. La quantité d'information qu'ils apportent est donc nulle.
— Mais si la phrase se continue ainsi : *La lampe rêvait tout haut...*, la quantité d'information apportée par le verbe *rêver* est très grande puisque la probabilité d'apparition de ce verbe était très faible.

> • Moralité. Si vous voulez faire « exploser » l'appareil permettant de mesurer la quantité d'information, c'est très simple. Soumettez-lui des métaphores originales (§ 343) :
> *La lampe rêvait tout haut qu'elle était l'obscurité*
> *Et répandait alentour des ténèbres nuancées...*
>
> (SUPERVIELLE, *Les Amis inconnus*)

■ Dans les **situations de communication ordinaires**, on retrouve des données presque identiques. Par exemple, certains messages sont tellement « attendus » qu'ils ne veulent plus rien dire :

Bonjour. Ça va ? Oui et vous ? Quel temps ! Le fond de l'air est frais. Ne m'en parlez pas !... Avec mes sincères salutations...

Il en va de même dans beaucoup de nos conversations. On devine la fin des phrases, on enchaîne les répliques...

Mais la mesure de « l'inattendu » est souvent à peu près impossible. Trop de facteurs individuels pèsent sur l'ensemble des connaissances communes préalables à la communication (§ 409).

Et, de toute façon, **dans une communication ordinaire l'objectif ne peut être d'obtenir à chaque fois le maximum d'information.**

■ La théorie de l'information concerne donc plutôt le modèle de communication où domine **la nécessité de transmettre une information** (modèle exposé § 406). Elle a peu d'applications vraiment utiles dans l'autre modèle de la communication (§ 409).

413 Éléments de théorie de l'information : bruit et redondance

■ Dans la transmission d'un message, de nombreuses perturbations peuvent intervenir : bruits couvrant la voix, interruption d'une communication téléphonique, parasites, taches d'encre sur une feuille manuscrite, faute de frappe, mauvaise impression, etc. On appelle toutes ces perturbations des **bruits**.

■ Les bruits diminuent donc la quantité d'information portée par le message. Pour pallier d'avance ce défaut, on répète certaines informations. Ces répétitions s'appellent des **redondances**.

Évidemment, un message avec des redondances coûte plus cher à transmettre qu'un message sans redondance. Mais un message rendu incompréhensible par des bruits coûte encore plus cher puisqu'il a été transmis et que le récepteur n'a pas pu le comprendre. On cherche donc un moyen terme entre le coût des redondances et le risque des bruits.

■ Les structures de la langue fournissent elles-mêmes un certain nombre de redondances :
— emphase syntaxique (§ 317) ;
— ajustement après le propos et répétitions (§ 318) ;
— focalisation syntaxique (§ 324) ;
— redondance des marques orthographiques (§ 374).

414 L'information et les informations (sens courant)

■ Le concept d'**information** est un concept récent. On peut en donner une définition naïve : une information, c'est ce qui est survenu quelque part dans le monde et qu'on porte à la connaissance du public.

Cette définition naïve assure une totale transparence au concept : l'information reproduit la réalité.

En fait, **il n'y a pas d'information brute. Toute information est un récit ou un commentaire.** Elle n'est jamais la réalité.

Exemple : les dépêches de presse.
Une dépêche de presse comporte les rubriques suivantes :
CLÉ (domaine de l'information)
CHAMP D'INSTRUCTIONS (dépêche isolée / initiale / de synthèse...)
PRÉFIXE (exprime le degré de priorité : 1 / 2 / 3 / 4)
SONNERIES (exprime l'importance médiatique : 1 / 2 / 3 / 4 / 5)
TITRE (exprime l'événement)
Lieu, Date, Agence
Information...

■ Imaginons deux dépêches de l'Agence « Roi Soleil ».

CLÉ : Escroquerie dans la forêt royale CHAMP D'INSTRUCTIONS : Initiale PRÉFIXE : 3 SONNERIES : 3 TITRE : Un renard vole un fromage à M. CORBEAU. LIEU, DATE, AGENCE : Versailles, 16 mars. (AGENCE ROI SOLEIL) Cet après-midi, dans la forêt proche du château, un promeneur, M. CORBEAU, a été la victime d'un habile escroc qui a réussi à lui voler son fromage. Des témoins ont cru reconnaître un renard. L'enquête est confiée à la brigade de gendarmerie royale de Versailles.	CLÉ : Escroquerie dans la forêt royale CHAMP D'INSTRUCTIONS : Suite PRÉFIXE : 3 SONNERIES : 3 TITRE : M. DE LA FONTAINE a vu l'agresseur de M. CORBEAU. LIEU, DATE, AGENCE : Versailles, 17 mars. (AGENCE ROI SOLEIL) Le célèbre fabuliste M. DE LA FONTAINE a été témoin de l'agression subie par M. CORBEAU. Sa déposition a été enregistrée par les gendarmes royaux.

Plusieurs points peuvent être soulignés.
— L'information n'existe qu'à partir du moment où elle est racontée. Pas de dépêche, pas d'information.
— Les codes des lignes PRÉFIXE et SONNERIES déterminent l'importance de l'information. Ce n'est donc pas le récepteur qui apprécie cette importance, c'est l'émetteur.
— Le titre de la première dépêche est très différent du titre de la fable (*Le Renard et le Corbeau*). Le titre de la dépêche doit tout de suite donner l'essentiel, alors que la fable peut le faire attendre.
— Le récit n'est donc pas organisé de la même manière dans la fable et dans la dépêche. Mais cela ne signifie pas qu'il n'est pas organisé dans la dépêche. Une fois encore : il n'y a pas de récit à l'état brut ni d'information à l'état brut.

▶ • Ce que nous venons de dire à propos des textes des dépêches de presse peut être répété à propos des **images** (photos ou films). Là encore, il n'y a pas de documents bruts. Tout est toujours choisi, cadré, monté, etc. L'image n'est pas plus « vraie » que le texte.

LES FONCTIONS DU LANGAGE

359

415 Les médias

■ On appelle **médias** les moyens de grande diffusion collective des informations. La presse écrite, la radio, la télévision sont des médias, des moyens de communication de masse. On a parlé un certain temps des *mass média*.

■ En principe, **le rôle des médias** est d'assurer la communication et le commentaire de l'information. Il s'agit d'éclairer cette information, de la vérifier et de confronter les sources, de donner aux destinataires les moyens de la recevoir et de la comprendre avec le recul indispensable.
En fait, les nécessités d'une communication immédiate et les rivalités entre les médias les conduisent à rechercher avant tout l'information originale (le « scoop ») et à assurer surtout une mise en page ou une mise en scène de l'information.

■ Deux graves problèmes se posent donc aux médias.
— Que faire pour que la « mise en scène » de l'information ne déforme pas l'information ?
— Que faire pour que les médias ne soient pas exclusivement l'affaire des « communicateurs » mais soient aussi celle des destinataires récepteurs ?

• Ces questions ne concernent pas que les médias. Les gens qui assistent à une conférence seront plus facilement « séduits » et convaincus par un conférencier habile que par un conférencier terne et triste. La présentation du message importe donc autant — et parfois plus ! — que le contenu du message.
Mais il y a une différence capitale entre le conférencier et les médias : le nombre des spectateurs.

■ **La « une »** est la première page d'un quotidien. Sa mise en page est évidemment très importante. Elle présente des caractéristiques que l'on retrouve dans tous les quotidiens, qu'ils aient des pages de grand format (ex. : *L'Equipe, Le Figaro*) ou de format tabloïd (ex. : *Libération, Le Parisien*).

Bandeau : un titre au dessus du titre du journal.

Manchette : titre du journal, prix, date, numéro, etc.

Oreilles : titres avec renvois en pages intérieures, publicité.

Tribune : le ou les gros titres.

Sous-tribunes : éditorial, début d'article, illustration.

Ventre : article important, illustration.

Rez-de-chaussée : début d'articles, publicités, articles brefs, etc.

360

EXERCICES

LES FONCTIONS DU LANGAGE

1 **Identifiez les facteurs de la communication dans chacun de ces textes (§ 406).**

a) « Monsieur,
Je vous félicite ! Vous avez gagné 50 millions de francs. Il suffit que vous me retourniez le bon ci-joint qui porte peut-être votre numéro gagnant à notre Grand Tirage Exceptionnel. Ne tardez pas ! Imaginez tout ce que vous pourrez faire avec vos 50 millions de francs !
(Il est possible de participer au Grand Tirage sans commander un article de notre catalogue, mais je serais étonné si vous ne trouviez rien qui vous tente !) ».

b) « On appelle *dialecte* la forme prise par une langue dans un groupe linguistique donné. Les dialectes ne sont pas des déformations de la langue mais ses différents modes de fonctionnement. »

c) « Deux pains, une livre de beurre, un kilo de pommes de terre, trois côtes de veau, un paquet de lessive. »

d) « Deux pains, une livre de beurre, un kilo de pommes de terre, trois côtes de veau, un paquet de lessives. Et un bouquet de fleurs pour celle qui t'aime et que tu aimes ! »

e) « France-Import vous remercie de votre appel... Pouvez-vous rester à l'appareil ?... Nous recherchons votre correspondant... France-Import vous remercie de votre appel... Pouvez-vous rester à l'appareil ?... Nous recherchons votre correspondant... France-Import... »

2 **Reprenez chaque texte de l'exercice précédent et identifiez les fonctions du langage mises en jeu (§ 411). Puis répondez aux questions.**

a) Ce texte est-il une poésie ?
b) Ce texte pourrait-il être un article d'une loi ?
c) Ce texte est-il un fragment de poème ?
d) Est-ce une prière ou un ordre ?
e) Que pourriez-vous répondre ?

3 **Dans chacun de ces textes une fonction du langage est dominante. Laquelle ? Justifiez votre réponse par un relevé précis des marques de cette fonction.**

a) « B. me communique une série d'articles de journaux et de revues américaines sur la traduction des *Faux-Monnayeurs*. » (GIDE)

b) « M. Smith. — Hm. *(Silence)*
Mme Smith. — Hm, hm. *(Silence)*
Mme Martin. — Hm, hm, hm. *(Silence)* »
(IONESCO)

c) « J'écrivis mes premières *Confessions* et mes *Dialogues* dans un souci continuel sur les moyens de les dérober aux mains rapaces de mes persécuteurs, pour les transmettre s'il était possible à d'autres générations. » (ROUSSEAU)

d) « Chose remarquable, chacun des deux grands fleuves des Alpes, en quittant les montagnes, a la couleur de la mer où il va. Le Rhône, en débouchant du lac de Genève, est bleu comme la Méditerranée ; le Rhin, en sortant du lac de Constance, est vert comme l'Océan. » (HUGO)

e) « Vos peuples, que vous devriez aimer comme vos enfants, et qui ont été jusqu'ici si passionnés pour vous, meurent de faim. » (FÉNELON, *Lettre à Louis XIV*).

f) « Des mots bien clairs, et par convention expresse, comme calorie, volt, ampère, watt, ce n'est point langage. » (ALAIN)

361

4 Relisez la fable de La Fontaine intitulée *Les animaux malades de la peste*. Composez une suite de dépêches de presse qui rendront compte du déroulement de la fable comme s'il s'agissait d'un événement de l'actualité. (Voir, au § 414, le plan d'une dépêche et sa signification).

Comparez les deux récits : celui de la fable et celui de la dépêche.

À partir de chaque dépêche, rédigez deux articles de journaux : l'un favorable au pouvoir en place (celui du Lion), l'autre défavorable.

5 Dans cet article de journal, quels sont les détails de la noce qui n'ont pas été retenus ? Sur quel genre de détails l'accent est-il mis ?

Le baron et la baronne Hulot viennent de marier leur fille. Un grand bal a été donné. Au matin, le baron sort de la salle de bal encore occupée par les derniers danseurs...

« Les journaux, distribués par les porteurs, contenaient aux Faits-Paris ce petit article :

''La célébration du mariage de monsieur le comte de Steinbock et de mademoiselle Hortense Hulot, fille du baron d'Ervy, Conseiller-d'État et Directeur au ministère de la Guerre, nièce de l'illustre comte de Forzheim, a eu lieu ce matin à Saint-Thomas-d'Aquin. Cette solennité avait attiré beaucoup de monde. On remarquait dans l'assistance quelques-unes de nos célébrités artistiques : Léon de Lora, Joseph Bridau, Stidmann, Bixiou, les notabilités de l'administration de la Guerre, du Conseil-d'État et plusieurs membres des deux Chambres ;

enfin les sommités de l'émigration polonaise, les Paz, Laginski, etc.

''Monsieur le comte Wenceslas de Steinbock est le petit-neveu du célèbre général de Charles XII, roi de Suède. Le jeune comte ayant pris part à l'insurrection polonaise, est venu chercher un asile en France, où la juste célébrité de son talent lui a valu des lettres de petite naturalité.'' »

(BALZAC, *La Cousine Bette*)

6 Les textes qui suivent ont été publiés dans *L'Os à moelle*, « Organe officiel des loufoques », dirigé par Pierre Dac. En quoi ressemblent-ils à des articles de presse ? En quoi s'en distinguent-ils ?

CIRCULATION.

Le ministre de l'Intérieur nous prie de porter à la connaissance du public l'avis suivant :

« À partir du 18 juillet, les trottoirs d'en face devront être, sans exception, situés de l'autre côté de ceux auxquels ils font vis-à-vis. »

STATISTIQUES.

Voici les chiffres communiqués par les services de la statistique et intéressant la période comprise entre le 2 juillet et le 4 septembre :

543 285 ; 6 282 826 ;
1 285 938 743,601 ; 602 ; 603 ; 604 ; 605 ; 106 ; 206 ; 306 ; 406 ; 506 ; 983 ; 882 ; 780 ; 680 ; 579.

Nous ne savons pas du tout à quoi se rapportent ces chiffres mais nous sommes heureux de les communiquer à nos lecteurs qui auront ainsi toute latitude de les adapter suivant leur goût ou leur appréciation. (P. DAC, *L'Os à moelle,* Julliard)

362

CHAPITRE 3

Les systèmes de signes

416 La notion de système

▪ *Exemples de systèmes.*

▪ Au-dessus de la porte d'un studio d'enregistrement ou d'un plateau de cinéma, un feu rouge allumé signifie qu'il ne faut pas entrer. Un travail d'enregistrement ou de prise de vues est en cours. Toute entrée intempestive dérangerait ce travail. Le signal est seul. Mais il appartient à un système à deux unités de significations :

| feu rouge allumé : « Ne pas entrer ! » | feu rouge éteint : « Entrée possible » |

▪ Les feux tricolores d'un carrefour comportent trois signaux actifs et un signal disponible, en attente :

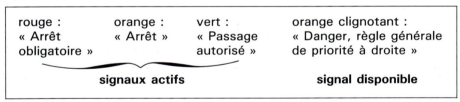

▪ La signalisation des navires à la mer repose sur trois signaux principaux :

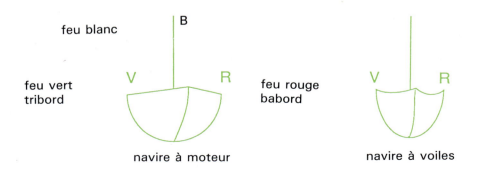

363

Le système et la signification.

Dans chaque cas, on voit qu'un signal n'a pas de sens en lui-même. Un signal n'a de sens que par rapport à l'ensemble des autres signaux du système de signalisation.

Prenons le cas du feu blanc allumé au mât d'un navire à moteur : ce feu blanc ne peut pas, à lui seul, signifier « navire à moteur ». Ce feu signifie « navire à moteur » parce que, dans ce système :
— la présence du feu blanc signifie « navire à moteur » ;
— l'absence du feu blanc signifie « navire à voiles ».

Saussure a exprimé cela en écrivant : « Ce qui distingue un signe, voilà tout ce qui le constitue. »

Un signe ou un signal ne fonctionne donc jamais seul : **il est toujours inclus dans un système.** C'est le système qui lui donne du sens.

417   Les systèmes de signes

■ L'étude des systèmes de signes s'appelle la **sémiologie** ou la **sémiotique.** Le premier terme est dû à Ferdinand de Saussure (§ 326), le second est traduit de l'américain *(semiotic)* et vient de Charles S. Peirce (§ 396).

■ On appelle **système de signes** (ou de signaux) un ensemble de signes où tous les signes sont définis par les relations qu'ils entretiennent (§ 399) :
— avec les autres signes du système ;
— et avec leurs référents.

Ainsi une lumière rouge n'est rien d'autre qu'un phénomène visible. Pour qu'elle devienne un signal, il faut qu'elle appartienne à un système de signes. Si elle appartient à plusieurs systèmes, elle a plusieurs significations :
— le feu rouge signifie « arrêt » dans le système des signaux du code de la route ;
— le feu rouge signifie « babord » dans le système des signaux des navires à la mer.

On a donc une même couleur de lumière, mais deux signaux et deux significations parce qu'on a deux systèmes de signes.

418   La notion de code

Un **code** est un système de signes monosémiques dont les référents sont stables et dont les combinaisons de signes sont strictement définies.

■ **Signes monosémiques** (§ 337) et **référents stables** vont ensemble. Pour que la monosémie soit possible, il faut que les référents soient connus et répertoriés, c'est-à-dire qu'ils soient toujours les mêmes et en nombre fixe. Les signes des feux des navires sont des signes monosémiques parce que le babord et le tribord d'un navire sont des référents parfaitement définis. Il n'y a pas des babords plus ou moins babord, ni des babords un peu tribord.

■ Les **combinaisons strictement définies** découlent des données précédentes. Ainsi un navire à moteur qui allumerait un feu blanc à babord, un feu rouge au mât et un feu vert à tribord ne serait pas un navire qui aurait un point bon (le feu vert) et deux points faux. Sa signalisation serait entièrement fautive.

364

— Les panneaux de signalisation routière traitent de toutes les situations qu'un « usager » de la route peut rencontrer. Ils appliquent à ces situations des signes monosémiques (§ 337) que le destinataire doit interpréter pour agir en conséquence.

Dans de nombreux cas, ces signaux sont accompagnés de signes linguistiques (STOP ou ARRÊT, DANGER, ATTENTION ÉCOLE). Mais on sent bien que c'est un défaut du code. Il devrait être international, entièrement iconique et déictique (§ 396).

419   Les langues et les codes

■ **Les langues ne sont pas des codes,** bien qu'elles fonctionnent souvent comme un code.

— Une langue n'est pas un ensemble de signes monosémiques. Les signes monosémiques appartiennent à des vocabulaires spécifiques. Les mots les plus courants sont toujours des mots polysémiques. Nous avons vu que la polysémie n'est pas un défaut des langues, mais une de leurs qualités essentielles (§ 337).

Dirons-nous que le pronom *on* est un défaut de la langue parce qu'il « perturbe » le système rigoureux des pronoms personnels ? Bien au contraire. Il le perturbe pour enrichir les possibilités d'expression de l'énonciateur.

— Les signes d'une langue ne renvoient pas à un ensemble de situations formées de référents stables. Au contraire, les référents sont innombrables, sans cesse renouvelés ou renouvelables.

— Les phrases d'une langue ne forment pas un ensemble de combinaisons strictement définies. Certes, ces phrases sont organisées suivant des règles et des régularités qui permettent de décrire les structures générales de la phrase simple et de la phrase complexe. Mais on ne peut pas imaginer de décrire toutes les phrases possibles (voir la citation d'E. Benveniste, § 223).

■ **Les langues ne sont donc pas des codes imparfaits. Ce sont les codes qui sont des langues imparfaites.**

Ils rendent les plus grands services dans leurs domaines. Mais ils ne sont pas utilisables dans un autre domaine. Les langues, elles, sont souples et malléables, elles s'adaptent à tous les domaines.

▸ • Nous avons conservé le nom *code* dans le schéma de la communication du § 406. C'est l'appellation courante. Mais elle est discutable et, dès le deuxième schéma, nous avons parlé de langue (§ 409).

420   La double articulation des langues

■ On peut imaginer une langue-code qui aurait un signe complètement différent pour chaque référent. On peut même penser que cette langue serait parfaite, sans ambiguïtés :

« un matin » se dirait : *BA*	« ma main » se dirait : *FO*
« un tas » se dirait : *CE*	« ta main » se dirait : *JU*
« un mât » se dirait : *DI*	

— Mais on voit que le nombre des référents possibles est sans limite. La langue ne serait donc pas parfaite, elle serait monstrueuse et inutilisable.

LES SYSTÈMES DE SIGNES

365

— En revanche, la prononciation de ces cinq mots de la langue ordinaire n'emploie que quatre phonèmes : [ɛ̃], [a], [m] et [t].

■ Dire que les langues ont une **double articulation,** c'est dire qu'elles sont constituées d'unités (les mots) qui sont, à leur tour, constitués d'un nombre limité d'unités plus petites (les phonèmes).

> phrases
>
> unités de première articulation : les mots
>
> unités de deuxième articulation : les phonèmes

■ L'efficacité, l'économie, de la double articulation est très grande. Elle permet d'avoir :
— un nombre **illimité** de phrases
     formées par :
— quelques **dizaines de milliers** de mots
     formés par :
— une **trentaine** de phonèmes (36 en français).

▶ • L'expression *double articulation* est due au linguiste André Martinet.
• On voit qu'il ne faut pas prendre le nom articulation au sens oral du terme : « Il articule bien. Articulez mieux ! »

421   Le « langage » des comportements sociaux

■ Les comportements sociaux sont de toutes sortes.
— Certains utilisent essentiellement le langage verbal : *demander, ordonner, promettre, prier, jurer,* etc. Ce sont des actes de langage (§ 427).
— D'autres associent des manières de se comporter avec des tours particuliers de la langue : *être poli, séduire, offenser,* etc.
— D'autres sont des manières de vivre : manières de s'habiller, de se nourrir, de se loger, etc.

■ Les manières de vivre sont parfois codées :
— les **uniformes** sont des codes dans les manières de s'habiller ;
— les **rites** sont des codes dans les manières de se comporter.
Leur analyse est alors l'affaire du sociologue et du sémiologue (§ 417). Ce sont des codes comme les autres codes visuels.
Mais il y a aussi les cas où, par exemple, on s'habille d'une certaine manière pour « **dire quelque chose** ». Au vêtement est alors associée une connotation (§ 405) que les autres devront comprendre.
Par exemple, quand le héros de *L'Éducation sentimentale* est devenu riche à la suite d'un héritage, il s'empresse de renouveler sa garde-robe pour « signifier » son nouvel état :

> Dès qu'il fut seul, Frédéric se rendit chez le célèbre Pomadère, où il se commanda trois pantalons, deux habits, une pelisse de fourrure et cinq gilets ; puis chez un bottier, chez un chemisier et chez un chapelier, ordonnant partout qu'on se hâtât le plus possible.
> Trois jours après, le soir, à son retour du Havre, il trouva chez lui sa garde-robe complète ; et, impatient de s'en servir, il résolut de faire à l'instant même une visite aux Dambreuse. (FLAUBERT)

EXERCICES
LES SYSTÈMES DE SIGNES

1 **Relevez les éléments de l'écriture de Stendhal (mots et constructions syntaxiques) qui rendent compte d'un donné visuel : le nouveau costume de Julien. Récrivez le texte en exprimant dans le commentaire du narrateur ce que « dit » le costume.**

« — Maintenant, *Monsieur,* car d'après mes ordres tout le monde ici va vous appeler Monsieur, et vous sentirez l'avantage d'entrer dans une maison de gens comme il faut ; maintenant, Monsieur, il n'est pas convenable que les enfants vous voient en veste. Les domestiques l'ont-ils vu ? dit M. de Rênal à sa femme.

— Non, mon ami, répondit-elle d'un air profondément pensif.

— Tant mieux. Mettez ceci, dit-il au jeune homme surpris, en lui donnant une redingote à lui. Allons maintenant chez M. Durand, le marchand de drap.

Plus d'une heure après, quand M. de Rênal rentra avec le nouveau précepteur tout habillé de noir, il retrouva sa femme assise à la même place. » (STENDHAL, *Le Rouge et le Noir*)

2 **Relevez les éléments de l'écriture de Giono qui rendent compte d'un donné visuel : la chambre du personnage (un clerc de notaire qui attend une importante visite). Que doit « dire » cette chambre au visiteur ?**

« M. Joseph avait certainement envie de voir quelques livres de droit sur ma table. J'en disposai deux, artistement, trois auraient été une provocation. Je ne plaçai aucun travail soi-disant en train sur mon buvard. Il savait bien qu'en un tel jour mon intérêt était ailleurs. Il allait certainement être à l'affût de tout excès de zèle. (…)

C'est pourquoi je pris soin de mettre assez en évidence sur le dessus de la cheminée une assiette propre contenant un peu de menue monnaie, des boutons, quelques centimètres de mèche à briquet, les impedimentas d'une vie pauvre mais honnête et qui satisfait à ses modestes besoins. Je trouvai aisément dans mes tiroirs une chaussette douteuse mais bien trouée. J'eus le génie de piquer près du trou une aiguille et son aiguillée de coton. » (GIONO, *Le Moulin de Pologne,* © éd. Gallimard)

3 **Relevez les éléments de l'écriture de Hugo qui rendent compte d'un donné visuel : le geste de Cosette. Que « dit » ce geste ? Récrivez le passage en remplaçant le geste par quelques paroles de Cosette.**

« Elle cria d'une voix que l'indignation enrouait :

— Cosette !

Cosette tressaillit comme si la terre eût tremblé sous elle. Elle se retourna.

— Cosette ! répéta la Thénardier.

Cosette prit la poupée et la posa doucement à terre avec une sorte de vénération mêlée de désespoir. Alors, sans la quitter des yeux, elle joignit les mains, et, ce qui est effrayant à dire dans un enfant de cet âge, elle se les tordit… » (HUGO, *Les Misérables*)

4 **Relevez les éléments de l'écriture de Nerval qui rendent compte d'un donné visuel : le tableau.**

« Le portrait d'un jeune homme du bon vieux temps souriait avec ses yeux noirs et sa bouche rose, dans un ovale au cadre doré, suspendu à la tête du lit rustique. Il portait l'uniforme des gardes-chasse de la maison de Condé ; son attitude à demi martiale, sa figure rose et bienveillante, son front pur sous ses cheveux poudrés, relevaient ce pastel, médiocre peut-être, des grâces de la jeunesse et de la simplicité. » (NERVAL, *Sylvie*)

CHAPITRE 4

La situation de communication

422   Le discours dans la situation de communication

Nous avons vu que la communication humaine présente deux aspects (§ 406 et 409). Ces deux aspects sont complémentaires, ils correspondent à deux manières de communiquer. Dans chacune de ces manières, la langue est mise en œuvre. Cette mise en œuvre de la langue est appelée le **discours** (§ 98, 294).
Il n'y a pas de discours sans situation de communication.
Qu'on communique avec soi-même (monologue intérieur), avec une autre personne (dans un dialogue) ou des millions de personnes (par un média), le discours est toujours associé à une situation de communication.

La place de chaque discours dans sa situation de communication met évidemment en jeu tous les facteurs de la communication. Il est donc utile de suivre une démarche qui permette d'examiner les points essentiels. On peut en retenir quatre.
— Les liens qui existent entre le discours et sa situation de communication permettent de définir **deux types d'énonciation** (§ 423-426).
— L'énonciation peut avoir une valeur d'**acte de langage**. Le discours « dit » quelque chose mais il « fait » aussi quelque chose (§ 427-432).
— La situation de communication impose souvent le choix d'un certain **registre de langue** (§ 433-434)

▶ • ATTENTION ! Nous avons déjà signalé les ambiguïtés possibles dans l'emploi des noms *discours* et *récit*. Relisez attentivement la remarque du § 98.

I. LES DEUX TYPES D'ÉNONCIATION

423   L'énonciation-discours et l'énonciation-récit (rappels)

> Énonciation-discours (§ 98, 294).
> — La relation entre le discours et la situation de communication est une relation étroite, immédiate.
> — Les trois mots clés de l'énonciation-discours sont : *je, ici, maintenant.*
> — Chacun de ces termes est un déictique. Il n'a de sens que dans une situation de communication précise.
> — Le présent de l'indicatif est en quelque sorte le temps fondamental, le « maintenant » de l'énonciation-discours.
> — Nous avons vu que le temps du passé le plus fréquemment employé est le passé composé. Ce temps de la conjugaison évoque en effet un passé accompli, mais qui n'est pas entièrement séparé de la situation présente (§ 172, 174).

> Énonciation-récit.
> — Il n'y a pas de relation obligée entre le récit et la situation de communication. Le récit est détaché de cette situation.
> — Les données clés de l'énonciation-récit sont : *il/elle, tel jour, à tel endroit.*
> — Chacun de ces termes prend son sens dans le récit.
> — Le temps « type » de l'énonciation-récit est le passé simple parce que ce temps du passé évoque un passé accompli et séparé du moment de l'énonciation (§ 172, 173).

La plupart des énoncés associent les deux types d'énonciation.
On rencontre alors trois cas :
— l'énonciation-discours fictive (§ 424) ;
— des passages d'énonciation-récit dans un énoncé où domine l'énonciation-discours (§ 425) ;
— des passages d'énonciation-discours dans un énoncé où domine l'énonciation-récit (§ 426).

424   L'énonciation-discours fictive

L'énonciation-discours réelle est attachée à sa situation de communication. L'énonciation-discours fictive en est indépendante. Elle appartient donc plutôt à la catégorie du récit. Mais elle a les marques d'une énonciation-discours. Il s'agit donc à chaque fois non seulement d'**imiter l'énonciation-discours réelle**, mais d'en **imiter la situation d'énonciation elle-même.**
— Ainsi **le roman à la première personne** imite le texte autobiographique.

Texte autobiographique :

> *Toute existence est une lettre postée anonymement ; la mienne porte trois cachets : Paris, Londres, Venise ; le sort m'y fixa, souvent à mon insu, mais certes pas à la légère.* (MORAND, *Venises,* Gallimard)

LA SITUATION DE COMMUNICATION

369

Roman :

> *Du plus loin que je me souvienne, j'ai entendu la mer. Mêlé au vent dans les aiguilles des filaos, au vent qui ne cesse pas, même lorsqu'on s'éloigne des rivages et qu'on avance à travers les champs de canne, c'est ce bruit qui a bercé mon enfance.* (LE CLÉZIO, *Le Chercheur d'or*, Gallimard)

— Le **roman par lettres** imite un échange de correspondance.
— Les **dialogues d'une pièce de théâtre** imitent des dialogues réels.

425   L'énonciation-récit dans l'énonciation-discours

L'insertion d'un passage d'énonciation-récit dans une énonciation-discours (réelle ou fictive) ne pose pas de problème. Le fil de l'énonciation-discours s'interrompt pour accueillir le récit.

On peut dire qu'on quitte le « ici » et le « maintenant » de la situation de communication pour vivre « ailleurs » et à un « autre moment ».

— Ainsi, dans une fable, la morale « lance » le récit :

> *La raison du plus fort est toujours la meilleure :*
> ***Nous** l'allons montrer tout à l'heure.*

> *Un agneau se désaltérait*
> *Dans le courant d'une onde pure.*
> *Un loup survient à jeun...* (LA FONTAINE)

(Dans la langue classique, *tout à l'heure* signifie « tout de suite ».)

— Dans les *Mémoires d'outre-tombe*, Chateaubriand souligne parfois lui-même le passage des mémoires (énonciation-discours) à l'histoire (énonciation-récit) :

> ***Je deviens maintenant** historien sans cesser d'être écrivain de mémoires ; un intérêt public va soutenir **mes** confidences privées ; **mes** petits récits se grouperont autour de **ma** narration.*
> *Lorsque la guerre de la Révolution **éclata**, les rois ne la **comprirent** point ; ils **virent** une révolte où ils auraient dû voir le changement des nations, la fin et le commencement d'un monde...* (CHATEAUBRIAND)

> **ÉNONCIATION-DISCOURS** (réelle ou fictive)
> je, ici, maintenant
>
> > *Aujourd'hui, je vais vous raconter une histoire.*
>
> > **ÉNONCIATION-RECIT**
> > il/elle, tel jour, à tel endroit
> >
> > *Il était une fois, dans un pays lointain une princesse très belle...*

426   L'énonciation-discours dans l'énonciation-récit

Les dialogues des récits.

Ces dialogues sont, bien entendu, des passages d'énonciation-discours. Mais la situation de communication à laquelle ils s'attachent est tout entière incluse dans le récit, elle appartient au récit.

On ne quitte donc pas le fil du récit :

> (L'un des insurgés, Coufeyrac, aperçoit Gavroche devant la barricade, donc exposé au tir des fusils...)
> — *Qu'est-ce que tu fais là ? dit Coufeyrac.*
> *Gavroche leva le nez :*
> — *Citoyen, j'emplis mon panier.*
> — *Tu ne vois donc pas la mitraille ?*
> *Gavroche répondit :*
> — *Eh bien, il pleut. Après ?* (HUGO)

Les interventions de l'auteur ou du narrateur.

L'intervention de l'auteur ou du narrateur dans le récit est marquée par la présence soudaine d'un élément qui a toujours un aspect inattendu.
Dans tous les cas, il y a une **rupture du fil du récit**. Nous sommes placés dans une autre situation de communication.

■ Le cas le plus courant est celui d'un **« je »** (ou d'un « tu » désignant le lecteur) **intervenant dans une énonciation-récit** « normale », c'est-à-dire un récit à la troisième personne :

> *Le toit s'envola, le firmament se déployait ; — et Julien monta vers les espaces bleus, face à face avec Notre-Seigneur Jésus, qui l'emportait dans le ciel.*
> *Et voilà l'histoire de saint Julien l'Hospitalier, telle à peu près qu'on la trouve, sur un vitrail d'église, dans **mon** pays.* (FLAUBERT)

■ L'adresse au lecteur peut aussi passer par la **troisième personne** (« le lecteur comprendra que... ») :

> *Thénardier à Montfermeil se ruinait, si la ruine est possible à zéro ; en Suisse ou dans les Pyrénées, ce sans-le-sou serait devenu millionnaire. Mais où le sort attache l'aubergiste, il faut qu'il broute.*
> ***On comprend** que le mot aubergiste est employé ici dans un sens restreint qui ne s'étend pas à une classe entière.* (HUGO)

■ Les autres interventions sont des **notes ajoutées au récit** ou des **incises de commentaires** (§ 313). Par exemple, l'incise *si la ruine est possible à zéro* dans le texte précédent.

ÉNONCIATION-RÉCIT
  il/elle, tel jour, à tel endroit

Il était une fois, dans un pays lointain, une princesse très belle.

> **ÉNONCIATION-DISCOURS**
>   je, ici, maintenant
>
> > • Dialogues :
> > *Cette princesse dit un jour : « Je m'ennuie. »*
> >
> > • Narrateur :
> > *Le lecteur sait que les princesses s'ennuient souvent.*

II. LES ACTES DE LANGAGE

427 Définition

■ Quand on énonce un discours, on « dit » quelque chose et on « fait » quelque chose :

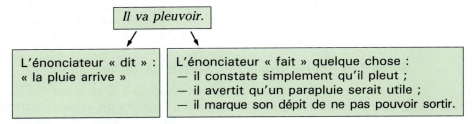

■ On appelle **acte de langage** l'acte qu'on accomplit en disant quelque chose, oralement ou par écrit. L'acte de langage appartient donc au discours et à la situation de communication. C'est une manière particulière de se comporter.
— Il y a des manières de se comporter, d'agir, qui passent par des gestes, des attitudes, des actions au sens banal du terme.
— Les actes de langage sont des manières de se comporter qui passent par l'utilisation du langage : *promettre, jurer, prier, ordonner, demander, avertir, insulter, se moquer de*, etc.

• L'étude des actes de langage est encore soumise à des débats très nombreux entre les linguistes. Notre but n'est pas d'exposer ces débats.
Les indications qui suivent ne sont donc qu'un guide pour identifier les principaux actes de langage. Nous avons déjà rencontré la plupart d'entre eux en étudiant les éléments et les structures de la langue (en particulier dans le chapitre 10 sur la phrase et l'énonciation, § 294 et suivants).

428 Les principaux types d'actes de langage : les modalités d'énonciation

■ Nous avons rencontré un premier type d'actes de langage en étudiant les modalités d'énonciation de la phrase (§ 295-301). « Déclarer », « demander », « ordonner » sont des actes de langage. En prononçant les phrases qui suivent, on accomplit chacun de ces actes :
    J'affirme que c'est impossible.
    Pourriez-vous m'aider ?
    Viens vite !

■ Ces actes renvoient à des situations précises.
— Pour déclarer quelque chose, il faut que j'aie la parole, qu'on m'écoute, qu'on me lise.
— Les actes de « demander » et d'« ordonner » sont encore plus strictement délimités. Par exemple, c'est l'examinateur qui pose les questions, pas celui qui passe l'examen, et on ne peut pas donner un ordre à n'importe qui.

429 Les principaux types d'actes de langage : les performatifs

■ Nous avons vu que ce terme désigne les verbes qu'on emploie pour « faire » quelque chose (§ 164 et 302). Les actes de langage accomplis sont alors très exactement ceux où « dire » c'est « faire ».
Exemples : *jurer, donner sa parole, promettre, parier, excuser, remercier, bénir, maudire, décréter, déclarer, léguer, baptiser*, etc.

■ Les verbes performatifs ne sont pas performatifs à tous les temps et à toutes les personnes. Ils ont cette valeur au présent de l'indicatif et à la première personne. *Jurer*, c'est dire *« Je le jure »*, pas *« Je jurerai »*, ou *« Il a juré »*. Cette valeur n'est acquise que dans une situation donnée qui est parfois très codifiée. On ne jure pas dans n'importe quelle circonstance.

430 Les principaux types d'actes de langage : les comportements

■ Ce sont des actes de langage où le langage intervient, mais de manière moins codifiée que dans le cas des performatifs. Cela ne signifie pas qu'il n'y a pas de situation de communication précise. Il y a toujours une situation.
— *Estimer*, c'est estimer la valeur de quelque chose — une opinion par exemple — ou de quelqu'un. C'est avoir la compétence ou simplement le droit moral d'estimer. On peut contester ce droit.
— *Renseigner*, c'est renseigner quelqu'un qui nous a demandé explicitement ou implicitement quelque chose.
— Autres exemples : *défier, critiquer, flatter, prévenir, avertir, concéder, recommander, approuver, encourager*, etc.

■ Le refus de dialogue. C'est une sorte d'« acte de non-langage ». On appelle **rebuffade** les procédés par lesquels le destinataire indique qu'il refuse la communication : on fait semblant de lire le journal ou de dormir, on ne répond pas, on raccroche le téléphone, on retourne la lettre sans l'avoir ouverte, etc. (§ 409)
Si le destinateur a vraiment cherché à entrer en communication avec le destinataire, lui opposer une rebuffade est toujours impoli. Dans certains cas, c'est même un comportement de mépris insupportable : le destinateur a l'impression de ne pas exister.

431 Les actes de langage « avec complicité des locuteurs » : actes indirects et sous-entendus

Pour ordonner, prier, défier, etc., il faut une situation de communication, donc un destinataire. Mais, dans la plupart des cas, on ne demande pas l'avis du destinataire. Il obéit ou non à l'ordre, à la prière, au défi.
D'autres actes de langage demandent la complicité du destinataire.

Les actes de langage indirects.

Ils consistent à employer les modalités d'énonciation avec une autre valeur. Nous avons vu plusieurs exemples de ces actes (§ 302) : déclarations qui sont des demandes, interrogations qui sont des menaces ou des ordres, interrogations rhétoriques.

Pour montrer que la complicité des interlocuteurs est nécessaire dans ces actes de langage, on peut évoquer le cas où l'interlocuteur refuse la complicité, fait semblant de ne pas jouer le jeu :

> — *Tu peux me passer l'eau, s'il te plaît ?*
> — *Oui.*

Et celui qui vient de répondre en reste là !

Les sous-entendus.

Ce sont des actes de langage où l'on dit quelque chose sans le dire vraiment. Ils sont très pratiques parce qu'ils permettent de donner une opinion sans risque. On laisse la responsabilité de comprendre au destinataire :

> — *Paul a l'air fatigué ce matin.*
> — *Tu veux dire qu'il passe ses nuits à danser ?*
> — *Non ! je n'ai pas voulu dire ça.*

Le sous-entendu n'est possible que si les interlocuteurs se comprennent à demi-mots, s'ils sont au courant des mêmes événements, s'ils partagent une communauté de compréhension (§ 409). Dans l'exemple donné ci-dessus, il faut que les deux interlocuteurs connaissent le *Paul* dont il est question.

432   Les actes de langage « avec complicité des locuteurs » : l'ironie

Du point de vue de l'expression, les principaux procédés de l'ironie sont :
— l'antiphrase et la litote (§ 340) ;
— la **prétérition** :
> *Je ne dis pas que tu es stupide* $\Longrightarrow$ On le dit !

— l'ajout d'un commentaire inattendu, absurde :
> *Pangloss fut pendu, quoique ce ne soit pas la coutume.* (VOLTAIRE)

— le ton « ironique ».

Mais l'ironie n'est pas un simple problème d'expression. On ne peut pas définir l'ironie par le ton « ironique ». Ou alors on définit le ton « ironique » par... l'ironie, et on tourne en rond !

L'ironie est un acte qui justifie et éclaire l'emploi de ces procédés.

Cet acte de langage implique trois facteurs :
— un énonciateur qui « fait » de l'ironie ;
— une cible qui est visée par l'ironie ;
— des témoins complices qui comprennent ce que dit l'énonciateur.

■ Comprendre que dans un discours il y a de l'ironie, c'est saisir un écart entre ce qui est dit et la situation :

« Beau temps, n'est-ce pas ? »

Un jour de soleil, c'est une constatation.

Un jour de pluie, c'est une antiphrase ironique.

Rien n'était si beau, si leste, si brillant, si bien ordonné que les deux armées.
(VOLTAIRE)

Si Voltaire est un écrivain connu pour « admirer » la guerre, le texte n'est pas ironique.

Si Voltaire est... Voltaire, le texte est une antiphrase ironique.

■ Comme tous les sous-entendus, l'ironie court toujours le risque de ne pas être comprise. Si on fait lire cette phrase ci-dessus à un lecteur qui ignore tout de Voltaire, il ne peut pas en apprécier l'ironie. S'il a lu *Candide* depuis le début, quand il en arrive à cette phrase, il ne peut pas se tromper d'interprétation :
— Voltaire « fait » de l'ironie ;
— la cible visée est la guerre et son exaltation ;
— le lecteur est complice de l'ironie puisqu'il la comprend.

▸ • L'**humour** repose sur les mêmes données que l'ironie mais la cible n'est pas visée avec autant de force.
On rencontre pourtant une force identique dans l'**humour noir** qui est parfois une forme d'ironie.

III. LES REGISTRES DE LANGUE

433   Définitions

On distingue généralement trois principaux registres de langue : le registre familier, le registre courant ou commun, le registre soutenu. Ce sont trois manières d'utiliser la langue, mais elles correspondent aussi à des manières de se comporter. Elles dépendent donc en partie des situations de communication.

■ *Le registre soutenu.*

Le seul registre qu'on puisse définir de manière assez claire est le registre soutenu. Il y a dans la langue des tours, des pratiques que personne n'utilise spontanément. Pour employer le registre soutenu, il faut « faire attention » à ce qu'on dit ou à ce qu'on écrit. **Le registre soutenu n'est jamais spontané.**

375

— Il est donc associé à des situations de communication où l'on prête attention à son comportement.
— Il demande une bonne connaissance des ressources de la langue.
— Le registre soutenu se rencontre à l'oral et à l'écrit, mais son modèle est un **modèle écrit** : concordance classique des temps (§ 194), emploi du subjonctif (§ 187), tours des anciens usages (§ 231, 276), emploi fréquent de phrases complexes, vocabulaire recherché, etc.

Le registre familier.

Le registre familier est celui d'une parole spontanée, employée avec ses proches, ses amis, dans des situations de communication sans contraintes.
— Le modèle du registre familier est un **modèle oral** et il comporte souvent des « fautes » au regard de l'usage correct. C'est un registre où les effets de style de l'oral sont souvent présents : ton, accents, emphase syntaxique (§ 318), hyperbole (§ 340), redondances (§ 413), etc. On emploie facilement des termes d'argot ou de patois, des mots « grossiers ».
— Cela dit, il y a sans doute autant de registres familiers que de locuteurs. Tout dépend pour chacun de sa connaissance de la langue, de son milieu, de l'importance qu'il attache au langage, de son souci de respecter des normes de « bon usage », de la qualité de sa prononciation, etc.

Le registre courant, commun.

Ce registre est moins spontané que le registre familier, mais il est plus spontané que le registre soutenu.
— Il s'emploie dans les situations de la vie quotidienne, quand nous sommes au contact de gens que nous ne connaissons pas ou peu.
— Il fonctionne à l'oral et à l'écrit. On y trouve les cadres les plus généraux de la langue, ceux d'un usage correct sans recherche d'effets particuliers.
— Au fond, c'est **le registre qui passe inaperçu.**

434   Emplois dans les textes

Les registres de langue peuvent être considérés de deux manières (§ 1).
— Le **point de vue normatif** les classe en registres corrects et incorrects. De ce point de vue, il y a donc des registres qu'on doit éviter d'employer dans la mesure du possible.
— Le **point de vue descriptif** les analyse comme des ressources de la langue. Maîtriser sa langue, c'est pouvoir employer les différents registres selon les situations de communication.

Dans les textes, on peut rencontrer l'influence de deux points de vue.
— L'auteur s'en tient à la norme et s'interdit d'employer des registres incorrects ou registres « bas ».
— L'auteur joue sur toute la gamme des registres, en fonction de ses personnages et des situations où ils se trouvent. Cela le conduit donc souvent à jouer sur les registres marqués, ceux qu'on peut distinguer : les registres familiers et les registres soutenus.
Le lecteur doit repérer les passages où ces registres sont employés, apprécier comment ils conviennent aux situations de communication (§ 364).

376

EXERCICES

LA SITUATION DE COMMUNICATION

1 Quels types d'énonciation rencontrez-vous dans les textes qui suivent ?
(§ 423-426)

a) « Maître Blazius. — Il me semble que voilà le curé.
Maître Bridaine. — C'est le gouverneur en personne.
Maître Blazius. — Oh ! Oh ! monsieur le curé, que faites-vous là ?
Maître Bridaine. — Moi ! je vais dîner. N'y venez-vous pas ? »
(MUSSET, *On ne badine pas avec l'amour*)

b) « Je puis dire que je n'ai eu de famille, et ce sont mes enfants qui me font connaître aujourd'hui la douceur et la fermeté des liens qui m'ont manqué quand j'avais leur âge. »
(FROMENTIN, *Dominique*)

c) « Le père et la mère de Julien habitaient un château, au milieu des bois, sur la pente d'une colline.
Les quatre tours aux angles avaient des toits pointus recouverts d'écailles de plomb, et la base des murs s'appuyait sur des quartiers de rocs, qui dévalaient abruptement jusqu'au fond des douves. » (FLAUBERT, *Trois Contes*)

d) « Je suis seul ici, maintenant, bien à l'abri. Dehors il pleut, dehors on marche sous la pluie en courbant la tête, s'abritant les yeux d'une main tout en regardant quand même devant soi, à quelque mètres devant soi, quelques mètres d'asphalte mouillé... »
(ROBBE-GRILLET, *Dans le labyrinthe*)

e) « J'enrage de ne pouvoir déchiffrer la signature d'une lettre datée de Gstaad (26 mars) tant je me sens pressé d'y répondre... »
(MAURIAC, *Le Dernier Bloc-notes*)

2 Quels types d'énonciation rencontrez-vous dans les textes qui suivent ?
Comment sont-ils associés ?
a) « Usbek à Rhédi, à Venise.
Le monarque qui a si longtemps régné n'est plus. Il a bien fait parler des gens pendant sa vie ; tout le monde s'est tu à sa mort. Ferme et courageux dans ce dernier moment, il n'a paru céder qu'au destin. Ainsi mourut le grand Chah Abas, après avoir rempli toute la Terre de son nom.
Ne crois pas que ce grand événement n'ait fait faire ici que des réflexions morales. Chacun a pensé à ses affaires et à prendre ses avantages dans ce changement. »(MONTESQUIEU, *Lettres persanes*)
b) « Chérubin. — Suzanne, il me renvoie.
Suzanne. — Chérubin, quelque sottise !
Chérubin. — Il m'a trouvé hier au soir chez ta cousine Fanchette, à qui je faisais répéter son petit rôle d'innocente, pour la fête de ce soir : il s'est mis dans une fureur en me voyant ! — *Sortez,* m'a-t-il dit, *petit...* Je n'ose pas prononcer devant une femme le gros mot qu'il a dit : *sortez, et demain vous ne coucherez pas au château.* »
(BEAUMARCHAIS, *Le Mariage de Figaro*)
c) « Après son voyage d'Ostende, Madame de Chateaubriand fit une course à Anvers. À Louvain, elle me recruta un bègue, savant professeur qui vint tout exprès à Gand pour contempler un homme aussi extraordinaire que le mari de ma femme. Il me dit : ''Illus...ttt...rr...'' ; sa parole manqua à son admiration et je le priai à dîner. »
(CHATEAUBRIAND, *Mémoires d'outre-tombe*)

3 Quels actes de langage pouvez-vous relever dans le texte qui suit ?
(§ 427-432)
a) « Lesable demanda rudement : ''De quoi vous mêlez-vous ?''

377

Devant ce ton provocant, Maze, à son tour, haussa la voix :

''Dites donc, vous, qu'est-ce qui vous prend ? Tâchez d'être poli, ou vous aurez affaire à moi !''

Mais Lesable tremblait de colère, et perdant toute mesure :

''Monsieur Maze, je ne suis pas, comme vous, un grand fat, ni un grand beau. Et je vous prie désormais de ne jamais m'adresser la parole. Je me soucie ni de vous, ni de vos semblables.'' »

(MAUPASSANT, *L'Héritage*)

b) « — Il nous faut des citoyens purs, des hommes entièrement neufs ! Quelqu'un se présente-t-il ?

Frédéric se leva. Il y eut un bourdonnement d'approbation causé par ses amis. Mais Sénécal, prenant une figure à la Fouquier-Tinville, se mit à l'interroger sur ses nom, prénoms, antécédents, vie et mœurs.

Frédéric lui répondait sommairement et se mordait les lèvres. Sénécal demanda si quelqu'un voyait un empêchement à cette candidature.

— Non ! non !

Mais lui, il en voyait. Tous se penchèrent et tendirent les oreilles. Le citoyen postulant n'avait pas livré une certaine somme promise pour une fondation démocratique, un journal. De plus, le 22 février, bien que suffisamment averti, il avait manqué au rendez-vous, place du Panthéon.

— Je jure qu'il était aux Tuileries ! s'écria Dussardier.

— Pouvez-vous jurer l'avoir vu au Panthéon ?

Dussardier baissa la tête. Frédéric se taisait ; ses amis scandalisés le regardaient avec inquiétude.

— Au moins, reprit Sénécal, connaissez-vous un patriote qui nous réponde de vos principes ?

— Moi ! dit Dussardier.

— Oh ! cela ne suffit pas ! un autre !

Frédéric se tourna vers Pellerin. L'artiste lui répondit par une abondance de gestes qui signifiait :

''Ah ! mon cher, ils m'ont repoussé ! Diable ! que voulez-vous !'' »

(FLAUBERT, *L'Éducation sentimentale*)

4 **Dans les passages qui suivent, analysez les procédés et la situation de communication qui donnent au texte sa valeur ironique.**

a) « Les hommes n'ayant pu guérir la mort, la misère, l'ignorance, ils se sont avisés, pour se rendre heureux, de n'y point penser. »

(PASCAL, *Pensées*)

b) « Orgon. — Tout s'est-il, ces deux jours, passé de bonne sorte ?

Qu'est-ce qu'on fait céans ? Comme est-ce qu'on s'y porte ?

Dorine. — Madame eut avant-hier la fièvre jusqu'au soir,

Avec un mal de tête étrange à concevoir.

Orgon. — Et Tartuffe ?

Dorine. — Tartuffe ? il se porte à merveille.

Gros et gras, le teint frais, et la bouche vermeille.

Orgon. — Le pauvre homme ! »

(MOLIÈRE, *Tartuffe*)

c) *(À propos du supplice de la Voisin.)*

« Un juge à qui mon fils disait l'autre jour que c'était une étrange chose que de la faire brûler à petit feu, lui dit : ''Ah ! Monsieur ! il y a certains petits adoucissements à cause de la faiblesse du sexe.

— Eh quoi ! Monsieur, on les étrangle ?

— Non, mais on leur jette des bûches sur la tête ; les garçons du bourreau leur arrachent la tête avec des crocs de fer.'' Vous voyez bien ma fille que cela n'est pas si terrible que l'on pense : comment vous portez-vous de ce petit conte ? Il m'a fait grincer les dents. »

(Mme de SÉVIGNÉ, *Lettres*)

d) « Usbek à Rhédi, à Venise.

À Paris règnent la liberté et l'égalité. La naissance, la vertu, le mérite même de la guerre, quelque brillant qu'il soit, ne sauve pas un homme de la foule dans laquelle il est confondu. La jalousie des rangs y est inconnue. On dit que le premier de Paris est celui qui a les meilleurs chevaux à son carrosse.

Un grand seigneur est un homme qui voit le roi, qui parle aux ministres, qui a des ancêtres, des dettes et des pensions. »

(MONTESQUIEU, *Lettres persanes*)

CHAPITRE 5

Communications orale et écrite

435 La parole et l'écoute

■ La communication orale permet une **communication immédiate entre les interlocuteurs.** Elle assure des conditions idéales pour que la communication humaine soit une communication d'échange (§ 409).
Aujourd'hui, l'influence des médias rattache la communication orale à la transmission de l'information (§ 406).

436 La communication orale avec échange

■ La **conversation** est une communication orale qui réunit de deux à une dizaine de personnes. Elle est une attitude humaine fondamentale : on reconnaît l'autre comme un interlocuteur avec qui on peut échanger des idées, mêmes banales.
— La conversation doit être totalement **spontanée.** Elle n'a pas de fil directeur, on parle de tout et de rien, on saute du coq à l'âne. Selon le degré d'intimité des interlocuteurs, la langue utilisée est celle du registre familier ou du registre courant.
— Tous ces points ne signifient pas qu'il n'y ait pas un **« art de la conversation »** : savoir écouter, parler à propos, pouvoir aborder des sujets variés, en rapport avec les goûts des autres interlocuteurs.

■ **Le dialogue est très certainement le type fondamental de la communication humaine.** Etymologiquement (du grec, *dialogos*), le dialogue est une parole « entre », une parole qui n'appartient à aucun des interlocuteurs, mais qu'ils possèdent ensemble.
— Le dialogue est une conversation où les échanges sont complètement libres, mais c'est une conversation **suivie. Le dialogue a un sens**.
— Toute situation de dialogue oblige les interlocuteurs à user au mieux de leurs compétences linguistiques respectives.
— Le dialogue dépend d'abord de la **capacité d'écoute des interlocuteurs**. Cela signifie que chacun accepte la parole de l'autre. Le dialogue peut être « vif », très vif même. Un bon dialogue n'est jamais mou : on défend son point de vue, on argumente, on essaie de convaincre… Mais on ne cesse jamais d'accepter le point de vue de l'autre, de mesurer en quoi il peut modifier utilement le nôtre.

379

■ Le **débat**, la **discussion** sont des formes de communication orale qui combinent **liberté et directivité**. Les échanges doivent être libres. Mais le débat porte sur un ou plusieurs sujets précis. Le débat ou la discussion demande donc un **animateur**.
— Les conditions matérielles d'un débat tiennent essentiellement à un critère : tous les participants doivent pouvoir intervenir dans des conditions identiques.
— Chaque participant doit pouvoir être vu de tous les participants. Le problème qui se pose est celui de la « table » du débat. La table ronde est le dispositif idéal pour faciliter la communication sans placer l'un des participants dans une position dominante ou inférieure.
— Chaque participant doit pouvoir être entendu de tous les participants. Ce problème, lié au précédent, est très souvent une affaire de micro.

■ L'**exposé suivi de questions** est un forme mixte qui combine l'exposé, mode de communication sans échanges, et le débat. Dans l'exposé avec questions, le temps de la réunion est généralement partagé en deux : exposé puis questions.
— Dans la **leçon** et le **cours**, l'alternance n'est pas réglée. Elle intervient en fonction du moment et des nécessités.

> • Quand le débat ou l'exposé concernent des participants ou des auditeurs de nationalités différentes, il faut prévoir un système de traduction instantanée. C'est le prix à payer pour que les sociétés et les cultures ne soient pas uniformisées et qu'elles continuent à s'enrichir de leurs différences et de leurs échanges.

■ L'**entretien** est une sorte de **dialogue à deux personnes** au cours duquel l'un des participants cherche à mieux connaître l'autre. Dans un entretien, il y a donc toujours une orientation des échanges. C'est pour cela que l'entretien n'est pas un véritable dialogue.

■ **Interview** est un mot anglais qui vient du français « entrevue ». Il est appliqué essentiellement aux domaines des médias. Dans une interview, le journaliste pose les questions, mais il doit savoir s'effacer pour laisser la place à l'interviewé et à ses réponses.

■ L'**interrogation orale** ressemble à un entretien puisque l'échange est dirigé par celui qui pose les questions. La différence avec l'entretien tient à deux facteurs qui définissent la portée exacte des questions :
— les questions ont pour but de contrôler des connaissances et des compétences ;
— ces connaissances et ces compétences ont dû être acquises selon un programme connu de l'interrogateur et de l'élève.
On prépare donc une interrogation orale en travaillant dans deux domaines :
— en premier lieu, dans le domaine des connaissances et des compétences à acquérir : ceux qui « communiquent » bien, mais qui n'ont rien à dire, ne font pas longtemps illusion ;
— en second lieu, dans le domaine de la communication. Dans ce domaine, tous les « bons conseils » ne remplacent pas un bon entraînement. Il faut donc faire beaucoup d'interrogations orales pour bien les pratiquer.

> • Le professeur n'est pas le seul qui puisse faire pratiquer cet entraînement : parents, camarades, amis sont de parfaits « entraîneurs ». Certes, ils ne poseront pas les questions de la même manière qu'un professeur, mais ce n'est pas une différence très importante. L'essentiel est de s'entraîner à répondre clairement, à parler clairement sur un sujet précis.

437   Les formes de communication orale sans échanges

■ Il y a plusieurs formes de communication orale sans échanges.
— Les discours de toutes sortes.
— Le cours « magistral », c'est-à-dire un cours où les élèves et les étudiants sont simplement auditeurs.
— Les émissions de radio et de télévision.

■ Il en va de l'**exposé oral** comme de l'interrogation orale : tous les bons conseils ne valent pas un bon entraînement. On peut cependant rappeler quelques-uns de ces bons conseils.
— Ne pas lire ses notes, le « nez sur le papier ». Il faut regarder les auditeurs. Les notes servent de guide, l'exposé doit être avant tout **oral**.
— Un ton monotone est un somnifère parfait !
— Le registre de langue peut être le registre courant, mais il est plus proche de l'écrit que de l'oral, en particulier pour la construction des phrases et l'enchaînement des arguments.
— Ne pas oublier la durée prévue. La montre posée sur la table permet de vérifier discrètement le temps qui passe.
— On doit aussi savoir que l'attention des auditeurs va croissant pendant la première demi-heure, mais qu'ensuite elle décroît. Bien entendu, ce sont des données générales. Si l'exposé est passionnant, « on ne voit pas le temps passer ». Mais celui qui parle doit tenir compte du cas général et organiser son propos en conséquence.

438   L'écriture et la lecture

■ La communication écrite est une **communication différée** :
— le destinateur écrit son message à un moment (situation d'écriture) ;
— le ou les destinataires le lisent à un autre moment (situation de lecture).

■ Le temps intervient également dans l'écriture et la lecture :
— le destinateur dispose d'un **temps d'écriture** pour travailler son message ;
— le ou les destinataires disposent d'un **temps de lecture** pour le lire et le relire. Dans le cas des textes littéraires, il s'établit entre le lecteur et le texte une qualité de lecture qu'on peut comparer à un dialogue (§ 410).

439   La communication écrite : la correspondance

■ La **correspondance privée** ressemble à une conversation ou à un dialogue dont les répliques seraient espacées dans le temps. Ceux qui correspondent sont des interlocuteurs à part entière : *Madame Marie Arnoux* ou *Monsieur Frédéric Moreau.*
Le courrier oral a été rendu possible par le développement des magnétophones. C'est sur le modèle de l'écrit que le texte oral doit être enregistré : une expression spontanée serait souvent incompréhensible, puisque coupée de sa situation de communication.

■ La **correspondance administrative, officielle, la correspondance commerciale** et toutes les correspondances du même type sont échangées entre des personnes qui peuvent se connaître ou non. Les correspondants sont souvent des entités plutôt que des personnes : responsable d'un bureau, intendant d'un lycée, directrice d'une agence, etc.
Une **lettre circulaire** est adressée à des milliers de destinataires.

> • Dans tous les cas, une lettre dont l'enveloppe porte le nom d'une personne est une lettre privée. Seule la personne en question peut l'ouvrir. Le viol de la correspondance est un acte puni par la loi.
> En revanche, une lettre adressée à « Madame le maire », « Monsieur le directeur de ... », etc., est ouverte par leur secrétariat.

■ La règle essentielle de toute correspondance tient en deux mots : **être clair**.
— Clarté de la langue.
— Clarté du plan suivi.
— Identification du destinateur : une signature illisible doit être suivie du nom écrit en capitales, sauf si ce nom est donné en tête de la lettre. Une lettre anonyme est un délit.
L'usage français veut que toute correspondance privée soit manuscrite. La clarté dépend donc aussi de la lisibilité de l'écriture.

> • La correspondance commerciale répond à des contraintes particulières qui sont exposées dans des ouvrages spécialisés.

■ La correspondance **privée soutenue** concerne une personne plus âgée que vous et qui n'est pas de vos proches. Elle obéit à des règles plus précises que la correspondance privée, familiale ou amicale.
— Écrire votre nom et votre adresse en haut et à gauche de la page.
— Début : *Monsieur*, ou : *Madame.*
— Formule de politesse : *Je vous prie d'accepter, Monsieur (Madame), mes respectueuses salutations.*

■ La **correspondance officielle** obéit à des règles plus précises encore :
— En tête de la lettre :

Pierre Dupont   *Paris, le 2 février 1990*
3, rue de la Mer
75005 Paris

            Monsieur le chef du personnel
              de la Société ARNOUX
               12, rue Saint-Pierre
                 75006 PARIS

Objet : Demande de travail temporaire
          pour la période des vacances.

— Début : *Monsieur le directeur, Madame l'intendante, Monsieur le professeur...*
— Formule de politesse : *Je vous prie d'accepter, Monsieur le directeur, mes respectueuses salutations (mes sincères salutations).*

440   La communication écrite : les textes d'information

■ L'information écrite peut prendre de multiples formes : affiche, avis, circulaire, note de service, rapport, documents de toutes sortes, journal, hebdomadaire, magazine, petites annonces, brochure, ouvrage, etc. Chacune de ces formes dépend de la quantité d'information à transmettre, de la diffusion souhaitée, du caractère éphémère ou durable de l'information.

L'écriture est influencée par la nature du texte écrit. Un livre laisse à son auteur la possibilité d'employer toutes les ressources de la langue. Les petites annonces demandent des phrases brèves (presque toujours des phrases sans verbe, § 266) et des abréviations.

Les **exercices écrits** pratiqués en classe (dissertation ou composition française, compte rendu, résumé) portent souvent sur des sujets à dominante littéraire. Rares sont évidemment les professions où l'on doit traiter de semblables sujets. Mais la technique de ces exposés écrits est à peu près indépendante du sujet traité. Ces exercices ne sont donc pas si éloignés qu'on le prétend parfois des textes écrits courants.

La lecture des textes d'information est une **lecture silencieuse** qui comporte deux aspects ou deux étapes.
— La **lecture exploratoire**. On parcourt un texte des yeux en cherchant les mots ou les passages qui concernent le sujet en question. Dans beaucoup de textes écrits, cette exploration est facilitée par des titres, des sous-titres, des caractères gras, etc. (§ 367, 380)
— La **lecture attentive**. On lit et on relit les passages qui nous intéressent. On utilise les renvois, on vérifie dans un dictionnaire le sens des mots difficiles.

> • Ceux qui ont l'habitude de lire lisent plus vite que les autres. Comme dans tous les domaines, c'est une question d'entraînement. Mais la meilleure manière de lire vite, c'est de bien séparer lecture exploratoire et lecture attentive.

Dans la **prise de notes**, le mieux est de conserver le plan du texte, voire de le reproduire sur sa feuille. Mais le reste doit être résumé. Inutile de faire des phrases : des notes suffisent. Leur disposition dans l'espace de la page est importante parce qu'elle permet de mieux les relire et de mieux les retenir.

Prenons l'exemple du texte suivant ; il a donné lieu à deux prises de notes : l'une bonne, l'autre mauvaise.

> *En face d'un énoncé deux attitudes sont possibles. La première consiste à le décrire sans s'interroger sur sa correction par rapport à un usage qu'il faudrait suivre. C'est l'attitude de la grammaire descriptive. La seconde consiste à le classer comme correct ou non, à recenser les fautes qu'il contient, à le corriger pour parvenir à un énoncé jugé convenable. C'est l'attitude normative.*
> *Dans l'hypothèse pédagogique, qui est celle où nous nous plaçons, écarter délibérément l'une ou l'autre de ces attitudes conduit à une impasse.*

EXERCICES

COMMUNICATIONS ORALE ET ÉCRITE

1 **Relevez dans chaque texte les éléments qui permettent d'analyser la situation de communication orale.**

a) « A la vérité, Messieurs, rien n'a jamais égalé la fermeté de son âme, ni ce courage paisible, qui, sans faire effort pour s'élever, s'est trouvé par sa naturelle situation au-dessus des accidents les plus redoutables. Oui, Madame fut douce envers la mort, comme elle l'était envers tout le monde. Son grand cœur ni ne s'aigrit, ni ne s'emporte contre elle. Elle ne la brave non plus avec fierté ; contente de l'envisager sans émotion, et de la recevoir sans trouble. Triste consolation, puisque, malgré tout, nous l'avons perdue ! » (BOSSUET, *Oraison funèbre d'Henriette d'Angleterre*)

b) « Je demande à mes convives la permission de boire à leur santé.

Je suis ici le débiteur de tous, et je commence par un remerciement. Je remercie de leur présence, de leur concours, de leur sympathique adhésion, les grands talents, les nobles esprits, les généreux écrivains, les hautes renommées qui m'entourent. Je remercie, dans la personne de son honorable directeur, ce magnifique théâtre national auquel se rattache, par ses deux extrémités, un demi-siècle de ma vie. Je remercie mes chers et vaillants auxiliaires, ces excellents artistes que le public tous les soirs couvre des ses applaudissements. *(Bravos)*. » (HUGO, *Discours prononcé pour la reprise d'Hernani, le 11 décembre 1877,* Club français du livre)

c) « Étienne s'était penché derrière le dos du président pour apaiser Maheu, très rouge, mis hors de lui par ce discours d'hypocrite.

— Citoyens, dit Pluchard, permettez-moi de prendre la parole.

Un silence profond se fit. Il parla. » (ZOLA, *Germinal,* IV, 4)

d) « Mais la comtesse, se tournant vers Mme Carré-Lamadon, rompit bientôt ce pénible silence.

— Vous connaissez, je crois, Mme d'Étrelles ?

— Oui, c'est une de mes amies.

— Quelle charmante femme !

— Ravissante ! Une vraie nature d'élite, fort instruite d'ailleurs et artiste jusqu'au bout des doigts, elle chante à ravir et dessine dans la perfection.

Le manufacturier causait avec le comte, et, au milieu du fracas des vitres, un mot parfois jaillissait : Coupon — échéance — — prime — à terme. » (MAUPASSANT, *Boule de Suif*)

2 **Dans chacun de ces extraits de lettres, relevez les éléments qui permettent de préciser la situation de communication.**

a) « Il y a huit jour, ma chère enfant, que nous n'avons pas reçu de vos nouvelles : vous ne sauriez croire combien ce temps est long à passer. Je viens de chez Mme de La Fayette, qui a reçu une lettre de son fils du 11e de ce mois… » (Mme DE SÉVIGNÉ à Mme de Grignan, sa fille, le 15 octobre 1688)

b) « Je me suis trompé sur le nombre des juges, dans ma lettre à M. de La Marche. Ils étaient treize ; cinq ont constamment déclaré Calas innocent. S'il avait eu une voix de plus en sa faveur, il était absous. À quoi tient donc la vie des hommes ? à quoi tiennent les plus horribles supplices ? » (VOLTAIRE au comte d'Argental, le 27 mars 1762, Ferney)

c) « Votre noble et douce lettre m'arrive. Merci avec l'âme et avec le cœur. Je lis en ce moment — dans un charme qui croît de page en page — votre livre exquis et profond *L'Oiseau*. Vous êtes le véritable historien, car il y a tous les souffles en vous, la philosophie qui vient des tombes et la poésie qui vient des étoiles. » (HUGO à Michelet, le 9 mai 1856, Hauteville-House)

TROISIÈME PARTIE

LE TEXTE

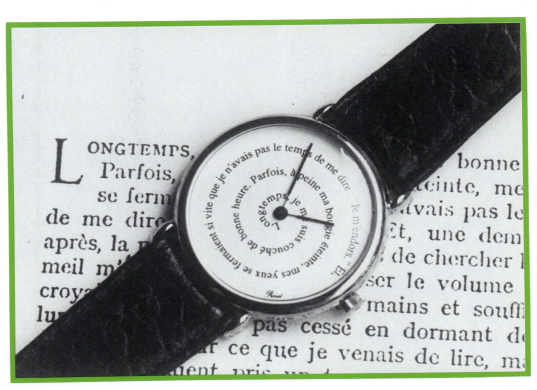

CHAPITRE 1

La notion de texte

441 Définitions

Le texte. Sa cohésion et sa cohérence.

Le texte est un message, c'est-à-dire un fait de discours. Il est donc lié à une situation d'énonciation.

Le texte forme un tout.
Ce peut être un mot (*acier* sur la lame d'un couteau, voir § 1) ; une phrase (*Mieux vaut tard que jamais*) ; quelques pages (une brochure, une note de service) ; des centaines de pages (un livre).

Un texte forme un tout à cause de sa cohésion et de sa cohérence.
— La **cohésion** concerne le détail des enchaînement linguistiques, la manière dont sont liés les éléments phonétiques, grammaticaux, sémantiques et discursifs du texte (§ 443).
— La **cohérence** concerne l'organisation globale du texte, sa construction générale (§ 445).

Le texte oral.

— Quand le texte oral est un discours, une plaidoirie, un sermon, un dialogue de théâtre, il forme un tout. C'est un texte à part entière. Il appartient à un oral oratoire ou fictif (§ 363-364).
— Un débat, une discussion présentent une unité. Mais la publication des échanges s'accompagne de retouches destinées à assurer leur cohésion et leur cohérence. Relisez le débat cité § 362 : on voit qu'il ne peut pas être publié tel quel.

Les morceaux choisis, les extraits.

Il est évident qu'ils ne forment pas un tout : ils doivent être replacés dans le texte intégral. C'est pourquoi on critique parfois la lecture des extraits en disant qu'il est préférable de lire l'œuvre entière. Cette opinion est juste, mais elle n'est pas applicable tout le temps. Le travail du cours de français doit se faire à partir d'extraits. Ces extraits sont « choisis », c'est-à-dire que les auteurs des anthologies retiennent des passages qui ont une unité. Tout ce qui est dit dans cette troisième partie du livre s'applique aussi bien aux textes complets qu'aux morceaux choisis.

442   La grammaire de texte

Nous avons vu que la lecture est un dialogue entre le lecteur et le texte, dialogue particulièrement fructueux dans le cas du texte littéraire. Nous pouvons maintenant ajouter que l'une des étapes de ce dialogue est l'analyse de la cohérence et de la cohésion du texte.

L'analyse comparée des textes montre que leurs formes de cohérence et de cohésion comportent des régularités. L'étude de ces régularités s'appelle la **grammaire de texte**.

I. LA COHÉSION DU TEXTE

443   Les facteurs de la cohésion

Les facteurs de la cohésion d'un texte sont tous des facteurs qui relèvent de la **langue** et du **discours**. La liste qui suit retient les facteurs essentiels. Quand vous devez expliquer un texte, parcourez cette liste pour repérer les points du texte qui méritent d'être examinés.

■ **La cohésion de la forme orale** tient au rôle des mélodies de types de phrase (§ 296, 297, 299), des accents et des pauses (§ 361). Elle est évidemment liée à la ponctuation (§ 379).

■ **La cohésion morpho-syntaxique** tient à quelques relations fondamentales.
— Emploi anaphorique de l'article défini (§ 22).
— Emploi anaphorique, cataphorique ou déictique des adjectifs possessifs (§ 26-27).
— Pronoms représentants et pronoms déictiques (§ 67).
— La distinction aspect accompli / aspect non accompli (§ 111), les valeurs des voix (§ 103-107).
— Les emplois des modes : qu'est-ce qui demande l'emploi du subjonctif (§ 188) ? Quels sont les mots supports du gérondif (§ 197), du participe (§ 198), de la forme adjective du verbe (§ 202), de l'infinitif (§ 205) ?
— Les constructions par coordination (§ 218, 269) ou par subordination (§ 218, 270).
— L'insertion du discours rapporté dans le texte d'accueil (§ 303).
— Mises en position détachée (§ 315), présentatifs (§ 319).
Dans ces analyses, n'oubliez pas le rôle de la ponctuation (§ 384).

■ **La cohésion lexicale et sémantique** repose sur les ensembles de vocabulaire répartis dans le texte (§ 459).

444   Les ruptures de la cohésion

■ Elles peuvent être volontaires.

— Incises de commentaire (§ 313), apostrophe (§ 314), intervention de l'auteur ou du narrateur (§ 426).

— L'**anacoluthe** est une rupture de la cohésion syntaxique. Dans la plupart des cas, elle correspond à une irruption de l'oral dans l'écrit. L'oral procède en effet souvent par ruptures et phrases inachevées (exemple du § 362), parce que le ton ou la mimique assurent la liaison.

— La notion d'**ellipse syntaxique** ne doit pas être employée à chaque fois qu'une proposition semble incomplète. Par exemple, les phrases sans verbe ne sont pas des ellipses de phrases avec verbe. Ce sont des constructions différentes. Il n'y a ellipse que si la place du mot absent est clairement dessinée par les mots présents :

> *C'est une sphère dont le centre **est** partout, la circonférence nulle part.*
>
> (PASCAL)

— Les procédés d'inachèvement volontaire sont très fréquents :

> *Des sauvages... Des sauvages... disait-elle.* (COLETTE)

■ Mais les ruptures de la cohésion peuvent aussi être tout simplement des fautes : phrase inachevée (ne pas confondre avec une anacoluthe !) ; ambiguïté du nom support d'un gérondif (§ 197), d'un participe (§ 199) ou d'un infinitif (§ 207) ; ambiguïté de l'antécédent d'un pronom ; faute d'ortographe d'accord (§ 374) ; métaphore mal filée (§ 343) ; etc.

II. LA COHÉRENCE DU TEXTE

445   Les types de cohérence

■ La cohérence d'un texte dépend de plusieurs facteurs :

— la différence entre communiquer au sens de transmettre une information et communiquer au sens de comprendre (§ 406-409).

— la différence entre textes informatifs à dominante référentielle et textes littéraires à dominante associative (§ 404).

■ On peut distinguer quatre principaux types de cohérence : la cohérence **informative**, la cohérence d'**exposition**, la cohérence de **narration**, la cohérence d'**évocation**.

Ce sont des cadres généraux. Un texte n'appartient pas obligatoirement à un seul type de cohérence.

446   La cohérence informative

On pourrait l'appeler cohérence d'application ou cohérence pratique. Elle parle du « monde ». On lit le texte, mais on « regarde » hors du texte. C'est une cohérence à **dominante référentielle** (§ 404). Elle concerne des **textes informatifs** : guide, mode d'emploi, catalogue, convocation, etc.

LA NOTION DE TEXTE

La cohésion est assurée de la manière la plus simple, la plus neutre : peu de phrases complexes, temps verbaux courants, énonciation-récit. Un défaut fréquent est l'abondance des adjectifs et des pronoms démonstratifs. L'élégance consiste dans la précision et la clarté :

> *L'important massif de la forêt de Larbois domine la ville et occupe toute la rive gauche de la boucle du fleuve. Les routes forestières offrent de beaux aperçus sur les futaies de feuillus (principalement des hêtres) et sur les pinèdes.*

447 La cohérence d'exposition

Elle demande une grande **unité thématique.** Une simple lettre commerciale doit présenter cette cohérence et ne comporter qu'un seul objet.
Les textes sont de trois sortes.
— **Textes législatifs et juridiques** obéissant à des critères d'exposition spécifiques.
— **Textes scientifiques et techniques** où la cohérence démonstrative repose sur l'expérimentation et les preuves scientifiques, calculs à l'appui.
— **Textes d'opinion, d'idées** où la démonstration et les preuves sont obtenues en partie par les ressources de la rhétorique (§ 445). On parle ici de **cohérence délibérative.** La cohésion de ces textes peut être assurée par toutes les ressources de la langue et du discours (§ 472) :

> *Les lois de la démocratie tendent, en général, au bien du plus grand nombre, car elles émanent de la majorité de tous les citoyens, laquelle peut se tromper, mais ne saurait avoir un intérêt contraire à elle-même.*

(TOCQUEVILLE)

448 La cohérence de narration

La cohérence de narration intervient dans tous les textes qui **« racontent » une histoire**, que ce récit soit leur premier objectif ou qu'il soit un objectif parmi d'autres (§ 474).
— Bien entendu, des données particulières interviennent pour organiser la narration d'un texte historique, d'un roman ou de l'intrigue d'une pièce de théâtre. Mais tous ces types de texte ont en commun une cohérence narrative qui organise les rapports entre les épisodes de la narration, les moments et les lieux où elle se déroule, les personnes ou les personnages qui interviennent... (§ 475-489)
— Si la narration a un caractère historique (histoire, autobiographie), les référents sont évidemment importants. Mais même dans ce cas, et à plus forte raison si la narration rapporte une fiction, la **dominante est associative** (§ 404). Le plus « réaliste » des romans est d'abord un roman.
Toutes les possibilités de la langue et du discours servent à la cohésion de ces textes :

> *Le vieux Bélus, roi de Babylone, se croyait le premier homme de la terre : car tous ses courtisans le lui disaient, et ses historiographes le lui prouvaient.*

(VOLTAIRE)

> *Il neigeait. On était vaincu par sa conquête.*
> *Pour la première fois l'aigle baissait la tête.*
> *Sombres jours ! l'empereur revenait lentement,*
> *Laissant derrière lui brûler Moscou fumant.* (HUGO)

Le poème combine cohérence poétique (dominante), cohérence de narration et cohérence délibérative (par sa place dans *Les Châtiments*).

449 La cohérence d'évocation

On pourrait aussi l'appeler **cohérence poétique**. Mais cette cohérence ne concerne pas que des textes poétiques (§ 498). Elle joue sur les sons du discours, les associations d'idées et les métaphores, tout ce qu'un texte peut suggérer...

Le passage d'une cohérence narrative à une cohérence d'évocation s'observe bien dans ces lignes d'Aragon :

> *Dès que la petite Jeanne put dire trois mots, put marcher, elle cessa d'intéresser son frère. Et, en général, elle cessa d'être intéressante. C'est ainsi que, bien que n'étant pas fils unique, Pascal eut entre des parents divisés une enfance solitaire. Une enfance solitaire, et puis pas si solitaire que ça. Une enfance pourtant dont il lui restera une couleur de feuillages sombres entremêlés, un parfum de noisetier et de chèvres, une lumière d'avant l'orage, quand on se met à courir en sachant qu'il est trop tard pour gagner un abri.* (ARAGON)

450 Le début et la fin du texte

Le texte est un tout. Il forme un ensemble clos. Il est donc utile d'analyser les frontières de ce tout.

■ Dans les textes de cohérence informative et de cohérence d'exposition, le début et la fin ne sont pas libres. Il convient de se poser plusieurs questions.
— **Est-ce bien le début ?** Commence-t-on bien par l'énoncé des hypothèses et des objectifs ? Pensez, par exemple, au début d'une **dissertation** avec la citation du sujet, l'énoncé des problèmes qu'il invite à examiner, le plan du développement.
— **Est-ce bien la fin**, la conclusion, le résultat de la démonstration, les conséquences ? Rien n'a-t-il été oublié ?

■ Dans les textes de cohérence narrative ou poétique, début et fin sont entièrement libres. Les questions à se poser sont différentes.
— **En quoi est-ce un début ? une fin ?** Qu'est-ce qui donne l'effet de début ? de fin ? Pensez à ces films où l'on devine que la fin arrive : pourquoi avons-nous cette impression ?
— **Pourquoi ce début-là ? cette fin-là ?** Si on imagine un autre début, une autre fin, qu'est-ce que cela change à la cohérence du texte ?

▶ • Dans les textes longs, la question des débuts et des fins peut aussi être examinée pour chaque chapitre, chaque acte, chaque scène...

■ Début et fin reçoivent des noms divers.
— **Préface** (avertissement, avant-propos, introduction) et **postface** (conclusion) sont en dehors du texte. Sauf dans les romans qui jouent sur ces deux parties : le début des *Lettres persanes*, des *Liaisons dangereuses*, la fin de *Jacques le fataliste*, d'*Adolphe*...

LA NOTION DE TEXTE

391

— **Prologue** et **épilogue** font partie du texte. Leur origine est théâtrale, mais ils sont employés pour d'autres genres de textes.
— **Exorde** et **péroraison** s'appliquent à un discours.
— **Attaque** et **chute**, ou **pointe**, s'appliquent à des textes brefs, satiriques ou polémiques.
— On appelle **incipit** (latin « il commence ») les premiers mots d'un texte. Beaucoup d'auteurs ont souligné l'importance de l'incipit, de cette sorte de plongée dans le texte.

> • Dans l'analyse des morceaux choisis, attention à ne pas abuser des notions de début et de fin. Celles de l'extrait ne dépendent pas de l'auteur mais du choix fait. **Attention** : si votre extrait coïncide avec un début ou une fin du texte intégral, ne manquez pas d'en tenir compte dans votre analyse.

451   Le titre

Le **titre** et, le cas échéant, le **sous-titre** font partie du texte global.
— Dans les textes informatifs, le titre doit annoncer le contenu du texte :
     Théorie de la gestion des entreprises
     Guide des chemins de randonnée de la région parisienne
— Dans les textes littéraires, le titre est moins contraint mais il participe pleinement au sens général du texte :
     Le Malade imaginaire - Candide - Le Rouge et le Noir - Alcools

452   Les ruptures de la cohérence

■ Comme les ruptures de la cohésion (§ 444), les ruptures de la cohérence peuvent être des fautes, par exemple un coup de théâtre invraisemblable.

■ Mais ces ruptures peuvent aussi être volontaires.
— La **digression** rompt la continuité d'un raisonnement. En principe, on recommande de l'éviter, ou de la faire aussi brève que possible.
— Beaucoup d'effets comiques ou dramatiques reposent sur une rupture de cohérence : **quiproquo**, accélération des conséquences d'un fait, **coup de théâtre, péripéties...** (§ 510)
— Quant aux **métaphores**, ce sont de parfaits exemples d'incohérence, une incohérence qui ouvre sur une autre cohérence (§ 343).

453   Les « détournements » de texte

— **Plagier** un texte, c'est le copier et s'en présenter comme l'auteur. C'est un délit. Il ne faut pas confondre le plagiat avec la **citation**, qui est une forme légitime de discours emprunté (§ 312).
— Le **pastiche** est une imitation aussi fidèle que possible du style d'un auteur. C'est un authentique travail de lecture et d'écriture. Pasticher convenablement un auteur exige qu'on connaisse bien ses manières d'écrire.
— La **parodie** imite un texte en le caricaturant et en le détournant de ses intentions initiales. Elle recherche toujours un effet comique. Le style burlesque (première moitié du XVIIe siècle) offre de bons exemples de parodie.

392

CHAPITRE 2

La rhétorique

454   Le rhétorique dans ses divers états

▓ Pour les rhéteurs grecs des Ve et IVe siècles avant J.-C., la **rhétorique** est l'art de l'éloquence, l'art de la parole efficace. Elle s'applique aux domaines judiciaire et politique. Les Romains étendent son usage à d'autres domaines. C'est ainsi que furent définis trois genres d'éloquence :
— l'éloquence **politique** où il s'agit de convaincre l'auditoire ;
— l'éloquence **judiciaire** où il s'agit de convaincre des juges ;
— l'éloquence **d'apparat** où l'orateur doit provoquer l'admiration des auditeurs.

▓ La rhétorique était donc consacrée à la seule communication orale et les cinq parties de la rhétorique traditionnelle prennent en compte tous les aspects de cette forme de communication.
— L'***inventio*** (invention) enseignait l'art de trouver des arguments, des procédés pour convaincre.
— La ***dispositio*** (disposition) enseignait l'art d'exposer ses arguments dans un ordre efficace.
— L'***elocutio*** (élocution) enseignait l'art de trouver les mots qui exprimeraient les arguments et de les disposer dans l'énoncé. On voit que traduire par « élocution » ne convient pas vraiment.
— L'***actio*** traitait de la diction et des gestes de l'orateur, de tous les aspects de la production du discours.
— La ***memoria*** enseignait les procédés pour mémoriser le discours.

▓ Au cours des siècles, la rhétorique traditionnelle subit deux évolutions principales. Elle cessa d'être un art de la parole pour devenir un art de l'écriture. Elle devint aussi un catalogue d'arguments, de plans et de figures qui, au lieu d'être au service de l'expression, la figèrent dans des formes fixes et pesantes.
C'est pour cela que le nom « rhétorique », après avoir désigné l'art de la parole, a fini par désigner un discours solennel et creux ou un discours rusé et mensonger.

▓ Récemment, la linguistique (§ 1) et l'analyse des textes ont relancé l'intérêt pour la rhétorique. Ce retour de la rhétorique est centré sur les trois premiers arts de la rhétorique traditionnelle : l'invention, la disposition et l'élocution.
On insiste aujourd'hui sur le fait que **ces trois parties ne sont pas indépendantes**. Nous les examinerons pourtant l'une après l'autre pour que l'exposé soit aussi clair que possible.

393

455 La rhétorique de l'invention : le choix des arguments

■■■ *Premier argument : mettre en avant le « je ».*

— L'image que se donne le « je » s'appelle dans la rhétorique classique l'**éthos** (« les mœurs »). L'énonciateur établit un lien entre lui et les destinataires, attache leur attention et leur sympathie. Cette attitude correspond à la fonction expressive du langage (§ 411).
— Elle s'exprime particulièrement dans l'énonciation-discours (§ 423), l'énonciation-discours fictive (§ 424), les incises de commentaire (§ 313).
— Ce qu'il faut expliquer dans chaque cas, c'est comment le « je » participe à l'argumentation. Il peut témoigner d'une expérience, d'une longue recherche, d'une compétence. On appelle **lyrisme** l'expression d'une émotion **personnelle** intense :

> *Si l'on n'est plus que mille, eh bien, **j'en suis** ! Si même*
> *Ils ne sont plus que cent, **je brave** encore Sylla ;*
> *S'il en demeure dix, **je serai** le dixième ;*
> *Et s'il n'en reste qu'un, **je serai** celui-là !* (HUGO)

▶ • Le « je » peut devenir « nous » quand l'énonciateur juge que son expérience est partagée par tous. Il renforce ainsi son argument.

■■■ *Deuxième argument : émouvoir le « tu ».*

— La rhétorique classique appelle **pathos** (« passion ») ce qui provoque l'émotion de l'auditoire ou du lecteur. Cette composante de l'*inventio* correspond en partie à la fonction conative (§ 411).
— Le **pathétique** est directement lié à l'énonciation-discours avec l'apostrophe (§ 314), les modalités interrogatives et impératives (§ 298, 300), les descriptions qui « montrent » des tableaux ou des scènes bouleversantes (ici le rôle des déictiques est important, § 98). Mais ces descriptions, sans déictique cette fois, jouent aussi leur rôle dans une énonciation-récit.

> ***Vous** me défendez, Madame, de **vous** parler de mon amour ; mais où trouver le courage nécessaire pour **vous** obéir ? (...) Détournerez-**vous vos** regards, pour ne pas voir les pleurs que **vous** faites répandre ?* (LACLOS, Valmont à la Présidente de Tourvel)

> *Écoutez la chanson bien douce*
> *Qui ne pleure que pour **vous** plaire.* (VERLAINE)

— « Remuer » le public, ce n'est pas uniquement le faire pleurer. On peut aussi jouer sur le registre de l'**ironie** ou de l'**humour**. Le rire n'est évidemment pas une donnée immédiate du pathétique. Mais quand le rire conduit à réfléchir, et c'est toujours le cas quand il a valeur d'argument, rire et émotion ne sont jamais très éloignés.

▶ • Attention à ne pas confondre la nature de l'argument pathétique avec son usage. Les démagogues savent eux aussi employer le pathos, et dans la lettre citée ci-dessus, les intentions de Valmont sont peu « honnêtes ».
Au sens courant, le **pathos** est un style trop pathétique.

■■■ *Troisième argument : raisonner.*

— Le **logos** (« le raisonnement ») fait appel à l'intelligence de l'auditeur ou du lecteur. Pour expliquer les passages de logos, le mieux est de distinguer les raisonnements et les preuves.

— Il enchaîne des idées :

Puisque aucun homme n'a autorité naturelle sur son semblable, et puisque la force ne produit aucun droit, **restent donc** les conventions pour base de toute autorité légitime parmi les hommes. (ROUSSEAU)

Ou il confronte des idées opposées :

Un peuple, **dit Grotius**, *peut se donner à un roi.* **Selon Grotius** *un peuple est donc un peuple avant de se donner à un roi (...)* **Avant donc** *que d'examiner l'acte par lequel un peuple élit un roi, il* **serait** *bon d'examiner l'acte par lequel un peuple est un peuple.* (ROUSSEAU)

— Le raisonnement peut se heurter à un **dilemme** où deux choix sont possibles, aussi mauvais l'un que l'autre :

Réduit au triste choix ou de trahir ma flamme,
Ou de vivre en infâme,
Des deux côtés mon mal est infini. (CORNEILLE)

Ou prendre la forme d'un **paradoxe** :

L'homme est né libre, et partout il est dans les fers. (ROUSSEAU)

Les **preuves** du raisonnement peuvent être :
— des **comparaisons** :

On dit que le despote assure à ses sujets la tranquillité civile. (...) On vit tranquille aussi dans les cachots ; en est-ce assez pour s'y trouver bien ?

(ROUSSEAU)

— des **exemples** :

Nos sens n'aperçoivent rien d'extrême : trop de bruit nous assourdit ; trop de lumière nous éblouit... (PASCAL)

— des **discours empruntés** (citations, allusions § 312) :

Les hommes de l'Iliade se battent par une fureur désespérée qu'ils expriment fortement : « Nous mourrons tous ici ; et pourquoi ? » Voilà leur refrain. (ALAIN)

— ou toutes les connaissances auxquelles on peut faire appel.

456   La rhétorique de la disposition : le choix du plan

Le plan traditionnel de la dispositio.

La *dispositio* obéissait à un plan invariable :
— l'**exorde** où l'orateur saisit l'attention des auditeurs ;
— la **narration** où il expose les faits ;
— la **confirmation** où il apporte les arguments qui soutiennent la thèse défendue ;
— la **réfutation** où il examine les arguments contraires pour les critiquer ;
— la **péroraison** où il retient une dernière fois l'attention des auditeurs.
Ce plan se retrouve intact ou adapté dans la plupart des textes d'idées jusqu'à la fin du XIXe siècle. Vous devez donc l'avoir présent à l'esprit pour lire ce genre de texte.

Trouver un plan.

La plupart des discussions, à l'écrit ou à l'oral, offrent une **alternative**, c'est-à-dire deux solutions entre lesquelles il faut faire un choix et le justifier. Le plan traditionnel que nous venons de voir convient parfaitement mais il présente deux risques : l'exposé des faits peut être trop long et l'exposé des arguments qui soutiennent la thèse peut devenir une sorte de répétition de l'exposé des faits.

■ Le plan **thèse, antithèse, synthèse** supprime ce risque puisque les faits sont exprimés en même temps que les arguments pour et contre. Mais la question délicate est celle de la synthèse.

La synthèse n'est pas un mélange : un peu de thèse, un peu d'antithèse ! Un plan : « blanc, noir, gris » ne conduit pas à une vraie synthèse.

Dans une **dissertation littéraire**, il est souvent possible d'adopter l'ordre suivant :

— Premier aspect de l'alternative : exposé, commentaires.

— Second aspect : idem.

— Dépassement de l'alternative en reprenant et en approfondissant le sujet.

Exemple : *L'expression du Moi est-elle haïssable ?*

— *Les œuvres qui mettent le Moi en avant (ex. : le lyrisme romantique).*

— *Les œuvres qui le refusent (ex. : la réserve classique, l'impersonnalité parnassienne).*

— *Mais de quel Moi s'agit-il ? Si l'on s'en tient au Moi historique, l'alternative demeure. Si l'on pense à un Moi plus profond, le style le révèle, même (et surtout ?) quand il est tu.*

Conseils pratiques.

— Un bon plan, ce n'est pas simplement : 1, 2, 3. C'est, dans chaque partie, des sous-parties a, b, c... accompagnées d'exemples, qui développent l'argumentation.

— Comment ordonner ces a,b,c... ? En allant du moins important vers le plus important.

— Une faute à éviter : deux pages de 1re partie, une page de 2e partie, vingt lignes de 3e !

— Comment éviter ce défaut ? Comment « s'en sortir » quand on ne trouve pas de 3e partie ? Relisez votre sujet. Exposez-le sous la forme d'une **alternative**. Adoptez un plan en deux parties. Faites une conclusion un peu plus développée où vous placerez ce qu'aurait pu être une troisième partie.

457   La rhétorique de l'élocution : le choix des « figures »

Les **figures de rhétorique** sont des procédés de discours qui permettent de donner plus de force à l'expression, de faire plus d'effet sur le destinataire, d'exposer plus clairement les idées. La liste qui suit comporte les figures essentielles, celles dont la connaissance vous permettra de mieux apprécier et de mieux expliquer les textes. Beaucoup ont déjà été étudiées « à leur place », c'est-à-dire dans le chapitre qui traitait de leur fonctionnement. Elles sont ici simplement rappelées.

■ Sens dit « figuré » : **métaphore** (§ 343) et **métonymie** (§ 344). L'**allégorie** est une suite de métaphores développée en récit (§ 343).

■ Figures de sens pour atténuer : **litote, euphémisme, antiphrase ;** pour amplifier : **périphrase, hyperbole, oxymore** (§ 340 et 341).

— La **répétition** et la **gradation** servent aussi à amplifier :

    Va, cours, vole, et nous venge ! (CORNEILLE)

— La **comparaison** rapproche deux mots ou deux idées :

    Le bonheur des méchants comme un torrent s'écoule. (RACINE)

Mais la comparaison peut s'user et devenir un **cliché** :

    Gai comme un pinson. Bête comme ses pieds.

— L'**antithèse** oppose deux mots ou deux idées :

    Ton bras est invaincu mais non pas invincible. (CORNEILLE)

■ Constructions concernant la syntaxe ; **asyndète** et **polysyndète** (§ 269), **ellipse, anacoluthe** (§ 444), **zeugme** (§ 220), **prétérition** (§ 432).

— L'**anaphore** est la répétition d'une même unité à des places comparables :

> *Toujours aimer, toujours souffrir, toujours mourir.* (CORNEILLE)

Il ne faut pas confondre cette figure de répétition avec les relations d'anaphore qui unissent les éléments du discours (§ 22, 26-27).

— La **symétrie** est une construction syntaxique en parallèle (ab/ab) :

> *Un superbe film interprété par de grands comédiens.*

— Le **chiasme** est une symétrie inverse (ab/ba) :

> *Un film superbe interprété par de grands comédiens.*

■ Manières de raconter :

— La **prosopopée** donne la parole aux morts, aux absents, à des idées :

> *La voix de la Sagesse me dit : Agis comme ceci...*

— La **fable** (apologue, parabole) est un récit qui a un sens littéral et un sens moral.

LA RHÉTORIQUE

CHAPITRE 3

L'étude du style de la prose

458   La notion de style

■ Le *stilus* était le poinçon qui servait à écrire sur des tablettes de cire. En français, le nom *style* s'emploie dans toutes les formes d'art. Il désigne la manière originale dont travaille un artiste d'une époque.
Dans le domaine littéraire, le mot a deux sens principaux.
— *Style* désigne une manière d'écrire liée à un type d'expression : style lyrique, style épique, style burlesque (voir § 468).
— *Style* désigne aussi la manière personnelle dont un écrivain met en œuvre la langue et... les styles précédents.

■ Le style d'un texte dépend de trois sortes de faits.
— Des **répétitions** (également appelées **récurrences),** qui sont la reprise d'un même élément ou la reprise d'un élément par un élément de même nature :

> *Il est vrai* **que tu** *es dans une maison charmante,* **que tu y** *trouves une société qui te convient,* **que tu y** *raisonnes tout à ton aise...* (MONTESQUIEU)

— Des **relations** (également appelées **co-occurrences**), qui sont des associations ou des oppositions d'éléments :

> *Je me fis donner un cahier, une bouteille d'encre violette, j'inscrivis sur la couverture : « Cahier de romans. »* (SARTRE)

Association : *cahier, encre, inscrire, couverture, romans* appartiennent à un même ensemble de vocabulaire.
Opposition : *cahier et romans* forment un oxymore (§ 341) amusant qui traduit l'enthousiasme de l'enfant.
— Un **élément isolé** qui se détache au milieu d'un ensemble d'éléments différents :

> *Souvent on menait dans la campagne des chiens d'***oysel,** *qui tombaient bien vite en arrêt.* (FLAUBERT)

Le mot ancien *(oiseau)* se détache au milieu des autres mots.

■ On peut aussi rencontrer un **signifiant zéro**, c'est-à-dire un élément qui devrait être là, mais qui n'y est pas. Attention à ne pas appeler signifiant zéro n'importe quoi : il faut que le texte « appelle » lui-même cet élément.
Exemple : un antonyme qui manque ; un personnage dont on ne parle pas explicitement, mais que tous les autres personnages ont en tête.
Exercice : quel est le mot absent dans la dernière page de *Germinal* ?

■ **On n'étudie pas le style d'un texte ou d'un extrait en faisant deux ou trois remarques sur les mots ou les sons.** Il ne s'agit pas non plus d'analyser tous les mots et toutes les phrases.

L'analyse comporte trois étapes :
— l'étude des **mots** (§ 459-462) ;
— l'étude de la **structure grammaticale des phrases** (§ 463-464) ;
— l'étude de l'**oral** (§ 465-467).

• Cette méthode s'applique également à l'étude du vers. Mais dans ce cas, les mots obéissent plutôt à une cohérence d'évocation (§ 461), et les éléments sonores prennent une importance encore plus grande (§ 498).

I. LES MOTS

459 Mot isolé et ensemble de mots

L'étude peut porter sur un mot isolé au milieu d'autres mots, ou sur des ensembles de mots. Mais dans les deux cas, on emploie les mêmes données : on a affaire à un mot technique, archaïques, etc., ou à un ensemble de mots techniques, archaïques, etc.

Les ensembles de mots sont :
— des **champs lexicaux** ou **notionnels,** c'est-à-dire des ensembles de vocabulaire (§ 325) appartenant à un domaine précis (vocabulaire des plantes, des voyages, des sentiments amoureux, etc.)
— des **ensembles de mots** liés par la morphologie, la sémantique, un registre de langue, la géographie ou l'histoire.

460 Les champs lexicaux

Premier conseil : **être précis** et ne pas employer des appellations trop vagues comme « vocabulaire technique », « vocabulaire de la nature », « vocabulaire psychologique », etc.

> *C'est une sphère infinie dont le centre est partout et la circonférence nulle part.* (PASCAL)

Pascal n'emploie pas « un » vocabulaire scientifique, il emploie « le » vocabulaire de la géométrie.

> *Le ciel d'un bleu tendre, arrondi comme un dôme, s'appuyait à l'horizon sur la dentelure des bois. En face, au bout de la prairie, il y avait un clocher dans un village ; et, plus loin, à gauche, le toit d'une maison faisait une tache rouge dans la rivière, qui semblait immobile dans toute la longueur de sa sinuosité.* (FLAUBERT)

Le vocabulaire de la nature se ramène à peu de mots : *ciel, horizon, bois, prairie, rivière.* Que faire de ces cinq noms ? A ce vocabulaire des objets naturels il faut ajouter le vocabulaire des formes et des lignes *(arrrondi, dôme, dentelure, clocher, toit, tache, sinuosité),* celui des couleurs *(bleu tendre, rouge),* celui des mouvements *(s'appuyait, immobile).*

399

■ Deuxième conseil : **être attentif aux valeurs d'emploi** des mots.

— Distinguer **dénotation** et **connotation** (§ 405). Le vocabulaire de Pascal n'a pas une connotation scientifique : c'est le vocabulaire d'une science. *Clocher* ne connote rien de religieux : c'est une forme dans le paysage de mots. En revanche, *bleu tendre* au lieu de *bleu pâle* a une connotation sentimentale et érotique.

— Étudier la manière dont les mots prennent un **sens figuré** parce qu'ils sont associés à d'autres mots (§ 343-344) : *le ciel... tendre... s'appuyait sur...* C'est souvent ce sens figuré qui leur permet d'entrer dans le champ lexical.

461 Les autres ensembles de mots

■ **Ensembles morphologiques.**

— Les effets sont différents selon que l'on accumule des **noms communs,** dont les référents sont des substances stables (§ 2), des **adjectifs,** dont les référents sont des qualités ou des propriétés (§ 53), et des **verbes,** dont les référents sont des procès inscrits dans le temps (§ 97).

Dans la description du paragraphe précédent, la présence des verbes et des adjectifs équilibre celle des noms. Le paysage est dominé par le narrateur-peintre : il peint des impressions. Au contraire, dans le texte qui suit, l'accumulation des noms semble enfermer le narrateur :

> *Les cloches des melons brillaient à la file sur leur couche étroite ; les artichauts, les haricots, les épinards, les carottes et les tomates alternaient jusqu'à un plant d'asperge, qui semblait un petit bois de plumes.* (FLAUBERT)

— Les **noms propres** forment souvent des ensembles évocateurs du point de vue des lieux ou de l'histoire :

> *Le 15 mai 1796, le général Bonaparte fit son entrée dans Milan à la tête de cette jeune armée qui venait de passer le pont de Lodi, et d'apprendre au monde qu'après tant de siècles César et Alexandre avaient un successeur.* (STENDHAL)

■ Les **relations sémantiques** sont des relations de **synonymie** (§ 340) :

> *Des enfants, des enfants... Des gosses, des mioches, des bambins, des lardons, des salés...* (COLETTE)
> *Les admirables châteaux de l'admirable vallée ; plus que double **rangée**, non pas double **rangée** : double **lignée**, double **longée**, double **cortège**, double **jonchée** de châteaux...* (PÉGUY)

— Ou des relations d'**antonymie** (§ 341) :

> *La révolution de juillet eut tout de suite des **amis** et des **ennemis** dans le monde entier. **Les uns se précipitèrent** vers elle avec enthousiasme et joie, **les autres s'en détournèrent...*** (HUGO)

— On trouve aussi des passages où les relations de **hiérarchie** entre les mots sont importantes (§ 342) :

> *Mais à présent, il **possédait** pour la vie cette jolie femme qu'il **adorait**. L'univers, pour lui, n'excédait pas le tour soyeux de son jupon ; et il se reprochait de ne pas l'**aimer**, il avait envie de la **revoir...*** (FLAUBERT)

Posséder semble bien englober *adorer, aimer, revoir.* Cette hiérarchie existe dans ce texte, pas dans la langue.

■ **Registres de langue** (§ 433). Ils forment des ensembles faciles à repérer. *Exemple :* l'argot dans le texte de Colette donné ci-dessus.

■ **Situation géographique.** Le texte peut comporter des mots qui appartiennent à un patois, un créole, une autre langue (§ 381). Les effets d'exotisme ou de simple dépaysement jouent souvent sur ces vocabulaires. Dans les *Lettres persanes*, quand les Persans appellent *mosquée* une église, on a une sorte d'inversion du procédé.

> *Quand, vers le soir, la brise de terre commençait à s'élever et à lui apporter le parfum des rizières fleuries, elle s'enfonçait dans la savane, laissant Delmare et Ralph savourer sous la* **varangue** *l'aromatique infusion du* **faham**, *et distiller lentement la fumée de leurs cigares.* (G. SAND)

■ **Situation historique.** Le texte peut comporter des **néologismes,** mots récemment entrés dans l'usage, ou des **archaïsmes,** mots qui appartiennent à un état de langue ancien :

> *[Ce qui attirait les Parisiens, ce n'était] ni une révolte d'*écoliers *dans la vigne de Laas, ni une entrée de* **notredit très seigneur redouté monsieur le roi,** *ni une* **belle pendaison de larrons et de larronnesses...** (HUGO, *Notre-Dame de Paris*)

Mais attention : les mots sont considérés comme des néologismes ou des archaïsmes par rapport à la date de l'écriture du texte. Il ne faut pas confondre cette situation avec celle du lecteur (§ 390).

462   Comment utiliser les relevés de mots

■ Si les mots sont **regroupés** sur quelques lignes, ils appartiennent à un moment de l'exposé ou de la narration. S'ils sont **dispersés** sur tout le texte, ils participent à sa cohésion (§ 443) et à sa cohérence (§ 445).

■ En face des mots relevés, il faut se poser plusieurs questions :
— Qui emploie ces mots ? L'auteur ? Le narrateur ? Un personnage ?
— Quand les emploie-t-il ? En s'adressant à qui ? Pourquoi ?
Ces questions permettent d'expliquer quel est **le rôle du mot ou de l'ensemble de mots dans le texte.**
Dans les exemples cités plus haut, le vocabulaire de la géométrie sert d'argument à Pascal (il oppose une géométrie du fini à une géométrie de l'infini, qui dépasse l'homme) ; les noms propres expriment l'enthousiasme de Stendhal ; les synonymes argotiques expriment l'amusement de Colette.

■ Tout ensemble de mots renvoie à des référents et au contexte. Mais **dans un texte littéraire le contexte est toujours plus important que les référents,** la dominante est toujours **associative** (§ 404, 448, 449).
Dans l'exemple du § 472, emprunté à *L'Éducation sentimentale,* Flaubert ne décrit pas une vallée de la forêt de Fontainebleau, il crée avec des mots la forêt de Fontainebleau dont il a besoin pour y abriter l'escapade amoureuse de Frédéric et de Rosanette. Il ne faut donc pas chercher les explications **en dehors** du texte. Il faut les chercher **dans** le texte.

■ Enfin, il y a des **vocabulaires pauvres** qui reposent sur l'usage de mots courants et simples, et des **vocabulaires riches** qui comportent des mots rares (termes scientifiques ou techniques, archaïsmes et néologismes, mots d'origine étrangère, etc.). Cette distinction rattache directement l'étude de la stylistique du mot à l'histoire de la littérature. Le lexique de la littérature classique est un lexique épuré des mots rares ou « bas ». La Renaissance, le romantisme, les écritures artistes recherchent plutôt la richesse, voire l'exubérance. Consultez les tomes II et III de *Langue et Littérature.*

II. LES PHRASES

463 Comment étudier la variété des phrases

■ Première étape. Être attentif à **quelques constructions précises :**
— l'ordre des mots (§ 63-65, 231, 264-265) ;
— l'emploi des positions détachées (§ 315) ;
— l'emploi des présentatifs (§ 319) ;
— l'emploi de plusieurs modalités d'énonciation (§ 295)
— l'insertion de discours rapporté (§ 303) ;
— l'emploi d'incises de commentaire (§ 313), d'apostrophes (§ 314) ;
— l'alternance de phrases simples et de phrases complexes (§ 224), de phrases sans verbe (§ 266) ;
— l'alternance des coordinations (§ 220), des juxtapositions et des subordinations (§ 269-270).

■ Deuxième étape. Replacer vos remarques dans le mouvement du texte et **montrer que la variété exprime quelque chose** par rapport à l'auteur, au narrateur, au personnage, à l'exposé, à l'action...

> *Je ne veux pas vous désobéir : mais je suis à vos genoux, j'y réclame le bonheur que vous voulez me ravir, le seul que vous m'ayez laissé ; je vous crie, écoutez mes prières, et voyez mes larmes ; ah ! Madame, me refuserez-vous ?* (LACLOS)

Trois indépendantes coordonnées par *mais* (§ 220) dont une phrase complexe, avec les deux subordonnées relatives (§ 279) construites en symétrie et en gradation (§ 469). Puis, une brève phrase simple et deux impératifs coordonnés par *et* : discours direct (§ 304) dans l'énonciation-discours (§ 424). Une interrogative avec l'interjection et l'apostrophe (§ 314). Pour séduire la Présidente de Tourvel, Valmont imite très bien le style pathétique (§ 467).

> *Une vingtaine de morts gisaient çà et là dans toute la longueur de la rue sur le pavé. Une vingtaine de gibernes pour Gavroche. Une provision de cartouches pour la barricade.* (HUGO)

Une phrase simple et deux phrases sans verbe comme un plan d'action qu'il suffit de noter. Gavroche est déjà à l'ouvrage...

464 Les reprises volontaires

Des structures de phrase répétées sont le signe de la banalité du style. Mais un écrivain peut rapprocher des propositions presque semblables pour exprimer l'attente, l'ennui :

> *Hier au soir je me promenais seul ; le ciel ressemblait à un ciel d'automne ; un vent froid soufflait par intervalles.* (CHATEAUBRIAND)
> *Au fond des cafés solitaires, la dame du comptoir bâillait entre ses carafons remplis ; les journaux demeuraient en ordre sur la table des cabinets de lecture ; dans l'atelier des repasseuses, des linges frissonnaient sous les bouffées du vent tiède.* (FLAUBERT)

III. L'ORAL

465   Les volumes et les sons

■ Les mots ont des **volumes** différents. Ces volumes dépendent du nombre de leurs **syllabes.** La disposition de ces volumes peut provoquer des effets divers.
— Par exemple, un crescendo soudain :
Je vois bien ce que c'est, ô Troglodytes... (MONTESQUIEU)
   1   1   1   1   1   1   1   3
— Ou un effet de plénitude :
De ténébreux amoncellements couvraient l'horizon. (HUGO)
   1   3   5   2   3
Ces volumes peuvent être modidiés par apocope et aphérèse (§ 335).

■ La rencontre des voyelles et des consonnes peut produire des **effets euphoniques : assonances** (§ 355) et **allitérations** (§ 356).
Par exemple, les assonances nasales et les allitérations en r s'ajoutent aux volumes des mots de la phrase de Hugo pour évoquer l'orage qui vient.

466   Les rythmes

■ *Les données du rythme.*

Toute phrase a un rythme. Ce rythme dépend de **la longueur des groupes de prononciation,** des **accents** qui les marquent (§ 361) et des **pauses** qui les séparent. Il est donc étroitement lié à la structure grammaticale de la phrase.
Dans les siècles passés, auteurs et lecteurs avaient appris à accentuer les phrases en respectant une prononciation soutenue. Nous avons perdu le sens de cette accentuation, et quand nous l'entendons restituée, elle nous semble ridicule.
Il faut donc étudier les rythmes des phrases en décomptant les syllabes des groupes de prononciation et en s'aidant de la ponctuation (§ 379).

■ *Les types de rythmes.*

■ **Rythme pair à 2 temps :**
La coutume est une seconde nature, /qui détruit la première. (PASCAL)

Quand elle fut devant le Calvaire,
au lieu de prendre à gauche, /elle prit à droite,
se perdit dans des chantiers, /revint sur ses pas ;
des gens qu'elle accosta /l'engagèrent à se hâter. (FLAUBERT)

■ **Rythme impair à 3 temps,** plus souple qu'à 2 temps :
Plaisante raison, /qu'un vent manie /et à tous sens. (PASCAL)

Je rapportai deux branches, /qui furent tressées en couronnes /et nouées en rubans. (NERVAL)

■ L'organisation en **masses croissantes** est très courante. Elle exprime un élan, un déploiement :

> *Levez-vous vite, //orages désirés, //qui devez emporter Renée /dans les espaces/ d'une autre vie !* (CHATEAUBRIAND) ⟹ 4/6/17

> *Un brouillard flottait, /il se déchira /et les contours de la mer Morte apparurent.* (FLAUBERT) ⟹ 5/5/11

■ Un final en **masses décroissantes** produit toujours un effet de chute, de clôture :

> *Nous sommes plaisants /de nous reposer /dans la société /de nos semblables, / misérables comme nous, /impuissants comme nous. //Ils ne nous aideront pas ; //on mourra seul.* (PASCAL)

Les trois fois 2 temps de la première phrase scandent l'échec que soulignent les constructions finales symétriques avec répétition de *comme nous*. La conséquence est sans appel : 7 syllabes pour un futur nié /4 syllabes pour un futur assuré. Et bien entendu, le dernier mot est monosyllabique !

> *Mais c'en est fait : /le poison me consume ; /ma force m'abandonne ; /la plume me tombe des mains ; /je sens affaiblir jusqu'à ma haine ; /je me meurs.* (MONTESQUIEU)
> ⟹ 4/6/6/8/9 et 3 monosyllabes.

> *L'idée qu'il suffisait d'un regard, /entre les planches de cette porte disjointe, /pour qu'on les massacrât, /la glaçait.* (ZOLA)
> ⟹ 9/12/6/3, effet dramatique du final avec l'assonance en *a*.

Les anaphores.

La **répétition anaphorique** d'un élément (§ 457) contribue évidemment à soutenir le rythme :

> *Qu'on épie ce que je fais, /qu'on s'inquiète de ces feuilles, /qu'on s'en empare, /qu'on les supprime, /qu'on les falsifie, /tout cela m'est égal désormais.* (ROUSSEAU)
> ⟹ 7/7/4/4/5/9, le final méprisant répond aux défis accumulés.

Les ruptures.

Un auteur peut briser les rythmes possibles et chercher dans cette rupture d'autres effets. Les principaux types de rupture des rythmes binaires et ternaires sont :
— des irruptions de l'**oral** (voir l'anacoluthe et la phrase inachevée, § 456) ;
— un **fractionnement** du discours en phrases très brèves, souvent sans verbe (§ 266).

> *Le grand malheur de la vie de Mme d'Ambérieux avait été de perdre son fils, Blaise, qui n'était pas mort, et même qui se portait, disait-on, à merveille. Mais il avait mal tourné. Un bohème, un anarchiste... Allons, il vaut mieux ne plus y penser.* (ARAGON)
> *La nuit descendait ; les roseaux agitaient leurs champs de quenouilles et de glaives, parmi lesquels la caravane emplumée, poules d'eau, sarcelles, martins-pêcheurs, bécassines, se taisait ; le lac battait ses bords ; les grandes voix de l'automne sortaient des marais et des bois ; j'échouais mon bateau au rivage et retournais au château. Dix heures sonnaient.* (CHATEAUBRIAND)

> *Il y avait une piscine. Personne ne se baignait. On regardait Paris. Les avenues vides, le fleuve, les rues. Dans les rues vides, les cattleyas en fleurs.*
> (DURAS)

467 La période

On appelle **période** une phrase complexe qui atteint un parfait équilibre de construction. La période est inséparable de l'art oratoire classique, mais elle se retrouve aussi à l'écrit.

En voici un exemple emprunté à l'*Oraison funèbre d'Henriette d'Angleterre*, prononcée par Bossuet. Les deux parties de la période sont organisées autour de l'incise (§ 313) centrale.

Chaque partie procède par masses croissantes, la deuxième partie comportant un mouvement de plus que la première :

> *Elle va descendre*
> > *jusqu'à ces sombres lieux,*
> > *à ces demeures souterraines,*
> > *pour y dormir dans la poussière avec les grands de la terre,*
> > > *comme parle Job,*
> > *avec ces rois*
> > *et ces princes anéantis,*
> > *parmi lesquels a peine peut-on la placer,*
> > > *tant les rangs y sont pressés,*
> > > *tant la mort la mort est prompte à remplir ces places !*

468 Comment nommer les styles

■ La tradition rhétorique distingue le **style simple** (où l'on emploie des mots ordinaires pour parler de choses ordinaires, ce qui n'est pas facile), le **style sublime** (celui de l'épopée, de la tragédie) et le **style médiocre** (nous dirions soutenu), situé entre les deux précédents.

Il existe bien d'autres appellations. La liste qui suit donne les plus courantes. L'important n'est pas de les connaître, mais de savoir les justifier par une analyse correcte du style.

■ **Style et organisation rhétorique** : style lyrique, style pathétique (§ 455). Pour désigner un raisonnement serré : style didactique ou démonstratif. Ne parlez pas de style mathématique : c'est un autre domaine.

— **Style et genres littéraires** : style bucolique, élégiaque, épique, dramatique (comique, tragique), burlesque, satirique, polémique... Style et histoire littéraire : style classique, baroque, romantique, artiste, réaliste...

— **Style et rythmes** : style ample, majestueux, solennel ; style vif, accéléré, haletant ; style heurté, coupé, saccadé ; style fluide ; style régulier...

— **Jugements sur le style** : style sobre. élégant, style académique ; style pompeux, guindé, prétentieux...

— **Style laconique** (sans bavardages inutiles) ; style pittoresque (qui peint, qui donne des détails qu'on pourrait peindre).

CHAPITRE 4

L'étude des textes d'idées

La vraie éloquence se moque de l'éloquence. (PASCAL)

469   Le texte d'idées

On appelle texte d'idées, un texte qui expose un **débat**, une **opinion**. Il est donc toujours lié très étroitement à **une situation donnée** (§ 422). La cohérence du texte d'idées est une **cohérence d'exposition** (§ 447). Cette cohérence est assurée par l'**organisation rhétorique** du texte (§ 455-457).

Pour rendre compte de tous ces points, il faut se poser cinq questions. Y répondre, c'est lire un texte d'idées et, le cas échéant, préparer son explication.

Situation du texte	Dans quelle circonstances est écrit le texte ? Qui est l'auteur ? Qui sont les destinataires ? Quelles idées sont exposées ? Comment sont-elles exposées ?	Rhétorique du texte

▶ • Le texte d'idées n'est pas lié à une forme littéraire particulière. Il peut intervenir aussi dans le théâtre et la poésie, sous la forme d'un passage où l'argumentation est importante.

470   Les circonstances

Les liens qui existent entre le texte d'idées et les circonstances de son écriture sont éclairés par l'histoire littéraire et l'histoire des idées.

Sur le plan de la langue, le problème des circonstances de l'écriture du texte d'idées est essentiellement une question de **vocabulaire.**
— Quand Pascal parle du péché, de la grâce, il s'adresse un public averti du sens de ces termes dans la théologie chrétienne. Une connaissance que partageaient croyants et libertins.

— Quand Montesquieu ou Rousseau parlent de démocratie, ils n'ont pas d'autres référents que les démocraties antiques et quelques cités contemporaines (Rousseau est « citoyen de Genève »). Quand Tocqueville parle de démocratie, il a l'expérience de la Révolution et de la démocratie américaine. Il faut donc se garder de lire ici le terme de *démocratie* avec notre idée actuelle de la démocratie.

> • Tous les textes, de toutes sortes, demandent évidemment qu'on fasse attention aux sens que les mots avaient à l'époque de leur écriture (§ 390). Mais les textes d'idées demandent sur ce point une plus grande attention encore. Si elle fait défaut, c'est sur **tout le texte** qu'on risque de commettre des contresens.

471 L'auteur et les destinataires

La connaissance de l'auteur et des destinataires du texte relève de l'histoire littéraire et de l'histoire des idées. Parmi les destinataires, il faut évidemment prendre soin de distinguer les destinataires originaux du texte, et les lecteurs des siècles suivants. Se pose alors la question de la portée du texte, de son actualité. Elle appartient, elle aussi, à l'histoire des idées.
Sur le plan de la langue, l'étude consiste à identifier dans le texte la présence et le rôle de l'auteur et des destinataires.

Du fait de leur inscription dans une situation d'énonciation précise, la plupart des textes d'idées sont des textes d'**énonciation-discours** (§ 423). Le **« je »** est donc naturellement présent.
— Du point de vue rhétorique, celui de l'**ethos**, le « je » est le premier garant de son propre propos, un argument de sa légitimité (§ 455) :

> *J'ai dit que chez les peuples démocratiques le gouvernement ne se présentait naturellement à l'esprit humain que sous la forme d'un pouvoir unique et central...* (TOCQUEVILLE)
> *Chaque fois que j'ai douté de la France, ce fut pour avoir prêté foi à tel ou tel imposteur — M. Maurras par exemple — qui prétendait m'épargner la peine de la chercher.* (BERNANOS)

— La place du **« je »** peut grandir et introduire une dimension **lyrique** dans l'argumentation :

> *Oui je le dis et le sens avec une fière élévation d'âme, j'ai porté dans cet écrit la bonne foi, la véracité, la franchise, aussi loin, plus loin même, au moins je le crois, qu'aucun autre homme...* (ROUSSEAU)

— Le **« nous »** peut signifier « moi et eux ». L'auteur fait donc part d'une opinion ou d'une expérience qu'il exprime au nom de plusieurs :

> *Donc nous sommes les écrivains les plus bourgeois du monde.* (SARTRE)

— Le **« nous »** peut également signifier « moi et vous ». L'auteur englobe le destinataire dans son argumentation. Cette démarche est évidemment très habile et très efficace. Voyez comment Rousseau en use et oppose au *nous*, le *on*, les adversaires :

> *De là le droit du plus fort... Mais ne nous expliquera-t-on jamais ce mot ? La force est une puissance physique : je ne vois point quelle moralité peut résulter de ses effets.* (ROUSSEAU)

Zola oppose « je » et « on » :

> *Je n'ai qu'une passion, celle de la lumière, au nom de l'humanité qui a tant souffert et qui a droit au bonheur. Ma protestation enflammée n'est que le cri de mon âme. Qu'on ose donc me traduire en cour d'assises et que l'enquête ait lieu au grand jour !*

■ Le « **tu** » est présent dans les apostrophes (§ 314), les modalités interrogatives (§ 298) et impératives (§ 300). Du point de vue rhétorique, celui du **pathos**, l'auteur fait appel aux passions des destinataires (§ 455) :

> *Entendez, ô **Grands** de la terre ; instruisez-**vous**, **arbitres** du monde.*
> (BOSSUET)

> *Ô **homme**, de quelque contrée que **tu** sois, quelles que soient **tes** opinions, **écoute**...* (ROUSSEAU)

— Il y a recherche du **pathétique** quand il s'agit d'émouvoir :

> *Des enfants, voilà tout ce qu'ils sont, et le pauvre gentil dormant de l'Arc de Triomphe, qui m'a si souvent horripilé, est un enfant aussi, tout pareil à ceux de la ligne Maginot, un enfant qui avait encore dans sa poche, le jour de sa mort, la dernière lettre de Maman...* (BERNANOS)

— Dans le cas de l'**ironie**, l'auteur recherche la complicité du destinataire (§ 432) :

> *C'est à Paris que les écrivains de province, s'ils sont bien nés, se rendent pour faire du régionalisme...* (SARTRE)

▶ • La **dissertation** ou l'**essai littéraire** sont des textes d'idées. Mais les usages universitaires demandent que le « je » ne s'exprime pas ouvertement à la première personne (voir « *on*, masque de *je/tu/vous* », § 74, et le « *nous* de modestie », § 77).

472   L'argumentation

■■ *Le plan.*

L'argumentation concerne le choix des arguments (rhétorique de l'**invention**) et le plan général (rhétorique de la **disposition**). Les deux sont évidemment liés. Le chapitre sur la rhétorique a relevé les points importants (§ 456). Le travail comporte trois étapes.

— Dresser le **plan** du texte, exactement comme pour en faire un **résumé**.
— Dans chaque partie du plan, repérer les **raisonnements** et les **preuves**.
— Préciser quels types de raisonnements et de preuves sont employés (§ 455).

■■ *La langue, le style.*

■ Toutes les ressources de la langue et du discours sont mises en œuvre dans la cohésion du texte. Mais les éléments et les constructions qui reviennent le plus souvent sont ceux qui interviennent dans une argumentation suivie :

— adverbes d'énonciation (*évidemment, en général, sans doute...*, § 212) ou de liaison (*en effet, pourtant, en outre...* § 214), conjonctions de coordination (§ 220) ;
— expression de la cause (§ 283), de la conséquence (§ 285), de l'hypothèse (§ 288), de la concession (§ 292) ;
— utilisation des modalités d'énonciation de la phrase (§ 295) ;
— usage des discours rapportés (§ 303) ou empruntés (§ 312) pour y trouver une preuve ou une contradiction à réfuter ;
— mises en position détachée (§ 313) et présentatifs (§ 319) ;
— disposition des paragraphes et des alinéas.

■ Les figures dites « de rhétorique » (rhétorique de l'**élocution**) sont généralement très présentes. Il faut donc lire le texte avec la liste de ces figures en main (§ 457).

Mais ce n'est pas la multiplication des figures de rhétorique qui fait la valeur du texte d'idées. Cette valeur tient d'abord à l'accent personnel de l'auteur et à l'argumentation (raisonnement, preuves, plan).

Exemple.

Il y aura toujours une grande différence entre soumettre une multitude et régir une société. Que des hommes épars soient successivement asservis à un seul, en quelque nombre qu'ils puissent être, je ne vois là qu'un maître et des esclaves, je n'y vois point un peuple et son chef : c'est, si l'on veut, une agrégation, mais non pas une association ; il n'y a là ni bien public, ni corps politique. (ROUSSEAU, *Du Contrat social, V*)

■ **Structure grammaticale des deux phrases.**
— Phrase simple. Présentatif au futur *(il y aura*, § 321) : constate le fait comme indubitable (renforcé par l'adverbe *toujours*).

— Phrase complexe. Proposition subordonnée d'hypothèse *(que +* subjonctif, § 291), proposition subordonnée de concession (§ 292), deux propositions principales juxtaposées. Puis deux propositions avec présentatif *(c'est*, § 323, et *il y a*, § 321 : les conclusions sont présentées comme évidentes). *Si l'on veut* a la forme d'une subordonnée d'hypothèse mais c'est une incise de commentaire (§ 313) dont la valeur s'apprécie par rapport aux autres interventions de l'auteur : après deux *je*, le *on* permet d'englober le lecteur dans le raisonnement (§ 471).

■ **Les antithèses.**
— Première phrase. Antithèse : *soumettre une multitude / régir une société.* L'opposition des verbes est claire : elle permet de justifier celle des noms qui est moins nette.
— Deuxième phrase. Cette phrase développe le premier point de l'antithèse de la phrase précédente *(soumettre une multitude).*

Trois rebonds de l'antithèse. Tous différents.
— Le premier rebond donne une antithèse complète. Antithèse grammaticale *(je ne vois que / je ne vois point).* Antonymes : *esclaves* (pluriel) / *peuple* (singulier) éclaire *maître / chef* (dans l'usage courant, on les prendrait plutôt pour des synonymes). Construction en chiasme : *maître - esclaves - peuple - chef* (§ 457).

— Second rebond. Construction avec coordination inverse *(mais)* et comme dans le cas précédent affirmation / négation. Les antonymes *agrégation /association* sont clairs.

— Troisième rebond. Un bel exemple de signifiant zéro (§ 458) : il n'y a qu'un côté de l'antithèse. Comme il est exposé par une négation syntaxique (§ 301), on ne peut pas ne pas lire l'autre côté. Donc *bien public* et *corps politique* sont présents « en face », c'est-à-dire dans une société.
Attention : Ne pas en déduire que ce texte est un pur exercice de rhétorique. Il s'agit bien plutôt d'un travail de vocabulaire : définir *société.* Ce qui est au fond tout le problème du *Contrat social.*

409

■ *Pensées, maximes, aphorismes, sentences.*

Le texte d'idées prend souvent la forme d'un recueil de textes brefs.

L'amour de la justice n'est en la plupart des hommes que la crainte de souffrir l'injustice. (LA ROCHEFOUCAULD)

Il y a certains défauts qui préservent de quelques vices épidémiques, comme on voit dans un temps de peste, les malades de fièvre quarte échapper à la contagion. (CHAMFORT)

Quand le recueil est ordonné, chaque texte doit être replacé dans l'ensemble. Mais chaque texte forme un texte.

473 Le texte polémique

■ On appelle **polémique** un débat précis, très vif, et qui voit s'affronter des écrits opposés. Tous les textes d'idées ne sont pas du genre polémique. Par exemple, les *Pensées* de Pascal n'appartiennent pas au genre polémique, mais les *Provinciales* en relèvent.

■ Le genre polémique a des caractères spécifiques.
— Le rôle du « **tu** » est nécessairement renforcé. L'auteur ne s'adresse pas à un destinataire vague, mais à l'auteur d'une thèse opposée.
— Par contrecoup, le rôle de l'auteur se trouve lui aussi renforcé. Il doit s'affirmer dans la polémique.
— Les allusions aux circonstances de la polémique sont essentielles : livre critiqué, citation discutée, etc.

*« Tout cela est inutile, disent **mes censeurs** : la pièce est finie au récit de la mort de Britannicus, et l'on ne devrait point écouter le reste. » On l'écoute pourtant, et même avec autant d'attention qu'aucune fin de tragédie.* (RACINE)

*Un monsieur de beaucoup d'esprit, mais qui l'économise un peu trop, **me** disait un soir au spectacle : — Expliquez-**moi** donc, **je vous** prie, pourquoi dans **votre** pièce on trouve autant de phrases négligées qui ne sont pas de **votre** style. — De **mon** style, **monsieur ?** Si par malheur **j'**en avais un, **je m'**efforcerais de l'oublier quand **je** fais une comédie...*
(BEAUMARCHAIS, Préface du *Mariage de Figaro*)

CHAPITRE 5

L'étude de la narration

Dans un grand roman, contrairement au monde imparfaitement cohérent du réel, rien ne reste en marge — la juxtaposition n'a de place nulle part, la connexion s'installe partout.

(JULIEN GRACQ)

474   Le texte de narration

■ Le texte de narration est un texte où le lecteur lit une histoire.
— L'**histoire**, ce sont les événements narrés. Elle peut être réelle ou fictive.
— La **narration**, c'est la manière de narrer l'histoire.

■ La citation de Julien Gracq définit exactement le texte narratif de fiction. Un grand roman ne copie pas le monde, ce n'est pas un texte à dominante référentielle. Un grand roman crée un monde, c'est un texte à **dominante associative** (§ 404).
Le roman n'est pas coupé du monde réel. Il comporte des éléments qui ont des référents dans ce monde : lieux, objets, comportements, sentiments...
Mais pour expliquer leur place et leur rôle dans le roman, il ne faut pas interroger le monde, il faut interroger le roman.
Gracq appelle ici *juxtaposition* le fait de mettre côte à côte des événements, des lieux, des personnages. Cela ne suffit pas pour écrire une narration. Il faut des connexions, c'est-à-dire des liens qui attachent les uns aux autres tous les éléments. L'ensemble des connexions forme la **cohérence narrative** (§ 448).

■ L'étude d'une narration porte sur trois axes :
— la place et le rôle du narrateur (§ 475-478) ;
— la combinaison des textes narratifs et descriptifs (§ 479-487) ;
— les personnages (§ 488-489).
Les ouvrages d'histoire littéraire présentent l'auteur et les circonstances de l'écriture de la narration. Ils indiquent également comment ces données ont varié au cours des siècles. Le narrateur, le temps et l'espace, les personnages ne sont pas traités au XXe siècle comme au XVIIe.

> • Le texte de narration n'est pas lié à une forme littéraire particulière. Il peut intervenir dans le texte d'idées, comme exemple et argument, en poésie, au théâtre. A chaque fois, il faut étudier la narration et la replacer dans le genre littéraire du texte.

411

I. L'ÉTUDE DE LA PLACE ET DU RÔLE DU NARRATEUR

475   L'auteur et le narrateur

■ L'**auteur** est une personne réelle. Pour trouver des renseignements sur l'auteur, on consulte les histoires de la littérature.
Le **narrateur** est une voix : la voix qui nous raconte l'histoire. Pour connaître le narrateur, il suffit de lire le texte. Il y a souvent des ressemblances entre l'auteur et le narrateur. Mais même dans ces cas-là, il faut soigneusement les distinguer.

■ **Le rôle du narrateur** est le premier élément à examiner pour étudier un texte de narration.
— Où est le narrateur ? Quelle est sa position par rapport à l'histoire ? On sait qu'elle dépend du style d'énonciation (§ 423).
— Comment voit-il l'histoire ? Quel est son point de vue ? Par analogie avec un objectif photographique, on parle de focalisation.

476   Énonciation-récit : le narrateur dit « il »

■ Dès qu'on lit une narration, on « entend » la voix du narrateur. Dans un texte d'énonciation-récit (§ 423), le **narrateur est extérieur à l'histoire**. Il la raconte à la troisième personne :

> *Les premiers baigneurs, les matineux déjà sortis de l'eau, se promenaient à pas lents, deux par deux ou solitaires, sous les grands arbres, le long du ruisseau qui descend des gorges d'Enval.* (MAUPASSANT, début de *Mont-Oriol*)

■ La **focalisation zéro**. Quand le narrateur est extérieur à l'histoire, il n'est pas invraisemblable qu'il connaisse tout de cette histoire. On parle de focalisation zéro, de narrateur omniscient ou de vision « par en dessus ».

> *Au commencement du mois d'octobre 1829, monsieur Simon Babylas Latournelle, un notaire, montait du Havre à Ingouville, bras dessus bras dessous avec son fils, et accompagné de sa femme, près de laquelle allait, comme un page, le premier clerc de l'Étude, un petit bossu nommé Jean Butscha.* (BALZAC, début de *Modeste Mignon*)

■ La **focalisation externe** (vision « par-derrière ») est celle où le narrateur ne rapporte que les apparences extérieures de l'histoire. Il tient le lecteur en attente.

> *Vers trois heures de l'après-midi, dans le mois d'octobre de l'année 1844, un homme âgé d'une soixantaine d'années, mais à qui tout le monde eût donné plus que cet âge, allait le long du boulevard des Italiens, le nez à la piste, les lèvres papelardes, comme un négociant qui vient de conclure une excellente affaire, ou comme un garçon content de lui-même au sortir d'un boudoir.* (BALZAC, début du *Cousin Pons*)

■ La **focalisation interne** (vision « avec ») est celle où le narrateur raconte ce que voit, sait et pense un personnage. Elle peut évidemment passer d'un personnage à un autre.

> *Frédéric, en face, distinguait l'ombre de ses cils. Elle trempait ses lèvres dans son verre, cassait un peu de croûte entre ses doigts ; le médaillon de lapis-lazuli, attaché par une chaînette d'or à son poignet, de temps à autre sonnait contre son assiette. Ceux qui étaient là, pourtant, n'avaient pas l'air de le remarquer.* (FLAUBERT, *L'Éducation sentimentale*)

▶ • Le **roman par lettres** systématise l'échange et la confrontation des focalisations internes.

477 Énonciation-récit avec inclusions d'énonciation-discours : le narrateur dit « il » et parfois « je »

Ce type de texte ressemble aux textes précédents : le narrateur est extérieur à l'histoire. Mais, par moment, on rencontre aussi des passages d'énonciation-discours qui correspondent à une intervention directe du narrateur (§ 426) : il dit *je, nous* ou *on*, il interpelle parfois le lecteur. Ces interventions sont celles d'un narrateur qu'on peut confondre avec l'auteur et qui commente non seulement l'histoire mais la narration elle-même.

> *— Il pourrait bien s'en repentir, ce beau monsieur de Paris, disait M. de Rênal d'un air offensé. [...]*
>
> *Mais, quoique **je** veuille **vous** parler de la province pendant deux cents pages, **je** n'aurai pas la barbarie de **vous** faire subir la longueur et les ménagements savants d'un dialogue de province.* (STENDHAL, *Le Rouge et le Noir*)

478 Énonciation-discours fictive : le narrateur dit « je »

■ L'énonciation-discours fictive imite une situation d'énonciation réelle (§ 424) : le **narrateur est présent dans l'histoire**. Deux positions sont possibles :
— le narrateur **témoin**. Il raconte l'histoire sans l'avoir vécue lui-même ;
— le narrateur **personnage**. Il a vécu ou il est en train de vivre l'histoire.

■ Le narrateur personnage peut raconter une histoire achevée (narration rétrospective). Il est presque dans la position d'un narrateur témoin. Dans ce cas, il faut bien distinguer le « je » du narrateur en train de raconter et le « je » du narrateur quand il vivait l'histoire :

> *Il me prit chez lui dès mon enfance, et se chargea de mon éducation. Il m'acheta un alphabet, et entreprit de m'apprendre à lire.* (LESAGE, *Gil Blas*)

Narrateur narrant : *mon enfance, mon éducation.*
Narrateur personnage de jadis : *me prit, m'acheta, m'apprendre.*

413

■ Le narrateur personnage peut aussi raconter une histoire en train de se dérouler. Le seul point de vue vraisemblable est celui d'une focalisation interne. Le narrateur personnage sait ce que toute personne peut savoir du monde, des autres... mais il ne sait rien de plus.

> *Cet endroit me plaît. Je m'approche du poteau et je lis les noms qui ne me disent rien. A quinze cents mètres il y a un patelin, mais je le trouve un peu trop près de la grand-route. Je le vois. Il n'est pas mal.* (GIONO, *Les Grands Chemins*)

II. L'ÉTUDE DES TEXTES NARRATIFS ET DES TEXTES DESCRIPTIFS

479   Temps de l'histoire et temps de la narration

■ *L'expression du temps.*

■ Dans une narration, le temps est exprimé par différents procédés.
— Noms de date, d'heure, d'époque... : *13 mars, la Renaissance.*
— Adverbes : *hier, demain, lentement, souvent...* (§ 212).
— Adjectifs : *matinal, tardif, nouveau, ancien...*
— Compléments circonstanciels de temps (§ 234 et 281).
— Et surtout, temps grammaticaux des verbes. Points essentiels : les valeurs du présent (§ 163), les temps du passé (§ 160), les aspects accompli / non accompli, perfectif / imperfectif (§ 111).

■ Temps de l'histoire et temps de la narration.
Le **temps de l'histoire** est celui des calendriers, des horloges.
Le **temps de la narration** est un temps relatif : il a un point zéro (To), c'est le moment où le narrateur est situé pour narrer l'histoire.

■ *Narration rétrospective.*

■ C'est le cas le plus fréquent :

Temps de l'histoire   ——1800————1850————1900→

Temps de la narration   _____ ....To

Cet exemple correspond à un roman dont le narrateur raconte, en 1900, une histoire qui se déroule entre 1800 et 1850.
Attention : l'auteur peut écrire ce roman en 1990 !

414

La narration rétrospective emploie les temps du passé (§ 160, 168-177). Attention au présent de narration (§ 167), au futur de narration (§ 180), au conditionnel (§ 184-185).

Plus-que-parfait	*... Les voiles **étaient déchirées**, les mâts brisés, le vaisseau entr'ouvert. **Travaillait** qui **pouvait**, personne ne*
Imparfaits	***s'entendait**, personne ne **commandait**. L'anabaptiste **aidait** un peu à la manœuvre ; il **était** sur le tillac ; un*
Présent de narration	*matelot le **frappe** rudement et l'**étend** sur les planches ; mais du coup qu'il lui **donna**, il **eut** lui-même une si vio-*
Passé simple	*lente secousse qu'il **tomba** hors du vaisseau, la tête la première.* (VOLTAIRE, *Candide*)

■ Toute narration rétrospective est une sorte de grand retour en arrière, mais la narration peut aussi comporter des **retours en arrière** plus ponctuels (**analepses** dans le roman, *flash-back* au cinéma). Exemples : le chapitre VIII de *Candide* (« Histoire de Cunégonde »), le chapitre II de *L'Éducation sentimentale* (adolescence de Frédéric et Charles Deslauriers).

> *Le domaine du moulin de Pologne, si orgueilleux jadis, tomba entre les mains d'un homme que tout le monde appelait M. Joseph. [...] **Il était arrivé** un de ces soirs d'hiver miséricordieux aux âmes sensibles. Il ne nous fit pas beaucoup de bonnes manières. Il fréquenta à peine...* (GIONO, *Le Moulin de Pologne*)

jadis ——————— était arrivé——————— tomba——————— T₀
                (retour en arrière)

■■ *Narration simultanée.*

Le narrateur semble raconter l'histoire au moment où elle se déroule. Emploi du présent historique (§ 167). Le T₀ se déplace avec la narration. C'est le cas du texte de Giono, § 478 :

> *Cet endroit me plaît. Je m'approche du poteau et je lis les noms qui ne me disent rien...*

        T₀   T₀   T₀
——————— *me plaît* ——————— *je m'approche* ——————— *je lis* ——————— etc.

Attention : *il y a* est un présent permanent (§ 165).

480   Durée de l'histoire et durée de la narration

La **durée de l'histoire** se mesure en jours, en heures... La **durée de la narration** se mesure en pages, en lignes.

■■ *Accélération, ralentis, tempos.*

— Dans les passages de dialogue (discours rapporté direct, § 304), la durée de la narration est à peu près la même que celle de l'histoire.

— Les passages de récit comportent des **tempos lents ou vifs**, des **accélérations** et des **ralentis**. La longueur des phrases, l'accumulation des verbes, l'opposition passé simple / imparfait, les adverbes de temps en sont les principaux outils.

> *C'était un très grand et très fort garçon, vigoureux et hardi nageur. Il **se laissait** flotter doucement, l'âme tranquille, frôlé par les herbes et les racines, heureux de sentir contre sa chair le glissement léger des lianes. **Tout à coup** une main **se posa** sur son épaule.*
> *Il **se retourna** d'une secousse et il **aperçut** un être effroyable qui le regardait avidement.* (MAUPASSANT, *La Peur*)

▬▬ *Ellipses.*

L'accélération peut aller jusqu'à l'**ellipse temporelle** :

> ***Dix jours après** (le temps d'accourir de Besançon), les héritiers survinrent.* (FLAUBERT, *Un Cœur simple*)

— Quand l'ellipse est complète, les temps des verbes la signalent :

> *On se serra la main une dernière fois, le train siffla, nous **avions quitté** la gare.* (HUYSMANS, *Sac au dos*)

— Ou bien un résumé rassemble le passé en quelques mots autour d'un verbe imperfectif au passé simple (§ 173) :

> *Puis des années s'écoulèrent, toutes pareilles et sans autres épisodes que le retour des grandes fêtes : Pâques, l'Assomption, la Toussaint.* (FLAUBERT, *Un Cœur simple*)

481   Les séquences narratives

■ On appelle **séquence narrative** une histoire complète avec un début, un développement et une fin. Un roman est une grande séquence narrative. Mais cette grande séquence narrative est faite de petites séquences.

■ Les séquences narratives s'organisent de deux manières : elles **se succèdent** et elles **se superposent**. C'est ce tissage des séquences qui assure la cohérence narrative de l'ensemble.

Dans le deuxième chapitre de *Candide*, plusieurs brèves séquences se succèdent. Elles s'inscrivent dans la longue séquence : l'« histoire de Candide ». En même temps restent en suspens d'autres grandes séquences : que sont devenus « Mlle Cunégonde », « Pangloss » ?

Ces trois grandes séquences se superposent aux précédentes.

──────────────── Histoire de Candide ───────────────→						
Pangloss (?)_____→						
Cunégonde (?)_____→						
Candide tout seul	Candide enrôlé	Candide soldat	Candide déserteur	Candide condamné	Candide châtié	Candide gracié

▸ • On peut comparer cela à une **tapisserie**. Le roman est le « bon côté » de la tapisserie. Pour expliquer le déroulement de la narration, il faut passer de l'autre côté : voir les fils, les nœuds...

482 Le déroulement de la narration

▌ *Les événements.*

Le déroulement d'une narration comporte plusieurs **événements** :

événement déclencheur → suite d'événements → dénouement

Pour étudier ce déroulement, il faut étudier chaque événement en précisant sa place dans la suite des événements (enchaînement de causes et d'effets, renversement de l'action, coup de théâtre...).
On voit alors que certains événements sont plus importants que d'autres parce qu'ils correspondent aux grandes séquences de la narration. Ce sont les événements clés de l'action :
Candide « chassé du paradis terrestre » → Candide à la guerre → Le désastre de Lisbonne → Candide retrouve Cunégonde → ...

▌ *L'évolution de la situation.*

Le déroulement d'une narration comporte aussi une **évolution** :

situation initiale → situations intermédiaires → situation finale

Pour étudier cette évolution, il faut expliquer comment les événements modifient les **situations** (situation heureuse ou malheureuse, avantageuse pour tel personnage mais au détriment d'un autre, renversement de la situation...).
« Résumé » de *Candide* :

Candide avec Cunégonde		Candide avec... ?
↓		↑
Il la perd →	Il la retrouve, la reperd... →	Il la retrouve

La métairie de Turquie n'est pas le château de Vestphalie, et Candide a changé. Le bonheur perdu est perdu. Qu'est-ce qui a pris sa place ?

483 « La langue du récit »

En étudiant les contes populaires de son pays, le critique russe Vladimir Propp a montré qu'ils suivaient tous des déroulements comparables. Par exemple : une ville est menacée par un péril, un héros accepte d'affronter le péril, il remporte un premier succès, suivi d'une défaite, mais il se reprend et triomphe définitivement. On retrouve un déroulement de ce genre dans bien d'autres récits, contes de tous les pays, romans ou films.
Les narrations plus longues et plus complexes introduisent des variations. Mais on rencontre là encore des constructions qui se ressemblent : situation, élément modificateur, action, élément modificateur inverse, nouvelle situation.
On parle donc parfois de la « langue du récit » (Roland Barthes).
Tous les lecteurs connaissent plus ou moins cette « langue ». Elle est une connaissance préalable (§ 409). Ils savent que l'auteur joue sur leur attente, leur angoisse, leurs espoirs... Et c'est l'un des plaisirs de la lecture que d'être pris dans ce jeu.

- Il y a de même une « langue » du cinéma, du téléfilm, de la bande dessinée. Elles partagent beaucoup de points avec celle du récit, en particulier pour les questions de points de vue du narrateur (§ 475) et le « montage » de la narration (les séquences narratives).

484   Lieux et objets de la narration

■ Une narration fictive peut se dérouler dans des lieux inventés ou dans des lieux empruntés au monde réel. Par exemple, Candide va en Eldorado, lieu imaginaire, mais aussi à Lisbonne, au Paraguay, en Turquie...
Les deux cas ne sont pas différents parce que les lieux (et les objets) d'une narration appartiennent à cette narration avant d'appartenir au monde réel. Ils relèvent plus des relations associatives que des relations référentielles (§ 404).
On peut donc étudier ces lieux et ces objets du point de vue référentiel (par rapport aux lieux et aux objets réels du monde), mais il faut surtout étudier leurs rôles dans la narration.

■ Le rôle de la description dans la narration ne se réduit pas à dessiner un décor indispensable ou à faire découvrir au lecteur des paysages inconnus. Les descriptions des mauvais romans s'arrêtent à ce stade et sont souvent de simples plagiats des brochures touristiques : c'est le pittoresque (§ 468) de carton-pâte.
Les liens entre les descriptions et la narration jouent à quatre niveaux.
— Comment la description est-elle elle-même une narration : rôle du narrateur ? ordre de la description ?
— Comment la description est-elle insérée dans la narration générale : pause narrative ? superposition du narratif et du descriptif ?
— Quel est le rôle de la description dans le mouvement narratif ?
— Quelle place les descriptions occupent-elles dans les romans ou les autres textes narratifs de l'époque ? Cette dernière question relève de l'histoire de la littérature et de l'esthétique.

485   Les lieux de la narration

On peut **dresser la carte des lieux** et examiner les points suivants.
— **Lieux réels ou lieux imaginaires.** Par rapport au mouvement narratif, la différence est faible. Mais le choix qu'en fait l'auteur influe sur le caractère réaliste du roman.
Attention à ne pas attribuer trop de « réalisme » aux lieux réels (le Paris du *Père Goriot* ou de *L'Éducation sentimentale* est celui du roman avant d'être celui de la réalité), ou trop d'« irréalité » aux lieux imaginés (l'Eldorado dans *Candide* ; Orsenna et le Farghestan dans *Le Rivage des Syrtes*).
— **Les lieux et leurs oppositions.** Lieu clos / lieu ouvert ; lieu privé / lieu public ; ville / campagne ; maison / rue ou place ; séjour / passage ; etc. Attention aux **lieux frontières** : portes de ville, porte de maison, pont, port, col...
Le Père-Lachaise dans *Le Père Goriot*. L'escalier de la maison de Combray dans *Du Côté de chez Swann*. Le fortin dans *Un Balcon en forêt*, de J. Gracq.
— **Les lieux et le déroulement de la narration.** La narration va d'un lieu à un autre, reste enfermée dans un même lieu, ou au contraire oppose deux ou

418

trois lieux précis. Il faut être attentif aux **noms des lieux**, à leurs valeurs dénotatives et connotatives (§ 405), leurs valeurs métaphoriques ou métonymiques (§ 343-344).

Le face-à-face « Au Vieil Elbeuf » / « Au bonheur des dames » dans le roman de Zola. La côte normande et la Corse dans *Une vie.*

— **Les lieux et les personnages.** Les lieux auxquels ils sont liés, ceux qu'ils quittent, ceux où ils vont, ceux qu'ils espèrent atteindre...

Emma Bovary entre Tostes et Yonville, avec ses échappées : la Vaubyessard, Rouen,... Paris. Gervaise et « l'Assommoir ».

486   Le texte descriptif (lieux ou objets)

Rappel : **la description est une narration.** Elle donne lieu à plusieurs questions.

■   **Qui décrit ?** Narrateur extérieur, témoin, personnage ? Type de focalisation (§ 475) ?

Dans quel ordre ? La description n'est pas une « reproduction », comme une banale photo. Elle suit un ordre. Description d'un seul tenant ou fragment épars ? Du premier plan à l'arrière-plan, mouvement circulaire, du centre vers la périphérie, l'inverse, etc. ? Part des « plans larges » et des « gros plans ». Un cas fréquent, la description silencieuse que couronne un son :

> *Des joncs se penchaient pourtant, et l'eau secouait légèrement des perches plantées au bord pour tenir des filets ; une nasse d'osier, deux ou trois vieilles chaloupes étaient là. Près de l'auberge, une fille en chapeau de paille tirait des seaux d'un puits ; — chaque fois qu'ils remontaient, Frédéric écoutait avec une jouissance inexprimable le grincement de la chaîne.*
> (FLAUBERT, *L'Éducation sentimentale*)

■   **Avec quels matériaux de la langue et du discours ?** La liste donne toutes les pistes à explorer. Comparez rapidement votre texte et la liste pour retenir quelques points intéressants.

— Champs lexicaux (§ 460) des lignes, des volumes, des formes, des couleurs, des mouvements, des odeurs, des sons... (ne pas oublier les adverbes : *ici, là, loin, dessous...* ; ni les prépositions : *dans, sur, par...*). Rechercher le vocabulaire technique.

— Répartition de la description sur la syntaxe : plusieurs phrases, une seule phrase ? Description morcelée ou continue ?

— Usage des présentatifs (§ 319).

— Emplois de l'imparfait (§ 168), valeur des présents.

— Nombre de noms, d'adjectifs, de verbes (§ 461).

— Rôle des verbes imperfectifs (§ 111), des verbes attributifs (§ 257).

— Voix active et passive, pronominaux de sens passif (§ 104-105).

487   Le narratif et le descriptif

■■■ *Arrière-plan et premier plan.*

La valeur de non-accompli de l'imparfait (§ 168-169), jointe à des verbes imperfectifs, convient à la description.

— Sur cet **arrière-plan**, le passé simple **se détache** pour exprimer le mouvement narratif (voir aussi le texte de *Candide*, § 479) :

L'ÉTUDE DE LA NARRATION

> *Arrivée au sommet d'Ecquemauville, elle aperçut* les lumières de *Honfleur qui* **scintillaient** *dans la nuit comme une quantité d'étoiles ; la mer, plus loin,* **s'étalait** *confusément.* (FLAUBERT, *Un Cœur simple*)

— Le présent de valeur permanente (§ 167), combiné à l'imparfait, donne un **arrière-plan de commentaire et de description** sur lequel, là encore, le passé simple se détache :

Présent permanent	*Rien n'***est** *vivant, rien n'***est** *soudain aussi maternel dans la nuit noire de la campagne, quand l'électricité a été coupée, que le doux dégel, la petite onde de lumière dont le reflet* **s'éveille et coule** *le long du mur, pareil au cœur tiède de la maison qui se remettrait à*
Passé simple	*battre.* **Un instant, je regardai,** *réchauffé, avec une sensation diffuse de bien-être, la lueur dansante qui*
Imparfait	**s'éveillait** *au fond du couloir, puis* **je me levai** *d'un*
Passé simple	*bond et* **je marchai** *vers la porte.*

> (GRACQ, *Le Roi Cophetua*)

— Des auteurs contemporains opposent imparfait et passé composé pour obtenir les mêmes effets (§ 162) ou emploient le présent historique qui réunit dans le même moment la narration et la description (§ 167 et 480).

Place de la description dans le déroulement narratif.

La description peut intervenir dans une sorte d'**arrêt** ou de **prélude** à la narration :

> *Dans le Bas-Limoges, au coin de la rue de la Vieille-Poste et de la rue de la Cité, se trouvait, il y a trente ans, une de ces boutiques auxquelles il semble que rien n'ait été changé depuis le Moyen Age. De grandes dalles cassées...* (BALZAC, début du *Curé de village*)

La description peut être faite **au fil** de la narration. Les éléments de la narration (en gras) sont tissés avec ceux de la description :

> *La voiture* **glissait** *comme un traineau sur le gazon ; des pigeons qu'on ne voyait pas roucoulaient ;* **tout à coup** *un garçon de café* **parut** *;* **et** *ils* **descendirent** *devant la barrière d'un jardin où il y avait des tables rondes.* **Puis, laissant** *à gauche les murailles d'une abbaye en ruines, ils* **marchèrent** *sur de grosses roches et* **atteignirent bientôt** *le fond de la gorge.* (FLAUBERT, *L'Éducation sentimentale*)

Rôle de la description dans la narration.

Il faut toujours préciser le **rôle du passage descriptif** dans la cohérence narrative.

— Rôle d'**évocation symbolique** d'un personnage par métaphore ou métonymie (§ 343-344) : la casquette de Charles Bovary ou la pharmacie de Homais dans *Madame Bovary*, le châle de Mme Arnoux dans *L'Éducation sentimentale*

— La description minutieuse des espaces peut préparer le « terrain » pour une **action** future : la tour Farnèse, au moment de l'emprisonnement de Fabrice dans *La Chartreuse de Parme* ; la mine, lors de la première descente de Lantier, dans *Germinal* ; l'intérieur de la diligence dans *Boule de suif*.

— Le plus souvent, la description prépare l'action future tout en jouant un rôle symbolique. C'est le cas des exemples déjà donnés auxquels on peut ajouter : la pension Vauquer dans *Le Père Goriot* ; la vallée de l'Indre dans *Le Lys dans la vallée* ; le « Bonheur des dames » au début du roman de Zola.

■ On peut très souvent associer un texte descriptif à la **vie de l'auteur**. Non pas pour retrouver dans la description la reproduction banale des lieux où l'auteur a vécu, mais pour explorer la géographie inconsciente que tout homme garde avec lui. Lieux associés à des souvenirs heureux, émouvants, dramatiques.

Le texte majeur est ici l'œuvre de Proust, mais un récit comme *Un Cœur simple* est également une véritable géographie mentale de Flaubert. Voir aussi *Sylvie*, Nerval ; *Le Horla*, Maupassant ; *Le Grand Meaulnes*, Alain-Fournier…

III. L'ÉTUDE DES PERSONNAGES

488   Le personnage

■ **L'illusion de réel** est l'une des réussites du roman : le personnage nous semble aussi réel qu'une personne. Mais pour étudier un personnage, il faut aller au-delà de cette impression et comprendre comment la narration le construit et l'utilise. Même s'ils ont été inspirés par des personnes réelles, c'est dans la narration que se déroule leur histoire.

■ **La construction du personnage.**
— On dresse souvent sa fiche d'état-civil (nom, âge, domicile, métier, situation de famille, aspects physiques) à laquelle on ajoute une série de données psychologiques, morales, sociales. Tout cela peut être fourni au lecteur d'un coup, dans un **portrait**, ou bien dispersé sur plusieurs passages.
— Le personnage se révèle aussi dans ce qu'il dit. Il faut donc étudier les **dialogues** : comment parle-t-il ? quel est son vocabulaire ? sa syntaxe (§ 364) ?
— Le **nom** est souvent un point important. Ses sonorités, ses connotations participent à la construction du personnage : Candide et Pangloss, Jean Valjean et Javert, le Horla…, tous ces noms propres « disent » quelque chose.

489   Les fonctions et les rôles des personnages

■ **Fonctions narratives.** Elles ont été étudiées dans les passages consacrés au narrateur (§ 479).

■ **Le rôle du personnage dans le déroulement de la narration.** Il correspond à la position de celui-ci par rapport à l'action et par rapport aux autres personnages.
— Un personnage peut être le **sujet** ou l'**objet** de l'action. Candide est le sujet, Cunégonde l'objet. Le narrateur du *Horla* passe du statut de sujet à celui d'objet possédé par le Horla. Et s'il est lui-même le Horla, le suicide devient l'issue obligée.
— Il peut être **destinateur** ou **destinataire** des éléments du récit. Monsieur le baron de Thunder-ten-tronck refuse de donner sa fille à Candide.
— Il peut être **auxiliaire** ou **opposant** à l'un des personnages. Pangloss et Martin sont-ils auxiliaires ou opposants ? Même question dans *Le Horla* pour le moine du Mont-Saint-Michel ou le docteur Parent.

■ Ce qu'il faut bien comprendre, c'est qu'**un personnage ne s'étudie pas séparément des autres personnages de la narration**. Il y a dans toute narration un **système de personnages** dont les relations (de rapprochement ou de conflit, d'amour ou de haine…) évoluent au long du récit. A chaque changement dans la situation (§ 482), il faut examiner ce système et étudier ses modifications.

La relation de Candide et de Cunégonde change. De même celle du narrateur du *Horla* avec lui-même.

■ Ce qui apparaît enfin, c'est que la notion de personnage fait partie d'un système plus vaste : celui des **actants**, système qui englobe les personnages (J. Greimas) mais aussi des objets, des entités, des idées.

Au début de *Candide*, Cunégonde est l'objet de la quête du héros. Mais à la fin, c'est un autre objet qu'il trouve, une conception de la vie que résume le fameux « Il faut cultiver notre jardin ». Le narrateur du *Horla* cherche à retrouver la santé, puis il se cherche lui-même, il cherche sa raison. L'entité qu'il nomme le Horla est un opposant et le trois-mâts brésilien vu sur la Seine au début du récit apparaît comme un adjuvant du Horla.

490   Les textes de narration non fictive

▉ *La narration historique.*

■ Le cadre général d'une narration historique est celui d'une énonciation-récit (§ 423). Les passages d'énonciation-discours permettent à l'historien d'intervenir dans sa narration (§ 426) :

> *Lothaire fut vaincu. Il ne renonça pas encore, mais les deux frères cadets avaient compris la leçon et, d'une entente accidentelle, ils firent une alliance durable par les fameux « serments de Strasbourg », prêtés le 14 février 842 en présence des deux armées, en roman et en germanique. [...]*
> *Revenons maintenant en arrière pour considérer l'autre phénomène caractéristique de l'époque : les invasions normandes.* (J. DHONDT)

■ Le caractère spécifique de la narration historique tient aux **référents du texte** (événements, dates, lieux, personnes) qui peuvent être vérifiés, recoupés, le cas échéant dénoncés comme faux ou falsifiés.

Mais on ne peut pas en déduire que les relations associatives sont sans importance. L'historien a devant lui les matériaux de l'histoire : il faut qu'il les éclaire, qu'il les ordonne, qu'il narre les événements. Ici, son travail ressemble beaucoup à celui de n'importe quel **narrateur** (§ 414).

▉ *La narration autobiographique.*

Le cadre général de l'autobiographie est une énonciation-discours (§ 423) qui inclut de vastes ensembles d'énonciation-récit (§ 425). Dans une autobiographie, on a donc le « je » de l'auteur-énonciateur et le « je » de l'auteur-acteur :

« je » énonciateur   *J'aurais volontiers illustré ces pages d'un portrait photographique. Mais il **m'**eût fallu une « Sido » debout, dans le jardin, entre la pompe, les hortensias, le frêne*

« je » acteur   *pleureur et le très vieux noyer. Là **je** l'ai laissée, quand **je** dus quitter ensemble le bonheur et mon plus jeune âge.* (COLETTE, *Sido*)

L'autobiographie a donc la même structure narrative que le roman d'un narrateur-personnage (voir l'exemple de *Gil Blas*, § 479). Mais il faut ajouter que l'autobiographie est une narration de caractère historique où les référents doivent présenter, en principe, les mêmes garanties que dans les travaux historiques.

CHAPITRE 6

L'étude du vers et du poème

La poésie est à la vie ce qu'est le feu au bois. (PIERRE REVERDY)

491 Le poème

La cohérence du poème est une cohérence d'évocation (§ 449). Toutes les ressources de la langue sont mises en œuvre pour assurer sa cohésion (§ 443) et particulièrement les ressources sonores (§ 353 et suivants).
Poésie vient du grec *poïein*, « faire, fabriquer, créer ». La poésie est une fabrication et une création. Pour étudier un poème, il faut rendre compte de sa « fabrique ». C'est l'objet de ce chapitre. La suite est un dialogue avec le feu...

492 Le compte des syllabes

■ Le **vers français** est composé d'**un nombre limité et régulier de syllabes** (§ 357). Pour le dire convenablement, il faut faire attention à la diction poétique du **e muet** (§ 360). Rappelons d'abord qu'il n'est pas muet dans le Midi de la France. D'autre part, il ne fut pas toujours muet. La poésie est la mémoire écrite de l'ancienne prononciation.

■ **Le *e* muet dans le vers** (exemples de Hugo).
— Le e muet **précédé d'une voyelle** ne se prononce pas :
Ceux | que | vous| ou | bli | ez | ne | vous| ou | **bli(e)** | ront | pas

— Dans un mot, le e muet **entre consonnes** se prononce toujours :
Sous | vos | chauds|cou| **vre** | -pieds | de | mar | tres | zi | **be** | lines

— En fin de mot, le e muet **devant voyelle** ne se prononce pas :
Com | me | quel| qu'un |qui| cher| **ch(e) en** | te | nant | u | ne | lampe

— En fin de mot, le e muet **devant consonne** se prononce toujours :
Com | **me** | quel| qu'un |qui| cher| che en | te | nant | u | **ne** | lampe

■ **Le *e* muet à la rime.**
— Il ne se compte jamais. Ces vers de La Fontaine ont 7 syllabes :
Quand | la | bi | se | fut | ve| **nu(e)**
El | l(e) a | lla| cri | er | fa | **min(e)**

— Attention à la chanson ! Les nécessités de la musique conduisent souvent à prononcer un e muet :
    Je t'aimerai toute la vi-e.

423

■ Les règles classiques interdisent le **hiatus** (§ 359). Mais la présence d'une lettre *e* ou d'une ponctuation lève le risque :

> *Légère et court vê**tue, e**lle allait à grands pas* (LA FONTAINE)

■ La prononciation courante des semi-consonnes (§ 356) est parfois modifiée en poésie.
— La **diérèse**, fréquente, donne deux syllabes au lieu d'une seule :

> *pu ri fier* [pyʀifje] → **pu ri fi ier** [pyʀifije]

— La **synérèse**, plus rare, donne une syllabe au lieu de deux :

> *hi er* [ijɛʀ] → **hier** [jɛʀ]

— C'est le décompte des syllabes du vers qui permet à l'oreille d'entendre s'il faut faire ou non ces modifications. Ces deux alexandrins de Baudelaire le montrent. Pas de diérèse pour *miasmes* mais diérèse pour *purifier* et *supérieur* :

> *En | vo| le | -toi | bien| loin| de | ces | **mias | mes** | mor | bides*

> *Va | te | pu | ri | **fi | ier** | dans| l'air| su | pé | **ri | eur***

■ A partir de ces données, il faut s'entrainer.
— Lire plutôt des alexandrins parce que le compte y est bien net.
— Lire à **très haute voix**. Ne pas avoir peur de scander les *e* muets en **comptant sur ses doigts** ! La diction plus discrète viendra après.

493   Les différents mètres

Le **mètre** est la longueur du vers.

■ Principaux mètres pairs.
— L'**alexandrin** : 12 syllabes (d'abord employé dans *Le Roman d'Alexandre*, fin du XIIᵉ siècle).

> *Et la mort, à mes yeux dérobant la clarté,*
> *Rend aux jours qu'ils souillaient toute sa pureté.* (RACINE)

— Le **décasyllabe** : 10 syllabes.

> *La vie et le bal ont passé trop vite*
> *La nuit n'a jamais la longueur qu'on veut* (ARAGON)

— L'**octosyllabe** : 8 syllabes.

> *Juin ton soleil ardente lyre*
> *Brûle mes doigts endoloris* (APOLLINAIRE)

— Le vers de 6 syllabes :

> *Il ne sait pas mon nom*
> *Ce cœur dont je suis l'hôte* (SUPERVIELLE)

■ Principaux mètres impairs : les vers de 9, 7 et 5 syllabes.

> *Mon enfant, ma sœur,*   5
> *Songe à la douceur*   5
> *D'aller là-bas vivre ensemble !*   7
> (BAUDELAIRE)

> *De la musique avant toute chose*   9
> *Et pour cela préfère l'Impair.*   9
> (VERLAINE)

■ Les mètres plus courts sont utilisés pour varier la métrique d'un poème régulier. Mais ils s'emploient rarement à la suite.

> *L'Europe sous sa loi guerrière*   8
> *Se débattit, —*   4
> *Toi, son singe, marche derrière,* 8
> *Petit, petit.*   4
> (HUGO)

■ Le **verset** est une période poétique longue. L'oreille ne perçoit plus un compte régulier. Le modèle est dans le livre biblique des *Psaumes*.

> *Où vont les sables à leur chant s'en vont les Princes de l'exil,*
> *Où furent les voiles haut tendues s'en va l'épave plus soyeuse qu'un*
> *songe de luthier...* (SAINT-JOHN PERSE)

■ Le **vers blanc** est un vers qui a un nombre régulier de syllabes mais pas de rime.

■ On appelle **vers libre** la possibilité pour l'auteur de placer les alinéas comme il le souhaite. Le vers libre n'est pas la vague mise en alinéas d'un texte de prose. C'est un vers qui a son unité et qui participe à l'unité générale du poème.

Il n'y a pas de compte possible pour les diérèses et les synérèses, mais il faut lire le vers libre avec la diction poétique des *e* muets.

494   Les rimes

■■ *Définitions.*

■ Les **rimes** sont des reprises de phonèmes (§ 354) situées en fin de vers.
— Reprise de la même voyelle accentuée **(rime pauvre)** :
>   *batt**u** / perd**u**   am**i** / part**i**   éch**o** / bient**ôt***
— Reprise d'un groupe voyelle + consonne **(rime suffisante)** :
>   *che**val** / fa**tal**   fi**nale** / ban**cale**   g**rise** / m**ise***
— Reprise de trois phonèmes au moins **(rime riche)** :
>   *che**val** / ri**val**   **grise** / b**rise**   **porte** / m**orte***

• D'autres rimes encore plus « riches » sont possibles. Par exemple les **rimes équivoquées** : *par chemin / parchemin.* On les trouve dans les textes des Grands Rhétoriqueurs du XVe siècle ou des Parnassiens.

■ L'**assonance** est la reprise de la même voyelle accentuée. Les chansons de geste étaient assonancées. Puis la rime a remplacé l'assonance. Les poètes modernes ont renoué avec la tradition. Dans *La Chanson du mal-aimé*, Apollinaire emploie plusieurs fois des assonances. Par exemple : *L**on**dres, renc**on**tre, h**on**te.* Il joue même sur des assonances consonnantiques : *po**ch**es, rou**g**e.*

■ Rimes « interdites ». Les règles classiques demandent qu'on ne fasse pas rimer un singulier et un pluriel *(peur / fleurs)*, ni à plus forte raison deux fois le même mot. Elles conseillent d'éviter des mots construits avec les mêmes suffixes *(finir / partir, doucement / tendrement)* ou la même terminaison *(chanta / pleura).*

■■ *Rimes masculines et rimes féminines.*

L'alternance des rimes masculines et féminines est apparue aux XIVe et XVe siècles. Les poètes du XVIe ne l'observent pas toujours. Malherbe en fait une règle.
— **Définition ancienne.** Les mots terminés par un *e* muet forment les rimes féminines : *mère, heure, épique...* Cette définition s'appliquait aussi à des mots comme *fumée, folie, perdue...,* parce que la diction classique y prononçait le *e,* sans le décompter dans le vers.
Les autres rimes sont masculines : *ardeur, perdu, temps, loin...*

425

— **Définition moderne.** Les poètes modernes ont tenu compte de la prononciation moderne. Apollinaire fait rimer *fumée / enrhumés, perdue / confondu, ardeur / heure, délire / mourir.*

A l'alternance rimes masculines / rimes féminines, ils substituent ou ajoutent l'alternance **syllabe fermée**, *ardeur, heure* / **syllabe ouverte**, *perdue, confondu* (§ 357).

▶ • On appelle **rimes normandes** des rimes qui correspondent à une prononciation disparue : *air* et *aimer* (on faisait sonner le *r* dans les verbes comme *aimer* par souci de diction solennelle).

Dispositions des rimes.

Les **rimes plates** sont du type : **AA BB CC**...
Les **rimes croisées** : **ABAB CDCD**...
Les **rimes embrassées** : **ABBA CDDC**...
Les **rimes redoublées** (au moins trois reprises) : **AAAB**...
On appelle **rimes mêlées**, les rimes qui mêlent ces dispositions.
Une **rime interne** est une rime placée à la césure (§ 495) :

> *Rendre le ciel jaloux de sa vive coul**eur***
> *Quand l'aube de ses p**leurs** au point du jour l'arrose* (RONSARD)

495   Les accents et les coupes

Des **groupes rythmiques** séparés par des **coupes** assurent le **rythme** du vers.

■ L'alexandrin classique, régulier, se partage en deux **hémistiches** (demi-vers) de 6 syllabes séparés par une **césure**. La césure n'est pas toujours associées à une pause, elle joue un rôle de repère dans le décompte rythmé des syllabes (Frédéric Deloffre).
— En diction classique, les syllabes 6 et 12 sont accentuées en intensité et en longueur (§ 361 et 466) :

> *La mort est le seul dieu // que j'osais implorer.* (RACINE)
> *Puisque j'ai mis mes lèvres // à ta coupe encore pleine...* (HUGO)
> *Une épouse me suit // c'est mon ombre fatale* (APOLLINAIRE)

— Le rythme binaire 4 × 3 donne le **tétramètre** (grec *tétra* = 4) :

> *Je sentis / tout mon corps // et transir / et brûler* (RACINE)
> *Mon esprit / est pareil // à la tour / qui succombe* (BAUDELAIRE)

— L'accent secondaire du deuxième hémistiche peut être moins marqué et produire un effet 3/3//6 qui donne élan au vers :

> *Je le vis, / je rougis, // je pâlis à sa vue.* (RACINE)
> *O serments ! / ô parfums ! // ô baisers infinis !* (BAUDELAIRE)

— Le rythme ternaire 3 × 4 donne le **trimètre** (grec *treis* = 3) :

> *Toujours aimer, / toujours souffrir, / toujours mourir* (CORNEILLE)
> *Les fleurs au front, / la boue aux pieds, / la haine au cœur.* (HUGO)

— Toutes sortes de rythmes naissent du déplacement de la césure :

> *Bonaparte, // tremblant comme un enfant sans mère,*
> *Leva sa face pâle / et lut : // — Dix-huit Brumaire !* (HUGO)

■ La césure du décasyllabe le partage souvent en 4 et 6 syllabes :

> *Le vent se lève !... // Il faut tenter de vivre !* (VALERY)

— Celle du vers de 9 syllabes donne souvent 4 et 5 syllabes :

> *De la musique // avant toute chose* (VERLAINE)

426

— L'octosyllabe ne comporte pas de césure. Il peut se partager en deux groupes de 4 syllabes mais il forme plus souvent un groupe à lui seul :

Mais en vérité je l'attends
Avec mon cœur / avec mon âme (APOLLINAIRE)

496   Le vers et la syntaxe

■ L'accord peut être complet entre le rythme du vers et la structure syntaxique de la phrase. Mais la syntaxe peut contraindre le rythme et faire déplacer la coupe qui termine le vers.
— On appelle **enjambement** ce mouvement de la syntaxe.
— Le **rejet** est ce qui est placé au-delà de la coupe :
Voyez-vous, nos enfants nous sont bien nécessaires,
Seigneur *; quand on a vu dans sa vie, un matin...* (HUGO)
— Le **contre-rejet**, ce qui précède la coupe :
*Si l'on n'est plus que mille, eh bien, j'en suis ! **Si même***
Ils ne sont plus que cent, je brave encore Sylla. (HUGO)

■ La suppression de la ponctuation (adoptée par Apollinaire, en 1913) ne change pas ces données syntaxiques.

497   La strophe, le poème

■ La **strophe** est un groupement de vers combinés selon les **rimes** et parfois selon les **mètres**. La strophe peut se répéter sous une forme identique. Par exemple des quatrains d'alexandrins à rimes embrassées.
Le poète peut aussi alterner deux types de strophes. Par exemple le quatrain précédent et un quatrain comprenant deux couples alexandrin / 6 syllabes (ex : « À Villequier » de Hugo, *Les Contemplations*).
— On appelle **stance** une strophe de poème lyrique ou d'hymne religieuse.

■ Types de groupements.
— Deux vers de rimes plates forment un **distique**.
— Trois vers forment un **tercet**, mais à l'exception de la rime redoublée (§ 494), ce qui n'est pas très élégant, un vers reste « en l'air ». Le tercet s'associe donc à d'autres strophes ou à un vers isolé. Voir aussi le *pantoum* (Baudelaire : *Harmonie du soir*).
— Autres strophes courantes : le **quatrain** (4 vers), le **quintil** (5), le sizain (6), le huitain (8), le dizain (10), le douzain (12).

■ Les strophes des chansons de geste sont des **laisses** assonancées (§ 494) de longueur variable. Les anthologies donnent des exemples de poèmes anciens à **forme fixe** : le **virelai**, la **vilanelle**, la **ballade**, le **triolet**, le **chant royal**, le **rondeau**.
— La forme fixe la plus courante est le **sonnet** emprunté à la poésie italienne par les poètes de la Pléiade. Le sonnet comporte deux quatrains et deux tercets. Sa forme régulière est celle qui place les rimes ainsi :
ABBA ABBA CDD EDE
Mais les poètes s'en tiennent souvent à la seule contrainte de deux quatrains et de deux tercets et prennent des libertés avec la disposition des rimes.

■ Les espaces ont toujours joué un rôle dans la présentation visuelle des poèmes, en particulier pour isoler des vers du corps de l'ensemble (ex : les morales des fables). Avec le *Coup de dés* de Mallarmé, les *Calligrammes* d'Apollinaire, les poèmes de Ponge, l'écrit poétique joue sur l'espace de la page.

■ Le **poème en prose** est prose par sa présentation et poème par sa cohérence d'évocation (§ 449). Ce n'est pas un simple fragment de prose mais **un tout qui enferme chaque élément sonore, syntaxique et sémantique dans cette cohérence.** Il montre que la poésie ne se réduit pas à la versification. Hors la rime, tous les autres éléments de la langue poétique sont présents et demandent la même étude que dans un poème en vers.

498   La langue poétique

La langue poétique est un tout qui superpose et fusionne tous les niveaux du texte : structure poétique, structure syntaxique et structure sémantique. **Sons, syntaxe, rythmes et sens sont inséparables.** Pour montrer cette superposition, nous emprunterons nos exemples à un seul texte.
Ce n'est pas une « explication modèle » : c'est le trajet à suivre pour étudier un poème.
Exemple :

Le Renard et les Raisins

Certain renard gascon, d'autres disent normand,
Mourant presque de faim, vit au haut d'une treille
Des raisins mûrs apparemment,
Et couverts d'une peau vermeille.
Le galant en eût fait volontiers un repas ;
Mais comme il n'y pouvait atteindre :
« Ils sont trop verts, dit-il, et bons pour des goujats. »

Fit-il pas mieux que de se plaindre ? (LA FONTAINE)

■ *La structure poétique du poème.*

Forme fixe ou non. Strophes ou non. Disposition des vers. Structure de la strophe (ex. quintil d'octosyllabe à rimes croisées ABABA).
Exemple : 7 vers de « fable » (§ 457) et 1 vers détaché de morale. Mais les rimes croisées le relient à l'ensemble. Vers mêlés.

■ *La structure poétique et la structure syntaxique.*

Elles peuvent se superposer exactement : une strophe, une phrase. Souvent, les structures syntaxiques n'entrent pas dans le cadre strict des strophes.
Exemple : La « fable » (vers 1-7) comporte deux ensembles.
— Les vers 1-4 forment une phrase continue de 2 alexandrins réguliers (6/6) et 2 octosyllabes. Enjambement verbe/objet direct (vers 2-3). Conjonction de coordination au début du vers 4. La phrase est solidement liée.
— Les vers 5-7 ont plus d'autonomie. Vers 5 : une proposition, en alexandrin. Vers 6 : proposition d'ouverture du discours rapporté, mais le verbe déclaratif est « escamoté » par l'anacoluthe (§ 362) et l'octosyllabe qui donnent une grande vivacité au mouvement. Vers 7 : le discours rapporté direct, de nouveau en alexandrin.

La morale est une énonciation-discours (§ 423). L'intervention de l'auteur est une adresse indirecte au lecteur par l'interrogation rhétorique (§ 302).

La structure poétique, la structure syntaxique et la structure sémantique.

Là encore, il peut y avoir concordance ou non. Pour le vérifier, il faut en venir au niveau de la strophe et du vers.

Les mots. Champs lexicaux (§ 460), autres ensembles de vocabulaire (§ 461), associations d'idées, sens figurés (§ 343-344). Place du vocabulaire courant, quotidien.
Les symétries et les chiasmes (§ 457) renforcent les données sémantiques.

Syntaxe et poésie. Pour des raisons de rythme, le vers modifie la syntaxe courante quant à l'ordre des mots : place du sujet (§ 231), de l'épithète (§ 63), des compléments (§ 264).
Affiner l'analyse des rapports entre les phrases et les vers : superpositions et débordements, enjambements. Toutes les données rencontrées dans l'étude du style (§ 463-467) de la prose se retrouvent ici : volumes des mots, rythmes et masses ; mais elles sont renforcées par les rythmes propres du vers.

Données orales. Groupes rythmiques, rythmes des vers, répétitions (assonances et allitérations, § 355 et 356).

Rimes (§ 494). Sur le plan des sons, noter que les rimes féminines prolongent le son. Au contraire, les rimes masculines le coupent net. Sur le plan des sens, noter que les mots « riment » souvent autant par leurs sens que par leurs sons. Il y a beaucoup de poèmes qu'on peut presque expliquer rien qu'en menant une lecture attentive des rimes.
Exemple : L'étude des données sémantiques confirme les structures précédentes et l'opposition des deux ensembles de la fable.
— Vers 1-4. Scène d'exposition : le renard, la faim et, en face, la treille, les raisins mûrs, à peau vermeille. De quoi calmer la faim. Des indices laissent présager les problèmes. Le second hémistiche du vers 2 étire ses monosyllabes et son hiatus (*au haut*, juste caché pour l'œil par le *h*). La treille est bien loin au bout du vers ! Rime féminine, le vers s'allonge encore. Et puis les raisins : deux octosyllabes, comme deux sauts vains. La rime *treille / vermeille* : des volumes sonores bien « pleins » (voyelle [ɛ], semi-consonne [j], consonne [ʀ]). Le renard en salive d'avance.
— Vers 5-7. Le « drame » : vouloir (12 syllabes), ne pas pouvoir (8 seulement), cacher son dépit par une belle formule (12 syllabes évidemment). Antithèses : *vermeille* (dorée) / *vert*, *renard* (« Maître Renard ») / *goujats* (valets d'infanterie, ils avaient la réputation d'être voleurs, d'où le sens péjoratif du nom).
— Morale. Simplicité et sourire. Du titre à la morale en passant par le premier vers qui pose une alternative sans aucune importance.

CHAPITRE 7

L'étude du texte de théâtre

Et il arrive quelque chose sur la scène comme si c'était vrai. (Paul Claudel)

499 Le texte de théâtre

Le texte de théâtre ne relève pas de la communication écrite d'un auteur à des lecteurs mais de la communication orale mise en œuvre dans la représentation. Le texte de théâtre écrit est un texte « en attente », et son étude doit toujours se faire en pensant à la **représentation.**

Représenter, c'est donner la vie à un texte. Cela demande des acteurs, des conditions matérielles (scène, décors, costumes, éclairages...), un public venu là pour la durée du spectacle.

Représenter ne signifie pas imiter la vie. Ce qui arrive sur scène n'est pas vrai, c'est « comme si c'était vrai ». En effet, au théâtre comme dans le roman, rien n'arrive par hasard, tout est organisé.

Étudier un texte de théâtre, c'est étudier comment des énonciations-discours fictives (§ 424), organisées par un auteur, peuvent devenir une représentation.

> • Le nom *drame* vient du grec *drama,* « action ». On parle de genre dramatique, de texte dramatique pour dire « de théâtre », sans vouloir entendre dramatique au sens de « malheureux, émouvant ». On parle même d'action dramatique, ce qui, étymologiquement, est un pléonasme.

I. LES PAROLES

500 Les types de discours

L'énonciation-discours fictive prend généralement la forme d'un **dialogue** (§ 436). Dans le dialogue, chaque intervention d'un personnage s'appelle une **réplique.**

— La **tirade** est une longue réplique.

— L'**aparté** est une réplique adressée aux spectateurs.

— Le **monologue** est le propos tenu par un personnage seul en scène.

■ L'auteur choisit le dialogue ou le monologue, des tirades ou des répliques brèves, en fonction des nécessités de l'action. Quand l'action le permet, il prend soin d'alterner les types de discours. Ce choix dépend aussi des époques. Le public du XVIIᵉ siècle appréciait plus les longues tirades ou les monologues que le public moderne. À la fin du XVIIIᵉ siècle, Beaumarchais, écrivant *Le Mariage de Figaro*, demandait à ses comédiens si le long monologue de Figaro ne viendrait pas rompre l'action.

501   La langue orale du théâtre

Une situation représentée.

La situation théâtrale imite une énonciation-discours réelle. L'oral comporte donc forcément un grand nombre de déictiques : *je/tu, ici, maintenant, hier, demain...* (§ 98).
— Ils expriment le face-à-face des protagonistes :

Chimène (à Rodrigue)

***Ton** honneur **t'**est plus cher que **je** ne **te** suis chère,*
*Puisqu'il trempe **tes** mains dans le sang de **mon** père.* (CORNEILLE)
— Ils situent également l'espace et le temps de l'action dramatique :

Prusias

*Quoi ? **me viens-tu** braver jusque dans **mon** palais,*
Rebelle ?

Nicomède

*C'est un nom que **je** n'aurai jamais.*
*   **Je** ne **viens** point **ici** montrer à **votre** haine*
Un captif insolent d'avoir brisé sa chaîne. (CORNEILLE)

▶ • L'usage du *on* permet de jouer sur des déictiques trop clairs pour les dissimuler (voir § 74, l'exemple de *Tartuffe*).

Un oral fictif.

■ Les **actes de langage**. L'oral de théâtre est un oral fictif (§ 364). Mais il met évidemment en jeu tous les actes de langage (§ 427-432). La moindre scène de dialogue un peu vif en comporte de nombreux.
En voici plusieurs, tous empruntés à quatre répliques de la scène 16, acte II, du *Mariage de Figaro* :

> Le comte. — *Amour ou vanité, vous ouvrirez la porte ; ou je vais à l'instant...*
> La comtesse. — *Arrêtez, monsieur, je vous prie !*

La **menace** repose dans l'alternative et l'action entamée. La comtesse **interrompt** son mari par un **ordre**.

> La comtesse. — *Me croyez-vous capable de manquer à ce que je me dois ?*
> Le comte. — *Tout ce qu'il vous plaira, madame ; mais je verrai qui est dans ce cabinet.*
> La comtesse. — *Eh bien, monsieur, vous le verrez.*

La comtesse **défie** le comte. Il répond avec une **ironie** qui est presque une **rebuffade** (Parle toujours, tu m'intéresses !), et **menace** en **avertissant**. La comtesse fait une **concession**.
Le reste de la scène offre d'autres actes de langage : **jurer, supplier, insulter...**

■ Les **registres de langue**. À cet oral fictif, l'usage classique donne une tenue qui n'est pas celle de l'oral familier réel. Les différents genres obéissaient en effet à des traditions qui leur imposaient un certain type de **style** et une écriture en vers ou en prose. Dans la comédie, l'irruption de parlers diffé-rents a souvent pour but de représenter un type de personnage (ex. : le franc-parler des servantes de Molière, les paysans dans *Dom Juan*, II, 1). Il n'en reste pas moins que l'oral de théâtre approche alors d'un oral plus réel. L'évolution de la langue théâtrale s'est poursuivie dans ce sens. Le vocabu-laire et la syntaxe des personnages peuvent rejoindre les registres familiers (§ 433-434) :

> Vladimir. — *Voyons, Gogo, ne sois pas comme ça. Demain, tout ira mieux.*
> Estragon. — *Comment ça ?*
> Vladimir. — *Tu n'as pas entendu ce que le gosse a dit ?* (BECKETT)

▩ *Théâtre en prose ou en vers.*

▩ La tradition rhétorique classique demandait que la tragédie et la comédie de mœurs ou de caractère, genres nobles, soient en alexandrins. Au vers de la tragédie devait s'associer le style sublime (§ 468).
Les comédies de simple divertissement, à plus forte raison les farces (style burlesque), pouvaient être en prose. Le drame romantique est en vers (*Her-nani, Ruy Blas*) ou en prose (*Chatterton*). Il mêle les styles. Ces pratiques et leurs évolutions relèvent de l'histoire littéraire.

▩ La rencontre du vers et du dialogue théâtral met en jeu toutes les res-sources de la versification, mais elle peut aussi contribuer à les disloquer quand le dialogue s'accélère.
Cette dislocation n'est pas dommageable pour le vers. L'échange des répli-ques souligne au contraire avec une particulière netteté les déplacements de césure :

Don Rodrigue

À moi, Comte, deux mots.

Le comte
Parle.
Don Rodrigue
Ôte-moi d'un doute.

— Ou leur présence à la juste place :

Le comte

Es-tu si las de vivre ?

Don Rodrigue
As-tu peur de mourir ? (CORNEILLE)

Dans cet exemple, le procédé de la **stichomytie** fait se succéder rapidement des répliques d'égale longueur.

502   Le dialogue théâtral : la situation de communication

▩ *L'ironie dramatique.*

▩ Dans un dialogue réel, A parle avec B. Dans un dialogue théâtral, A parle avec B devant des spectateurs. On a donc trois niveaux de compréhension :
— ce que sait et dit le personnage qui parle ;
— ce que sait et entend le personnage qui écoute ;
— ce que sait et entend le spectateur.
Les écarts qui existent entre ces trois niveaux créent une situation qui est l'une des données essentielles de la représentation théâtrale et qu'on appelle l'**ironie dramatique.**

Comme l'ironie courante (§ 432), l'ironie dramatique fait appel à une complicité. Complicité du personnage qui « sait » et des spectateurs, ou complicité des spectateurs si aucun personnage ne « sait ».
— Elle intervient dans le comique :
(Dans l'obscurité, le comte croit parler d'amour à Suzanne. En fait, il parle à sa femme !)

> Le comte prend la main de sa femme. — *Mais quelle peau fine et douce, et qu'il s'en faut que la comtesse ait la main aussi belle !* (BEAUMARCHAIS)

— Et elle intervient dans le tragique :
(L'embarquement des Grecs pour le rivage de Troie demande un sacrifice : celui d'Iphigénie, la fille de leur chef, Agamemnon. Il ne peut rien faire pour s'y opposer. Le voici devant sa fille.)

Agamemnon

Les dieux depuis un temps me sont cruels et sourds.

Iphigénie

Calchas, dit-on, prépare un pompeux sacrifice ?

Agamemnon

Puissé-je auparavant fléchir leur injustice !

Iphigénie

L'offrira-t-on bientôt ?

Agamemnon

Plus tôt que je ne veux. (RACINE)

Autres situations.

Le **dialogue épié**. Deux personnages se parlent, un troisième les observe, le spectateur voit le tout. Ex. : Néron écoutant Junie et Britannicus (*Britannicus*, II, 6).

La **mise en abyme** : le théâtre dans le théâtre. Des acteurs-acteurs jouent devant des acteurs-spectateurs pour des spectateurs réels. Réels ? Le public est tenté de se retourner pour voir pour qui il joue… (ex. type : *Hamlet*).

503   Le dialogue théâtral : les stratégies du dialogue

Le dialogue est le « principal moyen du drame » (Alain). La réplique appelle la réplique et tout s'enchaîne.

Questions et réponses.
Dans certains cas, celui qui pose les questions dirige le dialogue. L'autre est obligé de répondre. Ne pas répondre, c'est avouer sa défaite. Mais il peut s'efforcer de renverser la situation à son profit pour prendre la maîtrise du dialogue. Un moyen un peu désespéré est de répondre à une question par une question :

> Camille. — *Écoute-moi mon enfant ; le seigneur Perdican ne te fait-il pas la cour ?*
> Rosette. — *Hélas ! oui.*
> Camille. — *Que penses-tu de ce qu'il t'a dit ce matin ?*
> Rosette. — *Ce matin ? Où donc ?*
> Camille. — *Ne fais pas l'hypocrite. Ce matin, à la fontaine, dans le petit bois.* (MUSSET)

433

— Dans d'autres cas, celui qui pose les questions est celui qui « ne sait pas ».
Il dépend donc des réponses de l'autre. Et celui-ci peut jouer de sa position :

> Camille. — *Je suis obligée de partir.*
> Perdican. — *Pourquoi ?*
> Camille. — *C'est mon secret.* (MUSSET)

■ **Enchaîner sur les idées.**
Questions et réponses ne forment pas un duel mais un face-à-face d'idées,
d'opinions. Le dialogue procède par répliques où les interlocuteurs sont sur
le même plan :

> Andromaque. — *Mon fils aimera la guerre, car tu l'aimes.*
> Hector. — *Je crois plutôt que je la hais... Puisque je ne l'aime plus.*
> Andromaque. — *Comment arrive-t-on à ne plus aimer ce que l'on adorait ?*
> *Raconte ? Cela m'intéresse.* (GIRAUDOUX)

■ **Enchaîner sur les mots.**
— On retrouve dans la réplique les mots de la réplique précédente ou leurs
contraires. Ce tour donne au dialogue une très grande vivacité. Les interlocuteurs peuvent être complices, donc égaux. Beaumarchais excelle à ce jeu,
mêlant comme ici trois groupes de mots sur trois répliques :

> Figaro. — ***Ris****-donc de ce **bon** résultat.*
> Suzanne. — *As-tu rien vu **de plus étrange** ?*
> Figaro. — *Ou plutôt **d'aussi gai ?***

— Mais le jeu peut aussi être un affrontement :

> Le comte. — ***Faut-il** une **heure** ?*
> Figaro. — ***Il faut** le **temps.***
> Le comte. — *Les **domestiques** ici... sont plus longs à habiller que les
> **maîtres** !*
> Figaro. — *C'est qu'ils n'ont point de **valets** pour les y aider.*

II. L'ACTION DRAMATIQUE

504   Texte de théâtre et texte de narration

■ **Le texte de théâtre est un texte narratif.** Tout ce qui contribue à former
la cohérence narrative (§ 448) d'un texte de narration contribue aussi à former l'unité d'action d'un texte de théâtre :
— succession et superposition des séquences (§ 481),
— évolution de la situation (§ 482),
— système de personnages (§ 489).

■ Mais le texte de théâtre est **un texte narratif sans narrateur** (§ 475). Ses
rapports à l'espace et au temps, à l'action dramatique et aux personnages,
présentent donc des caractères particuliers qu'il faut examiner avec attention.
D'autre part, le texte de théâtre est un texte d'abord **destiné à la représentation.** Le lecteur d'un roman « a le temps ». Un spectateur n'a que le temps
du spectacle. Il y a donc toujours au théâtre un **effet de stylisation et de
grossissement.**

434

505 Espace et temps : données du texte et de la représentation

■ **Actes, scènes et tableaux.**
— Dans le théâtre grec, le temps de l'action pouvait être égal au temps de la représentation. Celle-ci devait donc se dérouler sans interruption. Les Romains ont « inventé » l'acte qui permet d'interrompre la représentation, de changer de lieu et de moment.
— Actes, scènes et tableaux ne sont pas des données théoriques. Ils dépendent, selon les époques, des conditions matérielles des représentations (ex. : jadis, la durée des chandelles).
— Dans le théâtre classique français, les **scènes** correspondent strictement à des entrées ou sorties de personnages. Marivaux assouplit le procédé, mais Beaumarchais le respecte. Dans d'autres traditions, la scène est un changement de lieu, de **tableau** (Shakespeare, Musset).

■ Les **didascalies.** Un texte de théâtre comporte des paroles et des indications sur les personnages et les actions. On appelle ces indications les didascalies. Les didascalies font partie du texte. Il ne faut donc pas les oublier dans une explication de texte. Elles donnent en particulier des indications importantes sur l'espace : les décors et les déplacements des personnages. Un grand nombre de didascalies (chez Beaumarchais, Musset, Hugo…) signifie que l'auteur inscrit d'avance les paroles de son texte dans la représentation. La presque absence des didascalies (Corneille, Racine) signifie que l'espace est intériorisé, représenté dans les mots des dialogues, les gestes, les regards qu'ils impliquent.

■ Les **mots du texte.** L'espace et le temps sont présents dans les répliques :
— situation des moments,
— évocation des lieux « en dehors » de la scène,
— évocation des déplacements des personnages « en dehors » de la scène.
(Voir la citation de *Nicomède*, § 501.)

506 Comment utiliser ces données

■ Elles permettent d'établir la chronologie générale de l'action et la carte des lieux où elle se déroule. Chaque passage doit être situé sur cette chronologie et sur cette carte.
— La **chronologie** n'a pas d'intérêt en elle-même : il faut analyser les **ellipses** (entre les scènes ou les actes), les **tempos lents** ou **vifs,** les **ralentis** et les **accélérations** (§ 480).
— Les **lieux** ne doivent pas être étudiés séparément : il faut analyser la **structure** qu'ils forment, comme dans le texte narratif (§ 489).

■ C'est à la première de ces données que les notions d'**unité de temps** et d'**unité de lieu** prennent leur signification. Le classicisme, soucieux d'une certaine vraisemblance, demandait :

> *Qu'en un lieu, qu'en un jour, un seul fait accompli*
> *Tienne jusqu'à la fin le théâtre rempli.* (BOILEAU)

Toutes les pièces, à commencer par les pièces du XVIIe siècle, ne respectent pas à la lettre ces contraintes. Mais toutes les pièces ont une unité de temps et une unité de lieu parce qu'elles ont une **unité d'action.** L'un des objets de l'étude est de montrer ces unités.

■ Pour les étudier, il faut faire le **relevé des scènes** de chaque acte en répondant aux questions : **où est-on ? quand ?**
Exemple : *Tartuffe*, acte I.
L'acte — et toute la pièce — se passe chez Orgon. Unité de lieu.
Au début de la pièce, Orgon et Tartuffe sont absents. Deux « comptes à rebours » sont donc amorcés : l'arrivée d'Orgon et l'arrivée de Tartuffe. Les scènes 1 à 4 précèdent le retour d'Orgon. Les scènes 5 et 6 le suivent. À la fin de l'acte, Orgon est chez lui. Tartuffe n'est pas encore présent. Cette situation aura sa contrepartie quand on apprendra que Tartuffe possède la maison : Orgon la lui a donnée (IV, 7). Ce n'est donc pas uniquement pour tirer un effet théâtral de l'arrivée de Tartuffe que Molière nous le fait attendre jusqu'à l'acte III. C'est parce que cela correspond bien à la situation dominante du personnage. Tartuffe peut arriver le dernier. Il est déjà le maître. Or, la pièce se passe chez Orgon. Ironie de la situation.

507   L'action dramatique : le savoir du spectateur

C'est **une action sans narrateur**. Il faut étudier la manière dont le spectateur la perçoit.
Il la perçoit d'abord par ses habitudes de spectateur. Nous avons vu qu'il y a là une « langue du récit » (§ 483). De la même manière, il y a une « langue de l'action théâtrale ». Elle varie selon les époques et l'histoire des littératures étudie ces variations.
Mais on peut discerner deux principales constantes.

■■ *Le déroulement de l'action dramatique.*

Le déroulement de l'action comporte une suite ordonnée.
— Début : **exposition** (où ? quand ? qui ? pourquoi ?).
— Déroulement de l'**intrigue, péripéties** (séquences de l'action), **épisodes** (au sens strict : des actions secondaires qui doivent rester peu nombreuses), **nœud de l'intrigue** (elle atteint toute sa tension et sa complexité maximale), retournement durable ou passager de la situation.
— Fin : **dénouement** et interventions de conclusion.
La pièce peut comporter un **prologue** et (ou) un **épilogue**. S'y exprime un personnage ou un chœur qui appartient ou non à l'intrigue elle-même.

■■ *Les genres théâtraux.*

■ **Tragédie.** Tout est soumis au déroulement inéluctable de la fatalité. On connaît la fin. La mort ou un châtiment exemplaire y jouent leur rôle.

■ **Tragi-comédie.** Intrigue complexe, riche en épisodes, elle laisse une place au hasard. Il peut y avoir eu des péripéties tragiques, mais la fin sera heureuse ou apaisée.

■ **Comédie.** Intrigue traditionnelle (parents, enfants qui s'aiment, valets habiles) ; intrigue de boulevard (le mari, la femme et la maîtresse, ou l'amant) ; intrigue de caractère (par ex. : deux êtres qui se cherchent et s'avoueront leur amour ; à la différence de l'intrigue traditionnelle les obstacles sont en eux-mêmes) ; intrigue de mœurs (satire d'un comportement

social)… On ne connaît pas la fin, mais elle doit être heureuse. La mélancolie n'est pas exclue. En tout cas, il n'y aura pas de sang.

■ **Drame.** Dans sa version romantique, combine tragédie et comédie. Fin
malheureuse.

508   L'action dramatique : ce qui se passe sur scène

■■■ *Ce qui est présent.*

■ **La mise en scène de l'intrigue.** Même dans des cadres traditionnels,
l'auteur dispose de plusieurs possibilités.
Exemple : les débuts. Les informations utiles peuvent être données dans un
prologue ; dans une scène qui ressemble à un prologue (le début de *Dom
Juan*, ceux du *Barbier de Séville* ou d'*On ne badine pas avec l'amour* sont plus
engagés dans l'action) ; dans un dialogue entre un personnage qui arrive et
un confident *(Andromaque, Bajazet)* ; dans un dialogue engagé dans l'action
*(Le Cid, Le Misanthrope, Phèdre, Le Jeu de l'amour et du hasard, Le Mariage
de Figaro)* ; *in medias res*, « au milieu des événements » *(Tartuffe, Lorenzaccio)* ; etc.

■ Les **personnages** présents sur la scène. Ici, il faut reprendre le **relevé des
scènes** (§ 506) et répondre à la question : **qui est en scène ?**
— Il y a progression de un, deux, quatre… dix personnages ; ou diminution
et la scène se vide peu à peu.
— On assiste à un chassé-croisé de personnages où deux d'entre eux se
cherchent (pour s'entendre ou s'affronter). Ils ne sont en présence que plus
loin dans la pièce : c'est la scène attendue, la grande scène de l'acte, de
la pièce.

Exemple : *Tartuffe*, acte I. Succession des personnages :
— Mme Pernelle, Elmire, Mariane, Damis, Cléante, Dorine, Flipote. → Toute
la maisonnée est présente sauf Orgon et Tartuffe. Début de l'action *in medias
res :* conflit entre Mme Pernelle, mère d'Orgon, et la famille. Elle soutient
Tartuffe contre tous. On attend Orgon que son beau-frère Cléante doit
rencontrer.
— Cléante, Dorine. → Les autres raccompagnent Mme Pernelle. Sortie légitime. Elle permet à la servante, Dorine, de préciser la situation à Cléante :
Tartuffe a subjugué Orgon.
— Elmire, Mariane, Damis, Cléante, Dorine. → Retour des personnages sortis. Mme Pernelle est partie. Elmire et sa fille sortent : la rencontre avec Orgon
sera donc attendue.
— Damis, Cléante, Dorine. → Damis demeure parce qu'il demande à Cléante
de parler pour Mariane et pour lui à son père. Il sort quand son père arrive.
— Orgon, Cléante, Dorine. → Arrivée attendue d'Orgon. Conflit avec Dorine.
Il se soucie du seul Tartuffe (« Le pauvre homme ! ») et pas du tout de l'indis-
position d'Elmire.
— Orgon, Cléante. → Le face-à-face de l'homme raisonnable et du sot
fanatique.

Bilan : L'aveuglement d'Orgon déjà exposé. Conflits latents : Orgon contre
son fils, sa fille, sa femme. Tartuffe encore à venir. Autant de scènes « à
faire ». L'organisation de l'action est solidement engagée.

███ *Ce qui arrive de « l'extérieur ».*

■ Ce sont les événements imprévus ou un personnage qu'on n'attendait pas. Ils forment les **coups de théâtre**.
Dans *Tartuffe*, l'arrivée de l'Exempt qui, au lieu d'arrêter Orgon, arrête Tartuffe.

■ Ce sont ensuite les **récits** souvent rapportés dans une tirade. Il faut se garder de penser que l'action aurait avantageusement remplacé le récit. Il ne faut pas non plus se contenter d'ajouter que si l'action s'est passée « dans la coulisse », c'est à cause des bienséances classiques (pas de sang sur la scène), ou parce que l'événement n'était pas représentable. Tout peut être représenté.
Le récit a deux fonctions :
— celle de raconter l'événement et sa place dans l'action ;
— celle de montrer les réactions des personnages au récit.

509   Les personnages

■ Tout ce que nous avons dit des personnages du texte de narration peut être repris pour les personnages du texte de théâtre (§ 488-489) :
— ils **naissent de l'action dramatique** ;
— il faut prêter attention à leur **nom** ;
— et surtout ils forment des **systèmes de personnages et d'actants** dont l'organisation se fait et se défait au fil de l'action.

■ Parmi ces actants, il faut faire la place des **objets.** Non pas les objets du décor mais les véritables objets dramatiques, ceux qui jouent un rôle dans l'action. Généralement on les voit : la cassette d'Harpagon *(L'Avare)*, le ruban que Chérubin dérobe à la comtesse ou son brevet d'officier (*Le Mariage de Figaro*, I, 7 ; II, 6 et 21), la cotte de maille du duc (*Lorenzaccio*, II, 6). Mais il y en a qu'on ne voit pas : comme la cassette enfermant des papiers compromettants pour Orgon que Tartuffe fait parvenir à la justice du roi.

■ Sur trois points importants, les personnages de théâtre diffèrent des personnages de roman et deux de ces points sont liés à l'absence de narrateur.
— Le personnage de théâtre est un être de « paroles ». Il l'est tellement qu'il a besoin d'un **acteur** pour exister pleinement, un être vivant qui incarne ces paroles, qui leur donne une voix, c'est-à-dire un corps. Le personnage de roman, grâce à l'épaisseur de vie que le narrateur crée autour de lui, n'a pas besoin de cette incarnation. Il en a même si peu besoin que les adaptations cinématographiques laissent souvent un sentiment de manque, d'insatisfaction.
— Le dramaturge doit donner à son personnage un **confident** ou lui ménager des **monologues** pour que le spectateur puisse entrer plus avant dans les pensées, les débats du personnage. Là encore, un narrateur omniscient pourrait narrer ce qui agite le personnage.
— Le dernier point découle de la **stylisation** propre au théâtre. Les personnages y sont souvent des **« types humains »**. Les personnages de la tragédie sont des princes, parce que la fatalité ne concerne pas que leur destin individuel mais aussi celui de leur cité. La comédie comporte tout un ensemble de personnages-types : les jeunes premiers, les servantes au grand cœur et à la langue bien pendue, les valets habiles, les profiteurs malins...

510   Effets comiques et effets dramatiques

Aucune donnée théâtrale n'est spécifiquement comique ou dramatique. Même le spectacle de la mort peut provoquer le rire : certains drames romantiques n'échappent pas à ce péril.

Nous avons vu que l'ironie dramatique fonctionnait aussi bien pour provoquer le rire que pour provoquer le pathétique (§ 502). La même remarque vaut pour les effets de stylisation, pour les stratégies du dialogue, pour l'agencement de l'action, les entrées ou les sorties des personnages, etc.

En distinguant des effets comiques et des effets dramatiques, on ne peut donc distinguer que des « effets », c'est-à-dire la réaction du public en face de situations précises, entièrement organisées par l'auteur. Il ne s'agit pas de philosopher sur la « nature » du comique ou du dramatique.

Effets comiques.

Il est plusieurs formes de comique.

— Le **comique de gestes** joue sur les gifles données et reçues (de préférence par celui à qui elles n'étaient pas destinées), sur les coups de bâton, les chutes, etc.

— Le **comique de mots** joue sur les accents, les patois, les langues étrangères, les difficultés d'expression, les « mots d'auteur », etc.

— Le **comique de situation** joue sur les rencontres imprévues, les quiproquos, les scènes convenues (dépit amoureux, trompeur trompé), tout ce qui place un personnage dans une situation qu'il ne maîtrise pas.

— Le **comique de caractère** vise à peindre les travers d'une passion individuelle.

— Le **comique de mœurs** peint un travers de société.

On rattache souvent les trois premières formes, dont l'objet est clairement de faire rire, à un comique dit **de farce.** Les deux dernières forment le comique de la **« grande » comédie.** Elle fait sourire, elle donne à penser et, selon le précepte d'Aristote, elle « corrige les mœurs ». Le partage peut être utile, mais à condition de ne pas en tirer argument pour traiter avec mépris le comique de farce.

Dans beaucoup de cas, le comique repose sur des **ruptures** : rupture de la cohésion du texte (§ 444) et rupture de sa cohérence (§ 452). Ces ruptures permettent toutes les formes d'**inattendus** et favorisent la **répétition déréglée des mots, des gestes, des actions.** Il n'est même pas nécessaire qu'elle se produise, il suffit de l'évoquer, comme ici dans *Le Mariage de Figaro* :

(Un jardinier a vu quelqu'un sauter des fenêtres du château. Figaro prétend être le sauteur. Mais le comte apprend la vérité : c'était Chérubin qui fuyait la colère du comte. Figaro va-t-il avouer son mensonge ?)

> Le comte. — *Ainsi vous et lui ?...*
> Figaro. — *Pourquoi non ? la rage de sauter peut gagner : voyez les moutons de Panurge ; et quand vous êtes en colère, il n'y a personne qui n'aime mieux risquer...*
> Le comte. — *Comment, deux à la fois ?*
> Figaro. — *On aurait sauté des douzaines.* (BEAUMARCHAIS)

Mais la répétition déréglée doit intervenir dans une **situation.** Les gens qui sautent d'un immeuble en flammes ne font pas rire, sauf mise en scène particulière. Il y a donc une **complicité nécessaire.** Il faut savoir de quoi il est question.

439

L'étude d'un effet comique doit donc conjuguer trois faits :
— le phénomène de rupture et le dérèglement qu'il entraîne ;
— la complicité de certains locuteurs aux dépens des autres ;
— la « classification » dans le type traditionnel de comique.

Effets dramatiques.

Aristote retenait comme ressorts du tragique la **terreur** et la **pitié**. Corneille a proposé d'y ajouter l'**admiration**. Dans tous les cas, le **pathétique** (§ 455) est sollicité. Au théâtre, ces émotions sont évidemment manipulées et l'une de ces données de la manipulation est le jeu de l'incertitude et de la certitude.

Le jeu de l'**incertitude** est celui de l'**attente angoissée**, du **« suspense »**, du **coup de théâtre** : le sort d'Andromaque et d'Iphigénie, l'attitude de Ruy Blas devant la Reine et Don Salluste (V, 4). C'est aussi celui du dilemme, du débat : les stances du *Cid* et le monologue d'Auguste dans *Cinna*.

Au jeu de la **certitude** correspond le **spectacle de l'inéluctable**. Il faut alors relever les éléments qui expriment cet inéluctable :
— dans la confrontation entre ce que « savent » les personnages et ce que sait le spectateur (ironie dramatique, § 502) ;
— dans les agencements de l'action : savoir du spectateur, ordre des actes et des scènes ; sortie et arrivée annoncées d'un personnage (dans *Bajazet*, le « Sortez » de Roxane, V, 4) ; parfois prologue ou annonce explicite de la fin malheureuse (« Tu seras roi, Macbeth », I, 3) ;
— dans les paroles des personnages. Importance ici des premiers mots de la plupart des personnages tragiques. Importance de toutes les paroles qui ont rapport avec le temps, les désirs, les projets, mais aussi celles qui sont des bilans :

Phèdre, prise entre : *La fille de Minos et de Pasiphaé.*
et : *Soleil, je viens te vois pour la dernière fois !* (*Phèdre, I, 1 et 3*)

Lorenzaccio pris entre : *Je te fais une gageure. Je vais tuer Alexandre...*
et : *J'ai été beau, tranquille et vertueux.* (*Lorenzaccio*, III, 3)

Il n'y a pas d'exercices dans cette troisième partie du tome I parce que les meilleurs exercices possibles sont les exercices de langue, de communication et de techniques littéraires qui accompagnent les textes de *Langue et Littérature* tomes II et III (anthologie).
Rappelons-le : le tome I est votre guide pour répondre à ces questions.

10 QUESTIONS SUR LES TEXTES
30 PARAGRAPHES CLÉS POUR VOUS AIDER

Comment étudier...
un texte d'idées, une argumentation → 470-472
un poème → 498
un texte narratif → 475, 479-482, 487
un texte descriptif → 486-487
une scène de théâtre → 501-503, 504, 507-508, 510

un personnage → 488-489 (narration), 509 (théâtre)
un style → 458, 468
le vocabulaire d'un texte → 460-462, 498
les phrases d'un texte → 463-464, 496, 498
les rythmes d'un texte → 465-466, 498

INDEX

a

à (prép.) 221
absolu (emploi) 202 (participe), 248 (verbe transitif)
abyme (mise en) 502
à ce que (conj.) 271
à (la) condition que (conj.) 291
accent 361, 466 (prose), 495 (vers)
accent (signe) **376**
accompli (aspect) **111**

accord 15 (déterminant), 53 (adj. qual.), 68 (pronom), 204 et 374 (part. passé), 230 (sujet V), 259 (sujet attribut), 374 (phrase)

actant (du V) **103-105**
actant 488-489 (narration), 509 (théâtre)
acte de langage 302, **427-432**, 501 (théâtre)
actio (rhétorique) 454
action dramatique 504-510, 506 (unité d'action)
active (voix) **104**
actualisation 1, 2 (N), 4 (N propre), 15 (déterminant), 97 (V), 159 (indicatif)

adjectif démonstratif 15, **19-21**
adjectif de relation 54
adjectif exclamatif 15, **38-39**
adjectif indéfini 15, **40-52**, 65
adjectif interrogatif 15, **38-39**, 299, 310
adjectif numéral 15, 34, **35-36**, **37**

adjectif possessif 15, **25-28**, 99, 308
adjectif qualificatif 53-55, 56-57 (genre), 58-59 (nombre), 60-62 (degré), 63-65 (place), **238-239** (épithète), **257-261** (attribut), 391 (français classique), 461 (style)
adjectif verbal 201
adjective (forme adjective du verbe) **202**

adverbe 34, 60, **209-215**, 217 (degrés), 231, 245
adverbe de négation 216, 301, 391 (français classique)
adverbe exclamatif 213
adverbe interrogatif 213, 299, 310
adverbe relatif 275-276

afin que (conj.) 287
affirmative (phrase) 295
agent (du V) **104-105**, 107 (factitif), 207, **254** (compl. d'agent)
aigu (accent) 376
ainsi (adv.) 211, 214
ainsi que (conj.) 293
ajustement 318
à la condition que (conj.) 291
alexandrin 493, 495, 496
alinéa 380, 398
allégorie 343, 457
aller 115 (+ infinitif)
allitération 356, 465, 498
alphabet 368 (histoire) ; Alphabet Phonétique International 354
alternance des rimes

494
alternative 456
à mesure que (conj.) 281
à moins que (conj.) 291
anacoluthe 362, 444, 457, 466
anagramme 335
analepse 479
analogique 349

anaphore (gram. ; voir cataphore) **22** (art. déf.), 27 (adj. poss.), 30 (adj. dém.), 67 (pronom), **318**

anaphore (style) **318**, **457**, 466
ancien français 378, 387, 389
animaux (langage des) 397
animé/non animé (N) 3, 6, 9, 10
antanaclase 340
antécédent 67
antéposé 53, 63-65 (adj. qual.) ; 231 (verbe)
antiphrase 340, 457
antithèse (plan) 456
antithèse (figure) **457**, 472
aparté 500
antonyme 341, 461 (style)
à peine que (conj.) 281
aphérèse, apocope 335
apologue 457
apostrophe (gram.) 32, **214**
apostrophe (signe) 377
apposition du nom 32, **241**, 315
après (prép.) 221
après que (conj.) 281
arbitraire du signe 402
archaïsme 461
argot 349
argumentation 212 et

214 (adv.), **455-456**, 472 (texte d'idées)
arrière-plan (texte narratif) 487

article 5 (et N propre), 15, **16-19** (indéfini), **20-23** (défini), **24** (partitif)
article de dictionnaire 351
assertive (voir déclarative)
aspect du verbe 111, 160
assez (adv.) 41, 211, 217
assez (de) pour que (conj.) 285

associative (dominante ; voir aussi référentielle) **404**, 448-449, 462, 474
assonance 355, 465
assonance (et rime) **494**
à supposer que (conj.) 291
asyndète 220, **269**
attelage (zeugme) 220
attendu que (conj.) 283
attribut du sujet 55, 97, 245, **257-260** ; du COD **261**
attribution (compl.) 256
au (art.) 20
au cas où (conj.) 291
aucun 42 (adj.), 89 (pron.)
au delà de (prép.) 221
au fur et à mesure que (conj.) 281
au moment où (conj.) 281
à un tel (au) point que (conj.) 285
auprès de (prép.) 221
aussi (adv.) 61, 217 ; *aussi longtemps que* (conj.) 281 ; *aussi... que*

441

(conj.) 293
aussitôt que (conj.) 281
autant (adv.) 211 ;
autant que (conj.) 293
auteur 469, 475 (et
narrateur), 487
autobiographie 448,
490
autre 50 (adj.), 95
(pron.)
autrui (pronom) 95
*aux alentours de, aux
environs de* (prép.) 221
auxiliaire (verbe) 113,
203-204
auxiliaire (actant) 489
avant (prép.) 221 ;
avant le moment où
(conj.) 281
avec (prép.) 221
avec (vision du
narrateur) 476
avoir 113 (auxiliaire)

b

bas de casse (lettre)
367
base (d'un mot dérivé)
327
bien que (conj.) 292
blanc (vers) 493
bruit (communication)
413
but(CIRC) 263, 287

c

ça (pronom dém.) 86
çà 210 (adv.), 267
(interj.)
calembour 335
calligraphie 366
canal (communication)
406, 409
capitale (lettre) 367
car (conj.) 219-220
caractère (lettre) 367
caractère (comique de)
510
caractérisation d'un nom
27, 32
cas (en latin) 387
catachrèse 343
  cataphore (voir aussi
  anaphore) **27** (adj.
  poss.), 67 (pronom)
cause(CIRC) 263,
283-284
ce (pronom dém.) 86
cédille 377
cependant que (conj.)
281
ce que, ce qui 213
(adv.) ; 278 (sub.
relative) ; 310 (conj.)
certain (adj. indéf.)
43-44
certains (pron.) 91
certes (adv.) 212

c'est... (présentatif) 86,
267, **323** ; *c'est... qui,
que* **324** ; *c'est que*
(conj.) 283
césure 495, 496
chacun (pron. indéf.)
27, 93
chaque (adj. indéf.) 48
chaque fois que (conj.)
281
  champ lexical 459,
  460
  champ morpho-
  sémantique (famille de
  mots) **336**
  champ sémantique
  d'un mot 338
chiasme **457**
chiffre (écriture) 35,
371
chinoise (écriture) 369
chute d'un texte 450
ci (adv.) 29, 31, 86
circonflexe (accent) 376
  circonstanciel (CIRC)
  212 (adv.), **234**,
  262-264 (formes)
  circonstancielle
  (subordonnée) **280**,
  281-282 (temps),
  283-284 (cause),
  285-286
  (conséquence), 287
  (but), 288-291
  (hypothèse, condition),
  292 (concession,
  opposition), 293
  (comparaison)
citation 312, 453
classe de mots 1, 2, 15
cliché **457**
code 1, 406, 409,
418-419
cohérence du texte
445-452
cohésion du texte
443-444
comédie 507
comique (effets) 510
comme (adv.) 211, 213
comme (conj.) 281,
283, 293
comme si (conj.) 290,
293
communication 393,
397 (animales), 398
(humaine), **406-409** (les
types de —), 435-437
(orale), 438-440 (écrite)
communication
(situation de) 294, **422**,
502
comparaison (CIRC) 293
comparaison (preuve)
455
comparaison (figure)
457
comparatif 61-62
  complément (voir
  agent, attribution,
  objet)

  complément de
  l'adjectif 53, 211
  complément de verbe
  32, 97, 211, **233**,
  245, 255
  complément du nom
  32, 54, **240**
  complément du
  pronom 69
  complétive
  (subordonnée)
  271-272, 308
composé (mot) **333**
comptable/non
comptable 3, **7**, 24 (art.
partitif)
conative (fonction du
langage) 411
condition (CIRC)
288-291
concession (CIRC) 263,
292
concordance des temps
194
  conditionnel **183**
  présent **183-185**, 308
  passé 114, **186**, 308
confident (théâtre) 509
conjoint (pronom pers.)
70
conjonction 218-220
(de coord.), 222 et 270
(de sub.)
conjonctive (voir
complétive)
conjugaison 97,
112-115
connotation 405, 460
conséquence (CIRC)
283-284
consonne 355, 386
  constituants de P **225**
  du SN 2, 15, 55,
  235-243
  du SV 97, **245-261**
contexte 399-401,
406, 409
contre (prép.) 221
contrepet, contrepétrie
335
contre-rejet **496**
conversation 436
coordination 33 (et
déterminant), **218**
(mots), 219-220 (conj.),
269 (propositions)
cordes vocales 353
correspondance 439
coup de théâtre 508
coupe du vers 495
créole 381
croisées (rimes) **494**
croissantes (masses)
466

d

dans (prép.) 221
dans la mesure où
(conj.) 291
d'autant (plus) que

(conj.) 283
de (prép.) 19 (pour *des*),
254 (avec agent)
de (particule partitive)
24, 67
débat 436
début 450 (d'un texte
en général), 508
(théâtre, prologue,
exposition, *in medias
res*)
décasyllabe **493**, 495
de ce que (conj.) 271
  déclarative (phrase)
  296, 301-302
déclinaison (latin) 387
de crainte que (conj.)
287
décroissantes (masses)
466
défectif (verbe) 102
définition 351-352
degrés de l'adjectif 53,
54, **60-62** ; de
l'adverbe **217**
  déictique 22-23 (art.
  déf.), 27 (adj. poss.),
  30 (adj. dém.), 67
  (pronoms), **98**, 212
  (adv.), 306, 308, 311
  (discours rapporté),
  396, 398
délibérative (cohérence)
447
*de (telle) manière que,
de (telle) façon que*
(conj.) 285
demain (adv.) 98, 212
de même que (conj.)
293
démonstratif (voir
adjectif et pronom)
dénotation **405**, 460
dents 353
dénouement 507
dépêche d'agence 414
de peur que (conj.) 287
depuis (prép.) 221
depuis que (conj.) 281,
283
dérivé (mot) **325**
dérivation impropre 2
(nom), 36-37 (adj.
numéral), 53 (adj. qual.),
210 (adv.), **332**
déroulement de l'action
482 (narration), 507
(théâtre)
des 19 (art. indéf.), 23
(art. déf. contracté), 24
(art. partitif)
dès (prép.) 221
description 474-489,
484-487
dès lors que (conj.) 283
dès que (conj.) 281,
283
désignation (pronom
déictique) **67**
  destinataire,
  destinateur 406, 409,

471 (texte d'idées), 489 (actant)
déterminant (D) 2 (dans le SN), 4-5 (avec le N propre), **15**, 32-33 (absence, répétition), **391** (français classique)
devant (prép.) 221
dialecte 381
dialogue 305 (ses marques dans le discours rapporté direct), 410 (et lecture), **436**, 488 (dans la narration), 500, 502-503 (théâtre)
dictionnaire 345-349, 350 (histoire), 351-352 (article)
didascalie 505
diérèse 492
différents (adj. ind.) 46
digression 452
dilemme 455
discours (la langue mise en œuvre dans le discours) 1, 2, 15, **98**, 294, **422** (voir énonciation-discours)
discours (sens courant) 437
discours emprunté 303, 312, 455
discours rapporté 303
discours rapporté direct 71, 98, **304-306**
discours rapporté indirect 307-308, 309-310 (interr. indirecte)
discours rapporté indirect libre 311
discussion 436
disjonctives (conj.) 218, 220
disjoint (pronom pers.) 70
disposition (rhétorique de la *dispositio*) 454, **456**
dissertation 456, 471
divers (adj. indéf.) 46
donc (conj.) 219-220
dont (adv. relatif) 275, 276
double articulation 420
doublet 389
drame 499, 507
dramatique 502 (ironie), **504-508** (action), 510 (effets)
du 20-22, (art. déf. contracté), 24 (art. partitif)
du fait que (conj.) 283
du moment où (conj.) 281, 283
durant (prép.) 221
duratif (aspect) **111**

durée (de la narration) **480**, 482-483
duquel (pronom relatif) 275-276

e

e « muet » **360**, 492
écriture 365, 366, **367**, 35 et 375 (nombres), 369
élision 358
elle (pronom pers.) 71, 77
ellipse syntaxique 444, 457
ellipse temporelle 480 (narration), 506 (théâtre)
élocution (rhétorique de l'*elocutio*) 454, **457**, 472
éloquence 454
embrassées (rimes) **494**
emjambement 496
emphase 317 (syntaxique), **318** (sémantique)
emprunt 14 (noms), 210 (adv.), **325**, 389 (ancien français), 390 (français classique), 392 (français moderne)
emprunté (voir discours)
en (prép.) 221
en (pronom adverbial) 79
en admettant que (conj.) 291, *en attendant que* (conj.) 281
enchaînement 358
encore que (conj.) 292
encyclopédie 347
en deçà de (prép.) 221
en même temps que (conj.) 281
énoncé 223
énonciateur 223, **294**, 304-311 (dans le discours rapporté), 313 (dans l'incise de commentaire)
énonciation 1, 212 (adv. d'—), **295-302** (de la phrase), **303-324** (dans la phrase)
énonciation-discours 98, 161-162 (emploi des temps), 195 (phrase impér.), 294, 296 (phrase déclarative), 297 (phrase excl.), 298 (phrase interr.), 303 (discours rapporté), 313 (incise de commentaire), **423-426**, 471 (texte d'idées), 477 (récit)
énonciation-discours fictive 424, 478 (le narrateur dit « je »)

énonciation-récit 98, 161-162 (temps employés), 294, 296 (phrase déclarative), 297 (phrase excl.), 298 (phrase interr.), 303 (discours rapporté), 313 (incise de commentaire), **423-426**, 476 (le narrateur dit « il »), 477 (il dit « il » et « je »)
énonciation (situation d'—) 1, 22, **294**, 306-308 (dans le discours rapporté), **423-426**

en outre (adv.) 214
en somme (adv.) 212
en supposant que (conj.) 291
en sorte que (conj.) 285
entre (prép.) 221
entrée (article de dict.) 351
entretien 436
envers (prép.) 221
épilogue 450, 507
épithète 55, 63-65 (place), **238**, 239 (en position détachée)
épisode (théâtre) 507
équivoquées (rimes) 494
ès (art. contracté) 20
essai littéraire 456, 471
espace 484-487 (narration), 505-506 (théâtre)
et (conj.) 219-220
étant donné que (conj.) 283
être 113 (auxiliaire)
éthos (rhétorique) 455, 471
étiquette 267
étymologie 325, 349
euphémisme 340, 457
euphonie 465
événement (en narration) **482**
évocation (cohérence) 449
exemple (dans les dict.) 351-352
exclamatif (voir adjectif, adverbe, pronom)
exclamative (phrase) **297**, 301
exorde 450, 456
expansion (du SN) 235
exposé 436, 437
exposition (cohérence d'—) **447**, 469
exposition (théâtre) 507
expressive (fonction du langage) 411
externe (focalisation) **476**
extracteur *(c'est... qui/que)* 324

f

fable 457
factitive (voix factitive) **107**
famille de mots 336
féminin (voir genre)
fiction, fictif 474, 484 (voir énonciation-discours fictive)
filer une métaphore 343
figure de rhétorique 457
fin d'un texte 450
focalisation *(c'est... qui)* **324**
focalisation narrative 476
fonctions du langage 411
fonction (gram.) **223**, 230-231 (sujet), 233 (compl. de verbe), 234 (compl. circonstanciel), 236 (fonctions du SN), 238 (épithète), 239 (adj. en apposition), 240 (compl. du nom), 241 (nom en apposition), 244-245 (SV), 250-253 (COD, COI), 254 (compl. d'agent), 255 (compl. de verbe), 256 (compl. d'attribution ou d'objet second), 257-260 (attribut du sujet), 261 (attribut du compl. d'objet), 262-263 (CIRC)
formation des mots 334
forme adjective du V 202
forme pronominale (voir pronominal)
français 383-384 (histoire), 385, 386-389 (du latin au français) (voir ancien et moyen français)
français classique 382 (orth.), **390** (lexique), **391** (syntaxe)
français moderne 382, 392
francique 383
francophonie 385
futur antérieur 144, **182**, 308
futur proche 115, 161
futur simple de l'indicatif 178, 179 (valeurs temporelles), 180 (— de narration), 181 (valeurs modales), 308

g

générique (voir masculin et singulier génériques)

443

générique (lexique) **342**
genre des noms **6**, 9-10 ; des adjectifs 53, 56-57 ; **374**
gérondif 101, **197**
gradation 457
grammaire 1, 442 (de texte)
graphème 372-375
gras (écriture) 367
grave (accent) 376
grec 334, 368, 382
guère (adv.) 216
guillemets 305, 312, **380**

h

hémistiche 495, 496
hiatus 359, 492
hier (adv.) 98, 212
| histoire (écrit historique) 448, **490**
| histoire (dans le texte narratif) **474**, 479-487
homonyme, *homographe, homophone* 10, **339**
humain/non humain 3, 8
humour 432
hyperbole 340, 457
hypéronyme, *hyponyme* **342**
hypothèse (CIRC) 288-291

i

ici (adv.) **98** (déictique), 211, 212
icône 396, 398
idées (texte d'—) 447, **469-473**
idéogramme 369, 370
il (pronom pers.) 71, 77, 106-107
« il » (le narrateur dit —) 476-477
il est..., il y a... 321-322
il y a... qui, que 324
impair (vers) **493**
| **imparfait de l'indicatif 160-161**, **168**, 169 (valeurs temporelles), 170 (— de narration), 171 (valeurs modales), 308, **486-487** (en narration)
| **imparfait du subjonctif** 187, **192**, 194
impératif (mode) 80, 101, **195-196**, 308
| *impérative* (phrase) **195-196**, 301
imperfectif (aspect, verbe) **111**, 169 (et imparfait), 173 (et passé simple)

impersonnel (verbe) **108**
impersonnelle (voix) **106**, 231
implicite (subordination) 270, 283 (cause), 291 (hypothèse), 292 (concession), 293 (comparaison)
incise (proposition) 231, 305
incise de commentaire 313
inchoatif (aspect) **111**
incipit 450
indéfini (voir adjectif, article, numéral, pronom)
index 345
| **indicatif** (mode) **159**, 183 (et conditionnel), 191 (et subjonctif
| **indicatif dans les prop. subordonnées** 272 (complétives), 279 (relatives), 282 (temps), 284 (cause), 286 (conséquence), 289-291 (hypothèse), 292 (concession), 293 (comparaison)
information 412-413, 414-415
informatif (texte d'information) 440, 446
informative (cohérence) **446**
| **infinitif 205**, 206 (en prop. indépendante), 207 (en prop. infinitive), 208 (infinitif nominal), 287 (de but), 308
| **infinitif passé** 114
in medias res (début) 508
intensité (degré d'—) 60 (adj.), 217 (adv.)
interjection 267, 314
interne 476 (focalisation), 494 (rime)
interprétation du signe 403
interrogatif (voir adverbe, adjectif, pronom)
| **interrogation directe et indirecte 309**
| **interrogation 298** (totale, partielle, insistante, dirigée), 302 (rhétorique)
| **interrogative** (phrase) **298-299**, 301, 302
| **interrogative indirecte** (subordonnée) 273, **309-310**
intransitif (verbe) 113, **246-248**
intrigue (théâtre) **507-508**
invention (rhétorique de

l'*inventio*) 454, **455**
inverse (subordination) **270**, 283 (cause), 292 (concession)
inversion du sujet 231
ironie 432, 471 (texte d'idées), 502 et 510 (ironie dramatique)
italique (caractère) 312, **367**
itératif 165 (présent), 169 (imparfait), 179 (futur)

j

jamais (adv.) 216
je (pronom pers.) 71
« je » **455** (son rôle dans l'argumentation), 471 (dans le texte d'idées), **477-478** (le narrateur), 490 (en autobiographie)
je ne sais quel (adj. indéf.) 41
juridique (texte) 447
juste (adv.) 211
jusqu'à ce que (conj.) 281
jusqu'au moment où (conj.) 281
| **juxtaposition** 32-33 (emploi des déterminants), **269** (propositions)

l

la (art. déf.) 20-22
là (adv.) 29, 31, 86, 211
la plupart (pr. indéf.) 41, 44, 91
langage 1, 381, 411
langue (organe) 353
langue 381, 420
langue (par opposition au discours) 1, **294**, 409
latin 334 (voc.), 368 (alphabet), 382 (latin parlé), 386-389 (du latin au français)
le (art. déf.) 20-22
le (pronom pers.) 68
lecture 410, 440
législatif (texte) 447
lequel (pronom rel.) 275, 276
les (art. déf.) 20-23
les (pronom pers.) 70
lettre (écriture) 366, 372
lèvres 353
leur (adj. poss.) 25
leur (pronom pers.) 70
lexicographie, *lexicologie* 325
lexique 325, 389-390

et 392 (histoire)
liaison (oral) **359**
liaison (adv. de liaison) 214
libre (vers) **493**
lieux 484-487 (narration), 505-506 (théâtre, unité de lieu)
lieu (CIRC) 255, 263
linguistique 1
lilote 340, 457
locution 32, 211, 271
logogramme 375
logos (raisonnement, rhétorique) 455
lorsque (conj.) 281
luette 353
l'un (pr. indéf.) 90-91
lyrisme 455, 471

m

maint (adj. indéf.) 45
maintenant (adv.), 98 (déictique), 211, 212
maintenant que (conj.) 281
mais (conj.) 219-220
majuscule 4, 367
malgré que (conj.) 292
manière (CIRC) 211-212, 263
masculin (voir genre)
masculin générique 6, 10
masculine (rime) **494**
masses croissantes, *décroissantes* **466**
média 415
mêlées (rimes) **494**
mélodie de phrase 296, 297, 299, 361
même (adj. indéf.) 49
le même (pronom indéf.) 94
même si (conj.) 290
memoria (rhétorique) 454
message 406, 409
mesure (compl.) 255
métaphore 6, 54, 247, **343**, 452, 457
métonymie 344, 457
mètre (du vers) 492, **493**, 494
mieux, le mieux (adv.) 217
minuscule (lettre) 367
modalité d'énonciation 295
modalité (adv. de) 213
modes (conjug.) **101**
mœurs (comique de) 510
moins 61, 62 (*le moins* + adj.), 211, 217 (*le moins* + adv.)
moins que (conj.) 293
monologue 500
monosémie 337

morphème grammatical 326
morphogramme 374
morphologie 1, 374
morphosyntaxe 1
mot 1, 223 (dans la phrase), **326**, 327-332 (dérivés), 333 et 377 (composés), 334 (voc. savants), 420
mots (comique de) 510
moyen (CIRC) 263
moyen français 382, 387-388
moyennant que (conj.) 291

n

n (n fois) 41, 45
narrateur 297, 298, **475**, 476-478 (ses places dans une narration), 504 et 507 (son absence dans le texte de théâtre)
narration 448, **474-490**, 474 (et histoire), 475-478 (et narrateur), 479-487 (temps et lieux), 488-489 (personnages)
narration (rhétorique du plan) 456
narrative (cohérence) 448, 474
nasale 354 (voyelle), 355 (consonne)
ne (adv.) 216
ne (explétif) 216, 291, 293
néanmoins (adv.) 214
négation 1, 216 (adv.), **301** ; sémantique et syntaxique **301**, 341
négative (phrase) 19, 42, 295, **301**
néologie 325, 343, 344, 461 (style)
neutre 68 (le), 86 (pr.)
ni (conj.) 219-220
n'importe quel (adj. indéf.) 41 *n'importe lequel* (pronom indéf.) 90
niveaux de langue (voir registres)
nœud de l'intrigue 507
nom (N) **2**, 4-5 (commun, propre), 6 (animé), 7 (comptable), 8 (humain, concret ou abstrait), 9-10 (genre), 11-14 (nombre), 34-37 (numéraux), 235-243 (le SN), 387 (du latin au français), 461 (stylistique du nom)

nom propre 4, 13, 461 (style)
nombre des noms 7, **11-14** ; des adjectifs 58-59 ; 374
nombre (écriture) 35, 371
nombre de (adj. indéf.) 41
non (adv.) 215, 216
non que... mais (conj.) 283
non accompli (aspect) **111**
normande (rime) 494
normative (règle) 1
nous (pronom pers.) 77, 471 (dans le texte d'idées)
nul 42 (adj.), 89 (pronom indéf.)
numéral 34-37 (adj.), 41 (adj. indéfini)

o

objet 484-487 (dans la narration), 489 (actant)
objet (compl.) 245-248, **250** (COD), **251** (COI), 252-253, **256** (second)
oc (langue d'—) 383-384
octosyllabe 493, 495
omniscient (narrateur) 476
on (pronom pers.) 72-76
opposant (actant) 489
opposition (CIRC) 263, 292
or (conj.) 219-220
oral 362 (réel), 363 (oratoire), 364 (fictif), 466 (dans le style de la prose), 501 (dans le texte théâtral)
ordre des mots (voir place)
orthographe 372-375 (graphèmes), 376 (accents), 377 (cédille, trait d'union), 378 (histoire) (voir aussi accord, ponctuation)
ou (conj.) 219-220
où (adv.) 213 (interr.), 275-276 (relatif)
oui (adv.) 215
oxymore 341, 457

p

palais 353
palindrome 335
par (prép.) 221, 254
parabole 457
paradoxe 455
paragraphe 380

parasynthétique 331
parataxe 270
parce que (conj.) 283
parenthèses 313
parodie 453
paronyme 339
participe présent 199-200, 201 (et adjectif verbal)
participe passé et forme adjective du verbe 202, 203 (temps composés), 204 et 378 (accord)
par conséquent (adv.) 214
par en-dessus, par derrière (vision du narrateur) 476
parmi (prép.) 221
pas (adv.) 211, 216
pas mal de (adj. indéf.) 41
passé (indicatif temps du) **160-162**
passé antérieur 177
passé composé 160-162, **172**, 174 (valeurs), 175 (et passé simple), 308
passé immédiat 115
passé simple 160-162, **172**, 173 (valeurs), 175 (et passé composé), 486-487 (en narration)
passif 105, 245, 247, 250 (COD), 254 (agent)
pastiche 453
pas un (adj. indéf.) 42
pathétique (*pathos*, rhétorique) **455**, 471
patois 381
pause (oral) 361, 466
pauvre 462 (vocab.), 494 (rime)
pendant (prép.) 221
pendant que (conj.) 281
pensée *(et langage)* 381
perfectif (aspect, verbe) **111**, 170 (et imparfait de narration), 173 (et passé simple)
performatif 164, **429**
période 467
péripétie 507
périphrase 340, 457
péroraison 450, 456
personnage 478 (narrateur —), 485 (et lieux), **488-489** (narration), 508-509 (théâtre)
personne (pron. indéf.) 89
personne (conjugaison) **99**
phatique (fonction du langage) 411
phonème 354, 355-356 (description), 372-373

(et orthographe), 420
phonétique 354
phonogramme 373
phrase 1, **223-224** (et proposition), 225-234 (simple) 266-265 (sans verbe), 268 (complexe), 295 (et énonciation), 319 (présentatif), 362 (oral réel), 463-464 (style), 466 (rythme)
phrase nominale (voir phrase sans verbe)
pictogramme 398
pis, le pis (adv.) 217
pittoresque 468, 484
place d'un mot **1**, 53, 63-65 (adj.), 69 (pronom), 80 (pronom pers.), 212 (adv.), 231 (ordre verbe sujet), 260 (attribut), 264 (CIRC), 299 (interr.), 305 (incise)
plagier un texte 453
plan (rhétorique du) **456**, 472
plan (dans une description) 486, 487
pléonasme 340
pluriel (voir nombre)
plus 61, 62 (le plus + adj.), 211, 216 *(ne... plus)*, 217 (le plus + adv.)
plusieurs (adj. indéf.) 45
plus... que (conj.) 293
plus-que-parfait *de l'indicatif* **176**, 308 ; *du subjonctif* 187, **193**
plutôt que (conj.) 293
poème 491, 497, **498**
poétique (fonction du langage) 411
poétique (cohérence) 449, 491, **498**
poids (compl.) 255
point (.) 223, 268, 377, **380**
points de suspension (...) 377, **380**
point d'exclamation (!) 297, 300, **380**
point d'interrogation (?) 299, **380**
point-virgule (;) 380
deux points (:) 305, 312, **380**
point (adv.) 216
pointe 450
polarité de phrase 295, 301
polémique 473
polysémie 337, 338, 339
polysyndète 269
ponctuation 379 (rôles, histoire, règles), **380** (signes)
portrait 488

445

positive (polarité) 295
position détachée 239 (adj.), 242 (relative), 264 (CIRC), 279 (relative), **315-317**
postface 450
pour (prép.) 221
pour la raison que (conj.) 283
pour... que (conj.) 292
pourquoi (adv. interr.) 213
possessif (voir adjectif et pronom)
postposé 53
préface 450
préfixe **330**
préposition **221**, 233-234
présent de l'indicatif 160-161, **163**, 164-166 (emplois), 167 (présent historique ; de narration), **486-487** (en narration)
présent du subjonctif **187**, 189 (en principale), 190-191 (subordonnée)
présentatif 267, **319**, 320-324
présupposition 18, 21
prétérition **432**, 457
preuve (rhétorique, *logos*) **455** (types de preuve), 472
prise de notes 440
procès d'un verbe 97, 294
prologue **450**, 507
pronom 66-67, 68-69
pronom adverbial *(en, y)* 79
pronom démonstratif **83-86**
pronom exclamatif 88
pronom indéfini **89-96**
pronom interrogatif **88**, 299, 310
pronom numéral 87
pronom personnel 49, **70-80**, 391 (français classique)
pronom possessif **81-82**, 99 (et personnes du verbe), 308
pronom pers. réfléchi 78
pronom relatif **274-276**, 391 (français classique)
pronominal (verbe) **110**
pronominale (forme) 105 (à valeur passive), **109**
propos (et thème) **266-267**
proposition **224** (indépendante), 268, **270** (principale et

subordonnée) (voir aussi circonstancielle, complétive, coordination, infinitif, interrogative indirecte, juxtaposition, participe, relative)
prose **458-468** (style), 497 (poème), 501 (théâtre)
prosopopée **457**
puisque (conj.) 283

q

qualité 53
quand (adv. interr.) 213
quand (conj.) 281, 291, 292
quand (bien) même (conj.) 292
quatrain 497
quelconque (adj. indéf., qual.) 52
quel(s) que (conj.) 292
quelque (adj. indéf.) 43
quelque... que (conj.) 292
quelque chose (pronom indéf.) 90
quelqu'un (pronom indéf.) 90, 91
que (conj. de subordination) 271 (complétive), 280 (peut remplacer les autres conjonctions), 281 (temps) 297 (but), 291 (hypothèse)
que (pronom interr., excl.) 88
que (pronom relatif) 275-276
qui (pronom interr.) 88
qui (pronom relatif) 275-276
quiconque (pronom indéf.) 90
quiconque (pronom relatif) 275, 278
quintil 497
qui que, qui que ce soit qui/que (pronom relatif indéf.) 275, 278
quoi (pronom interr.) 88
quoi (pronom relatif) 275-276
quoi que, quoi que ce soit qui/que (pronom relatif indéf.) 275, 278
quoique (conj.) 292

r

radical (conjugaison) 112
raisonnement (rhétorique, *logos*) **455**, 472
ralenti 480, 506
rebuffade 430
réciproque (pronominal)

110
récit (texte narratif) 71 (*je/tu* dans un récit), 73-74 (*on* dans un récit), 161-162 (temps employés), **474-490** (texte de narration), 483 (« langue du récit »), 508 (récit théâtral) (voir énonciation-récit)
récurrence 458
redondance 374, **413**
redoublées (rimes) **494**
référent 1, 2 (d'un nom), 53 (d'un adj. qual.), 67 (d'un pronom), 97 (du verbe), 294, **396**, **403**
référence 1 (réf. virtuelle, actualisée), 2 (d'un nom), 4 (nom commun/propre), 15, 17-20 (et art. indéfini), 21-23 (et art. défini), 26-27 (et adj. possessif), 97 (du verbe)
référentielle (relation du signe et du référent) 403, **404**, 411 (fonction du langage)
référentielle (dominante d'un texte ; voir aussi associative) **446**
réfléchi (pronominal) 110
réfutation 456
registres de langue 1, 10, **433-434**, 461 (style), 501 (théâtre)
règle grammaticale 1
rejet 496
relation (adj. de relation) 54
relations (co-occurrences) 458
relative (subordonnées) 2, 55 (constituant du SN), 266 (dans la phrase sans verbe), **274**, 277, 278 (sans antécédent), 279 (avec antécédent)
répétition 318 (valeur d'emphase), **457** (figure), 458 (style)
réplique (théâtre) **500**
représentation théâtrale 499, 501, 502, 504-506, 508, 510
représentant (pronom) **67**
retour en arrière (narration) **479**
rétrospective (narration) **479**
rhétorique 454 (histoire), **455** (l'invention), **456** (la disposition), **457** (l'élocution)
riche 462 (vocab.), 494

(rime)
rien (pronom indéf.) 89
rime **494**, 497, 498
romain 367 (caractère), 375 (chiffres)
roman (langue) 384
romanes (langues) 382
rupture 444 (de la cohésion du texte), 452 (de sa cohérence), 510
rythme 466 (de la prose), **495-496** (du vers)

s

sabir 381
sans (prép.), 221
sans attendre que (conj.) 281
sans que (conj.) 283, 285
sauf si (conj.) 290
scène **505**, 508
scientifique (texte) 447
se (pronom pers.) 78
selon que (conj.) 291
sémantique 1, **325**
sème 342
semi-consonne 355
sens lexical ou virtuel, actualisé **1**, 97 (d'un verbe), **326**
sens figuré 343-344, 460
séquence narrative **481**, 482-483 (narration), 504 (théâtre)
si (adv.) 211, 215 (= oui)
si (conj.) 283, 289-290, 292, 310 (sub. interrogative indirecte)
si bien que, si... que (conj.) 285
si... que (conj.) 292
si tant est que (conj.) 291
sigle, *siglaison* 335
signal 394, 397 (animaux)
signe 393-396, **398**, 416-417
signe linguistique 1, **326**, 399, **400-403**
signifiant 1, **326**, 395
signifiant zéro 458
signification (analyse de la) 394, 400-403
signifié 1, **326**
simultanée (narration) **479**
singulier (voir nombre)
singulier général ou générique 18-19 (art. défini), 22-23 (art. défini)
sitôt que (conj.) 281
situation narrative **482** (narration), 502 et 510

446

(théâtre)
situation (comique de) 510
soi (pronom pers.) 78
soit que... soit que (conj.) 283
sonnet 497
sous-entendu 431
sous (le) prétexte que (conj.) 283
stance 497
stichomytie 501
strophe 497
structure 1

style, stylistique 458, 459-462 (mots), 463-464 et 467 (phrase), 465-467 (oral de la prose), 468 (noms des styles), 498 (de la langue poétique)
(style direct, indirect : voir discours rapporté)

subjonctif (mode) **187-188,** 191 (et indicatif), 194 (concordance des temps)
subjonctif dans les prop. subordonnées 272 (complétives), 279 (relatives), 282 (temps), 284 (cause), 286 (conséquence), 287 (but), 291 (hypothèse), 292 (concession), 293 (comparaison), 308 (discours rapporté indirect)

sublime (style) 468
subordination 218, 222 (conj. de sub.), 270 (prop. subordonnées) (voir implicite, inverse)
subordonnée (prop.) **270,** 271-272 (complétive), 274-279 (relative), 280-293, 310 (interrogative indirecte)

suffisante (rime) **494**
suffixe 327, 328-329
suivant que (conj.) 291
sujet 97, **226-228,** 229 (grammatical, logique), 230 (accord), 231 (ordre verbe + sujet), 269, 277, 281
sujet (personnage) 489
superlatif (comparatif généralisé) 54, 62
surtout que (conj.) 283
syllabe 357 (ouverte, fermée), 377 (coupe de mots à l'écrit), 465 (volume du mot), 492-493 (dans le vers), 494 (rimes)
symbole (signe) 396, **398**
symétrie (figure) **457**

synérèse 492
synonyme 340, 349, 461
syntagme 1, **223**

syntagme adjectival 238
syntagme nominal (SN) 2, 15, 32 (sans déterminant), 69 (pronom), 225 (dans la phrase), **235-236,** 237 (équivalents), 238-243
syntagme prépositionnel (SP) 221, 240 (le SP complément de nom)
syntagme verbal (SV) 97, 225 (dans la phrase, **244-245,** 249-261

syntaxe 1, 248, 496-498 (en poésie)
synthèse (plan) 456
système 416 (de signes), 489 (des personnages d'une narration), 509 (des personnages d'une pièce de théâtre)

t

tableau (théâtre) **505**
tandis que (conj.) 281
tant que (conj.) 281, 285
technique (texte) 447
tel (adj. indéf., qual.) 51
tel (pronom indéf.) 96
tel... que (conj.) 285
tellement (...) que (conj.) 285
témoin (narrateur —) **478**
tempo *lent, vif* 480, 506
temps 479-483 (narration), 505-506 (théâtre, unité de)
temps (CIRC), 263, 281-282

temps de la conjugaison 100, 113 (simples, composés), 114 (surcomposés)

tercet 497
terminaison 112
terminatif (aspect) 111
tétramètre 495

texte 441, 443-444 (cohésion), 445-452 (cohérence), 446-449 (types de)
— d'idées **469-473**
— narratif et descriptif **474-490**
— de poésie **491-498**
— de théâtre **499-510**

théâtre 499
thème (et propos) **266-267**

thématisation syntaxique 316
thèse (plan) 456
tirade 500
tiret (—) 305, 313, **380**
tiroir verbal (= temps) 100
titre d'un texte 451
totale (interrogation) 298
tout (adj. indéf.) 47, 48
tout (pronom indéf.) 92
tout (adv.) 210
tout le temps que, toutes les fois que (conj.) 281
tout... que (conj.) 292
trace d'un signe 394-395
tragédie, tragi-comédie 507
trait d'union (-) **377**
trait lexical 3 (nom), 53 (adj. qual.), 97 (verbe), 248 (verbe transitif/intransitif)
trait sémantique 342
transitif, transitivité 113, **246-248,** 250-253 (compl. d'objet), 254 (compl. d'agent), 272
tréma 376
très (adv.) 211, 217
trimètre 495
trop (adv.) 211
trop (de) pour que (conj.) 285
tu (pronom pers.) 71
« tu » 455 (le rôle de son émotion, voir pathétique), 471 (dans le texte d'idées)
types de phrase 295

u

un (art. indéf.) 16-19
un (adj. numéral) 35
un (pronom indéf.) 90
une d'un journal 415
unité de (temps, lieu, action) **506**
usages (voir registres)
uvule (voir luette)

v

venir 115 (venir de + infinitif)

verbe 97, 109 (pronominal), 111 (perfectif, imperfectif), 244-245 (dans le SV), 246-248 (transitifs, intransitifs), 249 (employés sans complément, intransitifs), 250-255 (à un complément), 256 (à deux

compléments), 257-258 (attributifs), 388 (du latin au français), 391 (français classique), 461 (style)
vers (prép.) 221
vers, versification 492-496, 493 (blanc, libre), 497, 501 (théâtre)
verset 493
virgule 313, **385**
virtuel (référent) 1, **326**
vocabulaire 325, 334 (scientifique et technique), 339 (et monosémie), 389-390 et 392 (histoire), **459-462** (style)
voici/voilà 267, **320,** 324
voile du palais 353
voix (parole) 353
voix (des verbes) **103,** 104 (active), 105 (passive), 106 (impersonnelle), 107 (factitive)
volume d'un mot 465
vous (pronom pers.) 77
voyelle 355, 386 (histoire)
vu que (conj.) 283

x y z

x (x fois) 41, 45
y (pronom adverbial) 79
yod (semi-consonne) 355
zéro 458 (signifiant), **476** (focalisation)
zeugme 220, 457

447

CONJUGAISONS

abattre 144, absoudre 137, accroire 102, accueillir 134, acheter 119, acquérir 123, adjoindre 147, admettre 144, aller 124, apercevoir 135, apparaître 129, appartenir 155, appeler 119, apprendre 151, assaillir 134, asseoir (s') 125, atteindre 147, attendre 126, avoir 116, balayer 119, battre 144, bénir 121, boire 127, bouger 119, bouillir 134, braire 102, bruire 102, ceindre 147, celer 119, chanter 118, choir 102, clore 102, combattre 144, commettre 144, comprendre 151, concevoir 135, conclure 152, conduire 128, confondre 126, connaître 129, consentir 138, construire 128, contenir 155, contraindre 147, contredire 136, convaincre 130, convenir 155, correspondre 126, corrompre 126, coudre 131, courir 145, couvrir 146, craindre 147, crier 119, croire 132, croître 133, cueillir 134, cuire 128, débattre 144, décevoir 135, déchoir 102, décrire 139, dédire (se) 136, déduire 128, défaillir 134, défendre 126, démettre 144, dépendre 126, déplaire 148, descendre 126, déteindre 147, détendre 126, détenir 155, détruire 128, devenir 155, devoir 135, dire 136, disjoindre 147, disparaître 129, dissoudre 137, distraire 148, dormir 138, écrire 139, élire 143, émettre 144, émouvoir 140, endormir 138, enduire 128, enfreindre 147, enfuir (s') 142, ensuivre (s') 156, entendre 126, entreprendre 151, entretenir 155, entrevoir 157, envoyer 119, éprendre (s') 151, essuyer 119, éteindre 147, étendre 126, être 117, étreindre 147, étudier 119, exclure 152, faillir 102, faire 141, feindre 147, fendre 126, férir 102, finir 120, fleurir 121, fondre 126, frire 102, fuir 142, geindre 147, geler 119, gésir 102, haïr 121, haleter 119, inclure 152, induire 128, inscrire 139, instruire 128, interdire 136, interrompre 126, intervenir 155, introduire 128, jeter 119, joindre 147, lire 143, luire 128, maintenir 155, médire 136, mener 119, mentir 138, méprendre (se) 151, mordre 126, moudre 131, mourir 145, mouvoir 140, naître 129, nettoyer 119, nuire 128, obtenir 155, offrir 146, omettre 144, ouïr 102, ouvrir 146, paître 102, paraître 129, partir 138, parvenir 155, peler 119, percevoir 135, perdre 126, permettre 144, placer 119, plaindre 147, plaire 148, pleuvoir 149, poindre 102, pondre 126, poursuivre 156, pourvoir 157, pouvoir 150, prédire 136, préférer 119, prendre 126, prescrire 139, pressentir 138, prétendre 126, prévaloir (se) 154, prévenir 155, prévoir 157, produire 128, promettre 144, promouvoir 102, proscrire 139, provenir 155, quérir 102, recevoir 135, reclure 102, reconnaître 129, recueillir 134, réduire 128, rejoindre 147, reluire 128, remercier 119, renaître 102, rendre 126, répendre 126, répondre 126, résoudre 137, restreindre 147, retenir 155, revivre 156, revoir 157, rire 152, rompre 126, savoir 153, secourir 145, séduire 128, seoir 102, servir 138, sortir 138, souffrir 146, soumettre 144, sourire 152, souscrire 139, soustraire 148, soutenir 155, souvenir (se) 155, suffire 136, suivre 156, surprendre 151, surseoir 125, survivre 156, suspendre 126, taire 148, teindre 147, tendre 126, tenir 155, tondre 126, tordre 126, traduire 128, traire 148, transcrire 139, tressaillir 134, vaincre 130, valoir 154, vendre 126, venir 155, vêtir 138, vivre 156, voir 157, vouloir 158.

Avec la collaboration d'Evelyne Demey
Couverture : Studio Double File
Maquette : Annie Le Gallou
Mise en page : Françoise Crozat
Dessins : Henri Dewitte
Gilles Bonetaux
Photographie : Aline Lang
(conceptrice de la montre)

N° de projet : 10006943 - (1) - 36 - (CSB 90°) SEDAG - Mai 1992
Imprimerie Jean-Lamour, 54320 Maxéville - N° 92030125